Hans Hintzen
Hans Laufenberg
Ulrich Kurz

Konstruieren, Gestalten, Entwerfen

Hans Hintzen
Hans Laufenberg
Ulrich Kurz

Konstruieren, Gestalten, Entwerfen

Ein Lehr- und Arbeitsbuch für das Studium der Konstruktionstechnik

2., überarbeitete Auflage

Mit über 400 Abbildungen, sowie zahlreichen Tafeln und Tabellen und einem Anhang

vieweg

Die Deutsche Bibliothek – CIP-Einheitsaufnahme
Ein Titeldatensatz für diese Publikation ist bei
Der Deutschen Bibliothek erhältlich.

Dieses Buch erschien bisher in 3 Auflagen unter dem Titel „Konstruieren und Gestalten" der Autoren Hintzen/Laufenberg/Matek/Muhs/Wittel im gleichen Verlag.

1. Auflage Oktober 2000
2., überarbeitete Auflage Mai 2002

Der Verlag Vieweg ist ein Unternehmen der Fachverlagsgruppe BertelsmannSpringer.
www.vieweg.de

Konzeption und Layout des Umschlags: Ulrike Weigel, www.CorporateDesignGroup.de
Technische Redaktion und Layout: Wolfgang Nieger, Wiesbaden
Satz und Bildbearbeitung: Publishing Service Rolf-Erich Schulz, 63303 Dreieich
Druck und buchbinderische Verarbeitung: Lengericher Handelsdruckerei, Lengerich
Gedruckt auf säurefreiem Papier
Printed in Germany

ISBN 3-528-13841-6

Vorwort

Die Entwicklung neuer Techniken der Lösungsfindung hat das Konstruieren lehr- und lernbar gemacht; das Entwickeln neuer technischer Produkte entzieht sich heutzutage somit nicht mehr allgemeingültigen Analyseverfahren. Das Lehrbuch soll dem Studierenden den Rahmen für die Grundlagen der Entwicklungstechnik abstecken und ihm damit das Einarbeiten erleichtern. Es soll ihm gleichzeitig auch eine Hilfe sein bei der Lösungsfindung konkreter konstruktiver Aufgaben. In der nun vorliegenden 4. Auflage wurde der Themenbereich Fertigungsgerechtes Gestalten von Bauteilen durch die Sintertechnologie erweitert. Druck- und Sachfehler wurden – soweit bekannt – beseitigt.

Die mit einer Vielzahl von Bildern und Tabellen angereicherte Darstellung der Themenbereiche

- Methodisches Konstruieren
- Werkstoffgerechtes Gestalten
- Festigkeitsgerechtes Gestalten
- Fertigungsgerechtes Gestalten
- Montagegerechtes Gestalten
- Recyclinggerechtes Gestalten von Bauteilen

führt dem Studierenden den entwicklungstechnischen Prozess vor Augen.

Neben der Konstruktionsmethodik (in Anlehnung an die VDI-Richtlinie 2222) bilden die Gestaltungsrichtlinien den Schwerpunkt des Buches. Die gewählte Gliederung erlaubt auch dem Praktiker das gezielte Nacharbeiten einzelner Abschnitte. Die im direkten Zusammenhang mit dem Text stehende Beispiele sowie Übungsaufgaben zur Selbstkontrolle sind kapitelweise in getrennten Abschnitten zusammengefasst und erleichtern somit das Selbststudium. Alle im Text erwähnten Tabellen wurden übersichtlich am Ende des Buches angeordnet. Eine umfangreiche Literaturauswahl des jeweiligen Kapitels gibt Hinweise auf eine vertiefende Behandlung der Einzelnheiten. Ein ausführliches Sachwortregister hilft beim Auffinden wichtiger Begriffe.

Auf die systematische Darstellung der „handwerklichen" Techniken des Ausarbeitens innerhalb des Themenschwerpunktes „Methodisches Konstruierens", nämlich die Erarbeitung der Fertigungsunterlagen, wie Teil-, Gruppen- und Gesamtzeichnungen, Fertigungs-, Montage-, Prüf- und Transportvorschriften sowie Stücklisten ist hier verzichtet worden, weil sie den Rahmen des Buches sprengen würden. Der Leser auf die einschlägige Normung und Literatur zum technischen Zeichnen, zur Systematik der Fertigungsunterlagen und zur Nummerungstechnik verwiesen.

Abschließend möchten wir den Firmen danken, die u. a. durch Überlassung von Zeichnungen und anderen Unterlagen unsere Arbeit wesentlich unterstützt haben. Ebenso danken wir den Lesern für die vielen konstruktiven Zuschriften und dem Verlag für die gute Beratung und Zusammenarbeit.

Essen, Mönchengladbach, Esslingen,
im Juli 2000

Hans Hintzen
Hans Laufenberg
Ulrich Kurz

Inhaltsverzeichnis

1 Grundlagen des methodischen Konstruierens

2 Das werkstoffgerechte Gestalten

3 Das festigkeitsgerechte Gestalten

4 Das fertigungsgerechte Gestalten

5 Das montagegerechte Gestalten

6 Das recyclinggerechte Gestalten

7 Anhang

1 Grundlagen des methodischen Konstruierens

2 Das werkstoffgerechte Gestalten

Technische und wirtschaftliche Kenngrößen für die Werkstoffwahl

3 Das festigkeitsgerechte Gestalten

4 Das fertigungsgerechte Gestalten

1 Grundlagen des methodischen Konstruierens

1.1 Einführung

1.1.1 Das Problem

Die Wirtschaft steht unter ständigem Rationalisierungszwang. Gründe dafür sind vor allem die steigenden Kosten und der Konkurrenzdruck, aber auch die Tatsache, daß viele Firmen zur Einzel- und Kleinserienfertigung gezwungen sind. Kundenwünsche müssen dabei oft so weitgehend berücksichtigt werden, dass es zu individuellen Anfertigungen kommt mit unverhältnismäßig hohem Entwicklungskostenanteil.

Ständig steigende Anforderungen an die Leistungsfähigkeit und Qualität, vom Markt geforderte kürzere Entwicklungzeiten für neue Erzeugnisse sowie der Zwang zur Kostenverringerung hatten in der Vergangenheit zur Folge, dass die Rationalisierung, zum Beispiel im Fertigungsbereich, einen hohen Entwicklungsstand erreicht hat.

Auch die Konstruktionsabteilungen sind seit einiger Zeit Ziel verstärkter Rationalisierungsbemühungen. Die Einführung der Datenverarbeitung im Konstruktionsbereich hat zur Verbesserung und Beschleunigung der Konstruktionsprozesse geführt. In diesem Zusammenhang sei die Beschränkung der Teilevielfalt durch Sach- und Identnummernsysteme und die Bereitstellung von Software für den Entwicklungsbereich erwähnt. Auch der kreative Teil der Konstruktionsarbeit hat wesentliche Wandlungen erfahren. Neue Methoden der Lösungsfindung führen zu optimalen Konstruktionen.

Rationalisierung im Konstruktionsbereich ist vor allem deshalb erforderlich, weil gerade der Einfluß der Konstruktionskosten auf die Herstellkosten technischer Produkte besonders groß ist. Repräsentative Untersuchungen in europäischen und amerikanischen Großbetrieben lieferten das in *Bild 1-1* dargestellte Ergebnis.

Die bisher vielfach praktizierte intuitive Konstruktionsweise ging von der Vorstellung aus, dass die Entwicklung technischer Produkte eine geistig-kreative Tätigkeit sei, die nur von intuitiv begabten Einzelkönnern wahrgenommen werden könne, die gleichzeitig über umfassende Konstruktionserfahrung und künstlerische Phantasie verfügten.

Der Wert des gefundenden Konzeptes wird aber bei dieser Arbeitsweise weitgehend durch den Zufall bestimmt. Nachteilig ist ist deshalb die intuitive Arbeitsweise vor allem bei terminierter Entwicklungsarbeit. Auf das Betriebsergebnis, also den Produktumsatz und den Produktgewinn,

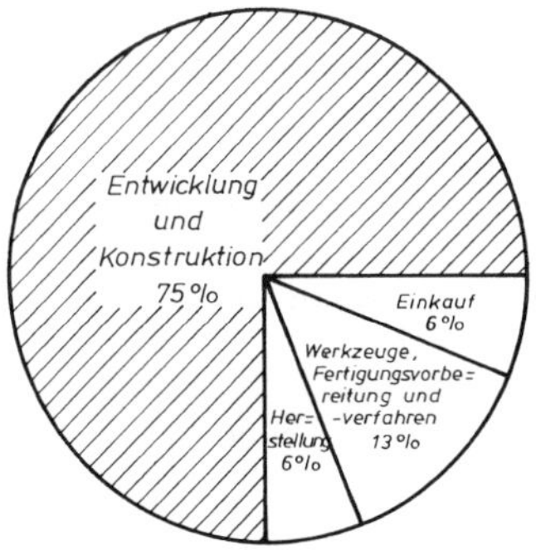

Bild 1-1
Einfluß der Konstruktionsarbeit auf die Herstellkosten

hat aber, wie *Bild 1-2* zeigt, der Zeitpunkt der Einführung eines neuen Produktes auf dem Markt einen wesentlichen Einfluss.

Als besonders problematisch ist auch die Tatsache anzusehen, dass das intuitive Arbeiten weder erlernbar noch zielgerichtet lehrbar ist. Die konventionelle Konstruktionslehre beschränkte sich deshalb weitgehend auf eine Beschreibung bewährter Maschinen, Apparate und Geräte und ihrer Bauelemente und erforderte wegen des rapide zunehmenden Wissensvolumens zunehmende Ausbildungs- und Einarbeitungszeiten.

Für die Rationalisierung im Konstruktionsbereich ergeben sich eine Reihe von Ansatzpunkten, wie *Bild 1-3* zeigt. So spielt der gezielte Einsatz der Mitarbeiter entsprechend ihrer Ausbildung und Erfahrung eine wichtige Rolle. Der Konstrukteur muß ein sicheres Fundament an Grundlagenwissen u. a. aus der Mathematik, Physik, Chemie, Werkstoffkunde, Fertigungstechnik, Arbeitsvorbereitung und Datenverarbeitung vorweisen können. Entschlusskraft und Entscheidungsfreudigkeit sowie Bereitschaft zur Teamarbeit sind unerlässliche Voraussetzungen. Ganz wesentlich ist die Bereitstellung ausreichender Mittel für die Organisation und die Einrichtung der Konstruktionsabteilung. Rationalisierungsmöglichkeiten sind auch gegeben durch eine Be-

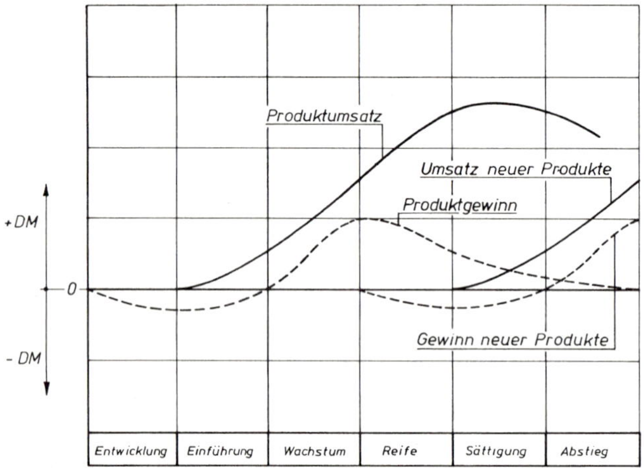

Bild 1-2
Umsatz und Gewinn eines Produktes von seiner Entwicklung bis zur Marktsättigung

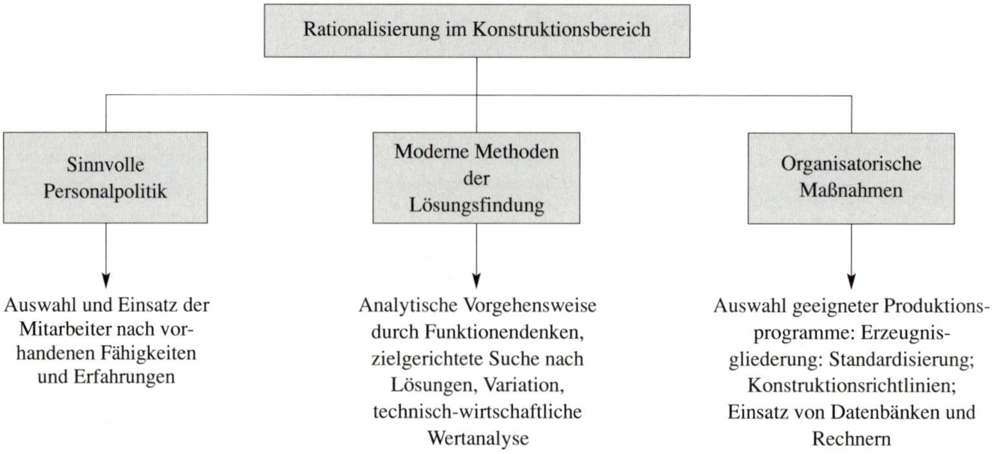

Bild 1-3 Rationalisierung im Konstruktionsbereich

schränkung der Teilevielfalt, durch Bereitstellung von Konstruktionsrichtlinien, Datenbanken und ähnlichen Maßnahmen.

Besondere Aufmerksamkeit verdienen aber die **Methoden der Lösungsfindung** bei der Konstruktion, weil diese vom Konstrukteur unmittelbar angewendet werden können. Untersuchungen haben gezeigt, daß folgende Arten von Konstruktionsarbeit prinzipiell unterschieden werden müssen:

- **Neukonstruktionen**
  Aufgabe ist hier die Entwicklung eines neuen Funktionsprinzips für das in Auftrag gegebene technische Produkt. Etwa 25 % aller im Maschinenbau eingehender Aufträge erfordern Neukonstruktionen.
- **Anpassungskonstruktionen**
  Aufgabe ist hierbei die Anpassung eines bekannten technischen Produktes bei gleichbleibendem Funktionsprinzip an veränderte Randbedingungen. Vielfach ist hierbei eine Neukonstruktion einzelner Baugruppen erforderlich. Etwa 55 % aller im Maschinenbau auftretenden Aufgaben sind Anpassungskonstruktionen.
- **Variantenkonstruktionen**
  Aufgabe ist hier das Variieren einzelner Funktionsgrößen des technischen Produktes, wie zum Beispiel seine Größe, Leistung oder Anordnung. Das Funktionsprinzip bleibt hierbei erhalten. Im Maschinenbau treten etwa 20 % Variantenkonstruktionen auf.

Vor allem der große Anteil der Neu- und Anpassungskonstruktionen erfordert ein zielgerichtetes und methodisches Vorgehen beim Konstruieren.

Methodisches Konstruieren ist ein Optimierungsprozess, der von einer möglichst rationalen Analyse der mit der Konstruktionsaufgabe gegebenen Randbedingungen ausgeht und in mehreren, jeweils überprüfbaren Arbeitsschritten nach bestimmten Arbeitsregeln zu werkstoff-, festigkeits-, fertigungs- und funktionsgerechten Konstruktionsunterlagen führt.

Zweck des methodischen Konstruieren ist die
- Rationalisierung im Konstruktionsbereich
- Schaffung einer Konstruktionslehre für die rationelle Ausbildung des Nachwuchses
- Errichtung einer Basis für die bessere Überschaubarkeit der ständig in weitere Spezialdisziplinen zerfallende Maschinentechnik
- Entwicklung von allgemeingültigen Konstruktionsregeln, die unabhängig vom individuell verschiedenen Entwicklungsauftrag zum optimalen Lösungskozept führen
- Bereitstellung von Prinzipien zur technischen und wirtschaftlichen Bewertung, die eine objektive Auswahl der besten Lösung aus mehreren Lösungsvarianten ermöglichen
- Schaffung der Voraussetzung für die Nutzung von Rechnern und Datenbänken

Mit den Hilfsmitteln des methodischen Konstruierens kann vor allem der Anfänger systematischer und zielgerichteter sein Lösungskonzept entwickeln. Weiterhin wird durch die Zerlegung des komplexen Konstruktionsprozesses in Einzelschritte eine stärkere Arbeitsteilung als in der Vergangenheit möglich.

Methodische Vorgehensweise schließt intuitives[1)] und kreatives[2)] Denken nicht aus. Im Gegenteil: Konstruktive Phantasie und Intuition sind erforderlich, damit der nach logischen und methodischen Grundsätzen arbeitende Konstrukteur nicht „systemblind“ wird.

---

1) Intuition = Eingebung, Einfall

2) Kreativität = schöpferische Tätigigkeit

1

1.1.2 Das Funktionendenken

Menschen sind im bildhaften Denken verhaftet. Auf ein Stichwort hin entstehen vor dem geistigen Auge Bilder, die aus gespeicherten Erfahrungen des angesprochenen Bereiches resultieren.

Das Stichwort „Nabe – Welle – Verbindung" wird beispielsweise bei einem Techniker je nach seiner Berufserfahrung und Produktkenntnis unterschiedliche Assoziationen verursachen: Der eine wird eine Keilverbindung, der andere eine Passfederverbindung, ein Dritte eine Stiftverbindung und ein Vierter einen Presssitz vor seinem geistigen Auge sehen.

Dieses bildhafte Denken hindert den Konstrukteur vielfach daran, die beste Lösung für ein bestehendes Problem zu finden. Als Folge erkennt man häufig an fertigen Produkten die „Handschrift" des Konstrukteurs oder die Urheberschaft einer bestimmten Firma.

Für die Optimierung einer Konstruktion und für eine Lösungsfindung unabhängig von alteingefahrenen Vorbildern ist eine systematische Arbeitsweise erforderlich.

Für ein solches Vorgehen ist es zweckmäßig, am Anfang der Entwicklungsarbeit den konkreten Auftrag in eine abstrakte Formulierung zu übersetzen und damit den Funktionszusammenhang des geplanten technischen Produktes zu verdeutlichen.

Das Funktionendenken beim Konstruieren hat folgende Vorteile:
- Unrationelle Konstruktionsprinzipien, die durch Veränderung und Anpassung vielfach unbewusst übernommen werden, können vermieden werden.
- Es klärt sich der Blick für das Wesentliche. Unbedeutende und zufällige Aspekte des Problems werden vernachlässigt; Umwege werden dadurch vermieden.
- Die Gesamtfunktion der zu entwerfenden Baugruppe wird durchsichtig. Durch schematisches Formulieren der Einzelfunktionen der Baugruppe lassen sich diese sinnvoll gegeneinander abgrenzen. Das erleichtert die systematische Suche nach Lösungen für einzelne Funktionselemente und erlaubt ihre rationale Verknüpfung zu der Gesamtfunktion der Baugruppe.

Der Zweck einer Maschine, eines Gerätes oder eines Apparates ist die Umwandlung der Eingangsgrößen – der sogenannte input – in die Ausgangsgrößen – der sogenannte output. Die Tätigkeiten, die die Baugruppe zur Umwandlung des input in den output zu erfüllen hat, stellen ihre Gesamtfunktion dar.

Die Gesamtfunktion einer Baugruppe sollte aus den vorgenannten Gründen möglichst abstrakt formuliert werden. Sie wird als sogenannte *black box* (schwarze Kiste) dargestellt. Die Gesamtfunktion ergibt sich aus den im Entwicklungsauftrag genannten Anforderungen und Wünschen an die Konstruktion. Sie stellt die Eigenschaftsänderungen dar, die der input bei der Umwandlung in den output erfahren soll.

Bild 1-4 stellt die black box einer Maschine dar.

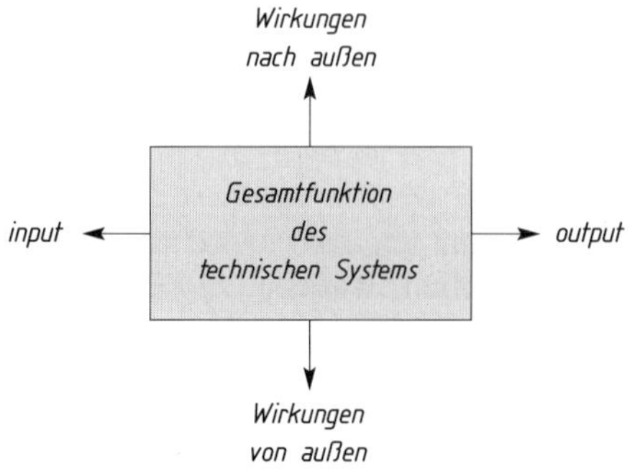

Bild 1-4
Prinzipielle black box eines zu entwickelnden technischen Produktes

Der Abstraktionsgrad, den man sinnvollerweise für die Formulierung einer Funktion wählt, ist abhängig vom Grad der Allgemeinheit, den ein Entwicklungsauftrag hat. Bei detaillierten Anforderungen an die Konstruktion sind die Rahmenbedingungen schon so weitgehend spezifiziert, daß die Gesamtfunktion nur einen geringen Abstraktionsgrad haben kann. Dadurch wird die Zahl der Konzeptvarianten natürlich stark eingeschränkt. Vielfach wird der Konstrukteur aber auch durch unnötige Anforderungen an das geplante technische Produkt unnötig stark in seiner Variationsbreite eingeengt, s. *Beispiel 1.3.1*.

Eine zu starke Abstraktion der Gesamtfunktion würde die Entwicklungsarbeit zu unnötigen Umwegen verleiten. So ist beispielsweise die Formulierung „Stoff transportieren" für die Gesamtfunktion eines Lastkraftwagens zu abstrakt, denn diese Funktion schließt auch den Stofftransport über Wasser, Schiene und Luft, mittels Transportband oder Pipeline mit ein.

Der Konstrukteur sollte also sorgfältig überprüfen, welchen Abstraktionsgrad er für die Formulierung der Gesamtfunktion wählt. Eine abstrakte Formulierung kann zu Verzettelungen führen. Andererseits engt eine zu konkrete Formulierung die konstruktiven Variationsmöglichkeiten zu stark ein, verhindert das Auffinden neuer Lösungen und behindert dadurch den technischen Fortschritt.

Eine systematische Analyse aller technischer Produkte zeigt, dass grundsätzlich nur *drei wesentlich voneinander verschiedene Umsatzgrößen* existieren, nämlich:

- **Stoff**
- **Energie**
- **Signal.**

Stoffe unterscheiden sich nach dem Aggregatzustand, Energien nach der Energieart und Signale nach ihrer Form. Sinnvoll sind in diesem Zusammenhang folgende Definitionen:

- **Technische Produkte mit vorwiegendem Stoffumsatz sind Apparate.**
- **Technische Produkte mit vorwiegendem Energieumsatz sind Maschinen.**
- **Technische Produkte mit vorwiegendem Signalumsatz sind Geräte.**

Bild 1-5 zeigt technische Systeme und ihre Hauptumsatzgrößen.

Technisches System		**Umsatz**	
Apparat	Mischer Rührwerk Kontaktofen	*Stoff:* fester Stoff flüssiger Stoff gasförmiger Stoff	 → fester Stoff → flüssiger Stoff → gasförmiger Stoff
Maschine	Getriebe Wasserturbine Elektromotor	*Energie:* mechanische Energie hydraulische Energie elektrische Energie	 → mechanische Energie → mechanische Energie → mechanische Energie
Gerät	Messuhr Zähler	*Signal:* analoge Signale digitale Signale	

Bild 1-5
Beispiele für Hauptumsatzgrößen von Maschinen, Apparaten und Geräten

Jede der drei Umsatzgrößen – Stoff, Energie oder Signal – kann den Hauptumsatz eines technischen Systems darstellen. Ebenso kann aber auch prinzipiell jede dieser Umsatzgrößen in einem Nebenfluss, der zur Aufrechterhaltung des Hauptumsatzes erforderlich ist, liegen, s. *Beispiel 1.3.2*.

Eine wichtige Erkenntnis für das methodische Konstruieren war die Feststellung der Tatsache, dass trotz aller Komplexität technischer Systeme und der riesigen Vielzahl der von ihnen zu verrichtenden Tätigkeiten, sich alle Vorgänge in technischen Produkten auf eine relativ geringe Anzahl von Elementarfunktionen zurückführen lassen.

Die Umsatzgrößen Stoff, Energie und Signal werden nämlich in technischen Systemen nur den in *Anhang A1-1* angegebenen Grundoperationen und deren inverse Grundoperationen unterzogen.

Für die Realisierung der einzelnen Elementarfunktionen bietet sich allerdings meist eine Vielzahl verschiedenartiger, miteinander konkurrierender Wirkprinzipien an, wie im *Anhang 1-2* und *A1-4* gezeigt.

Die Vorteile einer solchen abstrakten Denkweise sind vor allem bei Neukonstruktionen gegeben, wenn das gesamte Feld aller für eine Lösung in Frage kommenden physikalischen Effekte überprüft werden soll.

Dem Konstrukteur stehen für die Auffindung geeigneter Lösungsprinzipien mittlerweile verschiedene Lösungskataloge zur Verfügung. So hat *Koller* Kataloge mit physikalischen Effekten zum Erfüllen der Elementarfunktionen „Energie wandeln", „Signalart wandeln" und „Physikalische Größen vergrößern oder verkleinern" veröffentlicht. *Ewald* gibt Lösungssammlungen für „Schalten von Antrieben", „Krafterzeuger", „Mechanische Wegumformer mit großer Übersetzung", „Spielbeseitigung bei Schraubpaarungen", „Spielbeseitigung bei Stirnradgetrieben", „Verbindungen", „Federn", „Lager und Führungen" und für „Kupplungen" an. Die *VDI-Richtlinie 2222 Blatt 2* gibt Anleitung für die Erstellung und Anwendung von Konstruktionskatalogen.

Voraussetzung für die Anwendung von Konstruktionskatalogen ist aber die Zerlegung der Gesamtfunktion des geplanten technischen Produktes in alle Teilfunktionen, die zur Erfüllung der Gesamtfunktion erforderlich sind. Je niedriger die Komplexität einer Funktion ist, umso leichter können konkurrierende Lösungsprinzipien gefunden werden.

Die in *Bild 1-6* prinzipiell angegebene Auflösung der Gesamtfunktion in Teilfunktionen entspricht auch der Tatsache, dass jedes technische Produkt für seinen input-output-Umsatz mehrere Teilvorgänge zu verrichten hat. Die Teilfunktionen werden mit dem erforderlichen Abstraktionsgrad formuliert und in der Reihenfolge ihres Funktionsablaufes für den Hauptumsatz dargestellt.

Zu beachten ist dabei, dass zur Aufrechterhaltung des Hauptumsatzes meist zusätzliche Nebenumsätze, wie zum Beispiel für das Messen, Steuern oder Regeln der einzelnen Prozesse erforderlich sind. Diese müssen mit den Teilfunktionen des Hauptumsatzes sinnvoll zur Funktionsstruktur des zu konzipierenden technischen Produktes verknüpft werden.

Das *Bild 1-7* zeigt den prinzipiellen Aufbau einer solchen Funktionsstruktur.

Die Erarbeitung von Funktionsstrukturen liefert folgende wichtige Vorteile:

- die leichtere Überschaubarkeit der Konstruktionsaufgabe durch die Aufgliederung der komplexen Gesamtfunktion in Teilfunktionen mit niedrigerer Komplexität
- die Abgrenzbarkeit einzelner Teilsysteme des geplanten technischen Produktes, die von verschiedenen Entwicklungsgruppen getrennt bearbeitet werden können

- die Anwendbarkeit von Lösungskatalogen zur Auffindung optimaler konstruktiver Lösungen bei Neukonstruktionen
- die Analysierbarkeit der Strukturen bekannter Baugruppen und ihrer konstruktiven Elemente bei Anpassungskonstruktionen
- die Möglichkeit zur Entwicklung von Baukastensystemen

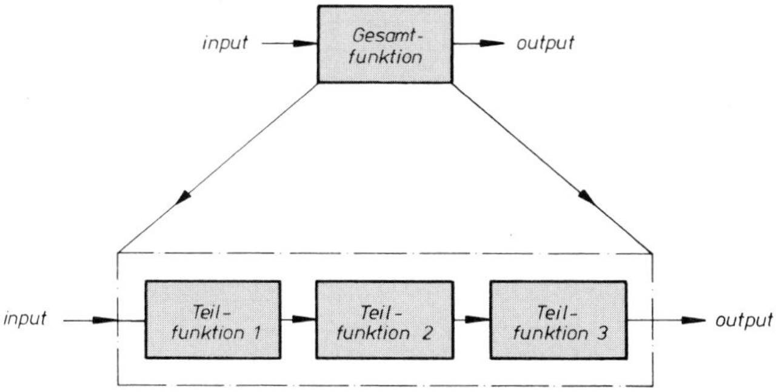

Bild 1-6
Auflösung der Gesamtfunktion in Teilfunktionen für den Hauptumsatz eines technischen Produktes

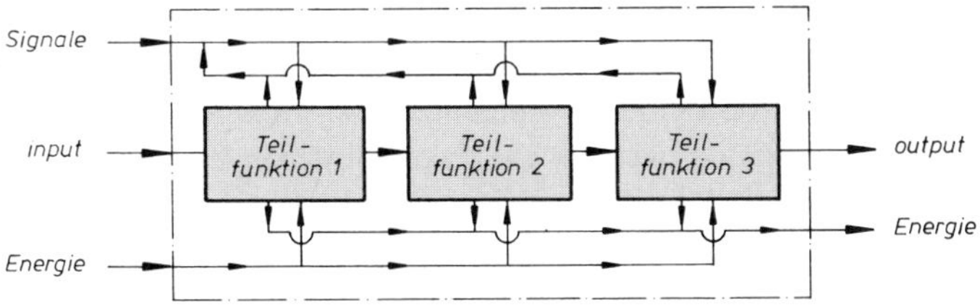

Bild 1-7
Prinzipielle Funktionsstruktur eines technischen Produktes als Blockschaltbild

1.2 Die Arbeitsschritte des methodischen Konstruierens

1.2.1 Der Vorgehensplan

Die Entwicklung neuer technischer Produkte kann wegen der Vielseitigkeit der konstruktiven Arbeiten nicht schablonisiert werden. Der Konstrukteur muss – je nach Auftragsbedingungen – mit der Geschäftsleitung, dem Verkauf, dem Einkauf, der Kalkulation, der Arbeitsvorbereitung, der Terminplanung, mit der Fertigung, der Montageabteilung und dem Normenbüro eng zusammenarbeiten, um alle Informationen für eine zweckmäßige Gestaltung des geplanten technischen Produktes zu erhalten. Guter Informationsfluss und laufender Erfahrungsaustausch sind wichtig und müssen durch entsprechende Organisationsformen gefördert werden.

Unabhängig von der speziellen, je nach Produktionsbereich und „Firmenpolitik" verschiedenartigen Organisationsform des Konstruktionsbereiches kann die angestrebte Optimierung von Konstruktionslösungen mit Sicherheit nur durch planvolles Vorgehen erreicht werden.

In Anlehnung an die *VDI-Richtlinie 2222 Blatt 1* zeigt der in *Anhang A1-4* dargestellte Vorgehensplan die zeitliche Folge der einzelnen Arbeitsschritte des methodischen Konstruierens.

1

Hauptphasen des methodischen Konstruierens sind danach

- das Analysieren
- das Konzipieren
- das Entwerfen
- das Ausarbeiten

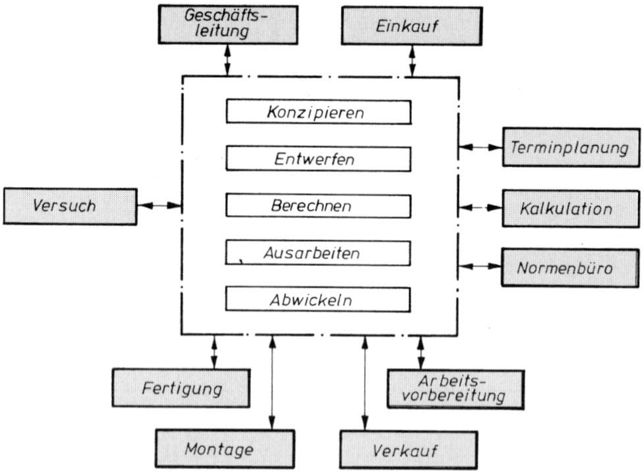

Bild 1-8
Wichtige Fachgruppe des Konstruktionsbereiches und ihre Kontaktpartner

Die Weitergabe der Konstruktionsunterlagen in die nächste Hauptphase erfordert ihre sorgfältige vergleichende Überprüfung mit den in der *Anforderungsliste* genannten Randbedingungen für das zu entwickelnde technische Produkt. Andernfalls können unnötige Umwege und sogar fehlgeleitete Investitionen für Modelle, Versuche und Prototypen die Folge sein.

Die Konstruktionsarbeit beginnt mit der **Analyse der Konstruktionsaufgabe** und einer möglichst vollständigen Beschaffung aller Informationen über die Anforderungen und wünschenswerten Eigenschaften, die an das technische Produkt gestellt werden. Das Ergebnis der Informationsarbeit wird in der Anforderungsliste zusammengefasst. Sie bildet die Grundlage für die Entwicklung der Funktionsstrukturen, die die logischen Zusammenhänge aller Funktionen darstellen, welche das geplante technische Produkt zur Überführung des input in den output erfüllen muss.

Ziel der **Konzipierungsphase** ist die Erarbeitung des in Prinzipskizzen festgelegten Konzeptes, das die optimale Lösung der Konstruktionsaufgabe darstellt. Gravierende Mängel des gewählten Konzeptes können in den folgenden Phasen „Entwickeln" und „Ausarbeiten" kaum noch ausgemerzt werden. Deshalb muss der für die Entwicklung verantwortliche Konstrukteur mit Hilfe der einschlägigen Informationsquellen das Feld der potenziellen Lösungen für die Teilfunktionen möglichst erschöpfend absuchen. Durch Kombination geeigneter Lösungsprinzipien für die Teilfunktionen und die Variation der Lösungselemente wird das Gesamtkonzept entwickelt. Im Falle der Entwicklung mehrerer alternativer Konzeptvarianten werden durch technische Wertanalyse und eine grobe wirtschaftliche Bewertung auf dieser Arbeitsstufe die schwächeren Lösungen ausgeschieden.

In der **Entwurfsphase** wird durch überschlägige Berechnungen und durch Beseitigung von Schwachstellen ein maßstäblicher Gesamtentwurf erarbeitet, der Grundlage für eine detaillierte Wertanalyse unter der fachlichen Beratung der in *Bild 1-8* genannten Kontaktstellen der Konstruktionsabteilung ist. Bei Vorlage aller alternativer Entwürfe führt eine solche genaue technische und wirtschaftliche Bewertung zur optimalen Lösung.

In der **Ausarbeitungsphase** schließlich werden alle Vorschriften für die Fertigung, die Montage, den Transport und den Betrieb des technischen Produktes festgelegt. Sie erfordert eine besonders intensive und ständige Zusammenarbeit mit dem Fertigungs- und Montagebereich und dem Einkauf, damit Fehler bei der Festlegung der erforderlichen Fertigungsverfahren, der gewählten Werkstoffe und der einzukaufenden Norm- und Zulieferteile und der Erarbeitung der Montage- und Transportvorschriften vermieden werden.

Die in *Anhang1-4* aufgeführten Arbeitsschritte folgen je nach Besonderheiten des jeweils gegebenen Entwicklungsauftrages nicht immer in der genannten zeitlichen Reihenfolge aufeinander. Vor allem bei Neukonstruktionen ist eine solche oder ähnliche Reihenfolge der Arbeitsschritte aber sicher empfehlenswert. Bei Anpassungs- und Variantenkonstruktionen kann auf die Aufstellung der Funktionsstruktur wegen der Beibehaltung des Funktionsprinzips bewährter technischer Produkte verzichtet werden. Die Hauptphase Konzipieren kann bei Anpassungen und Variantenkonstruktionen vielfach übersprungen werden, gewiss bei solchen Aufträgen, bei denen keine völlige Neukonstruktion einzelner Baugruppen erforderlich ist.

Impuls für eine Konstruktionsaufgabe kann ein Kundenauftrag mit mehr oder minder fest vorgegebenen Anforderungen an das in Auftrag gegebene technische Produkt oder aber eine firmeninterne Produktplanung mit dem Ziel der Erschließung von Marktlücken sein.

Das Planen neuer Produkte ist nicht Aufgabe der Konstruktionsabteilung; es fällt in das Ressort der Geschäftsleitung. Bei der Planung völlig neuer Produkte empfiehlt sich die Bildung eines Planungsteams, das sich aus Fachleuten der Konstruktion, der Fertigung, der Kalkulation, des Verkaufes und der Geschäftsleitung zusammensetzt.

Entscheidungskriterien für die Auswahl neuer zu planender technischer Produkte sind

- Trendstudien bei Produktplanungen auf lange Sicht
- Suche nach Marktlücken
- Marktanalysen zur Ermittlung der technischen Anforderungen, des möglichen Verkaufspreises, des Marktanteils, des Entwicklungs- und Investitionsaufwandes
- Berücksichtigung von Neuentwicklungen, Erfindungen und Ideen
- Vorrecherchierung der Patent-, Gebrauchsmuster- und Lizenzlage
- Durchführung einer Rentabilitätsschätzung.

Der Entwicklungsauftrag an die Konstruktionsabteilung sollte folgende Mindestangaben beinhalten:

- Art und Beschreibung des zu konstruierenden technischen Produktes
- technische Anforderungen an das technische Produkt
- zulässige Herstell- und Betriebskosten
- voraussichtliche Stückzahl
- zulässige Entwicklungs- und Investitionskosten
- Zeitplanung
- Ergebnis der Vorrecherche zur Patent-, Gebrauchsmuster- und Lizenzlage.

1.2.2 Das Analysieren der Aufgabe

In der **Hauptphase Analysieren** geht es um

- die Klärung aller Zusammenhänge, die mit der Aufgabenstellung verknüpft sind
- die Klärung des Funktionszusammenhanges durch die Erstellung der Funktionsstruktur

Das Sammeln von Informationen

Ausgangspunkt für das Konstruieren ist

- der Kundenauftrag oder
- der von der Geschäftsleitung oder der Planungsgruppe erarbeitete Entwicklungsauftrag.

Vielfach hat der Kunde seinen Auftrag nicht ausreichend präzise formuliert, oder es liegen seitens der Planungsgruppe nur unvollständige Informationen über das zu entwickelnde Produkt vor. Unvollständige oder ungenaue Angaben stören aber die Konstruktionsarbeit, weil der Konstrukteur für die Beschaffung zusätzlicher Informationen seine Arbeit unterbrechen oder in späteren Konstruktionsphasen sogar Zeichnungen oder andere schon erstellte Fertigungsunterlagen korrigieren muss.

Alle Randbedingungen für die Aufgabenstellung sind deshlb vor Beginn der eigentlichen Entwicklungsarbeit eindeutig abzuklären und systematisch zu ordnen. Dazu ist eine enge Zusammenarbeit mit der Auftrag erteilenden Stelle erforderlich. Vielfach ist dabei zu klären, ob im Entwicklungsauftrag zu konkrete Angaben gemacht oder sogar Lösungen vorfixiert sind, die das Auffinden optimaler Lösungen behindern. Andererseits können oft im Auftrag nicht ausgesprochene Wünsche und Erwartungen enthalten sein. Ebenso ist die Festlegung bestimmter Eigenschaften, die das technische Produkt nicht haben soll, erforderlich.

Beim Vorliegen eines konkreten Kundenauftrages ist die Verwendung eines Kundenfragebogens zu empfehlen. Dieser hat sich vor allem bei Anpassungs- und Variantenkonstruktionen bewährt. *Anhang A1-5* zeigt einen Fragebogen der *Zahnradfabrik Friedrichshafen AG zum ZF-Selbstsperrdifferential Lok-O-Matic.*

Anregungen zum Sammeln von Informationen für die Erstellung der Checkliste sind dem *Anhang A1-6* zu entnehmen; *A1-7* zeigt den Entwurf eines möglichen Formblattes.

Zur weiteren Gewinnung von Informationen empfiehlt sich die Überprüfung folgender Quellen:

Stand der Technik

- Fachliteratur
- Konkurrenzprogramme und -prospekte
- Patentliteratur
- Konstruktionskataloge

Firmeninterne Informationen

- Firmenunterlagen mit Trendstudien
- Kundenreklamationen und -wünsche
- Montage- und Prüfberichte
- Fachwissen der zuständigen Abteilungen

Feste Daten

- firmeninterne Vorschriften
- nationale Standards, wie DIN, VDE, VDEh, AD-Merkblätter, AWF-Merkblätter
- internationale Standards, wie ISO-Empfehlungen, Euro-Normen
- Richtlinien einschlägiger Ausschüsse

Das Erarbeiten der Anforderungsliste

Nach der Zusammentragung aller Informationen sind die gesammelten Daten zu ordnen. Eine klare Gliederung der Anforderungen ist die Voraussetzung für das Finden einer optimalen Lösung. Hierzu dient das Aufstellen einer **Anforderungsliste**, in der alle Anforderungen an das zu entwickelnde technische Produkt aufgeführt werden. Zweckmäßig ist dabei die Angabe des jeweils angestrebten **Anforderungsgrades**, weil dann beim späteren Konzipieren die Auswahl und die Wertanalyse des optimalen Konzeptes erleichtert wird:

- **Forderungen** müssen beim ausgewählten Konzept unter allen Umständen erfüllt sein (Leistungsdaten, Anforderungen an die Unfallsicherheit, Meerwasserbeständigkeit, ...)

- **Wünsche** sollten möglicherweise berücksichtigt werden (Formschönheit, Bauvolumen, Baukastensystem, ...)
- **Empfehlungen** sind wohl zu berücksichtigen, können aber unter gewissen Umständen (höhere Kosten, ...) gegenüber Anforderungen mit höherem Anforderungsgrad zurücktreten (verpackungsgerechte Konstruktion, ...)

Wenn möglich, sollten die Anforderungen die Zahlenangaben gestützt werden. Andernfalls ist eine präzise verbale Formulierung erforderlich, s. *Beispiel 1.3.1.*

Je detaillierter die Informationen über das geplante Produkt sind, umso mehr ist der Variationsspielraum des Konstrukteurs eingeengt.

Die Anforderungsliste hat die gesamte Entwicklungsarbeit zu begleiten und ist – wie eine Stückliste oder Zeichnung – auf dem neuesten Stand zu halten. Zusätzliche Informationen, die sich in späteren Konstruktionsphasen ergeben, und erforderliche Änderungen sind zu vermerken, zweckmäßig unter Angabe des jeweils dafür Verantwortlichen.

Das Entwickeln von Funktionsstrukturen

Für das Auffinden der optimalen Lösung vor allem bei Neukonstruktionen ohne bewährte Vorbilder ist es zweckmäßig, für das zu entwickelnde technische Produkt eine Funktionsstruktur als Grundlage für die eigentliche Konzeptarbeit zu erarbeiten.

Aber auch bei Anpassungskonstruktionen kann die Analyse der für das Vorbild erstellen Funktionsstruktur zu einem Austausch ungünstiger Funktionselemente oder zur Variation von Teilfunktionen und damit zu einer technisch und/oder wirtschaftlich günstigeren Gesamtlösung führen.

Ausgehend von der Anforderungsliste sind zunächst die Forderungen, Wünsche und Empfehlungen zu analysieren und nach den in *Abschnitt 1.1.2* genannten Regeln zu der Gesamtfunktion des geplanten technischen Produktes zu abstrahieren. Diese ist dann als black box darzustellen. Die abstrakte Formulierung der Gesamtfunktion lässt meist eine Vielzahl von Lösungsmöglichkeiten zu. Das hat den Vorteil, dass der Konstrukteur sich vorurteilsfrei auf die Suche nach alternativen Lösungen für die Funktionen des geplanten Produktes begeben und die dabei gefundenen Lösungen auf ihre optimale Eignung hin überprüfen kann.

Die in der black box dargestellte Gesamtfunktion ist aber als Grundlage für die eigentliche Konstruktionsarbeit zu allgemein. Technische Systeme lassen sich in den meisten Fällen in Teilsysteme und diese wieder in einzelne Funktionselemente zerlegen. Die Gesamtfunktion wird deshalb ebenfalls in ihre Teilfunktionen zerlegt und diese zur Funktionsstruktur miteinander verknüpft; wie in den *Bildern 1-6* und *1-7* dargestellt.

Definition:
Die Funktionsstruktur eines technischen Produktes ist die Verknüpfung ihrer Teilfunktionen für den Hauptumsatz und die Nebenumsätze, die zur Erfüllung der Gesamtfunktion erforderlich sind und ihre Darstellung als Blockschaltbild.

Arbeitsschritte für die Erarbeitung der Funktionsstruktur:

- Formulierung der Gesamtfunktion nach den Anforderungen der Anforderungsliste
- Darstellung der Gesamtfunktion als black box mit input- und output-Größen
- Auflösung der Gesamtfunktion in Teilfunktionen des Hauptumsatzes und Verknüpfung dieser miteinander in der Reihenfolge ihres Funktionsablaufes
- Variation der Funktionsstruktur durch Veränderung der Schaltung ihrer Teilfunktionen für den Hauptumsatz

- Hinzufügen und Verknüpfen der Teilfunktionen für die Nebenumsätze, die zur Aufrechterhaltung des Hauptumsatzes erforderlich sind (Energie, Steuer- und Regelsignale, Hilfsstoffe o. a.)

Bei der Zerlegung der Gesamtfunktion in Teilfunktionen ist zu beachten, dass eine zu starke Differenzierung der Funktionsstruktur zu Unübersichtlichkeit und Umwegen führen kann. Die Erstellung der Funktionsstruktur dient keinem Selbstzweck; sie hat dem Konstrukteur bei der Suche nach optimalen Lösungen zu helfen. In vielen Fällen kann deshalb eine Zusammenlegung von Teilfunktionen sinnvoll sein.

Eine Vielzahl von Konstruktionselementen und Funktionenträgern ist in der Lage, gleichzeitig mehrere Teilfunktionen zu erfüllen. Beispiele dafür sind

- trichterförmiges Rohrstück: *Sammeln* und *Übertragen* eines Mediums, Geschwindigkeitserhöhung beim Durchströmen
- Schweißverbindung: *Fügen* von zwei Bauelementen, übertragen von Kräften
- Bewegungsschraube: *Wandeln* von Dreh- in Längsbewegung, übertragen von Kräften
- Kegeltrieb: *Vergrößern* und *Richtungsändern* eines Drehmomentes, *Koppeln* von Kraft- und Arbeitsmaschine
- Pumpe: *Koppeln* von Saug- und Druckseite, *Wandeln* des Druckes

Zu Beginn der Konstruktionsphase „Konzipieren“ liegen dem Konstrukteur also im allgemeinen mehrere Variationen der Funktionsstruktur vor, für deren Teilfunktionen er Lösungen suchen muß. Alle diese Varianten müssen die Auflagen der Anforderungsliste erfüllen. Alle Varianten lassen aber auch andere Lösungen der Konstruktionsaufgabe erwarten. Selbst geringe Variationen der Funktionsstruktur können zu bedeutungsvollen konstruktiven Alternativen führen.

1.2.3 Das Konzipieren

Methoden der Lösungsfindung

In manchen Betrieben ist die Einführung des methodischen Konstruierens nicht ohne weiteres möglich. Widerstände gegen das systematische Konstruieren entstehen vor allem, wenn die Mitarbeiter der Konstruktionsabteilung nicht in ausreichendem Maße entsprechend ausgebildet sind oder wenn der Betrieb nicht in der Lage ist, die notwendigen sachlichen Voraussetzungen zum Beispiel durch Bereitstellung von Lösungskatalogen zu schaffen. In solchen Fällen können für die Lösungsfindung Methoden angewendet werden, die zwar betont intuitiv arbeiten, gegenüber der ebenfalls intuitiv orientierten konventionellen Arbeitsweise aber gewichtige Vorteile bieten.

Eine wesentliche Voraussetzung für die Verbesserung der Effektivität in der Phase der Lösungsfindung besteht darin, die kreativen Fähigkeiten möglichst aller geeigneter Mitarbeiter für das Projekt nutzbar zu machen. Viele Ideen gehen dem Betrieb dadurch verloren, dass bei zahlreichen im Konstruktionsbereich tätigen Mitarbeitern Hemmungen dagegen bestehen, in spontaner Weise Vorschläge zur Problemlösung zu äußern. Hierbei spielt die Furcht vor Kritik eine große Rolle. Man scheut sich, ungewöhnliche und unkonventionell klingende Vorschläge zu machen.

Voraussetzungen für den optimalen Ablauf der Konzipierungsphase:

- Nutzung der kreativen Fähigkeiten aller Mitarbeiter
- Abbau von Hemmungen gegen spontane und unkonventionelle Vorschläge zur Problemlösung
- Funktionengerichtete Betrachtungsweise des Konstruktionsproblems
- Methodisches Vorgehen bei der Lösungsfindung.

Das Brainstorming

Brainstorming heißt Gedankenblitz, Gedankensturm oder Ideenflut. Die Methode des Brainstorming wurde 1957 von *A. F. Osborn* vorgeschlagen. Der Grundgedanke besteht darin, dass eine Gruppe aufgeschlossener Fachleute aus möglichst verschiedenen Erfahrungsbereichen vorurteilslos Ideen produziert und sich von den geäußerten Gedanken zu weiteren Vorschlägen anregen lässt. Erreicht werden soll damit, dass unbefangen Einfälle und Assoziationen, die bisher noch nicht in dem vorliegenden Zusammenhang gesehen worden sind zur Lösungsfindung mit herangezogen werden.

Voraussetzung für die Anwendung des Brainstormings:

- Es wird eine Gruppe mit einem Koordinator gebildet, der allerdings keine Führungsaufgaben besitzen soll. Die Gruppe soll mindestens aus fünf und höchstens aus fünfzehn Personen bestehen. Man ist der Ansicht, dass kleinere Gruppen nicht effektiv genug sind, da der gesamte Erfahrungsschatz zu klein ist. Bei mehr als fünfzehn Personen dagegen ist die aktive Mitwirkung des einzelnen nicht mehr garantiert; Passivität und Absonderungen können auftreten.
- Die Gruppe muss nicht ausschließlich aus Konstrukteuren bestehen, sondern es sollen möglichst viele Fach- und Tätigkeitsbereiche vertreten sein. Die Hinzuziehung von Nichttechnikern, z. B. aus Einkauf und Verkauf, führt im allgemeinen zu einer Bereicherung des Ideenspektrums.
- Die Gruppe soll vor allem nicht hierarchisch zusammengesezt sein, sondern möglichst aus gleichgestellten Personen bestehen, damit Hemmungen bei der Gedankenäußerung wegfallen.
- Die Sitzung soll nicht länger als eine halbe Stunde dauern. Wesentlich längere Zeiten bringen erfahrungsgemäß nichts Neues und führen zu unnötigen Wiederholungen. Ist das Problem für eine Sitzung zu komplex, so empfiehlt sich die Ansetzung von weiteren Sitzungen, u. U. auch mit anderer personeller Besetzung. Es können auch Suchbereiche und für jeden Suchbereich eine andere Brainstorming-Gruppe zusammengestellt werden.

Alle Mitglieder der Brainstorming-Gruppe sollen ihre Gedanken spontan äußern; unter keinen Umständen darf innerhalb der Sitzung Kritik an einzelnen Ideen zugelassen werden. Hier liegt eine wichtige Aufgabe des Koordinators. Er hat die Aufgabe, die Sitzung zu organisieren. Zu Beginn der Sitzung muss er das Problem schildern und während der Sitzung für das Einhalten der Spielregeln sorgen.

Wichtig für den Erfolg einer Brainstorming-Sitzung ist eine aufgelockerte Atmosphäre. Hemmungen können abgebaut werden, indem der Koordinator am Anfang selbst einige ungewöhnlich oder absurd erscheinende Ideen vorbringt. Einen gewissen Einfluss auf das Ergebnis hat auch ein freundlicher Tagungsort.

Nach der Einführung kommt die Phase der Ideensuche. Die technische Realisierungsmöglichkeit der Vorschläge soll dabei zunächst nicht beachtet werden. Die vorgebrachten Ideen werden von den Teilnehmern aufgegriffen, abgewandelt und weiterentwickelt. Dabei können auch mehrere Ideen miteinander kombiniert werden. Ideen und Vorschläge werden aufgeschrieben oder mittels Tonband festgehalten.

1

Die Lösungsfindung durch Brainstorming

Einführung:	Einführung in die Regeln des Brainstorming Einführung in das Funktionendenken Aufgabenstellung
Aufgabengliederung:	Ermittlung der Produktfunktionen Aufstellung der Suchbereiche Gruppeneinteilung
Ideenfindung:	Ideensuche Verlesung und Korrektur des Protokolls
Bewertung:	Vorbewertung Informationsaustausch der Gruppen Schlussbewertung

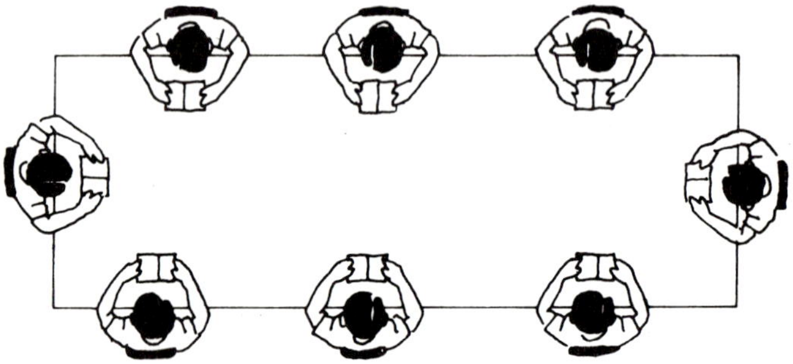

Bild 1-9
Lösungsfindung durch Brainstorming

Regeln des Brainstorming

1. *Funktionsgerichtete Betrachtungsweise*
   Funktionendenken bedeutet Abkehr von bildhafter Denkungsweise. Sie dient der Problemabstrahierung und begünstigt das Finden vieler Lösungen.
2. *Quantität geht vor Qualität*
   Je mehr Vorschläge, desto besser. Auch unsinnig erscheinende Vorschläge müssen aufgenommen werden.
3. *Kein Konkurrenzdenken*
   Nicht die Einzelleistung in den Vordergrund stellen, sondern das Team.
4. *Keine Kritik*
   Vorschläge von anderen sind nicht zu kritisieren, zu bewerten oder zu korrigieren.

Einflussgrößen für das Ergebnis

1. *Sitzungsort*
   Der Sitzungsort soll ein heller, ruhiger, freundlicher, ausreichend großer Raum mit Bewegungsfreiheit ohne Lärmbelästigung sein.
2. *Teilnehmerstruktur*
   Es sollen Teilnehmer aus den Bereichen Konstruktion, Arbeitsvorbereitung, Einkauf, Verkauf vertreten sein.
3. *Zeitplan*
   Es ist ein Zeitplan anzufertigen, der unbedingt eingehalten werden muss.

Nicht alle auf diese Weise entwickelten Ideen sind brauchbar. Deshalb müssen die Ergebnisse der Sitzung geordnet und beurteilt werden. Hiermit werden die zuständigen Fachleute beauftragt. Sie ordnen das Protokoll und untersuchen die Ideen auf Brauchbarkeit und auf die mögliche technische Verifizierbarkeit. Danach werden von der Konstruktionsabteilung aus den brauchbaren Ideen mögliche Lösungskonzepte entwickelt.

Das auf diese Weise gewonnene Ergebnis sollte mit der Brainstorming-Gruppe erneut diskutiert werden, damit Missverständnisse oder einseitige Auslegungen der Fachleute ausgeschlossen werden.

Brainstorming-Sitzungen versprechen ein gutes Ergebnis, wenn

- noch kein realisierbares Lösungskonzept vorliegt
- der physikalische Wirkzusammenhang nicht bekannt ist
- man mit bekannten Konzepten nicht weitergekommen ist
- man von eingefahrenen, nicht mehr ausbaufähigen Lösungen wegstrebt

Ein weiterer wesentlicher Vorteil des Brainstormings besteht darin, dass neben der reinen Ideensuche alle Beteiligten neue Informationen erhalten, die für ihre berufliche Tätigkeit von Bedeutung sind. Auf diese Weise werden die Teilnehmer der Brainstorming-Sitzung besser informiert als ihre Kollegen.

Entstehen aus den Ergebnissen einer Brainstorming-Sitzung Schutzrechte, so können sich allerdings Schwierigkeiten ergeben. Deshalb ist ein wichtiger Grundsatz des Brainstorming die Anonymität der Vorschläge. Andererseits wird durch das *„Gesetz über Arbeitnehmererfindungen"* zwingend vorgeschrieben, dass der Arbeitnehmer als Erfinder für seine erfinderische Leistung angemessen gelohnt werden muss. Außerdem hat er danach das Recht auf Erfinderbenennung. Ergebnisse aus einer Brainstorming-Sitzung zeigt *Beispiel 1.3.4.1.*

Die Methode 635

Die Methode 635 wurde 1969 von *B. Rohrbach* aus den Brainstorming-Regeln entwickelt. Bei dieser Methode wird wie beim Brainstorming im Team gearbeitet. Diese Methode bietet jedoch die Möglichkeit, jederzeit die Leistung des einzelnen Gruppenmitgliedes bei der Lösungsfindung zu beurteilen und zu rekonstruieren.

Die Ideensuche erfolgt ähnlich wie beim Brainstorming durch eine möglichst heterogen zusammengesetzte Gruppe. Die Gruppe soll vorzugsweise aus 6 Personen bestehen. Nach der Klärung der Aufgabenstellung und einer Einführung in die Technik der Lösungsfindung werden die Teilnehmer aufgefordert, jeweils 3 Lösungsansätze darzustellen. Diese Darstellungen können skizzenartig oder verbal oder als Kombination aus beiden erfolgen.

Nach etwa 5 Minuten gibt jedes Gruppenmitglied seine Lösungsvorschläge an seinen Nachbar weiter, der dann in den folgenden 5 Minuten Ergänzungen und Weiterentwicklungen der angebotenen Lösungen seines Nachbar vornimmt oder auch weitere Lösungsvarianten darstellt. Dieser Ablauf wird so lange wiederholt, bis alle ursprünglichen Lösungen je fünfmal überarbeitet worden sind.

Methode 635 bedeutet
- *sechs Gruppenmitglieder entwerfen*
- *je drei Lösungen*
- *in fünf Minuten.*

Für brauchbare Erfolge bei der Anwendung dieser Methode ist ein kooperatives Verhalten der Gruppenmitglieder von besonderer Bedeutung. Die angebotenen Lösungen dürfen nicht im Ansatz verworfen werden; jede Lösung soll möglichst im Sinne des Lösungsgedankens weiterentwickelt bzw. ergänzt werden. Völlig sinnlos ist es natürlich, mehrmals die eigenen Lösungen vorzuschlagen. Auch hierbei gilt der Grundsatz, dass Kritik an den Lösungen anderer Gruppenmitglieder möglichst unterbleiben soll. Nur Ideen, die mit Sicherheit unbrauchbar sind sollen verworfen werden.

1

Vorteile des Verfahrens:

- Es wird systematischer gearbeitet als in einer Diskussion.
- Jede Lösung wird weiterentwickelt und ergänzt.
- Der Entwicklungsgang kann auch nachträglich verfolgt und der Urheber des Lösungsprinzips ermittelt werden.
- Es entstehen somit keine rechtlichen Probleme in Bezug auf das Gesetz über Arbeitnehmererfindungen.
- Bei Konstruktionsaufgaben im schulischen Bereich ist eine Leistungsbewertung möglich.

Nachteile des Verfahrens:

- Geringere Kreativität durch Isolierung der Gruppenmitglieder
- Spontane Ideen werden nicht so leicht zu Papier gebracht, da der Urheber festgestellt werden kann und Kritik befürchtet wird.
- Fünf Minuten sind in der Regel zu kurz, um drei Lösungsvorschläge so zu Papier zu bringen, dass der Nachbar diese verstehen kann.

Siehe hierzu *Beispiel 1.3.4.2.*

Synektik

Die Synektik ist ein dem Brainstorming verwandtes Verfahren; hier wird also auch betont intuitiv gearbeitet. Der Unterschied zum Brainstorming besteht darin, dass man sich bei der Ideensuche durch Analogien aus dem nicht- oder halbtechnischen Bereich anregen oder leiten lässt.

Diese Methode wurde 1961 durch *W. J. J. Gordon* entwickelt. Ihr Grundgedanke besteht darin, dass man das technische Problem zunächst verfremdet, indem man Analogien und Vergleiche zu anderen Lebensbereichen herstellt. Die dadurch gewonnene verfremdete Betrachtungsweise führt zu neuartigen Gedanken für die Lösungsfindung.

Bei der Anwendung der Methode soll nach folgenden Schritten vorgegangen werden:

- Analyse des Problems
- Anstellen von Vergleichen zu Problemen aus anderen Lebensbereichen
- Analyse der Problemlösung im anderen Lebensbereich
- Entwicklung einer Idee aus der Lösungsanalyse
- Weiterentwicklung der Idee zur Problemlösung

In einigen Bereichen der Technik ist die Anwendung der Synektik sehr erfolgversprechend. So ist vor allem in den letzten Jahren auf dem Bausektor mit dieser Methode erfolgreich gearbeitet worden (Das des Olympiastadions in München). Im Maschinenbau führt diese Methode allerdings nur partiell zu Erfolgen. So erscheint sie zum Beispiel vielversprechend bei der Entwicklung von Industrierobotern und Manipulatoren und auch im Flugzeugbau.

Der morphologische Kasten

Die Gesamtfunktion einer Maschine, eines Gerätes oder Apparates muss in der Regel in Teilfunktionen aufgeteilt werden, die dann wieder zur Funktionsstruktur des geplanten technischen Produktes zusammengefügt werden. Unterteilungskriterien für die Erstellung der Teilfunktionen ergeben sich zum Beispiel aus den zu entwickelnden Baugruppen der Anlage. Jede Baugruppe lässt sich anschließend weiter unterteilen in weitere einzelne Funktionselemente. Auch diese lassen sich häufig in weitere Teilfunktionen aufgliedern, die miteinander verknüpft wieder die Funktionsstruktur des einzelnen Funktionselementes ergeben, wie im *Beispiel 1.3.4.3* dargestellt.

Die Verknüpfung von Teilfunktionen bzw. Funktionen zu Funktionsstrukturen wird durch Funktionenschemata erleichtert. Die verwendeten Schemata sind in der Regel zweidimensional und bestehen aus Zeilen und Spalten.

Die morphologische Methode wurde 1966 von *F. Zwicky* erstmalig vorgeschlagen. Dieses Verfahren eignet sich vor allem bei Neu- und Anpassungskonstruktionen. Allerdings sollte diese Methode nur bei relativ umfangreichen Konstruktionsaufgaben angewendet werden.

Bild 1-10 zeigt das Ordnungsschema für einen morphologischen Kasten. Zunächst werden sämtliche Teilfunktionen der Funktionsstruktur des geplanten technischen Produktes entnommen und in der Reihenfolge ihres Funktionsablaufes in die erste Spalte des morphologischen Kastens eingetragen. In die zu jeder Teilfunktion zugehörige Zeile werden sämtliche Funktionsträger oder Lösungsprinzipien eingetragen, die in der Lage sind, die jeweilige Teilfunktion zu erfüllen. Bei einer vollständigen Matrix sind bei n-Teilfunktionen und m-Funktionsträger $z = m^n$ Lösungskombinationen möglich. Im konkreten Entwicklungsfall ist allerdings die Matrix des morphologischen Kastens unvollständig.

Werden sämtliche mögliche Verknüpfungen von Teilfunktionen und Teilfunktionsträgern vorgenommen, so ergibt sich eine vielfach unübersehbar große Zahl von Lösungen für die Erfüllung der Gesamtfunktion. Darin sind jedoch auch Lösungen enthalten, die von von vornherein als ungeeignet erkannt werden können, da gewisse Lösungsprinzipien miteinander unverträglich sind oder ihre Verwirklichung aus wirtschaftlichen Gründen als aussichtslos erscheint. Der erfahrene Fachmann wird also zunächst die ihm ungünstig erscheinenden Lösungsansätze aus dem Schema eliminieren und anschließend die erfolgversprechenden Funktionsfolgen durch entsprechende Linienzüge kenntlich machen.

Regeln für die Auswahl der Lösungskombinationen:

- Teilfunktionen und Teilfunktionsträger nur dann verknüpfen, wenn sie miteinander verträglich, also wirklich kombinierbar sind.
- Die theoretisch mögliche Gesamtzahl der Lösungsfolgen muss auf eine geringe Zahl realisierbarer Konzepte beschränkt werden.
- Die Auswahl der Lösungsfolgen ist durch einen Fachmann oder eine Fachgruppe vorzunehmen.
- Alle ausgewählten Lösungsfolgen müssen die Forderungen der Anforderungsliste erfüllen.
- Lösungsfolgen die unzulässigen Aufwand erwarten lassen, sind zu streichen.

Teilfunktion Nr.		Lösungsprinzip/Funktionselement 1	2	3	...		m
1	F_1	P_{11}	P_{12}	P_{13}	...		P_{1m}
2	F_2	P_{21}	P_{22}	P_{23}	...		P_{2m}
3	F_3	P_{31}	P_{32}	P_{33}	...		P_{3m}
...	...	...	...	...	...		...
n	F_n	P_{n1}	P_{n2}	P_{n3}	...		P_{nm}

—— 1. Lösungskombination

- - - - 2. Lösungskombination

—— 3. Lösungskombination

Bild 1-10 Ordnungsschema eines morphologischen Kastens

1

Ein wesentlicher Vorteil der morphologischen Methode besteht darin, dass sie zum systematischen Arbeiten zwingt. Das Ausfüllen des morphologischen Kastens kann durch eine Gruppe erfolgen, die ähnlich strukturiert ist wie ein Brainstorming-Team. Diese Methode bietet aber auch dem einzelnen Konstrukteur die Möglichkeit, seine Gedankengänge mit verhältnismäßig geringem Aufwand zu objektivieren.

Das Suchen nach Teilfunktionsträgern oder Lösungsprinzipien kann nach verschiedenen Methoden erfolgen. So eignen sich dafür kreativ-intuitive Methoden, wie Brainstorming, die Methode 635 oder Synektik, als auch diskursive Methoden, wie zum Beispiel die systematische Untersuchung der anstehenden physikalischen Problematik. Hervorragend geeignet sind auch einschlägige Kataloge, in denen alle bekannten und bewährten Lösungen für bestimmte konstruktive Aufgaben oder für einzelne Teilfunktionen gesammelt sind. Bei häufiger Anwendung der morphologischen Methode empfiehlt sich die Erstellung solcher betriebsspezifischer Lösungskataloge.

Die Verwendung von Katalogen

Gewinnt man durch systematisches Vorgehen in der Lösungsfindungsphase die Gesamtmenge aller möglichen Lösungen für das zu bearbeitende Problem, so ist damit bei Neuentwicklungen die Möglichkeit gegeben, durch Schutzrechtanmeldungen einen monopolartigen Schutz des konstruierten technischen Produktes zu erwerben. Diese Möglichkeit ist außerordentlich reizvoll, da Konkurrenten daran gehindert werden können, an der im eigenen Betrieb geleisteten Entwicklungsarbeit zu partizipieren.

Es war also von Anfang an ein erklärtes Ziel aller systematischen Lösungsfindungsmethoden, möglichst alle möglichen Lösungen zu erfassen. Alle Maschinen, Geräte und Apparate dienen entweder der Energie-, Signal- oder Stoffumformung und ihre Funktion lässt sich letztlich auf physikalische Effekte zurückführen. Deshalb wurden inzwischen mehrfach Versuche unternommen, Kataloge mit möglichst vollständigen physikalischen Wirkprinzipien zu erstellen. *Koller* hat solche Prinzipienkataloge für das Wandeln der Energie- bzw. Signalart und für das Vergrößern bzw. Verkleinern physikalischer Größen angegeben. Bei *Ewald* findet man eine nach physikalischen Prinzipien geordnete Lösungssammlung für Krafterzeuger, dargestellt im *Anhang A1-2* und *A1-3*.

Da die Aufstellung solcher Kataloge zeitaufwendig und daher teuer ist, erscheint es angemessen, sie nur dort zu verwenden, wo eine überschaubare Anzahl von Lösungen vorhanden ist. Erfolgversprechend ist die Aufstellung von Katalogen für Maschinenelemente, Normteile, Werkstoffe und bestimmte Gebiete der Maschinentechnik, wie dem Vorrichtungsbau, für Stufengetriebe, in der Hydraulik und Pneumatik und dergleichen.

Vollständige Kataloge sind:
- sehr umfangreich und deshalb schlecht überschaubar.
- schwierig zu erstellen, da die Zusammenarbeit mehrerer Fachwissenschaftler erforderlich ist.
- schwer auszuwerten, da für die Handhabung umfangreiches Grundlagenwissen erforderlich ist.

Kataloge für das Entwerfen fassen zusammen:
- Werkstoffeigenschaften
- Schlussarten von Verbindungen
- Schaltungsarten bei Kupplungen
- Merkmale konkreter Maschinenelemente, wie z. B. Art der Spielbeseitigung bei Schraubpaarungen oder bei Stirnradgetrieben
- Prinzipien der Kraftübertragung bei Lagern und Führungen.

Spezielle Eigenschaften von konstruktiven Lösungen, wie z. B. Abmessungen, Geräuschentwicklung, eignen sich nicht als Ordnungsgesichtspunkt, weil sie für den Konstrukteur nur im konkreten Entwicklungsfall von Bedeutung sind.

Im Hauptteil des Kataloges können Gleichungen, Lösungsprinzipien in Form von Skizzen, Konstruktionszeichnungen, Werkstoffbezeichnungen oder dergleichen aufgeführt sein.

Besondere Bedeutung für die Auswahl von Lösungen kommt dem Zugriffsteil des Kataloges zu. Hier sind Auswahlmerkmale, wie zum Beispiel charakteristische Abmessungen, Zahl der Elemente, Grad ihrer Wirkung, kinematische Bedingungen, Verstärkungseffekt u. a., aufzuführen, also Kriterien, die durch eindeutige Definitionen und Symbolik auch datentechnisch nutzbar gemacht werden können. Im *Anhang A1-9* ist ein Lösungskatalog für die Funktion „Kraft einstufig mechanisch vervielfältigen" abgebildet.

Ewald nennt folgende Anforderungen an einen Lösungskatalog:

Allgemeine Anforderungen:
- Unabhängigkeit von einer bestimmten Lösungsmethode
- Allgemeingültigkeit
- Eignung für schnelles „Überfliegen"
- Eignung für herkömmliche Organisation des Konstruktionsbetriebes als auch für Datenverarbeitungsanlagen

Anforderungen an den Inhalt:
- Vollständiges Abdecken des Lösungsfeldes
- Umfangreiche Informationen über die Eigenschaften der Lösungen

Neben physikalischen Lösungssammlungen sind mittlerweile auch schon solche mit technischen Prinzipien zur Realisierung bestimmter physikalischer Effekte und ebenfalls Kataloge mit Funktionsträgern zur Lösung bestimmter Teilfunktionen entstanden. Die *VDI-Richtlinie 2222 Blatt 2* nennt die zur Zeit verfügbaren Lösungs-, Objekt- und Operationskataloge, die in den Konstruktionsphasen Konzipieren, Entwerfen und Ausarbeiten angewendet werden können. Die Richtlinie gibt gleichzeitig Anleitung für die Erstellung und Anwendung von Konstruktionskatalogen.

Für die Erstellung von tabellarischen Lösungssammlungen empfiehlt sich folgende Vorgehensweise:
- Sammeln der Lösungen aus dem eigenen Erfahrungsbereich
- Sortieren und Ordnen der gefundenen Lösungen
- Erweitern des Lösungsfeldes durch Suchen in Lehrbüchern, Zeitschriften, Prospekten, VDI-Richtlinien und Patenten
- Systematisches Variieren der gefundenen Lösungsprinzipien
- Erstellen einer vollständigen Tabelle nach ordnenden Gesichtspunkten

Bei der Entwicklung von Katalogen sind das Ordnen und Gliedern der Matrix von besonderer Bedeutung. *Ordnende Gesichtspunkte* für die Katalogerstellung können beispielsweise sein:
- Elementarfunktionen, im *Anhang A1-1*; sie gestatten einen produktionsunabhängigen Zugriff.
- Art und Merkmale von mechanischer, optischer, akustischer, elektrischer, elektromagnetischer, kalorischer, atomarer oder chemischer Energie; Art und Merkmale von Stoff und Signal.
- Form, Größe, Zahl, Art und Lage von Wirkflächen und Wirkbewegungen
- physikalische Effekte
- Angaben von zusätzlichen Informationsquellen, wie zum Beispiel Literatur
- Verwendung von Symbolen
- Angabe von Lösungen in abstrakter Form; keine fertigen Konstruktionen
- Angabe von elementaren Lösungen; keine Kombinationen elementarer Lösungen

Anforderungen an den Aufbau:
- Systematische Ordnung der Lösungen
- Erleichterung des Zugriffs durch Angabe der Lösungseigenschaften
- Gleichberechtigte Angabe der Auswahlkriterien
- Einfache Handhabung
- Ansprechende Gestaltung der Form
- Möglichkeit der Erweiterung

Trotz der großen Zahl von Beispielen und Anregungen, die dem Konstrukteur für die Erstellung von Lösungskatalogen mittlerweile gegeben sind, wird wohl auch in Zukunft der zeitliche und sachliche Aufwand für die Erstellung vollständiger Kataloge vielfach nicht getrieben werden können. Hier helfen dem Konstrukteur am Arbeitsplatz tabellarische Aufstellungen weiter, die er ohne erhebliche Anstrengungen selbst zusammenstellen kann. Die *Bilder 1-11* und *1-12* sollen dazu Anregung geben. Im *Bild 1-11* ist eine Auflistung gängiger Zylinder für den Bereich der Hydraulik und Pneumatik vorgenommen worden, während im *Bild 1-12* eine Übersicht von Schubkolbentrieben und ihrer wichtigsten Eigenschaften – bezogen auf das Bauprogramm einer Werkzeugmaschinenfirma – dargestellt ist. Im Gegensatz zu *Bild 1-11* enthält *Bild 1-12* so weitgehende Informationen, dass in der Entwurfsphase unmittelbar mit der Bemessung begonnen werden kann. Beide Bilder stellen nur Teile des Gesamtkataloges dar.

Das Bewerten von Lösungen

Eine Konstruktionsaufgabe soll in technischer Hinsicht möglichst optimal gelöst werden. Gleichzeitig müssen aber auch die Herstellkosten in wirtschaftlich vertretbaren Grenzen gehalten werden.

Bei Anpassungs- und Variantenkonstruktionen sollen Schwachstellen ausgemerzt und gleichzeitig die Herstellkosten gesenkt werden.

Nr.	Symbol DIN 24300	Eigenschaften	Nr.	Symbol DIN 24300	Eigenschaften
1	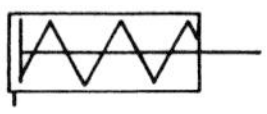	Einfach wirkender Zylinder Rückstellung durch eingebaute Feder	5		Doppelt wirkender Zylinder mit einstellbarer Dämpfung auf einer Kolbenseite
2	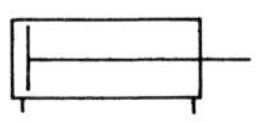	Doppelt wirkender Zylinder mit einseitiger Kolbenstange	6	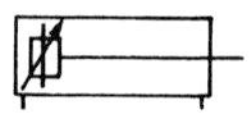	Doppelt wirkender Zylinder mit einstellbarer Dämpfung auf beiden Kolbenseiten
3	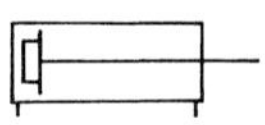	Doppelt wirkender Zylinder mit nicht verstellbarer Dämpfung auf einer Kolbenseite	7	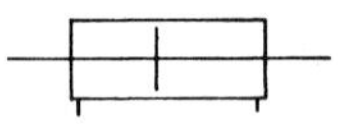	Doppelt wirkender Zylinder mit durchgehender Kolbenstange
4	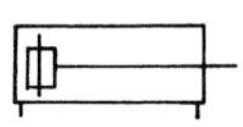	Doppelt wirkender Zylinder mit nicht verstellbarer Dämpfung auf beiden Kolbenseiten	8	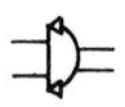	Druckluftmotor Schwenkmotor (Drehzylinder) mit begrenztem Schwenkbereich

Bild 1-11 Auflistung von Zylindern für die Hydraulik und Pneumatik (Auszug)

Nr.	Ausführung	Platz-bedarf	Dichtungs-stellen	Vor- und Rücklauf-geschwindigkeit	Ausführungs-beispiele
1	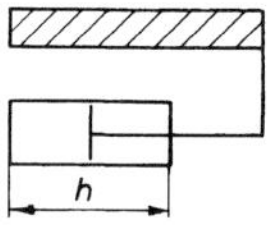	2 · h	eine	verschieden	Hauptantrieb bei Stoßmaschinen; Vorschubantrieb bei Kreissägen; Klemmungen usw.
2	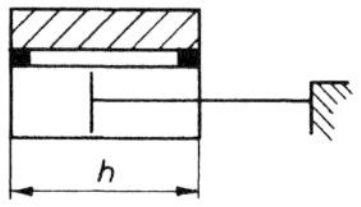	2 · h	eine	verschieden	Werkzeug-schlittenantrieb bei Nachform-einrichtungen
3	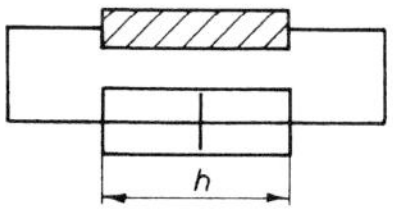	3 · h	zwei	gleich	Tischantrieb bei Flachschleif-maschinen
4	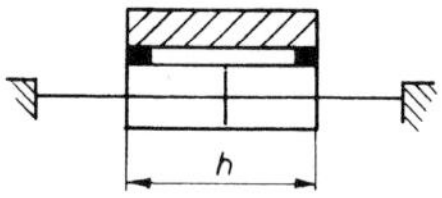	2 · h	zwei	gleich	Tischantrieb bei Rundschleif-maschinen

Bild 1-12 Auflistung von Schubkolbengetrieben (Auszug)

Die technische Bewertung

Das technische Bewerten geht aus von den Konzeptvarianten, die am Ende der Konzipierungsphase mithilfe des morphologischen Kastens gefunden worden sind. Zu überprüfen und zu bewerten sind die in der Anforderungsliste genannten Forderungen, Wünsche und Erwartungen oder sonstigen technischen Eigenschaften. Es soll der Grad festgestellt werden, in dem sich die dort geforderten Eigenschaften des konzipierten technischen Produktes dem Ideal nähert.

Vielfach ist dabei eine strenge Trennung der technischen von den wirtschaftlichen Eigenschaften nicht möglich. So ist zum Beispiel ein hoher Wirkungsgrad vielfach nur über höhere Herstellkosten erreichbar; er führt aber gleichzeitig auch zu geringeren Betriebskosten. Ein kleineres Bauvolumen einer Maschine ist im allgemeinen nur erreichbar durch kleinere Maschinenelemente, die aber gleichzeitig höhere Werkstoffkosten erfordern; gleichzeitig ergeben sich allerdings geringere Kosten für die Aufnahme der Maschine (Gehäuse, Verpackung).

Im *Anhang A1.-6* befindet sich eine Checkliste für die Erstellung der Anforderungsliste, weitere Angaben liefert die *VDI-Richtlinie 2225 Blatt 1*.

Für technische Bewertungen in einem frühen Stadium der Entwicklungsarbeit genügt es meist, sich auf wenige Eigenschaften zu beschränken. Erst bei späteren Bewertungen sollte man ihre Zahl erhöhen. Alle Kriterien sollen dabei positiv formuliert werden, also „Geräuscharmut" statt „Lautstärke" oder „Korrosionsbeständigkeit" statt „Korrosionsneigung".

Vorteilhaft kann es sein, wenn einzelne Baugruppen oder sogar einzelne Bauelemente zunächst gesondert bewertet werden. Dabei können leicht Schwachstellen einer Baugruppe im Stadium des Entwurfes erkannt und eliminiert werden, sodass aufwendige Zeit für die Änderung von ausgearbeiteten Zeichnungen oder anderer Fertigungsanweisungen im späteren Entwicklungsstadium erspart wird.

Selbstverständlich muß der Bewertung einzelner Baugruppen immer eine zusammenfassende Gesamtbewertung des Konzeptes folgen.

Bewährt hat sich die Anwendung einer Punktbewertung nach den im *Bild 1-13* angegebenen Schemata. Bei frühzeitigen Bewertungen hat sich im allgemeinen das Vier-Punkte-Schema, bei Bewertungen im späteren Entwicklungsstadium auch das Zehn-Punkte-Schema als geeignet erwiesen.

4-Punkte-Schema		10-Punkte-Schema	
Grad der Annäherung	Punktzahl	Grad der Annäherung	Punktzahl
		Ideallösung	10
sehr gute Lösung (Ideal)	4	hervorragende Lösung	9
		sehr gute Lösung	8
gute Lösung	3	gute Lösung	7
		gute Lösung mit geringen Mängeln	6
ausreichende Lösung	2	befriedigende Lösung	5
		ausreichende Lösung	4
gerade noch tragbare Lösung	1	noch tragbare Lösung	3
		mangelhafte Lösung	2
unbefriedigende Lösung	0	ungenügende Lösung	1
		unbrauchbare Lösung	0

Bild 1-13 Punktbewertungsskala

Als Maß für den technischen Reifegrad einer Konstruktion kann die absolute Punktzahl gelten, die sich durch Addition der vergebenen Einzelpunkte ergibt. Vorteilhafter ist aber mit Rücksicht auf eine zusammenfassende technische und wirtschaftliche Bewertung die Einführung des Begriffes der **technischen Wertigkeit**

$$x = \frac{p_1 + p_2 + p_3 + \dots + p_n}{n \cdot p_{max}} = \frac{\frac{p_1 + p_2 + p_3 + \dots + p_n}{n}}{p_{max}} = \frac{\overline{p}}{p_{max}} \qquad (1.1)$$

x technische Wertigkeit eines technischen Produktes
$p_1, p_2, \dots, p_n$ Punktzahl für technische Eigenschaften
$p_{max} = 4$ ideale Punktzahl
$\overline{p}$ arithmetischer Mittelwert der Punkte für technische Eigenschaften
n Anzahl der bewerteten technischen Eigenschaften

Die technische Wertigkeit eines Lösungskonzeptes ist also der Quotient aus der Summe der Werte der technischen Eigenschaften und der Summe der Werte der Ideallösungen. Die Werte der Eigenschaften werden mittels einer geeigneten Punktskala festgelegt.

Erfahrungsgemäß ist eine technische Wertigkeit von $x > 0{,}8$ als sehr gut von $0{,}7 < x < 0{,}8$ als gut und eine solche von $x < 0{,}6$ als nicht befriedigend anzusehen, s. *Beispiel 1.3.5*.

Die technische Bewertung nach dem geschilderten Verfahren kann auch bei der Bewertung von Werkstoffen, Verfahren und Bauwerken angewendet werden.

Die wirtschaftliche Bewertung

Primäre Zielsetzung eines Wirtschaftsunternehmens ist gewöhnlich die Gewinnoptimierung. Die technische Auslegung einer Maschine, eines Gerätes oder Apparates sollte deshalb möglichst niedrige Herstellkosten erfordern. Neben der technischen Bewertung sollte deshalb ebenfalls eine wirtschaftliche Bewertung durchgeführt werden.

Wirtschaftliche Grundbegriffe

Die *Herstellkosten H* ergeben sich als Summe der *Materialkosten M* und der *Fertigungskosten F*:

$$H = M + F,$$

wobei mit den *Lohnkosten L* und den *Fertigungs-Gemeinkosten G* auch $F = L + G$ und damit

$$H = M + L + G \tag{1.2}$$

H Herstellkosten eines technischen Produktes in €
M Materialkosten in €
L Lohnkosten in €
G Fertigungs-Gemeinkosten in €

In der Einzel- und Serienfertigung wird vielfach nach der Zuschlagkalkulation vorgegangen. *Anhang A1-10* zeigt ein für die Zuschlagkalkulation gültiges Kostenschema.

Materialkosten

Aus den Konstruktionszeichnungen können die Nettovolumina der Bauteile V_n berechnet oder aus den maßstäblichen Entwürfen geschätzt werden und – unter Berücksichtigung eines Zuschlagfaktors f_z – die Bruttovolumina

$$V_b = f_z \cdot V_n$$

ermittelt werden. Die Zuschlagfaktoren f_z ergeben sich für die Rohlinge der Bauteile (Guss- und Schmiedestücke, Halbzeuge, Fein-, Mittel- und Grobbleche) als Erfahrungswerte. Mit den Werkstoffkosten pro Volumeneinheit von Rohstoffen und Halbzeugen k_v ergeben sich dann die *Brutto-Werkstoffkosten*

$$W_b = V_b \cdot k_v = f_z \cdot k_v \cdot V_n \tag{1.3}$$

W_b Brutto-Werkstoffkosten in €
V_b Bruttovolumen in cm^3
V_n Nettovolumen in cm^3
f_z Zuschlagfaktor für Verschnitt
k_v spezifische Werkstoffkosten in €/cm^3

Es ist sinnvoll, die für den jeweils verwendeten Werkstoff gültigen *spezifischen Werkstoffkosten* k_v in €/cm^3 wegen möglicher Preisänderungen auf einen Vergleichswerkstoff zu beziehen. Die *VDI-Richtlinie 2225 Blatt 2* hat als solchen den warmgewalzten Rundstahl S235JRG1 DIN EN 10025 mittleren Durchmessers mit k_{vo} gewählt.

Damit werden die Brutto-Werkstoffkosten

$$W_\mathrm{b} = k_\mathrm{v} \cdot V_\mathrm{b} = k_\mathrm{vo} \cdot k_\mathrm{v}^* \cdot V_\mathrm{b} = k_\mathrm{vo} \cdot k_\mathrm{v}^* \cdot f_\mathrm{z} \cdot V_\mathrm{n} \tag{1.4}$$

W_b, k_v, V_b, V_n, f_z wie Gl. (1.3)
k_vo Werkstoffkosten des Rundstahls S235JRG1 mit ∅ 35 bis ∅ 100 in €/cm³ als Bezugswerkstoff, k_vo ist den aktuellen Preislisten der Werkstoffhändler zu entnehmen
k_v^* relative Werkstoffkosten des verwendeten Werkstoffes nach *Anhang A2-1* bis *A2-12*

Hierbei geben die *relativen Werkstoffkosten*

$$k_\mathrm{v}^* = \frac{k_\mathrm{v}}{k_\mathrm{vo}} \tag{1.5}$$

k_v^*, k_v, k_vo wie Gl. (1.4)

an, wie viel mal so hoch die Kosten des verwendeten Werkstoffes pro Volumeneinheit wie die des Rundstahls S235JRG1 mit mittlerem Durchmesser sind. Für diesen ist also $k_\mathrm{v}^* = 1$.

Für die wichtigsten Konstruktionswerkstoffe und Profile der Maschinentechnik sind k_v^*-Werte im *Anhang A2-1* bis *A2-12* angegeben.

Die *Kosten für die Fertigzeuge Z* können Preislisten und Angeboten entnommen werden. Unter Berücksichtigung der *Gemeinkosten* für Werkstoffe G_w und für Fertigzeuge G_z ergeben sich dann die *Materialkosten*

$$M = (W_\mathrm{b} + G_\mathrm{w}) + (Z + G_2) = W_\mathrm{b} \cdot \left(1 + \frac{G_\mathrm{w}}{W_\mathrm{b}}\right) + Z \cdot \left(1 + \frac{G_\mathrm{z}}{Z}\right)$$

oder

$$M = (1 + g_\mathrm{w}) \cdot W_\mathrm{b} + (1 + g_\mathrm{z}) \cdot Z \tag{1.6}$$

M Materialkosten in €
g_w Zuschlagfaktor für Werkstoff-Gemeinkosten
g_z Zuschlagfaktor für Fertigzeug-Gemeinkosten
W_b Brutto-Werkstoffkosten in €
Z Fertigzeugkosten in €

Hierbei sind g_w und g_z die mittleren Zuschlagfaktoren für Halbzeuge und Rohstoffe bzw. für Fertigzeuge, z. B. $g_\mathrm{w} \approx 0{,}3$ bzw. $g_\mathrm{z} \approx 0{,}1$.

Für den Konstrukteur ist die Aufteilung von W_b und Z in die Kosten der Einzelteile zweckmäßiger, sodass er die Materialkosten dann ermitteln kann nach

$$M = (1 + g_\mathrm{w}) \cdot (k_\mathrm{v1} \cdot V_\mathrm{b1} + k_\mathrm{v2} \cdot V_\mathrm{b2} + \ldots) + (1 + g_\mathrm{z}) \cdot (Z_1 + Z_2 + \ldots) \tag{1.7}$$

M Materialkosten in €
g_w, g_z wie Gl. (1.6)
$k_\mathrm{v1}, k_\mathrm{v2}, \ldots, k_\mathrm{vn}$ spezifische Werkstoffkosten der einzelnen Bauteile einer Baugruppe in €/cm³
$V_\mathrm{b1}, V_\mathrm{b2}, \ldots, V_\mathrm{bn}$ Bruttovolumina der einzelnen Bauteile in cm³
$Z_1, Z_2, \ldots, Z_\mathrm{n}$ Kosten der einzelnen Fertigzeuge in €

s. *Beispiel 1.3.6.*

Fertigungskosten

Bei *Einzel- und Serienfertigung* wird vielfach die *Zuschlagkalkulation* angewendet, nach der die Gemeinkosten G den Lohnkosten L zugeschlagen werden. Die *Fertigungskosten* ergeben sich dann aus

$$F = (L_t + G_t) + (L_m + G_m) \tag{1.8}$$

F Fertigungskosten in €
L_t Fertigungslohn für die Einzelteile in €
L_m Fertigungslohn für die Montage in €
G_t Fertigungsgemeinkosten für die Einzelteile in €
G_m Fertigungsgemeinkosten für die Montage in €

Mit dem Zuschlagfaktor für die Fertigungsgemeinkosten für die Einzelteile $g_t = G_t/L_t$ und dem Zuschlagfaktor für die Fertigungsgemeinkosten für die Montage $g_m = G_m/L_m$ ergeben sich dann die Fertigungskosten

$$F = L_t \cdot (1 + g_t) + L_m \cdot (1 + g_m) \tag{1.9}$$

F, L_t, L_m wie Gl. (1.8)
g_t Zuschlagfaktor für die Fertigungsgemeinkosten der Einzelteile
g_m Zuschlagfaktor für die Montagegemeinkosten

Bei *Massenfertigung* kann die Zuschlagkalkulation nicht angewendet werden. Hier hat sich die *Platzkalkulation* als sinnvoll erwiesen, nach der für jede Maschine und für jeden Arbeitsplatz die individuellen Platzkosten pro Zeiteinheit aus Verzinsung und Amortisation, Raumkosten, Energiekosten, Kosten für Werkzeuge, Lohn- und Sozialkosten ermittelt werden. Die Fertigungskosten des einzelnen Bauteils ergeben sich dann aus

$$F_x = \frac{\text{Platzkosten}}{\text{Zeiteinheit}} \cdot \frac{\text{Platzbelegungszeit}}{\text{Stück}} \tag{1.10}$$

F_x Fertigungskosten des einzelnen Bauteils in € bei Massenfertigung

und die gesamten Fertigungskosten des technischen Produktes aus

$$F = \sum_{x=1}^{n} F_x \tag{1.11}$$

F gesamte Fertigungskosten des technischen Produktes in € bei Massenfertigung
F_x Fertigungskosten des einzelnen Bauteils in € nach Gl. (1.10)
n Anzahl der Bauteile des technischen Produktes

Herstellkosten

Die Herstellkosten H = Materialkosten M + Fertigungskosten F sind bedeutsam für die wirtschaftliche Bewertung des technischen Produktes. Im Entwurfsstadium fehlen dem Konstrukteur aber vielfach Möglichkeiten zu ihrer Ermittlung. Zwar können die Materialkosten M unter Verwendung der Entwurfszeichnungen und der relativen Werkstoffkosten k_v^* ermittelt werden (*Anhang A2-1* bis *A2-12*). Vor allem aber bei Neukonstruktionen sind keine Unterlagen zur Ermittlung der Fertigungskosten F vorhanden.

1

Für viele Bereiche des Maschinen- und des Elektromaschinenbaus, der Feinwerk-, Regelungs- und Messtechnik aber sind Richtwerte von prozentualen Materialkostenanteilen

$$M' = \frac{M}{H} \cdot 100\,\% \tag{1.12}$$

M' prozentuale Materialkostenanteile nach *Anhang A2-14*
M Materialkosten in € nach Gl. (1.7) bzw. Gl. (1.13)
H Herstellkosten eines technischen Produktes in €

bekannt (*Anhang A2-14*). Mit diesen lassen sich nach Ermittlung der *Materialkosten*

$$M = (1 + g_{\mathrm{w}}) \cdot \sum_{x=1}^{n} (k_{\mathrm{vx}} \cdot V_{\mathrm{bx}}) + (1 + g_{\mathrm{z}}) \cdot \sum_{y=1}^{m} Z_{\mathrm{y}} \tag{1.13}$$

M	Materialkosten in €
$g_{\mathrm{w}}, g_{\mathrm{z}}$	wie Gl. (1.6)
$k_{\mathrm{v1}}, k_{\mathrm{v2}}, \ldots, k_{\mathrm{vn}}$	spezifische Werkstoffkosten der einzelnen Bauteile einer Baugruppe in €/cm^3
$V_{\mathrm{b1}}, V_{\mathrm{b2}}, \ldots, V_{\mathrm{bn}}$	Bruttovolumina der einzelnen Bauteile in cm^3
$Z_1, Z_2, \ldots, Z_{\mathrm{n}}$	Kosten der einzelnen Fertigzeuge in € (s. auch Gl. (1.7))

die *Herstellkosten*

$$H = \frac{M}{M'} \cdot 100\,\% \quad \text{in €} \tag{1.14}$$

M' prozentuale Materialkostenanteile nach *Anhang A2-14*
M Materialkosten in € nach Gl. (1.7) bzw. Gl. (1.13)
H Herstellkosten eines technischen Produktes in €

überschlägig bestimmen. Sind die prozentualen Materialkostenanteile M' für eine bestimmte Erzeugnisgruppe nicht bekannt, so müssen diese mithilfe der Kalkulationsabteilung geschätzt werden.

Wirtschaftliche Wertigkeit

Für die Ermittlung des wirtschaftlichen Wertes eines technischen Produktes müssen die nach obigem Verfahren ermittelten Herstellkosten H mit einem „idealen" Bezugswert verglichen werden. Zu diesem Zweck werden durch eine Marktanalyse die zur Zeit gültigen Marktpreise P gleichwertiger oder ähnlicher konkurrierender Produkte ermittelt; P_{min} ist der niedrigste dieser Marktpreise.

Die *zulässigen Selbstkosten* zur Herstellung, für die Entwicklung, die Verwaltung und den Vertrieb des Produktes betragen dann

$$S_{\mathrm{zul}} = P_{\mathrm{min}} - \Delta K \tag{1.15}$$

S_{zul} zulässige Selbstkosten für Herstellung, Entwicklung, Verwaltung und Vertrieb in €
P_{min} niedrigster Marktpreis konkurrierender oder ähnlicher technischer Produkte in €
ΔK kalkulatorischer Gewinn in €

Die Selbstkosten sind die Summe der Herstellkosten H, der Gemeinkosten für die Entwicklung G_e, für die Verwaltung G_{vw} und den Vertrieb G_{vt}:

$$S = H + G_e + G_{vw} + G_{vt} = \alpha \cdot H \tag{1.16}$$

S Selbstkosten in €
H Herstellkosten in €
G_e Entwicklungsgemeinkosten in €
G_{vw} Verwaltungsgemeinkosten in €
G_{vt} Vertriebsgemeinkosten in €
α Zuschlagfaktor für Entwicklung, Verwaltung und Vertrieb

Mit dem von der Buchhaltung zu erfragenden Zuschlagfaktor für die Entwicklung, die Verwaltung und den Vertrieb α sind dann die *zulässigen Herstellkosten*

$$H_{zul} = \frac{S_{zul}}{\alpha} = \frac{P_{min} - \Delta K}{\alpha} \tag{1.17}$$

H_{zul} zulässige Herstellkosten in €
S_{zul}, P_{min}, ΔK wie Gl. (1.15)
α wie Gl. (1.16)

Im Allgemeinen nennt schon die Planungsgruppe im Entwicklungsauftrag der Konstruktionsabteilung die zulässigen Herstellkosten H_{zul}, sodass diese als nicht variierbare Forderung Teil der Anforderungsliste ist.

Die wirtschaftliche Wertigkeit y kann nun analog zur technischen Wertigkeit x als Verhältnis der zulässigen Herstellkosten H_{zul} zu den nach Gl. (1.14) bestimmten realen Herstellkosten H definiert werden. Wegen der während der Entwicklungs- und Vertriebszeit zu erwartenden allgemeinen Kostensteigerungen empfiehlt es sich, die Herstellkosten mit einem Steigerungsfaktor, z. B. 1,4 zu versehen.

Dann ist die **wirtschaftliche Wertigkeit**

$$y = \frac{H_{zul}}{1{,}4 \cdot \mathrm{H}} = \frac{H_i}{\mathrm{H}} \tag{1.18}$$

y wirtschaftliche Wertigkeit eines technischen Produktes
H_{zul} zulässige Herstellkosten in € nach Gl. (1.17)
H Herstellkosten in € nach Gl. (1.14)
H_i ideale Herstellkosten in €

Bei Vergleich der wirtschaftlichen Wertigkeiten mehrerer Entwicklungsvarianten nach dem dargestellten Verfahren muss natürlich gewährleistet sein, dass diese etwa gleiche Kostenstrukturen, also ein etwa gleiches Verhältnis von Materialkosten M, Lohnkosten L und Gemeinkosten G, aufweisen. Das ist erfahrungsgemäß immer dann der Fall, wenn die Betriebsstruktur und die Art der Fertigung nicht entscheidende Unterschiede aufweisen.

Die Vorgehensweise bei der wirtschaftlichen Bewertung einer Lösung ist im *Beispiel 1.3.6* dargestellt.

1

Die Stärke eines technischen Produktes

Für die ganzheitliche technisch-wirtschaftliche Bewertung von Konstruktionsentwürfen beziehungsweise für den bewertenden Vergleich mehrerer Entwicklungsvarianten ist der Begriff der „Stärke" geeignet.

Die Stärke einer bestimmten Konstruktion wird zweckmäßigerweise als Wertepaar (x/y) im Stärkediagramm nach *Bild 1-14* dargestellt, bei dem die wirtschaftliche Wertigkeit y auf der Ordinate und die technische Wertigkeit x auf der Abszisse aufgetragen sind.

Die Ideallösung ist durch das Wertepaar $s_i = (1/1)$ bestimmt. Die ideale Entwicklungslinie verläuft durch den Koordinatenursprung und diesen Idealpunkt, denn jeder Punkt dieser Geraden bezeichnet Lösungen ausgewogener technischer und wirtschaftlicher Wertigkeit.

Mit zunehmender Reife einer Lösung verschiebt sich die Stärke in Richtung auf Punkt s_i, s. auch *Beispiel 1.3.7*.

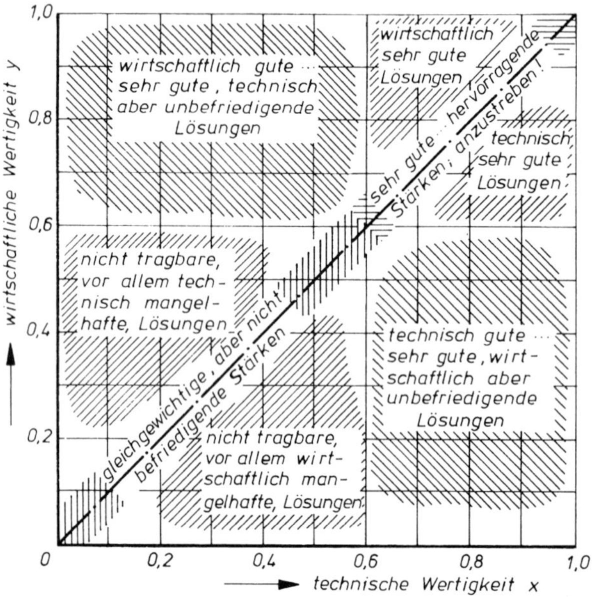

Bild 1-14
Stärkediagramm

1.2.4 Das Entwerfen und Ausarbeiten

Das Entwerfen und Ausarbeiten der Fertigungsunterlagen basiert auf der in der Konzipierphase erstellten schematischen Gesamtdarstellung der Maschine, des Gerätes oder Apparates.

Das *Ziel der Entwurfs- und Ausarbeitungsphase ist die Erstellung von fertigungs- und montagegerechten Zeichnungen, Plänen und Anweisungen.* Die Vorgehensweise richtet sich dabei nach der individuell verschiedenen Organisation der Konstruktionsabteilung und den betriebsspezifischen Fertigungs- und Montagemöglichkeiten.

Etwa 75 % aller Konstruktionen sind Anpassungs- oder Variantenkonstruktionen. Entweder handelt es sich um die Anpassung eines bekannten technischen Produktes – bei gleichbleibendem Funktionsprinzip – an veränderte Bedingungen, oder es werden lediglich Varianten einzelner Funktionsgrößen eines vorhandenen technischen Produktes entworfen. In beiden Fällen sollen also bewährte Bestandteile der Gesamtkonstruktion erhalten bleiben.

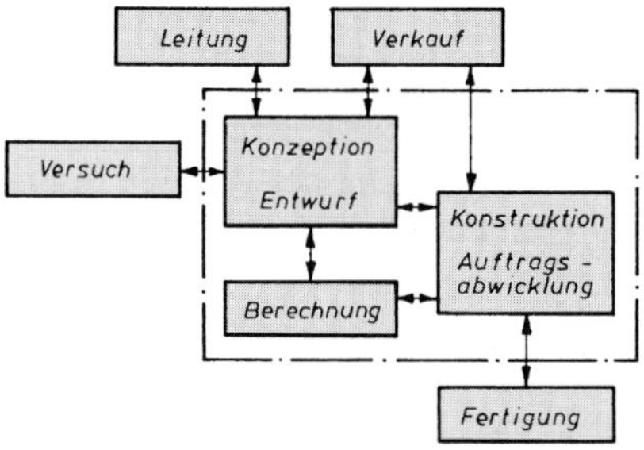

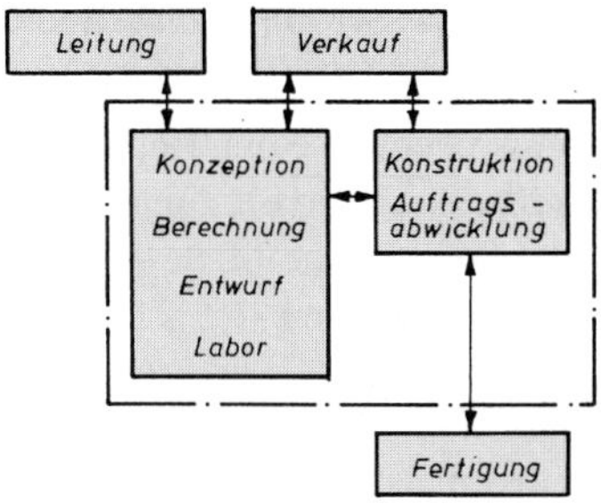

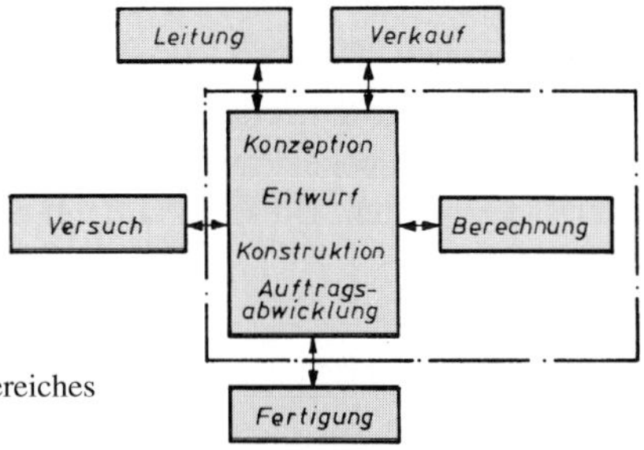

Bild 1-15
Mögliche Organisationsformen des Konstruktionsbereiches

Hierfür gibt es gewichtige Gründe:

- Vermeidung unnötiger Entwicklungskosten
- Der Produktumsatz befindet sich noch in der Wachstumsphase (siehe *Bild 1-2*)

Beim Entwerfen und Ausarbeiten der Fertigungsunterlagen sind folgende Gesichtspunkte zu beachten

- die Verminderung der Teilevielfalt
- die Bemessung und Gestaltung der Bauteile
- die Werkstoffwahl
- die Fertigung
- die Montage
- die Kosten
- das Recycling
- die Ergonomie
- das Betriebsverhalten
- die Vorschriften

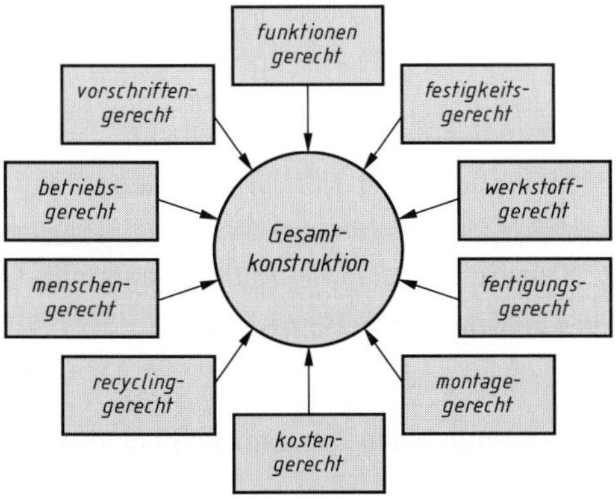

Bild 1-16
Grundlegende Anforderungen an eine Konstruktion

1

Das Bemessen und Gestalten der Bauteile

Schon beim Konzipieren werden durch die Wahl der Funktionsträger die wesentlichen Abmessungen der einzelnen Bauelemente festgelegt. Untergeordnete Maße bleiben in dieser Phase der Konstruktionsarbeit zunächst offen und werden erst bei der Detaillierung der Bauteile festgelegt. Wesentliche Maße müssen rechnerisch oder eventuell später an Prototypen experimentell überprüft werden.

Die Werkstoffwahl

In den meisten Fällen kann man sich bei der Werkstoffwahl auf bereits vorliegende Erfahrungen stützen und übliche Werkstoffe in üblichen Qualitäten verwenden. Normen und Informationsschriften der Hersteller geben entsprechende Anleitung.

Erst wenn neue Gesichtspunkte auftreten – neue Forschungsergebnisse, neue Werkstoffe, veränderte Anforderungen, verschobene Preisrelationen – muss die Werkstoffwahl einer erneuten Überprüfung unterzogen werden. Diese kann dann nach den im *Bild 1-17* genannten Aspekten durchgeführt werden.

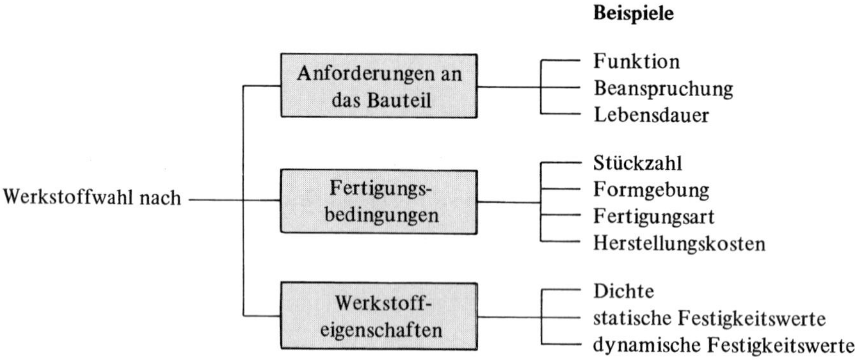

Bild 1-17 Wichtige Gesichtspunkte für das werkstoffgerechte Konstruieren

Die Fertigung

Die Festlegung der Gesamtkonstruktion unter fertigungstechnischen Gesichtspunkten erfordert vom Konstrukteur ein hohes Maß an Erfahrung. Er fällt mit der Festlegung der Gesamtkonstruktion wichtige Entscheidungen über die anzuwendenden Fertigungsverfahren und damit auch über die Höhe der Fertigungskosten.

Der Konstrukteur sollte deshalb bei der Entscheidung über die Gesamtkonstruktion und bei der Detaillierung der Bauteile zusammen mit seinen Fachkollegen aus dem Fertigungsbereich den gesamten Fertigungsablauf „durchchecken" und den vorliegenden Entwurf auf seine Fertigungsgerechtigkeit überprüfen.

Wichtige Gesichtspunkte für das fertigungsgerechte Konstruieren sind im *Bild 1-18* aufgeführt.

Anleitungen für das fertigungsgerechte Gestalten sind in *Kapitel 4* zu finden.

Die Montage

Die Gestaltung der Fügestellen, Fügeteile beeinflusst wesentlich den Zusammenbau eines technischen Produktes.

Es ist wichtig, die notwendigen Montagevorgänge soweit wie möglich zu vereinheitlichen, z. B. durch gleichartige Fügeverfahren oder abmessungsgleiche Fügeteile. Dabei kann es durchaus vorkommen, dass einzelne Fügeteile überdimensioniert sind.

Die Montagefreundlichkeit hängt auch von der Anzahl und von der Einfachheit der Montageteile ab. Genormte Werkzeuge, Zugänglichkeit, Personal sind wesentliche Kostenfaktoren.

Die Auslastung der verschiedenen betrieblichen Montagebereiche wird gleichmäßiger, wenn Einzelteile zu Baugruppen zusammengefasst und dann parallel montiert werden. Die Montage kann in Montageebenen und Montagephasen gegliedert werden. Die Montageebenen lassen sich unterteilen in Unterbaugruppe, Baugruppe und Hauptbaugruppe. Vormontage, Hauptmontage und Endmontage lautet die Abstufung der Montagephasen.

Die Kosten

Gewinnoptimierung – erstes Ziel eines jeden Wirtschaftsunternehmens – ist nur dann erreichbar, wenn eine Konstruktion neben technischer Reife auch kostengünstige Gestaltung zeigt.

Eine exakte wirtschaftliche Bewertung durch den Kalkulator kann erst nach Fertigstellung der Konstruktionsunterlagen erfolgen. Für die Entwurfphase muss der Konstrukteur selbst aber über ausreichende Kenntnisse der Kosten und Kostenstruktur verfügen, um von vornherein gravierende Fehlentscheidungen zu vermeiden.

Meist genügen ihm dazu Fertigzeug-Preislisten und Relativkosten-Tabellen im *Anhang A2-1* bis *A2-12*, wie sie im Schrifttum für den Werkstoff- und Fertigungsbereich angegeben sind, um die Material- und Fertigungskosten überschlägig ermitteln und abwägen zu können.

Die Art der Konstruktion bestimmt aber auch die Kosten für Werkzeuge und Modelle. Ihre Höhe wird meist von der Stückzahl bestimmt; auf diese hat der Konstrukteur keinen Einfluß. Wesentlichen Einfluß auf die Kostenoptimierung kann er aber durch eine werkzeug- und modellgerechte Gestaltung der Bauteile nehmen.

Beispiele

- Stückzahl
  - Einzelfertigung, Klein-, Mittel- oder Großserienfertigung
  - Werkzeug- und Modellkosten
  - Schweiß-, Guß- oder Schmiedekonstruktion
  - Halbautomatische oder automatische Fertigung
- Fertigungstechnische Eigenschaften der Bauteile
  - Anzahl der zu bearbeitenden Flächen
  - Flächenform
  - Spanngerechte Formgebung
  - Oberflächengüte
  - Toleranzen
  - Kontrollgerechte Gestaltung
- Verwendung gleicher Bauteile
  - Verwendung von Wiederholteilen für mehrere Aufträge
  - Verwendung von Normteilen
  - Verwendung preiswerter handelsüblicher Teile
- Kostengünstige Fertigungsverfahren
  - Mögliche Eigenfertigung
  - Erforderliche Fremdfertigung
- Montage
  - Einfache Montierbarkeit der Bauelemente
  - Toleranzgerechte Auslegung
  - Möglichkeit der Baugruppenmontage
  - Einsatz von Montagegeräten und -automaten

Bild 1-18 Wichtige Gesichtspunkte für das fertigungsgerechte Konstruieren

Das Recycling

Zunehmende Rohstoffverknappung, volle Deponieräume und deutlich sichtbare Umweltschäden machen einen sparsamen Umgang mit den vorhandenen Ressourcen notwendig.

Schon bei der Produktgestaltung sollte außer der Werkstoffwahl, der Fertigungstechnologie das Recycling mit berücksichtigt werden.

Der Konstrukteur muss beim Entwurf und in der Ausarbeitungsphase verstärkt auf wirtschaftliche Demontage, baugruppenverträgliche Werkstoffkombinationen und eine Verringerung der Werkstoffvielfalt achten.

Beim Recycling unterscheidet man Produktionsabfallrecycling, Produktgebrauchsrecycling und Materialrecycling.

Produktgebrauchsrecycling kann mehrmals durchlaufen werden, erst wenn die Aufarbeitung nicht mehr wirtschaftlich ist wird man den Kreislauf in ein Materialrecycling überführen.

Angaben zum Konstruieren recyclinggerechter technischer Produkte macht die *VDI-Richtlinie 2243*.

Die Ergonomie

Jedes technische Produkt muss in zweierlei Hinsicht an den Menschen angepasst werden, nämlich durch Eigenschaften, die eine menschenfreundliche Bedienung, Überwachung und Wartung gestatten = *anthropotechnische Eigenschaften*, und durch Eigenschaften, die auf das Schönheitsempfinden des Menschen einwirken = *ästhetische Eigenschaften*.

Anthropotechnische Maßnahmen

Die für die Bedienung am Eingang und Ausgaben der Maschine erforderlichen Schaltorgane und Bedienungselemente müssen den spezifischen Körperfunktionen des Menschen angepasst werden, um günstige physische und psychische Arbeitsbedingungen zu schaffen (*Bild 1-19*).

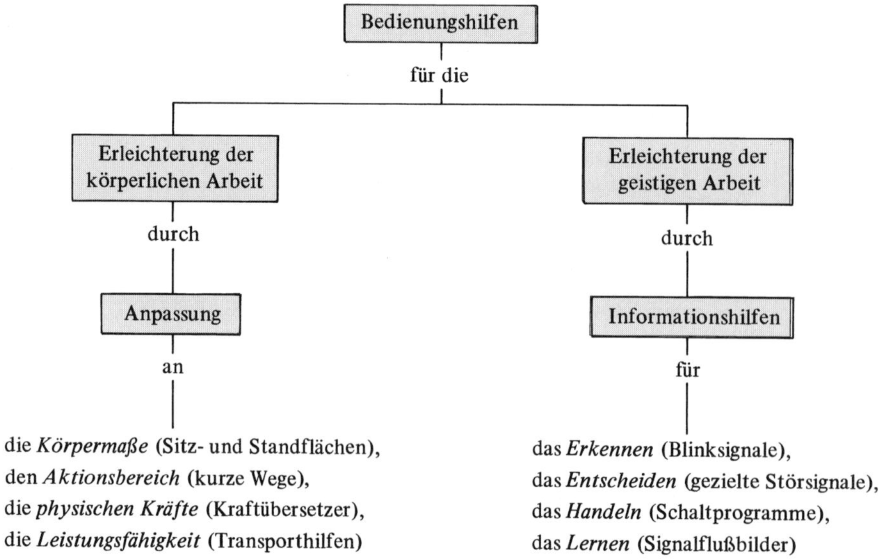

Bild 1-19 Maßnahmen für das bedienungsgerechte Konstruieren

Zum Schutz des Bedienungspersonals sind – abgesehen von besonderen Vorschriften der Normen, der Überwachungsvereine, der Berufsgenossenschaften – Schutzmaßnahmen gegen das Berühren bewegter und heißer Maschinenteile, gegen abfliegende Teile, gegen heraustropfende Flüssigkeit und ausströmende Gase, gegen Schall- und Wärmebelästigung, gegen Strahlung von Röntgen- und Mikrowellen u. a. zu treffen.

Schon bei der Entwicklung des technischen Produktes muss der Konstrukteur im Voraus abschätzen können, welche gravierende Folgen Bedienungsfehler für die Funktion der Maschine und die Gesundheit des Menschen haben können und er muss entsprechende konstruktive Maßnahmen wie im *Anhang A1-11* aufgelistet, zu ihrer Verhütung vorsehen. Weitere Angaben findet man in der *VDI-Richtlinie 2242.*

Ästhetische Maßnahmen

Hässlichkeit ist nicht, wie man das früher angenommen hat, eine der Technik immanente Eigenschaft, sondern ein Ausdruck der Unvollkommenheit und der mangelnden Reife des technischen Produktes. Ästhetische Mängel einer Konstruktion sind im Allgemeinen Konstruktionsfehler, die in der Entwicklungsphase als solche nicht erkannt worden sind. Je funktionsgerechter einem Konstrukteur eine Maschine gelingt, umso eher wird diese auch ästhetischen Ansprüchen genügen können.

Werden bei technischen Gebrauchsgütern, wie zum Beispiel bei Haushaltsmaschinen, die ästhetischen Gesichtspunkte zum produktbestimmenden Schwerpunkt, so empfiehlt sich beim Entwickeln die Mitarbeit eines Designers.

Bei Investitionsprodukten geringerer Stückzahl haben aber die Funktionstüchtigkeit, die Gebrauchseigenschaften, die Fertigung und der Verkauf sicher Vorrang gegenüber der Ästhetik. Hier kann der Konstrukteur auf die Assistenz besonderer Gestaltungsfachleute verzichten. Er sollte aber im Interesse guter visueller Qualität die im *Anhang A1-12* genannten Gesichtspunkte beachten. Instruktive Bildbeispiele zur Formgebung liefert die *VDI-Richtlinie 2224.*

Das Betriebsverhalten

Jede von einer Maschine umgesetzte Größe, sei es Stoff, Energie oder Signal, ist Schwankungen ihrer Istwerte unterworfen.

Schon bei der Festlegung der Lösungsprinzipien für die Teilfunktionen und bei ihrer konstruktiven Realisierung durch Funktionsträger hat der Konstrukteur darauf zu achten, dass diese Istwerte nur im Rahmen erlaubter Toleranzen von den in der Anforderungsliste genannten Sollwerten abweichen können.

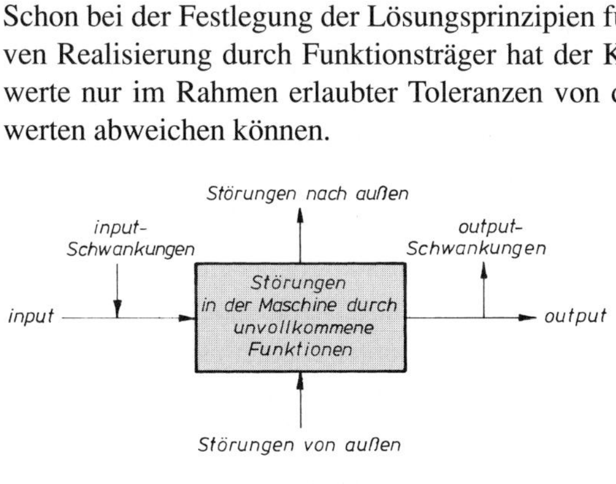

Bild 1-20
Black box mit Störgrößen-Gruppen

Störgrößen, die den zuverlässigen Betrieb der Konsturktion beeinträchtigen können, sind

- Schwankungen der input-Eigenschaften
- Störungen, die von außen auf die Maschine einwirken können
- Störungen, die von der Maschine ausgehend nach außen wirken

1

- Störungen innerhalb der Maschine durch unvollkommene Funktionen
- Schwankungen der output-Eigenschaften

Ziel des Konstrukteurs muss es sein, schon im Konzipier- und Entwurfsstadium konstruktive Maßnahmen zu treffen, damit die output-Schwankungen in zulässigen Grenzen gehalten werden. Dazu empfiehlt es sich – ausgehend von den input-Schwankungen – die Störgrößen der einzelnen Funktionsträger zu erfassen, indem man diese Schritt für Schritt in der aus der Funktionsstruktur hervorgehenden Reihenfolge der Teilfunktionen untersucht.

Die Vorschriften

Bei der konstruktiven Realisierung seiner Vorstellungen hat der Konstrukteur eine Vielzahl spezieller Vorschriften zu beachten, die seinen Variationsspielraum einengen siehe *Anhang A1-14.*

Insbesondere das Patentrecht und das Gesetz über Arbeitnehmererfindungen sind dabei Spezialgebiete der Ingenieurwissenschaften, über die viele Konstrukteure nicht ausreichend informiert sind. In den meisten Betrieben wird das Patentwesen von Patentbearbeitern in Zusammenarbeit mit Patentanwälten verwaltet. Die Konstrukteure werden häufig nur beiläufig über Ergebnisse dieser Arbeit unterrichtet. Der Konstrukteur ist aber verpflichtet, sich über den Stand der Technik zu unterrichten und Schutzrechte der Konkurrenz zu beachten.

Die meisten im Entwicklungsbereich Tätigen machen im Rahmen ihrer beruflichen Arbeit Erfindungen. Daraus ergeben sich eine Reihe von Rechten und Pflichten, die gesetzlich festgelegt sind. Die einschlägigen Gesetze und Vorschriften sind umfangreich. In schwierigen Fällen sind zur Beurteilung der Rechtslage deshalb Bundespatentgerichtsentscheidungen und einschlägige Kommentare heranzuziehen.

1.2.5 Die Aufbauübersicht – Stammbaum

In einer Aufbauübersicht bzw. einem Stammbaum nach DIN 6789 ist ein zusammengesetztes Erzeugnis grafisch übersichtlich dargestellt.

Aufbauübersicht und Stammbaum machen deutlich, dass bei der Aufgliederung in einzelne Gruppen eine bestimmte Rangordnung innerhalb eines Erzeugnisses entsteht.

Man unterscheidet dabei Gruppen 1., 2., 3. ... n. Ordnung. Diese Art der Darstellung erleichtert das Erkennen der verschiedenen Zusammenbaustufen, die Beschreibung der Montage bzw. Demontage und die Arbeitsvorbereitung.

Aufbauübersicht und Stammbaum sind inhaltsgleich. Während bei der Aufbauübersicht die Baugruppen gleicher Ordnung untereinander stehen, gibt man beim Stammbaum die gleichrangigen Baugruppen in einer Ebene an.

Entsprechend hierarchisch sind die Zeichnungs- und Stücklistensätze gegliedert.

Damit ein Erzeugnis eindeutig bestimmt werden kann, muss zu jeder Zeichnung, jedem Zeichnungssatz eine Stückliste vorhanden sein. Bei den Stücklisten unterscheidet man in Konstruktionsstücklisten und Fertigungsstücklisten. Die Konstruktionsstückliste enthält die Positionsnummer, Menge, Benennung der Gruppe bzw. des Teils und der Sachnummer.

Die Stückliste kann fest (auf der Zeichnung) oder lose sein; sie ist im Allgemeinen auftragsungebunden. Die Fertigungsstückliste entsteht aus der Konstruktionsstückliste, sie dient als Planungsunterlage für die organisatorische Vorbereitung, Kostenermittlung bei der Fertigung eines Erzeugnisses.

Durch Hinzufügen der Dispositionsangaben wird sie auftragsgebunden.

Sachnummernsystem

Unter Sachnummernsystemen versteht man die Nummerierung von Bauteilen und Sachverhalten. Die Sachnummer besteht aus einem identifizierenden und einem klassifizierenden Teil.

Günstig ist es, wenn das Bauteil, die Teil-Zeichnung, die Stückliste, der entsprechende Arbeitsplan zur Identifizierung dieselbe Nummer enthält.

Die Klassifizierungsnummer ermöglicht die Einteilung der Bauteile nach bestimmten Gesichtspunkten z. B. Werkstoff, Größe, Formenschlüssel, Funktion.

Weitergehende Angaben findet man in der *DIN 6763.*

1.3 Beispiele

1.3.1 Abstraktion der Gesamtfunktion

Getriebe für ein Kraftfahrzeug

Ausgangssituation: Die Planungsgruppe hat für die Wandlung von Drehzahl und Drehmoment eines Pkw-Motors den Entwicklungsauftrag „Konstruktion eines Zahnradgetriebes" erteilt.

Nach den Regeln des methodischen Konstruierens ist diese Formulierung zu eng gefasst. Die technische und wirtschaftliche Überprüfung anderer Lösungsvarianten als die des Zahnradtriebes wird dadurch von vornherein ausgeschlossen. Der Variationsspielraum wird unnötig eingeengt. Der Konstrukteur wird gezwungen, auf bekannte Konstruktionen zurückzugreifen; der technische Fortschritt wird gehemmt.

Zweckmäßig erscheint dagegen die Formulierung der Gesamtfunktion des Getriebes „Drehmoment- und Drehzahl-Wandlung". Diese kann nämlich nach verschiedenen physikalischen Wirkprinzipien und deren technische Lösungsvarianten erreicht werden, die einzeln auf Verifizierbarkeit überprüft werden können.

Die Zahl der Lösungsmöglichkeiten für die Gesamtfunktion „Drehmoment- und Drehzahl-Wandlung" ist groß: konventionelle Zahnradübersetzung mit Vorgelege, durch Planetengetriebe, Reibräder und Riementriebe verschiedener Art, hydrodynamische Föttinger-Wandlung, hydrostatische Wandlung oder Kombination mehrerer dieser Wirkprinzipien.

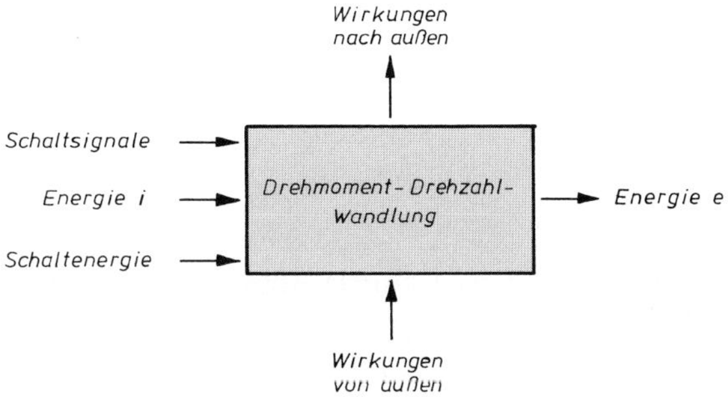

Bild 1-21 Black box eines Getriebes

1.3.2 Umsatzgrößen

Black box einer Pumpe

Hauptumsatz:
Stoff (Wasser, Schmiermittel, Kühlmittel)

Nebenumsatz:
Signale zur Prozessregelung, Energie zur Druckerhöhung

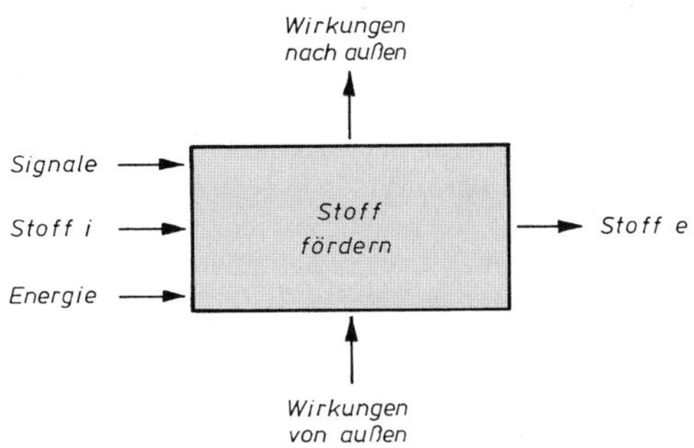

Bild 1-22 Black box einer Pumpe

Black box eines Transformators

Hauptumsatz:
Elektrische Energie, die vom input-Zustand $W_i = U_i \cdot I_t \cdot t$ in den output-Zustand $W_e = U_e \cdot I_e \cdot t$ überführt wird.

Nebenumsatz:
Signale zum Ein- und Ausschalten, Signale zur Prozessregelung

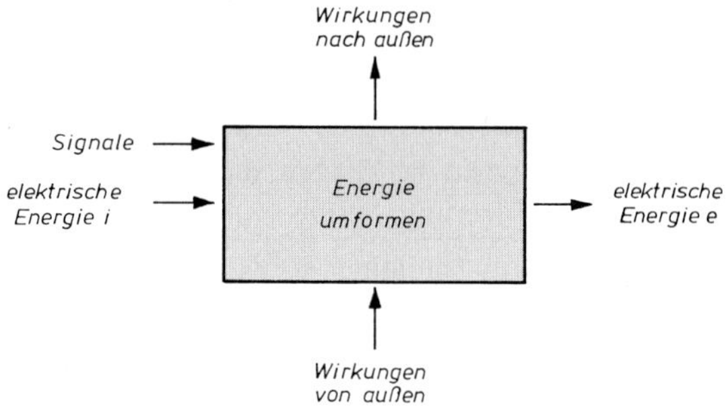

Bild 1-23 Black box eines Transformators

Black box einer Telefonanlage

Hauptumsatz:
Akustische Signale, die durch Umwandlung in elektrische Signale transportfähig gemacht werden.

Nebenumsatz:
Signale als Bereitschafts- und Nichtbereitschaftsnachricht, Energie als Trägerenergie für die Signalübermittlung.

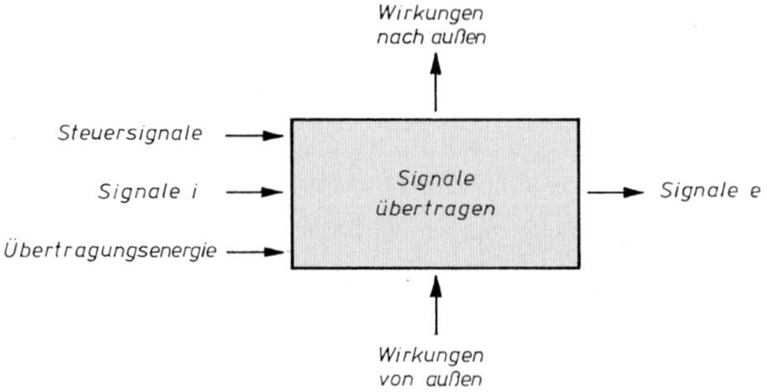

Bild 1-24 Black box einer Telefonanlage

1.3.3 Erstellen der Anforderungsliste

Universal-Flanschmotorgetriebe

Gemäß dem Kundenauftrag ist für die Drehzahlwandlung eines Elektromotors mit der Nennleistung von 7,5 kW bei einer Nenndrehzahl von 1440 min^{-1} ein Wandler zu entwickeln, an den der kleinere Elektromotor angeflanscht werden kann.

Die festliegenden Flanschmaße des Motors müssen berücksichtigt werden. Die Abtriebwelle soll in 3 Schaltstufen Drehzahlen von 250 min^{-1}, 360 min^{-1} und 520 min^{-1} haben.

Eine entsprechende Rückfgrage beim Kunden ergibt folgende zusätzliche Informationen:

Wellenstumpf des E-Motors: $\varnothing\, 38_{k6}$ mit einer Länge von 45 mm. Die Abtriebleistung darf 6,8 kW nicht unterschreiten. An- und Abtriebwelle müssen fluchten und gleichen Drehsinn haben. Die Höhe der Wellenmitten über dem Getriebefuß darf 420 mm nicht über- und 375 mm nicht unterschreiten. Die Baugruppe ist auf unbegrenzte Lebensdauer nach Möglichkeit auszulegen. Der Anlauf muss unter Last erfolgen können; mit mäßigen Stößen ist zu rechnen. Geräuscharmut ist unbedingt erforderlich. Gewünscht wird einfache Montage der Baugruppe und Formschönheit. Wünschenswert ist der Betrieb auch bei arktischen Bedingungen.

Mindestabnahme: 750 Stück/Jahr

Liefertermin für die ersten 50 Stück; Mitte November 20 . .

Laut Anweisung der Geschäftsleitung sind bestehende Fertigungs- und Montageeinrichtungen weitgehend zu verwenden. Die Herstellkosten dürfen höchstens xxx €/Stück betragen. Die Entwicklung soll am 7.5.20 . . abgeschlossen sein.

Lösung:

Anforderungsliste eines Universal-Flanschmotorgetriebes

ZANAG DOLHEIM	**Anforderungsliste** Universal-Flanschmotorgetriebe	Auftrag-Nr.: AN 0.20.2-54/76 Blatt: 1 Seite: 1			
Datum	**Anforderungen**	Forderung	Wunsch	Empfehlung	**Verantwortlich:**
30.1. 20...	Flanschmotor-Getriebe:				
	Leistungen: indiziert 7,5 kW				
	effektiv $\geqq$ 6,8 kW	F			
	Drehzahlen: indiziert 1440 min^{-1}				
	effektiv 1. Stufe 250 min^{-1}	F			
	2. Stufe 360 min^{-1}	F			
	3. Stufe 520 min^{-1}	F			
	E-Motor muß anflanschbar sein.	F			
3.2. 20...	Kuppelmaße des E-Motors:				
	Wellendurchmesser 38_{k6} mm				
	Zapfenlänge 45 mm				
	Fluchtende An- und Abtriebwelle.	F			
	Höhe der Wellenmitten über Getriebefuß:				
	375 mm < H < 420 mm	F			
	Gleiche Drehrichtung von An- und Abtrieb.	F			
	Anlauf der Baugruppe auch unter Last.	F			
	Auslegung auf unbegrenzte Lebensdauer.		W		
	Mit mäßigen Stößen ist zu rechnen.				
	Einfache Montage von Gehäuse und Kupplungen.		W		
	Geräuscharmer Lauf erforderlich.	F			
	Formschönheit			E	
	Betrieb bis – 30 °C wünschenswert.		W		
	Stückzahl: $\geqq$ 750 Stück/Jahr				
	1. Liefertermin für 50 Stück: 15.11.20...				
5.2. 20...	Bestehende Fertigungs- und Montageeinrichtungen verwenden.				
	Maximale Herstellkosten: X €/Stück	F			Dr. Pfeifer
	Abschlußtermin für Entwicklung: 7.5.20...				Dr. Pfeifer
8.2. 20...	Schaltvorrichtung soll von Hand betätigt werden.	F			
	Möglichkeit für spätere automatische Schaltung überprüfen (Kosten?)			E	
	Schaltung kann im Leerlauf erfolgen.				

Die nach den Informationen des Kundenauftrages erstellte Anforderungsliste lässt erkennen, dass schon in der Informationsphase gewisse Lösungselemente impliziert, andere dagegen ausgeschlossen werden. So lässt der geforderte Wirkungsgrad von $\eta > 0{,}9$ ein hydrodynamisches Getriebe nicht zu.

Im Falle der Entwicklung eines Zahnradgetriebes müssen wegen der geforderten Geräuscharmut schrägverzahnte Räder verwendet werden. Die relativ hohe Stückzahl von 750 Stück pro Jahr empfiehlt die Verwendung gegossener Getriebegehäuse, wegen der geforderten Geräuscharmut aus Gusseisen mit Lamellengraphit.

1

1.3.4 Lösungsfindung

1.3.4.1 Handhabungssystem für Hülse

Mithilfe eines Handhabungssystems soll die Hülse (*Bild 1-25*) von Maschine I zu Maschine II transportiert werden. Nach der Fertigbearbeitung auf der Maschine II erfolgt die Ablage der Werkstücke auf der Palette. Die Werkstücke sollen dort gestapelt werden, sodass sich die Ablagehöhe für das Handhabungssystem nach jedem Werkstückwechsel verändert. *Bild 1-26* zeigt die Anordnung der Maschinen.

Werkstückgewicht	G	=	200 kg
Werkstückdurchmesser	d	=	400 mm
Höhe des Werkstückes	h	=	250 mm
maximale Stapelhöhe	H	=	810 mm

Die Höhe der Palettenauflagefläche muss 200 mm über Flur betragen. Die Beschickung der Maschine II und das Stapeln der Werkstücke sollen automatisch erfolgen. Der in *Bild 1-27* dargestellte Arbeitsplan der Maschine I und der in *Bild 1-28* dargestellte Arbeitsplan der Maschine II sind so zu modifizieren, dass die Bearbeitungszeit auf der Maschine II wenige Minuten kürzer (mindestens 3 Minuten) als auf der Maschine I ist.

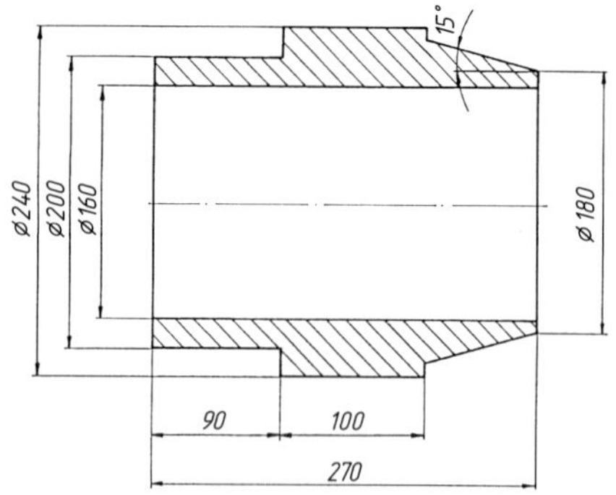

Bild 1-25
Hülse

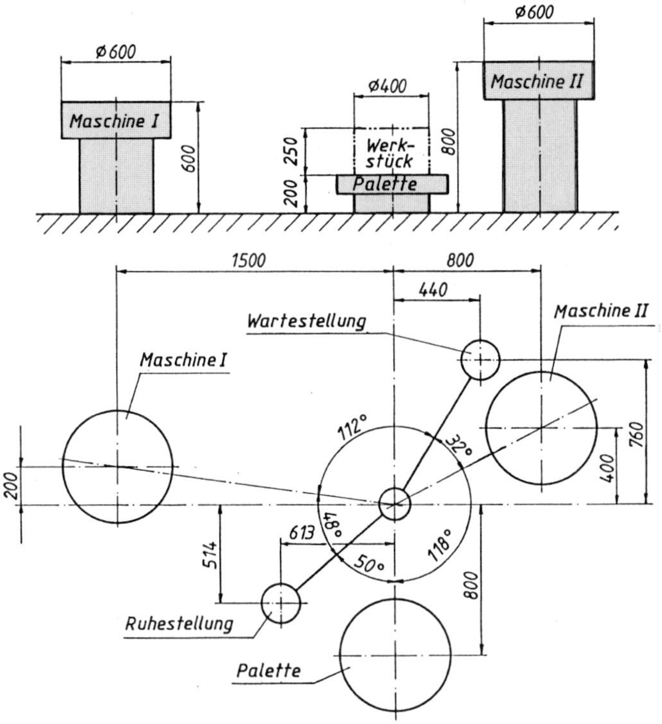

Bild 1-26
Anordnung der Maschinen und des Handhabungssystems

Abtlg. Dreherei | Masch. 1 | Nr. | Gewicht 105 kg | Losgröße

Arbeitsgang 2 | Arbeitsaufgabe 1. Seite drehen

Vorrichtung

Anl.-Zustand 1. Seite geplant u. DMA überdreht zum spannen

Lfd. Nr.	Reihenfolge d. Bearbeitung	Abmessung d. Fläche	v m/min	n 1/min	s mm/Um.	Arb.-weg Vor. und Überlauf	i	Haupt-Tätigkeit t_{tb}	Haupt-Tätigkeit t_{tu}	Neben-Tätigkeit t_{tb}	Neben-Tätigkeit t_{tu}	
1	Teil spannen auf u. ab									1.50		
2	DMI vorbohren	0/50	29	180	0,45	285+5	1		3,58	0,30		
3	DMI aufbohren *	50/159	70	140	0,12	270+5	1		16,37	0,30		
4	DMA vordrehen	240/201				90+3	1			0,45		
5	DMI fertigbohren	159/160	92	180	0,25	270+5	1		6,12	0,30		
6	DMA fertigdrehen	201/200	115	180	0,25	90+3	1	0,10		0,45		
7	planen	201/160	142	225	0,25	21+3	1		0,43	0,30		
8	DMA fertigdrehen	245/240	140	180	0,25	100+5	1		2,34	0,45		
9	Kanten brechen			180				0,10		0,30		
10												
11												
12												
13												

Bemerkungen: Bohrstange mit Messer verwenden	Summe	0,20 | 28,85 | 4,35
	Summe	t_{tb}=4,55 | t_{tu}=28,85
	Grundzeit	33,4 min
	Erholungszeit %	
	Verteilzeit %	
	Einzelzeit	

Bild 1-27 Arbeitsplan der Maschine I

Abtlg.	Masch.	Nr.	Gewicht	Losgröße	
Dreherei	2		52.08 kg		

Arbeitsgang 3	Arbeitsaufgabe 2. Seite planen und Konus drehen
Vorrichtung	
	Anl-Zustand 1. Seite nach Plan

Lfd. Nr.	Reihenfolge d. Bearbeitung	Abmessung d. Fläche	v m/min	n 1/min	s mm/Um.	Arb-weg Vor. und Überlauf	i	Haupt-Tätigkeit t_{tb}	Haupt-Tätigkeit t_{tu}	Neben-Tätigkeit t_{tb}	Neben-Tätigkeit t_{tu}	
1	Teil spannen auf u. ab									3.00		
2	DMA drehen	245/224	110	140	0.12	80+5	1		2.43	0.45		
3	planen	160/224	126	180	0.20	32+3	1		0.97	0.30		
4	Konus vordrehen	181/224	126	180	0.2	80+5	1	0.10	1.90	0.30		
5	Konus fertigdrehen	180/223	126	180	0.2	80+5	1	0.10	1.90	0.30		
6	Kanten brechen			180	v. H.			0.10		0.50		
7												
8												
9												
10												
11												
12												
13												

Bemerkungen	Summe	0.30	7.20	4.85	
	Summe	t_{tb} = 5.15		t_{tu} = 7.20	
	Grundzeit	12.35 min.			
	Erholungszeit %				
	Verteilzeit %				
	Einzelzeit				

Bild 1-28 Arbeitsplan der Maschine II

Lösung:

Die Gesamtaufgabe wurde unterteilt, indem für die Lösungsfindungsphase mehrere Suchbereiche vorgesehen wurden. Der nachfolgend dargestellte *Suchbereich „Aufnehmen und Schwenken des Werkstückes"* schien für die Brainstorming-Methode besonders günstig zu sein.

Die Brainstorming-Gruppe bestand aus 10 Mitgliedern, dem Konstrukteur der Anlage als Koordinator, zwei Detailkonstrukteuren, zwei Mitarbeitern der Arbeitsvorbereitung, einem Betriebsassistenten, zwei Mitarbeiter der Methodenabteilung, einem Verkaufsingenieur und einem Mitarbeiter aus dem technischen Einkauf.

Die heterogene Zusammensetzung der Gruppe bewährte sich außerordentlich gut; es wurde eine Fülle von Ideen produziert, die vor allem auch eine Reihe branchenunüblicher Merkmale enthalten. Die Vorschläge der Teilnehmer wurden handschriftlich protokolliert und durch Skizzen ergänzt.

Da nach der vorgesehenen Zeit von 30 Minuten weitere Vorschläge möglich erschienen, wurde eine zweite Sitzung anberaumt, die noch einmal 20 Minuten dauerte. Die Lösungen wurden in der Konstruktionsabteilung skizziert und beschrieben und damit für eine spätere Aufarbeitung und Bewertung vorbereitet. Sie sind in den *Bildern 1-29 … 1-43* dargestellt. Eine knappe Konstruktionsbeschreibung der gefundenen Lösungen ist den jeweiligen Bildunterschriften zu entnehmen.

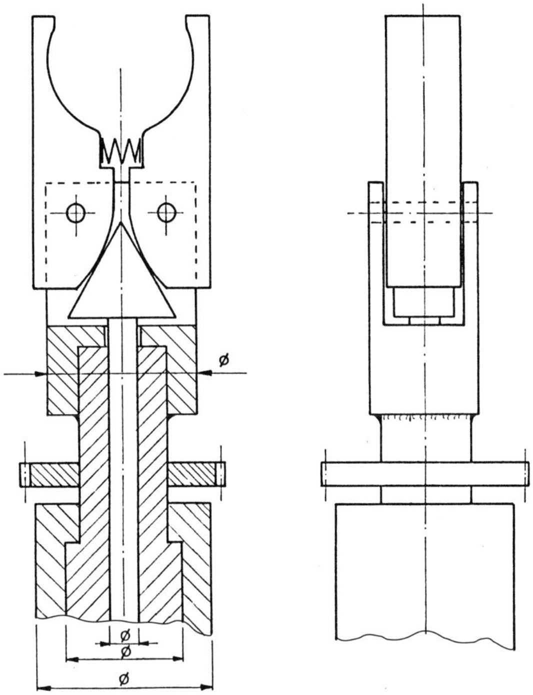

Bild 1-29
Die Greiferzange wird durch Druckfeder geöffnet und kann dann das Werkstück aufnehmen. Anschließend wird sie durch Verstellen des Kegels geschlossen und hält dann das Werkstück. Die Zange kann über das Zahnrad geschwenkt werden.

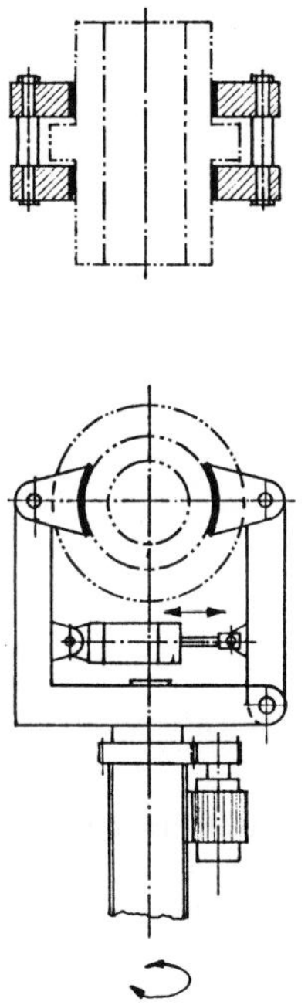

Bild 1-30
Die Greiferzange hat vier pendelnd aufgehängte Segmente. Die Zange kann hydraulisch oder pneumatisch geöffnet und geschlossen werden. Bei der Konstruktion der Greifer ist der Konus am Werkstück (*Bild 1-25*) zu berücksichtigen. Greifer und Werkstück können über einen Elektromotor und einen Stirnradtrieb geschwenkt werden.

1

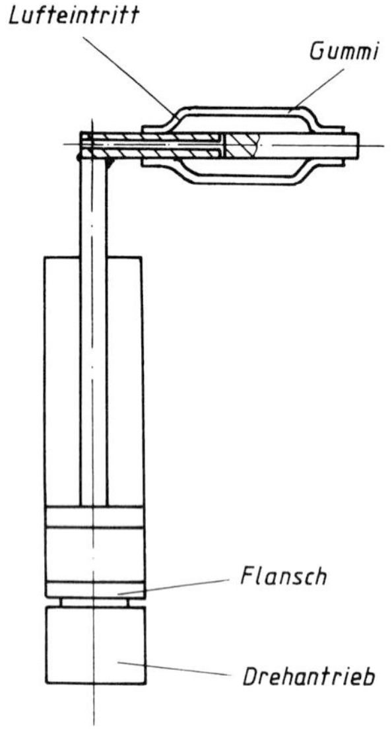

Bild 1-31
Das Werkstück soll mit einem Klemmschlauch in der Bohrung aufgenommen werden. Der Schlauch wird pneumatisch aufgebläht und hält dann kraftschlüssig das Werkstück. Werkstück und Aufnahme sollen über einen angeflanschten Drehantrieb geschwenkt werden. Die Lösung ist in dieser Form nicht brauchbar, da das geschwenkte Werkstück nicht auf der Maschine abgesetzt werden kann.

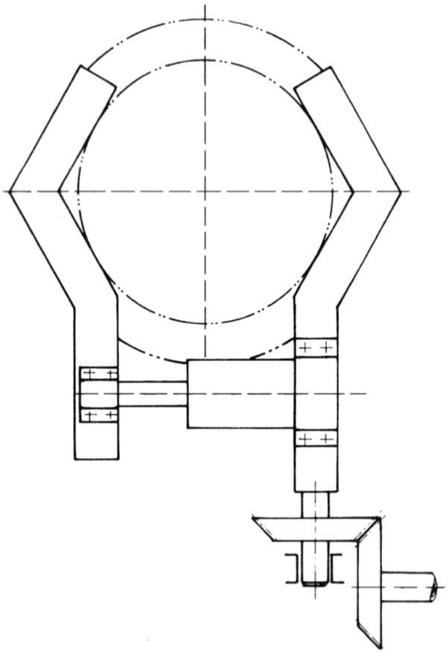

Bild 1-32
Die Aufnahme des Werkstückes erfolgt mithilfe hydraulisch oder pneumatisch betätigter Spannbacken. Das Schwenken ist mit dem dargestellten Kegelradantrieb möglich.

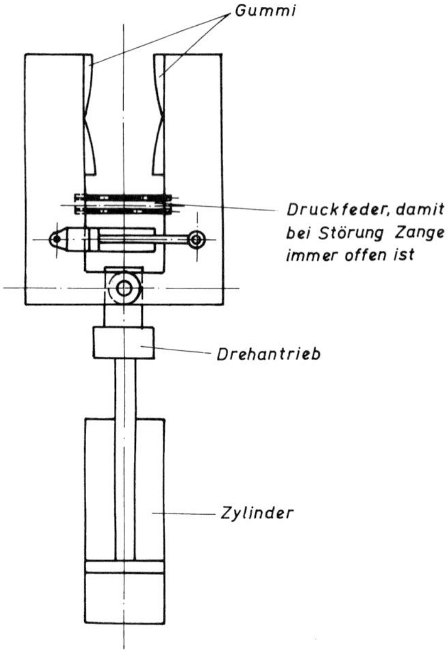

Bild 1-33
Die Zange hat elastische Beläge. Eine Beschädigung der Werkstückoberfläche ist dadurch nicht möglich. Die Zange soll hydraulisch oder pneumatisch geöffnet bzw. geschlossen werden. Die Druckfeder ist überflüssig. Die Schwenkung erfolgt mit dem skizzierten Drehantrieb.

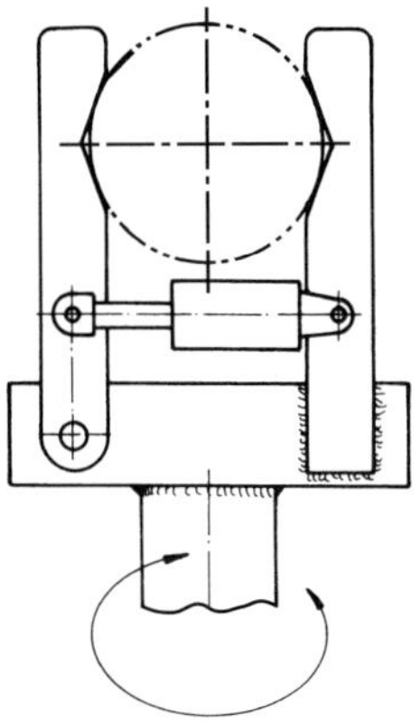

Bild 1-34
Die Zange hat eine bewegliche Backe und wird hydraulisch bzw. pneumatisch geöffnet und geschlossen. Der Schwenkantrieb ist nicht dargestellt.

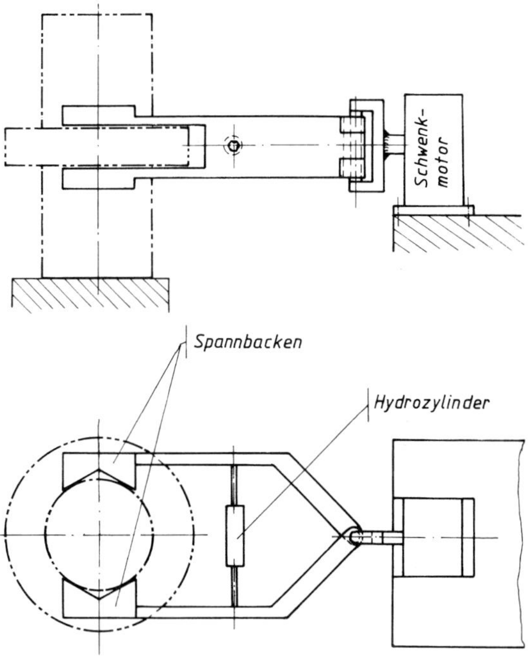

Bild 1-35
Der skizzierte Greifer hat vier Spannbacken, die hydraulisch geöffnet und geschlossen werden. Die Schwenkung erfolgt mittels Schwenkmotor.

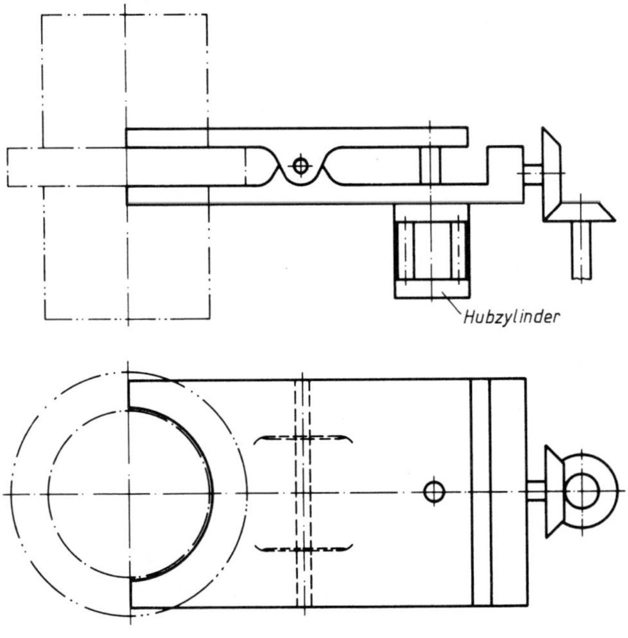

Bild 1-36
Das Werkstück wird am Flansch durch den Greifer gespannt. Die Einrichtung wird mittels Kegelrädern geschwenkt.

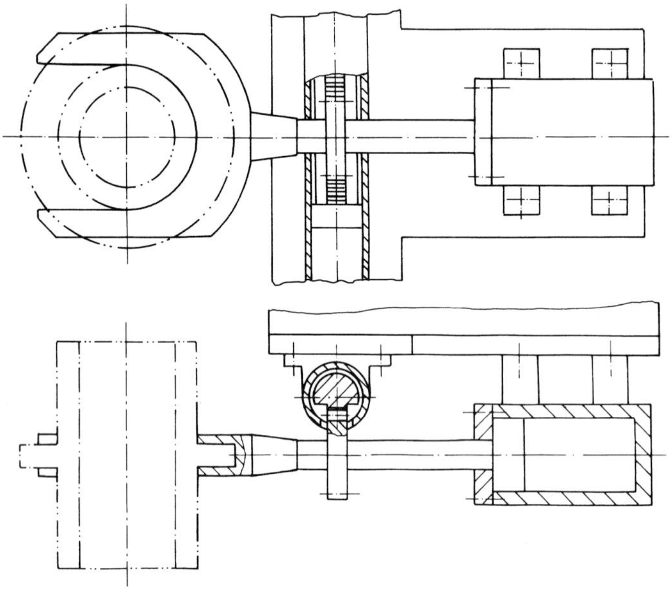

Bild 1-37 Das Werkstück wird durch hydraulisches oder pneumatisches Verschieben des Greifers am Flansch aufgenommen. Die Schwenkung erfolgt durch einen Schubkolbenmotor mit verzahnter Kolbenstange, der ein Zahnrad antreibt.

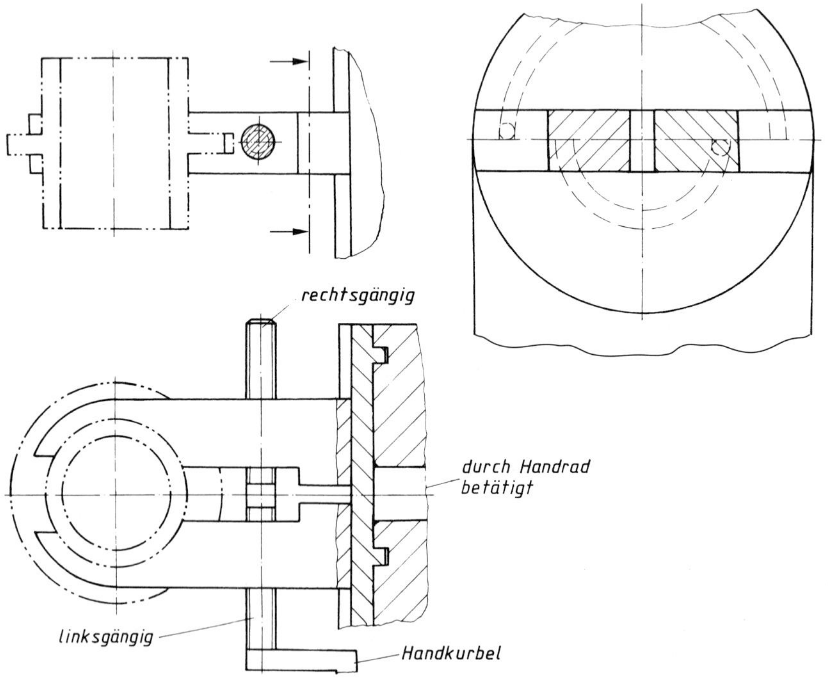

Bild 1-38 Die Backen des Greifers sind in einer Geradführung geführt und werden mit einer Spindel mit Rechts- und Linksgewinde geöffnet bzw. geschlossen. Die Handbetätigung für die Gewindespindel und den Schwenkantrieb ist bei einem automatischen Ablauf des Fertigungsvorganges ungeeignet.

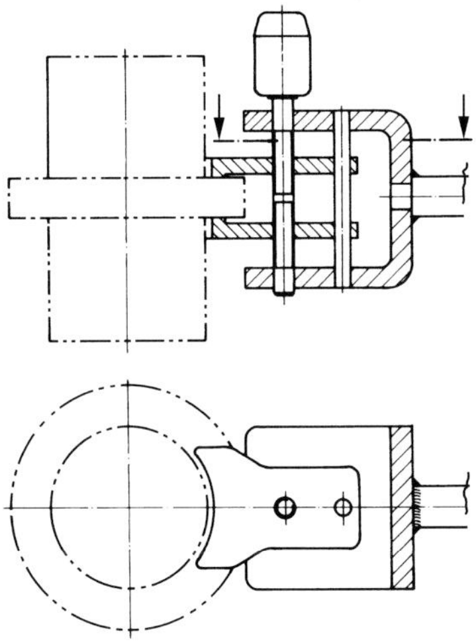

Bild 1-39 Es wird am Flansch gespannt. Die Klemmbacken des Greifers werden mit einem Elektromotor über eine Spindel mit Rechts- und Linksgewinde geschlossen. Zange, Werkstück und Antrieb zum Schließen und Öffnen der Backen werden gemeinsam geschwenkt. Der Schwenkantrieb ist nicht dargestellt.

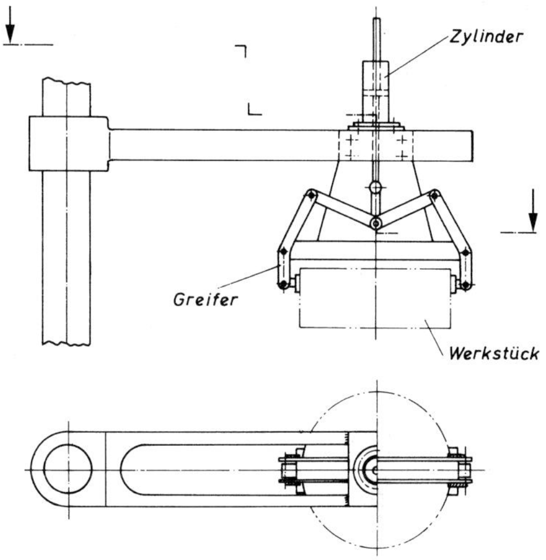

Bild 1-40 Das Werkstück wird mit einem Greifer gespannt, der hydraulisch oder pneumatisch geöffnet und geschlossen wird. Der Schwenkantrieb ist nicht dargestellt.

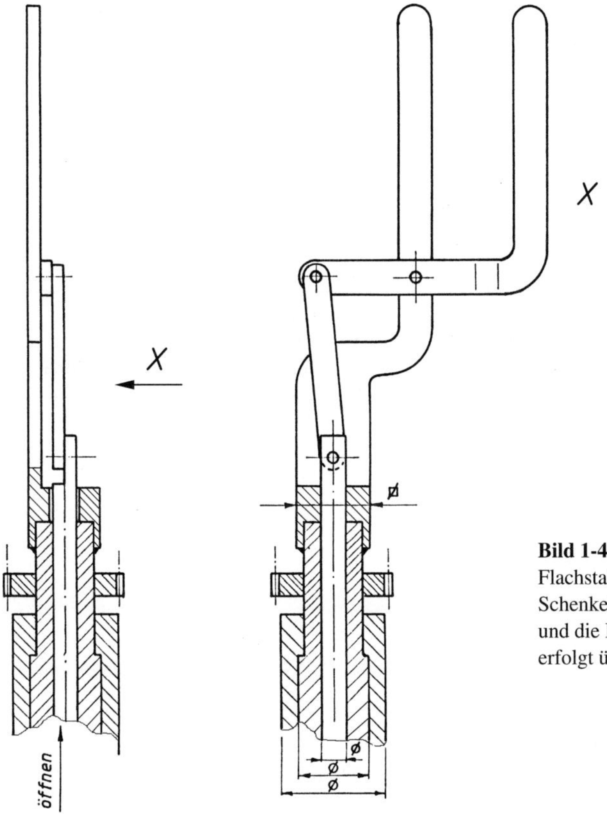

Bild 1-41 Die Zange ist besonders einfach aus Flachstahl gestaltet. Das Öffnen und Schließen ihrer Schenkel geschieht durch Verschieben einer Stange und die Betätigung einer Backe. Das Schwenken erfolgt über das skizzierte Zahnrad.

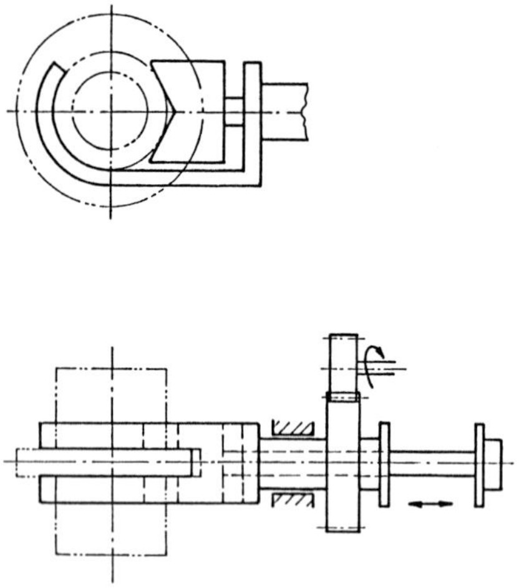

Bild 1-42
Die Spannzange wird durch Verschieben der prismatischen Backe geöffnet und geschlossen. Der Schwenkantrieb erfolgt über Stirnradtrieb.

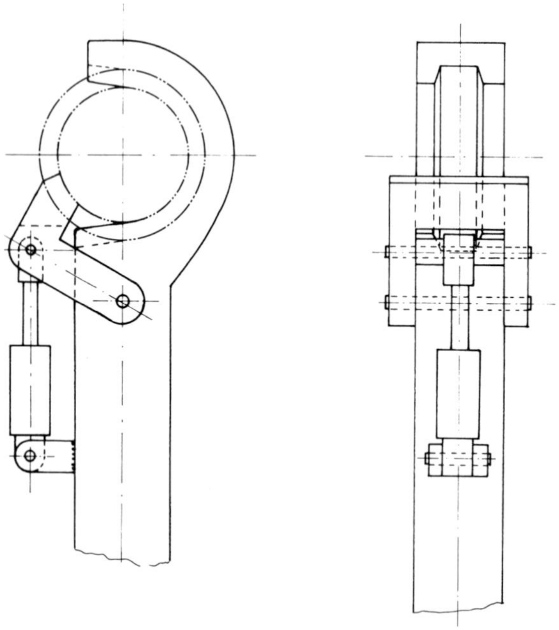

Bild 1-43
Es wird eine Backe der Spannzange hydraulisch oder pneumatisch geöffnet bzw. geschlossen. Der Schwenkantrieb ist nicht dargestellt.

1.3.4.2 Lagerbock für axial verstellbare Seilrolle

Der in *Bild 1-44* dargestellte Lagerbock ist als Schweißkonstruktion zu entwerfen. Im Lagerbock ist die Seilrolle für eine Gewichtsausgleichvorrichtung zu lagern. Die Rolle muss um 300 mm in Achsrichtung des Bockes verstellt werden können.

Die Zusammenstellungszeichnung des Lagerbockes mit Seilrolle und Antrieb für die Verstellung der Rolle ist in allen erforderlichen Ansichten und mit allen erforderlichen Angaben anzufertigen. Alle notwendigen Festigkeitsberechnungen sind durchzuführen.

Fehlende Maße sind im gegebenen Rahmen zu wählen.

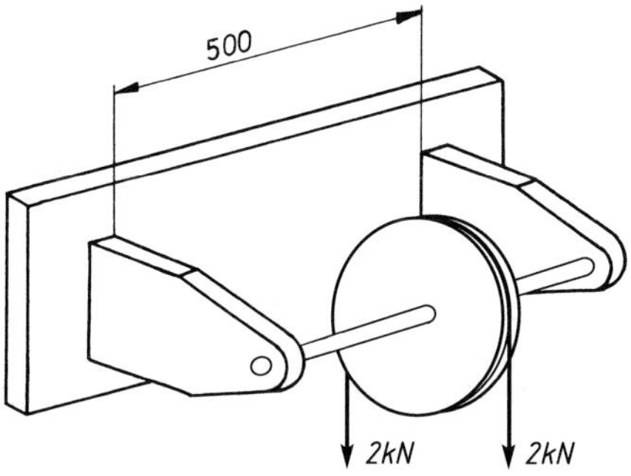

Bild 1-44
Prinzipskizze

Lösung:

Für das Finden der Konzeptvarianten wurde die Methode 635 angewendet. Dazu wurden mehrere Gruppen zu je 6 Teilnehmern gebildet. Jedes Gruppenmitglied erhielt 6 Bögen Transparentpapier, die mit dem Namen zu versehen und fortlaufend zu nummerieren waren. Auf Blatt 1 sollte jeder Teilnehmer zu den Suchbereichen

- Gestaltung des Lagerbockes
- Lagerung der Seilrolle bzw. der Achse
- Verschiebung der Seilrolle

je einen Lösungsvorschlag erarbeiten (Skizze und Kurzbeschreibung).

Nach etwa 10 Minuten gab jeder Teilnehmer dieses Blatt seinem Nachbarn. In den folgenden 10 Minuten ergänzte jeder Teilnehmer die erhaltenen Lösungsvorschläge auf seinem 2. Blatt. Dabei wurden die Blätter zum Teil übereinandergelegt, um unnötige Zeichenarbeit zu vermeiden.

Beide Blätter wurden anschließend an den Nachbarn weitergereicht und von ihm auf Blatt 3 – möglichst durch Übereinanderlegen der Blätter – ergänzt und verbessert.

Nach Abschluss der Phase der Lösungsfindung erhielt jeder Teilnehmer der Sitzung 6 Blätter, auf denen er seinen ursprünglichen Vorschlag fünfmal überarbeitet vorfand.

Die Ergebnisse der Gruppe für den Suchbereich „Verschiebeeinrichtung für die Seilrolle“ sind in *Bild 1-45* dargestellt.

Nr.	Bauweise	Verschiebe-antrieb	Verschiebe-kräfte	Achse	Klemmung	Kosten	Fernbe-dienung
1	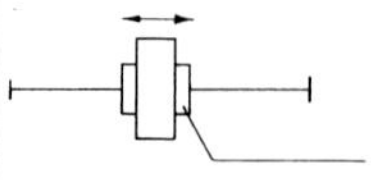	Die Seilrolle wird durch Axialkräfte verschoben	gering (rollende Reibung)	ruhend	nicht vorgesehen	gering	nicht möglich
2	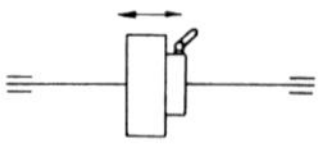	von Hand	Handkraft 100 … … 200 N (Gleitreibung)	drehend	vorhanden (Klemmschraube)	gering	nicht möglich
3		Veränderung der Auskraglänge von Hand	wie Nr. 2	drehend und längsbeweglich	möglich wie Nr. 2	gering	möglich
4	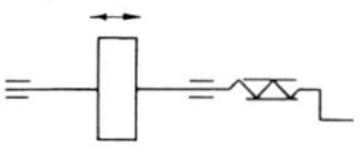	durch Gewindespindel	abhängig von der Gewindesteigung (relativ gering)	längsbeweglich	evtl. Selbsthemmung des Gewindes	höher als Nr. 1 … 3	möglich
5	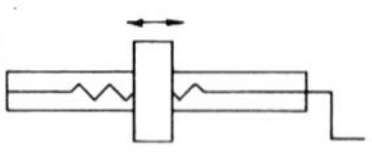	durch Gewindespindel in der Hohlwelle	abhängig von der Gewindesteigung (relativ gering)	ruhend	evtl. Selbsthemmung des Gewindes	teurer als 1 … 4	möglich
6	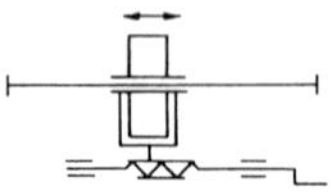	durch Gewindespindel und Gabel	wie Nr. 5	ruhend	wie 5	teurer als 5	möglich
7	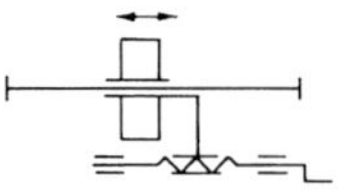	durch Gewindespindel und Stange	wie Nr. 5	ruhend	wie 5 und 6	gleich 6	möglich
8	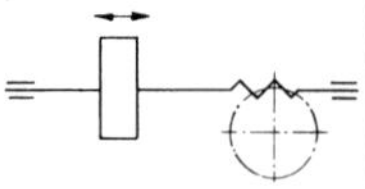	über Ritzel und als Zahnstange ausgebildete Achse	abhängig vom Ritzelantrieb, größer als 5 … 7	ruhend	durch Blockieren des Ritzels	gleich 6	möglich

Bild 1-45 Ordnungsschema mit Lösungen für die Verschiebeeinrichtung des in *Bild 1-44* dargestellten Lagerbockes

1.3.4.3 Vorschubgetriebe für eine Waagerecht-Kreissäge

Verstellhub h = 600 mm
Schnitthub h_s = 530 mm

Da an dieser Stelle nur die Lösungsfindung mithilfe des morphologischen Kastens gezeigt werden soll, erscheinen die Angaben der Aufgabenstellung ausreichend.

Die gefundenen Teilfunktionsträger zu den Teilfunktionen Bewegungsumformung, Erzeugung des Drehmomentes stufenlos und Erzeugung des Drehmomentes stufenförmig können *Bild 1-46* entnommen werden. Die brauchbaren Lösungskombinationen sind in *Bild 1-47* zusammengestellt.

Teilfunktion	Teilfunktionsträger 1	2	3	4	5
1 Erzeugen der Bewegungsenergie	Drehstrommotor (M 3~)	Verbrennungsmotor	Hydromotor Radialkolbenmotor Axialkolbenmotor		
2 Wandeln von Drehmoment, Drehzahl	Schaltwechselgetriebe - gestuft -	PIV-Getriebe - stufenlos -	polumschaltbarer Drehstrommotor - gestuft - mit getrennten Wicklungen, mit Dahlander-Schaltung	thyristorgesteuerter Reihenschlußmotor - stufenlos -	
3 Wandeln der Bewegungsart Rotation → Translation	Spindel mit Spindelmutter	Ritzel mit Zahnstange	Kurbeltrieb	Kettentrieb	Rotationskolbenpumpe mit Zylinder

Bild 1-46 Lösungsfindung nach der morphologischen Methode; Beispiel Waagerecht-Kreissäge

Als Teilfunktionsträger scheiden aus:

1.2 Verbrennungsmotor.
hohe Energiekosten, stampfender Betrieb, Geräusch- u. Wärmeentwicklung, geringer Wirkungsgrad

3.3 Kurbeltrieb:

ungleichförmige Verstell- u. Schnitthubbewegung

3.4 Kettentrieb:

unkontrollierbare Kettenlängung

Brauchbar erscheinen die angegebenen Lösungen; sie sollen deshalb näher überprüft werden.

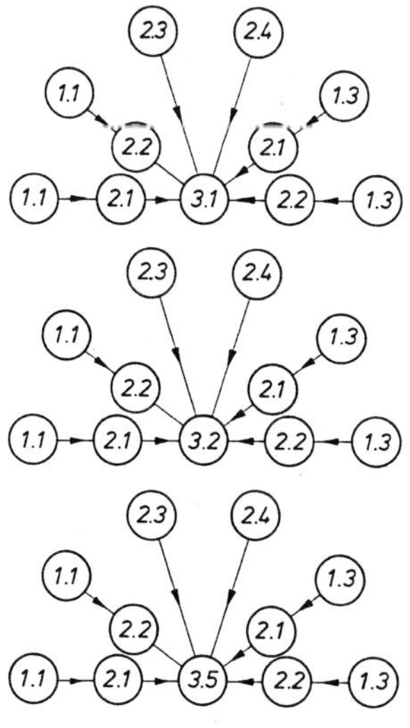

Bild 1-47
Vorbewertung:
Beispiel Waagerecht-Kreissäge

1

1.3.5 Technische Bewertung

Flachriemenvorgelege

Gemäß dem Entwicklungsauftrag ist ein Flachriemenvorgelege mit zwei Riemenscheiben von ∅ 280 bzw. ∅ 140 zu entwerfen. Es soll eine Leistung von $P \leq 18$ kW bei einer Drehzahl von $n = 15\ s^{-1}$ übertragen werden können. Der Entwicklungsauftrag nennt eine Stückzahl von 100 Stück/Monat.

Lösung:

In der Konzipierungsphase sind die im *Bild 1-48* dargestellten technischen Lösungsprinzipien entwickelt worden. (Die dargestellten Konzeptvarianten stellen allerdings nur eine Auswahl der prinzipiell möglichen Lösungen dar.)

Ein mit dem Konstrukteur, einem Fertigungs- und einem Werkstofffachmann besetztes Bewertungsteam eliminiert wegen gravierender Mängel z. B. veraltetes, nicht entwicklungsfähiges Konzept, schwierige Gießbarkeit, ungünstige Montierbarkeit o. a. Gründe ohne genauere Wertanalyse mehrere Varianten. Die verbleibenden Lösungsprinzipien werden einer technischen Bewertung unterzogen. Hierbei gilt die Regel, dass man sich in der Konzipierungsphase auf die Bewertung weniger technischer Eigenschaften und Wünsche beschränken sollte, weil dadurch der Bewertungsaufwand in Grenzen bleibt, andererseits aber auch schon ein grobes Bewertungsraster technische Mängel aufdeckt und außerdem Anregungen zur Verbesserung geben kann. Erst in späteren Phasen der Entwicklung bei kleinerer Zahl von Varianten sollte das technische Bewertungsschema verfeinert werden.

Bild 1-49 fasst das Ergebnis der technischen Bewertung der aus *Bild 1-48* verbliebenen Konzeptvarianten zusammen.

Danach hat das Lösungskonzept 3.6 mit $\Sigma\, p = 22$ Punkte die höchste Punktzahl erhalten. Seine technische Wertigkeit beträgt mit $\bar{p} = \Sigma\, p/n = 22/7 = 3{,}145$

$$x = \frac{\bar{p}}{p_{\max}} = \frac{3{,}145}{4} = \underline{\underline{0{,}79}}$$

Bild 1-49 lässt auch die Schwachstellen dieser Lösung erkennen, nämlich die hohe Lagerbeanspruchung und die geringe Steifigkeit der Konstruktion. Diese lassen sich durch das Heranrücken der Stufenscheibe an den Ständer und durch eine Verlängerung des Lagergehäuses in die große Riemenscheibe hinein beseitigen (*Bild 1-50*), wodurch eine Erhöhung der technischen Wertigkeit auf $x = 0{,}86$ erreicht wird.

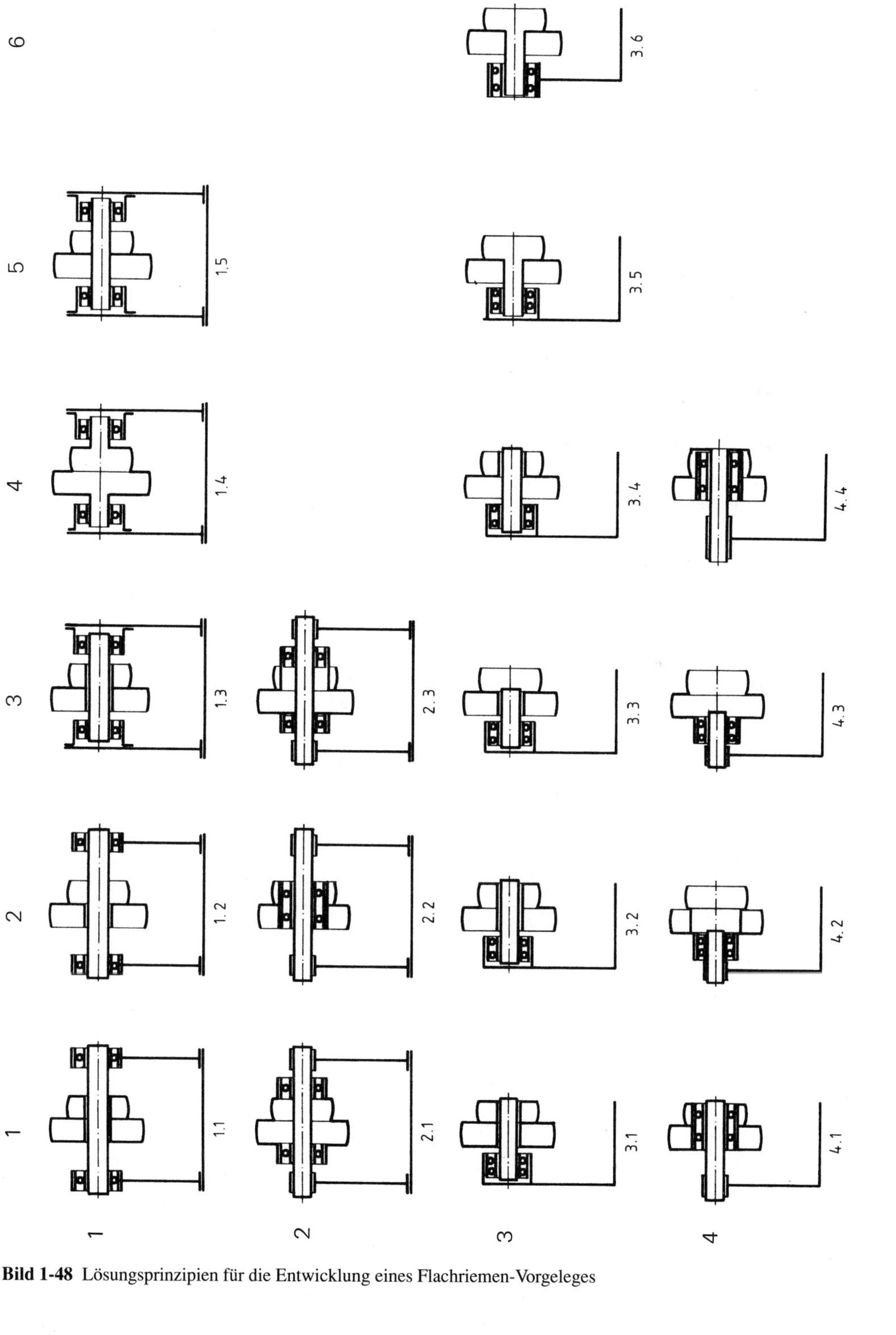

Bild 1-48 Lösungsprinzipien für die Entwicklung eines Flachriemen-Vorgeleges

1

Lfd. Nr.	Technische Eigenschaften, Wünsche	Bewertungspunkte für Konzept-variante						Ideal-Lösung
		1.3	1.4	1.5	2.1	3.6	4.3	
	Mechanische Eigenschaften							
1	Lagerbeanspruchung	4	4	4	4	2	3	4
2	Gewicht	2	3	3	2	4	4	4
3	Steifigkeit	3	3	3	3	2	2	4
	Herstelleigenschaften							
4	Gießbarkeit	3	1	3	2	3	2	4
5	spanabhebende Bearbeitbarkeit	2	2	2	1	3	3	4
6	Einfachheit der Montage	2	2	2	2	4	3	4
	Gebrauchseigenschaften							
7	Auswechselbarkeit der Riemen	1	1	1	1	4	4	4
	Gesamtpunktzahl Σp	17	16	18	15	22	21	28
	Technische Wertigkeit $x = \frac{\Sigma p}{n \cdot p_{max}}$	0,61	0,57	0,64	0,54	0,79	0,75	1,0

Bild 1-49 Technische Bewertung von Konzeptvarianten eines Flachriemen-Vorgeleges siehe *Bild 1-48*

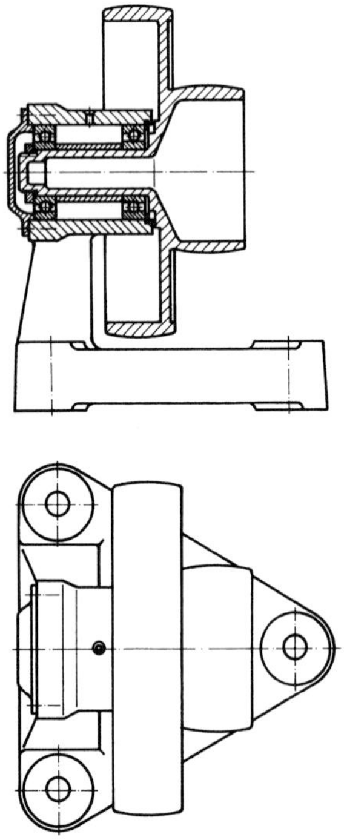

Bild 1-50
Verbessertes Konzept der Variante 3.6 des *Bildes 1-48*

1.3.6 Wirtschaftliche Bewertung

Flachriemenvorgelege

Von dem in *Bild 1-50* dargestellten Konzept eines Flachriementriebes ist ein maßstäblicher Entwurf angefertigt worden. Der Entwurf *Bild 1-51* ist wirtschaftlich zu bewerten!

Lösung:

Bei einem Preis des Bezugswerkstoffes S235JRG1 von 0,92 €/kg ergibt sich sein auf die Volumeneinheit bezogener Preis von

$$k_{vo} = 0{,}92\frac{€}{kg}\cdot 7{,}85\frac{kg}{dm^3}\cdot 10^{-3}\frac{dm^3}{cm^3} = 7{,}22\cdot 10^{-3}\frac{€}{cm^3}$$

und damit für die jeweiligen Bauteile die spezifischen Werkstoffkosten

$$k_v = k_{vo}\cdot k_v^* = 7{,}22\cdot 10^{-3}\cdot k_v^* \text{ in} \frac{€}{cm^3}$$

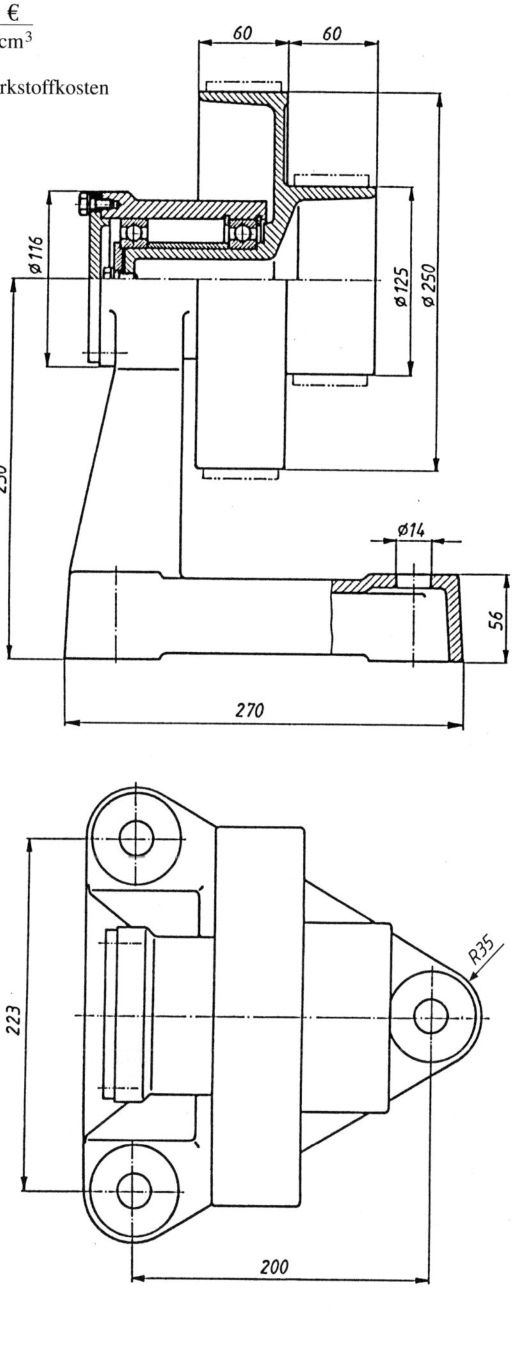

Bild 1-51
Maßstäblicher Entwurf eines Flachriemen-Vorgeleges

1

Zur Erfassung der Werkstoff-Gemeinkosten wird für die Gussteile der Faktor g_w = 0,2 und für die Halbzeuge g_w = 0,1 angesetzt. Für die Fertigzeuge wird ein Gemeinkostenfaktor von g_z = 0,1 in Rechnung gestellt.

Bild 1-52 gibt die Materialkosten der Einzelteile und die gesamten Materialkosten des Vorgeleges an. In den Kosten für die Rillenkugellager ist ein Einkaufsrabatt von 50 % berücksichtigt; gleiches gilt für die Kleinteile.

Für das in *Bild 1-51* dargestellte Vorgelege weist die Anforderungsliste z. B. zulässige Herstellkosten von H_{zul} = 230,– € aus. Die wirtschaftliche Wertigkeit des Vorgeleges ist zu ermitteln!

Lösung:

Das *Bild 1-52* nennt Materialkosten M = 113,20 €. Mit diesen ergeben sich unter Berücksichtigung des prozentualen Materialkostenanteils, der mithilfe von *Anhang A2-14* mit M′ = 52 % geschätzt wird, die Herstellkosten

$$H = \frac{M}{M'} \cdot 100\,\% = \frac{113{,}20\,€}{52\,\%} \cdot 100\,\% = 217{,}70\,€$$

Mit den zulässigen Herstellkosten H_{zul} = 230,– € ist dann die wirtschaftliche Wertigkeit

$$y = \frac{H_{zul}}{1{,}4 \cdot H} = \frac{230{,}-\,€}{1{,}4 \cdot 217{,}70\,€} = 0{,}75$$

In Anlehnung an die Qualitätsstufungen für die technische Wertigkeit x (s. *Beispiel 1.3.5*) ist diese wirtschaftliche Wertigkeit des Vorgelege-Entwurfs als gut anzusehen.

Lfd. Nr.	Stck zahl	Teil Bezeichnung	Werkstoff	V_n in cm³	V_b in cm³	k_v in €/cm³ · 10^{-2}	g_w, g_z	M in €
1	1	Gestell	EN-GJL-250	1170	1280	2,15	0,2	33,–
2	1	Riemen-scheibe	EN-GJS-400-15	1300	1430	3,2	0,2	54,90
3	2	Deckel (Spritzguß)	Polystyrol	100	100	0,8	0,1	–,88
4	1	Distanz-buchse	S185	70	76	2,3	0,1	1,92
5		Kleinteile: 10 Schrauben 1 Sicherungsring		50 % Einkaufsrabatt			0,1	5,20
6		Zulieferungen: 2 Rillenkugellager 6208 DIN 625		50 % Einkaufsrabatt			0,1	17,30
		Materialkosten M						113,20

Bild 1-52 Ermittlung der Materialkosten des Flachriemen-Vorgeleges nach Bild 1-51

1.3.7 Stärkediagramm

Bild 1-53 zeigt die Stärke s_1 (y_1/x_1) eines technischen Produktes, das technisch und wirtschaftlich zu veraltern drohte. Das neu entwickelte Konzept hat die Stärke s_2 (x_2/y_2). Die Särken s_1 und s_2 sind zu vergleichen!

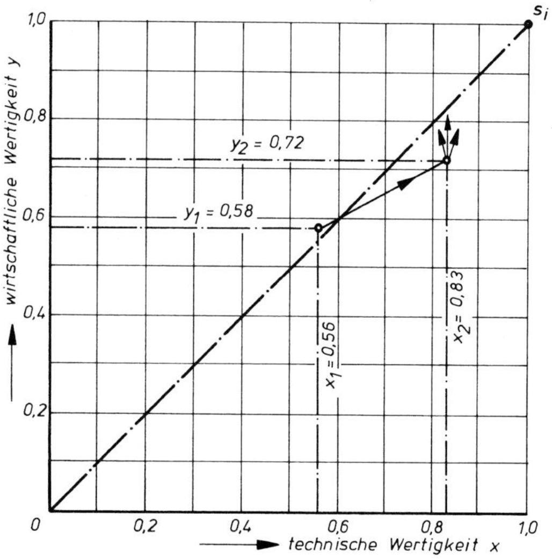

Bild 1-53
Entwicklungslinie eines verbesserten technischen Produktes im Stärkediagramm

Lösung:

Die ursprüngliche Ausführung hat mit x_1 = 0,56 und y_1 = 0,58 eine weder technisch noch wirtschaftliche befriedigende Stärke. Die Stärke s_2 des neuen Konzeptes ist mit x_2 = 0,83 und y_2 = 0,72 als wesentlich günstiger anzusehen. Allerdings zeigt sich auch, dass mit der Verbesserung des technischen Wertes offensichtlich nicht in gleichem Maße die Herstellkosten gesenkt werden konnten.

Es sollte deshalb überprüft werden, ob durch eine Umgestaltung der Konstruktion, durch die Einführung rationellerer Fertigungsverfahren oder die vermehrte Verwendung von Zulieferteilen die Stärke mehr der idealen Entwicklungslinie angenähert werden kann.

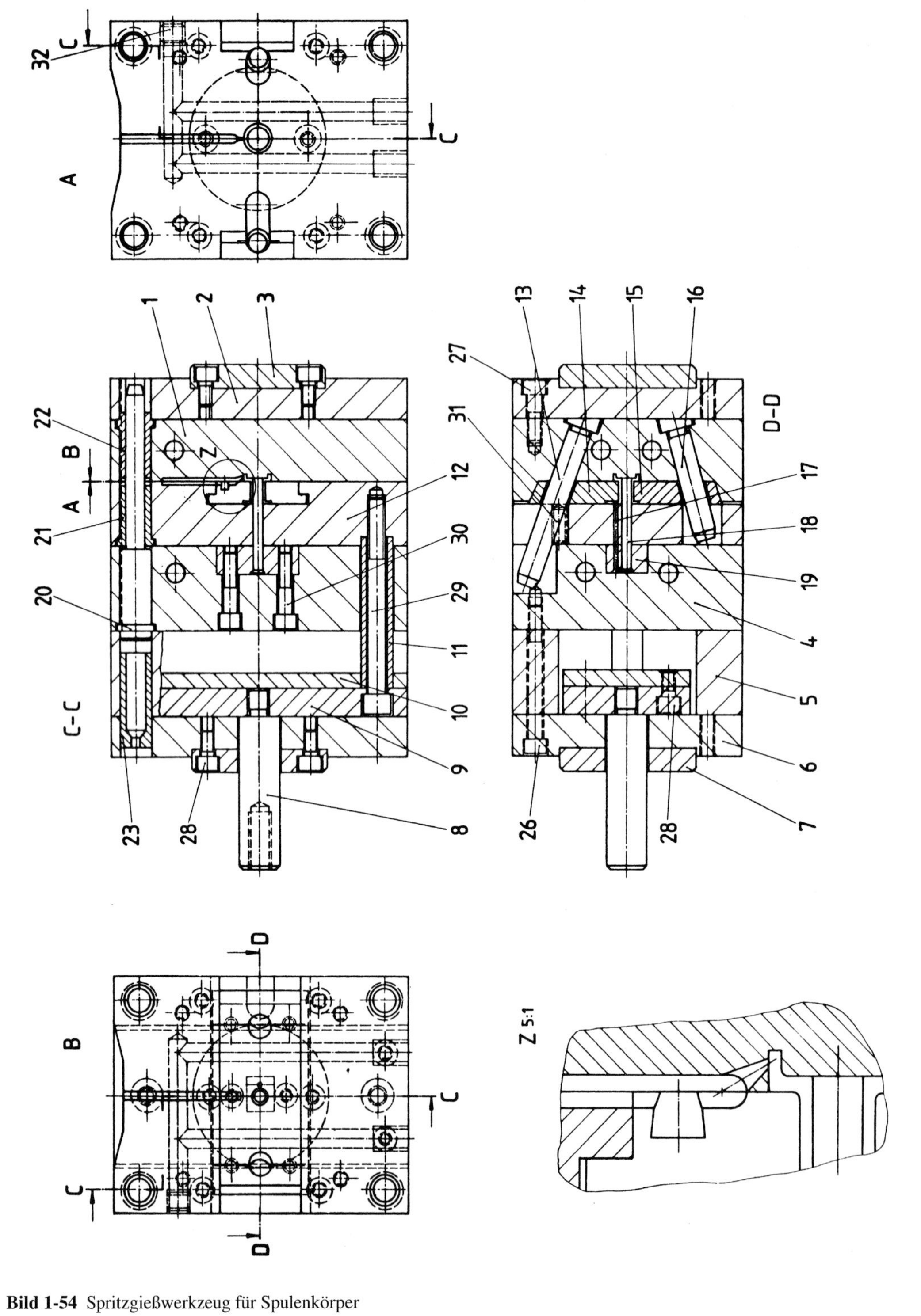

Bild 1-54 Spritzgießwerkzeug für Spulenkörper

1	2	3	4	5	6
Pos.	Menge	Einheit	Benennung	Sachnummer/Norm-Kurzbezeichnung	Bemerkung
1	1		Formplatte	40CrMnMo7	54+2HRC
2	1		Aufspannplatte	C45W	
3	1		Zentrierscheibe	C45W	
4	1		Zwischenplatte	C45W	
5	2		Leiste	C45W	
6	1		Aufspannplatte	C45W	
7	1		Zentrierscheibe	C45W	
8	1		Ausstoßbolzen	C15E	
9	1		Auswerfergrundplatte	C45W	
10	1		Auswerferhalteplatte	C45W	
11	2		Distanzhülse	C15E	
12	1		Abstreifplatte	40CrMnMo7	54+2HRC
13	1		Schrägbolzen	C15E	720HV30
14	1		Schieber	40CrMnMo7	54+2HRC
15	1		Schieber	40CrMnMo7	54+2HRC
16	1		Schrägbolzen	C15E	720HV30
17	1		Kernstift	X38CrMoV5-1	54+2HRC
18	1		Kernstift	X38CrMoV5-1	54+2HRC
19	1		Kernhalteplatte	C45W	
20	4		Führungsbolzen	C15E	720HV30
21	4		Führungsbuchse	C15E	620HV30
22	4		Führungsbuchse	C15E	620HV30
23	4		Zentrierhülse	C15E	620HV30
26	4		Zylinderschraube	ISO 4762 – M6 x 55 – 8.8	
27	4		Zylinderschraube	ISO 4762 – M6 x 20 – 8.8	
28	8		Zylinderschraube	ISO 4762 – M6 x 10 – 8.8	
29	2		Zylinderschraube	ISO 4762 – M8 x 80 – 8.8	
30	2		Zylinderschraube	ISO 4762 – M6 x 25 – 8.8	
31	4		Rastbolzen mit Kugeleinsatz		
32	2		Verschlussschraube	DIN 906 – R 1/8″ – CuZn	

Bild 1-55 Stückliste Spritzgießwerkzeug

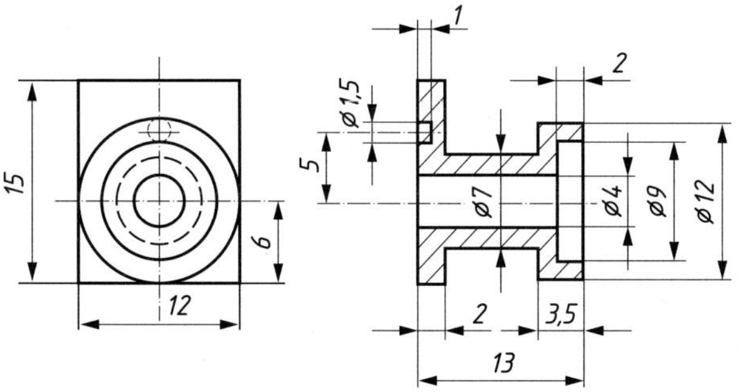

Bild 1-56
Spulenkörper

Von den im *Bild 1-54* dargestellten Spritzgießwerkzeug für Spulenkörper ist mithilfe der Stückliste *Bild 1-55* eine Aufbauübersicht nach DIN 6789 anzufertigen!

Lösung:

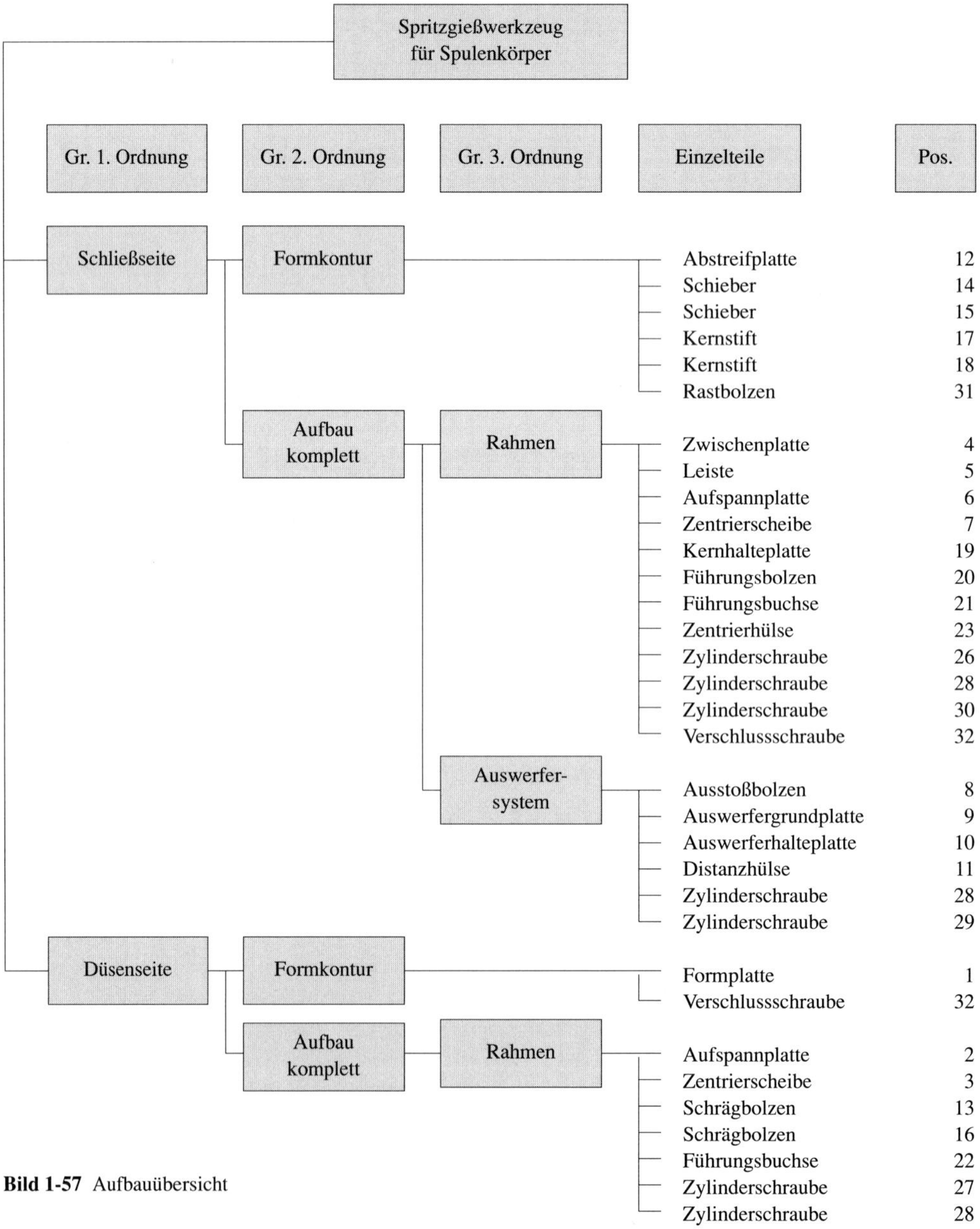

Bild 1-57 Aufbauübersicht

Bei einem Spritzgießwerkzeug mit einer anderen Angussart z. B. Heißkanalwerkzeug müsste man auf der Düsenseite gleichrangig zum „Rahmen" in der Gruppe 3. Ordnung das „Angusssystem" anordnen.

Weitere Angaben über werkzeugspezifische Teile können der DIN 16750 entnommen werden.

1.4 Aufgaben

1.4.1 Einführung in das methodische Konstruieren

1. a) Nennen Sie wichtige Gründe für die Notwendigkeit zur Rationalisierung im Konstruktionsbereich!
   b) Welche wesentlichen Ansatzpunkte für eine solche Rationalisierung können Sie nennen? Beschreiben Sie diese ausführlich!
2. a) Erklären Sie den Begriff „intuitive Arbeitsweise“ beim Konstruieren.
   b) Nennen und erläutern Sie die wesentlichen Nachteile einer auf Intuition begründeten Arbeitsweise im Konstruktionsbereich!
3. a) Erläutern Sie die verschiedenen Konstruktionsmethoden.
   b) Nennen und beschreiben Sie die wesentlichen Vorteile des methodischen Konstruierens!
4. a) Welche Faktoren gehören zur Gesamtfunktion eines technischen Produktes?
   b) Wie wird die Gesamtfunktion eines technischen Produktes zweckmäßig dargestellt?
5. Welche Vorteile hat das funktionale Denken für die Entwicklung technischer Produkte?
6. Stellen Sie die black boxes folgender technischer Produkte dar: Handbohrmaschine, Generator, Verbrennungsmotor, Fernsehgerät, Kühlschrank, Schreibmaschine, Amperemeter! Achten Sie dabei darauf, dass die Gesamtfunktion einen ausreichenden Abstraktionsgrad aufweist!
7. a) Nennen und erläutern Sie die Hauptumsatzgrößen der in Aufgabe 6. genannten technischen Produkte!
   b) Welche Nebenumsatzgrößen sind bei den in Aufgabe 6. genannten technischen Produkte zum Erfüllen der Gesamtfunktion erforderlich?
8. Nennen Sie die Funktionen, die von den nachfolgend genannten Bauelementen oder -gruppen erfüllt werden: Achse, Welle, Passfeder, Zahnradpaar, Backenbremse, Freilauf, Kondensator, Ventil, Kupplung, Gleitlager, Dichtung!

1.4.2 Das Analysieren der Aufgabe

1. Nennen und erläutern Sie die einzelnen Arbeitsschritte des methodischen Konstruierens!
2. Erklären Sie die besondere Bedeutung der Phase „Analysieren“ innerhalb des Konstruktionsprozesses!
3. Zählen Sie die Gesichtspunkte auf, die für die Auswahl neu zu planender technischer Produkte bedeutsam sind!
4. Nennen Sie die Mindestangaben, die ein Entwicklungsauftrag enthalten sollte!
5. Mit welchen anderen Fachbereichen hat die Konstruktionsabteilung zusammenzuarbeiten?
6. Geben Sie Quellen der Informationsbeschaffung für den Konstrukteur bei der Lösungssuche an!
7. Erläutern Sie den Begriff „Anforderungsliste“.
8. Beschreiben Sie die üblichen Arbeitsverfahren, nach denen der Konstrukteur die Anforderungsliste erstellt!
9. Erstellen Sie eine möglichst vollständige Anforderungsliste für eine Ständerbohrmaschine!
   Hinweis: Ermitteln Sie die Forderungen, Wünsche und Erwartungen durch Analyse einer vorgegebenen Bohrmaschine!
10. Nennen Sie Gründe für das Zerlegen der Gesamtfunktion eines geplanten technischen Produktes in ihre Teilfunktionen!
11. Nennen und erläutern Sie die Arbeitsschritte bei der Erarbeitung der Funktionsstruktur!
12. Erklären Sie den Begriff „Funktionsstruktur eines technischen Produktes“.
13. Beschreiben Sie Variation und mögliche Verfahren einer Funktionsstruktur
14. Erarbeiten Sie für die Ständerbohrmaschine der Aufgabe 9. eine Funktionsstruktur!

1.4.3 Das Konzipieren

1. *Bild 1-58* zeigt eine Wellenlagerung, die durch mehrmalige Überarbeitung verbessert worden ist. Vergleichen Sie die Entwürfe und erläutern Sie die jeweiligen Verbesserungen!

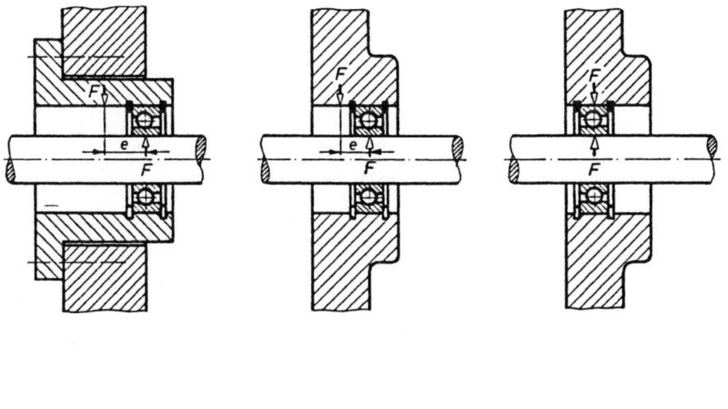

Bild 1-58
Variationen der Wälzlagerung einer Welle

2. Für welche Fälle der Konstruktionsarbeit empfehlen Sie die Methode des Brainstorming?
3. Nennen und erläutern Sie die bei der Methode des Brainstorming anzuwendenden Arbeitsschritte!
4. Suchen Sie mindestens zwei Beispiele für die Verwendung biologischer Bauformen als Vorbild für technische Konstruktionen und erläutern Sie die Beziehungen zwischen Vorbild und technischem Produkt!
5. Vergleichen Sie die Methode des Brainstorming mit der Methode 635!
6. Bei einem Fahrzeug ist die Teilfunktion „Stoßenergie elastisch auffangen" zu erfüllen.
   a) Welche physikalischen Effekte kommen nach Ihrer Meinung für die Erfüllung dieser Teilfunktionen in Frage?
   b) Welche Konstruktionselemente können die von Ihnen genannten physikalischen Effekte realisieren?
7. Zur Realisierung der in Aufgabe 6. genannten Teilfunktion sind die in *Bild 1-59* genannten Konstruktionselemente ausgewählt worden. Variieren Sie die Gestalt der Federn unter den in der Tafel genannten Gesichtspunkten!

Konstruktions-element	Variationsparameter				
	Form	Größe	Zahl	Art	Lage
Schraubenfeder					
Blattfeder					
Tellerfeder					

Bild 1-59 Parameter für die Variation von Funktionselementen

8. Erläutern Sie den Einfluss, den die Konstruktionsarbeit auf die Höhe der Herstellkosten eines Produktes hat!
9. Auf welche Weise kann der Konstrukteur die Materialkosten eines Entwurfes ermitteln?
10. Beschreiben Sie das Verfahren, nach dem der Konstrukteur schon im Entwurfsstadium überschlägig die Herstellkosten eines konzipierten technischen Produktes ermitteln kann!
11. Beschreiben Sie ein Verfahren zur Ermittlung der wirtschaftlichen Wertigkeit eines technischen Produktes!
12. Erläutern Sie den Begriff der technischen Wertigkeit!
13. Nennen Sie mindestens fünf für die technische Bewertung von Konstruktionsentwürfen wichtige Beurteilungskriterien!
14. Erklären Sie was man unter der Stärke eines technischen Produktes versteht.
15. *Bild 1-60* zeigt die Entwicklungslinie eines technischen Produktes vom Erstentwurf zur Produktionsreife im Stärkediagramm. Beurteilen Sie die jeweiligen Produktstärken, die während der Entwicklungszeit erreicht worden sind!

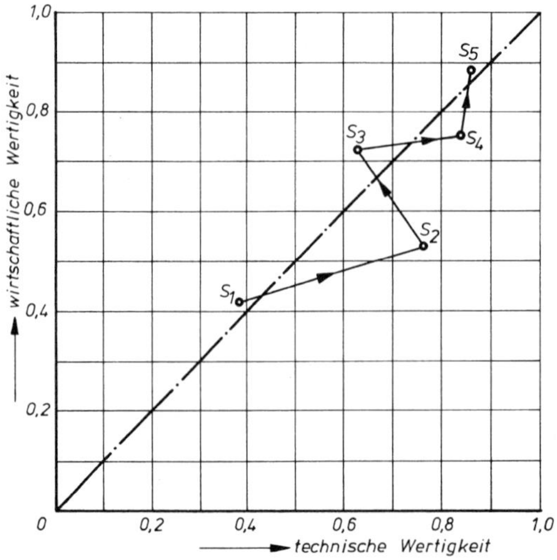

Bild 1-60
Stärkediagramm mit Entwicklungslinie eines technischen Produktes

16. *Bild 1-61* zeigt die Stärken mehrerer Lösungsvarianten eines technischen Produktes und die Stärke eines Konkurrenzproduktes. Vergleichen Sie die Lösungsvarianten untereinander und mit dem Konkurrenzprodukt!

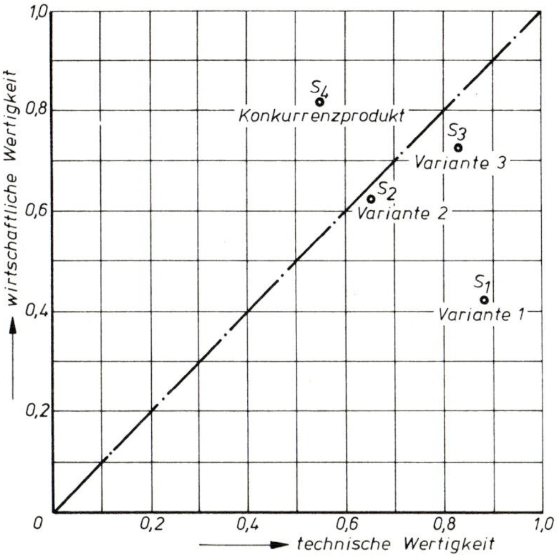

Bild 1-61
Stärkediagramm mit den Stärken der drei Varianten eines neu entwickelten Produktes und eines Konkurrenzproduktes

1.4.4 Das Entwerfen und Ausarbeiten

1. Merkmale ausgereifter Konstruktionen sind:
   Funktionsgerechtigkeit, Beanspruchungsgerechtigkeit, Werkstoffgerechtigkeit, Fertigungsgerechtigkeit, Bedienungsgerechtigkeit, Betriebssicherheit, Kostengerechtigkeit. Erläutern Sie diese Begriffe!
2. Erklären Sie die Beziehungen, die zwischen folgenden Gestaltungsgesichtspunkten bestehen:
   a) Bemessung der Bauteile und Werkstoffwahl
   b) Werkstoffwahl und Fertigung
   c) Stückzahl und Fertigung
   d) Werkstoffwahl und Wirtschaftlichkeit!
3. Nennen Sie die wichtigsten Kriterien, nach denen der Konstrukteur die Werkstoffwahl vornehmen sollte!
4. Erläutern Sie die im *Bild 1-18* genannten fertigungstechnischen Eigenschaften von Maschinenbauteilen anhand von Beispielen, nämlich die Anzahl der zu bearbeitenden Flächen und die Flächenform, die spanngerechte Formgebung, die Oberflächengüte und Toleranzen, die kontrollgerechte Gestaltung! Beachten Sie für die Lösung der Aufgabe Kapitel 4!
5. Fertigen Sie von dem Flachriemen-Vorgelege *Bild 1-51* eine normgerechte Stückliste an. Erstellen Sie anschließend eine Aufbauübersicht nach DIN 6789.

1.5 Literatur

1.5.1 Zum Konzipieren und Entwerfen

1. VDI-Richtlinie 2210 Entwurf: Datenverarbeitung in der Konstruktion; Analyse des Konstruktionsprozesses im Hinblick auf den EDV-Einsatz
2. VDI-Richtlinie 2211 Blatt 1 ... 3 Entwurf: Datenverarbeitung in der Konstruktion; Methoden und Hilfsmittel
3. VDI-Richtlinie 2212: Datenverarbeitung in der Konstruktion; Systematisches Suchen und Optimieren konstruktiver Lösungen
4. VDI-Richtlinie 2213: Datenverarbeitung in der Konstruktion; Integrierte Herstellung von Fertigungsgrundlagen
5. VDI-Richtlinie 2214: Datenverarbeitung in der Konstruktion; Programmerstellung
6. VDI-Richtlinie 2215: Datenverarbeitung in der Konstruktion; Organisatorische Voraussetzungen und allgemeine Hilfsmittel
7. VDI-Richtlinie 2216: Datenverarbeitung in der Konstruktion; Vorgehen bei der Einführung der EDV im Konstruktionsbereich
8. VDI-Richtlinie 2222 Blatt 1: Konstruktionsmethodik; Konzipieren technischer Produkte

1

9. VDI-Richtlinie 2222 Blatt 2: Konstruktionsmethodik; Erstellung und Anwendung von Konstruktionskatalogen
10. VDI-Richtlinie 2224: Formgebung technischer Erzeugnisse; Empfehlungen für den Konstrukteur
11. VDI-Richtlinie 2225 Blatt 1: Konstruktionsmethodik; Technisch-wirtschaftliches Konstruieren – Anleitung und Beispiele
12. VDI-Richtlinie 2225 Blatt 2: Konstruktionsmethodik; Technisch-wirtschaftliches Konstruieren – Tabellenwerte
13. VDI-Richtlinie 2801: Wertanalyse; Begriffsbestimmungen und Beschreibung der Methode
14. VDI-Richtlinie 2802: Wertanalyse; Vergleichsrechnungen
15. *Bahrmann,* Einführung in das methodische Konstruieren, Vieweg, Braunschweig 1977
16. *Claussen,* Konstruieren mit Rechnern, Springer, Berlin/Heidelberg/New York 1971
17. *Ewald,* Lösungssammlungen für das methodische Konstruieren, VDI-Verlag, Düsseldorf 1975
18. *Hansen,* Konstruktionssystematik, VEB Verlag Technik, Berlin 1965
19. *Hansen,* Konstruktionswissenschaft, Hanser, München 1974
20. *Hubka,* Theorie des Konstruktionsprozesses, Springer, Berlin/Heidelberg/New York 1984
21. *Kesselring,* Technische Kompositionslehre, Springer, Berlin/Göttingen/Heidelberg 1954
22. *Koller,* Konstruktionslehre für den Maschinenbau, Springer, Berlin/Heidelberg/New York 1985
23. *Leyer,* Maschinenkonstruktionslehre, Hefte 1 ... 7, Birkhäuser (technica-Reihe), 1963 ... 1978
24. *Niemann,* Maschinenelemente, Band I, Springer, Berlin/Heidelberg/New York 1981
25. *Pahl/Beitz,* Konstruktionslehre, Springer, Berlin/Heidelberg/New York 1997
26. *Rodenacker,* Methodisches Konstruieren, Springer, Berlin/Heidelberg/New York 1984
27. *Rodenacker/Claussen,* Regeln des methodischen Konstruierens, Teil I und II, Krausskopf, Mainz 1973/74
28. *Schlottmann,* Konstruktionslehre, VEB Verlag Technik, Berlin 1983
29. *Steinwachs,* Praktische Konstruktionsmethode – kurz und bündig, Vogel, Würzburg 1976
30. *Wünsch,* Wirtschaftliches Gestalten technischer Systeme und deren Elemente, VEB Fachbuchverlag, Leipzig 1971
31. *Conrad/Schiemann/Vömel,* Erfolg durch methodisches Konstruieren, Lexika-Verlag, Grafenau 1977
32. *Roth/Franke/Simonek,* Aufbau und Verwendung von Katalogen für das methodische Konstruieren; Konstruktion 24/1972, Heft 11
33. *Rauschenbach,* Kostenoptimierung konstruktiver Lösungen, VDI-Verlag, Düsseldorf 1978

1.5.2 Zum Ausarbeiten

1. DIN-Taschenbuch 2 – Zeichnungsnormen
2. DIN-Taschenbuch 8 – Schweißtechnik 1; Normen über Begriffe, Schweißzusätze, Fertigung und Sicherung der Güte
3. DIN-Taschenbuch 9 – Normen für Gussrohrleitungen
4. DIN-Taschenbuch 10 – Mechanische Verbindungselemente; Maßnormen für Schrauben und Zubehör
5. DIN-Taschenbuch 14 – Spannzeugnormen
6. DIN-Taschenbuch 15 – Normen für Stahlrohrleitungen
7. DIN-Taschenbuch 24 – Wälzlager-Normen
8. DIN-Taschenbuch 28 – Stahl und Eisen; Maßnormen
9. DIN-Taschenbuch 29 – Federnormen
10. DIN-Taschenbuch 43 – Mechanische Verbindungselemente; Bolzen, Stifte, Niete, Keile, Stellringe, Sicherungsringe
11. DIN-Taschenbuch 44 – Normen über Hebezeuge
12. DIN-Taschenbuch 45 – Gewindenormen
13. DIN-Taschenbuch 46 – Stanzwerkzeuge
14. DIN-Taschenbuch 51 – Kunststoffnormen; Halbzeuge und Fertigerzeugnisse
15. DIN-Taschenbuch 55 – Mechanische Verbindungselemente; Grundnormen, Gütenormen und Technische Lieferbedingungen für Schrauben, Muttern und Zubehör
16. DIN-Taschenbuch 59 – Normen über Drahtseile
17. DIN-Taschenbuch 64 – Normen über Fördermittel
18. DIN-Taschenbuch 67 – Stanzteile
19. *Klein,* Einführung in die DIN-Normen, B. G. Teubner, Stuttgart und Beuth Verlag, Berlin/Köln 1994
20. VDI Handbuch Betriebstechnik, Teil 1 ... 4
21. VDI Handbuch Feinwerktechnik
22. VDI Handbuch Getriebetechnik I; Ungleichförmig übersetzende Getriebe
23. VDI Handbuch Konstruktion
24. VDI Handbuch Kunststofftechnik
25. VDI Handbuch Materialfluss und Fördertechnik
26. VDI Handbuch Regelungstechnik

27. *Reimpel/Pautsch/Stangenberg,* Die normgerechte technische Zeichnung für Konstruktion und Fertigung, Band 1 und 2, VDI-Verlag, Düsseldorf 1967
28. *Pahl/Beitz,* Konstruktionslehre, Springer, Berlin/Heidelberg/New York 1997
29. *Niemann,* Maschinenelemente, Band 1 und 2, Springer, Berlin/Heidelberg/New York 1989
30. *Böge,* Arbeitshilfen und Formeln für das technische Studium – Konstruktion, Vieweg, Branschweig 1991
31. *Roloff/Matek,* Maschinenelemente, Vieweg, Braunschweig 1994
32. *Decker,* Maschinenelemente – Gestaltung und Berechnung, Hanser, München/Wien 1990
33. *Köhler/Rögnitz,* Maschinenteile, Band 1 und 2, B.G. Teubner, Stuttgart 1986
34. *Rögnitz/Köhler,* Fertigungsgerechtes Gestalten, B.G. Teubner, Stuttgart 1967

1

2 Das werkstoffgerechte Gestalten

Die Auswahl der Werkstoffe geschieht im Allgemeinen schon in einem relativ frühen Stadium der Konstruktionsarbeit. Schon in der Planungsphase werden die Weichen für die Werkstoffwahl gestellt, indem nämlich durch die Festlegung der Stückzahl des geplanten Produktes die Vorentscheidung für Einzel-, Serien- oder Massenfertigung erfolgt und damit bestimmte Werkstoffeigenschaften, wie Schweißbarkeit, Gießbarkeit oder spanabhebende Bearbeitbarkeit zum entscheidenden Auswahlkriterium werden.

Oberster Grundsatz für die Werkstoffwahl ist

das **ökonomische Prinzip:**

Ausreichende Funktionstüchtigkeit bei minimalen Kosten.

Wichtige Entscheidungskriterien für die Werkstoffwahl sind
- die Festigkeitseigenschaften
- die Werkstoffkosten
- die Fertigungseigenschaften
- die Lebensdauer
- das Gewicht

2.1 Die Festigkeitseigenschaften der Werkstoffe

Ausgehend von den zu erwartenden Beanspruchungen Zug/Druck, Biegung, Abscherung oder Torsion, die statisch oder dynamisch, einzeln oder sich überlagernd auftreten können, ist durch die Werkstoffwahl zu gewährleisten, dass keine unzulässig großen Verformungen, kein vorzeitiger Bruch und kein zu großer Materialabtrag, z. B. durch Korrosion, Erosion oder Kavitation, auftritt. Neben einer günstigen Gestaltung sind also bestimmte, der jeweiligen Beanspruchung entsprechende Werkstoffeigenschaften, wie Elastizitäts- oder Gleitmodul, statische Festigkeit, Fließgrenze, Dauer- und Zeitfestigkeit, Zeitstandfestigkeit, Oberflächenhärte und Verschleißfestigkeit, zunächst vom Konstrukteur zu überprüfen.

Durch optimale Formgebung sind die Belastungen in hochbeanspruchten Querschnitten zu minimieren, um durch günstigen Spannungsfluss die zur Fertigung erforderliche Werkstoffmasse möglichst klein zu halten. Kennwerte für eine festigkeitsgerechte Auswahl handelsüblicher Werkstoffe sind in dem *Anhang A2-1 … A2-13* angegeben.

2.2 Die Werkstoffkosten und die Wirtschaftlichkeit

Die unmittelbaren Werkstoffkosten werden in erster Linie von der Qualität des Werkstoffes, der für die Fertigung des Bauteils verwendeten Werkstoffmasse und von der Ausnutzung des Rohmaterials bestimmt.

Die Qualität des Werkstoffes findet unmittelbar in seinem Preis Berücksichtigung, den der Konstrukteur am zweckmäßigsten durch die *spezifischen Werkstoffkosten* k_v erfasst. Durch den Begriff der *relativen Werkstoffkosten* k_v^*, siehe *Abschnitt 1.2.3*, ergeben sich Vergleichsgrößen, die auch über längere Zeiträume – selbst bei Preissteigerungen oder -senkungen – ihre Relationen zueinander kaum verändern.

Mit den *spezifischen Werkstoffkosten* k_{vo} eines Basismaterials im *Anhang A2-1 ... A2-13* ist das der warmgewalzte Rundstahl S235JRG1 mittlerer Abmessungen mit 35 ... 100 mm Durchmesser, Maßnorm DIN 1013, bei einer Bezugsmenge von 1000 kg kann der Konstrukteur in der Entwicklungsphase die angenäherten *Brutto-Werkstoffkosten* ermitteln aus $W_b = V_b \cdot k_v^* \cdot k_{vo}$ (s. *Beispiel 2.6.1*). Es ist zu beachten, dass die Werkstoffkosten nicht ausschließlich von den relativen Werkstoffkosten bestimmt werden. Höhere Festigkeit eines Werkstoffes gestattet die Verwendung geringerer tragender Querschnitte und damit einer geringeren Werkstoffmasse.

Werkstoffkosten und Werkstoffmasse sind einander proportional

Hilfreich für den Konstrukteur ist deshalb die Bereitstellung von Kenngrößen, in denen Festigkeits- und Kostengrößen miteinander verknüpft sind, s. hierzu das *Beispiel 2.6.2* „Werkstoffkenngröße für Kostenvergleich". Im *Anhang A2-13* ist eine Anleitung für eine kostengünstige Auswahl üblicher Werkstoffe unter Berücksichtigung ihrer Festigkeit gegeben. Die Vergleichsgrößen sind für stabförmige Bauteile mit kreisförmigem Querschnitt ermittelt worden.

Grundsäzlich sollten vom Konstrukteur handelsübliche Werkstoffe bevorzugt werden, weil sonst vielfach lange Lieferfristen nicht zu vermeiden sind. Auch sollte beachtet werden, dass die Bearbeitungskosten bei umfangreicher Zerspanung mit zunehmender Härte ansteigen, wobei allerdings gleichzeitig Oberflächenqualität und Verschleißfestigkeit günstig zunehmen. Bezüglich der Herstellkosten während der Entwicklungsphase sei auf *Abschnitt 1.2.3* unter „Das Bewerten von Lösungen" verwiesen. Danach lassen sich die Herstellkosten H überschlägig auch dann ermitteln, wenn während des Entwicklungsstadiums für die Ermittlung der Fertigungskosten noch keine Unterlagen vorhanden sind. Vorbedingung dafür ist die Kenntnis des prozentualen Materialkostenanteils M', der für viele Erzeugnisgruppen bekannt ist, s. *Anhang A2-14*. Mit den Materialkosten M in € und dem prozentualen Materialkostenanteil M' in € ergeben sich die Herstellkosten in € aus $H = (M/M') \cdot 100\,\%$.

Senkungen der Werkstoffkosten lassen sich vielfach auch durch eine bessere Ausnutzung des Rohmaterials erreichen. Bei massiven Bauteilen kann durch spanlose Umformung der Rohlinge vielfach der Werkstoffverschnitt klein gehalten werden; bei Blechteilen kann der Verschnitt oft durch geschickte Anordnung und/oder Umkonstruktion der Bauteile gesenkt werden, wie im *Beispiel 2.6.3* gezeigt.

Eine günstige Streifenausnutzung zeigt *Bild 2-1*.

Bei Schnittteilen mit schlechtem Ausnutzungsgrad kann man diesen deutlich erhöhen, wenn man aus dem Blechstreifen gleichzeitig andere Teile mit ausscheidet.

Bild 2-1
Verschnittverringerung bei Blechteilen durch Nutzung des Verschnittes für kleinere Blechteile

2.3 Die Werkstoffwahl und die Fertigung

Die Festigkeit des Werkstoffes ist ein wichtiges Auswahlkriterium. Genauso bedeutsam ist aber auch folgender Grundsatz:

Die technologischen Eigenschaften des Werkstoffes müssen den anzuwendenden Fertigungsverfahren entsprechen.

Einige wichtige technologische Eigenschaften mit Rücksicht auf oft angewendete Fertigungsverfahren sind in *A2-15* angegeben.

Bei der Werkstoffwahl hat der Konstrukteur auch zu beachten, dass die geplante Stückzahl einen entscheidenden Einfluss auf die Art des anzuwendenden Fertigungsverfahrens hat.

An einem Winkelhebel ist im *Beispiel 2.6.4* das Fertigungsverfahren, die Gestaltung und die Werkstoffwahl in Abhängigkeit von der geplanten Stückzahl dargestellt.

Bild 2-2 gibt die grundsätzliche Abhängigkeit der Fertigungskosten vom Fertigungsverfahren und von der zu fertigenden Stückzahl an. Bei Verfahren 1 sind die der Stückzahl proportionalen Kosten besonders hoch bei gleichzeitig niedrigen Serienkosten, die durch das Rüsten und Herstellen der Sonderwerkzeuge, Spannzeuge, Messzeuge und Sondermaschinen bestimmt werden. Bei Verfahren 3 sind die Serienkosten besonders hoch, während die proportionalen Stückkosten gleichzeitig niedrig sind. Nach *Bild 2-2* ist Verfahren 1 bis Stückzahl *a* vorzuziehen, während

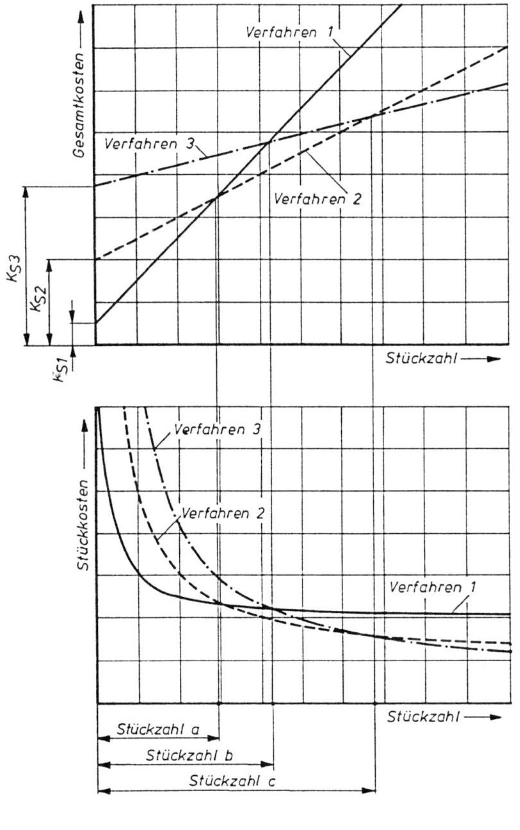

Bild 2-2
Abhängigkeit der Fertigungskosten von der Stückzahl

Verfahren 1:
niedrige Serienkosten für Werkzeuge, Spannzeuge, Messzeuge und Sondermaschinen bei hohen, der Stückzahl proportionalen Kosten

Verfahren 2:
Höhere Serienkosten bei gleichzeitig niedrigeren Proportionalkosten

Verfahren 3:
Höchste Serienkosten bei gleichzeitig geringsten Proportionalkosten

Verfahren 3 mit hohen Serienkosten nur bei Stückzahlen wirtschaftlich ist, die größer sind als Stückzahl *c*. Verfahren 2 mit optimalen Stückzahlen zwischen *a* und *c* zeigt eine Kostenstruktur, die für Serienfertigung typisch ist, zwischen *a* und *b* bei relativ kleiner, zwischen *b* und *c* bei großer Serie.

2

2.4 Die Werkstoffwahl und die Lebensdauer

Maschinen, Apparate und Geräte werden nicht für die Ewigkeit gebaut. Sie haben nur während einer gewissen kalkulierbaren Lebensdauer ihre Funktion zu erfüllen. Diese Tatsache sollte bei der Werkstoffwahl auch berücksichtigt werden.

Metallabtrag durch Korrosion, Reibverschleiß, Erosion, Kavitation, Verzunderung oder andere werkstoffabtragende Wirkungen müssen schon in der Entwicklungsphase zur Bauteildicke addiert werden, damit das Bauteil innerhalb der zu erwartenden Lebensdauer sicher seine Funktion erfüllen kann.

Werkstoffseitige Maßnahmen gegen Metallabtrag sind:

- Rostbeständigkeit gegen aggressive Medien im chemischen Apparatebau
- günstige Stellung in der elektrochemischen Spannungsreihe
- Beständigkeit gegen interkristalline Korrosion bei Legierungen
- Witterungsbeständigkeit bei Außenverkleidungen
- Meerwasserbeständigkeit im Schiffbau
- Kunststoffbeschichtung bei Blechen und Rohren
- gutes Einlauf- und Notlaufverhalten und geringer Reibverschleiss bei Lagerwerkstoffen und Werkstoffen für Zylinderlaufbüchsen
- keine Pitting- und Gallingneigung bei Zahnradwerkstoffen
- gute Hitze- und Zunderbeständigkeit bei Stählen für den Ofen- und Werkzeugbau für Warmarbeit und für Ventile
- Beständigkeit gegen Flüssigkeiten und Gase bei Dichtungen

Übliche Betriebs-Lebensdauerwerte wichtiger technischer Produkte sind in *Anhang A2-16* angegeben.

Dynamisch belastete Bauteile des Maschinenbaus werden im allgemeinen auf Dauerfestigkeit mittels des maßgebenden Festigkeits-Kennwertes σ_D ausgelegt. In bestimmten Bereichen der Technik, wie zum Beispiel bei Haushaltmaschinen, im Kraftfahrzeugbau oder bei militärischem Gerät, haben die Bauteile aber nur eine begrenzte Lastspielzahl zu überleben. Ihre Auslegung kann deshalb auf Zeitfestigkeit mit dem maßgebenden Zeitfestigkeit-Kennwert des Werkstoffes σ_N erfolgen, s. *Bild 2-3*. Weil $\sigma_N > \sigma_D$, kann Werkstoff in solchen Fällen eingespart und somit kostengünstiger und/oder leichter gebaut werden.

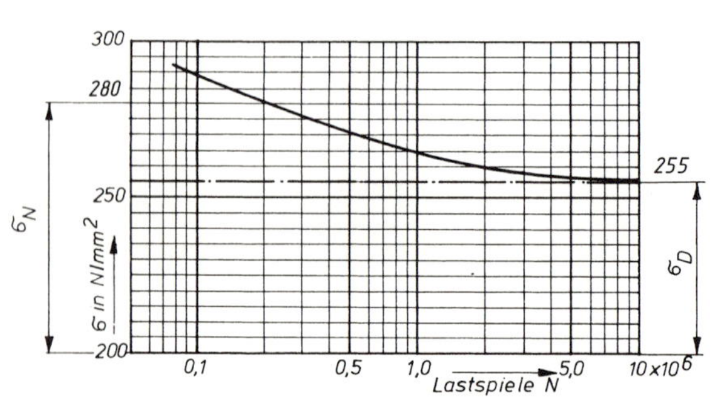

Bild 2-3
Prinzipielles Wöhlerdiagramm mit Dauerfestigkeit σ_D und Zeitfestigkeit σ_N

2.5 Die Werkstoffwahl und der Leichtbau

Grundsätzlich sollte der Konstrukteur immer um Leichtbauweise, also um ein möglichst geringes Eigengewicht der Bauteile bemüht sein, solange dadurch nicht die Funktionseigenschaften beeinträchtigt werden.

Kostensteigerungen, die sich eventuell durch Leichtbau ergeben, können dann gerechtfertigt sein, wenn ihnen ausreichende technische Vorteile gegenüberstehen.

Funktionale Vorteile durch Leichtbauweise sind:

- leichtere Bauweise angrenzender Bauteile oder Baugruppen bei Ständern von Werkzeugmaschinen
- größere Antriebsleistung von Krafterzeugern durch Drehzahlsteigerung ($P \sim$ n)
- geringere erforderliche Antriebsleistung bei Arbeitsmaschinen durch Verkleinerung ihrer trägen Massen
- größere Nutzlast bei gleichem zulässigen Gesamtgewicht bei Fahrzeugen, Fördermitteln, Baggern, Seilbahnkabinen
- Verringerung bei Betriebskosten, z. B. Kraftstoffkosten bei Fahrzeugen
- Bedienungserleichterung, z. B. bei Haushaltgeräten

Eine **Gewichtsverringerung von Bauteilen oder -gruppen** lässt sich grundsätzlich auf folgenden Wegen erreichen:

1. Schaffung günstiger Rahmenbedingungen
   - günstige Verteilung äußerer Belastungen ohne Kerbwirkung
   - Verringerung von Stoßwirkungen durch weicheren Antrieb oder Einbau elastischer Zwischenglieder
   - Begrenzung der äußeren Belastungen durch Überlastungsschutz
   - verbesserte Kühlung bei thermisch belasteten Konstruktionen
   - Verringerung von Kerbwirkung durch günstigen Spannungsfluss
2. Zweckmäßige Profil- und Formenwahl
3. Zweckmäßige Werkstoffwahl

Kennzeichnend für den Leichtbau durch zweckmäßige Werkstoffwahl sind die Kenngrößen für die Masse, nämlich die Dichte ρ, und – je nach Art der äußeren Belastung – die Festigkeit des Werkstoffes, z. B. die zulässige Spannung σ_{zul} oder die zulässige Formänderung f_{zul}.

Für objektive Vergleiche ist die Einführung einer Kenngröße sinnvoll, die sowohl die Dichte des Werkstoffes als auch den maßgebenden Festigkeits-Kennwert zusammenfassend berücksichtigt, s. hierzu das *Beispiel 2.6.5* „Kenngrößen für den Werkstoff-Leichtbau bei Knickung". Ähnliche Kenngrößen für den Werkstoff-Leichtbau lassen sich auch für andere Belastungsarten und Querschnittsformen bilden, s. *Beispiel 2.6.6* „Gewichtsvergleich eines Freiträgers als Schweiß- und Gusskonstruktion".

Vergleichsrechnungen, wie in den *Beispielen 2.6.5* und *2.6.6* dargestellt, können auch für andere Belastungsarten Steifigkeitsvergleiche angestellt werden. Sie führen zu dem vielfach gültigen Schluss, dass im Leichtbau Schweißkonstruktionen den entsprechenden Gusskonstruktionen vorzuziehen sind. Die rasante Entwicklung der Schweißtechnik in der Vergangenheit, die in vielen Bereichen des Maschinenbaus der Gießtechnik zur ernsthaften Konkurrenz geworden ist, findet im Leichtbau ihre wesentlichen Impulse.

Allerdings lässt sich umgekehrt auch eine Vielzahl von Beispielen finden, bei denen die dem Gießen eigentümlichen Gestaltungsmöglichkeiten neben Kostenvorteilen auch erhebliche Gewichtsvorteile gegenüber alternativen Schweiß- oder Schmiedekonstruktionen erbringen, s. hierzu *Beispiel 2.6.7* „Schneckengetriebegehäuse für Hängekran in Schweiß- und Gusskonstruktion", Gewichtsvorteile von Gusskonstruktionen können sich auch gegenüber entsprechenden Schmiede- oder Montagekonstruktionen ergeben, wie im *Beispiel 2.6.8* „Revolvereinheit für Kunststoff-Spritzgießmaschine in Guss- und Schmiede-Montagekonstruktion" dargestellt.

Die Beispiele zeigen, dass für die Gießtechnik mittlerweile leichte und hochfeste Werkstoffe entwickelt worden sind, die die prinzipiellen Gewichtsvorteile anderer Gusskonstruktionen ausgleichen können. Als Eisen-Werkstoff sind hier vor allem hochfester Temperguss GJMB nach DIN EN 1562 und Gusseisen mit Kugelgraphit GJS nach DIN EN 1563 mit Zugfestigkeiten bis 800 N/mm^2 zu nennen. NE-Gusswerkstoffe für den Leichtbau sind vor allem Al-Legierungen nach DIN EN 573 mit Zugfestigkeiten bis zu 330 N/mm^2.

2

2.6 Beispiele

2.6.1 Ermittlung der Brutto-Werkstoffkosten

Für den Arm einer Mischmaschine aus EN-GJS-600-3 wird mit Hilfe der Entwurfszeichnung ein Nettovolumen V_n = 10,56 dm^3 errechnet. Wie hoch kann der Konstrukteur ungefähr die Brutto-Werkstoffkosten ansetzen, wenn er mit einem Verschnitt von ca. 12 % rechnen muss?

Lösung:

Die Brutto-Werkstoffkosten errechnen sich aus

$$W_b = 1{,}12 \cdot V_n \cdot k_v^* \cdot k_{vo}$$

Zur Ermittlung von k_v^* wird *Anhang A2-7* benutzt. Die Dichte von GJS beträgt $\rho = 7{,}2\ kg/dm^3$, sodass das Nettogewicht $G_n = 76$ kg und das Bruttogewicht $G_b = 1{,}12 \cdot G_n = 85{,}16$ kg betragen. Mit der Umrechnungszahl 1,5 für GJS gegenüber GJL und dem Schwierigkeitsgrad „Hohlguss mit einfachen Rippen und Aussparungen" ist

$$k_v^* = 1{,}5 \cdot 2{,}7 = 4{,}05$$

Mit $k_{vo} = 7{,}22 \cdot 10^{-3}$ €/cm^3 sind dann die Brutto-Werkstoffkosten

$$W_b = 1{,}12 \cdot 10\,560\ cm^3 \cdot 4{,}05 \cdot 7{,}22 \cdot 10^{-3}\ €/cm^3$$

$$\underline{\underline{W_b = 346\ €}}$$

2.6.2 Werkstoffkenngröße für Kostenvergleich

Für die Herstellung dynamisch schwellend beanspruchter runder Achsen ist zu überprüfen, ob der allgemeine Baustahl E295 DIN EN 10025 der vergütbare Automatenstahl 35520 + QT DIN EN 10087/95 oder der Vergütungsstahl 42CrMo4+QT DIN EN 10083 kostengünstiger eingesetzt werden kann!

Lösung:

Die maßgebende Beanspruchungsgleichung für Rundachsen mit dem axialen Widerstandsmoment $W_a \approx 0{,}1 \cdot d^3$, die durch das Biegemoment M belastet werden, lautet $\sigma_{b\,vorh} = M/W_a \le \sigma_{b\,Sch}$, wobei $\sigma_{b\,Sch}$ die Biegeschwellfestigkeit des Werkstoffes ist. Der mindestens erforderliche Durchmesser muss dann sein

$$d = \sqrt[3]{\frac{M}{0{,}1 \cdot \sigma_{b\,Sch}}}$$

Die für die Bestimmung der Werkstoffkosten eines Bauteils mit dem Volumen $V_b = d^2 \cdot \pi/4 \cdot L$ gültige Kostengleichung lautet

$$W_b = V_b \cdot k^*_v \cdot k_{vo}$$

Durch Verknüpfung der Beanspruchungs- mit der Kostengleichung ergibt sich die Beziehung

$$W_b = C \cdot \frac{k_v^*}{(\sigma_{b\,Sch})^{2/3}}$$ Gl. (2.1)

W_b Brutto-Werkstoffkosten in €

C Konstante in € · $(N/mm^2)^{2/3}$ zur Erfassung von vorgegebenen Randbedingungen, nämlich des Biegemomentes M in Nmm für die äußere Belastung, der Länge L in mm für die Bauteillänge und der spezifischen Werkstoffkosten des Bezugswerkstoffes S235JRG1 k_{vo} in €/cm³

k_v^* relative Werkstoffkosten nach *Anhang A2-1 ... A2-13*

$\sigma_{b\,Sch}$ Biegeschwellfestigkeit in N/mm²

2

Die Konstante

$$C = \frac{\pi}{4} \cdot \left(\frac{M}{0,1}\right)^{2/3} \cdot L \cdot k_{vo}$$

erfasst die nichtvariablen Größen.

Ein wichiges Entscheidungskriterium für die Werkstoffwahl ist der Kennwert $k_v^*/\sigma_{b\,Sch}^{2/3}$, der für die Werkstoffkosten unter Berücksichtigung der Werkstofffestigkeit bedeutsam ist. Deutlich kann man dies in der unten darstellten Aufstellung erkennen. Danach ist die Verwendung des allgemeinen Baustahls E295 für Rundachsen mittleren Durchmessers kostengünstiger als der Einsatz des Automaten- oder des Vergütungsstahles, obwohl die letzteren wesentlich höhere Dauerfestigkeit aufweisen und deshalb geringere Werkstoffmasse für die Fertigung erfordern würden.

Werkstoffkenngröße $k_v^*/\sigma_{b\,Sch}^{2/3}$ für Kostenvergleich

Beispiel: auf Biegung belastete Achsen

Werkstoff	Biegeschwellfestigkeit $\sigma_{b\,Sch}$ in $\frac{N}{mm^2}$	Relative Werkstoffkosten k_v^*	$\frac{k_v^*}{\sigma_{b\,Sch}^{2/3}}$ in $\left(\frac{mm^2}{N}\right)^{2/3}$
E295	410	1,1	$1,99 \cdot 10^{-2}$
35S20+QT	640	1,5	$2,02 \cdot 10^{-2}$
42CrMo4+QT	900	2,7	$2,9 \cdot 10^{-2}$

2.6.3 Werkstoffausnutzung beim Schneiden

Das im *Bild 2-4* dargestellte Schnittteil soll in einem Folgeschneidwerkzeug mit Seitenschneider als Vorschubbegrenzung gefertigt werden.

Die Lieferform der Bleche beträgt 1000 x 2000.

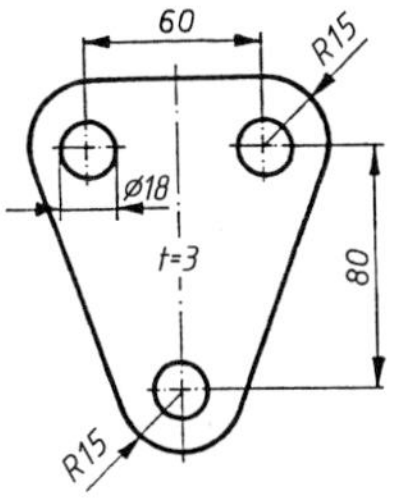

Bild 2-4
Schnittteil

Angaben über werkzeugspezifische Bauteile finden sich in der *VDI 3358*.

Richtwerte für Steg-, Randbreite bei der Schnittstreifengestaltung sind als Auszug aus der VDI 3367 im *Anhang A4.5-1* aufgeführt.

Lösung:

Bei einer Anordnung der Schnittteile nach *Bild 2-5* liegt die Streifenausnutzung bei 60 %.

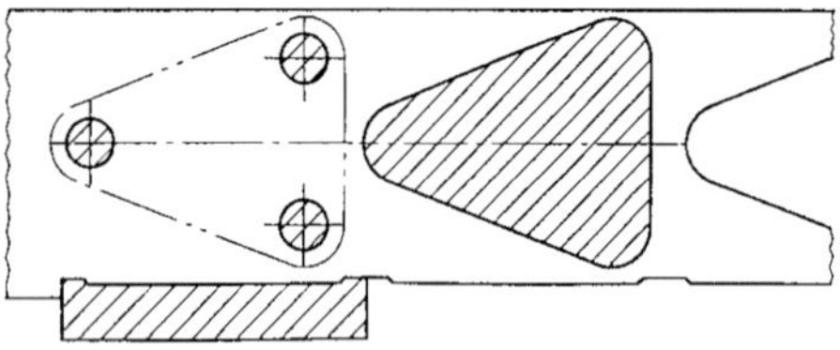

Bild 2-5
Streifenbild

Die Herstellung der Schnittteile in einem Mehrfachschneidwerkzeug, *Bild 2-6* zeigt das entsprechende Streifenbild, ergibt eine Streifenausnutzung von 74 % und damit eine Werkstoffersparnis von 25 % gegenüber der Erstausführung.

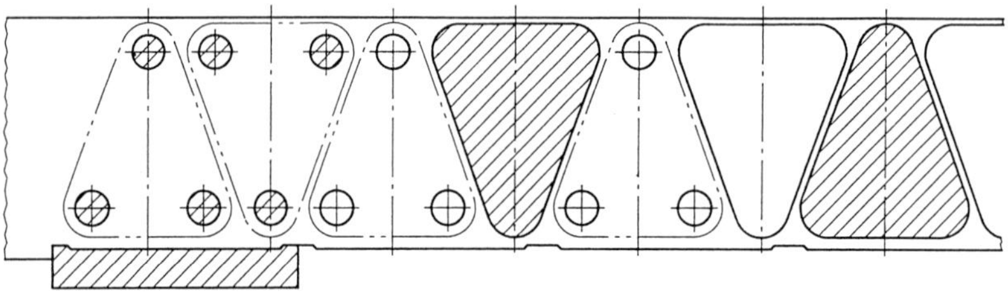

Bild 2-6
Streifenbild, Mehrfachschneidwerkzeug

Eine Rücksprache mit dem Kunden ergab, dass bei dem Schnittteil nur die Lochungen streng funktionsgebunden sind.

Eine Optimierung führte zu der im *Bild 2-7* dargestellten Winkelform.

Durch diese Gestaltvariation wurde eine zusätzliche Werkstoffersparnis von 7 % gegenüber der Zweitausführung erreicht.

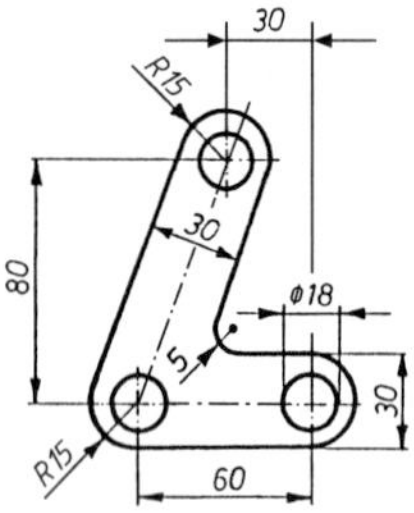

Bild 2-7
Schnittteil von Bild 2-4 nach Optimierung

Man erhält bei winkelförmigen Schnittteilen einen guten Ausnutzungsgrad wenn man die Teile schräg zum Streifenvorschub anordnet.

Den Winkel für die Schräglage erhält man durch Verbindung der Schnittpunkte des Außen- und Innenwinkels. Diese Verbindungslinie wird dann in die Richtung des Streifenvorschubes gelegt.

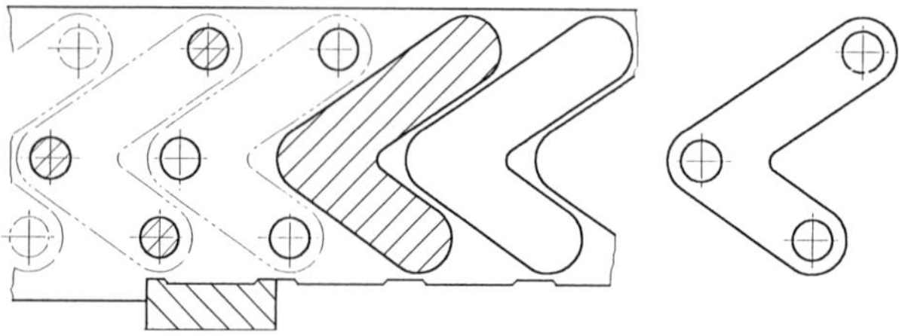

Bild 2-8
Streifenbilder

2.6.4 Fertigungsverfahren, Werkstoffwahl, Formgebung in Abhängigkeit von der Stückzahl

Die *Bilder 2.9 ... 2.11* zeigen Winkelhebel, die der gleichen Funktion dienen, aber in verschiedener Stückzahl gefertigt werden.

Bild 2-9 Einzelfertigung
Fertigungsverfahren: Schweißen
Werkstoff: S355J2G3 DIN EN 10025 mit guter Schweißbarkeit und relativ hoher Festigkeit

Bild 2-10 Serienfertigung
Fertigungsverfahren: Stanzen und Vereinigen mit Buchsen durch Bördeln
Werkstoff: E295 DIN EN 10025 für die Bleche, E295 DIN EN 10025 für die Buchsen

Bild 2-11: Massenfertigung
Fertigungsverfahren: Gießen
Werkstoff GJS-500-7 DIN EN 1563 mit guter Gießbarkeit und relativ hoher Festigkeit

Lösung:

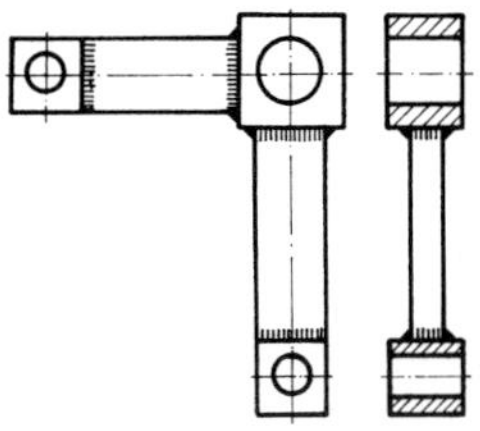

Bild 2-9 Einzelfertigung

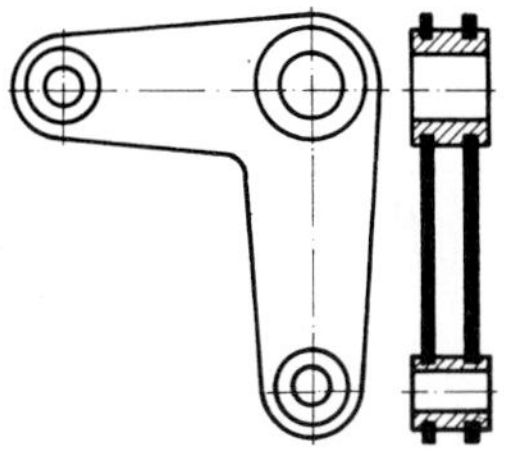

Bild 2-10 Serienfertigung

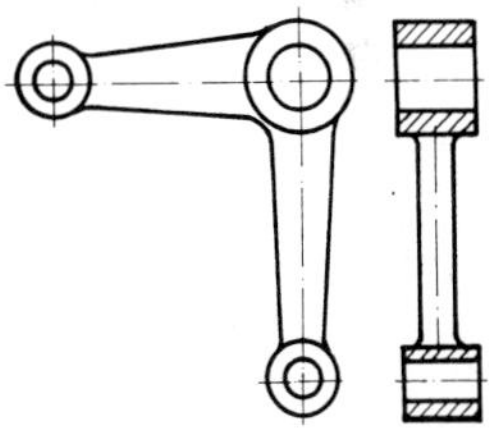

Bild 2-11 Massenfertigung

2.6.5 Kenngröße für den Werkstoff-Leichtbau bei Knickung

Für runde Stützstäbe, die auf Knickung beansprucht werden, soll überprüft werden, ob der allgemeine Baustahl S235JR, die Al-Legierung AlMgSi1 oder die Titan-Legierung TiAl6V4F89 gewichtsgünstiger eingesetzt werden kann.

Lösung:

Für die verwendete Werkstoffmasse gilt die Beziehung

$$m = \rho \cdot A \cdot L$$

mit der Werkstoffdichte ρ, dem tragenden Querschnitt A und der Länge L des Stabes. Die für den Eulerfall 2 gültige Beanspruchungsgleichung lautet

$$F_K = \frac{E \cdot I \cdot \pi^2}{L^2}$$

mit dem Elastizitätsmodul E als maßgebendem Werkstoff-Kennwert und dem axialen Flächenträgheitsmoment

$$I = \frac{\pi \cdot d^4}{64} = \frac{A^2}{4\pi}$$

Durch Verknüpfung beider Gleichungen folgt

$$m = C \cdot \frac{\rho}{E^{1/2}} \qquad \text{Gl. (2.2)}$$

- m Bauteilmasse in kg
- C Konstante in $\sqrt{\text{N}} \cdot \text{mm}^2$ zur Erfassung der vorgegebenen Randbedingungen, nämlich der Knickkraft F_k in N und der Länge des Stabes L in mm
- ρ Dichte des Werkstoffes in g/cm^3
- E Elastizitätsmodul in N/mm^2

Die Konstante $C = 2 \cdot L^2 \cdot (F_k/\pi)^{1/2} \cdot 10^{-6}$ fasst die unveränderlichen Randbedingungen, nämlich die äußere Belastungskraft F_k und die konstruktionsbedingte Stablänge L, zusammen.

Ein wichtiger Kennwert für die Werkstoffwahl im Leichtbau bei Knickbeanspruchung ist die aus obiger Gleichung folgende Größe $\rho/E^{1/2}$.

Die unten aufgeführte Zusammenstellung zeigt, dass die Al-Legierung für runde Knickstäbe günstiger ist als die Ti-Legierung oder gar als der allgemeine Baustahl, obwohl die letztgenannten Werkstoffe größere Elastizitätsmoduln aufweisen.

Zur Kostenabschätzung sind die dafür bedeutsamen Kenngrößen $k_v^*/E^{1/2}$ ebenfalls in der Aufstellung angegeben.

2

Vergleichskennwerte für die Werkstoffwahl bei Knickbeanspruchung; Kennwert $\rho/E^{1/2}$ für den Leichtbau; Kennwert $k_v^*/E^{1/2}$ für die Kostenüberprüfung

Werkstoff	Dichte ρ in $\frac{g}{cm^3}$	E-Modul in $\frac{N}{mm^2}$	Relative Werkstoffkosten k_v^*	Kenngröße $\frac{\rho}{E^{1/2}}$ in $10^{-2}\frac{g}{\sqrt{N}\cdot mm^2}$	Kenngröße $\frac{k_v^*}{E^{1/2}}$ in $10^{-2}\frac{mm}{\sqrt{N}}$
S235JR	7,85	$2{,}15\cdot 10^5$	1,0	1,7	0,22
Ti Al 6 V 4 F 89	4,43	$1{,}16\cdot 10^5$	39,6	1,3	11,62
Al Mg Si 1 F 32	2,70	$0{,}70\cdot 10^5$	3,2	1,0	1,21

2.6.6 Gewichtsvergleich eines Freiträgers als Schweiß- und Gusskonstruktion

Der für Schweißkonstruktionen geeignete S235J2G3 DIN EN 10025 und das für Gusskonstruktionen verwendbare vergleichbare Gusseisen mit Lamellengraphit GJL-350 DIN EN 1561 sollen bei statischer Biegebelastung eines Freiträgers nach *Bild 1-12* vergleichend überprüft werden!

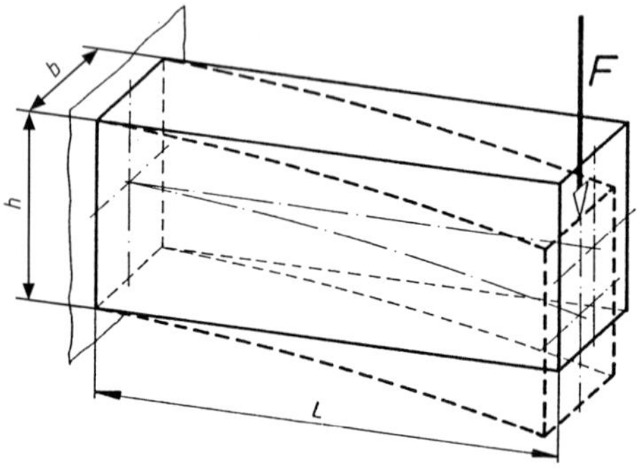

Bild 2-12
Auf Biegung belasteter Freiträger

Lösung:

Die Verknüpfung der für die verwendete Werkstoffmasse gültigen Gleichung

$$m = \rho \cdot L \cdot b \cdot h$$

und der Beanspruchungsgleichung für einen auf Biegung belasteten Freiträger mit Einzellast

$$\sigma_b = \frac{M}{W_a} = \frac{6\cdot F\cdot L}{b\cdot h^2}$$

ergibt die Beziehung

$$m = 6\cdot F\cdot \frac{\rho}{\sigma_{b\,zul}}\cdot\frac{L^2}{h}\cdot 10^{-6} \qquad \text{Gl. (2.3)}$$

m Masse des Freiträgers in kg
F Kraft in N
ρ Dichte des Werkstoffes in g/cm^3
$\sigma_{b\,zul}$ zulässige Biegespannung des Werkstoffes in N/mm^2
L Auskraglänge des Freiträgers in mm
h Höhe des Freiträgers in mm

Mit der zulässigen Biegespannung $\sigma_{b\,zul}$ = 100 N/mm^2 EN-GJL-350 und $\sigma_{b\,zul}$ = 280 N/mm^2 S235J2G3 ergibt sich bei gleicher Trägerhöhe das Verhältnis

$$\frac{m_{St}}{m_{GG}} = \frac{\rho_{St} \cdot \rho_{b\,zulGG}}{\rho_{GG} \cdot \sigma_{b\,zulSt}} = \frac{7{,}85 \cdot 100}{7{,}25 \cdot 280} = 0{,}39:1$$

Das entspricht einer Gewichtsersparnis von 61 % für die Stahlkonstruktion.

Bei gleicher Trägerbreite für beide Konstruktionen ergibt sich eine rechnerische Gewichtsersparnis von 35 % für den Stahlträger.

2.6.7 Schneckengetriebegehäuse für Hängekran als Schweiß- und Gusskonstruktion

Ausführung	Schweißkonstruktion	Gusskonstruktion
Schnecken-getriebegehäuse	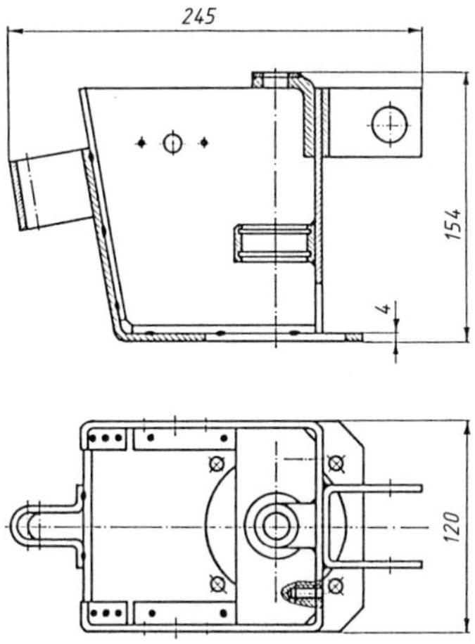	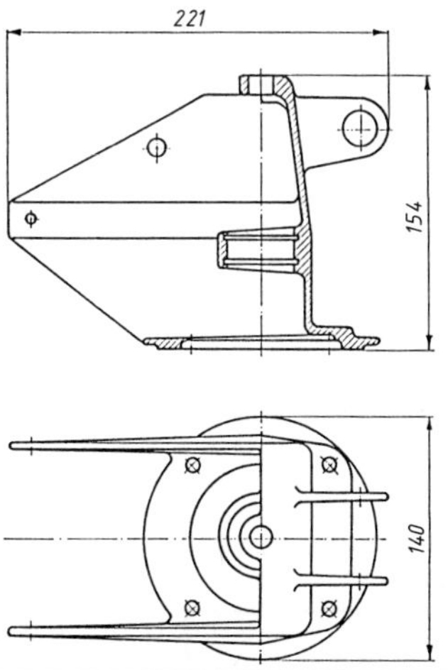
Werkstoff	S235J2G3	GK-AlSi6Cu4
Gewicht	100 %	31,7 %
Vorrichtungs- bzw. Kokillenkosten	30 %	100 %
Fertigungs- und Bearbeitungskosten	100 %	25,6 %
Herstellkosten	100 %	57,4 %

Bild 2-13 Vergleich Schweiß- und Gusskonstruktion

Ein Korrosionsschutzanstrich muss bei dem Kokillengussgehäuse nicht aufgebracht werden.

Weitere Vorteile der Gusskonstruktion sind die größere Steifigkeit und Formtreue.

2.6.8 Revolvereinheit für Kunststoff-Spritzgießmaschine als Montage- und Gusskonstruktion

Ausführung	Montagekonstruktion	Gusskonstruktion
Revolvereinheit	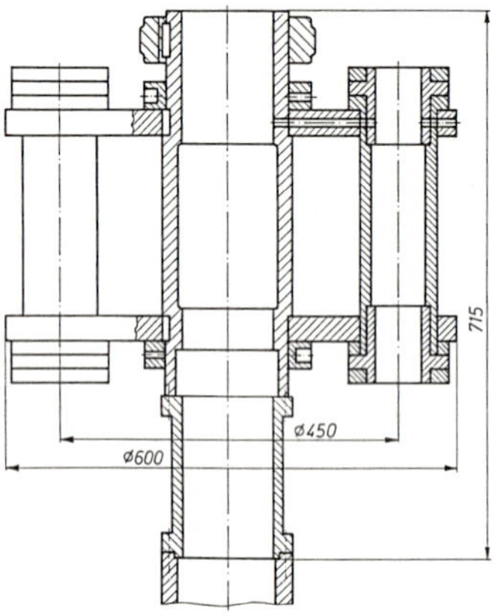	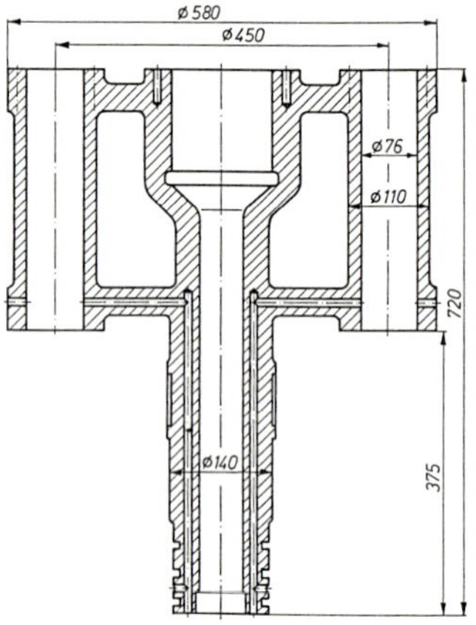
Werkstoff	C35E, C22, C35	EN-GJS-500-7
Gewicht	100 %	55 %
Herstellkosten	100 %	75 %

Bild 2-14 Vergleich Montage-Gusskonstruktion

Bei der aus Halbzeugen montierten Revolvereinheit mit 6 achsparallelen Spritzzylindern gab es teilweise Nacharbeiten, wenn die Baugruppe undicht war.

Dieser zusätzliche Aufwand entfällt bei der Gusskonsturktion.

2.6.9 Ölpumpenzahnrad für Lkw-Dieselmotor durch Zerspanen, Sintern hergestellt

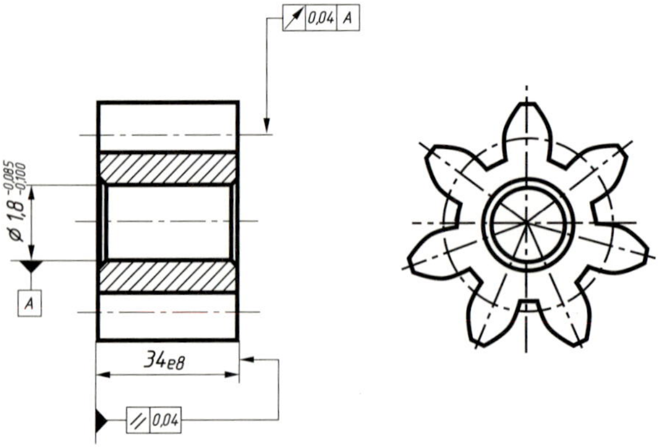

Zähnezahl*	z	7
Modul	m	5,75
Teilkreis ∅	d_o	40,25
Kopfkreis ∅	d_k	56,80
Fußkreis ∅	d_f	31,68

* Spezialverzahnung

Bild 2-15 Ölpumpenzahnrad

Bei einer jährlichen Produktion von 60 000 Stück ergibt sich folgender Verbrauch:

Fertigungsverfahren	Zerspanen	Sintern
Werkstoff	C15E	Sint D10
Materialverbrauch	53 220 kg ≙ 100 %	19 620 kg ≙ 37 %
Energieverbrauch Heizöl	41 t ≙ 100 %	24,5 t ≙ 60 %

2.6.10 Werkstoffeinsparung durch Querschnittsoptimierung

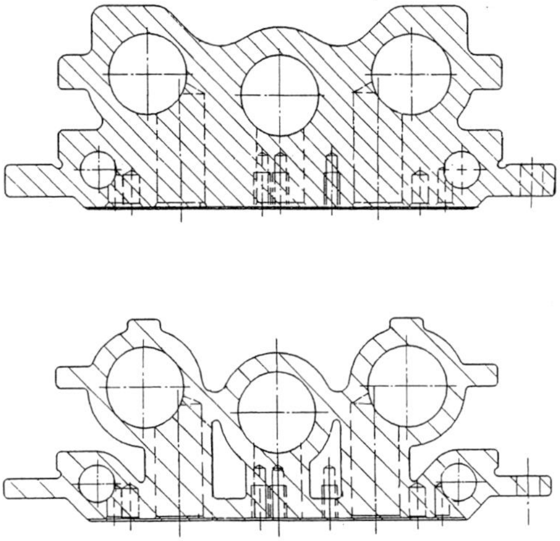

Bild 2-16 PRS-Leiste

Das im *Bild 2-16* dargestellte Strangpressprofil aus AlMgSi0,5F22 wird in der pneumatischen Steuerungstechnik als Träger- und Versorgungsleiste für Ventile und Sensorenanschlüsse bei komplexen Anlagen eingesetzt. Eine Querschnittsoptimierung ergab, bei gleicher Funktionssicherheit und Weiterverwendung der bisherigen Bearbeitungsvorrichtungen und Anschlussteilen eine Reduzierung der Querschnittsfläche von 3541 mm auf 2657 mm, also um 25 %.

Da die Querschnitte den Werkstoffmassen und damit den Werkstoffkosten proportional sind, wurden dadurch 25 % der Herstellkosten eingespart.

2.7 Aufgaben

1. Nennen und kommentieren Sie die wichtigsten Werkstoffgruppen und ihre Haupteigenschaften, die im
   - Maschinenbau
   - Kessel- und Druckbehälterbau
   - Stahl und Kranbau

   eingesetzt werden!
2. Nennen und erläutern Sie mindestens 3 Entscheidungskriterien für die Werkstoffwahl unter dem Gesichtspunkt des werkstoffgerechten Konstruierens!
3. Für die Herstellung von Zugstangen werden vom Hersteller folgende Stähle in die nähere Auswahl gezogen: allgemeiner Baustahl S275JR, vergütbarer Automatenstahl 22S20+QT und der Vergütungsstahl C35+QT.
   Welchen Stahl sollte der Hersteller auswählen? Begründen Sie ausführlich Ihre Meinung!
4. Das in *Bild 2-17* dargestellte Schnittteil ist in großer Stückzahl mit den gegebenen Maßen aus Feinblech der Lagergröße 1250 × 2500 zu fertigen.
   Ermitteln Sie für die in *Bild 2-18* gegebene Anordnung der auszuschneidenden Teile die Streifenausnutzung der Platinen in %.

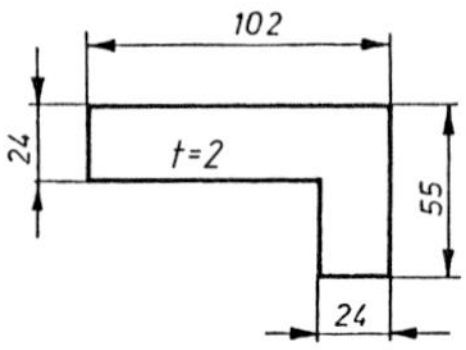

Bild 2-17 Schnittteil

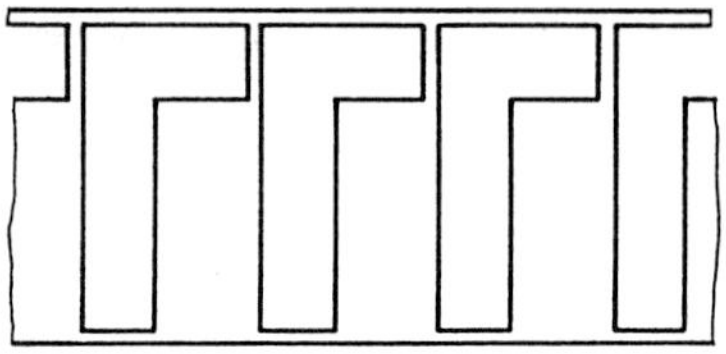

Bild 2-18 Streifenbild

2

5. Optimieren Sie die Streifenausnutzung durch günstigere Anordnung der Schnittteile.
6. Nennen Sie aus Ihrem Erfahrungsbereich mindestens 3 Beispiele von Bauteilen oder Baugruppen, bei denen sich durch Leichtbauweise gleichzeitig auch funktionale Vorteile ergeben. Kommentieren Sie diese Vorteile!
7. Die im *Beispiel 2.6.5* genannten Werkstoffe S235JR, TiA16V4F89 und AlMgSi1F32 sind auf ihre Verwendbarkeit für den Leichtbau als Rundstäbe bei Biegebelastung zu überprüfen und zu vergleichen!
8. Überprüfen und vergleichen Sie ebenfalls die Wirtschaftlichkeit der in Aufgabe 7. genannten Werkstoffe bei den dort genannten Bedingungen!
9. Von Maschinenkonstruktionen wird im allgemeinen eine möglichst große Steifigkeit, also möglichst geringe elastische Formänderung unter Betriebslast gefordert.
   Überprüfen Sie unter diesem Gesichtspunkt die Eignung der Werkstoffe S355J2G3 (für Schweißkonstruktionen) und EN-GJS-500-7 (für Gussskonstruktionen) bei Biegebelastung! Wählen Sie als Randbedingungen die im *Bild 2-12* (*Beispiel 2.6.6*) angegebenen Verhältnisse. Die Trägerhöhe h soll nicht variierbar sein!
10. Rohrprofile werden im Leichtbau den Vollprofilen vorgezogen. Begründen Sie ausführlich diese Konstruktionsregel!
11. Beurteilen Sie die Eignung der in *Bild 2-19* dargestellten Profile für Biege- und Torsionsbeanspruchung!

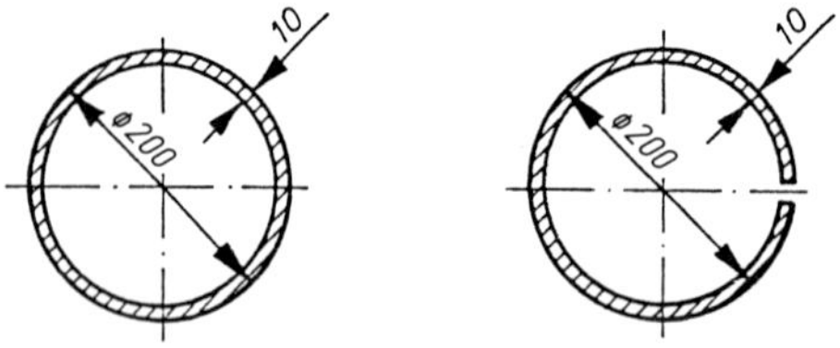

Bild 2-19
Geschlossenes und offenes Rohrprofil bei Biege- und Torsionsbeanspruchung

12. Beurteilen Sie die Verwendbarkeit folgender Profile für die Leichtbauweise durch Vergleich ihrer Gewichte pro lfd. Meter und ihre Verwendbarkeit bei Biegung und Torsion: ∅ 100 DIN 1013, IB 100 DIN 1025 T2, U100 DIN 1026, Rohr 101,6 × 6,3 DIN 2448!

2.8 Literatur

1. *Bergmann,* Werkstofftechnik, Teil 1 Grundlagen, Teil 2 Anwendungen, Hanser Verlag München 1989, 1991
2. *Macherauch,* Praktikum in Werkstoffkunde, Vieweg, Braunschweig 1992
3. *Seidel,* Werkstofftechnik, Hanser Verlag München 1993

Bildquellennachweis:

1. *Festo,* Esslingen, Bild 2-16

3 Das festigkeitsgerechte Gestalten

Der Kraftfluss ist in der Festigkeitslehre nicht eindeutig definiert; er ermöglicht aber eine anschauliche Vorstellung für das Leiten von Kräften. Der Begriff Kraftleitung umfasst im weiteren Sinne auch das Übertragen von Biege- und Drehmomenten.

Der Weg einer Kraft in einem Bauteile, einer Baugruppe von der Einleitungsstelle bis zur Stelle an der diese durch eine Reaktionskraft aufgenommen wird, lässt sich durch Kraftflusslinien darstellen.

Um keine einseitige Verdünnung oder Verdichtung der Kraftflusslinien zu erhalten, sollte der Kraftfluss möglichst ohne Richtungsänderung weitergeleitet werden.

Kraftflussgerechte Gestaltung vermeidet scharfe Umlenkungen und schroffe Querschnittsübergänge.

Vor allem bei dynamisch hoch beanspruchten Konstruktionen ist eine günstige Kraftflussleitung von großer Bedeutung. Aber auch geringer belasteten Bauteile können durch geschickte Formgebung kleinere tragende Querschnitte gewählt und dadurch die Materialkosten gesenkt werden.

Bild 1-3 zeigt am Beispiel des Kraftfahrzeugantriebs den Kraftfluss durch die verschiedenen Baugruppen.

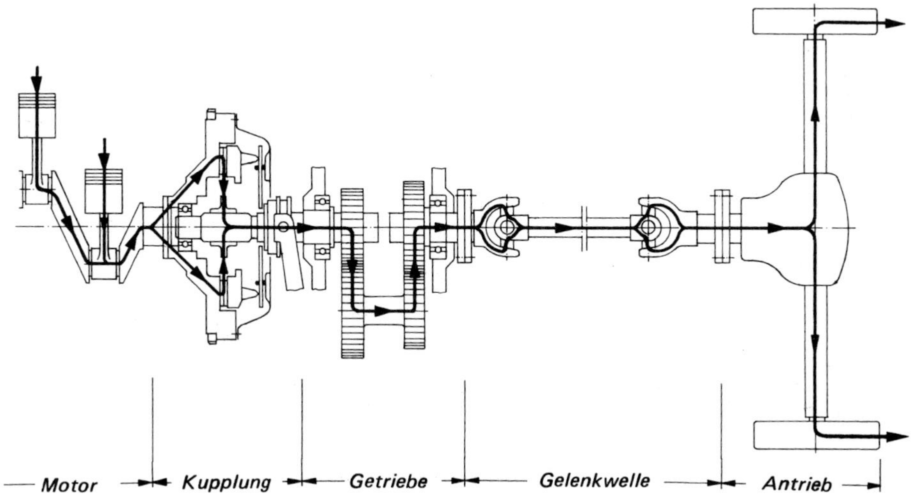

Bild 3-1 Kraftfluss im Antrieb eines Kraftfahrzeuges

Bei der festigkeits- und beanspruchungsgerechten Konstruktion muss auf folgende Gestaltungsprinzipien geachtet werden:

1. **Das Prinzip der direkten und kurzen Kraftleitung**
   Kräfte und Momente sind auf möglichst kurzem Wege durch eine möglichst geringe Zahl von Bauteilen zu leiten. Dadurch reduziert sich der Werkstoffaufwand und die Bauteilverformung.

2. **Das Prinzip der konstanten Gestaltfestigkeit**
   Der Kraftfluss sollte auf seinem Wege in allen Bauteilbereichen möglichst die gleiche „Dichte“ haben.

3. **Das Prinzip der minimalen Kerbwirkung**
   Form- und Größenänderungen von Bauteilquerschnitten lassen sich vielfach aus funktionalen Gründen nicht vermeiden. Zwangsläufig ruft das Kerbwirkung mit Spannungskonzentrationen hervor. Diese Kerbwirkung sollte durch kraftflussgerechte Gestaltung der Bauteile minimiert werden.
   Streng genommen ist die Kerbwirkung ein Problem der Gestaltfestigkeit (Prinzip 2). Wegen der überragenden Bedeutung für das festigkeitsgerechte Gestalten soll dieses Prinzip hier aber gesondert behandelt werden.

4. **Das Prinzip der ausreichenden Steifigkeit**
   Vielfach ist die Ursache für das Versagen einer Maschine nicht eine zu geringe Gestaltfestigkeit sondern eine durch betriebliche Belastungen verursachte übergroße Formänderung einzelner Bauteile. Durch zweckmäßige Verteilung des verwendeten Werkstoffes sollte auch bei Leichtbauweise ausreichende Bauteilsteifigkeit erzielt werden.

5. **Das Prinzip der abgestimmten Verformung**
   An den Kontaktstellen angrenzender Bauteile kann es wegen unterschiedlicher Steifigkeit der Kontaktpartner zu verschiedenen großen elastischen Verformungen kommen. Funktionsstörungen sind oft die Folge. Als Beispiel sei hier nur die bei Gleitlagern auftretende Kantenpressung genannt. Eine sachgerechte Abstimmung der Verformungen der beteiligten Bauteile vermeidet Betriebsstörungen.

6. **Das Prinzip des Kraftausgleichs**
   Unsymmetrische Anordnung von Bauteilen oder Bauteilelementen können innere Kräfte hervorrufen, die nicht der Funktionserfüllung dienen. Allgemein bekannt ist das Beispiel des Getriebebaus, bei dem durch Schrägverzahnung am Stirnradtrieb unerwünschte Axialkräfte auftreten. Solche Wirkungen sollten möglicherweise durch symmetrische Gestaltung vermieden oder durch Anbringung von Ausgleichselementen in ihren Wirkungen aufgehoben werden.

3.1 Das Prinzip der direkten Krafteinleitung

Für elastische Verformungen unter Zug/Druck-Belastung gilt das Hookesche Gesetz $\sigma = E \cdot \varepsilon$, wobei $\varepsilon = \Delta L/L_0$ die Dehnung/Stauchung und $\sigma = F/A_0$ die Spannung ist. Aus der daraus abgeleiteten Beziehung

$$\Delta L = \frac{1}{E} \cdot \frac{L_0}{A_0} \cdot F$$

ΔL Verlängerung bzw. Stauchung in mm
E Elastizitätsmodul in N/mm^2
L_0 Bauteillänge im unbelasteten Zustand in mm
A_0 Bauteilquerschnitt in mm^2
F Zug- bzw. Druckkraft in N

ergeben sich für die Kleinhaltung von Bauteilverformungen u. a. nachfolgenden Forderungen:

1. **Der Elastizitätsmodul des verwendeten Werkstoffes sollte möglichst groß sein.** Dieser Forderung steht die vermehrte Verwendung hochfester Feinkorn- und Vergütungsstähle im Leichtbau entgegen, die zwar höhere Belastungen zulassen, wegen eines praktisch unveränderten Elastizitätsmoduls E aber größere elastische Formänderungen der Bauteile hervorrufen. Ähnliche Probleme zeigen sich beim Einsatz von Leichtmetallen wegen ihrer im Vergleich zu Stählen sehr viel kleineren E-Moduln. Ein Ausgleich ist nur über eine steifere Bauteilausbildung zu erreichen.

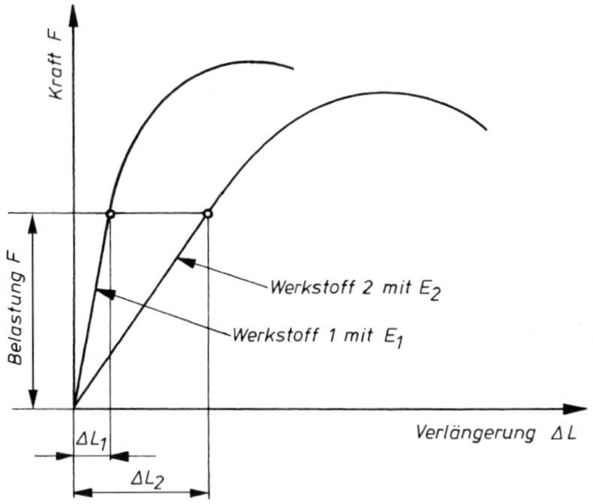

Bild 3-2
Kraft-Verlängerung-Diagramm metallischer Werkstoffe; Der E-Modul E_2 von Werkstoff 2, z. B. einer Al-Legierung, ist kleiner als der E-Modul E_1 des Werkstoffes 1, z. B. von Stahl. Bei gleicher Belastung F zeigen Leichtmetalle größere elastische Verformung.

2. **Der die „Schlankheit" eines Bauteils kennzeichnende Quotient L_0/A_0 sollte möglichst klein gehalten werden.** Je gedrungener eine Bauteil- oder Maschinenform ist, umso geringer sind die durch Zug/Druck hervorgerufenen Formänderungen.
Zu große Verformungen können in dynamisch beanspruchten Bauteilen Schwingungserscheinungen verursachen, die zu unerwünschter Geräuschbildung beitragen oder zu Funktionsstörungen infolge Resonanz führen können.
Im Motorenbau führte die Zunahme der Drehzahl zur Ventilsteuerung durch eine oben liegende Nockenwelle.
Kurze Steuerwege verhindern kritische Resonanzerscheinungen. *Bild 3-3* zeigt die technische Entwicklung in der Motorensteuerung.
Weicht ein Bauteil von der kürzeren Verbindung seiner Kraftein- und -ausleitung ab, so hat das immer zusätzliche Biegespannungen zur Folge. *Bild 3-4* stellt drei Arten der Kraftübertragung dar, wobei die Spannungen an den gezeichneten Stellen gleich groß sind. Vor allem das unsymmetrische Bauteil erfordert wegen der zusätzlichen Biegespannungen einen unverhältnismäßig großen Werkstoffaufwand. Aus dieser Tatsache lassen sich folgende zusätzliche Forderungen ableiten:
3. **Biegebeanspruchungen sollten zugunsten von Zug/Druck vermieden werden.**
4. Kann aus funktionalen Gründen Biegebelastung nicht ausgeschlossen werden, dann sollte diese entweder über **symmetrisch angeordnete Bauteile** übertragen, Ringelement im *Bild 3-4* oder die **Wirkradien der Belastung sollten möglichst klein** gehalten werden. *Anhang A3-1* zeigt entsprechende Gestaltungsbeispiele.

Da in der Phase *„Konzipieren"* zunächst die Verwirklichung bestimmter physikalischer Effekte zur Erfüllung der besonderen Funktionen der Maschine im Vordergrund der Konstruktionsarbeit steht, empfiehlt sich vor der endgültigen Formgebung in der Phase „Entwerfen" eine gründliche

Überprüfung des Kraftflusses. Dabei geht man von den Krafteinleitungsstellen aus und verfolgt den Kraftfluss Schritt für Schritt bis hin zu den Fundamenten oder bei geschlossenen Systemen wieder zurück zu den Stellen der Krafteinleitung.

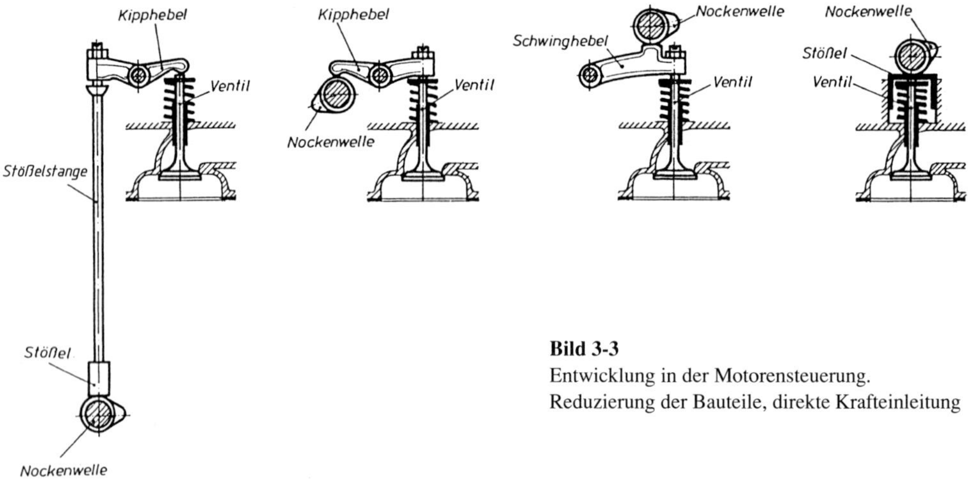

Bild 3-3
Entwicklung in der Motorensteuerung.
Reduzierung der Bauteile, direkte Krafteinleitung

Bezeichnung	Bauteil	Beanspruchung	Verhältnis
Zugstab	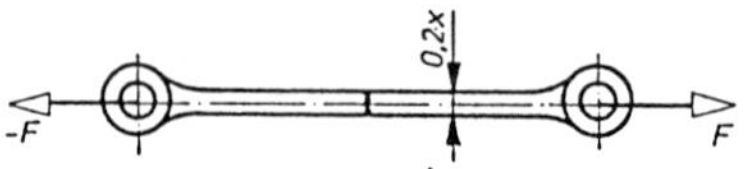	Zugspannung	$d_{1erf} = 0{,}2 \cdot x$
Ringelement	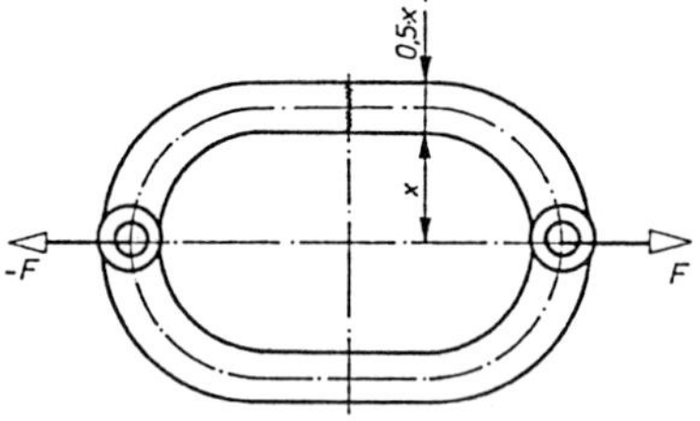	resultierende Zug-Biegespannung	$d_{2erf} = 0{,}5 \cdot x = 2{,}5 \cdot d_{1erf}$
Sichelträger	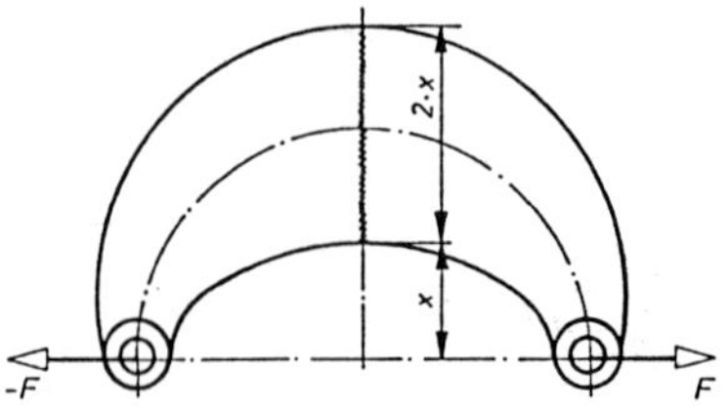	resultierende Zug-Biegespannung	$d_{3erf} = 2 \cdot x = 10 \cdot d_{1erf}$

Bild 3-4
Gleiche äußere Belastung, verschiedene Bauteilformen

3.2 Das Prinzip der konstanten Gestaltfestigkeit

Der für die Fertigung eines Bauteils zu betreibende Werkstoffaufwand wird minimal, wenn *in allen tragenden Querschnitten die durch die äußere Belastung hervorgerufene vorhandene Spannung* σ_{vorh} *gleich ist der zulässigen Spannung* σ_{zul}. Die Kraftflusslinien zeigen dann in allen Bauteilquerschnitten gleiche Dichte, und der Werkstoff wird optimal ausgenutzt, s. *Beispiel 3.7.1* „Träger gleicher Biegespannung“.

Ähnliche Beziehungen für eine optimale Formgebung und für minimalen Werkstoffaufwand wie im *Beispiel 3.7.1* dargestellt, lassen sich auch für andere Probleme der Bauteilbeanspruchung aus der Festigkeitslehre ableiten, seien es die einfachen Belastungsarten Zug/Druck und Torsion oder Belastungen bei sich überlagernden Spannungen.

3.3 Das Prinzip der minimalen Kerbwirkung

Kerbwirkung wird durch jede Abweichung von der Stangenform hervorgerufen, weil Änderungen der Querschnittform und -größe zu einer Kraftflusskonzentration führen. Die Kerbwirkung ist umso stärker, je größer die Änderung der Spannungsliniendichte und je schärfer die Umlenkung der Spannungslinien von Querschnitt zu Querschnitt sind.

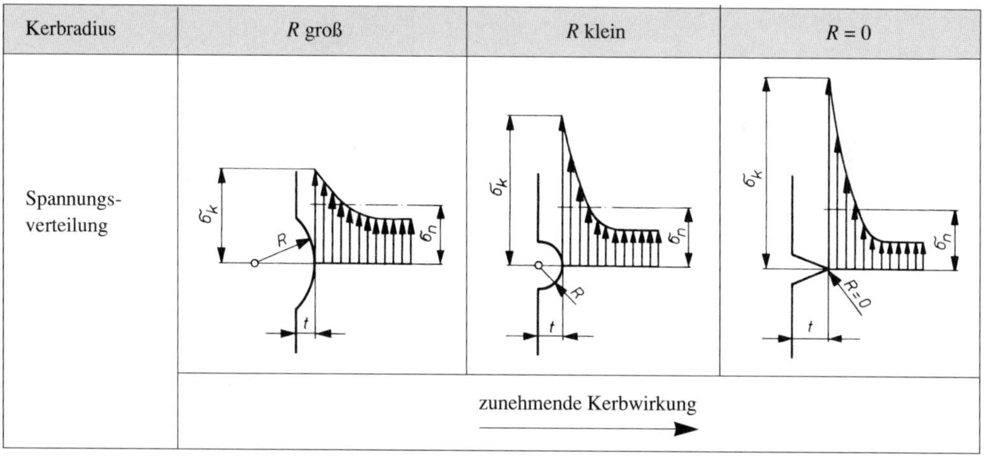

Bild 3-5 Spannungsverteilung durch Kerbwirkung

Die schärfste Einschnürung und Umlenkung erfährt der Kraftfluss deshalb an Kerbstellen mit großer Querschnittsänderung und kleinsten Rundungsradien, *Bild 3-6* stellt dies dar.. Die an Kerbstellen auftretenden Spannungsspitzen betragen oft das Mehrfache der an ungekerbten Stellen vorhandenen Werte. Nur relativ zähe Werkstoffe sind in der Lage, bei Überschreitung der Streckgrenze durch örtliches Fließen Spannungsspitzen im Kerbgrund abzubauen. Vor allem die für dynamisch hoch beanspruchte Bauteile verwendeten legierten Vergütungsstähle mit hoher Festigkeit zeigen aber gegen 1 gehende Streckgrenzenverhältnisse $R_{p0,2}/R_m$ mit nur noch geringem plastischen Formänderungsvermögen und damit gleichzeitig großer Kerbempfindlichkeit.

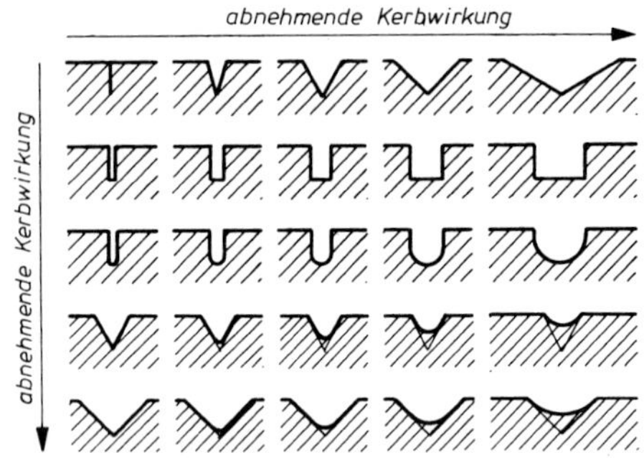

Bild 3-6
Kerbformen und ihre Kerbwirkung

3

Zu beachten ist auch die Tatsache, dass Bauteilkerben je nach Art des Kraftflusses verschiedene Spannungsverteilung im Querschnitt und damit auch unterschiedliche Wirkungen hervorrufen. *Bild 3-7* zeigt, dass ein mittig aufgebrachtes Loch bei Biegebelastung durch Entlastung der Randfasern eine günstigere Spannungsverteilung hervorrufen kann als sie bei ungelochtem Stab

Beanspruchung	Mittige Querbohrung in stangenförmigem Bauteil
Zugspannung	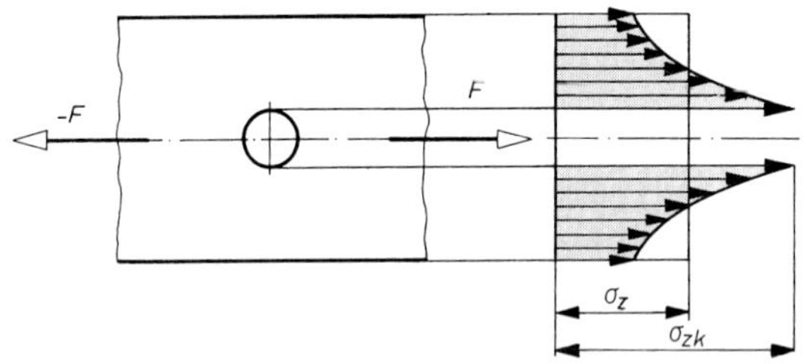
Biegespannung	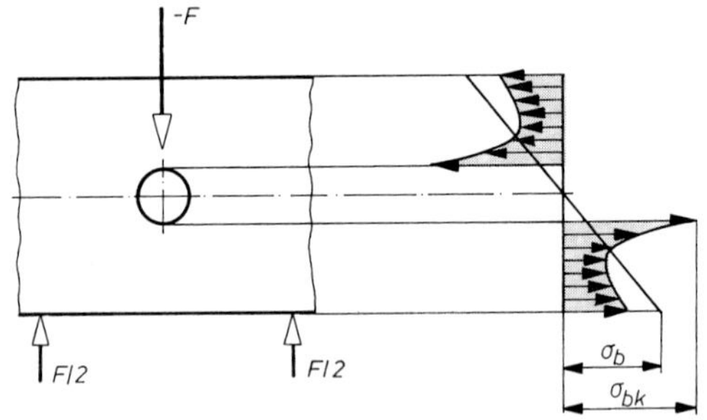
Schubspannung	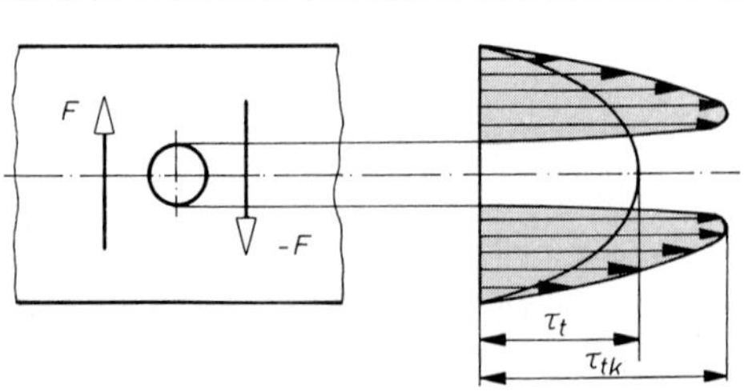

Bild 3-7 Spannungsverteilung durch Querbohrung

vorhanden wäre. Bei Schubbelastung führt ein mittig angebrachtes Loch dagegen zu einer ungünstigen weiteren Spannungssteigerung, weil auch ohne Loch die Schubspannungen in der Schwerachse des Querschnittes ihr Maximum hätten.

Vor allem an Wellenabsätzen sind aus funktionalen Gründen Querschnittsänderungen mit Kraftflussstörungen nicht zu vermeiden. Durch geschickte Anordnung von Entlastungskerben kann eine allmähliche Änderung der Kraftflussdichte mit weicherer Umlenkung der Spannungslinien erreicht werden. *Anhang A3-2* gibt entsprechende Gestaltungshinweise.

Spannungsspitzen mit Kerbwirkung lassen sich auch abbauen durch Erzeugung örtlich begrenzter plastischer Verformung mit Druckeigenspannungen. *Bild 3-8* zeigt den Verlauf der Spannungsverteilung bei einem geschnittenen Gewinde bzw. einer Querbohrung.

Bei Schweißnähten treten oft besonders scharfe Kerbwirkungen auf, weil an den Übergängen von den Nähten zum Bauteilwerkstoff Gefügeänderungen mit großem Streckgrenzenverhältnis und Kraftflussumlenkungen mit inneren Kerben hervorgerufen werden. Vor allem die Nahtwurzel ist wegen schlechterer Bindung gegen Zug- und Biegezugbelastung besonders empfindlich und deshalb vielfach Einleitungsstelle für Dauerbrüche.

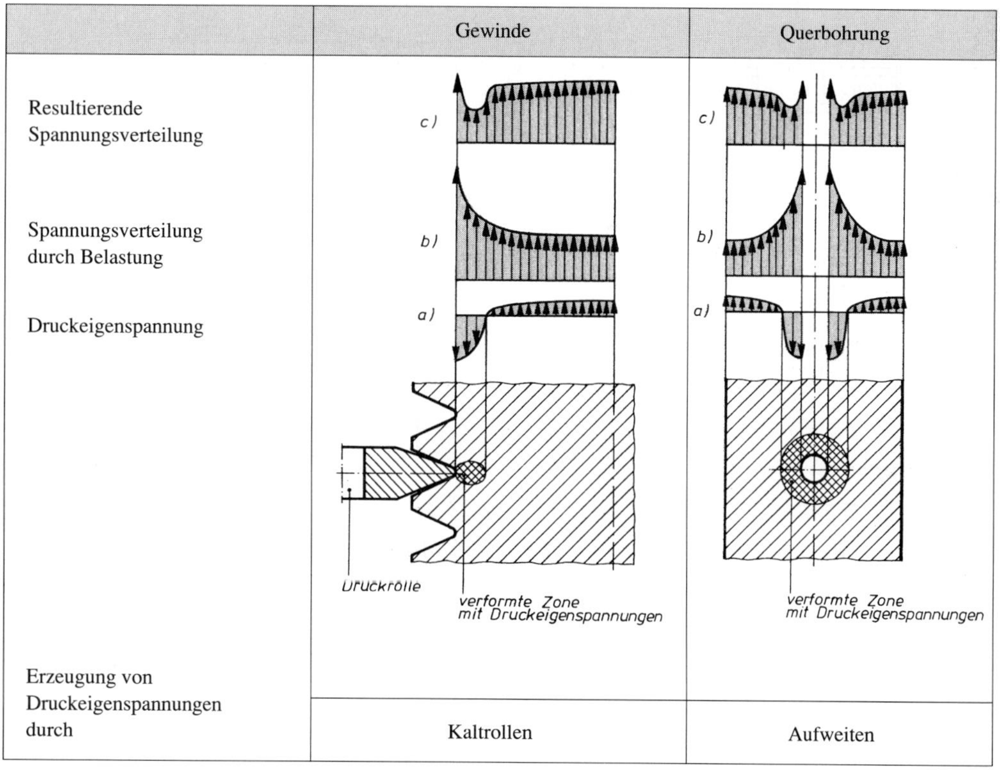

Bild 3-8 Örtlich begrenzte plastische Verformung

Bild 3-10 vermittelt einen Eindruck von den Spannungsverläufen in Schweißnähten verschiedener Art und in ihren Anschlussquerschnitten. Dabei wird deutlich, dass vor allem bei scharfer Kraftflussumlenkung und bei inneren Schnittkerben durch nichtverschweißte Bauteilufer extreme Spannungsspitzen vor allem in der Nahtwurzel hervorgerufen werden. Die gefährdeten Nahtwurzeln können durch Vermeidung solcher innerer Schnitte oder durch Anbringung von Entlastungskerben, wie in den *Bildern 3-11* und *3-12* gezeigt, gegen Dauerbruch geschützt werden.

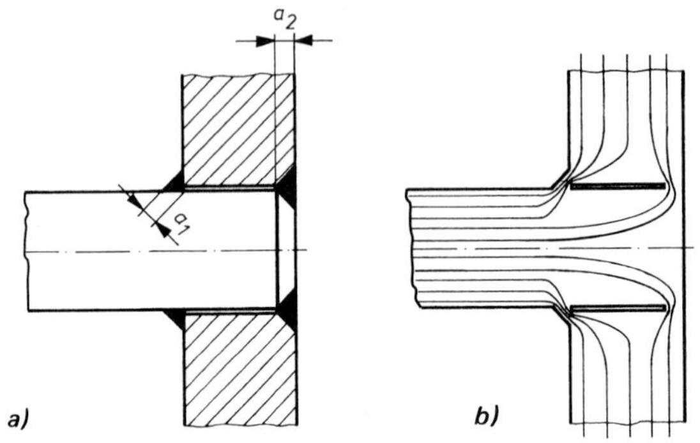

Bild 3-9
Kerbwirkung bei Schweißverbindungen durch nicht verschweißte Bauteilufer

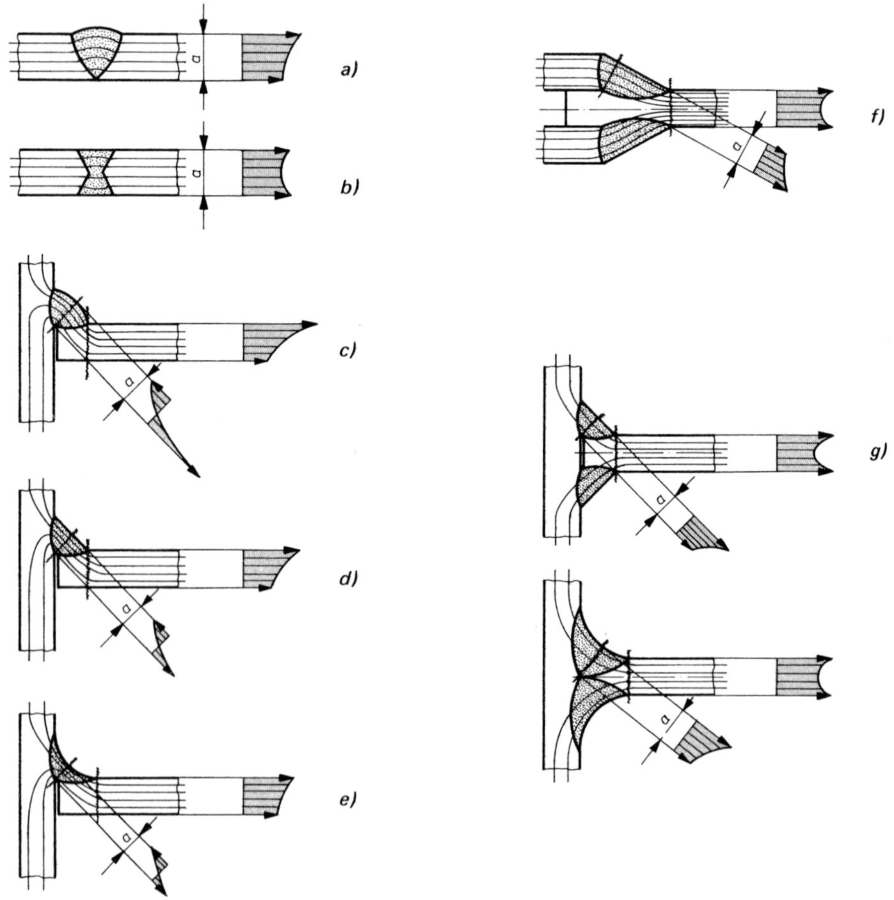

Bild 3-10 Kraftfluss in Schweißverbindungen und Spannungen in Schweißnähten und Anschlussquerschnitten, a) V-Naht; b) DV-Naht; c) Wölbkehlnaht; d) Flachkehlnaht; e) Hohlkehlnaht; f) Doppelflachkehlnaht mit breiter Linse; g) Doppelflachkehlnaht; h) DHV-Naht mit Hohlkehlnaht

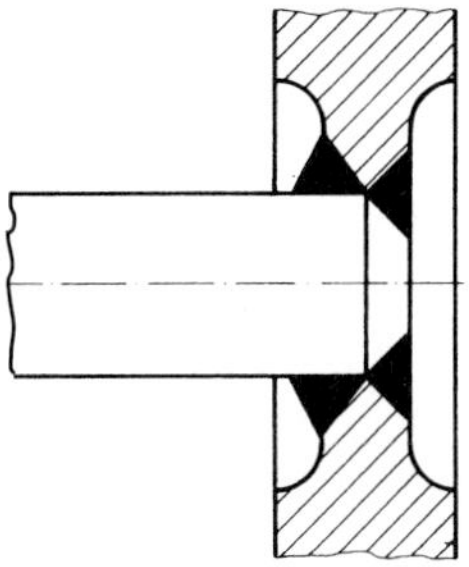

Bild 3-11 Vermeidung von nicht verschweißten Bauteilufern bei Nabe-Welle-Verbindung

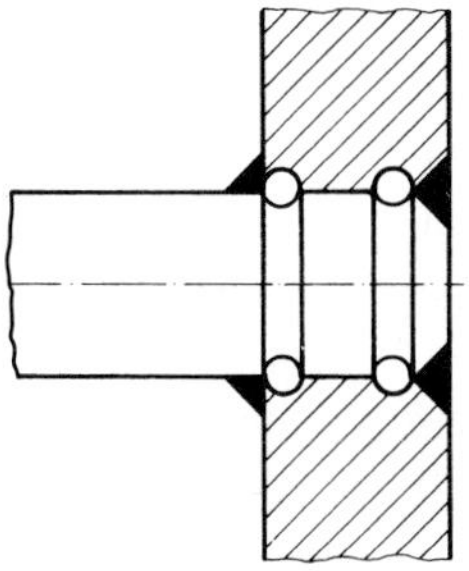

Bild 3-12 Entlastungskerben an nicht verschweißten Bauteilufern mit Kerbspannungsverminderung bei Nabe-Welle-Verbindung

Für die Größe der Kerbwirkung ist aber nicht nur der Kraftfluss innerhalb des einzelnen Bauteils bedeutsam, sondern auch die Art des Kraftflussüberganges von einem Bauteil zum angrenzenden. *Bild 3-13* zeigt, dass zwei gleiche Querschnittsabstufungen an einem Bauteil durch unterschiedliche Kraftflussführung vollständig verschiedene Kerbeffekte und damit auch verschieden große Kerbwirkungszahlen hervorrufen können.

Um Dauerbrüche einzuschränken, muss über gestalterische Maßnahmen die Kerbwirkung minimiert werden.

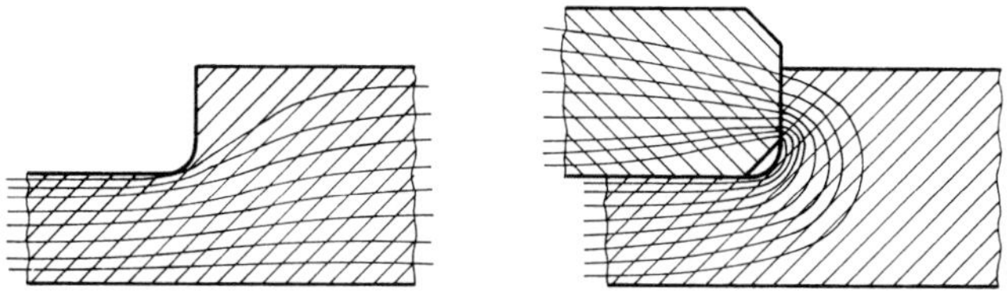

Bild 3-13
Unterschiedlich große Kerbwirkung an Bauteilen gleicher Form, aber verschiedener Kraftflussführung

3.4 Das Prinzip der ausreichenden Steifigkeit

Bauteile in werkstoffsparender Leichtbauweise, wie sie aus Gründen der Kostenersparnis, der Gewichtsverminderung und der Kleinhaltung von Massenkräften bei dynamisch beanspruchten Bauteilen heute vom Konstrukteur bevorzugt werden, können durchaus ausreichende Zeitstandfestigkeit oder Dauerschwingfestigkeit zeigen. Trotzdem ist vielfach ein Versagen auf Grund unzulässig großer Formänderungen festzustellen. Die Bauteilsteifigkeit ist nicht ausreichend gewesen.

Auf den Einfluss des Elastizitätsmoduls E auf die Bauteilsteifigkeit ist schon in *Abschnitt 3.1* hingeweisen worden. Gute Steifigkeit bei hoher Festigkeit erreicht man durch Konzentration des Werkstoffes in hochbeanspruchten Bauteilbereichen und eine werkstoffsparende Anordnung in Zonen geringer Belastung.

Dieser Grundsatz führt zur Entwicklung von Profilen und Bauformen, bei denen durch günstige Verteilung des Werkstoffes möglichst große Flächenträgheitsmomente erhalten werden. Für zug-/druckbeanspruchte Systeme sollte somit die „Schlankheit" bei L_0/A_0 möglichst klein gehalten werden, s. Gl. (3.1), die Form des Querschnitts A_0 selbst hat auf die Größe der Formänderung keinen Einfluss; bei Biegung sollte zur Kleinhaltung der Durchbiegung f das Verhältnis des axialen Flächenträgheitsmomentes zum tragenden Querschnitt I_a/A_0 möglichst groß gewählt werden und bei Torsion ist das Verhältnis I_p/A_0^2 möglichst groß zu wählen, wenn ein bestimmter Verdrehwinkel nicht überschritten werden darf.

Bild 3-14 zeigt Profile mit gleichen axialen Trägheitsmomenten, aber unterschiedlichen Querschnitten. Die für Biegung bedeutsamen Quotienten I_a/A_0 verhalten sich wie 1:1,39:2,13:3,13: 4,55, für die Torsion bedeutsamen Quotienten I_p/A_0^2 wie 1:1,93:4,53:9,77:20,66. Die größere Biege- und vor allem Torsionssteifigkeit mit abnehmender Wanddicke zeigt, dass vor allem Rohrkonstruktionen bei Leichtbauweise für hohe Steifigkeit der Konstruktion sorgen.

Die im Stahlbau verwendeten Halbzeuge, wie z. B. U-Stahl nach *DIN 1026*, L-Stahl nach *DIN 1029*, I-Träger nach *DIN 1025*, sind typische Profile mit großer Biegesteifigkeit.

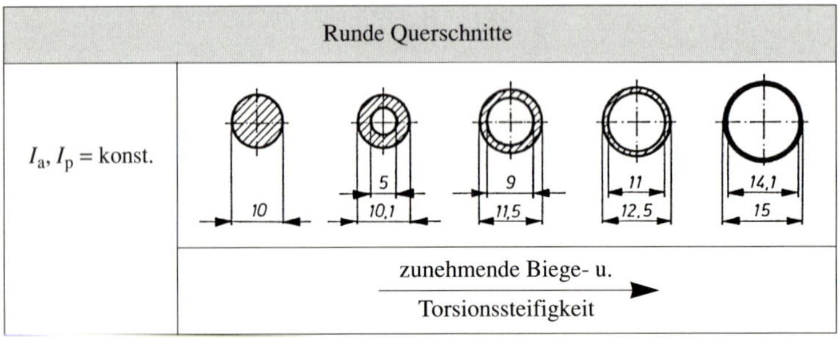

Bild 3-14 Leichtbauweise

Vielfach werden aber vom Konstrukteur die Regeln für die Gestaltung bei Biegebeanspruchung ohne kritische Prüfung auf die Torsion übertragen. Zwar sollte bei Torsion der Werkstoff zur Erreichung eines möglichst großen Verhältnisses I_p/A_0^2 möglichst weit außerhalb der Schwerachse angeordnet sein – ähnlich wie bei Biegebelastung – jedoch kommt es hier in gleicher Weise auf einen geschlossenen Zusammenhang der Querschnittteile an.

Geschlossene Profile sind solche, bei denen der Werkstoff im tragenden Querschnitt in ununterbrochenem Zusammenhang steht. Bei *offenen Profilen* ist dieser Zusammenhang durch Schlitzung unterbrochen.

Offene Profile haben ähnliches Gewicht und ähnliche axiale Trägheitsmomente wie geschlossene Profile gleicher Abmessungen. Ihr Trägheitsmoment gegen Biegung unterscheidet sich deshalb kaum von demjenigen der zugeordneten geschlossenen Profile. Jedoch haben offene Profile extrem kleinere Trägheitsmomente gegen Torsionsbeanspruchung. *Anhang A3-3a* zeigt typische Beispiele.

Bei Torsionsbelastung offener Profile ist also mit wesentlich größeren Verformungen und auch Spannungen zu rechnen als bei geschlossenen Profilen mit gleicher Abmessungen. Diese Tatsache wird auch besonders deutlich bei den in *Anhang A3-3b* dargestellten Profilen. Von links nach rechts zeigen diese Querschnitte eine deutliche Tendenz zur Leichtbauweise, wie die angegebenen Verhältnisses A_x/A_1 erkennen lassen. Bei Biegebelastung sind die rechtsstehenden Profile zu bevorzugen, denn alle dargestellten Querschnitte haben einen annähernd gleichen Biegewiderstand. Die angegebenen Verhältnisse W_{px}/W_{p1} deuten aber wesentlich ungünstigeres Verhalten der offenen Profile gegenüber den geschlossenen bei Torsionsbelastung an.

Aus solchen und ähnlichen Überlegungen lassen sich folgende Regeln für eine ausreichende Bauteilsteifigkeit auch bei Leichtbauweise ableiten:

- Bei Biege-, Torsions- und Knickbelastung Verlegung des Werkstoffes in hochbeanspruchte Randzonen, hohle Profile nach *Bild 3-15* bevorzugen.
- Massive Bauweise vermeiden, sonst hohe Werkstoffkosten; dünnwandige und aufgelöste Bauweise anstreben.

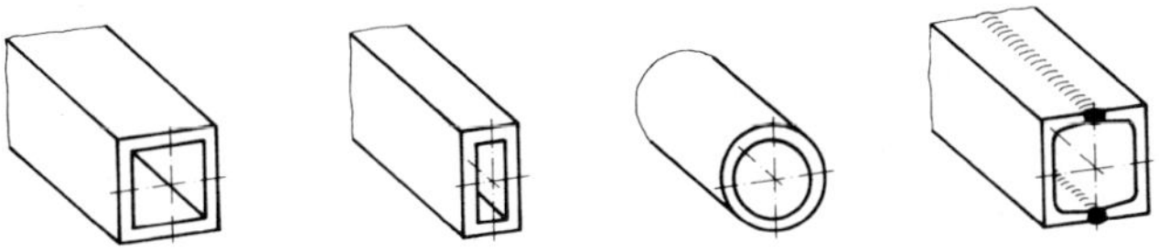

Bild 3-15 Geschlossene Profile für den Leicht- und Stahlbau

- Schalenbauweise mit Profilen in Schalenform nach *Bild 3-16* bevorzugen; dadurch höhere Biege- als auch Torsionssteifigkeit. Offene Profile führen bei Torsionsbelastung in den meisten Fällen zu unzulässig großer Formänderung.
- Versteifung ebener Wände durch Bildung geschlossener Hohlprofile s. *Bild 3-18*.

Bild 3-16 Geschlossene Profile mit großer Torsionssteifigkeit aus Halbzeugen mit relativ geringem polaren Trägheitsmoment

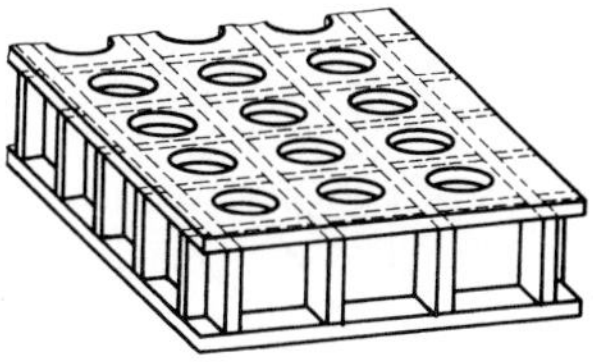

Bild 3-17 Leichtbau durch Zellenbauweise mit geschlossenen Hohlräumen

ungünstig	besser	Hinweis
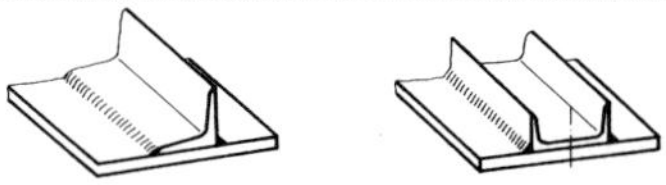	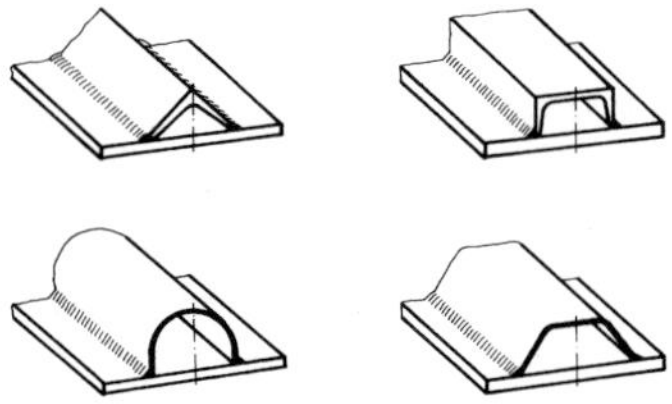	Geschlossene Profile anstreben, Werkstoffverlagerung von innen nach außen

Bild 3-18 Erhöhung der Biege-Torsionssteifigkeit

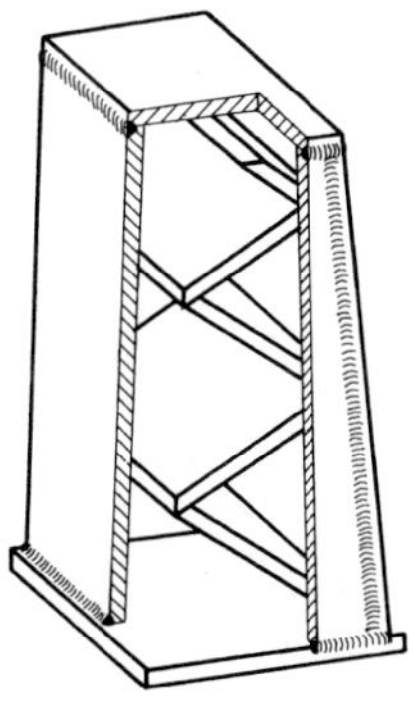

Bild 3-19 Biege- und verwindungssteifer Maschinenständer in Zellenbauweise

- Zellenbauweise durch Bildung unterteiler und geschlossener Hohlräume wie in den *Bildern 3-17* und *3-19* dargestellt.
- Sprunghafte Querschnittsänderungen bei Halbzeugen für den Leicht- und Stahlbau vermeiden.

  Bild 3-20 zeigt Gestaltungsbeispiele. Ungünstige Ausführung gibt Steifigkeitssprünge, Anrissgefahr am Übergang vom offenen zum geschlossenen Profil durch Kerbwirkung.
- Gusskonstruktionen von Werkzeugmaschinenständern bei möglichst geringem Materialaufwand biege- und verwindungssteif ausführen (*Bild 3-21*).

ungünstig	besser	Hinweis
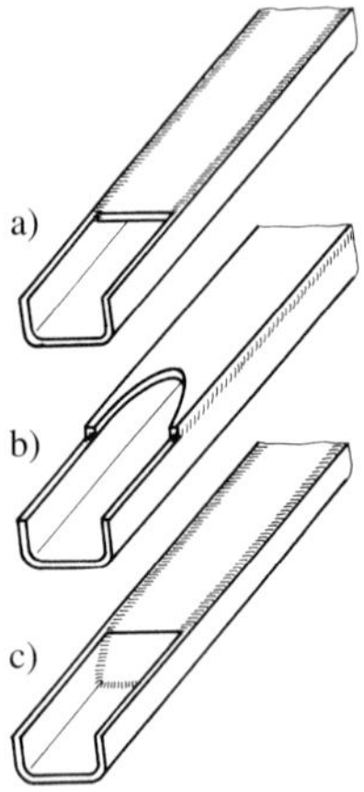	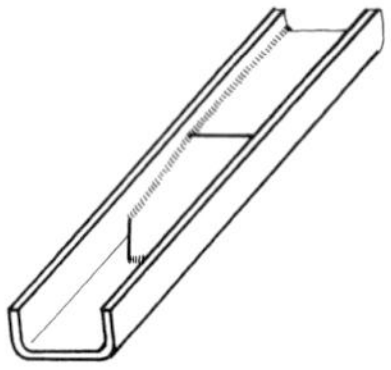	Übergang nicht sprunghaft gestalten a) und b) Spannungsspitzen im Übergangsbereich, Kerbwirkung. Schweißnaht liegt im Bereich hoher Biegespannung. c) zu kurz gestalteter Übergang

Bild 3-20 Übergang vom offenen zum geschlossenen Querschnitt

ungünstig	besser	Hinweis
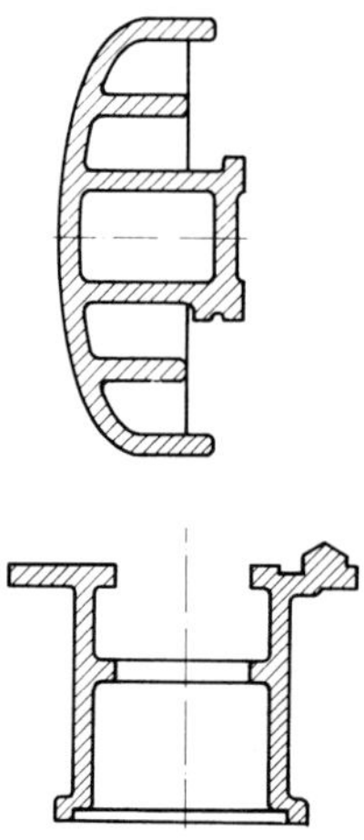	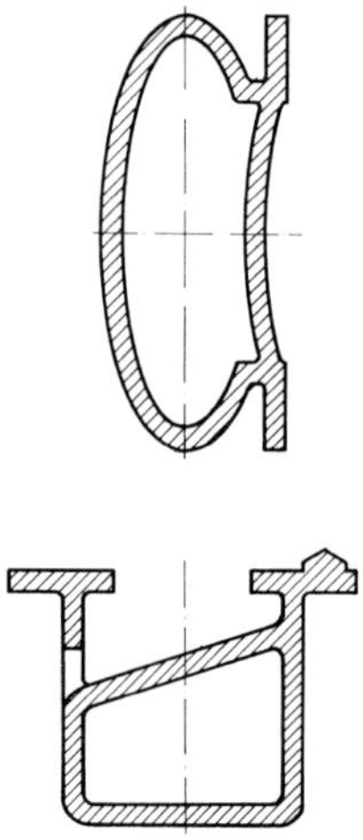	Geschlossene Hohlquerschnitte haben bessere Torsionssteifigkeit

Bild 3-21 Biege- u. Torsionsbeanspruchte Maschinenständer, Maschinenbett in Gussausführung

3.5 Das Prinzip der abgestimmten Verformung

Das Prinzip der minimalen Kerbwirkung ist nicht nur für das Leiten von Kräften innerhalb einzelner Bauteile von Bedeutung sondern auch für den Kraftflussübergang von Bauteil zu Bauteil.

Die Beteiligten Komponenten sind nach dem Prinzip der abgestimmten Verformung so zu gestalten, dass unter Belastung eine Anpassung mittels gleichgerichteter Verformung entsteht. *Bild 3-22* zeigt dieses Verhalten bei einer Schraubenverbindung unter Verwendung einer Druck- bzw. Zugmutter.

Druckmuter	Zugmutter	Hinweis
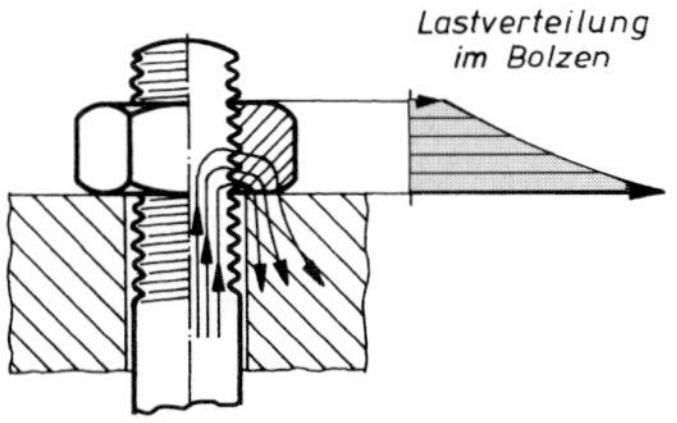	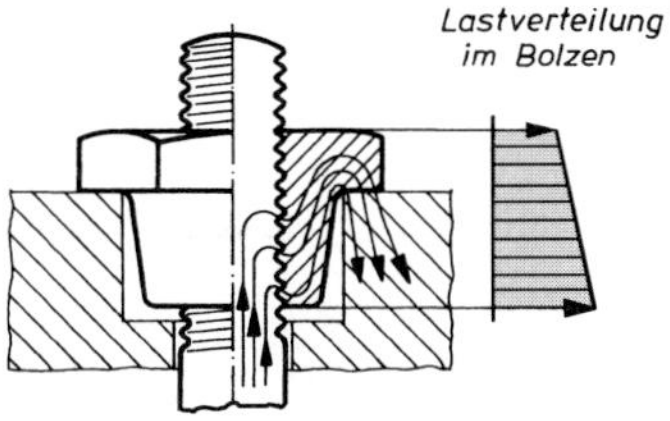	Druckmutter: Hohe Belastung im ersten Gewindegang Zugmutter: Lastverteilung günstiger

Bild 3-22 Lastverteilung in Schraubverbindung

Die Verformung in der Druckmutter erfolgt entgegengerichtet zur zugbeanspruchten Schraube. Der Kraftfluss verteilt sich beim Übergang nicht gleichmäßig auf alle Gänge. Es treten hohe Belastungsspitzen im Bereich des schaftseitigen ersten Gewindeganges auf. Eine gleichmäßigere Lastverteilung lässt sich vielfach durch eine Reduzierung der Anzahl der Gänge, also eine Verkleinerung der Mutterhöhe, erzielen.

In der Zugmutter ergibt sich in den ersten Gewindegängen eine gleichgerichtete und damit gleichmäßigere Beanspruchungsverteilung.

Ähnliche Verhältnisse sind bei Überlappstößen von Kleb- und Lötverbindungen nach *Bild 3-23* gegeben. Die zu übertragende Kraft nimmt in Teil 1 von Stelle A nach Stelle B ab, während sie in Teil 2 von A nach B in umgekehrtem Maße zunimmt. Gl. (3.1) zeigt, dass bei konstant bleibendem Querschnitt A_0 die gegenüber liegenden Bereiche der Teile 1 und 2 unterschiedliche Dehnungen erfahren, was zu ungünstigen Schubspannungsspitzen in der Lot- bzw. Klebeschicht führt. Der Spannungsspitzenfaktor $\alpha = \tau_{max}/\tau_m$ steigt mit zunehmender Überlappungslänge und wird damit ungünstiger. Bei konstant bleibendem Quotienten F/A_0, also verjüngender Blechdicke bei Teil 1 und zunehmender Blechdicke bei Teil 2, ist der pro Bauteilelement zu übertragende Kraftanteil auf die Größe des tragenden Querschnittes A_0 abgestimmt. Damit ist dann eine abgestimmte Verformung der Teile 1 und 2 und auch eine gleichmäßige Schubspannung im Bindemittel gewährleistet.

Bekannt ist, dass bei der Lagerung von Wellen und Achsen infolge der Biegebelastung häufig Kantenpressungen mit steilem Druckanstieg im Ölfilm und/oder Festkörper- oder Mischreibung auftreten. Unangenehme Lagerschäden sind die Folge, wenn nicht durch eine günstige Gestaltung für eine abgestimmte Verformung von Zapfen und Lagerelementen gesorgt wird. Die *Bilder 3-24* und *3-25* zeigen diesen Sachverhalt.

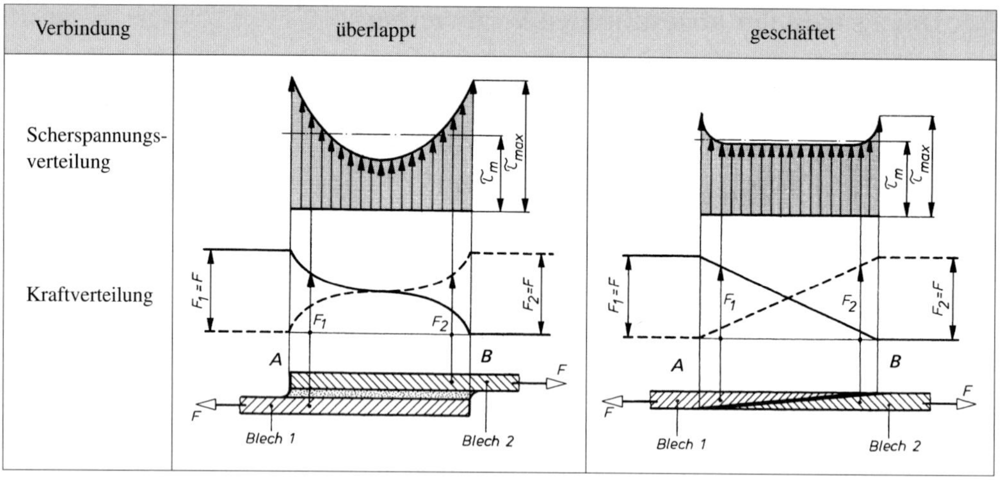

Bild 3-23 Scherspannungs- und Kraftverteilung bei einfacher überlappter Kleb- oder Lötverbindung

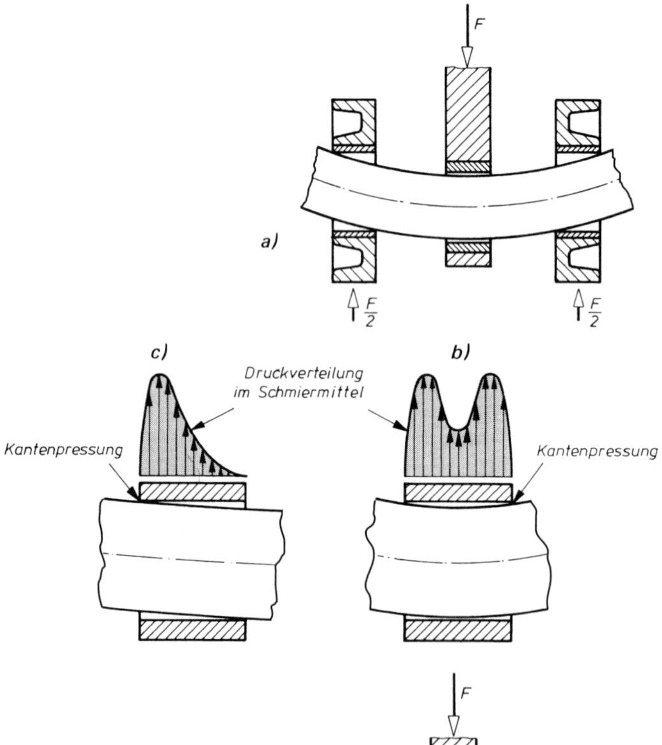

Bild 3-24
Kantenpressung bei Wälzlagern
a) Prinzipbild
b) Druckverteilung im Schmiermittel bei symmetrischer Kantenpressung
c) Druckverteilung bei unsymmetrischer Kantenpressung

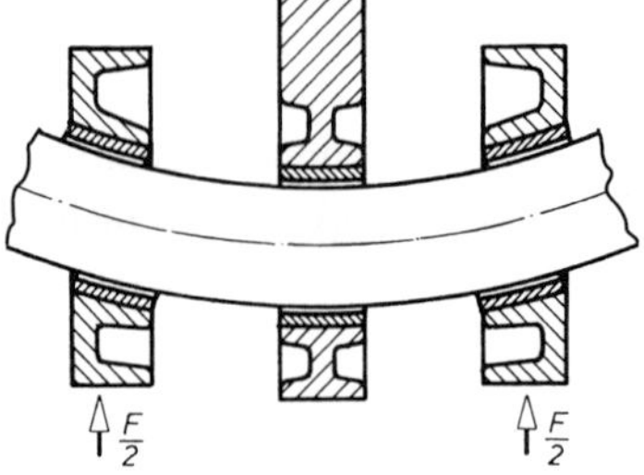

Bild 3-25
Vermeidung der Kantenpressung durch abgestimmte Verformbarkeit der Lagerelemente

Ähnliche Probleme treten bei der Drehmomenteinleitung in Welle-Nabe-Verbindung, *Bild 3-26* mittels Schrumpfsitz oder Passfeder auf. Das in der Nabe wirkende Drehmoment $-T$ und das in die Welle beaufschlagende Reaktionsmoment T führen zu entgegengesetzt gerichteten elastischen Verdrehungen von Nabe und Welle, die am Nabenauslauf an der Stelle x am größten sind. Die Folge ist eine große Kerbwirkungszahl mit einer Verringerung der Gestaltfestigkeit. Drehmomentschwankungen bewirken Gleitungen der Oberflächen gegeneinander mit allmählicher Bildung von Reibrost und dadurch Dauerbruchgefährdung.

Die günstige Anformung der Nabe verursacht in Welle und Nabe gleichgerichtete Torsionsverformungen mit gleichmäßiger Kraftflussverteilung über die Nabenlänge.

Ein eindrucksvolles Beispiel für die Möglichkeit, durch konstruktive Maßnahmen elastische Formänderungen im Getriebebau zu minimieren, zeigt *Bild 3-27*. Bei wirkendem Drehmoment

ungünstig	besser	Hinweis
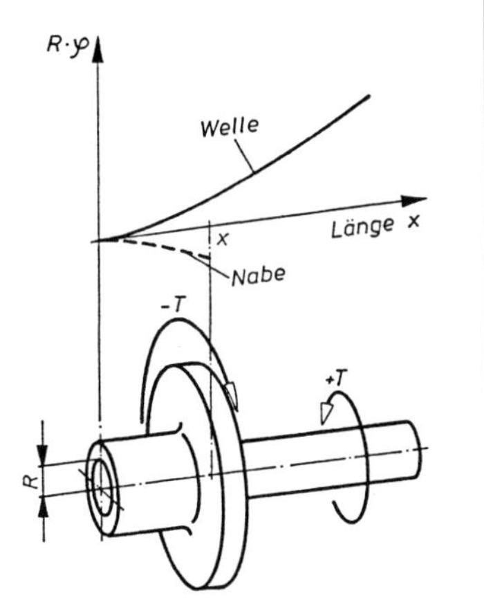	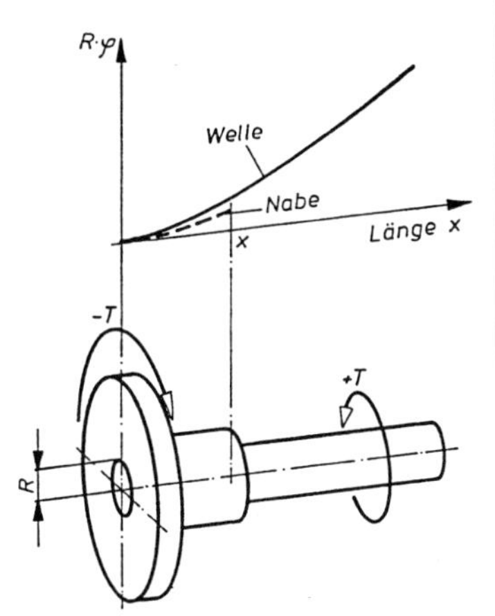	Nabenanformung ergibt gleichgerichtete Torsionsverformung über die ganze Nabenlänge

Bild 3-26 Abgestimmte Verformbarkeit von Schrumpfverbindungen

ungünstig	besser	Hinweis
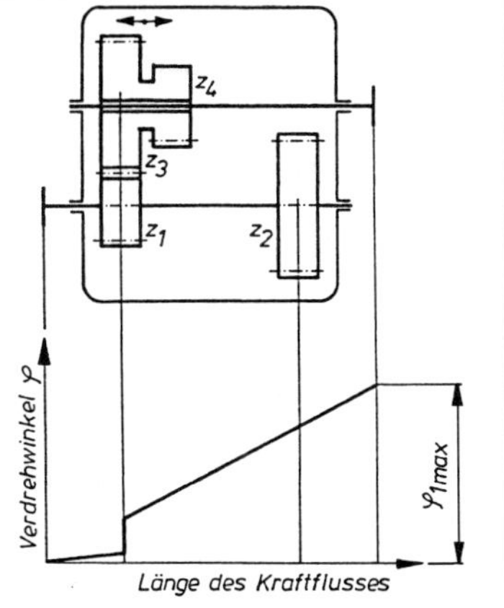	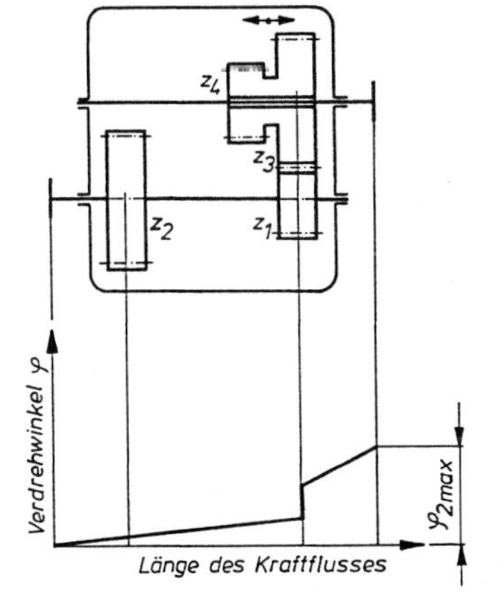	Lagevertauschung der Antriebsräder und des Schieberades ergibt größere Torsionssteifigkeit

Bild 3-27 Torsionssteifigkeit eines Getriebes

T_{an} in der Antriebswelle ist die Größe des Verdrehwinkels φ am Abtrieb proportional dem Längenbereich der Welle, der in den Kraftfluss eingeschaltet ist. Bei der ungünstigen Anordnung wirkt in der Antriebswelle das große Abtriebsmoment $T_{ab} = T_{an} \cdot z_3/z_1$ über die ganze Wellenlänge und ist deshalb Ursache für einen großen Verdrehwinkel φ_1. Bei der günstigen Anordnung ist eine kinematisch gleichwertige Lösung gefunden worden, jedoch ist infolge der Lagevertauschung der Antriebsräder und des Schieberades auf der Antriebswelle die Wirklänge der Welle bei großem Abtriebsdrehmoment T_{ab} wesentlich kleiner.

Bild 3-28 zeigt eine Wellt mit einer Momentenverzweigung, wie sie vielfach im Getriebebau – hier beim Antrieb eines Kranlaufwerkes – angewendet wird. Aus konstruktiven Gründen kann hier das Zahnrad nicht mittig auf der Wellenlänge angeordnet werden, so dass zum linken beziehungsweise zum rechten Laufrad verschieden lange Kraftleitungswege mit unterschiedlich großen Verdrehwinkeln an den Laufrädern infolge der elastischen Wellenverformung entstehen. Daraus resultiert eine ungünstige Schieflauftendenz des Laufkrans. Um diese zu verhindern, muss der Konstrukteur für beide Kraftleistungswege gleich große Torsionssteifigkeit mit der jeweiligen Wellenlänge angepassten Wellendurchmessern vorsehen.

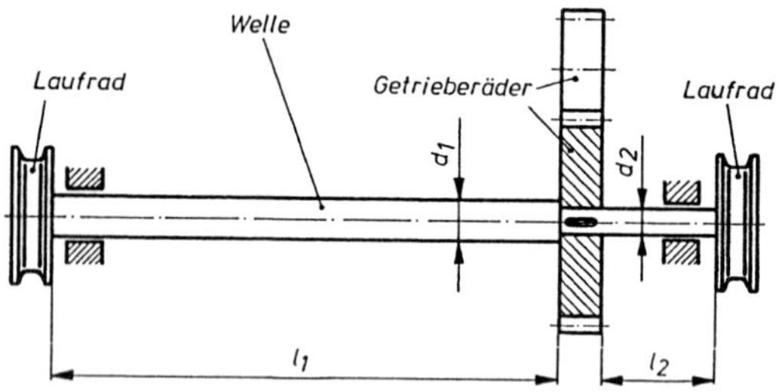

Bild 3-28
Antrieb eines Kran-Laufwerkes mit außermittig angeordnetem Getriebe; die Durchmesser *d* sind zur Erzielung einer abgestimmten Verformung der Wirklängen der links und rechts wirkenden Teildrehmomente angepasst worden.

Aus der Forderung nach gleich großen Verdrehwinkel $\varphi_1 = \varphi_2$ und der Funktion für die Verdrehwinkel $\varphi = 57{,}3° \cdot T \cdot l/(2 \cdot I_p \cdot G)$ folgt das erforderliche Verhältnis der Wellendurchmesser

$$\frac{d_1}{d_2} = \sqrt[4]{\frac{l_1}{l_2}} \tag{3.2}$$

d_1 Wellendurchmesser in mm
d_2 Zapfendurchmesser in mm
l_1 Wellenlänge in mm
l_2 Zapfenlänge in mm (vgl. *Bild 3-28*)

So ist zum Beispiel bei $l_1 = 4 \cdot l_2$ der Wellendurchmesser $d_1 = 1{,}414 \cdot d_2$ zu wählen.

Selbstverständlich kann auch durch eine symmetrische Anordnung des Getriebes zur Antriebswelle die Schieflauftendenz vermieden werden.

3.6 Das Prinzip des Kraftausgleichs

Vielfach entstehen bei der Kraftleitung auch Nebenkräfte und -momente, die nicht direkt der Funktionserfüllung dienen.

Beispiele sind
- Axialkräfte am schrägverzahnten Stirnradtrieb
- Normalkräfte zur Erzeugung von Reibschluss bei Verbindungen und Kupplungen

– Massenkräfte an Kurbeltrieben
– resultierende Kräfte bei pneumatischen, hydraulischen oder hydropneumatischen Funktionselementen, die bei $p_1 \cdot A_1 \gtreqless p_2 \cdot A_2$ auftreten.

Solche Nebenwirkungen erfordern stärker bemessene Bauteile mit größerem Werkstoffaufwand. Oft kann aber auch durch Verwendung zusätzlicher Bauelemente, wie Axiallager, Ausgleichsmassen und Bunde, oder durch symmetrische Anordnung der Funktionselemente oder Wirkflächenpaare ein Kraftausgleich erreicht werden.

Anhang A3-4 zeigt entsprechende Beispiele.

Vielfach ist allerdings für die Erfüllung des Prinzips des Kraftausgleichs ein erheblicher technischer und wirtschaftlicher Aufwand zu betreiben. Bei kleinen Nebenkräften und -momenten wird man sich deshalb auf eine angepasste größere Auslegung der Kraftleitungszonen beschränken. Bei mittleren Nebenwirkungen ist im allgemeinen die Verwendung von Ausgleichselementen optimal, während bei großen Nebenwirkungen eine symmetrische Anordnung der Funktionselemente oder Wirkflächenpaare vorzuziehen ist. So ist z. B. die Fertigung pfeilverzahnter Stirnräder teuer, so dass mittelgroße Axialkräfte durch Radial-Axial-Lager aufgefangen werden, während man bei Kammwalzen an schweren Walzwerken wegen der Größe der auftretenden Axialkräfte auf eine kraftaufhebende Pfeilverzahnung nicht verzichten kann.

3.7 Beispiele

3.7.1 Träger gleicher Biegespannung

Nach $\sigma_b = M/W_b$ hat der in *Bild 3-29* dargestellte Freiträger bei W_b = konst an jedem beliebigen Querschnitt *x-x* eine andere Biegespannung. Das bedeutet aber auch, dass in allen Querschnitten, in denen eine geringere Biegespannung als $\sigma_{b\,max} = M_{max}/W_b$ auftritt, die Festigkeit des Werkstoffes nicht voll ausgenutzt wird.

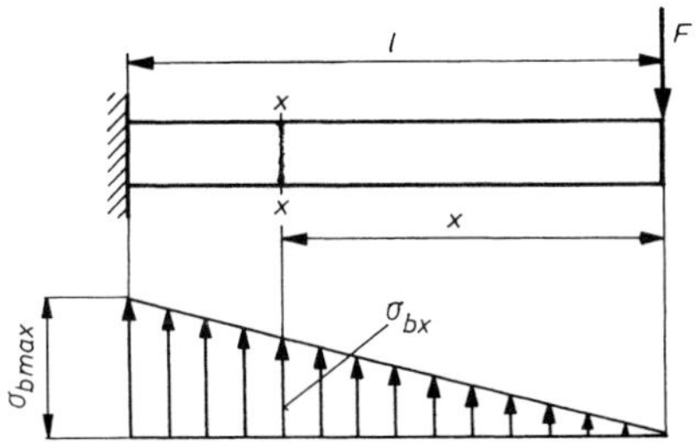

Bild 3-29
Freiträger mit Verteilung der Biegespannung über der Trägerlänge

Nach dem Prinzip der konstanten Gestaltfestigkeit aus $\sigma_{b\,zul} = M_x/W_{bx} = F \cdot x/W_{bx}$ für das an der Stelle *x* erforderliche Widerstandsmoment gegen Biegung

$$W_{bx} = \frac{F \cdot x}{\sigma_{b\,zul}}$$

Diese Beziehung gilt für Querschnitte beliebiger Form. Soll der *Freiträger kreisförmigen Querschnitt* haben, so ergibt sich aus $W_{bx} \approx 0{,}1 \cdot d_x^3 = F \cdot x/\sigma_{b\,zul}$ der erforderliche Durchmesser des Trägerquerschnittes

$$d_x = \sqrt[3]{\frac{10 \cdot F \cdot x}{\sigma_{b\,zul}}} = \sqrt[3]{c_d \cdot x} \qquad (3.3)$$

d_x	Durchmesser des Freiträgers an einer beliebigen Stelle *x* in mm
F	Belastungskraft in N
x	Entfernung der Stelle *x-x* vom Kraftangriffspunkt nach *Bild 3-29*
$\sigma_{b\,zul}$	zulässige Biegespannung des Werkstoffes in N/mm²
$c_d = 10 \cdot F/\sigma_{b\,zul}$	Konstante in mm² zur Erfassung der vorgegebenen Randbedingungen

Die Durchmesser nehmen danach vom Höchstwert $d_{max} = \sqrt[3]{10 \cdot (F/\sigma_{b\,zul}) \cdot l}$ bis zum Trägerende nach der Funktion einer kubischen Parabel mit der Konstanten $c_d = 10 \cdot F/\sigma_{b\,zul}$ ab (*Bild 3-30*).

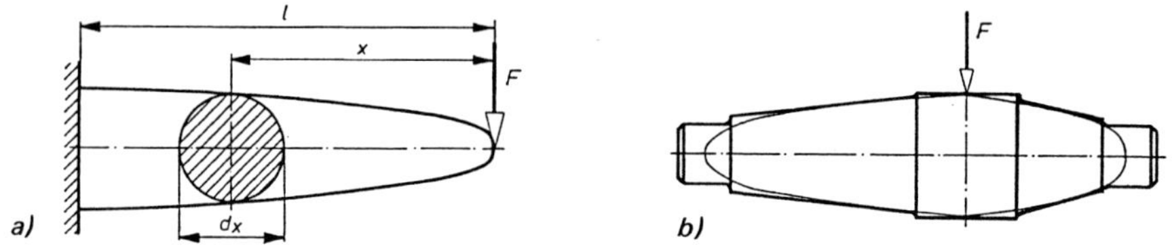

Bild 3-30 a) Angeformter Freiträger gleicher Biegespannung mit kreisförmigem Querschnitt; b) Welle als Träger gleicher Biegespannung

Soll der *Freiträger mit rechteckigem Querschnitt und gleichbleibender Höhe h auf der Länge l* gefertigt werden, dann ist in ähnlicher Weise die erforderliche Trägerbreite

$$b_x = \frac{6 \cdot F}{h^2 \cdot \sigma_{b\,zul}} \cdot x = c_h \cdot x \qquad (3.4)$$

b_x	Breite des Freiträgers an einen beliebigen Querschnitt *x-x*
h	Höhe des Freiträgers in mm
$F, x, \sigma_{b\,zul}$	wie zu Gl. (3.3)
$c_h = 6 \cdot F/H^2 \cdot \sigma_{b\,zul}$	Konstante zur Erfassung der vorgegebenen Randbedingungen

abzuleiten. Die Trägerbreite nimmt danach vom Höchstwert $b = 6 \cdot F/(h^2 \cdot \sigma_{b\,zul}) \cdot l$ bis zum Trägerende nach der Funktion einer Geraden mit der Konstanten $c_h = 6 \cdot F/(h^2 \cdot \sigma_{b\,zul})$ ab (*Bild 3-31*). Wird die Breite b zu groß, so teilt man den Träger in gleich breite Streifen auf und schichtet diese aufeinander zu einer Mehrschichtfeder (*Bild 3-31b*).

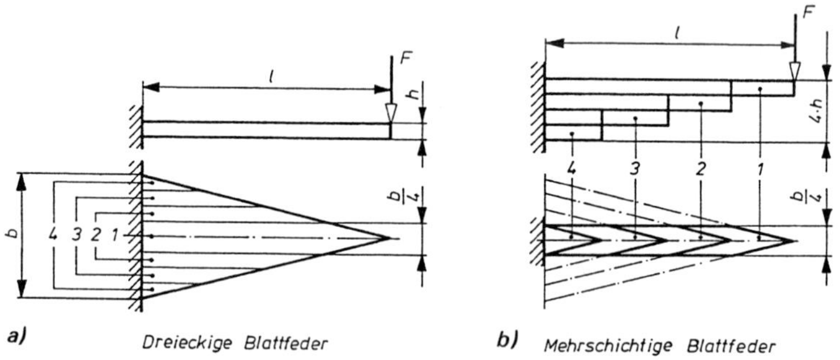

Bild 3-31 Blattfeder gleicher Biegespannung mit Rechteckquerschnitt; a) als dreieckige Blattfeder; b) als mehrschichtige Blattfeder, ausgeführt durch Übereinanderschichten der Bauteilelemente von a)

Soll der *Freiträger mit rechteckigem Querschnitt und gleichbleibender Breite auf seiner Länge l* gefertigt werden, so folgt aus $W_{bx} = bh_x^2/6 = F \cdot x/\sigma_{b\,zul}$ die erforderliche Trägerhöhe

$$h_x = \sqrt{\frac{6 \cdot F \cdot x}{b \cdot \sigma_{b\,zul}}} = \sqrt{c_b \cdot x} \qquad (3.5)$$

h_x	Höhe des Freiträgers an einen beliebigen Querschnitt *x-x*
b	Breite des Freiträgers in mm
$F, x, \sigma_{b\,zul}$	wie zu Gl. (3.3)
$c_b = 6 \cdot F/(b \cdot \sigma_{b\,zul})$	Konstante zur Erfassung der vorgegebenen Randbedingungen in mm

Die Trägerhöhe nimmt danach vom Höchstwert $h_{max} = \sqrt{6 \cdot F/(b \cdot \sigma_{b\,zul})} \cdot l$ bis zum Trägerende nach der Funktion einer quadratischen Parabel mit der Konstanten $c_b = 6 \cdot F/b \cdot \sigma_{b\,zul}$ ab (*Bild 3-32a*). Die Form des Winkelhebels in *Bild 3-32b* ist durch entsprechende Anformung entstanden.

Konsolträger haben eine gerade Oberkante (*Bild 3-32c*). Die *Bilder 3-32d* und *3-32e* zeigen entsprechend angeformte Konsolträger in gegossener bzw. geschweißter Ausführung.

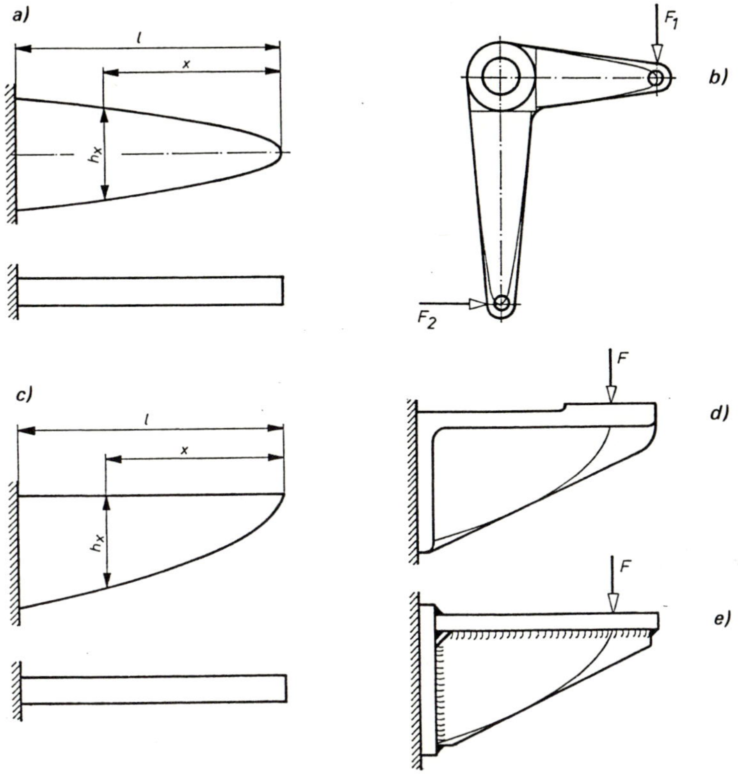

Bild 3-32 Rechteckiger Träger gleicher Biegespannung mit gleichbleibender Breite; a) Freiträger in Parabelform; b) an Parabel angeformter Winkelhebel; c) Freiträger als Konsolträger; d) gegossener Konsolträger; e) geschweißter Konsolträger

3.8 Aufgaben

1. Der in *Bild 3-1* dargestellte Kraftfluss ändert mehrfach seine Erscheinungsformen. Nennen Sie mindestens je drei Stellen, an denen Zug-, Druck-, Biege- und Torsionsbelastung und Flächenpressung auftritt! Wählen Sie außerdem mindestens drei Stellen aus, an denen zusammengesetzte Beanspruchungen auftreten und analysieren Sie die dort vorhandenen Spannungszustände!
2. Nennen und erläutern Sie kurz die sechs Prinzipien des festigkeitsgerechten Gestaltens!
3. Im Kraftfahrzeug- und Flugzeugbau werden aus Gründen des Leichtbaus bei höchstbelasteten Teilen vielfach Titan-Legierungen verwendet. Trotz ausreichender Dauerfestigkeitswerte können unzulässig große elastische Bauteilverformungen auftreten. Erklären Sie diese Tatsache!
4. a) Beurteilen Sie vergleichend unter Beachtung des Prinzips der direkten Kraftleitung die Bauformen der in *Bild 3-33* dargestellten Bauteile!
   b) Skizzieren Sie die vermutliche Spannungsverteilung in den Querschnitten A der drei Bauteile und begründen Sie den skizzierten Spannungsverlauf!

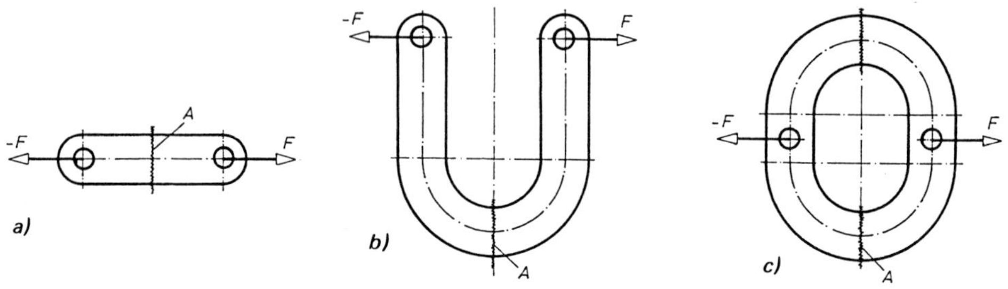

Bild 3-33 Zum Prinzip der direkten Kraftleitung; a) Zugstange; b) Offener Krümmer; c) Ringelement

5. a) Welche Bedeutung haben Resonanzerscheinungen an Bauteilen oder Baugruppen für ihre Betriebssicherheit?
   b) Nennen Sie mindestens fünf Kenngrößen, die für Resonanzerscheinungen an Wellen bedeutsam sind!
6. Vergleichen Sie die in den *Bildern 3-34a* und *3-34b* dargestellten aus GJL gegossenen Lagerböcke miteinander unter dem Gesichtspunkt der im Fuß auftretenden Spannungen und wählen Sie die optimale Lösung!
7. Beurteilen Sie den in *Bild 3-35* dargestellen Lagerbock, und skizzieren Sie alternative kraftflussgerechte Lösungen!

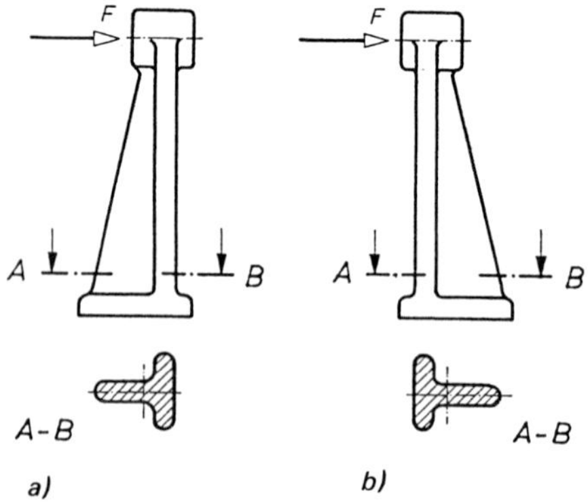

Bild 3-34
Spannungszustände in gegossenen Lagerböcken

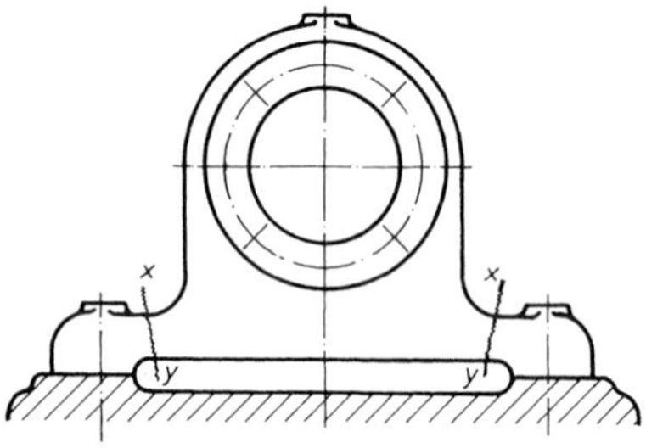

Bild 3-35
Kraftfluss im Fuß eines Lagerbockes

8. Beurteilen Sie die in *Bild 3-36* dargestellte Deckelverschraubung und skizzieren Sie eine kraftflussgerechte Lösung! Begründen Sie Ihre Änderungen!

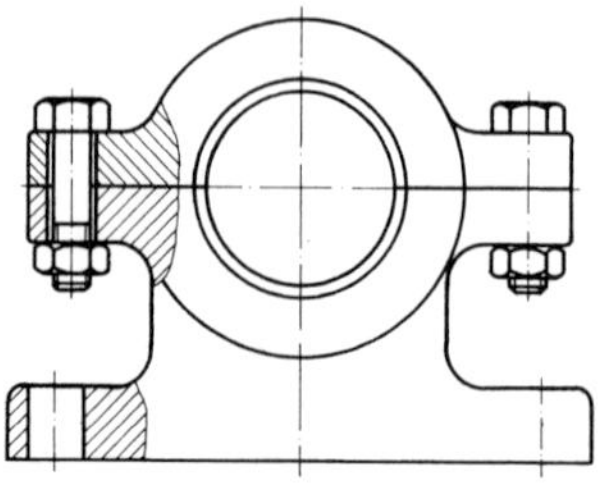

Bild 3-36
Deckelverschraubung eines Standlagers

9. *Bild 3-37* stellt den Hinterachsantrieb eines Pkw dar. Das Drehmoment wird am Kupplungsflansch der Kegelradwelle eingeleitet und im Ausgleichgetriebe auf die beiden zu den Antriebsrädern führenden Seitenwellen verteilt. Verfolgen Sie den Kraftfluss durch den Achsantrieb und erklären Sie qualitativ die an den Stellen 1 ... 10 vorliegenden Spannungszustände!

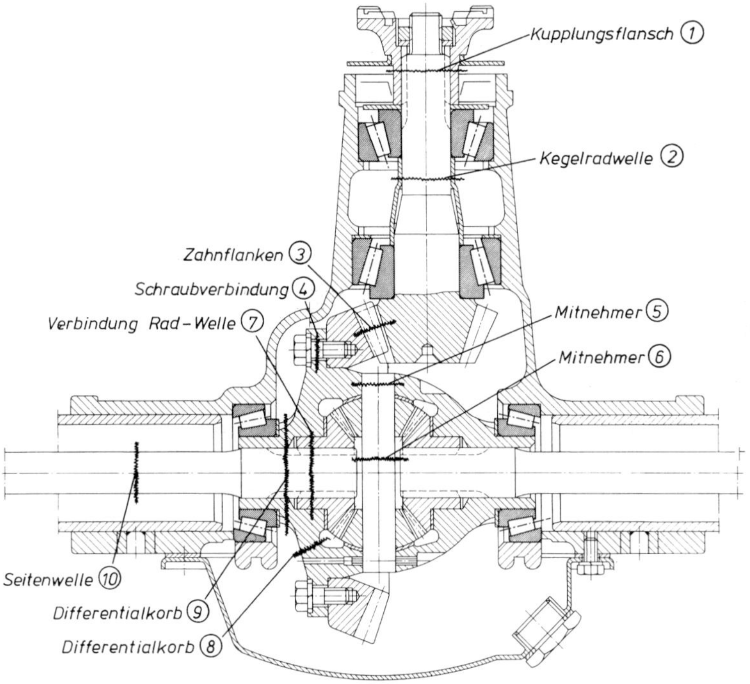

Bild 3-37 Kraftfluss im Hinterachsantrieb eines Pkw

10. Beschreiben Sie die „Anformung" eines Bauteils. Erklären Sie diesen Begriff mit Bezug auf den in *Bild 3-38* dargestellten Hebel und nehmen Sie für diesen Hebel eine solche Anformung vor!

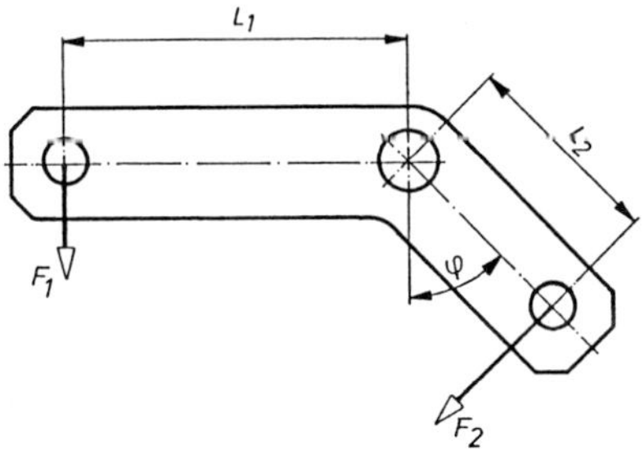

Bild 3-38
Anformung eines Winkelhebels

11. a) Was versteht man unter dem bezogenen Spannungsgefälle?
    b) Erklären Sie die Bedeutung des bezogenen Spannungsgefälles für das Prinzip der minimalen Kerbwirkung!
12. Bei dem in *Bild 3-39* dargestellten Schrumpfsitz einer Zahnradnabe auf einer Welle traten in der Vergangenheit mehrfach Dauerbrüche an der Welle auf. Nennen Sie mindestens drei Möglichkeiten zur Verkleinerung dieser Kerbwirkung und skizzieren Sie diese!

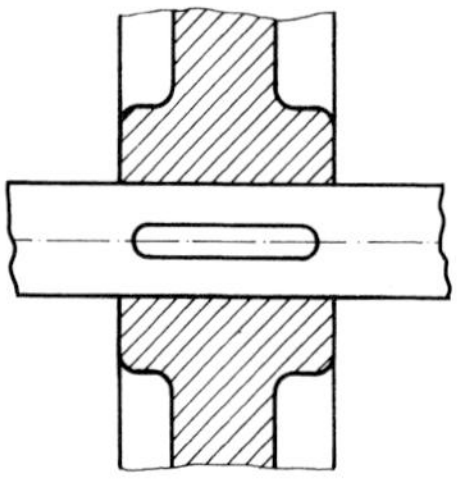

Bild 3-39
Nabenverbindung eines Zahnrades

13. Beurteilen Sie die in *Bild 3-40* dargestellten Schweißverbindungen unter dem Aspekt der Kerbwirkung! Wählen Sie günstigere Ausführungen!

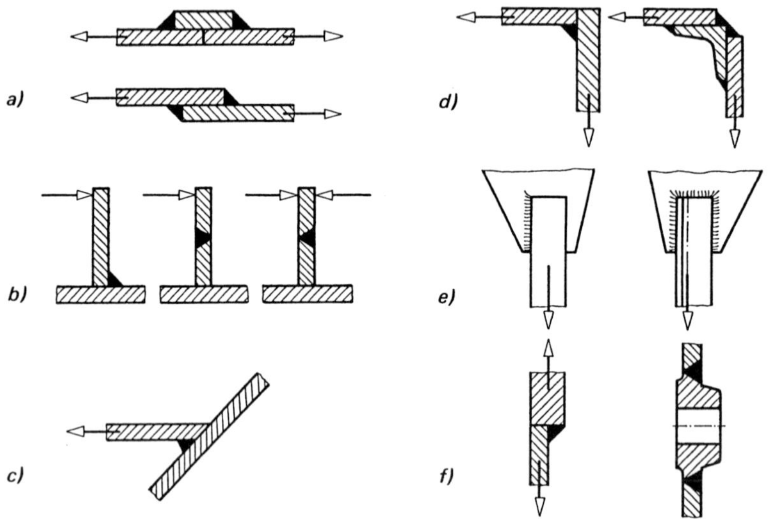

Bild 3-40 Kerbwirkung bei Schweißverbindungen

14. Bei hochbelasteten Flanschen zur Verbindung von Rohrleitungen nach *Bild 3-41* können durch Biegeverformung der Flansche unzulässig große Beanspruchungen und Verformungen in den Schweißnähten und den Rohren auftreten. Skizzieren Sie eine günstigere Ausführung und begründen Sie die vorgenommenen Änderungen! Nehmen Sie Stellung zur Wirkung von Verstärkungsrippen!

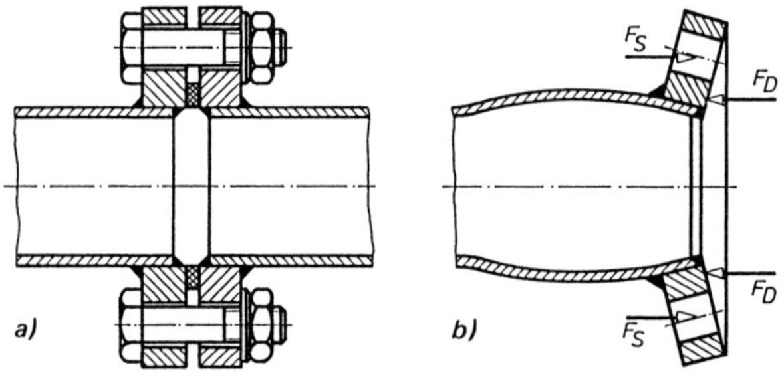

Bild 3-41
Gestaltung einer hochbelasteten Rohrflanschverbindung

15. Beurteilen Sie die in den *Bildern 3-42* und *3-43* dargestellten Verstärkungen der Profile unter folgenden Gesichtspunkten: Gewicht, Biegefestigkeit, Torsionsfestigkeit!

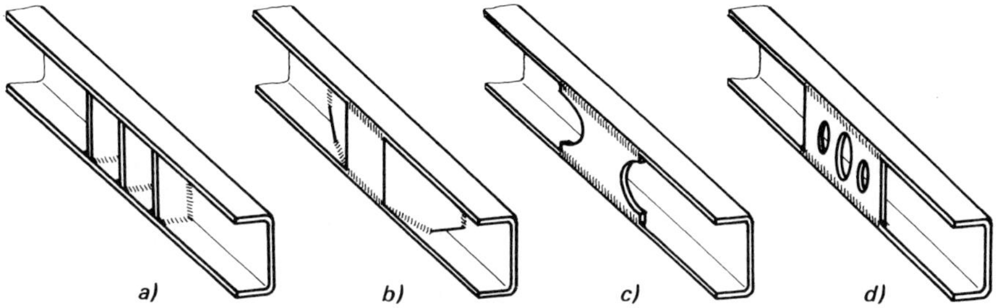

Bild 3-42 Verstärkung offener Profile

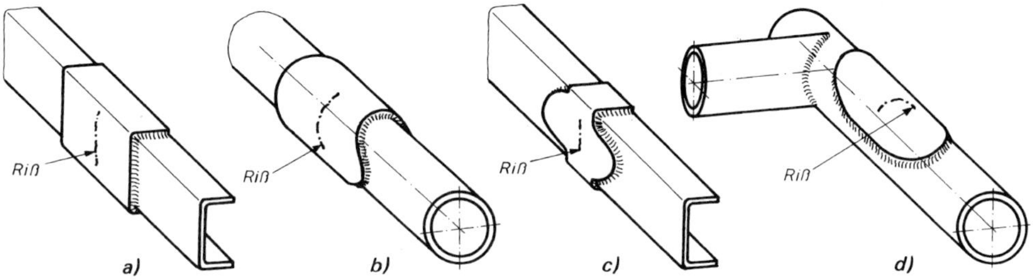

Bild 3-43 Aufgeschweißte Verstärkungen gebrochener Leichtbauprofile

16. Beurteilen Sie die in den *Bildern 3-44* und *3-45* im Maßstab 1:1 dargestellten Leichtbauprofile bezüglich ihrer Biege- und Torsionssteifigkeit! Die für die vergleichende Rechnung erforderlichen Maße sind an den Bildern abzugreifen!

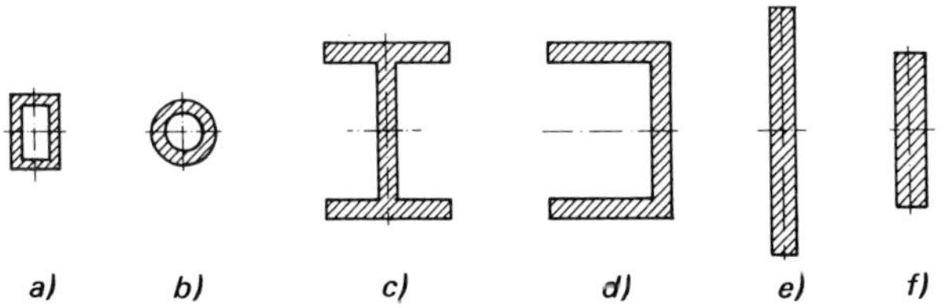

Bild 3-44 Vergleich der Biege- und Torsionssteifigkeit von im Maßstab 1:1 dargestellten Leichtbauprofilen

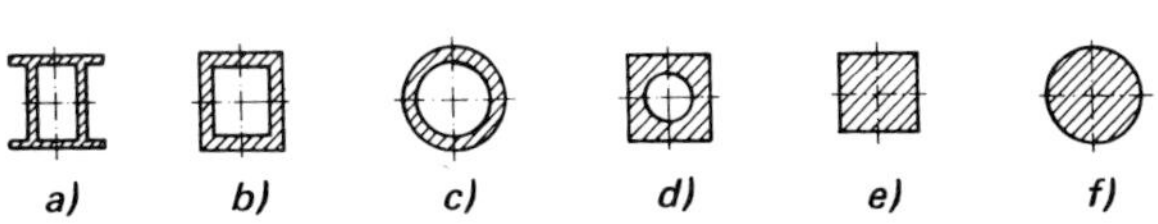

Bild 3-45 Vergleich der Biege- und Torsionssteifigkeit von im Maßstab 1:1 dargestellten Profilen

3.9 Literatur

1. *Decker,* Festigkeitslehre, Hanser, München 1970
2. *Hänchen/Decker,* Neue Festigkeitsberechnung für den Maschinenbau, Hanser, München 1967
3. *Hertel,* Ermüdungsfestigkeit der Konstruktionen, Springer, Berlin/Heidelberg/New York 1969
4. *Hertel,* Leichtbau, Springer, Berlin/Göttingen/Heidelberg 1960
5. *Köhler/Rögnitz,* Maschinenteile, Teile 1 und 2, B. G. Teubner, Stuttgart 1986
6. *Leipholz,* Festigkeitslehre für den Konstrukteur, Springer, Berlin/Göttingen/Heidelberg 1969
7. *Leyer,* Maschinenkonstruktionslehre, Heft 2: Allgemeine Gestaltungslehre, Birkhäuser, Basel/Stuttgart 1964
8. *Leyer,* Maschinenkonstruktionslehre, Heft 3 ... 7: Spezielle Gestaltungslehre, Birkhäuser, Basel/Stuttgart 1966 ... 1978
9. *Leyer,* Maschinenkonstruktionslehre, Heft 1: Allgemeine Gesichtspunkte, Birkhäuser, Basel/Stuttgart 1963
10. *Neuber,* Kerbspannungslehre, Springer, Berlin/Heidelberg/New York 1985
11. *Niemann,* Maschinenelemente, Band 1, Springer, Berlin/Heidelberg/New York 1981
12. *Pahl/Beitz,* Konstruktionslehre, Springer, Berlin/Heidelberg/New York 1997
13. *Reitor/Hohmann,* Grundlagen des Konstruierens, Cornelsen, Schwann-Girardet, Essen 1983
14. *Roediger,* Die zeichnerisch-konstruktive Durchbildung von Maschinenteilen, Verlag Zeichentechnik, Camberg 1988
15. *Roloff/Matek,* Maschinenelemente, Vieweg, Braunschweig 1994
16. *Schlottmann,* Konstruktionslehre – Grundlagen, VEB Verlag Technik, Berlin 1983
17. *Tochtermann/Bodenstein,* Konstruktionselemente des Maschinenbaus, Teile 1 und 2, Springer, Berlin/Heidelberg/New York 1979

4 Das fertigungsgerechte Gestalten

4.1 Das Gestalten von Gussteilen

4.1.1 Grundlagen

Zum funktions- und kostengerechten Gestalten von Werkstücken gehört vor allem auch die Entscheidung über den verwendeten Werkstoff. Diese bestimmt häufig das zu wählende Fertigungsverfahren. Der Konstrukteur muss deshalb die Werkstoffeigenschaften und die Eigenarten des Fertigungsverfahrens bei der Bauteilgestaltung berücksichtigen.

Bei der Auswahl der Gusswerkstoffe sollten folgende Kriterien beachtet werden:
- Kosten
- Festigkeit
- Elastizitätsmodul
- Mindestdehnung
- Stückzahl
- Zerspanbarkeit
- Allgemeintoleranzen
- Schweißbarkeit
- Korrosionsbeständigkeit
- Verschleißfestigkeit
- Dämpfungsfähigkeit

Diese Eigenschaften werden durch das jeweils gewählte Gießverfahren beeinflusst.

Der Gusswerkstoff, die geforderte Genauigkeit des Gussteils und die Stückzahl der Abgüsse beeinflussen die Wahl des Gießverfahrens.

Bei kleiner Stückzahl werden **Gießverfahren mit verlorener Form** angewendet. Am gebräuchlichsten ist der **Sandguss**, bei dem ein Modell in Formsand eingeformt wird. Das Verfahren eignet sich auch für schwierige und sehr große Werkstücke. Es können sämtliche Gusseisen-, Temperguss- und Stahlgusssorten sowie Nichteisenmetalle abgegossen werden.

Beim **Vollformgießen** wird ein Schaumstoffmodell im Sand eingeformt. Dieses Modell wird beim Gießen durch die einströmende Schmelze vergast. Das Verfahren eignet sich für die Fertigung von Prototypen wegen der relativ geringen Fertigungskosten für das Modell. Es hat auch den Vorteil, dass bei geeigneter Werkstückform keine Nähte am Gussstück entstehen.

Feingießen mit verlorenen Modellen eignet sich sehr gut wenn man Teile mit geringen Wandstärken, komplizierten geometrischen Formen mit hoher Form- und Maßgenauigkeit gießen möchte.

Die verlorenen Modelle bestehen hauptsächlich aus Wachsen, Harnstoffe, die vor dem Gießen ausgeschmolzen werden.

Feingussteile haben eine Stückmasse von etwa einem Gramm bis ungefähr 75 kg.

Gestaltungsbeispiele sind im *Anhang A4.1-8* dargestellt.

Gießverfahren mit Dauerformen wendet man bei Werkstückserien ab 5000 Stück an. Vor allem Nichteisenmetalle, aber auch Gusseisen- sowie Tempergusssorten werden dabei verarbeitet. Dauerformen sind Metallformen, sogenannten Kokillen, gelegentlich auch nicht metallische

Dauerformen. Vor dem Gießen werden die Formen auf etwa 250 … 400 °C, je nach verwendetem Werkstoff, erwärmt. Die Stückmasse der Bauteile reicht bis etwa 100 kg. Die Mindestwanddicken liegen bei 2 mm. Gegenüber dem Sandguss ergibt sich der Vorteil des geringeren Ausschusses. Außerdem sind die Fertigmaßtoleranzen mit ± 0,2 … ± 0,3 mm kleiner als beim Sandguss. Mit einer Kokille können bis zu 80 000 Abgüsse hergestellt werden.

Für die Großserienfertigung ist vorzugsweise das **Druckgießverfahren** anzuwenden. Beim Warmkammerverfahren bildet die Druckgießmaschine und der Warmhalteofen eine Einheit. Die Taktfolge kann dadurch sehr hoch sein, Kleinteile die rasch erstarren können in einer Stückzahl bis zu 1000 Stück/h gefertigt werden.

Das Verfahren ist wegen der hohen thermischen Belastung auf niedrigschmelzende Legierungen auf der Zink-, Zinn-, Blei-, Magnesiumbasis begrenzt.

Im Kaltkammerverfahren werden höherschmelzende Aluminium- und Kupferliegierungen verarbeitet.

Warmhalteofen und Druckgießmaschine sind hier getrennt.

4

Als Richtwerte für die Standmenge der Druckgießformen kann man bei Aluminiumlegierungen mit mindestens 200 000 Abgüsse, bei Zinklegierungen 1 000 000 Abgüsse ansetzen.

Am Druckgussteil werden Toleranzen von ± 0,5 … ± 0,15 mm erreicht. Die maximale Stückmasse liegt bei Aluminiumlegierungen in etwa bei 40 kg.

Spanende Nacharbeit z. B. bei Passflächen ergibt eine höhere Toleranzklasse und Oberflächengüte.

Gewindebolzen, Buchsen, Formteile aus anderen Werkstoffen mit höherer Festigkeit können durch Verbundgießen mit eingegossen werden.

4.1.2 Allgemeintoleranzen und Bearbeitungszugaben für Gussteile

Für die Gussstücke sollten in der Gussteilzeichnung stets die Allgemeintoleranzen angegeben werden, da sich die Kosten der Gussteile weitestgehend aus dem Gewicht ergeben.

Ungenauigkeiten beim Einformen führen zu größeren Wanddicken der Gussstücke und somit zu höheren Einkaufspreisen. Überschreitungen von Allgemeintoleranzen dürfen nach *DIN 1680 Teil 1,* jedoch nur beanstandet werden, wenn sie eine der Werkstückform und der Werkstoffsorte angemessene Verarbeitung und Verwendung mehr als unerheblich beeinträchtigen. Die *Allgemeintoleranzen* für Maße ohne Toleranzangabe der gegossenen, unbearbeiteten Werkstückflächen können je nach Gusswerkstoff folgenden Normen entnommen werden:

- DIN 1683 Gussrohteile aus Stahlguss
- DIN 1684 Gussrohteile aus Temperguss
- DIN 1685 Gussrohteile aus Gusseisen mit Kugelgraphit
- DIN 1686 Gussrohteile aus Gusseisen mit Lamellengraphit
- DIN 1687 Gussrohteile aus Schwermetalllegierungen
- DIN 1688 Gussrohteile aus Leichtmetalllegierungen

Es werden zwei Gusstoleranzgruppen unterschieden:

- *Gusstoleranzgruppe GTA*
  Die Größen dieser Gruppe sind vom ISO-Toleranzsystem abgeleitet.
- *Gusstoleranzgruppe GTB*
  Die Größen dieser Gruppe sind auf der Basis des Trendverlaufes von Messungen empirisch ermittelt worden.

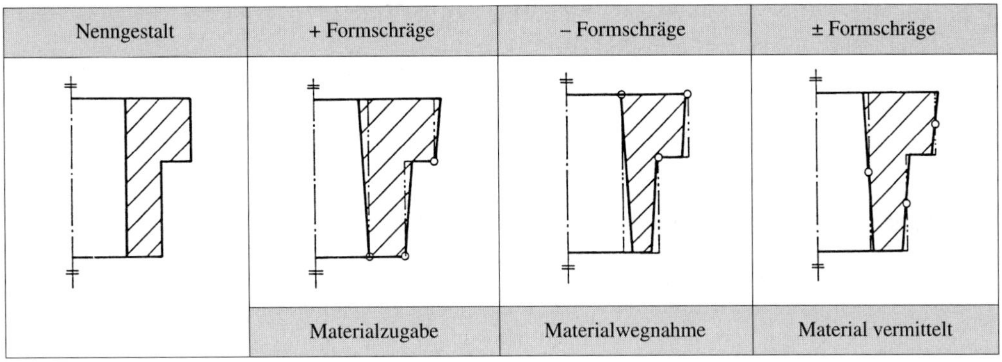

Bild 4.1-1 Ausführungsmöglichkeiten der Formschräge

Zur Bestimmung der Guss-Allgemeintoleranz wird zu einer der beiden Gusstoleranz-Gruppen die Gusstoleranzreihe gewählt, deren Größe den jeweiligen Besonderheiten der Gusswerkstoffgruppe oder des Herstellverfahrens entsprechen. In *DIN 1683* bis *DIN 1688* sind für die oben genannten Gusswerkstoffgruppen mögliche Toleranzreihen und Genauigkeitsgrade festgelegt, siehe *A4.1-1*.

Die Bearbeitungszugabe BZ bei Gussrohteilen ist eine Materialzugabe, um durch nachfolgendes spanendes Bearbeiten den gewünschten Oberflächenzustand und die erforderliche Maßhaltigkeit zu erreichen. Im Regelfall gilt für das gesamte Gussteil nur eine Bearbeitungszugabe, die entsprechend dem größten Außenmaß des Gussrohteiles aus dem dafür zutreffenden Nennmaßbereich nach *DIN 1683* bis *DIN 1688* zu wählen ist, für Gusseisen (GJL und GJS) z. B. nach *A4.1-2*. Sind für einzelne Flächen des Gusstrohteiles andere Bearbeitungszugaben als die genormten erforderlich, so sind sie in der Zeichnung an der betreffenden Stelle anzugeben, siehe *Bild 4.1-2*.

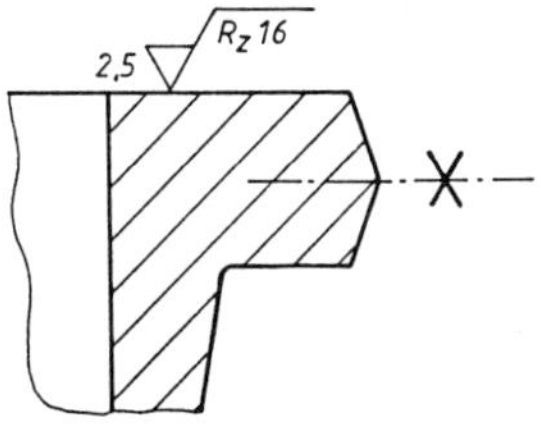

Bild 4.1-2
Eintragung von (abweichender) Bearbeitungszugabe (BZ 2,5 mm) und Formteilung (–·✕·–)

Formschrägen, Aushebeschrägen sind erforderliche Gestaltänderungen, um Modell und Gießform bzw. Gussrohteile und Dauerform voneinander trennen zu können. Da die Gruss-Allgemeintoleranzen für die eingetragenen Nennmaße gelten, muss in der Zeichnung angegeben sein, ob die Formschräge zuzugeben, abzuziehen oder zu mitteln ist. *Bild 4.1-1* zeigt die Ausführungsmöglichkeiten.

Die Zeichnung soll folgende Angaben enthalten:

- Genauigkeitsgrad der Guss-Allgemeintoleranz, z. B. *DIN 1868* – GTB17 im Zeichnungsschriftbild.
- Bearbeitungszugabe, z. B., Toleranz und Zugabe nach *DIN 1686* – GTB17 – BZ 2,5/3″, ist hinter dem Genauigkeitsgrad anzugeben.
- Formteilung, wenn eine bestimmte Lage der Formteilung gefordert wird, *s. Bild 4.1-2*.

- Formschräge, z. B. „Formschräge +“ und Hinweis auf *DIN 1511*, s. *A4.1-3*. Bei zu bearbeitenden Flächen gilt stets „Formschräge +“.
- Bearbeitungsflächen mit Oberflächenangabe und Bearbeitungszugabe nach *DIN ISO 1502*, wie im *Bild 4.1-2* dargestellt-
- Eventuell Angabe der Bezugs-, Spann- und Annahmeflächen.

4.1.3 Spezifische Eigenschaften der verschiedenen Gusswerkstoffen

1. **Gusseisen mit Lamellengraphit**
   Gusseisen mit Lamellengraphit ist wegen seiner guten gießtechnischen Eigenschaften besonders zur Herstellung von Maschinenteilen mit komplizierter Form geeignet.
   Die Gussstücke sind gut bearbeitbar, verschleiß- und korrosionsfest. Bemerkenswert ist auch die gute Materialdämpfung. Die Verschleißeigenschaften können durch Schalenhartguss oder Ni-Cr-legiertes Gusseisen (4 % Ni, 2 % Cr) noch verbessert werden. Solche Werkstoffe finden für Verschleißteile in besonders hochbeanspruchten Maschinen (Gießerei- und Straßenbaumaschinen) Anwendung. Eine besonders gute Korrosions- und Hitzebeständigkeit wird bei hoch nickelhaltigen austenitischen Gusssorten erreicht.
2. **Gusseisen mit Kugelgraphit**
   Gusseisen mit Kugelgraphit hat die gute Gießbarkeit des Gusseisens mit Lamellengraphit bei geringerer Dämpfung.
   Der Werkstoff hat stahlähnliche Eigenschaften; er eignet sich daher gut zur Herstellung stark dauerbeanspruchter Werkstücke.
3. Aus **unlegiertem Stahlguss** werden Werkstücke gefertigt, die eine hohe Dehnung, Schlagzähigkeit und Festigkeit erfordern. Besonders erwähnenswert ist auch die gute Schweißbarkeit dieser Werkstoffe. Niedrig legierter Stahlguss wird vor allem für Wasser- und Wärmekraftanlagen verwendet. Hochlegierten Stahlguss verwendet man hauptsächlich für den Dampf- und Gasturbinenbau.
4. **Schwarzer Temperguss** hat in allen Querschnitten eine homogene Gefügeausbildung. Besonders bemerkenswert ist seine gute Bearbeitbarkeit.
5. **Weißer Temperguss** mit weitgehender Entkohlung eignet sich gut für Schweißverbindungen. Die Zähigkeitseigenschaften der Grundwerkstoffe bleiben hierbei erhalten, und es besteht keine Gefahr der Rissbildung. Es haben sich auch Verbindungsschweißungen zwischen Temperguss und Stahlteilen bewährt.
6. **Kupfer-Guss-Legierungen**
   Die gießtechnischen Eigenschaften des reinen Kupfers sind ungünstig. Deshalb werden dem Kupferguss nach *DIN 1718* zur Desoxidation und zur Verbesserung der Gießbarkeit kleine Mengen an Beryllium, Blei, Phosphor, Silizium, Zinn oder Zink zugesetzt.

   Kupfer-Zink-Legierungen (Messing, Sondermessing)
   Messinge sind Legierungen aus mindestens 50 % Cu und dem Hauptlegierungselement Zn. Üblich sind Zn-Gehalte bis 44 %, daneben Pb-Gehalten bis 3 % zur Verbesserung der Zerspanbarkeit (Automatenlegierungen). Guss-Messinge und Guss-Sondermessinge sind nach *DIN 1709* genormt. Messinge sind gut zerspanbar, so dass hohe Werkzeugstandzeiten erreicht werden. Ihre Korrosionsbeständigkeit ist ebenfalls ausgezeichnet. Messinge lassen sich kaltumformen, stanzen und vor allem sehr gut warmumformen. Wegen ihrer guten Zerspanbarkeit werden sie häufig für Drehteile verwendet. Man setzt sie aber auch für Bauprofile, Rohre, Bleche und dergleichen ein. Sondermessinge mit geringen Zusätzen an Aluminium, Nickel,

Mangan, Eisen oder Silizium kommen zur Anwendung, wenn besondere Ansprüche an die Festigkeit oder die Korrosionsbeständigkeit gestellt werden.

Kupfer-Zinn-Legierungen (Bronzen)
Bronzen sind Legierungen aus mindestens 60 % Cu und einem oder mehreren Hauptlegierungszusätzen, der Zinngehalt kann dabei bis zu 20 % betragen. Die Bronzen haben bessere mechanische Festigkeit als Kupfer, gute Gießeigenschaften und gute Lagerlaufeigenschaften selbst bei hohen Flächenpressungen. Ihre Korrosionsbeständigkeit ist ebenfalls hervorragend, jedoch nicht in allen Fällen. Ihre Warmfestigkeit ist allerdings auf 250 °C beschränkt.
In der *DIN 1705* sind 9 Guss-Zinnbronzen genormt. Um das schädliche Zinnoxid zu entfernen, werden die Bronzen bei der Herstellung mit Phosphor desoxidiert. Zinnbronzen werden deshalb gelegentlich als Phosphorbronzen bezeichnet. Zinnbronzen werden hauptsächlich für Gleitlagerschalen und hochbeanspruchte Gleitplatten und -leisten, für Kuppelsteine, Kupplungsstücke, unter Last bewegte Spindelmuttern, Schnecken- und Schraubenräder verwendet. Korrosions- und kavitationsbeständige Bronzen eignen sich für hochbeanspruchte Armaturen und Pumpengehäuse, sowie für Schaufelräder von Pumpen und Wasserturbinen.
Als **Rotguss** werden Mehrstoff-Zinnbronzen bezeichnet, bei denen ein Teil des Zinns durch 1 ... 6 % Zink ersetzt ist. Rotguss kann neben den Hauptlegierungselementen Sn und Zn auch Pb zur Verbesserung der Zerspanbarkeit enthalten. Rotguss ist sehr gut gießbar und eignet sich besonders für Lager. Die zulässigen Gleitgeschwindigkeiten solcher Lager sind aber geringer als die aus Sn-reicher Bronze.

4

Kupfer-Aluminium-Legierungen
Guss-Aluminiumbronzen nach *DIN 1714* zeichnen sich durch hohe Festigkeit und Korrosionsbeständigkeit aus. Sie werden für säurebeständige Armaturen, hochbeanspruchte Schneckenräder und Ventile verwendet. Ihre Schweißbarkeit ist gut.

Kupfer-Blei-Legierungen
Guss-Bleibronzen sind nach *DIN 1716* genormt. Sie eignen sich hervorragend für Gleitlager mit hohen Gleitgeschwindigkeiten, da die ungelösten Einschlüsse aus weichem Blei das Einlaufen der Lager erleichtern und gute Notlaufeigenschaften bewirken. Die gute Wärmeleitfähigkeit des Cu bleibt erhalten.

7. **Aluminium-Guss-Legierungen**
Die Al-Gusslegierungen sind in *DIN 1725 Teil 2* genormt. Sie können in die Gruppen AlSi, AlMg und AlCu eingeteilt werden.

a) *AlSi-Legierungen* haben ein dichtes, feinkörniges Gefüge und von allen Al-Gusswerkstoffen die beste Zerspanbarkeit. Die Gussstücke sind außerdem sehr gut schweißbar und polierfähig und ohne Cu-Zusätze hinreichend korrosionsbeständig.

b) *AlMg Legierungen* haben eine geringere Festigkeit als AlSi-Legierungen und werden mit zunehmendem Mg-Gehalt schlechter gießbar. Sie sind jedoch korrosionsbeständiger als die AlSi-Legierungen. Weiterhin sind sie gut zerspanbar, schweißbar und polierfähig. Mit Si-Zusätzen sind sie aushärtbar.

c) *AlCu-Legierungen* sind aushärtbar und erreichen dadurch die größte Festigkeit der Al-Gusswerkstoffe. Die Festigkeit nimmt mit steigendem Cu- und Mg-Gehalt zu. Ihre Gießbarkeit ist jedoch schlechter als die der anderen Al-Gusslegierungen. Wegen des Cu-Gehaltes sind die Legierungen nicht korrosionsbeständig. Sie sind zum Teil bedingt schweißbar und sehr gut zerspanbar. Al-Gusswerkstoffe werden vorwiegend im Leichtbau als Getriebeghäuse, Motorblöcke, Lagerungen und Halterungen aller Art verwendet.

8. **Magnesium-Guss-Legierungen**
   Die Mg-Gusslegierungen sind nach *DIN 1729 Teil 2* genormt. Ihre kennzeichnende Eigenschaft ist die geringe Dichte von 1,8 kg/dm^3. Wegen ihres geringen Elastizitätsmoduls E ist die Formänderung etwa fünfmal so groß wie die von Stählen bei gleicher Beanspruchung. Alle Mg-Legierungen haben nur eine geringe Korrosionsbeständigkeit. Die Brennbarkeit ist wegen der gleichzeitig vorhandenen guten Wärmeleitfähigkeit nur unbedeutend; nur dünne Späne und Mg-Staub können sich bei unvorsichtiger Handhabung entzünden. Die Gießbarkeit der Mg-Legierungen ist gut. Allerdings sind gute Querschnittsübergänge und Ausrundungen an den Ecken unbedingt erforderlich, wobei wegen der Gefahr der Lunkerbildung Materialhäufungen gleichzeitig vermieden werden müssen. Mg-Legierungen sind gut schweißbar. Ihre Zerspanbarkeit ist hervorragend. Wegen der sehr hohen erreichbaren Schnittgeschwindigkeiten sind häufig Sondermaschinen erforderlich.

4.1.4 Die Gefügebildung von Gussteilen

4

Die Art der Erstarrung und die Gefügebildung in der Form haben entscheidenden Einfluss auf die Gussteileigenschaften. Besonders zu beachten hat der Konstrukteur dabei die Werkstoffschwindung beim Abkühlen und die dadurch mögliche ungünstige Lunkerbildung im Gefüge bzw. die im Bauteil auftretenden Schrumpfspannungen.

Bild 4.1-3 zeigt den Schwindungsvorgang bei der Erstarrung metallischer Gusswerkstoffe.

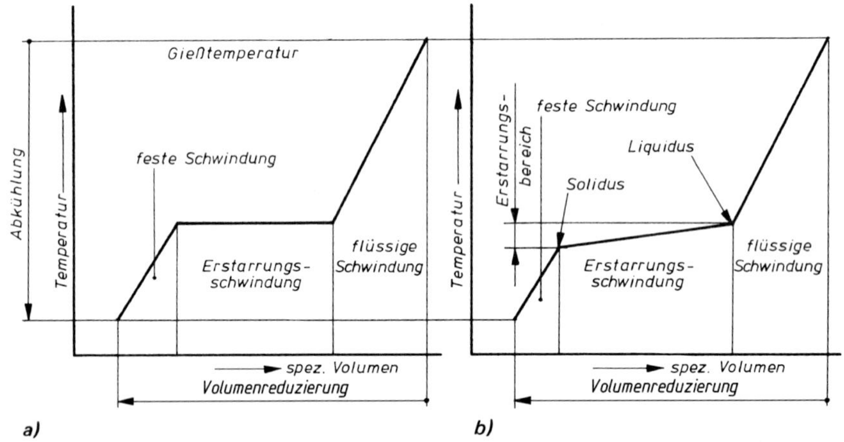

Bild 4.1-3 Schwindungsvorgang bei der Erstarrung metallischer Gusswerkstoffe
a) Reine Metalle und Eutektika
b) Legierungen mit nichteutektischer Zusammensetzung

Während der Abkühlung der Schmelze, ihrer nachfolgenden Erstarrung und der weiteren Abkühlung des gebildeten Gefüges bis zum Erkalten treten bei reinen Metallen und Legierungen Volumenkontraktionen auf.

Die **flüssige Schwindung** kann durch ausreichend große Speiser mittels nachfließender Schmelze ausgeglichen werden.

Eine Folgeerscheinung der *Erstarrungsschwindung* ist die Lunkerbildung. Lunker bilden sich in Gussstückbereichen mit örtlicher Materialanhäufung, wenn durch benachbarte dünnere und deshalb bereits erstarrende oder erstarrte Querschnitte keine Schmelze zum Ausfüllen des geschwundenen Hohlraumes nachfließen kann. Denn die an der relativ kalten Formwand zunächst erstarrenden Primärkristalle nehmen ein kleineres Volumen ein als ihre Schmelze. Mit fortschreitender Erstarrung können deshalb im Bauteilinnern Hohlräume entstehen.

Die **feste Schwindung** des weiter abkühlenden Gefüges ist die Ursache für Spannungen im Gussstück, die unter Umständen zu Kalt- und Warmrissen führen. Die Größe der Spannungen ist proportional dem Elastizitätsmodul, der Wärmeausdehnungszahl des Werkstoffes und dem Temperaturunterschied verschieden schnell abkühlender Gussteilbereiche, der vor allem bei stark differierenden Wanddicken eines Bauteils sich ungünstig auswirkt. Schon Wanddickenverhältnisse von 2:1 können während der Abkühlung in der Form, während des Transportes, während der Bearbeitung oder unter betrieblicher Belastung Risse zur Folge haben. *Bild 4.1-4* zeigt die ungünstige Auswirkung der Transkristallisation an scharfkantigen Ecken. Scharfe Ecken sind mit angepassten Radien zu versehen.

ungünstig		besser	Hinweise
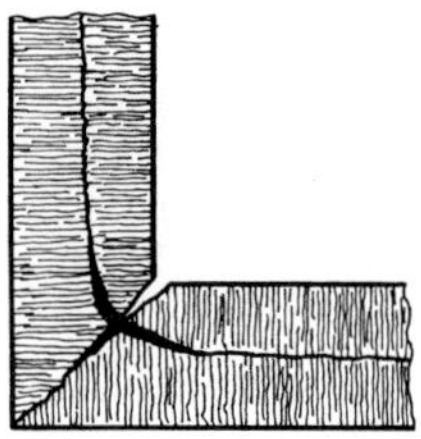 a)	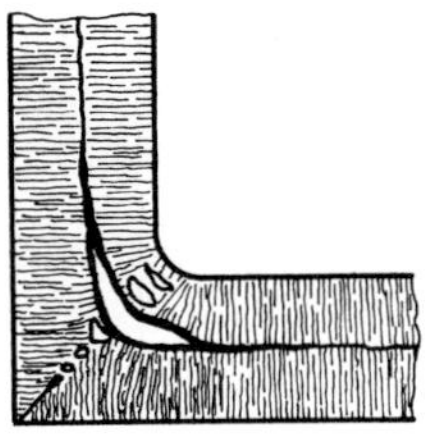 b)	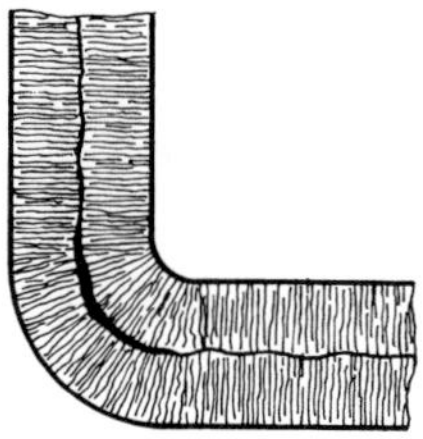 c)	a) fehlende Abrundung: Transkristallisation mit Rissbildung b) Materialanhäufung: Lunkerbildung c) gute Abrundung: gleichmäßiges Kristallwachstum

Bild 4.1-4 Gefügebildung an Gusskanten

Die Kristallbildung setzt an den kältesten Stellen ein, im Normalfall also an der Formwand, indem das Kristallwachstum umgekehrt zur Richtung des Wärmeabflusses aus der Schmelze erfolgt. Nach *Bild 4.1-5* sind grundsätzlich fünf verschiedene Typen des Erstarrungsablaufes zu unterscheiden. Auch die Abkühlungsgeschwindigkeit hat großen Einfluss auf die Art, Form und Größe der entstehenden Kristallite: Dickwandige Teile haben infolge der langsameren Abkühlung ein gröberes und daher spröderes Gefüge mit geringerer Dauerfestigkeit als dünnwandige Teile.

4.1.5 Werkstoffbedingte Gestaltungsregeln

Bei der werkstoffbedingten Gestaltung von Gussteilen müssen folgende Punkte beachtet werden:

1. Stark **unterschiedliche Wanddicken** sind zu vermeiden, weil sie infolge unterschiedlicher Abkühlungsgeschwindigkeiten thermische Spannungen erzeugen, die zum Verzug und Rissbildung führen.
   Eine weitere Auswirkung kann die Veränderung der Zähigkeits- und Festigkeitswerte, siehe *A4.1-4* sein.
2. **Gelenkte Erstarrung** der Schmelze wird durch die stetige Querschnittsverjüngung nach unten erreicht. Durch diese Formgebung kann Schmelze von der Eingussstelle nachfließen.
   Die Lunkerbildung wird dadurch in den Speiser, wie *Bild 4.1-10* zeigt, verlegt
3. **Materialanhäufung** durch Zusammetreffen mehrerer Wände, Rippen bilden heiße Zonen.
   An diesen Knotenpunkten entsteht bei der Abkühlungsschrumpfung, wenn ein Materialnachfließen nicht möglich ist, zwangsläufig ein Lunker.

Kontrollierte Abkühlung mit zum Speiser gerichteter Erstarrung und günstige Masseverteilung kann mit der **Heuversschen Kontrollkreismethode** erreicht werden, siehe *Bild 4.1-6*. Entsprechend dem jeweiligen Erstarrungstyp nach *Bild 4.1-5* und dem Schwindmaß des Werkstoffes sind die in die Gussteilquerschnitte eingezeichneten Kontrollkreise zum Speiser hin zu vergrößern. Das ist besonders wichtig bei Werkstoffen mit großer Volumenkontraktion wie z. B. bei Stahlguss.

	Exogene Erstarrungstypen			Engogene Erstarrungstypen	
	glattwandige Erstarrung	dendritische Erstarrung	schwammartige Erstarrung	breiartige Erstarrung	schalenbildende Erstarrung
Werkstoffe	Reine Metalle, eutektische Legierungen	Nichteutektische Legierungen, z. B. alle Stähle	einzelne Leichtmetalle	Leichtmetalle einige extrem hoch legierte Stähle	sehr hochlegierte Stähle, hochlegierte Fe-arme Legierungen
Merkmale	Erstarrung beginnt an Formwand, gleichmäßig Erstarrungsfront	Bildung länglicher, tannenbaumartiger Kristalle	Extrem lange, stengelartige Kristalle	Bildung freischwebender Kristalle an Wandung und in Schmelze gleichzeitig	Bildung freischwebender Kristalle mit Schalenbildung an der Wand
Erstarrungsablauf	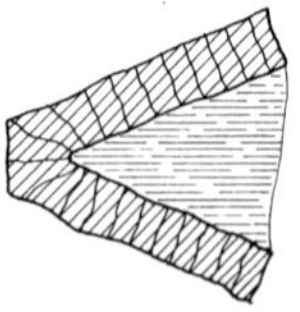	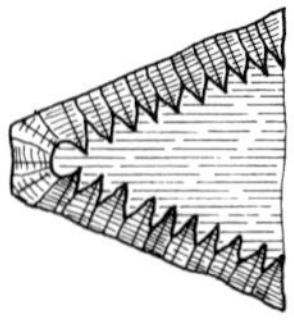	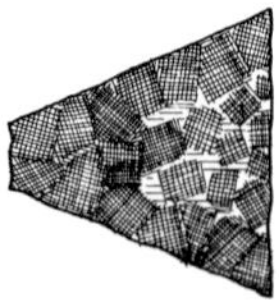		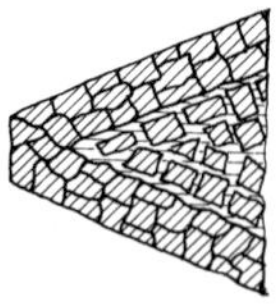

Bild 4.1-5 Arten des Erstarrungsablaufes

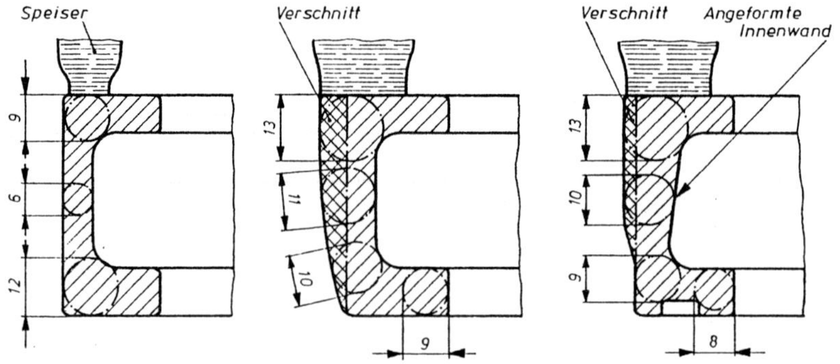

Bild 4.1-6 Anpassung der Wanddicken von Gussteilen mithilfe der Heuversschen Kreismethode

4. Beim Zusammentreffen mehrerer Wände, z. B. bei Verstärkungsrippen, lassen sich Masseanhäufungen nicht verhindern. *Bild 4.1-7* zeigt, wie durch **geringere Dicke der Rippen** oder durch **Wandeinziehungen** hier Abhilfe möglich ist. Spitze Winkel beim Aufeinandertreffen von Wänden sollten aus gleichem Grunde vermieden werde. *Bild 4.1-8* und *4.1-9* zeigt Lösungsmöglichkeiten.

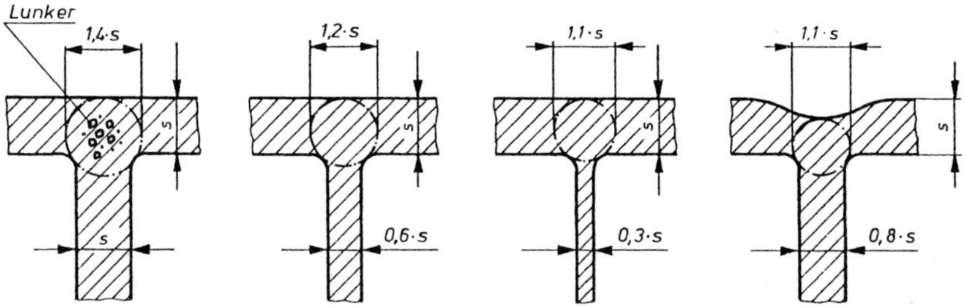

Bild 4.1-7 Gestaltung von Knotenstellen mit senkrecht anstoßenden Rippen

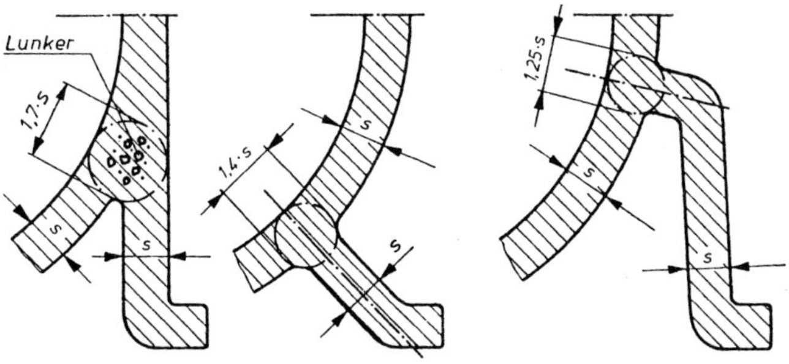

Bild 4.1-8 Gestaltung von Knotenstellen mit spitzen Winkeln

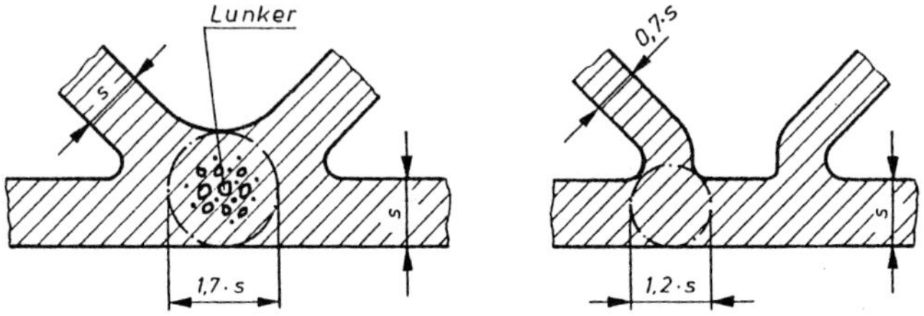

Bild 4.1-9 Vermeidung von Lunker durch aufgelöste Rippenverzweigung

5. Oft werden vom Konstrukteur aus ästhetischen Gründen symmetrische Konstruktionen bevorzugt, siehe *Bild 4.1-10*. Diese widersprechen aber in vielen Fällen einer gelenkten Erstarrung des Gussteils. **Unsymmetrische**, mit Hilfe Heuversscher Kreise geformte **Gussteile** vermeiden Lunker.
6. **Spannungsarme Konstruktionen** erreicht man durch gleichmäßige Abkühlung des erstarrten Gefüges in allen Bauteilbereichen. Ungleichmäßige Abkühlung führt zu inneren Spannungen mit Verzug, bei Überschreitung der Festigkeit des Werkstoffes zum Bruch. Bei der einseitigen spanenden Bearbeitung einer größeren Gussfläche, siehe *Bild 4.1-11*, ist zu beachten, dass dabei innere Spannungen frei werden die zum Verzug des Gussteils führen können.
7. Bei einem **Rad**, siehe *Bild 4.1-12*, führt das frühzeitige Erstarren der dünnen Stegscheibe, Speichen zu Spannungen, da der Kern und die Nabe später abkühlen.
   Schräg angeordnete Speichen in ungerader Anzahl ermöglichen einen Spannungsausgleich durch geringe axiale Verschiebung des Kranzes gegenüber der Nabe.

ungünstig	besser	Hinweis
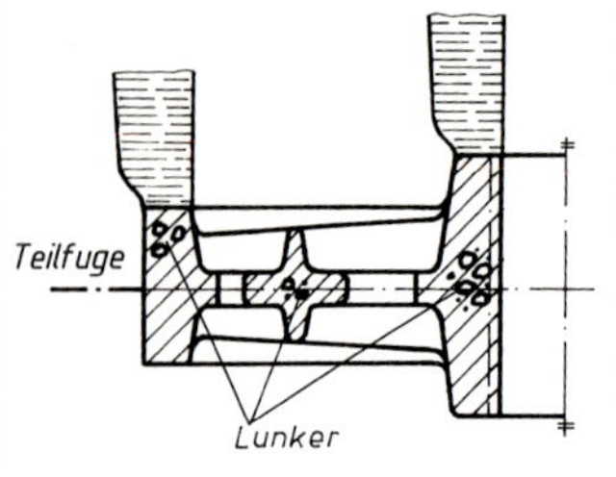	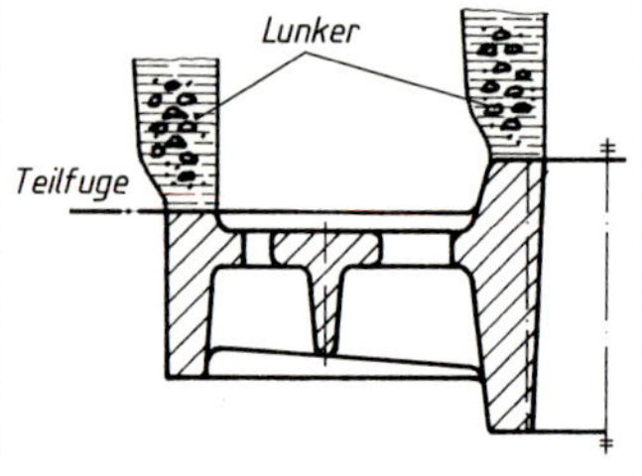	Unsymmetrische Formgebung und gelenkte Erstarrung verhindern im Gussteil Lunker

Bild 4.1-10 Lunkervermeidung durch unsymmetrische Formgebung bei Rädern

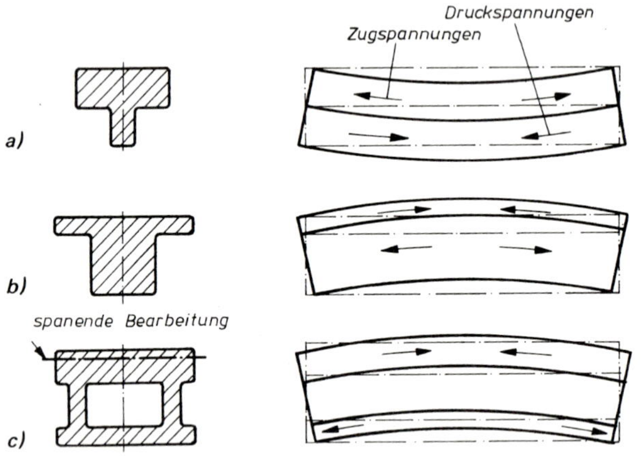

Bild 4.1-11
Verzug an unsymmetrischen Profilen
a) und b) Bauteilbereich mit kleinem Oberflächen-Volumen-Verhältnis *O*/*V* kühlen langsamer ab und schrumpfen später als solche mit großem *O*/*V*
c) Einseitige spanende Bearbeitung

8. Große, beim Gießen **waagerecht liegende Volumenbereiche** führen zum Einschluss von Luftblasen mit Einbrüchen, undichten Stellen und unansehnlichen Oberflächen am Gussteil. Eine schräge Anordnung dieser Gussteilflächen schafft Abhilfe.
9. Bei Bauteilen, die im Sandguss hergestellt werden, kann der sogenannte Sandkanteneffekt auftreten. Durch zu geringe Formwände oder an scharfkantigen Ecken nimmt der Formsand zu hohe Temperatur an. Metallschmelze und Formsand durchdringen einander und bilden poröses Gefüge oder „vererzte“ **Gussteilverdickungen**.
   Dem *Anhang A4.1-5* können zusätzliche werkstoffgerechte Gestaltungsbeispiele von Gussstücken entnommen werden.

ungünstig	besser	Hinweis
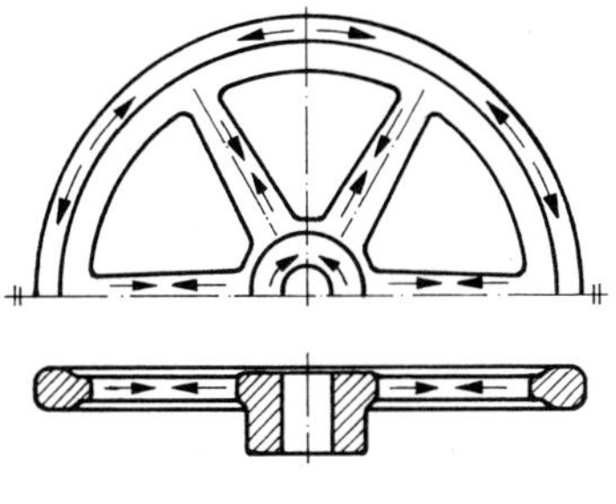	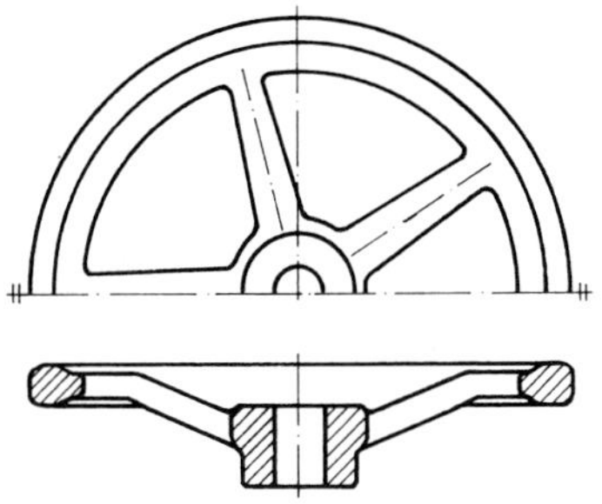	Spannungsabbau durch axialen Versatz der Nabe und ungerade Speichenanzahl
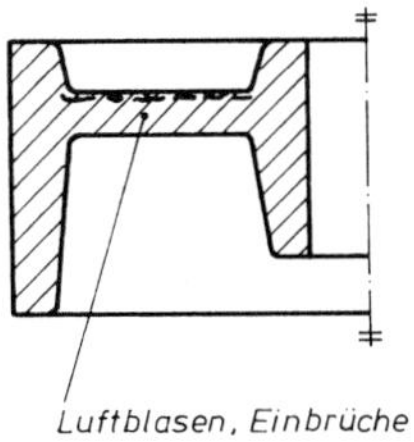	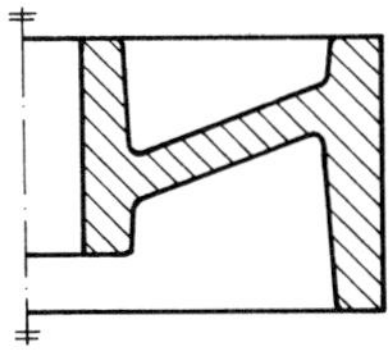	Schräge Fläche, Stege verhindern Luftblasenbildung, Einbrüche
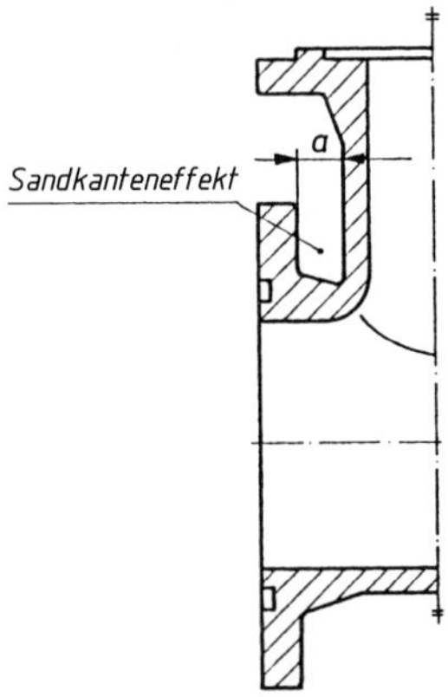	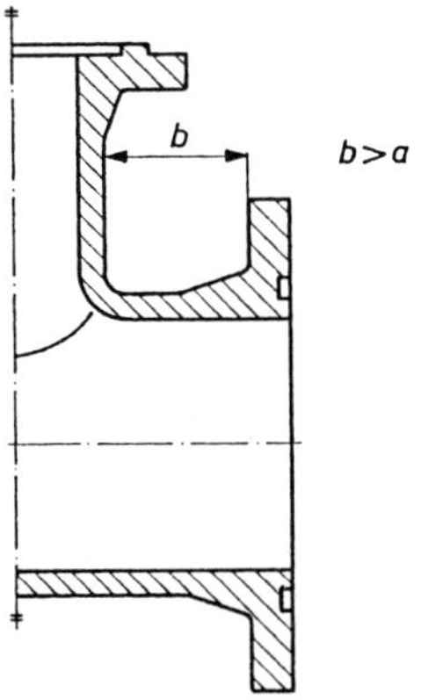	Sandkanteneffekt durch entsprechende Kontur vermeiden

Bild 4.1-12 Gussspannungen, Luftblasenbildung, Sandkanteneffekt

4.1.6 Verfahrensbedingte Gestaltungsregeln

1. **Einfache Formen** mit ebenen oder kreisförmigen Begrenzungsflächen sind vorzuziehen. Durch die Möglichkeit einfacherer Fertigung lassen sich die Kosten für Modelle und Formen reduzieren. Nur bei Großserien ist eine komplizierte Formgebung zulässig, wenn diese funktionale Vorteile bringt. Bei großer Stückzahl haben die Modell- und Formenkosten pro Stück nur geringe Bedeutung.
2. **Radien** an einem Bauteil sollten aus Kostengründen an allen Stellen gleich groß gewählt werden.
3. Kerne sollen aus Kostengründen eine **einfache Form** erhalten, wenn diese funktional zulässig ist.

4. Kerne erfahren während des Gießens in der Metallschmelze einen Auftrieb, Ursache für **Maßabweichungen**. Maßabweichungen treten vor allem aber bei einseitiger Kernlagerung oder bei zu kleinen Kernmarken auf.
   Einseitige Kernlagerungen bei Längen von L > 2 · D sind zu vermeiden. *Bild 4.1-13* zeigt Lösungsmöglichkeiten.

ungünstig	besser	Hinweis
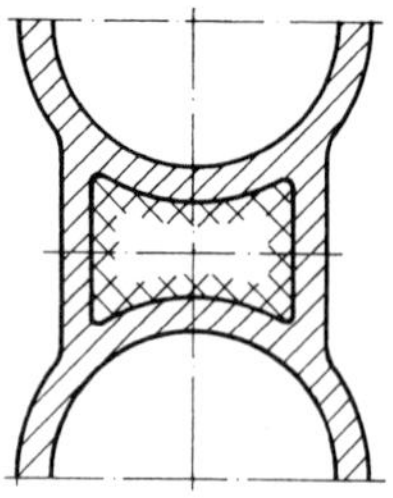	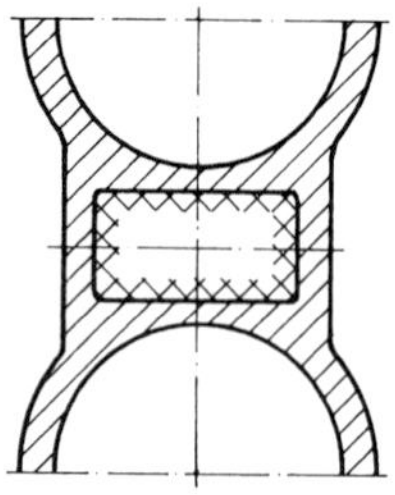	Einfache Form anstreben Kostenreduzierung
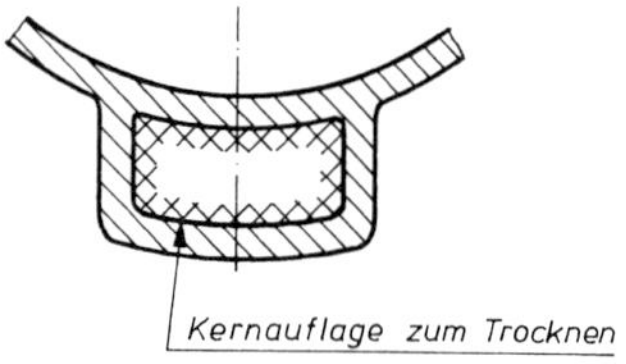	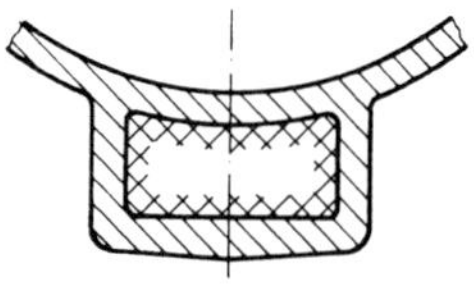	Beim Trocknen der Kerne, ebene Auflage günstig
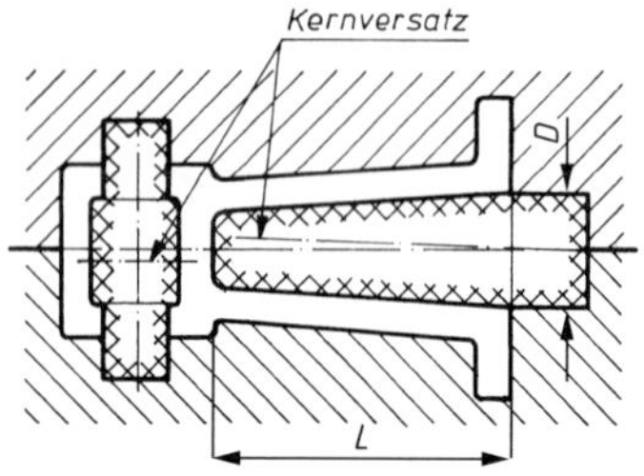	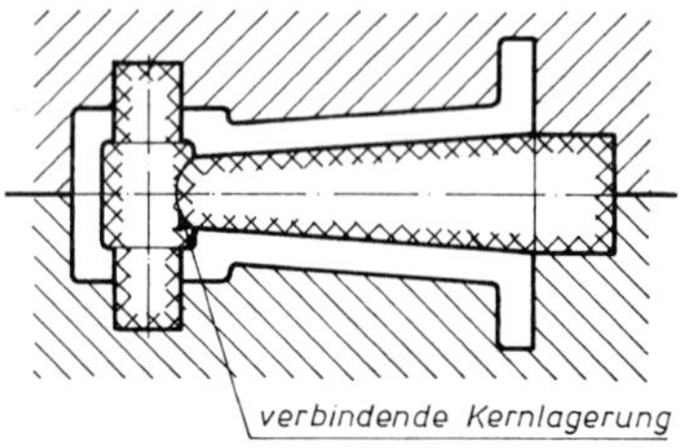	Verbindung der Kerne ergibt bessere Abstützung

Bild 4.1-13 Kerngestaltung

5. Kerne sind teuer und erschweren die Formarbeit. Durch **offene Querschnitte** mit zweckmäßiger Lage der Teilfugen können diese oft eingespart werden. Bei der Gestaltung des Modells ist darauf zu achten, dass auch alle Modellteile ohne Zerstörung aus der Form entfernt werden können.
6. **Hinterschneidungen** in der Form, die Losteile oder Kerne erforderlich machen, sind zu vermeiden.
7. Jede **Modellteilung** verursacht eine Naht, die beim Putzen des Gussstückes entfernt werden muss. Zur Kostensenkung, zur Verbesserung der Maßhaltigkeit und aus ästhetischen Gründen sollten unbearbeitet bleibende Gussteilflächen nicht von einer Teilfuge angeschnitten werden.
8. **Augenverstärkungen und Warzen** sollten fest mit dem Modell verbunden sein. Gestaltungsbeispiele zeigt *Bild 4.1-14*. Formschrägen nach *DIN 1511* finden sich im *Anhang A4.1-3*. Weitere Anregungen für eine verfahrensgerechte Gestaltung von Gussteilen können dem Anhang *A4.1-6* entnommen werden.

ungünstig	besser	Hinweis
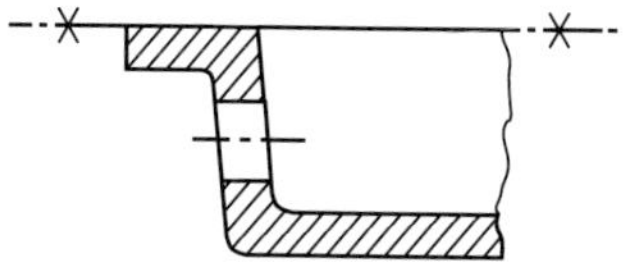	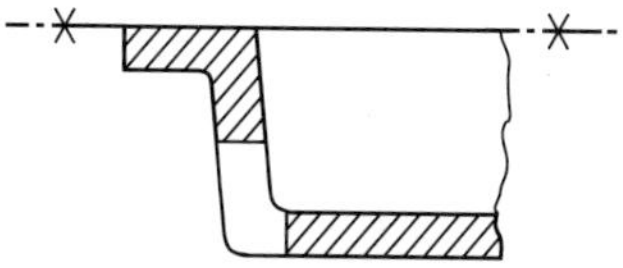	Offene Querschnitte ersparen Kerne, einfachere Formarbeit
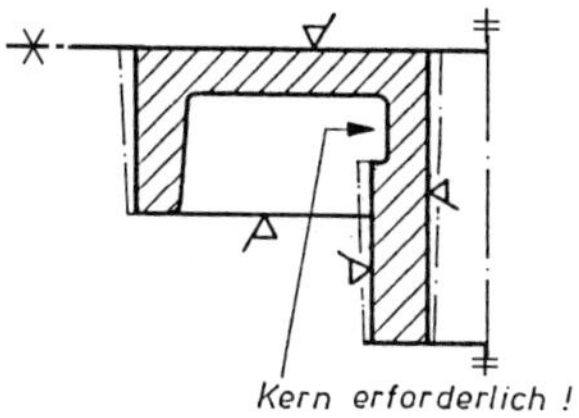	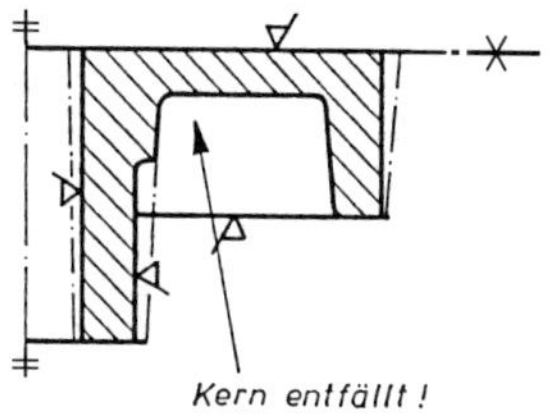	Hinterschneidungen vermeiden
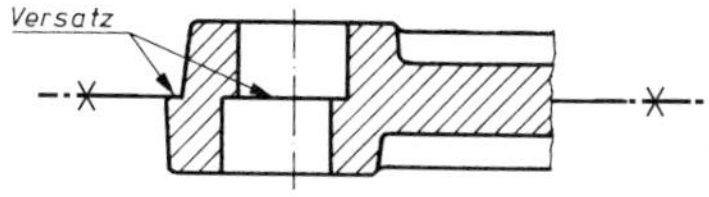	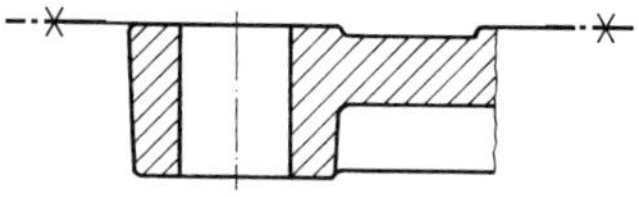	Richtige Lage der Teilfuge erhöht die Form-, Maßgenauigkeit
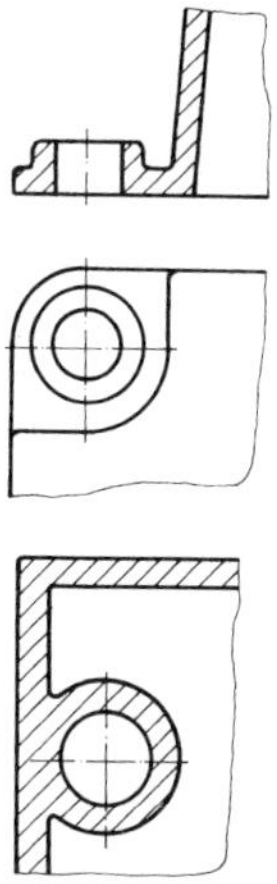	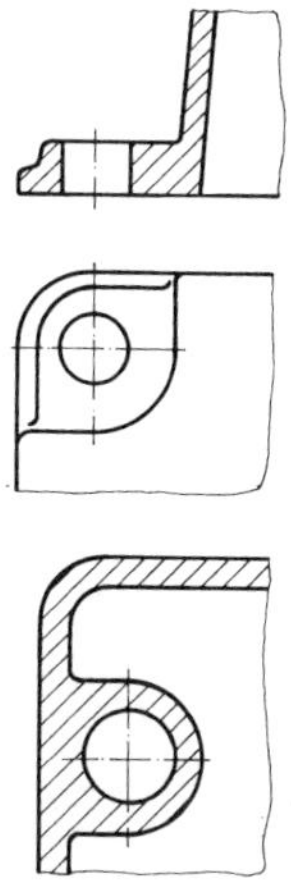	Günstige Augenform reduziert den Form- und Putzaufwand

Bild 4.1-14 Einsparung von Kernen, Lage der Teilfuge

4.1.7 Nachbehandlungsbedingte Gestaltungsregeln

1. Gussteile sind so zu gestalten, dass beim Putzen **Kerne leicht entfernt** werden können. Kernrüstungen aus Draht oder Gusseisen sollten dabei nicht sperren. Kernsand darf später bei Betrieb des Gussteils an Gleitflächen oder in Strömungskanälen nicht zu Störungen führen.
2. **Grate, Speiser und Eingüsse** müssen am Gussteil so angebracht sein, dass sie beim Putzen leicht entfernt werden können.
3. Die **Bearbeitungszugabe** spanend zu bearbeitender Flächen ist vom Schwindungsverhalten des jeweiligen Gusswerkstoffes abhängig. Gleichzeitig müssen aber auch bei der Festlegung der Bearbeitungszugabe die Werkstückgröße, das Formverfahren und die geforderte Maßge-

ungünstig	besser	Hinweis
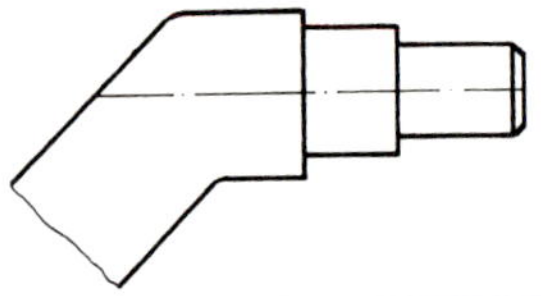	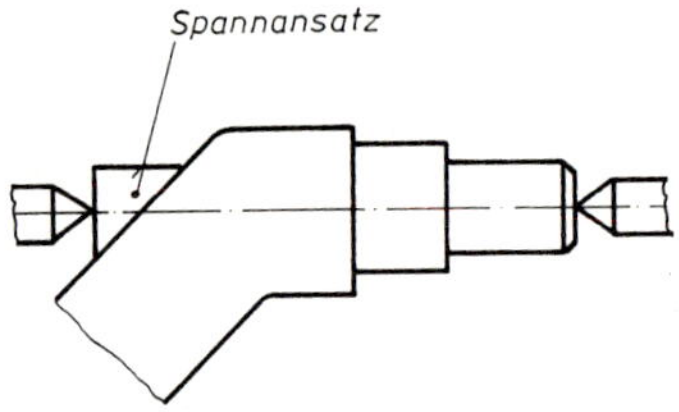	Angegossener Spannansatz kann nach erfolgter Bearbeitung abgetrennt werden.
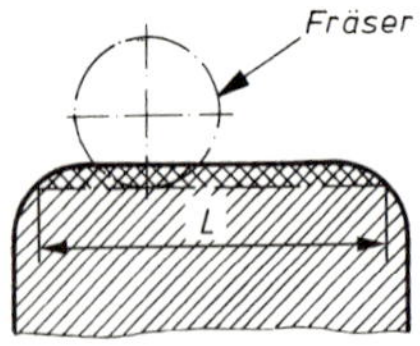	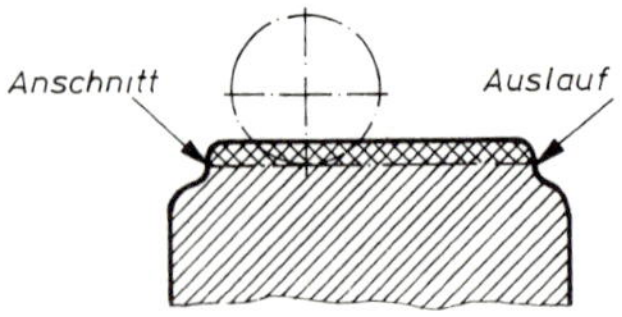	Bearbeitungsfläche nicht durch Radien begrenzen. Länge abhängig von Zustellung
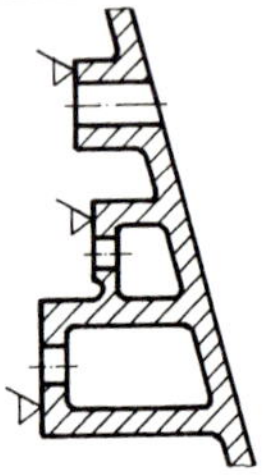		Gleiche Höhe anstreben dadurch wirtschaftliche Zerspanung
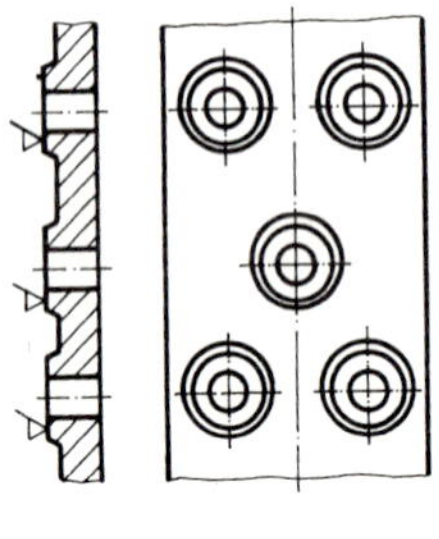	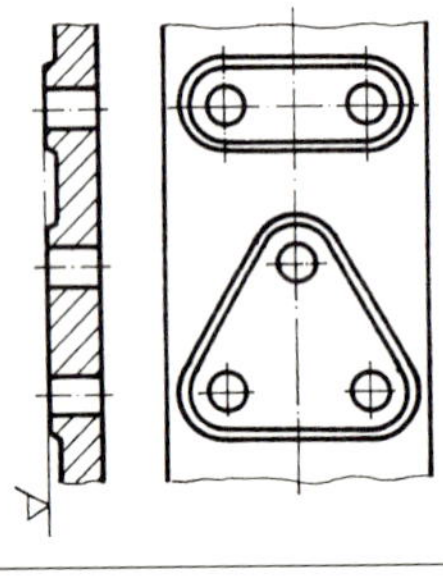	Dicht nebeneinander liegende Bearbeitungsflächen sind zusammenzufassen
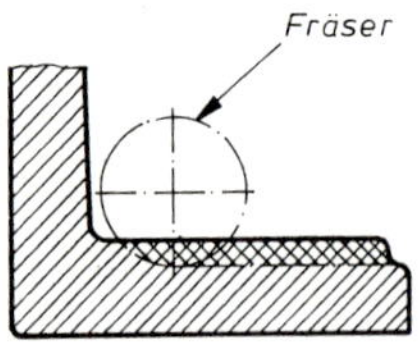	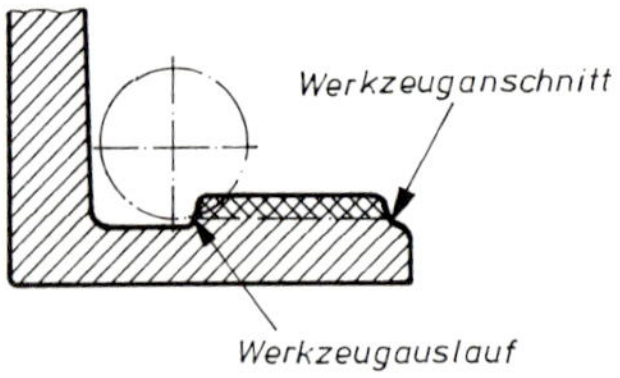	Fertigungsgerechten Werkzeugauslauf vorsehen
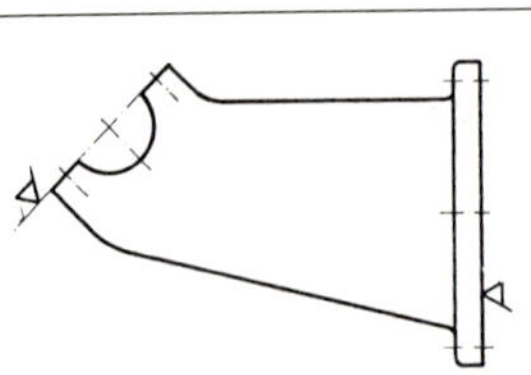	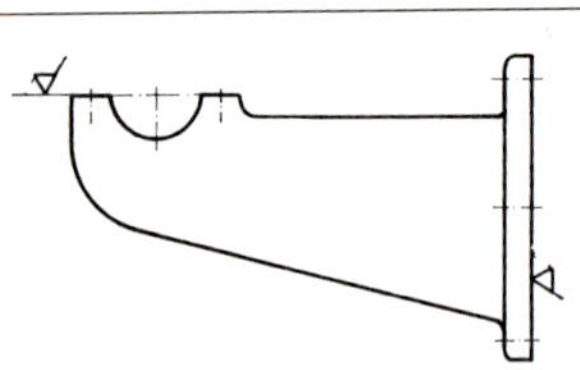	Schräg liegende Bearbeitungsflächen sind zu vermeiden

Bild 4.1-15 Spanabhebende Bearbeitung an Gussstücken

nauigkeit vom Konstrukteur berücksichtigt werden. In *DIN 1683* bis *DIN 1688* sind Allgemeintoleranzen für Sandguss, Kokillenguss- und Druckgussteile aus Eisen- und Nichteisenmetallen festgelegt.

4. Gussstücke müssen sich gut und sicher für die spanende Bearbeitung spannen lassen. Bei Teilen mit komplizierten Umrissen sind deshalb **Stützelemente** vorzusehen, die – wenn sie die Funktion des Bauteils stören sollten – später abgetrennt werden. Bei schweißbaren Gusswerkstoffen können solche Stützleisten auch angeschweißt werden.
5. **Bearbeitungsflächen** müssen eine eindeutige Abgrenzung haben. Dicht nebeneinander liegende Flächen sollten gleiche Höhe haben und zusammengefasst werden.
6. Mögliche **elastische Durchbiegungen** während der spanenden Bearbeitung durch den Werkzeugdruck bei zu großen Stützweiten der Bauteilwandungen sind durch Anbringung von Rippen oder durch Unterlegung von Stützelementen in der Spannvorrichtung zu vermeiden.
7. Die zur Bearbeitung vorgesehenen Flächen müssen für das Werkzeug auch in den **Ecken** zugängig sein.
8. **Schräg liegende Bearbeitungsflächen** erfordern für die Bearbeitung vielfach besondere Spannvorrichtungen. Bearbeitungsflächen sollten deshalb parallel oder rechtwinklig zu ihren Bezugsebenen liegen.

Der *Anhang A4.1-7* gibt zusätzliche Anregungen für eine putz- und bearbeitungsgerechte Gestaltung von Gussteilen.

4

4.1.8 Literatur

1. DIN Taschenbuch 53 Metallische Gusswerkstoffe. 1991
2. Konstruieren + Gießen, Zentrale für Gussverwendung, Düsseldorf, Vertrieb über VDI-Verlag. Düsseldorf
3. Sonderheft „Gießen für Kraftfahrzeuge“, Zentrale für Gussverwendung, Düsseldorf 1978
4. Sonderheft „Feinguss für alle Industriebereiche“ Zentrale für Gussverwendung, Düsseldorf 1983
5. Autorenkollektiv, Konstruieren mit Gusswerkstoffen, Herausgeber Verein Deutscher Gießereifachleute und VDI-Fachgruppe Konstruktion, Gießerei-Verlag Düsseldorf
6. *Brunhuber,* Praxis der Druckgussfertigung Schiele u. Schön Berlin 1991
7. *Knipp,* Fehlererscheinungen an Gussstücken, Gießerei-Verlag, Düsseldorf
8. *Roediger,* Die zeichnerisch-konstruktive Durchbildung von Maschinenteilen, Camberger Verlag 1988
9. *Roll,* Handbuch der Gießereitechnik, Springer, Berlin/Heidelberg/New York 1970
10. *Richter,* Form- und gießgerechtes Konstruieren, VEB Fachbuchverlag, Leipzig 1965
11. *Steinhilper/Röper,* Maschinen- u. Konstruktionselemente, Springer Berlin/Heidelberg/New York 1993
12. Zentrale für Gussverwendung, Leitfaden für Gusskonstruktionen, Gießerei-Verlag, Düsseldorf 1966

4.2 Das Gestalten von Sinterteilen

4.2.1 Allgemeines, Verfahren nach DIN 30900

Nach der *DIN 30900* befasst sich die Pulvermetallurgie mit der Herstellung von Pulvern aus Metallen, Metallverbindungen, -legierungen, nichtmetallischen Stoffen und mit der weiteren Verarbeitung zu Halbzeugen und Fertigprodukten.

Unter hohem Druck werden die entsprechend dem späteren Verwendungszweck gemischten Pulver in formgebenden Werkzeugen zu festen Körpern gepresst.

Die einzelnen Pulverteilchen verformen sich dabei elastisch und plastisch so, dass sich große Berührflächen ergeben. Adhäsionskräfte halten den Sinterrohling zusammen, wenn er das Presswerkzeug verlässt.

Dieses Umformverfahren wird im allgemeinen bei Raumtemperatur durchgeführt.

Die Sinterrohlinge durchlaufen anschließend unter Schutzgas den Sinterofen. Das Sintern ohne flüssige Phase geschieht bei Temperaturen, die unterhalb der Schmelztemperatur des zuerst schmelzenden Stoffes liegen.

Bei Mehrstoffsystemen kann die Sintertemperatur den Schmelzpunkt der niedrigstschmelzenden Komponenten überschreiten; eine geringe Menge an flüssiger Phase kann also schon vorliegen.

Im allgemeinen liegt die Sintertemperatur zwischen 600 °C bei Bronzen und bis zu 1300 °C bei Eisenlegierungen. Pulvermetallurgisch hergestellte Bauteile sind frei von Seigerungen oder zeilig angeordneten Verunreinigungen.

Bild 4.2-1 zeigt verschiedene Formgebungsverfahren; dabei ist die Pulvermetallurgie das Verfahren mit dem besten Werkstoffausnutzungsgrad und dem geringsten Energiebedarf.

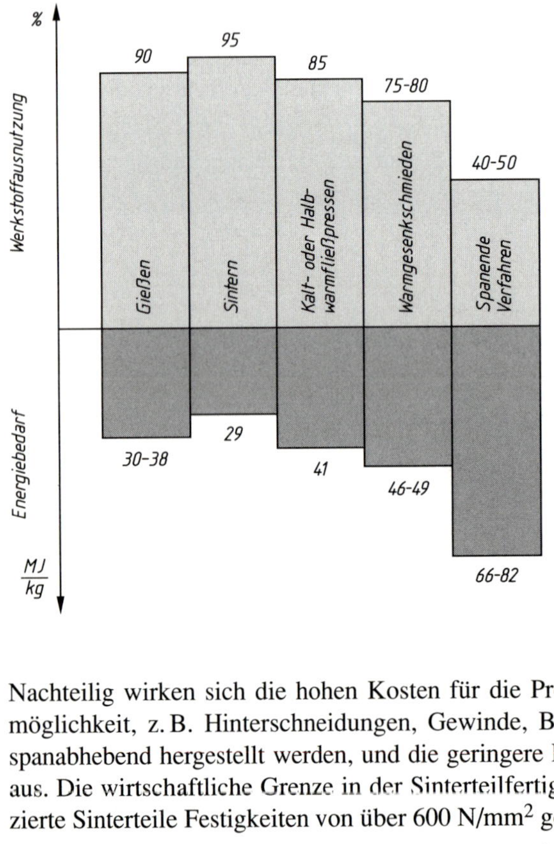

Bild 4.2-1
Verschiedene Formgebungsverfahren

Nachteilig wirken sich die hohen Kosten für die Presswerkzeuge, die begrenzte Gestaltungsmöglichkeit, z. B. Hinterschneidungen, Gewinde, Bohrungen quer zur Pressrichtung müssen spanabhebend hergestellt werden, und die geringere Festigkeit, Zähigkeit gegenüber Gussteilen aus. Die wirtschaftliche Grenze in der Sinterteilfertigung wird etwa erreicht, wenn für komplizierte Sinterteile Festigkeiten von über 600 N/mm^2 gefordert werden.

In diesem Falle sollte die Fertigung im Feingussverfahren durchgeführt werden.

4.2.2 Theoretische Grundlagen

Das im Füllraum des Presswerkzeuges aufgeschüttete Pulver wird im allgemeinen doppelseitig verdichtet.

Der Füllraum wird aus Oberstempel, Unterstempel, bzw. -stempeln und der Matrize gebildet.

In Pressrichtung liegende Bohrungen oder Durchbrüche werden durch bewegliche Dorne erzeugt.

Mit steigendem Pressdruck nimmt die Dichte des Pulvers und damit der Raumerfüllungsgrad R_x zu. Die Druckfortpflanzung im Pulver folgt dabei nicht den Gesetzen der Hydrostatik, sondern es baut sich, bedingt durch Reibungsverluste und Verformungen der Körner, vor dem bewegten Druckstempel eine größere Dichte auf.

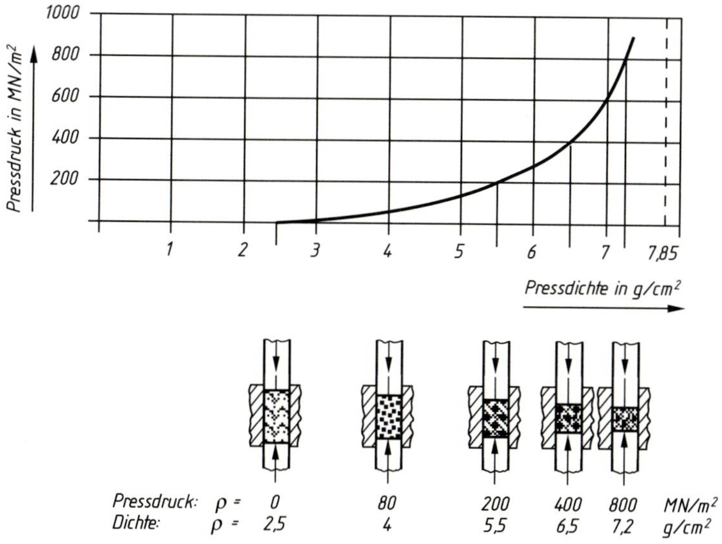

Bild 4.2-2 Einfluss des Pressdruckes auf die Dichte von Sintereisen

Damit die Presslinge gleichmäßig verdichtet und dadurch einheitliche mechanische Eigenschaften entstehen, muss die Füllraumgestaltung sehr sorgfältig erfolgen. Ungleiche Dichte im Pressling kann beim anschließenden Sintern zum Verzug führen.

Bei mehrstufigen Teilen, wie im *Bild 4.2-3* gezeigt, sind Stempelaufteilungen notwendig, d. h. der Pressling wird in verschiedene Füllräume aufgeteilt.

Dabei gilt der Zusammenhang:

Die Enddichte verhält sich zur Schüttdichte wie die Füllraumhöhe zur Teilhöhe.

Die Füllraumhöhe wird, um den Füllvorgang zu erleichtern, auf die Matrizenoberkante bezogen.

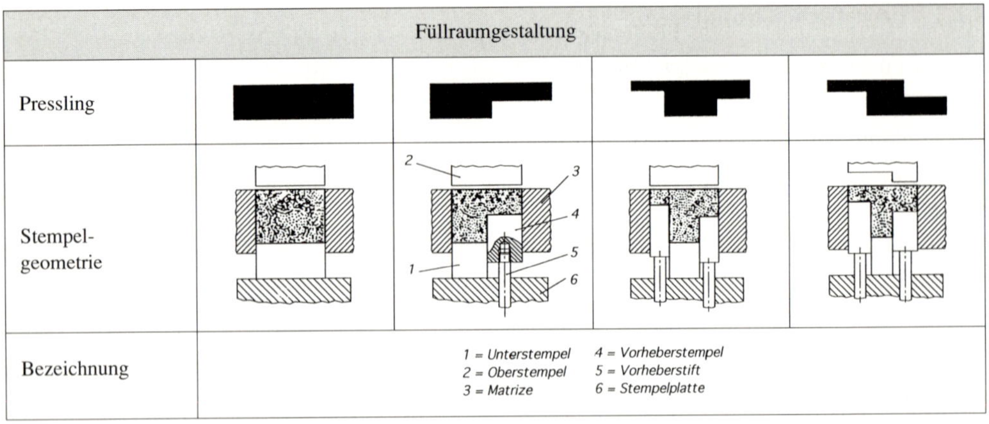

Bild 4.2-3 Pressling und Füllraumgestaltung

4.2.3 Werkstoffe

Über die Werkstoffe, die auf der Basis Sintereisen, Sinterstahl, Sinterbuntmetalle und Sinterleichtmetalle für Sinterformteile, -lager, -filter geeignet sind, informieren die Werkstoff-Leistungsblätter (WLB) oder *DIN 30910 Teil 2* bis *Teil 6*.

Die Raumerfüllung R_x bzw. die Porosität dient dabei als Ordnungsmerkmal wie in *Bild 4.2-4* dargestellt.

Mit der zunehmenden Dichte verbessern sich auch die Werte für die Zugfestigkeit und Dehnung.

Die Werkstoffbezeichnung erfolgt durch die Silbe „Sint", einem oder zwei Großbuchstaben und zwei arabischen Ziffern.

Der Buchstabe gibt die Raumerfüllung an. Die erste Kennziffer steht für die chemische Zusammensetzung, die zweite Ziffer dient als Zählziffer ohne Systematik.

Klasse	Raumerfüllung R_X % (0 … 100)	Porosität %	Anwendung
Sint-AF	<73	>27	Filter
Sint-A	75±2,5	25±2,5	Gleitlager
Sint-B	80±2,5	20±2,5	Gleitlager + Formteile
Sint-C	85±2,5	15±2,5	Gleitlager + Formteile
Sint-D	90±2,5	10±2,5	Formteile
Sint-E	94±2,5	6±2,5	Formteile
Sint-F	>95,5	<4,5	warmgepreßte Formteile
Sint-G	>92	<8	infiltrierte Formteile

Bild 4.2-4 Werkstoffeinteilung

4.2.4 Nachbehandlung

Sinterteile sind in vielen Fällen einbaufertig, wenn sie den Sinterofen verlassen.

Eine Nachbehandlung folgt dann, wenn besondere Ansprüche an das Bauteil gestellt werden.

Kalibrieren:

Wird eine höhere Form- und Maßgenauigkeit sowie eine bessere Oberflächengüte verlangt, dann muss in einem weiteren Werkzeug nachgepresst, kalibriert werden.

Das Sinterteil muss allerdings eine Pulverzusammensetzung besitzen, die eine Kalibrierfähigkeit hat, d. h. die elastische Formänderung darf als Rückfederungswirkung nicht die Kalibrierung aufheben.

Sinterschmieden:

Wenn die Teile außer der Maßgenauigkeit auch eine hohe Festigkeit und Kerbschlagzähigkeit haben sollen, werden die Presskörper auf 800 – 1100 °C erwärmt und dann in einen Formgesenk in einem Arbeitsgang auf fast volle Dichte (ca. 97 %) gebracht.

Infiltrieren:

Höhere Dichten kann man auch durch Tauchen der porösen Sinterkörper in einer Buntmetallschmelze erreichen.

Die Schmelze dringt durch die Kapillarwirkung in das Sinterteil ein, das damit wasser-, öl- und luftdicht wird.

Die mechanischen Eigenschaften warmgepresster Teile werden allerdings nicht erreicht.

Öltränkung:

Die porösen Sintergleitlager nehmen je nach Raumerfüllungsgrad R_x 15-25 Volumenprozent Öl bei einem Tauchvorgang auf.

Das im Porenraum vorhandene Öl ermöglicht im Betrieb Selbstschmierung, geräuscharmen Lauf und Wartungsfreiheit.

Spanabhebende Bearbeitung:

Spanende Verfahren sind notwendig, wenn am Formteil Durchbrüche quer zur Pressrichtung, Hinterschneidungen, Gewinde hergestellt werden müssen.

Schleifen, Honen ergibt eine höhere Toleranzklasse und Oberflächengüte.

Schnittwerte für die mechanische Bearbeitung von Sinterteilen liefert die *DIN 30921 T1*.

Wärmebehandlung:

Die Verfahren Aufkohlen, Härten, Einsatzhärten, Karbonitrieren und Wasserdampfbehandlung werden bei Sintereisenwerkstoffen angewendet. Das Einsatzhärten liefert eine abgegrenzte Einhärteschicht wie bei einem erschmolzenen Stahl, wenn die Raumerfüllung mindestens 90 % beträgt. Liegt die Dichte unter 6,6 g/cm^3, wird das Sinterteil durchgekohlt.

Behandelt man Sinterstahl mit überhitztem Wasserdampf, dann bildet sich auf der Oberfläche und in den Poren Fe_3O_2. Die Korrosionsbeständigkeit, besonders aber die Härte und Verschleißfestigkeit nimmt damit deutlich zu.

Die Härte nimmt umso stärker zu, je mehr Eisenoxid in den Poren eingelagert wird.

Kleine Poren und Verbindungskanäle können dabei vollständig zuwachsen; deshalb ist dieses Verfahren auch zur Porenabdichtung geeignet.

Galvanische Behandlung:

Die Sinterteile sollten eine Dichte von mindestens 7,0 g/cm^3 haben, damit ein einwandfreier Niederschlag von Chrom, Nickel, Kupfer möglich ist.

Porenverschluss ist sehr gut mit Kunstharzen möglich; vor der elektrolytischen Behandlung muss allerdings die Oberfläche durch Entfettungsverfahren gereinigt werden.

4.2.5 Anwendungsbeispiele, Formgestaltung

Die Hauptanwendungsbereiche für gesinterte Bauteile sind dort, wo Formteile in sehr hoher Stückzahl mit bis zu mittleren mechanischen Eigenschaften verlangt sind.

Sinterteile findet man deshalb in der Automobilindustrie, Feinwerktechnik, Elektro- und Pneumatikwerkzeugen, Büromaschinen.

Es sind fast immer Kleinteile, deren Stückmasse unter 300 g liegt.

Die Begrenzung hat ihren Grund in den hohen Presskräften und den Werkstoffkosten, die durch die aufwendige Pulvererzeugung stark zunehmen.

Die Formenvielfalt zeigt eine kleine Auswahl in *Bild 4.2-5*.

Bild 4.2-5 Sinterteile

Aus dem Pressprozess und der möglichen Werkzeugform ergeben sich Vorgaben für die Formgestaltung des Sinterteils.

Scharfkantige Ecken, spitz zulaufende Durchbrüche, tangentiale Übergänge bei unterschiedlicher Formteilhöhe führen bei der Matrize bzw. beim Stempel zu scharfkantiger Kontur und damit zur Kerbwirkung mit erhöhter Bruchgefahr.

Verfahrenstypische Gestaltungsrichtlinien zeigt *Bild 4.2-6*.

Sinterteil	Gestaltungsrichtlinien	
	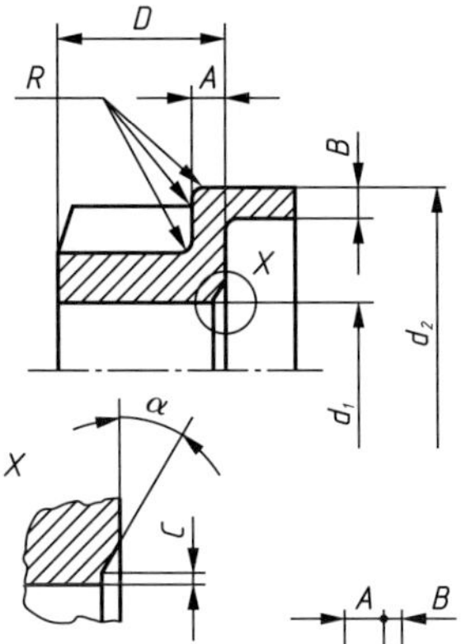	Bodendicke A ≥ 2 mm Wandstärke B ≥ 2 mm Außendurchmesser $d_2 \geq d_k$ Nabendurchmesser $d_1 \leq 3 \cdot D$ Fasenwinkel $\alpha \leq 30°$ Fase C ≥ 0,1 mm Außer Schneckenverzahnung sind alle Verzahnungsformen, Schrägverzahnung bis 30° herstellbar.
	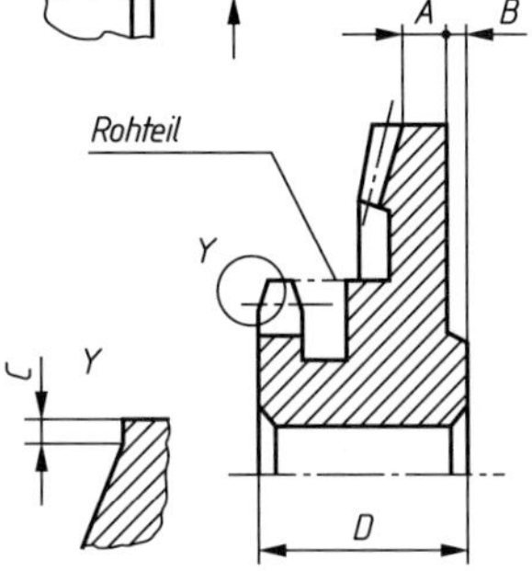	Bundstärke $A \geq 3 \cdot h$ (h = Zahnhöhe) Keine Stempelunterteilung nötig, wenn Absatz $B \leq 0{,}15 \cdot D$ Fase C ≥ 0,1 mm Hinterschneidung presstechnisch nicht möglich.
	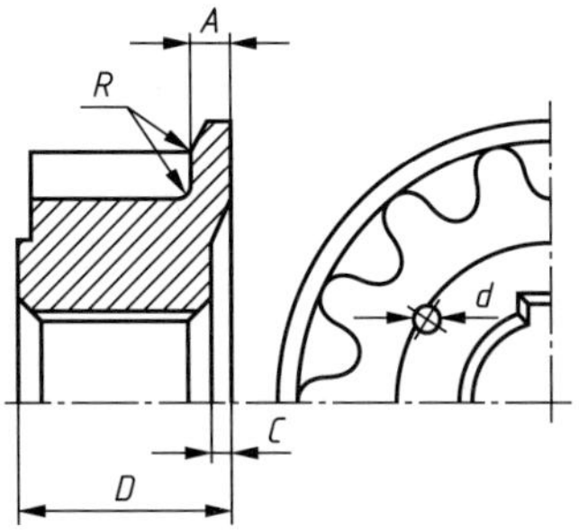	Bundstärke A ≥ 1 mm Absatz $C \leq 0{,}15 \cdot D$ Radien bei Ecken, Kanten, Übergänge R ≥ 0,3 Grundloch $t \leq 2 \cdot d$

Bild 4.2-6 Gestaltungsrichtlinien

Weitere Gestaltungsbeispiele sind im *Anhang A4.2-1* aufgeführt.

Im *Bild 4.2-7* sind die wesentlichen Unterschiede im Werkzeugaufbau und eine Auswahl der herstellbaren Formen dargestellt.

Profilierungen bis zu 15 % der Bauteilhöhe lassen sich durch einquerschnittige Stempel herstellen. Für größere Abstufungen sind Stempelunterteilungen oder ein Bundwerkzeug notwendig.

Der Werkzeugaufbau beeinflusst wesentlich die Herstellgenauigkeit des Sinterteils. Bei Teilen aus Werkzeugen mit mehreren Stempelunterteilungen summiert sich das Spiel zwischen den einzelnen Werkzeugteilen, so dass die Maßgenauigkeit geringer wird.

Die Toleranzen der Maße in Pressrichtung, soweit sie nicht werkzeuggebunden sind, liegen bei modernen, nummerisch gesteuerten Pulverpressen bei ± 0,05 mm.

Engere Toleranzen müssen nachträglich spanend erzeugt werden.

Bezeichnung	Füllraumgestaltung	herstellbare Formen
Werkzeuge für einquerschnittige Teile	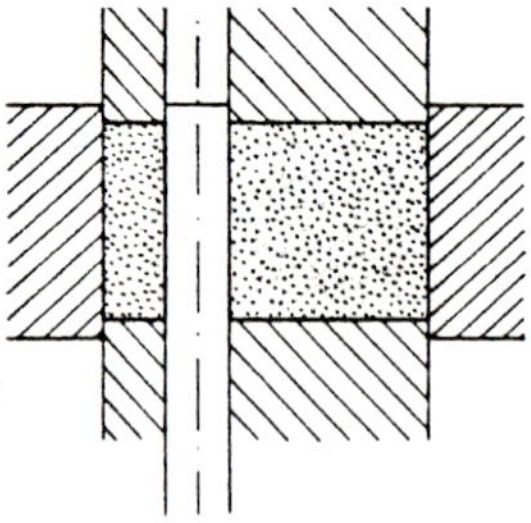	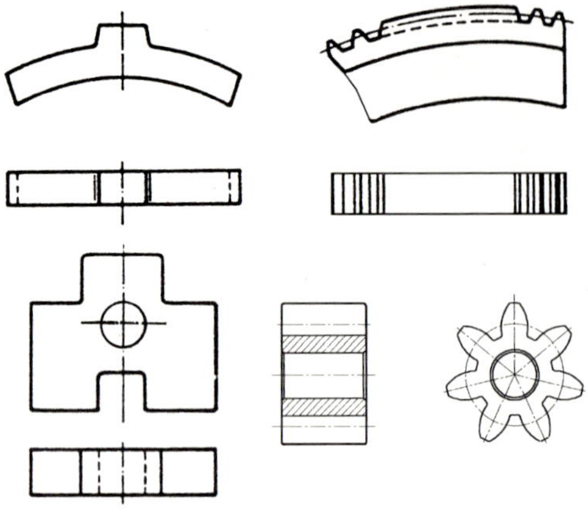
Bundwerkzeuge	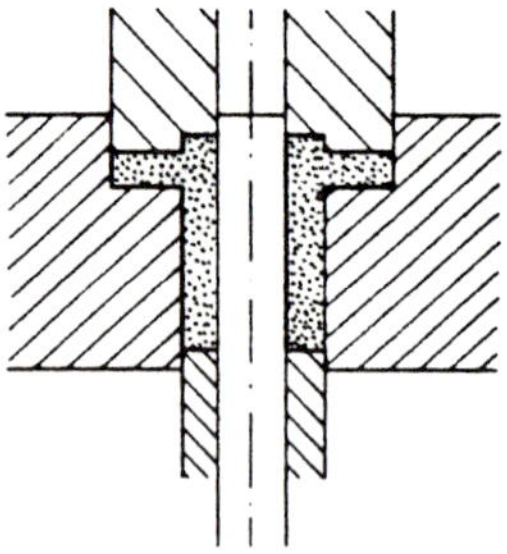	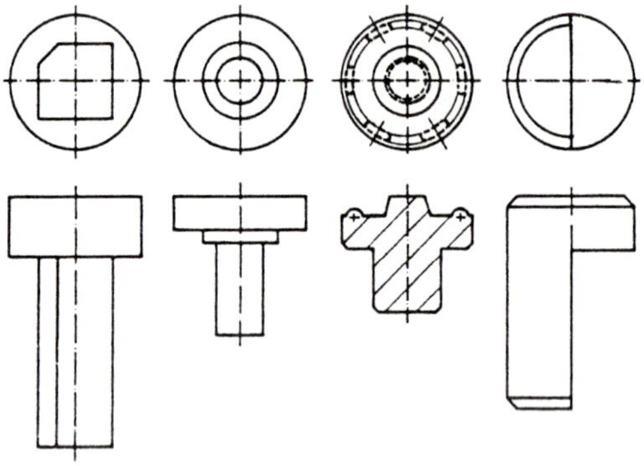
Werkzeug für mehrquerschnittige Teile mit vorgehobenen Stempeln	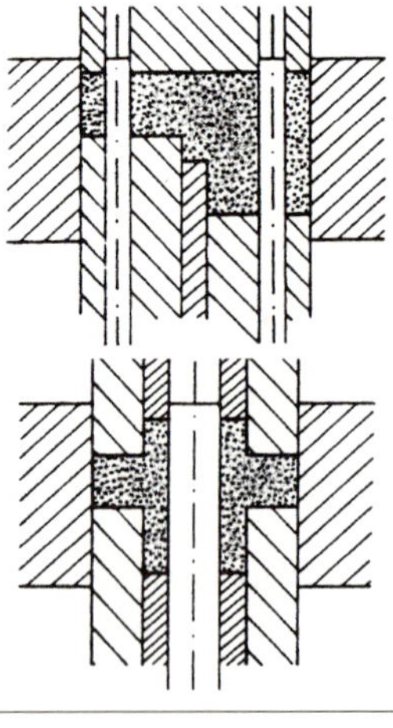	

Bild 4.2-7 Füllraumgestaltung, herstellbare Formen

Erweiterung der Bauteilgeometrie	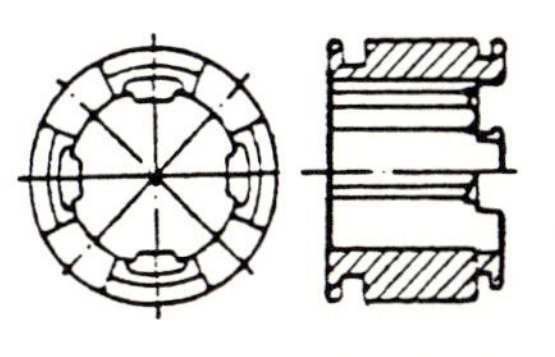	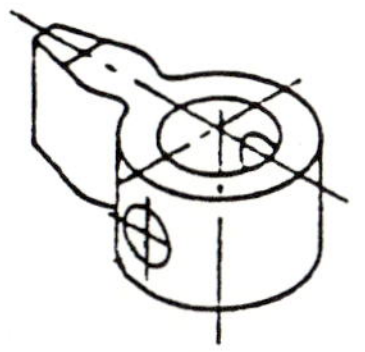	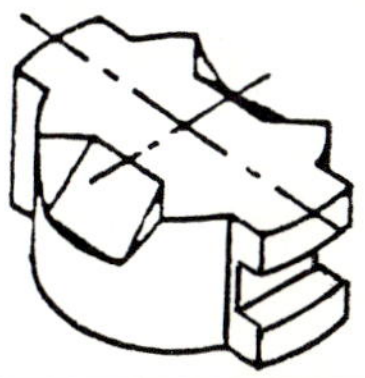
durch	Drehen, Schleifen	Bohren	Fräsen

Bild 4.2-8 Spanabhebende Nacharbeit

Die Sinterteilzeichnungen *Bild 4.2-9* bis *4.2-13* sind Fertigungszeichnungen aus Sinterbetrieben. Über die Dichte, die Zusammensetzung und Festigkeit der Sinterteile informiert der *Anhang A4.2-2*.

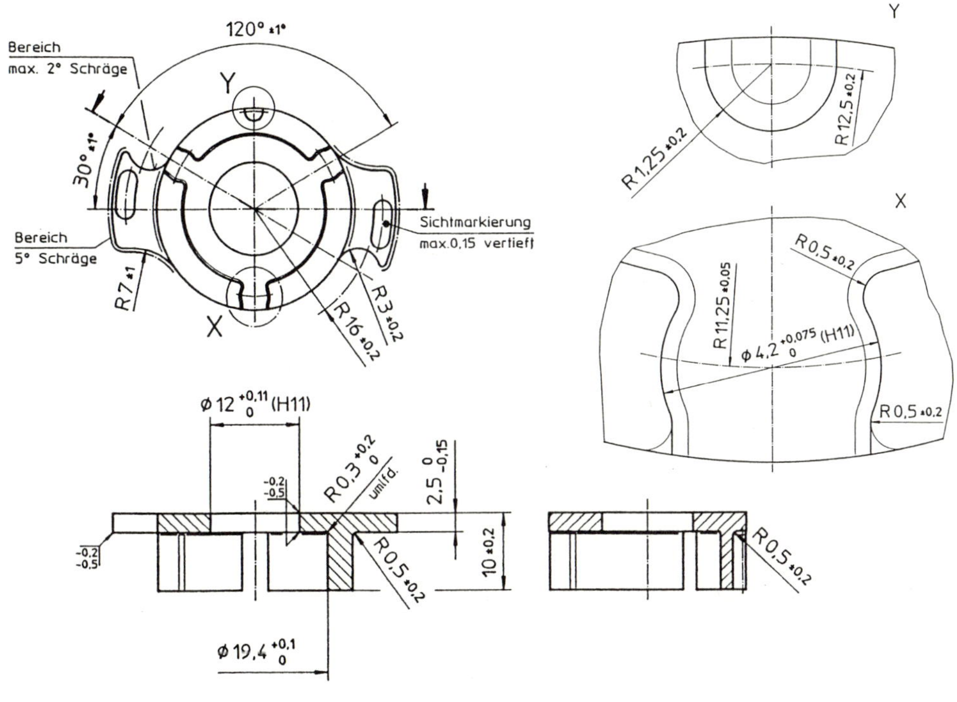

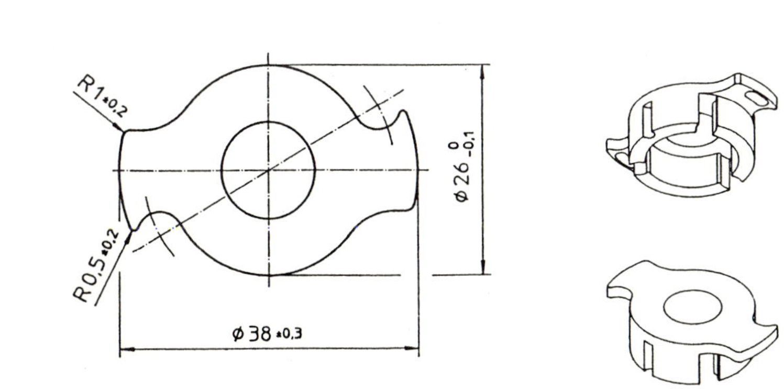

Bild 4.2-9
Kupplungskäfig aus Sint-D39

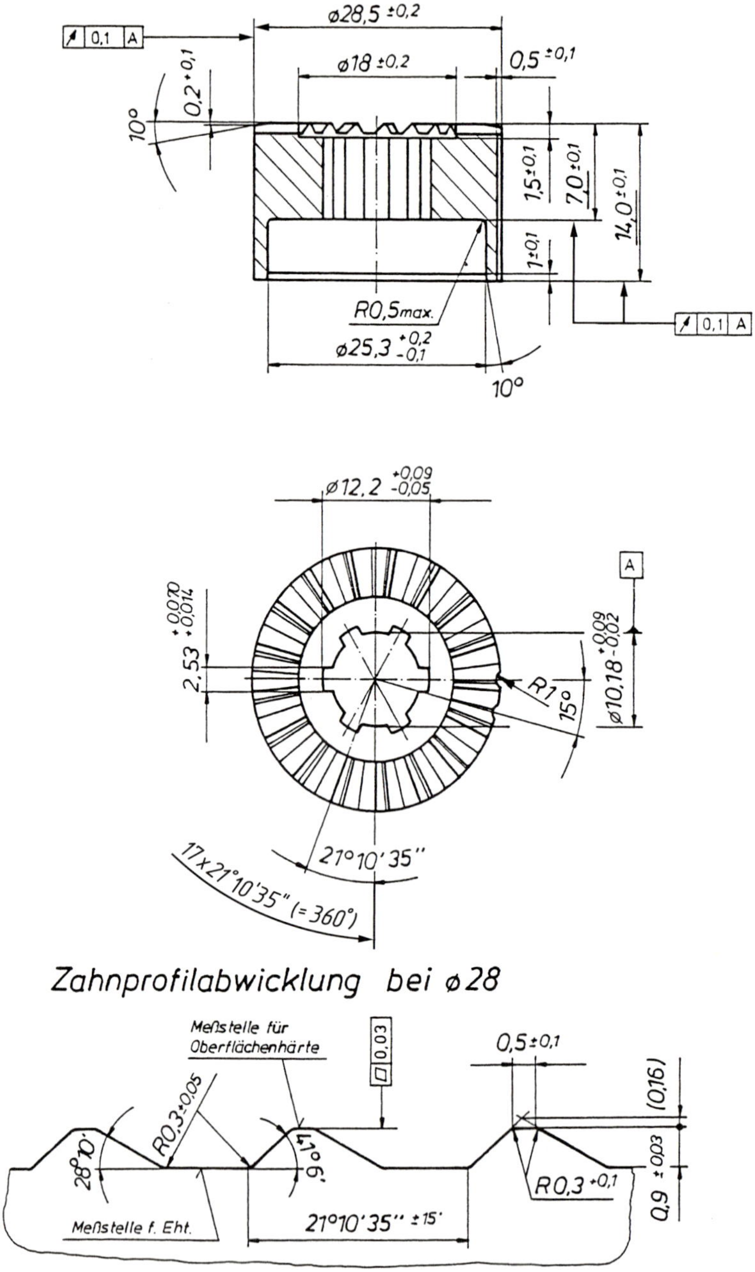

Bild 4.2-10 Kupplungsscheibe aus Sint-D11

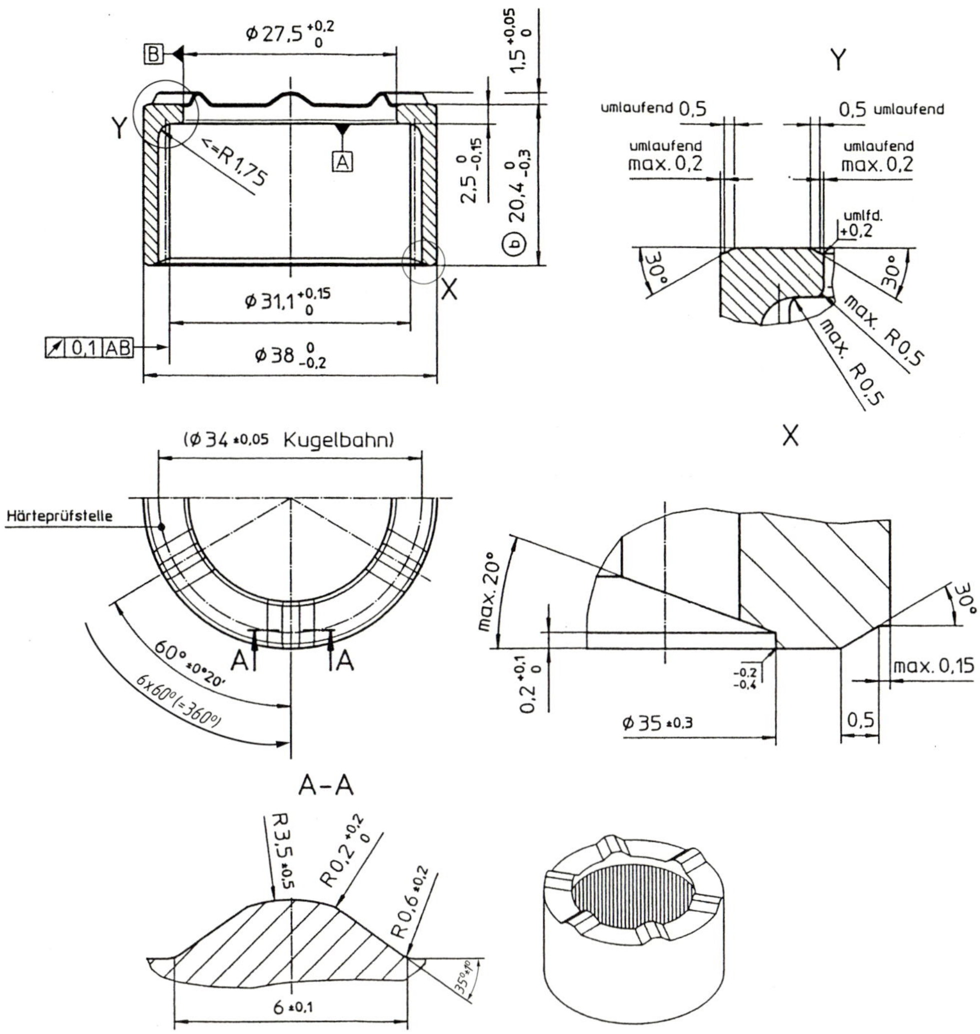

Verzahnungstyp		innen
Berechnung	DIN	3960
Bezugsprofil	DIN	867
Verzahnungsqualität Toleranzfeld	DIN	
Eingriffswinkel	α_P	20°
Zähnezahl	z	44
Modul	m	0,7
Profilverschiebung	x · m	−0,876
Kopfkreisdurchmesser	d_a	$31{,}10^{+0{,}15}_{0}$
Teilkreisdurchmesser	d_0	30,80
Fußkreisdurchmesser	d_f	$34{,}01^{+0{,}15}_{0}$
Fußrundungsradius	r_f	<= 0,25
zul. Zweiflanken-Wälzsprung	f_i''	0,025
zul. Rundlauffehler	F_r''	0,100

Bild 4.2-11 Hohlrad aus Sint-D39

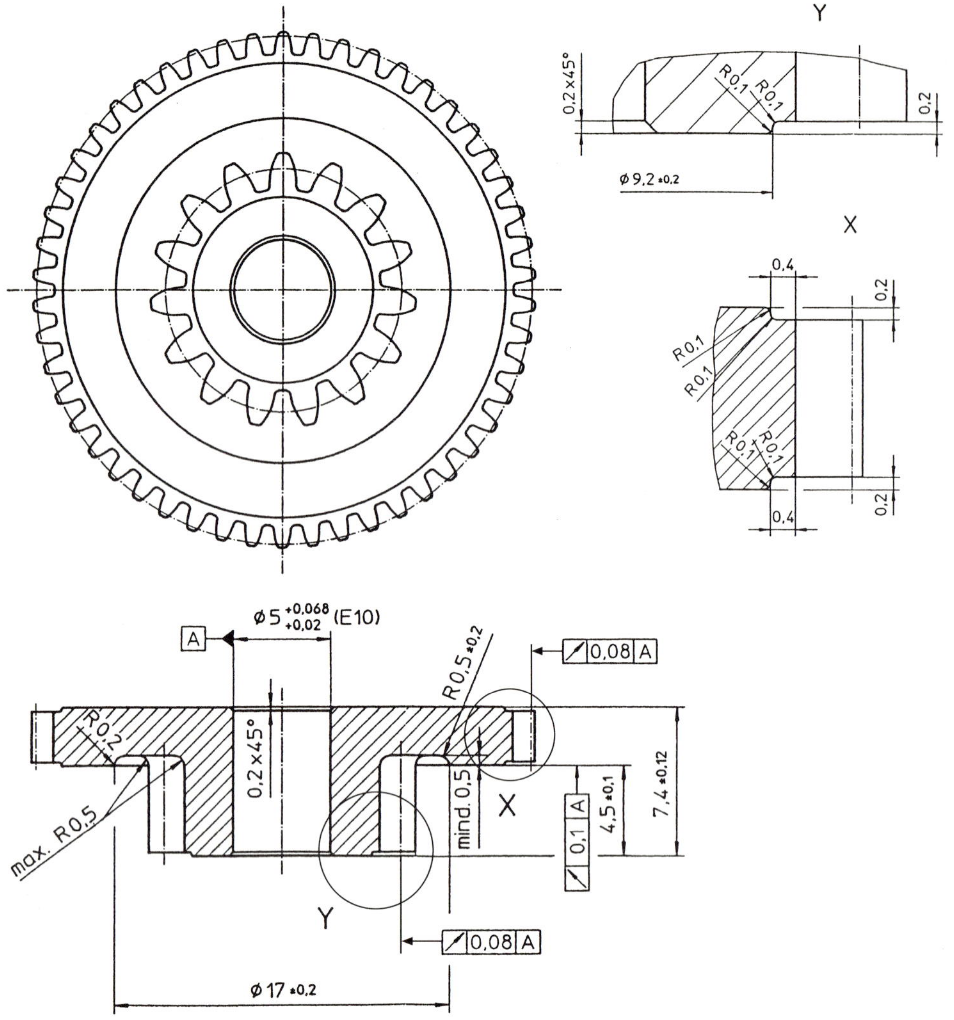

Verzahnungstyp		außen	außen
Berechnung	DIN		
Bezugsprofil	DIN	SMS 296 (867)	SMS 296 (867)
Verzahnungsqualität Toleranzfeld	DIN		
Eingriffswinkel	ap	20°	20°
Zähnezahl	z	50	15
Modul	m	0,5	0,8
Profilverschiebung	x·m	max.-0,250 mind.-0,315	max. 0 mind.-0,060
Kopfkreisdurchmesser	da	25,435 ±0,065	13,54 $^{+0,06}_{-0,12}$
Teilkreisdurchmesser	do	25,00	12,00
Fußkreisdurchmesser	df	23,185 ±0,065	9,94 ±0,06
Profil-Gesamtabweichung	Ff	0,036	0,036
Teilungs-Gesamtabweichung	Fp	0,090	0,063
Rundlaufabweichung	Fr'	0,080	0,080

Bild 4.2-12 Zahnrad aus Sint-D39

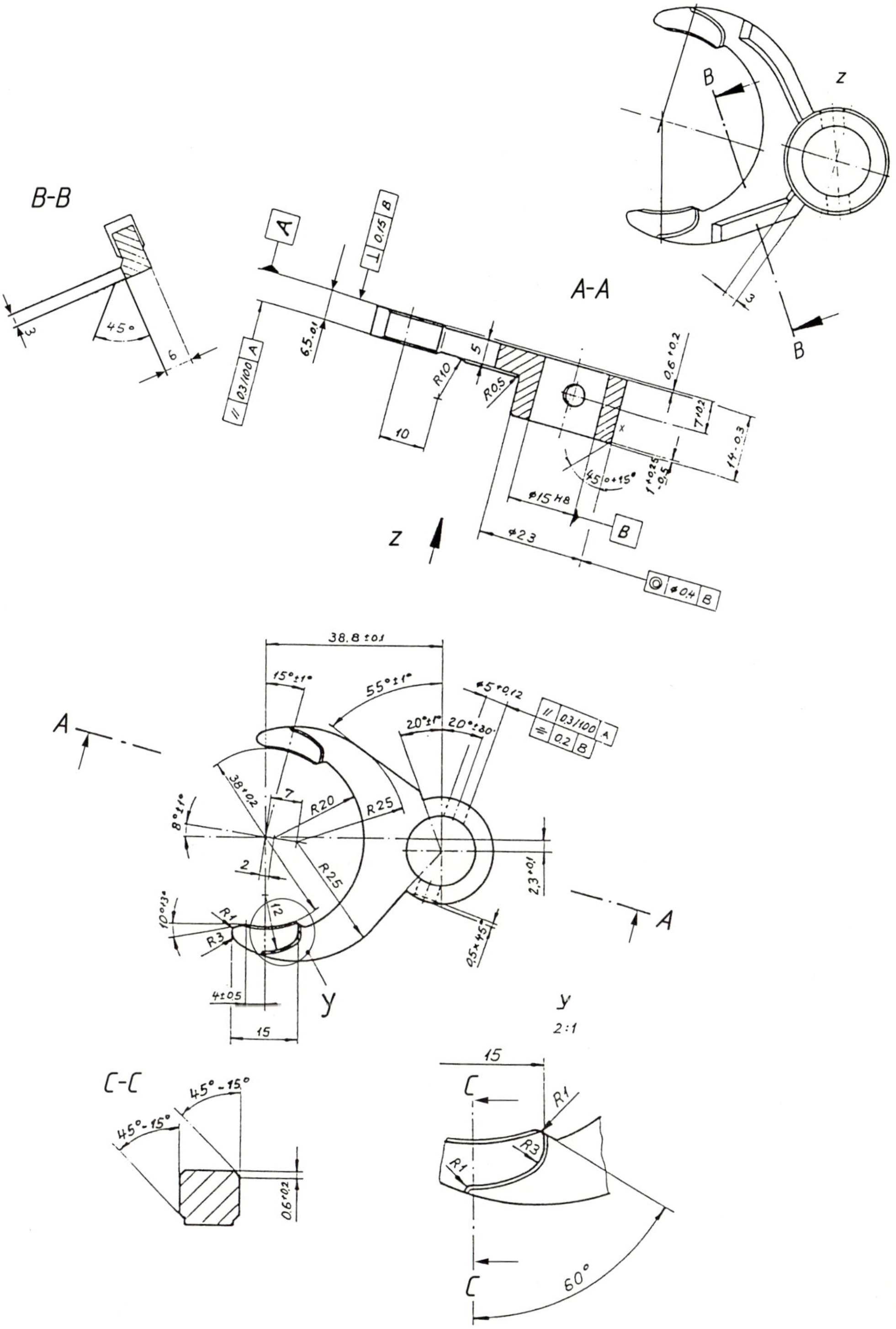

Bild 4.2-13 Schaltgabel aus Sint-D11

4.2.7 Literatur

1. DIN-Taschenbuch 247 Pulvermetallurgie 1994
2. *Schatt,* Pulvermetallurgie – Sinter- und Verbundwerkstoffe Hüttig 1990
3. *Zapf,* Pulvermetallurgie im Handbuch der Fertigungstechnik, Band 1, Hanser, München, Wien 1981
4. Fachverband Pulvermetallurgie, Vorlesungsreihe – Die Pulvermetallurgie, Hagen
5. Fachverband Pulvermetallurgie, Informationsschrift – Sinterteile, ihre Eigenschaften und Anwendung, Hagen
6. Sintermetallwerke Krebsöge, Informationsschrift – Formteile aus Sintermetall, Radevormwald

Bildquellennachweis:

1. Fachverband Pulvermetallurgie, Informationsschrift
   Bilder 4.2-2, 4.2-5
2. Sintermetallwerk Krebsöge, Informationsschrift
   Bild 4.2-6
3. Fachverband Pulvermetallurgie, Vorlesungsreihe Heft 7
   Bild 4.2-7
4. *Schunk* Sintermetalltechnik, Gießen
   Bild 4.2-9, 4.2-10, 4.2-11, 4.2-12
5. Sinterstahl, Füssen
   Bild 4.2-13

4.3 Das Gestalten von Schmiede- und Fließpressteilen

4.3.1 Grundlagen

Das für die Herstellung der Bauteile zu wählende Fertigungsverfahren wird häufig durch die vom Konstrukteur gewählte Gestaltung des Bauteils bestimmt. Zur Erzielung einer möglichst günstigen wirtschaftlichen Wertigkeit ist der Gestaltung eine Systemanalyse vorzuschalten, die in Zusammenarbeit des Fertigungsfachmannes und des Konstrukteurs zu sinnvollen Ergebnissen führt.

Bauteile, die durch Umformen gefertigt werden, haben folgende Vorteile:

- verlustarme Werkstoffverarbeitung
- Verbesserung der Werkstoffeigenschaften beim Kaltformen durch Kaltverfestigung als auch beim Warmformen durch Homogenisierung des Gefüges
- Erhöhung der Dauerschwing- und Zeitschwingfestigkeit durch Oberflächenverfestigung
- relativ geringe Fertigungskosten bei einfachen Fertigungsmaschinen und Vermeidung von Nebenaufwand.

Der relativ große Aufwand für Vorleistungen, nämlich für die umfangreichen Vorarbeiten für Konstruktion, Herstellung und Einrichtung der Werkzeuge und die dadurch verursachte Kostenerhöhung, wird bei großer Fertigungsstückzahl in Grenzen gehalten.

4.3.2 Allgemeine Gestaltungsregeln

Beim **Freiformschmieden** wird der Rohling ohne begrenzende Werkzeuge umgeformt, wobei der Werkstoff frei fließen kann. Die Fertigform des Schmiedestückes entsteht durch geeignete Führung von Werkstück und Werkzeug.

Beim **Stauchen** wird der Querschnitt des Rohlings durch Verringerung seiner Länge vergrößert. Wegen des ungünstigen Faserverlaufes sollte der angestauchte Durchmesser d_1 das 1,5-fache des Rohlingsdurchmesser d_0 nicht unterschreiten. Beim freien Stauchen darf wegen Knickgefahr die Länge des Rohlings nicht größer als das 3,5-fache des Durchmessers sein.

Beim **Breiten** wird die Breite des Werkstückes durch Höhenverringerung vergrößert. Der Faserverlauf wird dadurch ungünstig gestört.

Das **Strecken** besteht aus einer Reihe von Stauchungen nebeneinander liegender Rohlingsbereiche. Dadurch ergibt sich die angestrebte Längung. Die gleichzeitig auftretende unerwünschte Breitung muss zurückgeschmiedet werden. Wegen des günstigen Faserverlaufes und der Kornverfeinerung wird das Strecken oft angewendet.

Für den Konstrukteur hat das Freiformschmieden nur relativ geringe Bedeutung. Es wird im allgemeinen nur bei der Fertigung von einzelnen großen oder wenigen gleichen Schmiedestücken angewendet. Wegen der Verwendung einfacher Werkzeuge sind Freiformschmiedestücke ihrer angestrebten Fertigform nur grob angenähert und erfordern deshalb umfangreiche Nacharbeit.

Arbeitsverfahren	Verlauf der Schmiedefasern	Hinweise
Stauchen	V 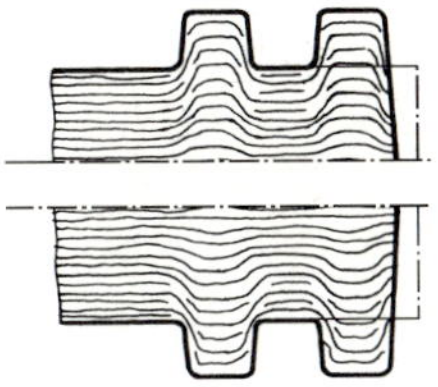 D	ungünstiger Faserverlauf, starke Richtungsänderung
Breiten	V 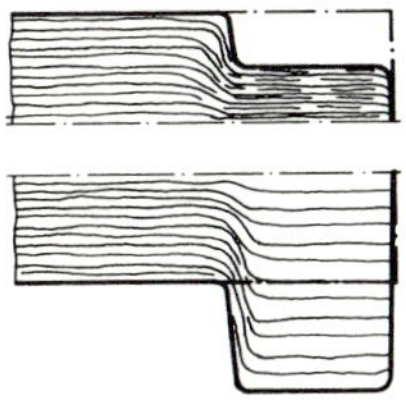 D	ungünstiger Faserverlauf, starke Richtungsänderung
Strecken	V 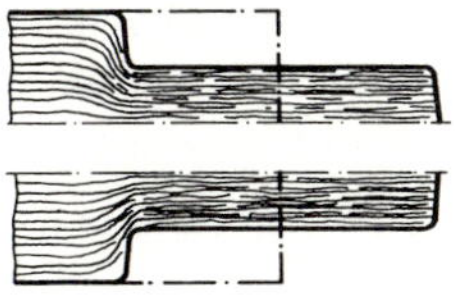 D	günstige Faserstreckung mit Gefügeverdichtung

Bild 4.3-1 Arbeitsverfahren beim Freiformschmieden

Beim **Gesenkschmieden** wird dem Werkstoff durch Ober- und Untergesenk die Fließrichtung und die Fertigform aufgezwungen.

Rohlinge für das Gesenkschmieden sind meist Stangenabschnitte, Spaltstücke oder Stangen in zweckmäßig gewählter Rohform, deren Volumen in Zwischenschritten durch geschickte Massenverteilung und Querschnittsvorbildung oft durch Freiformschmieden so günstig verteilt wird, dass die Fertiggesenkgravur weitgehend geschont wird.

Eine höhere Standmenge des Gesenkes und größere Genauigkeit des Schmiedestückes sind die Folgen.

	Vorgänge im Gesenk	Hinweise
Stauchen	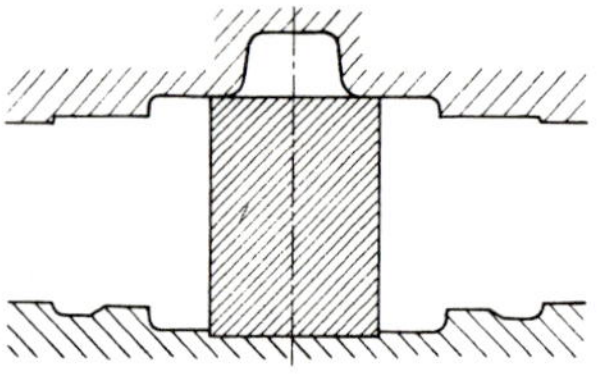	Werkstoff fließt überwiegend in Richtung der Werkzeugbewegung, kurze Gleitwege
Breiten	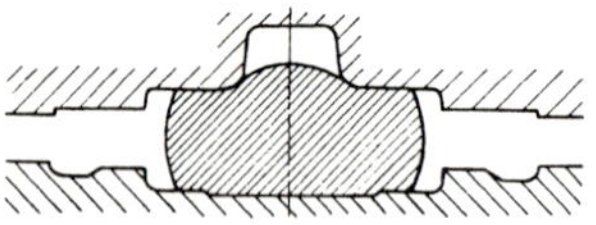	Werkstoff fließt überwiegend quer zur Werkzeugbewegung lange Gleitwege, größere Reibung
Steigen	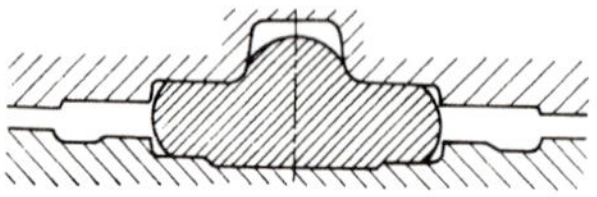	Werkstoff fließt überwiegend entgegen der Werkzeugbewegung, letzte Umformphase im Gesenk
	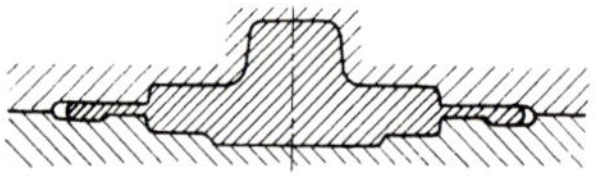	Werkstoff hat die Gravur und die Gratrille ausgefüllt

Bild 4.3-2 Vorgänge beim Gesenkschmieden

Bei der Gestaltung von Gesenkschmiedestücken muss zur Ermittlung der wirtschaftlich optimalen Lösung insbesondere die Stückzahl, der Werkstoff, die Fertigungseinrichtungen für die Gesenkherstellung, der Schmiedevorgang sowie die spanabhebende Fertigbearbeitung des Schmiedeteils beachtet werden.

Bild 4.3-3 zeigt die Kostenaufteilung für das Schmiedeteil, hierin sind Schmiedewerkzeug-, Werkstoff- und Schmiedekosten enthalten sowie die Fertigteilkosten bestehend aus Schmiedeteilkosten mit anschließender spanabhebender Bearbeitung in Abhängigkeit von der Stückzahl.

Man erkennt, dass mit steigender Stückzahl die Kosten für das reine Schmiedeteil, hauptsächlich wegen des höheren Werkzeugaufwandes, zunehmen.

Die Gesamtkosten für das Fertigteil werden allerdings durch die Senkung der Werkstoff- und Bearbeitungskosten deutlich reduziert.

Folgende **Grundsätze und Richtlinien** sind bei der Gestaltung von Gesenkschmiedestücken zu beachten.

Weitere Gestaltungsbeispiele sind im *Anhang A4.3-1* dargestellt.

1. Schmiedestücke ergeben im allgemeinen homogeneres Gefüge, höhere Festigkeit und bessere Oberflächen als Gussstücke.
2. Schmiedestücke mit großer Feingliedrigkeit werden in mehreren Fertigungsschritten – Massenverteilung, Vorbiegen – hergestellt. Nur bei kleinen Teilen wird ein gemeinsamer Gesenkblock mit Zwischengravuren und Fertiggravur verwendet. Bei größeren Teilen sind mit Rücksicht auf ungleichen Verschleiß der Gravuren getrennte Gesenke vorzuziehen. *Bild 4.3-4* zeigt ein Mehrstufengesenk.

Stückzahl	klein < 50 Stück	mittel ca. 500 Stück	groß > 5000 Stück
Kontur Schmiedeteil	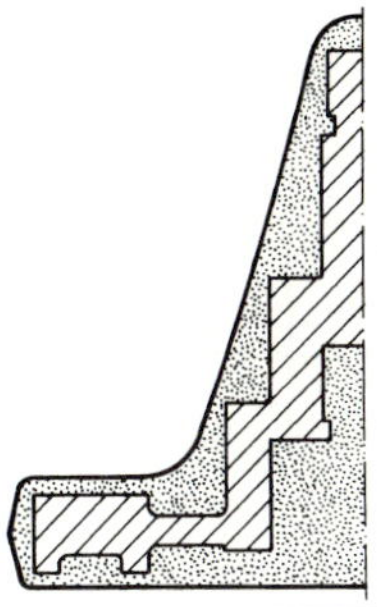	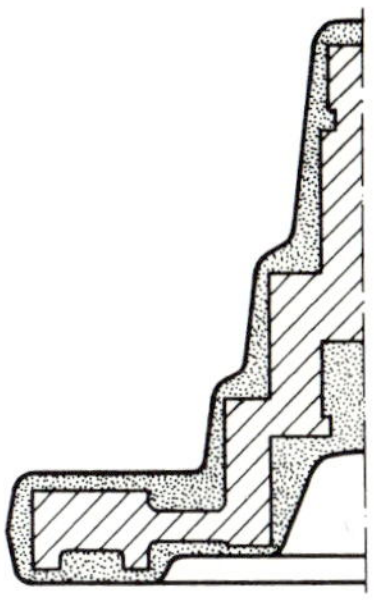	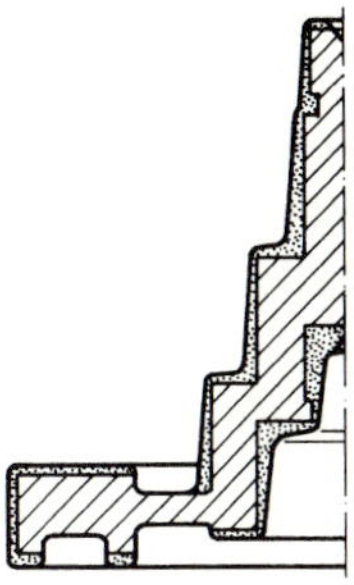
Anpassung an Fertigteil	gering	mäßig	gut
Kosten	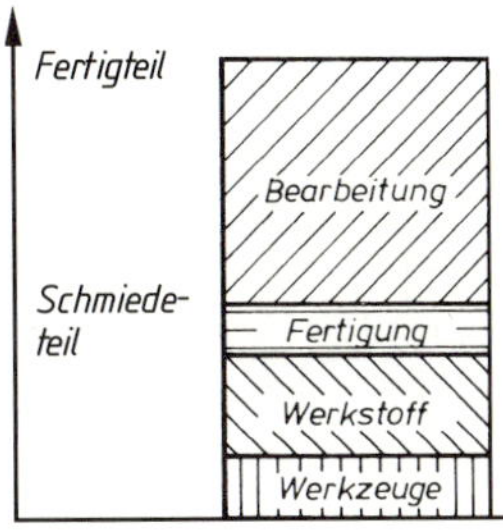		

Bild 4.3-3 Stückzahlabhängige Kosten des Schmiede- und Fertigteils

3. Einfache und gleichmäßige Formen anstreben. Unregelmäßige Gestalt, schwierige Kurven und tiefe Einformungen, z. B. für dünne Rippen, sind nur schwer herstellbar, erhöhen die Werkzeugkosten und behindern den Werkstofffluss.
4. Erhabene Bauteilbereiche sollen bei Schmiedehämmern möglichst in das Obergesenk, bei Schmiedepressen in das Untergesenk verlegt werden.
5. Die Gesenkteilung sollte so gewählt werden, dass sich die Schmiedestücke leicht ausheben und entgraten lassen.

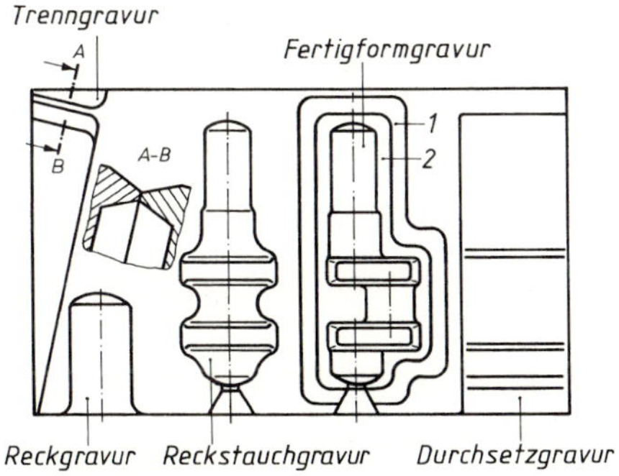

Bild 4.3-4 Mehrstufengesenk für eine einfachgekröpfte Kurbelwelle; 1 = Gratrille, 2 = Gratbahn

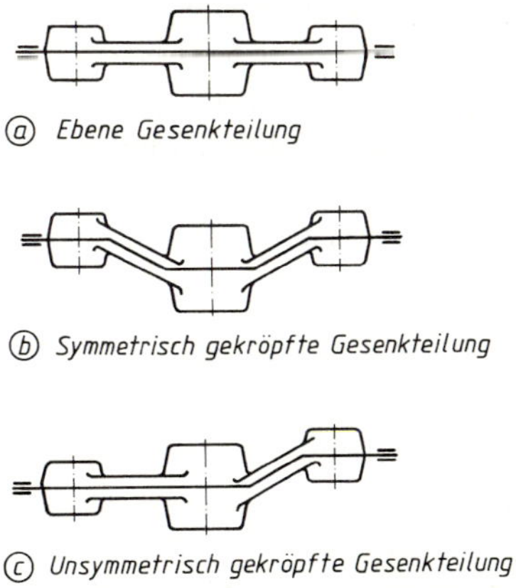

Bild 4.3-5 Verlauf von Gesenkteilungen

6. Ebene Gesenkteilungen haben schmiedetechnische Vorzüge und sind kostengünstiger als gekröpfte Gesenkteilungen, siehe *Bild 4.3-5*.
7. Durch Gratbildung treten bei gratnahtkreuzenden Dickenmaßen größere Toleranzen auf als bei Längen-, Breiten- und Höhenmaßen, die auf nur einer Seite der Gratnaht liegen, siehe *Bild 4.3-11*.
8. Schroffe Querschnittsübergänge, scharfe Kanten und extreme Werkstoffanhäufungen sind zu vermeiden.
9. Flächen, die in Umformrichtung liegen, müssen nach *DIN 7523 Teil 2* ausreichende Neigung haben. Dadurch ist eine leichtere Aushebung aus der Gravur möglich, siehe *A4.3-2*.
10. Böden sind schmiedetechnisch dann günstig gestaltet, wenn ihre Dicke von der Mitte nach außen stetig unter einem Winkel von 3° … 5° oder als Parabel zunimmt, wie *Bild 4.3-6* zeigt.
11. Hinterschneidungen sind nach Möglichkeit zu vermeiden. Sie erfordern Vorgesenke und eine Teilung des Fertiggesenks, siehe *Bild 4.3-7*.
12. Schmiedeflächen, zwischen denen enge Toleranzen eingehalten werden müssen, sollten möglichst klein gehalten werden.

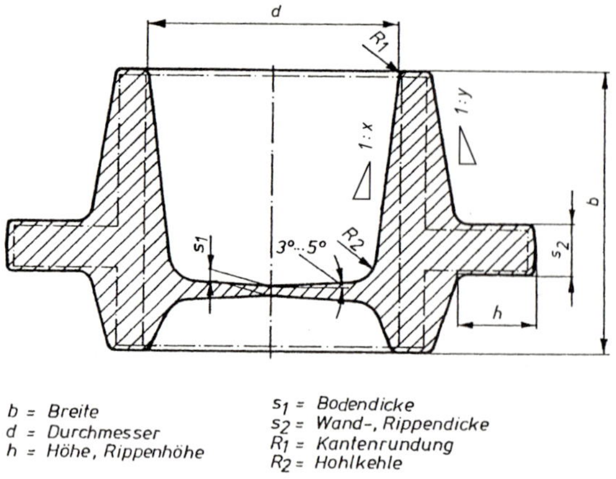

Bild 4.3-6 Gestaltung von Böden an Gesenkschmiedeteilen

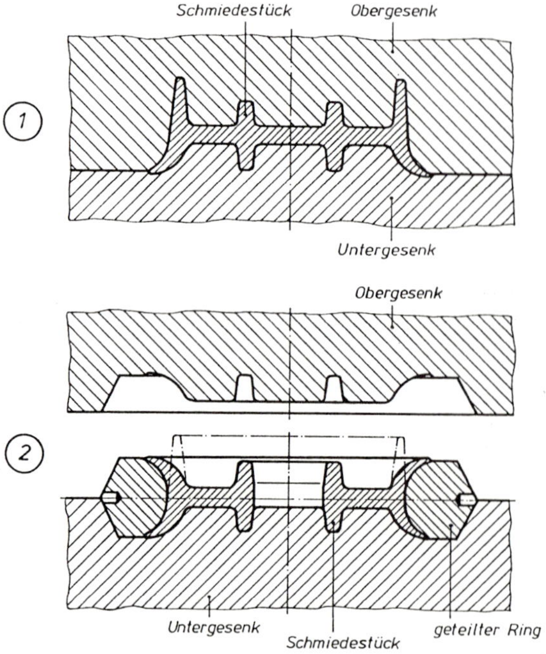

Bild 4.3-7 Fertigungsfolge eines Gesenkschmiedeteils (Seilrolle) mit Hinterschneidungen; 1 = Vorgesenk, 2 = Fertiggesenk mit eingesetztem geteiltem Ring

4.3.3 Richtwerte für die Gestaltung von Gesenkschmiedestücken

Das *DIN-Blatt 7523 Teil 2* liefert Richtwerte für die Bearbeitungszugabe, die Gestaltung der Formbereiche Seitenschrägen, Kantenrundungen, Hohlkehlen, Boden- und Wanddicken, Rippenausbildung in Abhängigkeit von der Größe des Schmiedestückes.

1. **Bearbeitungszugaben:**
   Sind an Flächen vorzusehen, die nach dem Schmieden spanabhebend bearbeitet werden.
   Die Bearbeitungszugabe ist unabhängig von der Seitenschräge und gilt je bearbeitete Fläche.

2. **Seitenschrägen:**
   Damit man die Gesenkschmiedestücke aus der Gravur entnehmen kann, müssen die in Umformrichtung liegenden Flächen geneigt sein.
   Die Seitenschräge ist an Innenflächen im Allgemeinen größer als an Außenflächen.
   Die Angabe in der Zeichnung erfolgt als Winkel oder als Neigung.

3. **Kantenrundungen:**
   Bei Kantenrundungen R_1 liegt der Mittelpunkt der Rundung innerhalb des Schmiedestückes.
   Kleine Kantenrundungen am Schmiedestück machen eine größere Umformkraft notwendig, um den Werkstoff in die Gesenkgravur zu pressen.
   Dies kann infolge Kerbwirkung zu Spannungsrissen im Gesenk führen.

4. **Hohlkehlen:**
   Bei Hohlkehlen liegt der Mittelpunkt der Rundung außerhalb des Schmiedestückes.
   Eine innere Hohlkehle R_2 liegt dann vor, wenn die Rundung in Richtung Schmiedestück zeigt.
   Bei einer äußeren Hohlkehle R_3 zeigt die Rundung nach außen, in Richtung Gratbahn.
   Der Werkstofffluss und der Verschleiß am Gesenk hängt wesentlich von der richtigen Größe der Hohlkehlen ab.

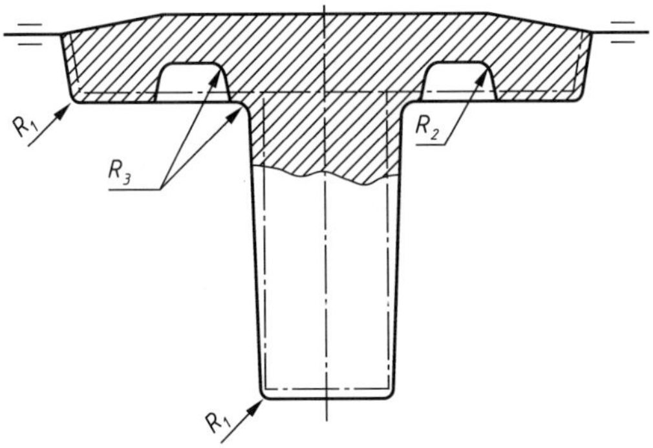

Bild 4.3-8 Kantenrundung und Hohlkehle

Tabellenwerte und weitere Beispiele sind im *Anhang A4.3-2* bis *A4.3-7* angegeben.

4.3.4 Toleranzen und Oberflächengüte

Großen Einfluss auf die Fertigungskosten nehmen die einzuhaltenden Fertigungstoleranzen. In den Toleranzen sind alle Abweichungen berücksichtigt, die durch unterschiedliche Schwindung, Gesenkverschleiß, dem Gratspalt auftreten können

Für die überwiegende Zahl aller Gesenkschmiedestücke aus Stahl gilt das *Normblatt DIN 7526* mit den darin enthaltenen zwei Schmiedegüten.

Schmiedegüte F

Ausreichende Genauigkeit für die meisten Anwendungsfälle. Die Toleranzen werden mit den üblichen Schmiedeeinrichtungen und Fertigungsverfahren erreicht.

Schmiedegüte E

Die Toleranzen der Schmiedegüte E sollten nur auf einzelne Maße angewendet werden, bei denen die Schmiedegüte F nicht ausreicht. Kleinere Toleranzen bedeuten größeren Fertigungsaufwand und damit höhere Kosten.

Höhere Maßgenauigkeit

Eine Verkleinerung der Toleranzen an bestimmten Stellen des Schmiedestückes um etwa zwei IT-Qualitätsstufen gegenüber dem üblichen Gesenkschmieden haben Genauschmiedestücke. Durch Schmieden im geschlossenen Gesenk und Halbwarmumformen erreicht man Genauigkeiten in den Grundtoleranzgraden IT 12 – 10 nach *DIN ISO 286 Teil 1*.

Der höhere schmiedetechnische Aufwand macht bei nachfolgender spanender Bearbeitung Schrupparbeiten überflüssig.

Beim Präzisionsschmieden wird die Genauigkeit gegenüber dem Genauschmieden um zusätzlich zwei IT-Qualitätsstufen verbessert.

Dieses Verfahren ermöglicht es, einbaufertige Kegelräder für Getriebe, Achswellen, Turbinenschaufeln, Synchronringe usw. zu schmieden.

Oberflächengüte

Die Oberflächen von Gesenkschmiedestücken können unbehandelt, d. h. schmiederoh, reinigungsgestrahlt, umformend nachbehandelt oder spanabhebend bearbeitet sein.

Schmiederohe Teile aus Stahl haben durch die Oxydation eine Zunderschicht. Im Allgemeinen wird bei Schmiedestücken die Zunderschicht durch Reinigungsstrahlen entfernt. Ohne besonderen Aufwand wurden, abhängig von der Korngröße und der Art des Strahlmittels Rauhtiefen (R_z) von 50 bis 100 µm erreicht. Das partielle Nachbehandeln von Gesenkschmiedestücken durch Kaltprägen, „Kalibrieren" nach dem Entzundern ebnet die Oberflächenspitzen ein und liefert Rauhtiefen (R_z) von etwa 20 bis 30 µm.

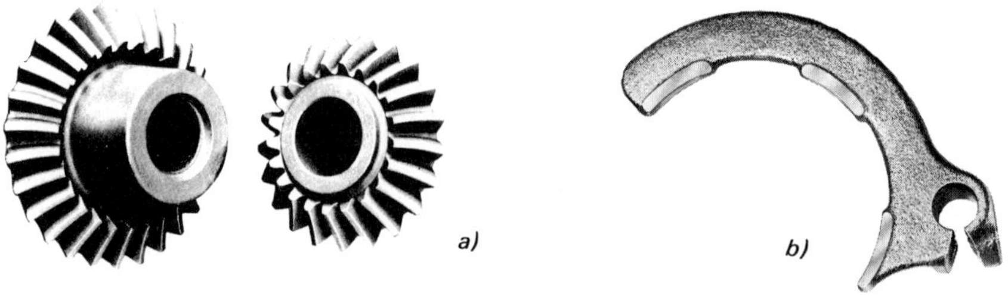

Bild 4.3-9 Präzisionsgeschmiedete Bauteile
a) Kegelräder mit einbaufertiger Bogenverzahnung
b) Schalthebel mit fertiggeprägten Laufinseln

4.3.5 Ermittlung der Toleranzen für Gesenkschmiedestücke

Damit man für ein Gesenkschmiedestück aus den Tabellen die Maßtoleranzen festlegen kann, muss zusätzlich zur Schmiedegüte die Stoffschwierigkeit und die Feingliedrigkeit berücksichtigt werden.

Stoffschwierigkeit, Stahlsorte

Die Stoffschwierigkeit erfasst den größeren Werkzeugverschleiß und die größeren Maßschwankungen hochlegierter Stähle mit höherem Kohlenstoffgehalt im Vergleich zu niedriglegierten Stählen mit geringerem Kohlenstoffgehalt.

Gruppe M1:	Stahl mit einem Kohlenstoffgehalt	≤ 0,65 Gew.-%
	Summe der Legierungsanteile	
	Mn, Cr, Ni, Mo, V, W	≤ 5 Gew.-%
Gruppe M2:	Stahl mit einem Kohlenstoffgehalt	> 0,65 Gew.-%
	Summe der Legierungsanteile	
	Mn, Cr, Ni, Mo, V, W	> 5 Gew.-%

Beim Schmieden von dünnwandigen und verzweigten Teilen treten gegenüber der Umformung von einfachen, gedrungenen Teilen auch größere Maßschwankungen auf, die auf unterschiedliches Schwinden, höhere Umformkräfte und größeren Werkzeugverschleiß zurückzuführen sind. Diese Tatsache wird durch die

Feingliedrigkeit des Schmiedestückes

$$S = \frac{m_S}{m_H} \tag{4.1}$$

S Feingliedrigkeit des Gesenkschmiedestücks
m_S Gewicht des fertigen Gesenkschmiedestücks in kg
m_H Gewicht des Hüllkörpers des Gesenkschmiedestückes in kg

erfasst.

Die Feingliedrigkeit wird in vier Gruppen unterteilt und nach diesen werden die zu wählenden Toleranzen festgelegt:

Gruppe S1: > 0,62 … 1
Gruppe S2: > 0,32 … 0,63
Gruppe S3: > 0,16 … 0,32
Gruppe S4: > 0 … 0,16

Zulässiger Versatz, zulässiger Gratansatz

Der zulässige Versatz, siehe *Bild 4.3-10* ist nicht in den zulässigen Maßabweichungen enthalten. Er wird unabhängig und zusätzlich angegeben.

$$V = \frac{l_1 - l_2}{2} \text{ bzw. } V = \frac{b_1 - b_2}{2} \tag{4.2}$$

V zulässiger Versatz in mm
l_1, l_2 Längenmaße in mm; Index 1: größere projizierte Maß
b_1, b_2 Breitenmaß in mm; Index 2: kleinere projizierte Maß

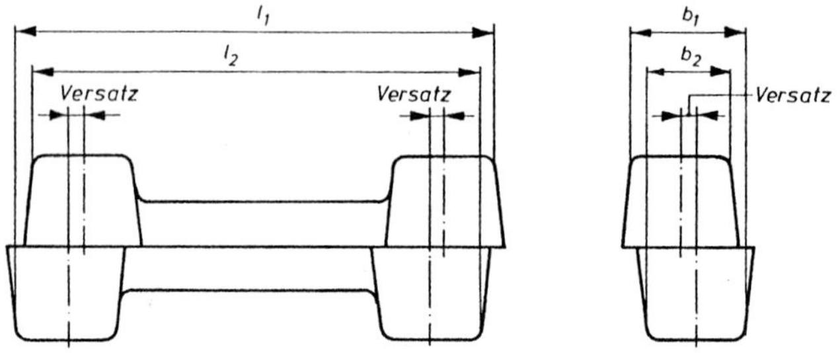

Bild 4.3-10
Versatz an Gesenkschmiedestücken

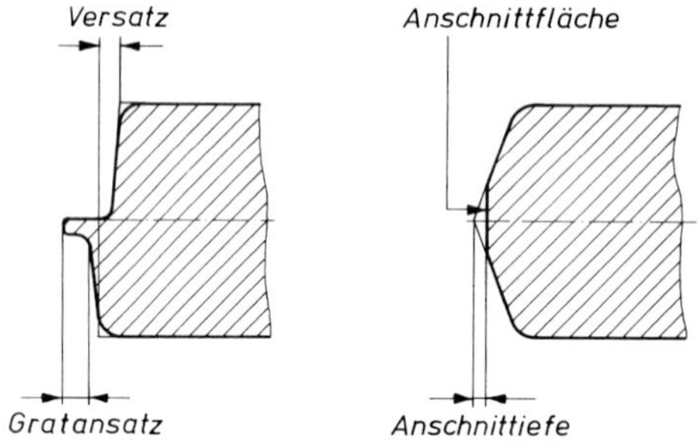

Bild 4.3-11
Gratansatz und Anschnitttiefe an Gesenkschmiedestücken

Durch unterschiedliches Abgraten kann am Schmiedestück ein Gratansatz oder eine Anschnittfläche entstehen. Die zulässigen Werte, positiv für Gratansatz und negativ für Anschnitttiefe sind ebenfalls in der *DIN 7526* festgelegt.

Die *Tabellen A4.3-5* und *A4.3-6* im Anhang geben die bei Außenmaßen einzuhaltenden Toleranzen und zulässigen Abweichungen in Abhängigkeit vom Stückgewicht, der *Stoffschwierigkeit M* und der Feingliedrigkeit *S* an. Für Innenmaße müssen die Werte vertauscht werden.

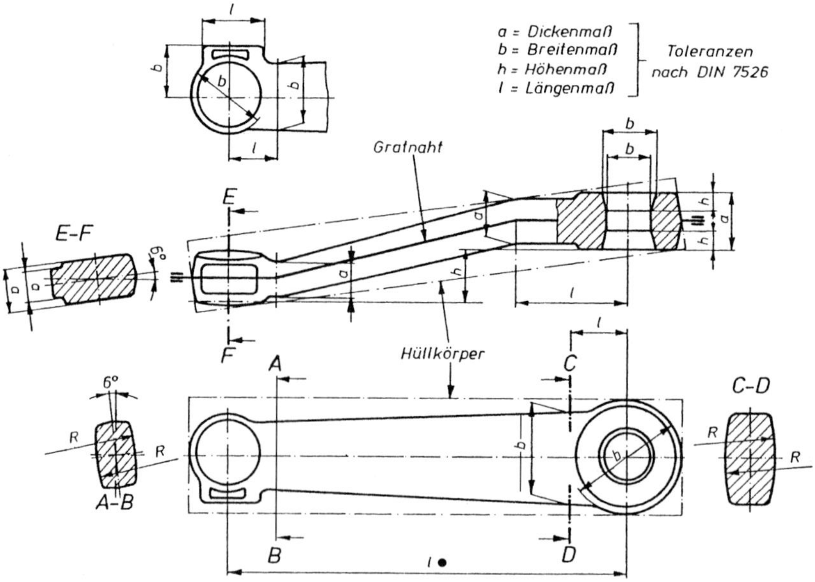

Bild 4.3-12 Lenkstockhebel

Für das oben dargestellte Gesenkschmiedestück ergeben sich mit den Randbedingungen:

Gewicht Lenkstockhebel	3,8 kg
Gewicht Hüllkörper	10,0 kg
Feingliedrigkeit	
$S = \frac{m_S}{m_H} = \frac{3{,}8}{10} = 0{,}38$	Gruppe S2
Stoffschwierigkeit	
41Cr4, C < 0,65 Gew.-%	Gruppe M1
Gratnaht	unsymmetrisch gekröpft
größte Länge	l_{max} = 332,5 mm
größte Breite	b_{max} = 75,0 mm
größte Höhe	h_{max} = 59,0 mm
größte Dicke	d_{max} = 38,0 mm

bei der Schmiedegüte *F* die in der Tabelle *Bild 4.3-12* angegebenen Toleranzen und zulässige Abweichungen.

Toleranzen und zulässige Abweichungen nach DIN 7526				
Schmiedestückgewicht	Hüllkörpergewicht	Feingliedrigkeit	Stoffschwierigkeit	Schmiedegüte
3,8 kg	10 kg	Gruppe S2	Gruppe M1	F

Maßarten	Toleranzen und zul. Abw.
Längenmaße [1])	+ 2,1 – 1,1
Breitmaße [1]), Durchmesser	+ 1,5 – 0,7
Höhenmaße	+ 1,5 – 0,7
Dickenmaße, Durchmesser	+ 1,2 – 0,6
Versatz [2])	1
Gratansatz (+), Anschnitttiefe (–) [2])	1,2
Durchbiegung und Verwerfung [2])	/

Maßarten		Toleranzen und zul. Abw.
Abgratnasen	Höhe	/
	Breite	/
Klemmgrat	Höhe	/
	Breite	/
Sondertoleranzen		•
Hohlkehlen und Kantenrundung nach Tabelle 6		
Tiefe von Oberflächenfehlern nach Abschnitt 3.2.4.3 und 9.2.4.5		

[1]) Für Innenmaße Zahlenwerte für Plus- und Minus Abweichungen miteinander vertauschen

[2]) zusätzlich zu anderen Toleranzen

Bild 4.3-13 Toleranzen Lenkstockhebel

4.3.6 Gesenkschmiedestücke aus Stahl

Die Stückmassen liegen in einem Bereich von einigen Gramm bis weit über eine Tonne. Etwa die Hälfte aller produzierten Gesenkschmiedestücke hat eine Stückmasse kleiner als 10 kg.

Bild 4.3-14 zeigt die komplizierte Form gesenkgeschmiedeter Pkw-Fahrwerkteile mit einer Stückmasse von 1,7 kg bis 7,6 kg.

Bild 4.3-14 Pkw-Fahrwerkteile

Die Feingliedrigkeit und Formenvielfalt der Gesenkschmiedestücke ist mit darauf zurückzuführen, dass heute in einer Umformwärme in mehreren Stufen gefertigt werden kann und das Verfahren Schmieden mit anderen Umformverfahren wirtschaftlich kombiniert wird.

Bei dem Schwenklager *Bild 4.3-15* mit der Stückmasse 5,0 kg aus 41CrS4 wird der gestreckt geschmiedete Hebel nach dem Abgraten anschließend in seine Endlage gebogen. Kaltprägen erhöht die Maßgenauigkeit und verbessert die Oberfläche.

Bild 4.3-15 Schwenklager

Der Querlenker *Bild 4.3-16* mit der Stückmasse 2,5 kg aus C22 wird nach dem Schmieden und Abgraten durch Verdrehen in seine endgültige Form gebracht.

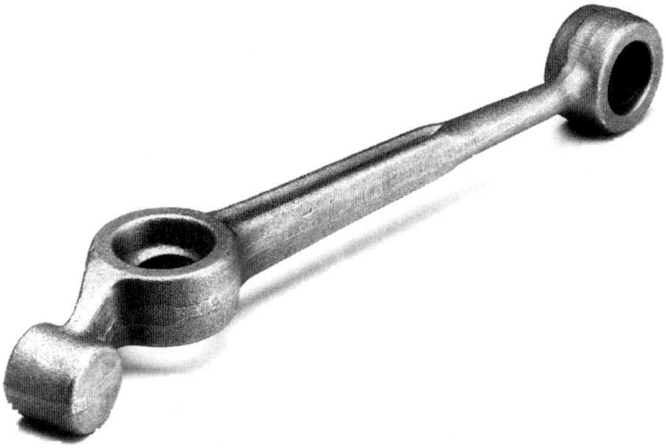

Bild 4.3-16 Querlenker

Bei Verbundkonstruktionen werden Schmiedestücke häufig an Stellen mit hoher Beanspruchung eingesetzt. Die schweißbaren und hoch belastbaren Schmiedestücke eignen sich besonders gut für die Einleitung und Weiterleitung von Kräften.

Das Gesenkschmiedestück *Bild 4.3-17* besteht aus S355J2G3 und wiegt 1,3 kg. Die Schmiedestückzeichnungen *Bild 4.3-18* bis *4.3-20* sind Fertigungszeichnungen aus Schmiedebetrieben. Bei dem Schmiedestück Nabe ist bei der Klauenform eine Sondertoleranz eingetragen. Dies wird durch das Zeichen • bei den Konturmaßen deutlich gemacht; außerdem erscheint dieses Zeichen auch im Feld Sondertoleranzen in der Tabelle nach *DIN 7526*.

Bild 4.3-17 Pkw-Querträger

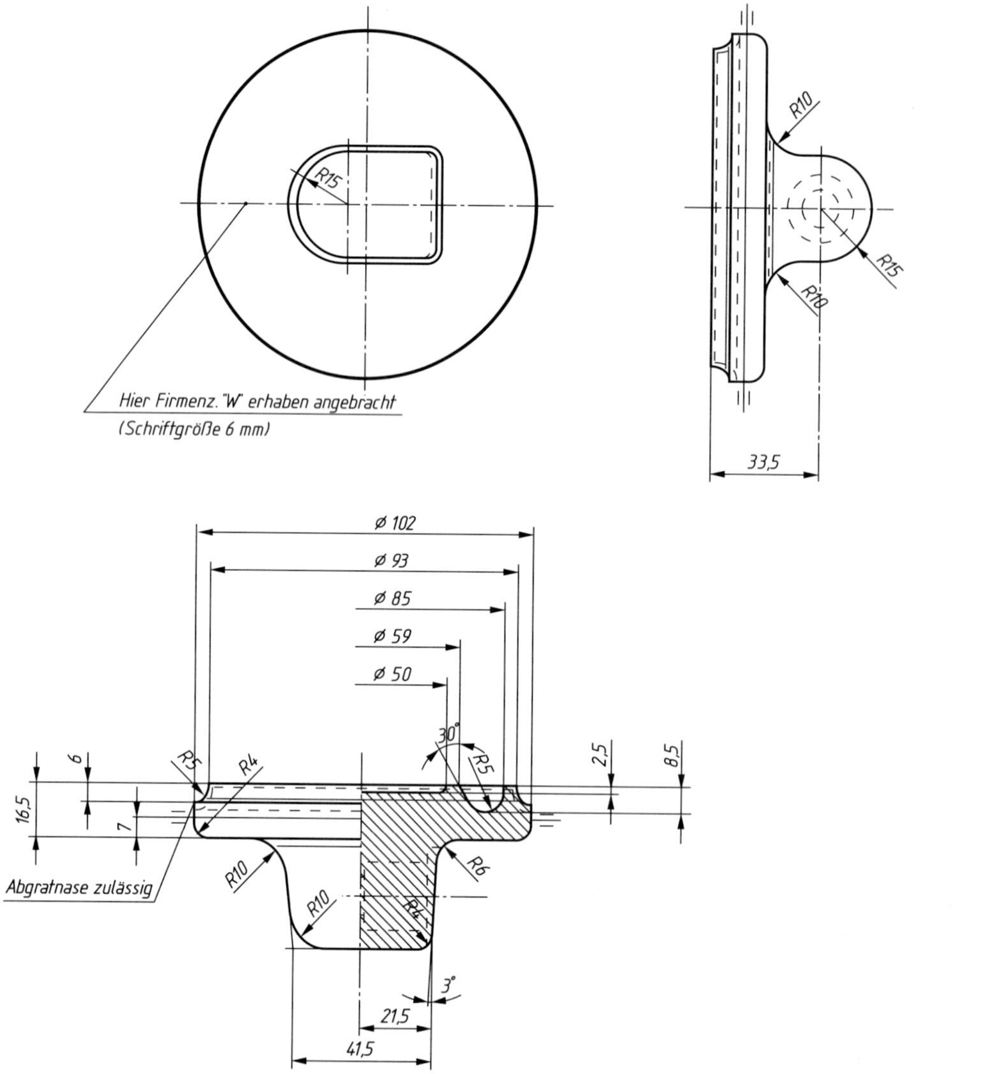

Unbemaßte Radien:	1,5 mm
Gesenkschräge außen:	6°
Gesenkschräge innen:	6°
Gratstärke: (intern)	2,8 mm
Gratfinnenbreite: (intern)	11,0 mm
Bearbeitungszugabe pro Seite:	ca. 1,5 mm
Bestätigt lt. Schr. v.:	
Ersatz für:	
Ersetzt durch:	

Toleranzen und zulässige Abweichungen nach DIN 7526

Schmiedestuckgewicht	Hüllkörpergewicht	Feingliedrigkeit	Stoffschwierigkeit	Schmiedegüte
ca. 1,13 kg	ca. 3,11 kg	Gruppe: S2	Gruppe: M1	F

Maßarten	Toleranzen und zul. Abw.
Längenmaße 1)	—
Breitenmaße, Durchmesser 1)	+1,3 / -0,7
Höhenmaße	+1,2 / -0,6
Dickenmaße, Durchmesser	+1,1 / -0,5
Versatz 2)	0,6
Gratansatz (+) Anschnittiefe (–) 2)	0,7
Durchbiegung u. Verwerfung 2)	0,7
Hohlkehlen u. Kantenrundungen n. Tabelle 6	
Tiefe von Oberflächenfehlern nach Abschnitt 3.2.4.3 und 9.2.4.5	

Maßarten		Toleranzen und zul. Abw.
Abgratnasen	Höhe	1,6
	Breite	0,8
Klemmgrat	Höhe	—
	Breite	—

1) für Innenmaße Zahlenwerte für Plus- und Minus-Abweichungen miteinander vertauschen.

2) zusätzlich zu anderen Toleranzen

Sondertoleranzen:

S = Spannfläche

A = Anlagefläche

Bild 4.3-18
Boden aus S355J2G3

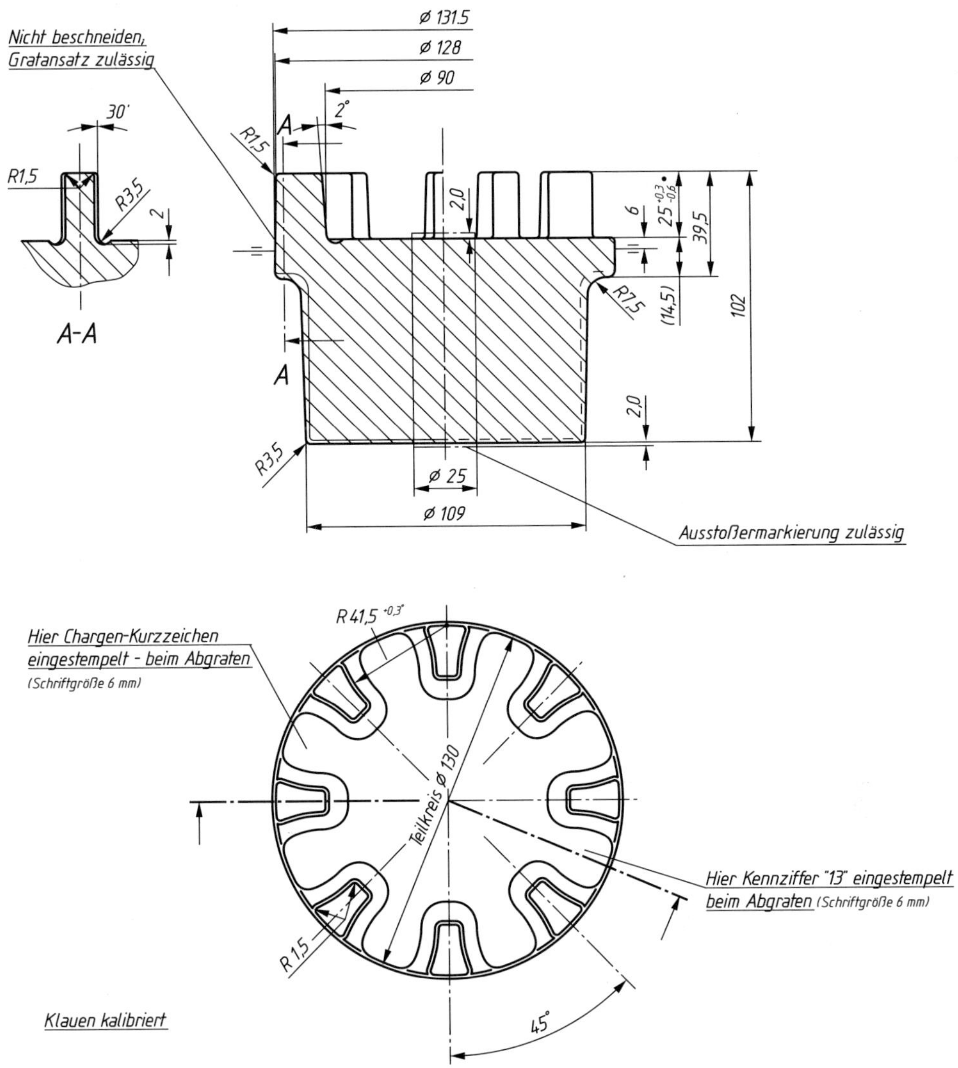

Unbemaßte Radien	2,0 mm
Gesenkschräge außen:	1°
Gesenkschräge innen:	—
Gratstärke	2,9 mm
Gratfinnenbreite	11 mm
Bearbeitungszugabe pro Seite	0 - ca. 2,0 mm
Bestätigt lt. Schr. v.:	
Ersatz für	
Ersetzt durch	

Toleranzen und zulässige Abweichungen nach DIN 7526

Schmiedestückgewicht	Hüllkörpergewicht	Feingliedrigkeit	Stoffschwierigkeit	Schmiedegüte
ca. 6,530 kg	ca. 10,870 kg	Gruppe S 2	Gruppe M 1	F

Maßarten	Toleranzen und zul. Abw.	Maßarten		Toleranzen und zul. Abw.
Längenmaße [1]	—	Abgratnasen	Höhe	2,5
			Breite	1,2
Breitenmaße, Durchmesser [1]	+1,9/–0,9	Klemmgrat	Höhe	—
Höhenmaße	+1,7/–0,8		Breite	—
Dickenmaße, Durchmesser	+1,9/–0,9	[1] für Innenmaße Zahlenwerte für Plus- und Minus-Abweichungen miteinander vertauschen		
Versatz [2]	1,0	[2] zusätzliche zu anderen Toleranzen		
Gratansatz (+) Anschnittiefe (-) [2]	1,2	Sondertoleranzen		●
Durchbiegung u. Verwerfung [2]	0,8	◄ S = Spannfläche		
Hohlkehlen und Kantenrundungen n. Tabelle 6		◄ A = Anlagefläche		
Tiefe von Oberflächenfehlern nach Abschnitt 3.2.4.3 und 9.2.4.5				

Bild 4.3-19
Nabe aus C45

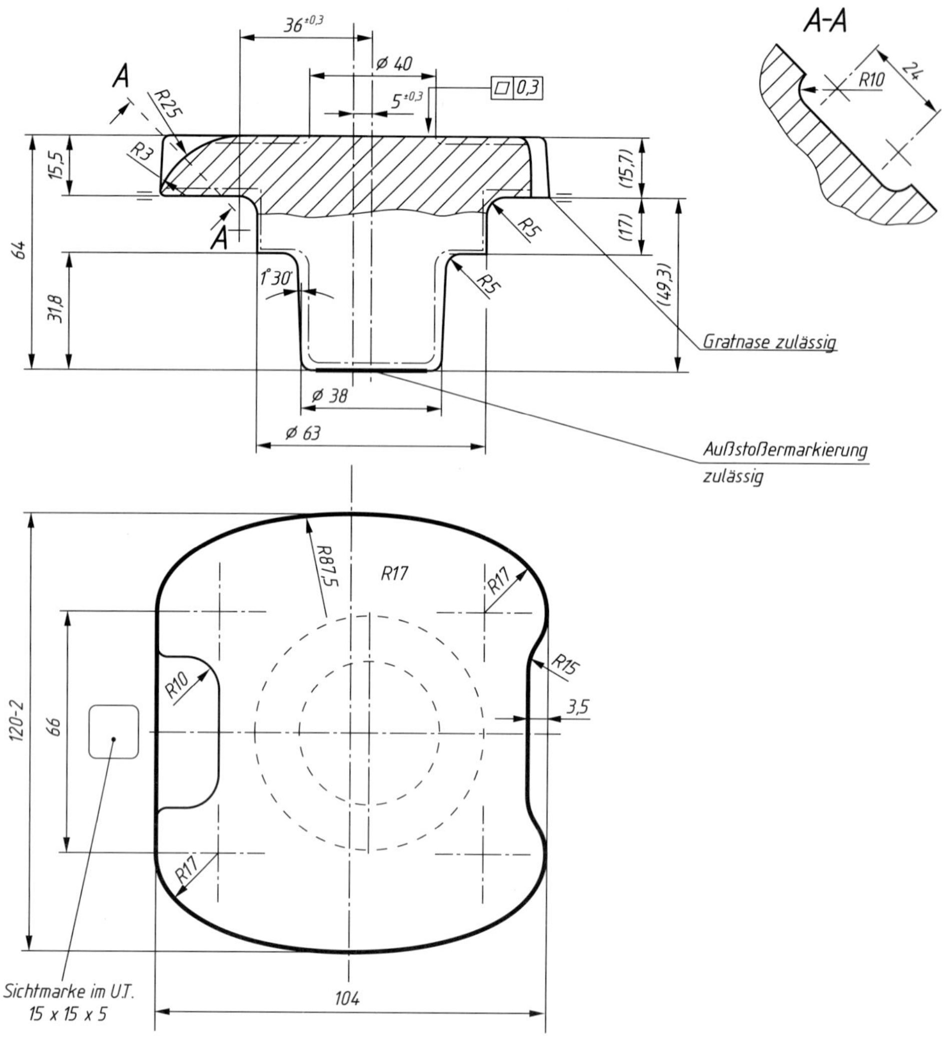

Toleranzen und zulässige Abweichungen nach DIN 7526 ausgenommen die besonders kenntlich gemachten.

Werkstoff und Wärmebehandlung	Schmiedestückgewicht	Hüllkörpergewicht	Feingliedrigkeit	Stoffschwierigkeit	Schmiedegüte
	2,10 kg	~6,3 kg	S 2	M 1	F

	+	–				
Längenmaße [1])	+	–	Gratnasen	Höhe	1,6	Sondertoleranzen
Breitenmaße ⌀ [1])	+ 1,5	– 0,7		Breite	0,8	Klammermaße sind Gesenkmaße ( )
Höhenmaße [1])	+ 1,2	– 0,6	Klemmgrat	Höhe	/	Hohlkehlen und Kantenrundungen nach Tabelle 6
Dickenmaße ⌀	+ 1,3	– 0,7		Breite	/	Tiefe von Oberflächenfehlern nach Abschnitt 3.2.4.3. und 9.2.4.5.
Versatz [2])	0,7		Schmiedekonus	innen	1°	[1]) Für Innenmaße Zahlenwerte für Plus- und Minus-Abweichungen miteinander vertauschen.
Gratansatz (+) / Anschnittiefe (–) [2])	0,8			außen	3°	
Durchbiegung und Verwerfung [2])	0,7		unbemaßte Radien RO 3 (2)		Bearbeitungszugabe 1,5	[2]) Zusätzlich zu anderen Toleranzen.

Bild 4.3-20 Achsschenkelbolzen aus 25MoCrE Schmiedeteilzeichnung

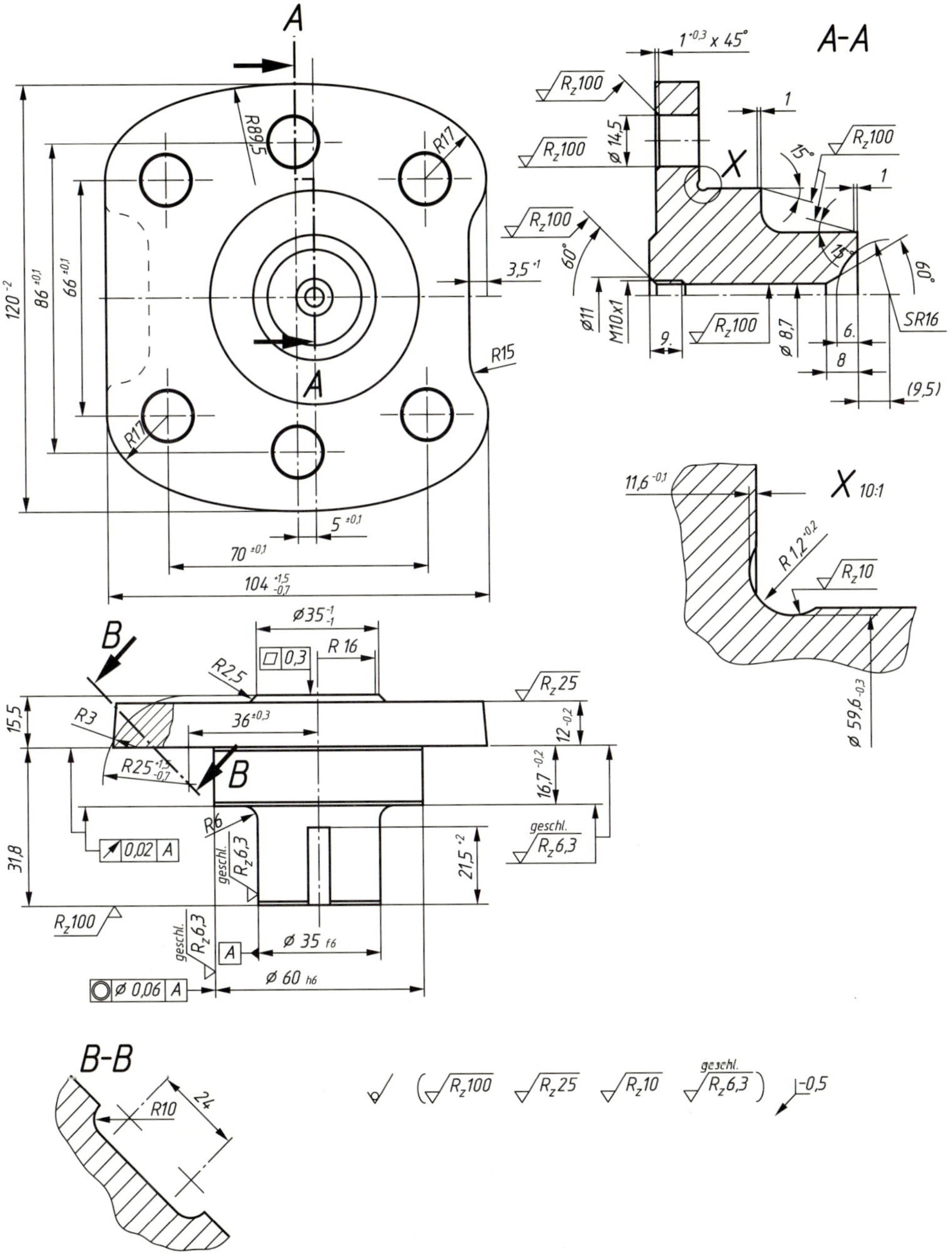

Bild 4.3-21 Achsschenkelbolzen aus 25MoCrE Fertigteilzeichnung

4.3.7 Vergleich von Schmiede- und Gussstücken

Gesenkschmieden und Gießen konkurrieren bei großen Fertigungsstückzahl im Maschinen- und Gerätebau, vor allem aber im Fahrzeugbau. Sowohl bei Gesenkschmiedeteilen als auch bei Gussstücken lassen sich mit zeitgemäßen Techniken hohe Fertigungsgenauigkeiten erzielen, die eine spanende Bearbeitung stark reduzieren.

Als Werkstoffe lassen sich rationell C35, C35E und C45, C45E für Schmiedeteile bzw. EN-GJMB-650-2 und EN-GJMB-700-2 oder EN-GJS-700-2 für Gussteile vergleichend einsetzen. Die genannten Gusswerkstoffe erreichen in etwa die Zugfestigkeit und Zähigkeit der unlegierten Vergütungsstähle. Erheblich geringer ist allerdings ihre Duktilität. Das führt zu einer Dauerfestigkeit, die um ca. 20 % bis 30 % geringer als die der vergleichbaren Stähle ist. Schmiedeteile haben darüber hinaus geringere innere Kerbwirkung durch Verschweißen von Mikrolunkern und die Beseitigung der widmannstättenschen Gussstruktur durch den Knetvorgang. Mögliche Werkstofffehler an Schmiedeteilen beschränken sich weitgehend auf die Oberflächenzonen und sind deshalb durch Sichtkontrolle oder magnetische Durchflutung (Fluxen) feststellbar. Geringe Gewichtsvorteile bei Gussteilen, die sich durch eine etwas geringere Dichte von Temperguss bzw. Gusseisen mit Kugelgraphit ergeben, werden meist infolge größerer erforderlicher tragender Querschnitte wegen höherer Kerbempfindlichkeit und kleinerem Elastizitätsmodul ausgeglichen.

4.3.8 Das Gestalten von Fließpressteilen

Beim Fließpressen wird der Werkstoff durch radiale und tangentiale Stauchungen in Richtung, entgegen oder quer zur Bewegungsrichtung des Pressstempels aus einer Matrize ausgepresst.

Die durch Fließpressen herstellbaren Bauteile beschränken sich weitgehend auf axial-symmetrische, insbesondere rotationssymmetrische Formen. Anregungen für die Formgebung sind dem *Bild 4.3-22* zu entnehmen.

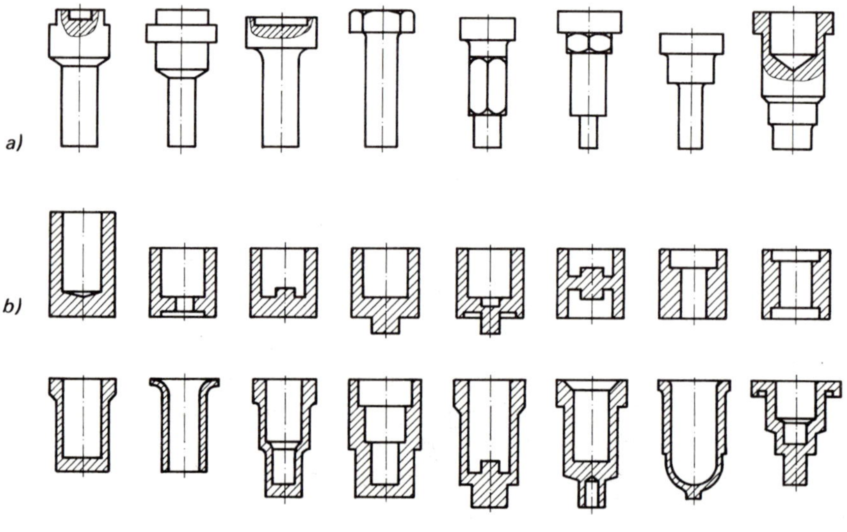

Bild 4.3-22 Typische Formen fließgepresster Bauteile
a) Vollkörper mit verschiedenen Kopf- und Schaftformen
b) Hohlkörper mit verschiedenen Innenmantel- und Bodenformen

Die Masse fließgepresster Bauteile liegt im Bereich von wenigen Gramm bis zu 40 kg. Prinzipiell sind alle duktilen Werkstoffe fließpressbar. Beim Kaltfließpressen bestehen allerdings Einschränkungen hinsichtlich der Beanspruchbarkeit der Werkzeuge (zulässige Flächenpressung $p_{zul} \approx 2{,}5\ \text{kN/mm}^2$).

Wie bei Gesenkschmiedestücken, so hat auch bei Fließpressteilen der Faserverlauf einen großen Einfluss auf das Betriebsverhalten, namentlich auf die Gestaltfestigkeit der Bauteile. *Die Gestaltung der Werkzeuge und der Rohlinge ist deshalb fließgerecht vorzunehmen.* Das Umlenken der Fasern im Werkstück muss möglichst sanft erfolgen, um eine erhöhte Kerbwirkung zu vermeiden. Bei der nachfolgenden spanenden Bearbeitung soll die Faser möglichst nicht durchschnitten werden.

Für die festigkeitsgerechte Gestaltung von Fließpressteilen sollte der Konstrukteur deshalb die in *Bild 4.3-23* dargestellten Fließvorgänge beachten. *Bild 4.3-23* lässt den Faserverlauf und die Formänderung – dargestellt durch die Verzerrung der Gitternetzlinien – beim *Vorwärtsfließpressen* erkennen. In der ersten Phase der Umformung wird der Werkstoff zunächst nur zusammengepresst ohne wesentliche Verzerrung der Netzlinien.

Verfahren	Formänderungs- und Faserverlauf	Werkstoffverhalten
Vorwärts-fließpressen	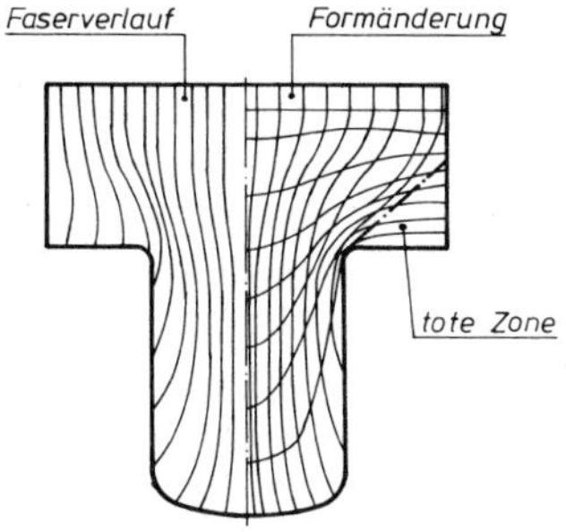	Werkstofffluss in der Mitte stärker als am Matrizenmantel Starke Verzerrung des Gitters an der Matrizenöffnung „Tote Zone“ am Matrizenboden
Rückwärts-fließpressen	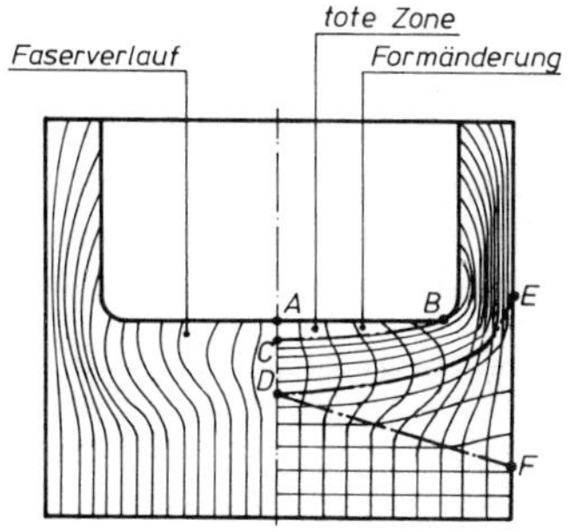	Werkstofffluss am Matrizenmantel (E) stärker Starke Verzerrung des Gitters am Stempelboden (B) „Tote Zone“ am Stempelboden

Bild 4.3-23 Werkstoffverhalten beim Fließpressen

Anschließend beginnt der Werkstoff durch die Matrizenöffnung zu fließen, in der Mitte stärker als außen. Erreicht der Stempel schließlich die „tote Zone“, die infolge Haftreibung bei flachem Matrizenboden auftritt, so werden durch den von dort verdrängten Werkstoff die Gitternetzlinien stark verzerrt.

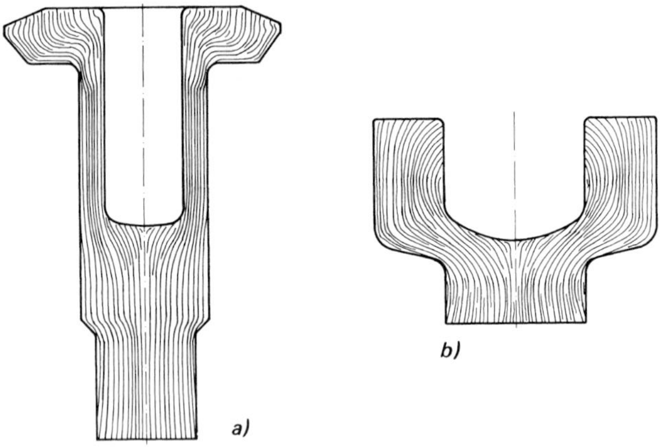

Bild 4.3-24
Faserverlauf fließgepresster Formlinge
a) Getrieberadrohling
b) Joch eines Kardangelenkes

4

Beim *Rückwärtsfließpressen* liegt im Bereich ABC unterhalb des Stempels eine tote Zone vor. Der in die Wandung fließende Werkstoff wird ausschließlich dem Bereich zwischen den Linien CB und DE entnommen. Die Netzlinien im Bereich zwischen DE und DF werden nur umgebogen, beteiligen sich aber erst dann am Fließvorgang, wenn der Punkt F den Matrizenboden erreicht.

Die Größe der Fließpressumformung wird durch den Umformgrad $\varphi_R = \ln (A_0/A_1)$ erfasst. Für die Ermittlung der Rohlingsmaße gilt das *Prinzip der Volumenkonstanz: Das Werkstoffvolumen vor der Umformung V_0 ist annähernd gleich groß wie das Werkstoffvolumen nach der Umformung V_1* : $V_0 = V_1 =$ const. (vgl. *Beispiel 4.7.9*). Selbstverständlich ist der fertigungsbedingte Abfall des Werkstoffes beim Rohling zu addieren.

Beim Warmfließpressen gelten weitgehend die Gestaltungsregeln für das Gesenkschmieden.

Für das Kaltfließpressen sind Gestaltungsbeispiele im *Anhang A4.3-8* angegeben.

4.3.9 Literatur

DIN-Normen

1. DIN 8580: Fertigungsverfahren; Einteilung
2. DIN 8582: Fertigungsverfahren Umformen; Einordnung, Unterteilung
3. DIN 8583: Fertigungsverfahren Druckumformen; Unterteilung, Begriffe
4. DIN 7522 T1 … T6: Schmiedestücke aus Stahl; Technische Richtlinien für Lieferung, Gestaltung und Herstellung; Allgemeine Gestaltungsregeln nebst Beispielen
5. DIN 7523 T1 … T3: Schmiedestücke aus Stahl; Gestaltung von Gesenkschmiedestücken; Regeln für Schmiedestückzeichnungen; Mindestwanddicken; Bearbeitungszugaben, Rundungen und Seitenschrägen
6. DIN 7526: Schmiedestücke aus Stahl; Toleranzen und zulässige Abweichungen für Gesenkschmiedestücke; Beispiele für die Anwendung
7. DIN 7527 T1 … T6: Schmiedestücke aus Stahl; Bearbeitungszugaben und zulässige Abweichungen für freiformgeschmiedete Stücke
8. DIN 9005 T1 … T3: Gesenkschmiedestücke aus Magnesium-Knetlegierungen
9. DIN 17 606 T2 … T4: Freiformschmiedestücke aus Aluminium-Knetlegierungen
10. DIN 17 673 T1 … T4: Gesenkschmiedestücke aus Kupfer und Kupfer-Knetlegierungen
11. DIN 17 678: Freiformschmiedestücke aus Kupfer und Kupfer-Knetlegierungen
12. DIN 17 864: Schmiedestücke aus Titan und Titan-Legierungen
13. VDI-Richtlinie 3137: Begriffe und Formelzeichen der Umformtechnik
14. VDI-Richtlinie 3138 Bl. 1 … 4: Kaltfließpressen; Grundlagen; Anwendung; Beispiele; Wirtschaftlichkeit
15. VDI-Richtlinie 3143 Bl. 1 und 2: Stähle für das Kaltfließpressen; Auswahl, Wärmebehandlung

16. VDI-Richtlinie 3151: Kaltfließpressteile aus Stählen und NE-Metallen; Anforderungen, Bestellung, Lieferung
17. VDI-Richtlinie 3184: Schmieden in Waagerecht-Stauchmaschinen
18. VDI-Richtlinie 3200: Fließkurven metallischer Werkstoffe
19. VDI-Richtlinie 3202: Fließkurven korrosionsbeständiger Stähle

Stahl-Informationszentrum, Düsseldorf (Hrsg.)

20. Merkblatt 201 Fließpressen von Stahl
21. Merkblatt 436 Gesenkschmieden von Stahl
22. Merkblatt 482 Gestaltungsregeln für Gesenkschmiedestücke
23. *Billigmann/Feldmann,* Stauchen und Pressen, Hanser, München 1973
24. *Flimm,* Spanlose Formgebung, Hanser, München 1990
25. *Grüning,* Umformtechnik, Vieweg, Braunschweig 1986
26. *Haller,* Praxis des Gesenkschmiedens, Hanser, München 1982
27. Informationsstelle Schmiedestück-Verwendung, Schmiedeteile, Hagen 1995
28. *Jahnke/Retzke/Weber,* Umformen und Schneiden, VEB Verlag Technik, Berlin 1981
29. *Krist,* Werkstatt-Tabellen, Band II, Technik Tabellen Verlag, Darmstadt 1980
30. *Lange,* Lehrbuch der Umformtechnik, Springer, Berlin 1975
31. *Lange/Meyer-Nolkemper,* Gesenkschmieden, Springer, Berlin 1977
32. *Rögnitz/Köhler,* Fertigungsgerechtes Gestalten, B. G. Teubner, Stuttgart 1967
33. *Tschätsch,* Handbuch der Umformtechnik, Hoppenstedt Technik Tabellen Verlag, Darmstadt 1993

Bildquellennachweis:
1. Informationsstelle Schmiedestück-Verwendung
   Bilder 4.3-9, 4.3-14, 4.3-15, 4.3-16, 4.3-17
2. BEW Umformtechnik Westheim, Rosengarten
   Bilder 4.3-18, 4.3-19
3. Hammerwerk Fridingen, Fridingen
   Bilder 4.3-20, 4.3-21

4.4 Das Gestalten von Löt- und Schweißverbindungen

Löten und Schweißen sind thermische, stoffschlüssige Fügeverfahren, die auch zum Beschichten von metallischen Werkstoffen eingesetzt werden.

Beide Verfahren stellen wirtschaftliche Verbindungstechniken dar, da sie in hohem Maße automatisierbar sind.

4.4.1 Lötverbindungen

1. Theoretische Grundlagen

Durch Löten werden metallische Werkstoffe in festem Zustand mit Hilfe eines geschmolzenen Zusatzwerkstoffes, dem Lot, verbunden. Der Schmelzpunkt des Lotes liegt dabei niedriger als der Schmelzpunkt der zu verbindenden Bauteile.

Von entscheidender Bedeutung ist beim Lötvorgang die Benetzung des Grundwerkstoffes durch das Lot. Lot und Grundwerkstoff gehen im Benetzungsbereich eine Legierung ein, wobei sich der Grundwerkstoff im festen Zustand befindet.

Diese gegenseitige Durchdringung wird als Diffusion bezeichnet. Die Diffusionstiefe variiert zwischen 2 µm und mehreren mm. *Bild 4.4-1* zeigt diesen Diffusionsvorgang.

Die Festigkeit der Legierung zwischen Lot und Grundwerkstoff ist größer als die des Lotes. Deshalb muss bei einer belasteten Lötverbindung die Legierungsbildung in der gesamten Lötfuge gewährleistet sein.

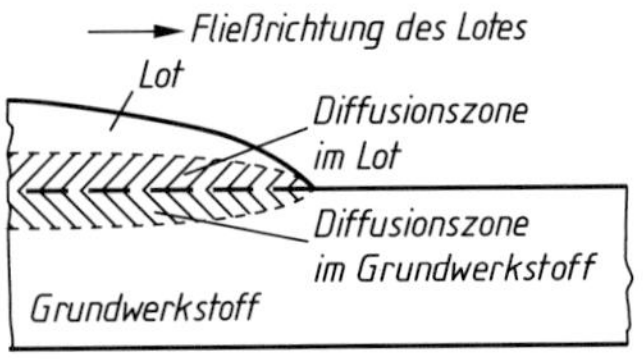

Bild 4.4-1 Legierungsbildung durch Diffusion

Vor dem Löten sind die Lötflächen entsprechend dem Merkblatt *DVS 2606* sorgfältig zu reinigen. Durch Flussmittel werden dann noch vorhandene Oxidationsprodukte und Oberflächenfilme beseitigt und deren erneute Bildung verhindert, damit das Lot die Lötfläche wirklich benetzt. Anstelle von Flussmitteln können auch reduzierende oder inerte Schutzgase verwendet werden.

Verbindungslöten kann als Spalt- oder Fugenlöten durchgeführt werden. Beim Spaltlöten befindet sich zwischen den im Stumpf-, Parallel- und Überlappstoß gefügten Bauteile ein enger Spalt, der durch den kapillaren Fülldruck mit Lot gefüllt wird. Als günstige Spaltbreite wurde der Bereich 0,05 – 0,25 mm ermittelt.

Da die Festigkeit der Lötverbindung mit zunehmender Spaltbreite abnimmt, sollte der obere Grenzwert von 0,5 mm beim Spaltlöten nicht überschritten werden.

Fugenlöten ist Fügen von Teilen mit größerem Abstand. Vielfach erweitert sich die Lötfuge auch V- oder X-förmig, wie z. B. beim Fügen eines Rohres mit einer Platte, siehe *Bild 4.4-2*. Die Lötfuge wird hauptsächlich durch die Schwerkraft gefüllt.

Spaltlöten	Fugenlöten	Hinweis
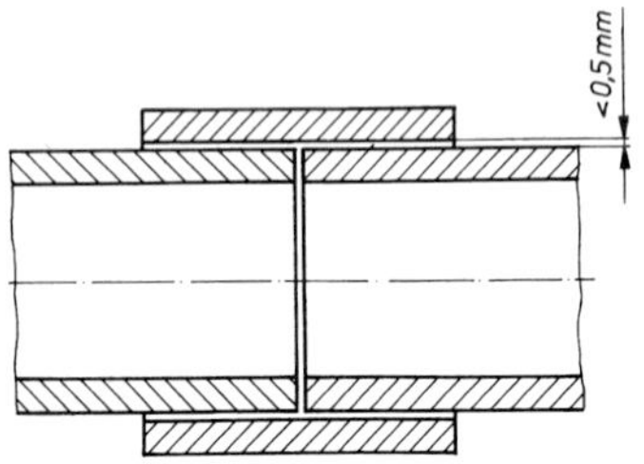	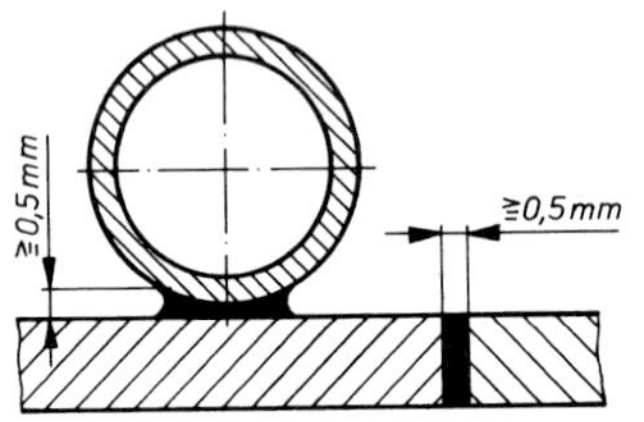	Fugenlöten, wegen kleiner Fügefläche mit Weichloten ungünstig

Bild 4.4-2 Spalt- und Fugenlöten

2. Lote

Als Lote werden geeignete Legierungen, seltener reine Metalle in Form von Drähten, Formteilen, Pulver oder Pasten eingesetzt.

Im Allgemeinen kann ein Lot für verschiedene Grundwerkstoffe verwendet werden. Die Wahl des Lotes ist abhängig von den zu verbindenden Grundwerkstoffen, von den zulässigen Temperaturen und verlangten Festigkeiten sowie von der vorhandenen Betriebseinrichtung.

Weichlote

Weichlote werden bei einer Arbeitstemperatur unterhalb 450 °C bei Stahl, Kupfer, Aluminium und deren Legierungen eingesetzt. Die Einteilung der Weichlote in entsprechende Gruppen findet man in der *DIN 1707*. Weichlote wendet man dann an, wenn eine Verbindung dicht bzw. leitfähig sein soll und an die Festigkeit geringe Anforderung gestellt wird.

Hartlote

Hartlötverbindungen haben eine größere Festigkeit und sind wegen der höheren Schmelztemperatur des Lotes auch für höhere Betriebstemperaturen geeignet. Über die Lotzusammensetzung und Verwendung informiert die *DIN 8513 Teil 1* bis *Teil 4*.

Hochtemperaturlote

Hochtemperaturlote sind für hochfeste Lötverbindungen geeignet. Die Arbeitstemperatur der Lote liegt über 900 °C. Die Nickelbasislote werden im Vakuum oder unter Schutzgas verarbeitet. Zusammensetzung, Schmelzbereich und Lieferformen können der *DIN 8513 Teil 5* entnommen werden.

3. Gestaltung von Lötverbindungen

Lötverbindungen sollen möglichst nur auf Schub beansprucht werden. Zug- und Biegebeanspruchung, besonders bei Weichloten, sind zu vermeiden. Beim Weichlöten sind große Lötflächen anzustreben. Die Überlappungslänge bei Blechverbindungen soll in etwa 4 bis 6mal Dicke *t* des dünnsten Bleches sein, längere Überlappungen sind ungünstig, da das Lot den Spalt nicht voll ausfüllt.

Die geringe Festigkeit der Weichlotverbindung kann durch Falzen, siehe *Bild 4.4-3,* aufgefangen werden. Der Formschluss der Blechteile ergibt eine Kraftentlastung der Lötnaht, die z. B. nur noch Dichtungsfunktion hat.

Hartlöten	Weichlöten	Hinweis
	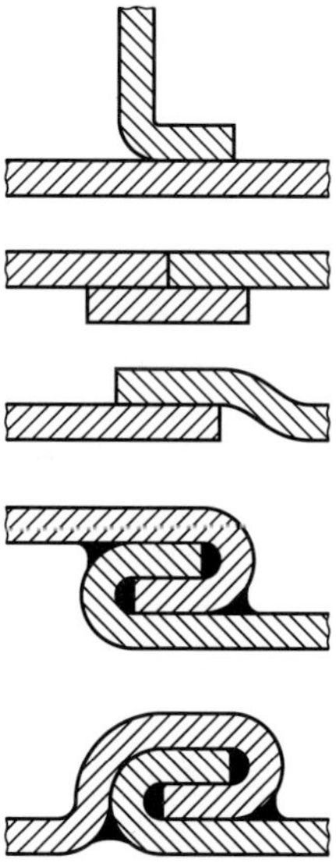	Höhere Festigkeit durch größere Lötfläche bei a), b) und c) Entlastung der Lötverbindung durch Formschluss d) mit Biegebeanspruchung e) ohne Biegebeanspruchung
Stumpflötung	Überlappungslötung	

Bild 4.4-3 Lötverbindungen bei Blechen

Ein Mittelrauhwert von $R_{\alpha} \leq 12{,}5$ µm an der gefügten Fläche wirkt sich günstig aus. Geschliffene oder polierte Flächen sind etwas aufzurauhen, damit eine optimale Benetzung des Grundwerkstoffes erfolgt.

Bild 4.4-4 zeigt für drei Konstruktionsaufgaben Lösungen mit und ohne Entlastung der Weichlötverbindung.

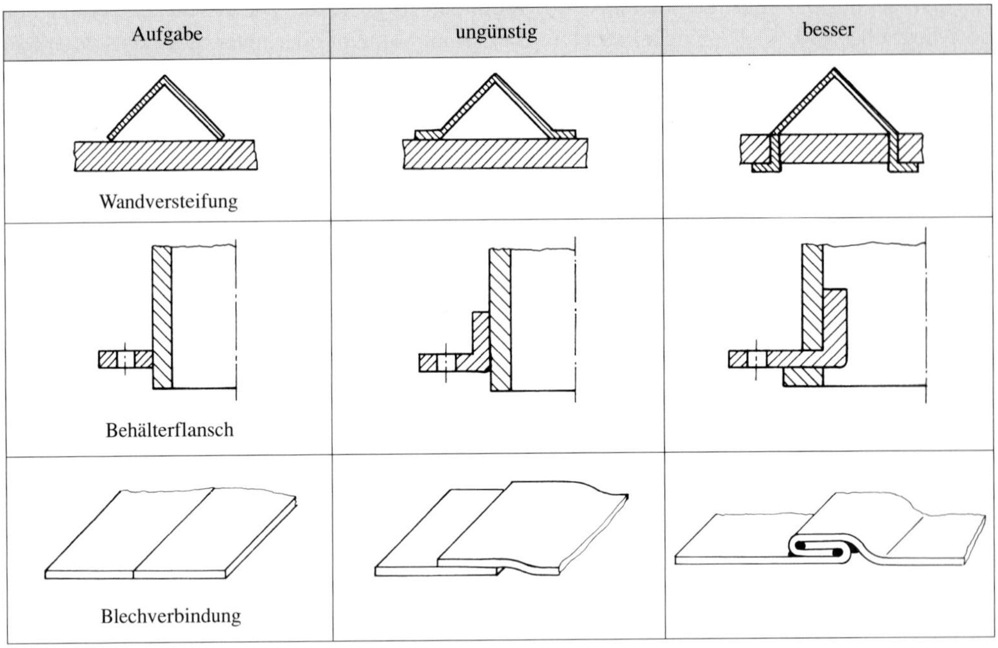

Bild 4.4-4 Entlastung der Weichlötverbindung

Bei Serien- oder Massenfertigung ergeben sich große wirtschaftliche Vorteile durch die Anwendung maschineller Lötverfahren. Die Ofenlötung unter Schutzgas bietet z. B. den Vorteil, komplett vorgefertigte Einzelteile zu Baugruppen zusammensetzen zu können, ohne dass deren Oberflächenqualität oder Genauigkeit beeinflusst wird. Das benötigte Lot wird in diesem Falle in Form von Lotformteilen vor dem Löten am Werkstück an- oder eingelegt. Im *Bild 4.4-5* sind einige Lotformteile, wie sie im Handel erhältlich sind, dargestellt.

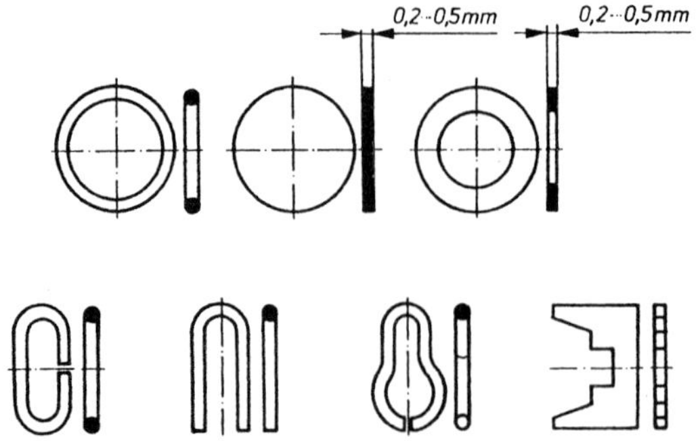

Bild 4.4-5 Lotformteile

Weitere Konstruktionsbeispiele sind in den *Bildern 4.4-6* bis *4.4-9* zusammengestellt. Die angestrebte Spaltbreite sollte im Bereich 0,05 – 0,2 mm liegen.

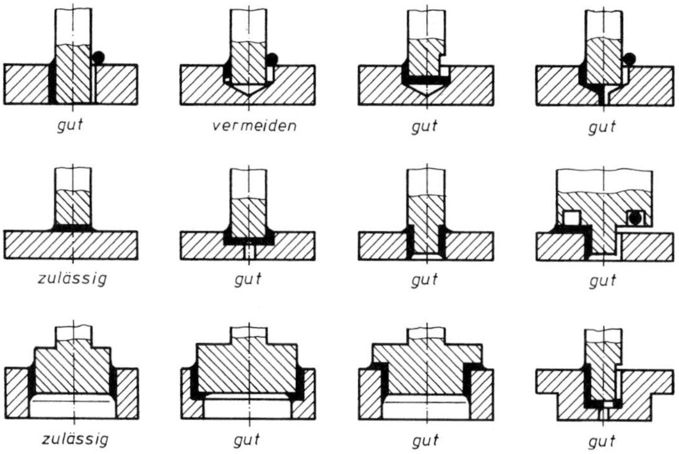

Bild 4.4-6 Lötgerechte Konstruktion von Bolzenverbindungen

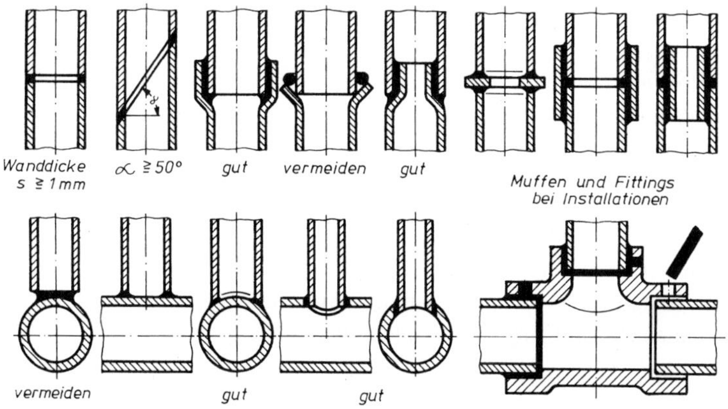

Bild 4.4-7 Lötgerechte Konstruktion von Rohrverbindungen

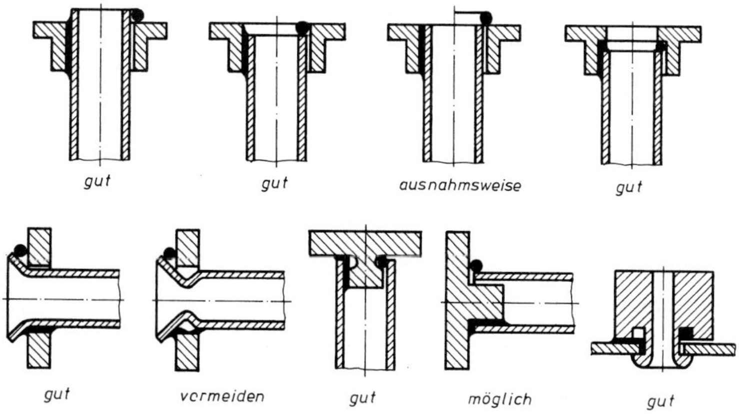

Bild 4.4-8 Lötgerechte Konstruktion von Nippel- und Flanschverbindungen

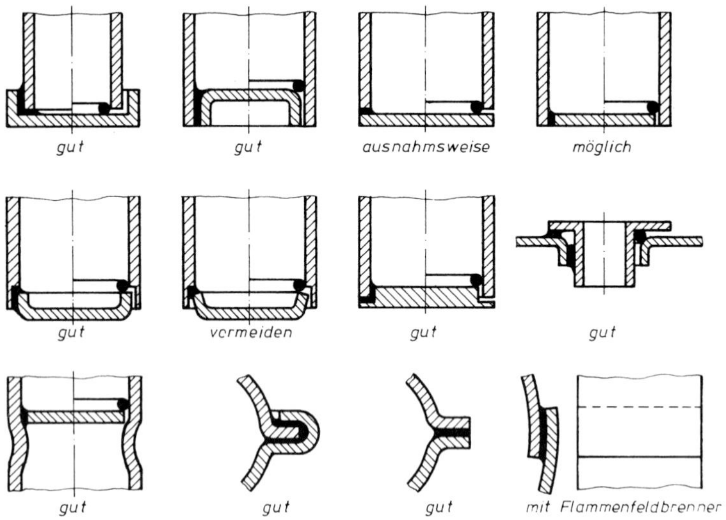

Bild 4.4-9 Lötgerechte Konstruktion von Blechbehältern

4.4.2 Schweißverbindungen

Das Schweißen ist ein vielfältig anwendbares Verbindungsverfahren, das sowohl bei Metallen als auch bei Kunststoffen und bei anderen Werkstoffen, wie z. B. bei Glas, angewendet wird. Entsprechend dieser vielfältigen Anwendungsmöglichkeiten gibt es eine große Anzahl verschiedener Schweißverfahren, die in *DIN 1910 Teil 1 … Teil 5* beschrieben und gegliedert sind.

1. Eigenschaften von Schweißverbindungen

Schweißverbindungen können bei vielen Werkstoffen angewendet werden, nicht nur bei Stahl, Stahlguss und Gusseisen, sondern auch bei Kupfer-, Aluminium- und Magnesiumlegierungen, bei Nickel, Zink, Blei, thermoplastischen Kunststoffen und anderen Nichtmetallen.

Das Verbindungsschweißen steht in Konkurrenz mit dem Gießen, dem Nieten und dem Schrauben. Gegenüber diesen Verfahren ergeben sich bei Schweißkonstruktionen folgende

Vorteile

- Bei schweißgerechter Gestaltung ergibt sich Gewichtsersparnis bei gleicher Steifigkeit und Festigkeit
- kürzere Fertigungszeiten als bei Gusskonstruktionen; damit geringere Fertigungskosten
- größere Fertigungsgenauigkeit als bei Gusskonstruktionen
- Leichtbauweise ist möglich
- geringere Nachbearbeitung

Auftragschweißungen ermöglichen die Reparatur von Verschleißteilen und das Anbringen von Verstärkungen. Das mit der Schweißtechnik eng verbundene Brennschneiden ist ein wirtschaftliches Vorbearbeitungsverfahren für geschweißte Baugruppen.

Nachteile von Schweißverbindungen sind

- der Schweißverzug
- die Schrumpfspannungen
- die Veränderung der Werkstoffeigenschaften in der wärmebeeinflussten Zone

- geringere Dämpfungseigenschaften für mechanische und akustische Schwingungen als bei Gussstücken
- in der Serienfertigung höhere Fertigungskosten als beim Gießen

Für die erfolgreiche Anwendung der Schweißtechnik ist vor allem das schweißgerechte Gestalten der Baugruppe von großer Bedeutung.

2. Schweißeignung wichtiger Werkstoffe

Eine uneingeschränkte Eignung der **Stähle** nach der *DIN EN 10025* für die verschiedenen Schweißverfahren besteht nicht. Für das Lichtbogen- und Gasschmelzschweißen sind die Stähle bis einschließlich des S355J2G3 (≤ 0,22 % C) geeignet, der Stahl S185 aber nur mit Einschränkungen. Die überwiegend im Maschinenbau eingesetzten Stähle E295, E335 und E360 (C-Gehalt ca. 0,3 %, 0,4 % und 0,5 %!) neigen zur Aufhärtung und Sprödbruch. Sie sind deshalb nur bedingt, E295 nur bei sehr sorgfältiger Vorbereitung und Nachbehandlung, schweißbar. Zum Abbrennstumpf- und Gaspressschweißen sind alle Stähle dieser Norm geeignet, für andere Pressschweißverfahren (z. B. Punktschweißen) jedoch nur die mit einem C-Gehalt bis 0,22 %.

Die Stähle der Gütegruppen JR, J0, J2G3, J2G4, K2G3 und K2G4 sind im Allgemeinen zum Schweißen nach allen Verfahren geeignet.

4

Anforderungen an Flacherzeugnisse für **Druckbehälter** aus schweißgeeigneten, unlegierten und legierten Stählen gibt die *DIN EN 10028 Teil 1* bis *Teil 4* wieder. Zu nennen sind die Stahlsorten P235GH, P265GH, P355GH, 16Mo3 … 11CrMo9-10, die vorwiegend für Dampfkesselanlagen, Druckbehälter, große Druckrohrleitungen und ähnliche Bauteile verwendet werden.

Rostbeständige ferritische und austenitische Stähle nach *DIN 17440*, die vor allem unter Handelsnamen wie z. B. VA-Stähle oder NIROSTA bekannt sind, werden vorwiegend in der chemischen Industrie, der Nahrungsmittelindustrie, der Papierindustrie und ähnlichen Bereichen eingesetzt. Ihre Schweißneigung ist im Allgemeinen gut, wenn sie gegen interkristalline Korrosion durch Kohlenstoffgehalte unter 0,1 % und durch Zugabe von Stabilisierungselementen geschützt sind. Andernfalls treten im aufgeheizten Grundwerkstoff neben der Schweißnaht interkristalline Korrosionsvorgänge auf durch Diffusion von C und Cr und Bildung von Chromkarbid in den Korngrenzen.

Die Schweißeignung von **Stahlguss** für allgemeine Verwendung nach *DIN 1681* ist vom C-Gehalt abhängig. GE200 und GE240 können ohne Vorwärmung geschweißt werden. Stahlgusssorten mit einem C-Gehalt von mehr als 0,25 % müssen in allen Fällen vorgewärmt geschweißt werden. Die Vorwärmtemperatur beträgt 100 °C … 150 °C. Nach dem Schweißen ist normal zu glühen.

Warmfester ferritischer Stahlguss nach *DIN 17245* muss auf 200 °C … 300 °C vorgewärmt und anschließend langsam abgekühlt werden; gegebenenfalls ist er bis zu 2 Stunden spannungsarm zu glühen.

Nichtrostender Stahlguss nach *DIN 17445* wird in ferritische und austenitische Sorten unterschieden. Ferritischer Stahlguss muss auf 300 °C … 400 °C vorgewärmt werden und nach dem Schweißen noch einer Wärmebehandlung mittels Anlassvergüten unterzogen werden. Bei austenitischem Stahlguss ist eine dem Schweißen nachfolgende Wärmebehandlung nicht unbedingt erforderlich. Allerdings empfiehlt sich bei ungünstigen Schweißbedingungen ein Spannungsarmglühen.

Gusseisen mit Lamellengraphit nach *DIN EN 1561* kann wegen seines hohen C-Gehaltes nur unter erheblichen Schwierigkeiten geschweißt werden. Die Gusseisenschweißung ist durch Warmschweißung mit Lichtbogen oder Gasflamme oder durch Kaltschweißung meist nur mit Lichtbogen möglich. Beim Warmschweißen müssen die Bauelemente auf 400 °C … 650 °C vorgewärmt werden. Die Festigkeit der so gefertigten Bauteile ist besser als bei der Kaltschweißung. Diese führt zu einer Eisenkarbidbildung in den Randzonen der Naht, Ursache für eine starke Rissneigung der Verbindung. Durch Einsetzen von Gewinde-Stahlstiften in die Nahtflanken kann die Festigkeit einer Schweißverbindung an Gusseisen gesteigert werden.

Die Schweißneigung von **Kupfer** ist nur bei sauerstofffreien Sorten gewährleistet, weil sonst durch Diffusion von H und Verbindung mit dem im Kupfer vorhandenen O sich H_2O in den Korngrenzen mit Drücken bis zu 1000 bar bildet – Ursache für Betriebsbrüche (Wasserstoffkrankheit). Kupfer und Kupferlegierungen werden vorwiegend durch Gasschmelzschweißen oder durch Schutzgasschweißen verbunden.

Aluminium und seine Legierungen werden am häufigsten unter Schutzgas verschweißt. Das ist erforderlich wegen der starken Affinität des Al zu O_2. Das Gasschmelzschweißen von Al und Al-Legierungen ist ebenfalls verbreitet.

Thermoplastische Kunststoffe lassen sich im Allgemeinen problemlos schweißen. Als Schweißverfahren wird ausschließlich das Pressschweißen angewendet. Wegen niedriger Temperaturen beim Fügen ist das Schweißen mit einfachen Mitteln möglich.

Nachteilig wirkt sich die geringe Festigkeit der Schweißnaht im Vergleich zum Grundwerkstoff aus. Die *DIN 1910 Teil 3* beschreibt die Schweißverfahren und die Energieträger näher.

3. Die Schrumpfwirkung der Schweißnähte

Die örtliche Erwärmung durch das Schweißen ruft im Bauteil ein Kräftespiel hervor, wobei sich die erhitzte Stelle ausdehnt, während die kaltgebliebenen Bauteilbereiche der Umgebung diese Ausdehnung mehr oder weniger – je nach Fließvermögen – behindern. Als Ergebnis bleibt nach der Abkühlung eine Schrumpfung, unter Umständen auch eine beträchtliche plastische Verformung, stets aber eine innere Verspannung zurück.

Die Schrumpfung kann ihrer Bewegungsrichtung nach in Querschrumpfung, Winkelschrumpfung und Längsschrumpfung aufgeteilt werden, s. *Bild 4.4-10*. Diese drei Schrumpfungsarten wirken gleichzeitig; sie sind aber verschieden in ihren Auswirkungen und können in verschiedener Weise beeinflusst werden.

Die **Querschrumpfung** ist eine Folge der Erwärmung der Nahtflanken. Die zu fügenden Bauelemente dehnen sich beide aus, was ohne Widerstand nach der Nahtmitte hin geschehen kann, die Fuge wird dadurch verengt. Ist die Schweißung beendet, dann beginnt die Abkühlung mit Anstieg der Fließgrenze des Werkstoffes. Die mit der Abkühlung zwangsläufig verbundene Schrumpfung kann sich aber nicht als Aufweitung der Fuge auswirken, so dass das gesamte Bauteil quer zur Naht kürzer wird.

Die **Winkelschrumpfung** ist eine Folge der Querschrumpfung der Naht. Die Größe der Winkelschrumpfung hängt weitgehend vom Nahtaufbau ab. Je mehr Lagen übereinander gelegt werden, umso größere Schrumpfwinkel treten auf.

Die **Längsschrumpfung** erstreckt sich über die Länge der Naht. Eine Kürzung der Nahtlänge kann praktisch jedoch nur an den Nahtenden erfolgen.

Wirken Quer- und Längsschrumpfung gleichzeitig, so entstehen einander überlagernde Quer- und Längsspannungen mit mehrachsigem Spannungszustand in der Schweißnaht und im Anschlussquerschnitt.

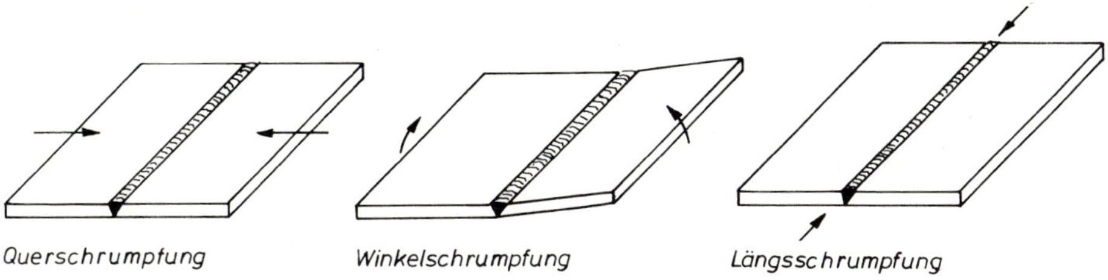

Bild 4.4-10 Schrumpfungen der Schweißnähte

Maßnahmen zur Verringerung der Schrumpfspannungen sind:

- ein kleines Nahtvolumen
- eine geringe Wärmezufuhr
- eine angepasste Schweißfolge und Arbeitsvorbereitung
- das sinnvolle Ableiten der Wärme
- ein nachfolgendes Spannungsarm- oder Normalglühen

Die Schrumpfneigung nimmt mit der Menge der zugeführten Wärme zu. Die Erwärmung der Naht und ihrer Umgebung ist daher grundsätzlich so gering wie möglich zu halten. Allerdings ist die zugeführte Wärmemenge umso größer, je größer das Nahtvolumen ist. Die Schweißnahtdicke sollte deshalb so gering wie möglich gehalten werden.

Einfluss	Fugenform	Hinweis
Nahtdicke	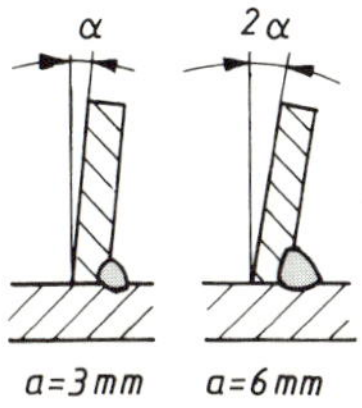	Doppelte Nahtdicke ergibt vierfaches Nahtvolumen, größere Winkelschrumpfung
Fugenwinkel	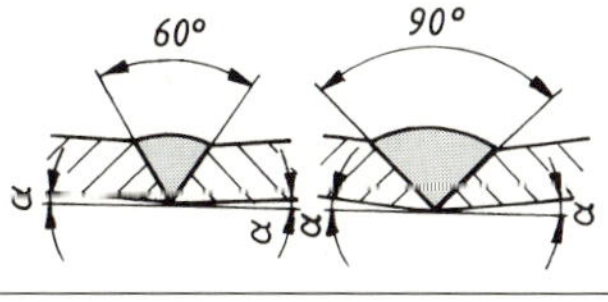	Größerer Fugenwinkel ergibt größeres Nahtvolumen, größere Winkelschrumpfung
V-Naht DV-Naht	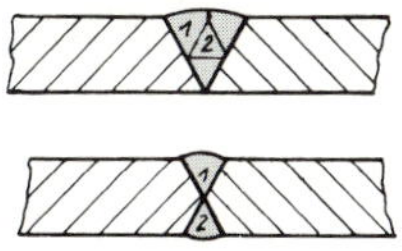	Bei gleicher Materialstärke V-Naht größeres Nahtvolumen, größere Winkelschrumpfung

Bild 4.4-11 Schrumpfung in Abhängigkeit vom Nahtvolumen

Nahtanhäufungen und Nahtüberschneidungen sind insbesondere bei rissempfindlichen Werkstoffen zu vermeiden. Es muss ausreichend viel Werkstoff zum Schrumpfen vorhanden sein, damit sich ein Teil der Schrumpfspannungen durch plastische Verformung der Bauteilelemente abbauen lassen.

Unterbrochene Nähte geben dem Werkstoff die Möglichkeit zur Verformung. Allerdings besteht die Gefahr, dass bei nichtruhender Beanspruchung die Verbindung zerstört wird, da unterbrochene Nähte durch Kerbwirkung leicht aufreißen. Zu beachten sind dabei vor allem die an Anfang und Ende jeden Nahtabschnittes auftretenden Endkratzer. Es ist daher besser, grundsätzlich unterbrochene Nähte durch dünnere, aber durchlaufende Nähte zu ersetzen.

Ein sehr wirksames Mittel gegen Schrumpfspannungen ist das Vorwärmen der Bauteilelemente vor dem Schweißen. Es ist besonders bei starren Bauteilen mit großen Wanddicken zu empfehlen.

Bei hochwertigen geschweißten Baukonstruktionen ist ein Spannungsarmglühen nach dem Schweißen zu empfehlen. Allerdings empfiehlt sich bei größeren Werkstückdicken eine Verbindung des Spannungsarmglühens mit dem Normalglühen. Durch diese Glühverfahren kann der einmal im Bauteil vorhandene Verzug nicht mehr beseitigt werden; die Spannungen werden jedoch abgebaut und das Ursprungsgefüge gegebenenfalls wieder hergestellt. Zur Vermeidung von Verzug durch das Freiwerden von inneren Spannungen beim Glühen müssen die Bauteile in Zwangslage geglüht werden.

4. Nahtarten und Nahtformen

Die Festigkeit der Schweißnähte wird durch Kerbwirkung herabgesetzt. Hierbei ist zwischen technologischen Kerben und Gestaltungskerben, konstruktive Kerben zu unterscheiden.

Technologische Kerben sind Poren und Gaseinschlüsse in der Naht, in der Nahtwurzel und in den Ansatzstellen durch Elektrodenwechsel, die sich bilden, weil die Schweißnaht im Gegensatz zum Knetgefüge des Grundwerkstoffes ein Gussgefüge hat.

Gestaltungskerben der Schweißnaht sind äußere Kerben, wie die Endkrater der Nähte und die Übergänge der Nähte zum Grundwerkstoff. Durch zweckmäßige Gestaltung und Bearbeitung lässt sich die Kerbwirkung der Schweißnähte mildern oder aufheben.

Die Nahtart, z. B. die Stumpfnaht oder die Kehlnaht, hängt von der Lage der Bauteilelemente zueinander ab. Die Nahtform, z. B. V-Naht oder DV-Naht, wird von der Bauteildicke, vom gewählten Schweißverfahren und von den Anforderungen an die Schweißnaht, wie z. B. die Belastungsart oder eine vorgeschriebene Dichtheit, bestimmt. Im *Bild 4.4-12* sind verschiedene Stumpfnahtformen dargestellt.

- I-Nähte sind für Werkstückdicken bis 4 mm verwendbar und erfordern keine Nahtvorbereitung.
- V-Nähte werden bei Werkstückdicken von 3 mm … 10 mm angwendet. Der Öffnungswinkel der Nahtfuge ist meist mit 60° zu wählen.
- HV-Nähte werden seltener angewendet.
- DV-Nähte verwendet man bei Werkstückdicken über 10 mm.
- DHV-Nähte kommen seltener vor.
- Für große Werkstückdicken über 12 mm bzw. über 30 mm werden U- bzw. DU-Nähte angewendet.

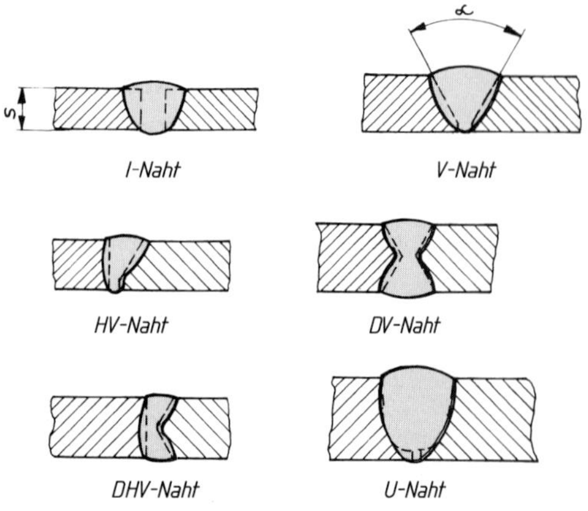

Bild 4.4-12 Stumpfnahtformen

Der Hauptvorteil der Kehlnähte besteht darin, dass sie im Gegensatz zu den Stumpfnähten, siehe *Bild 4.4-12*, wenn man von der I-Naht absieht, keine Schweißfugenvorbereitung erfordern.

Die Wölbnaht ruft wegen ihres schroffen Überganges zum Grundwerkstoff starke Einbrandkerben hervor. Die rechnerische Nahtdicke *a* entspricht der Höhe eines in die Naht eingeschriebenen gleichschenkligen, rechtwinkligen Dreiecks. Die Wölbnaht ist wegen ihres überproportional großen Elektrodenbedarfs teurer.

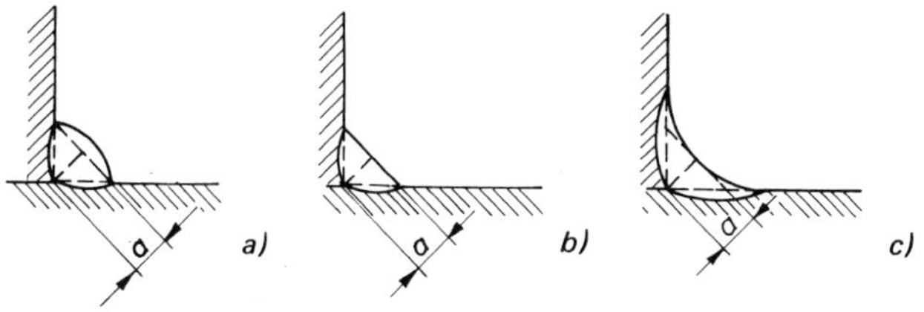

Bild 4.4-13
Kehlnahtform und Nahtdicke
a) Wölbnaht
b) Flachnaht
c) Hohlnaht

Die Flachnaht hat einen günstigeren Kerbwirkungsfaktor und erfordert den geringsten Aufwand an Zusatzmaterial.

Die Hohlnaht ist für dynamische Beanspruchungen geeignet, da sie nur eine geringe Kerbwirkung aufweist. Belastete Kehlnähte werden im Allgemeinen durchlaufend ausgeführt. Unterbrochene Nähte sollten möglichst durch dünnere und durchlaufende Nähte ersetzt werden.

Einseitige Kehlnähte sind wegen zusätzlicher Biegespannungen und großer Kerbwirkung zu vermeiden. Stumpfnähte sind gegenüber Laschungen und Überlappungen günstiger, da sie einen geradlinigen Kraftlinienverlauf besitzen.

Bei der Überlappungsverbindung in *Bild 4.4-14* unterscheidet man Flanken- und Stirnkehlnähte. Flankenkehlnähte sind bei statischer Zugbeanspruchung den Stumpfnähten gleichwertig. Der Kraftfluss ist aber bei Anschlüssen mit Flankenkehlnähten ungünstig, weil an den Nahtenden Spannungsspitzen auftreten, die die Dauerfestigkeit der Verbindung wesentlich vermindern.

Bei Stirnkehlnähten entstehen an der Nahtwurzel Spannungsspitzen. Dort addieren sich bei auf Zug beanspruchten Nahtufern Biege- und Zugspannungen, so dass die Spannung in der Naht meist ein Mehrfaches der im Anschlussquerschnitt vorhandenen Spannung beträgt.

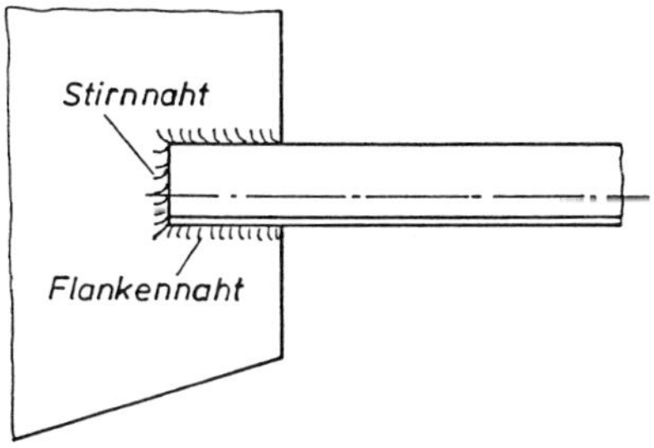

Bild 4.4-14
Anschluss mit Stirn- und Flankenkehlnähten

5. Gestaltungsbeispiele

Schweißkonstruktionen sind nach folgenden Gesichtspunkten zu entwerfen:
- beanspruchungsgerecht
- gestaltungsgerecht
- fertigungsgerecht
- werkstoffgerecht

Die Kräfte sollen in die Schweißkonstruktion stets so eingeleitet werden, dass diese möglichst in ihrer Gesamtheit an der Kraftübertragung beteiligt ist. Da Schweißnähte Schwachstellen der Konstruktion sind, sollen sie in die weniger beanspruchten Zonen verlegt werden.

Die Beeinflussung des Kraftflusses durch Schweißnähte ist in *Bild 3-10* dargestellt. Stumpfnähte sind danach besser als Kehlnähte; andererseits kann bei Kehlnähten normalerweise die Passarbeit vermieden werden.

Es soll auch darauf geachtet werden, dass keine Steifigkeitssprünge in einer Konstruktion auftreten; die Steifigkeit der in einer Konstruktion verbundenen Profile sollte möglichst gleich groß sein.

Für die Einzelteile einer geschweißten Baugruppe sind vorzugsweise Normprofile zu verwenden; auch sollte die Schweißkonstruktion aus möglichst wenig Einzelteilen aufgebaut werden. Zurichtungsarbeit, Schweißnahtlänge, Verzug werden dadurch klein gehalten.

Die Schweißkonstruktion ist so zu gestalten, dass die Schweißstellen leicht erreichbar sind. Schlecht zugängliche Stellen sind häufig fehlerhaft und machen aufwendige Nacharbeit notwendig.

Parallel liegende Nähte müssen einen ausreichend großen Abstand haben, damit infolge Schrumpfspannungen kein zu starker Verzug auftritt. Nahtanhäufungen sind in jedem Falle zu vermeiden.

4

ungünstig	besser	Hinweis
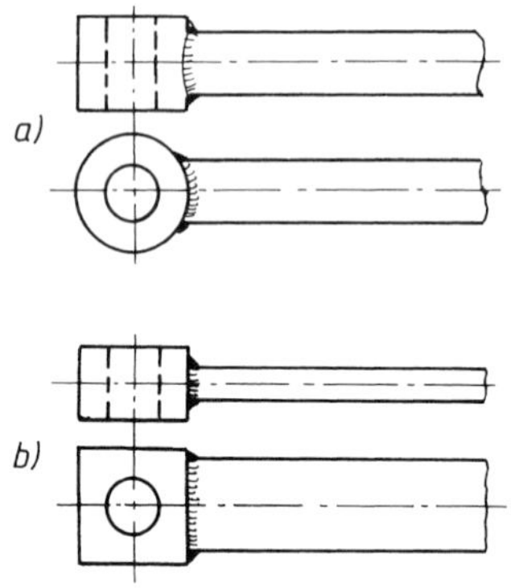	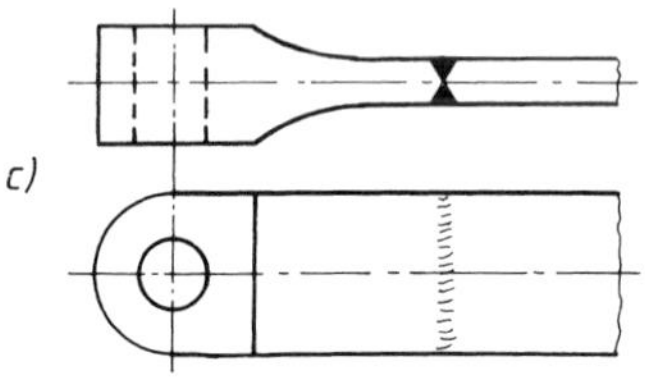	Kehlnaht liegt bei a) und b) im gefährdeten Querschnitt Zusätzliche Passarbeit bei a) Stumpfnaht liegt bei c) außerhalb des gefährdeten Querschnitts
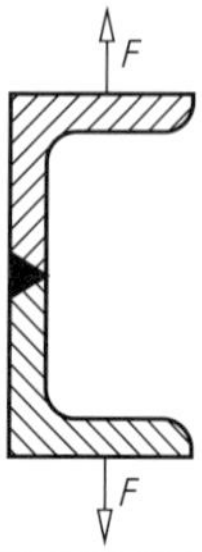	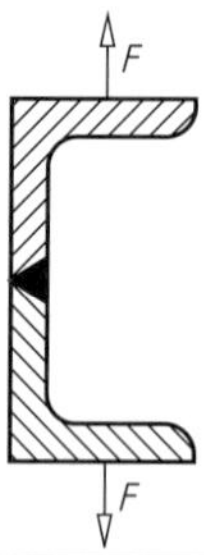	Bei Biegebeanspruchung darf Nahtwurzel nicht im Zugbereich liegen Kerbwirkung
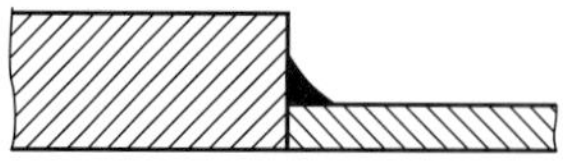	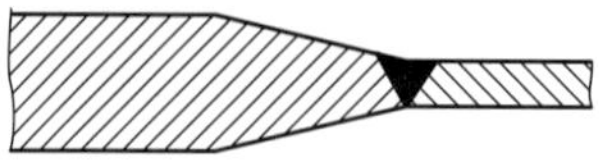	Einseitige Kehlnaht, Steifigkeitssprung vermeiden

Bild 4.4-15 Gestaltungsbeispiele

Im *Bild 4.4-16* sind konstruktive Lösungen für Zugstangen als Schweißkonstruktion zusammengestellt.

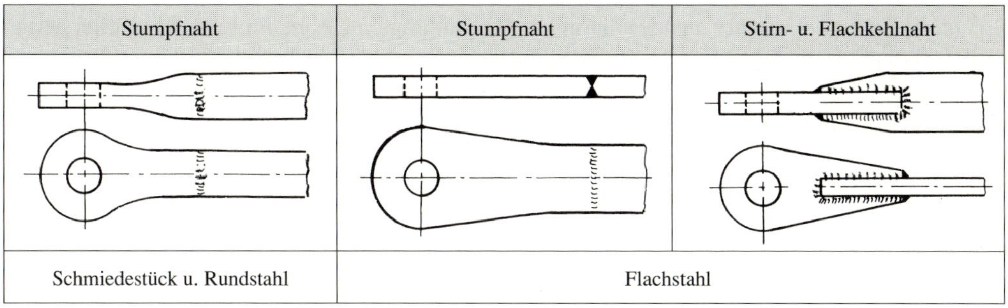

Bild 4.4-16 Geschweißte Zugstangen

Im Anhang *A4.4-1* sind geschweißte Eckverbindungen angegeben. Diese Verbindungen werden als Kehlnaht oder als stumpfnahtähnliche Schweißverbindungen betrachtet.

Wie bei den Kehlnähten sollte man auch hier auf einen günstigen Kraftfluss achten.

4.4.3 Literatur

DIN-Normen

1. DIN 1707: Weichlote für Schwermetalle
2. DIN 8505 T1: Löten, Allgemeines, Begriffe
3. DIN 8505 T2 und T3: Einteilung der Lötverfahren
4. DIN 8511 T1 … T3: Flussmittel zum Löten metallischer Werkstoffe
5. DIN 8512: Hart- und Weichlote für Aluminiumwerkstoffe
6. DIN 8513 T1: Hartlote für Schwermetalle: Kupferlote
7. DIN 8513 T2: Silberhaltige Hartlote bis 20 % Ag
8. DIN 8513 T3: Silberhaltige Hartlote über 20 % Ag
9. DIN 1912 T1 … T5: Zeichnerische Darstellung; Schweißen, Löten
10. DIN 8551 T1: Schweißnahtvorbereitung, Richtlinien für Fugenformen
11. DIN-Taschenbuch 196 Löten 1989
12. DIN-Taschenbuch 145 Schweißverbindungen und elektrische Schweißeinrichtungen
13. DIN-Taschenbuch 191 Schweißtechnik 4 1989
14. *Rellensmann,* Moderne Schweiß- und Schneidtechnik, Handwerk und Technik, Hamburg 1993
15. *Roloff/Matek,* Maschinenelemente, Vieweg, Braunschweig 1994
16. *Ruge,* Handbuch der Schweißtechnik Bd. 2 1993, Bd. 3 1985, Springer, Berlin

Bildquellennachweis:
Roloff/Matek, Maschinenelemente, Vieweg, Braunschweig 1994, Bild 4.4-1

4.5 Das Gestalten von Blechteilen

4.5.1 Allgemeines

Blechteile haben bei entsprechender räumlicher Gestaltung eine hohe Formsteifigkeit bei geringem Materialeinsatz. Blechkonstruktionen sind deshalb häufig im Leichtbau zu finden, wo sie Gewichtsvorteile und oft auch eine bessere Oberflächengüte und Maßhaltigkeit gegenüber Guss- und Schmiedekonstruktionen besitzen.

4.5.2 Schneiden

Entsprechend der *DIN 8588* ist die Untergruppe Zerteilen – mechanisches Trennen von Werkstücken ohne Entstehen von formlosem Stoff – in Scherschneiden, Messerschneiden, Beißschneiden, Spalten, Reißen und Brechen gegliedert. Scherschneiden, kurz Schneiden, ist das bei der Fertigung von Blechteilen hauptsächlich angewandte Zerteilverfahren.

Dabei unterscheidet man zwischen „Vollkantig-Schneiden“, die Schneiden liegen hierbei parallel, sie schneiden mit Beginn des Trennvorgangs auf der vollen Länge; und „Kreuzend-Schneiden“, hier kreuzen sich die Schneiden in der Schnittebene und dringen allmählich in das Werkstück ein, wobei dieses an der Schnittfläche verbogen wird.

Von der Schnittlinienlage zur Werkstückkontur hängt es ab, ob man das Schneiden als Ausschneiden, Lochen, Abschneiden, Ausklinken, Einschneiden … bezeichnet. Die Schnittlinien am Werkstück können dabei offen oder geschlossen sein wie *Bild 4.5.1* zeigt.

Lage der Schnittlinien	offen	geschlossen
Schnittteil	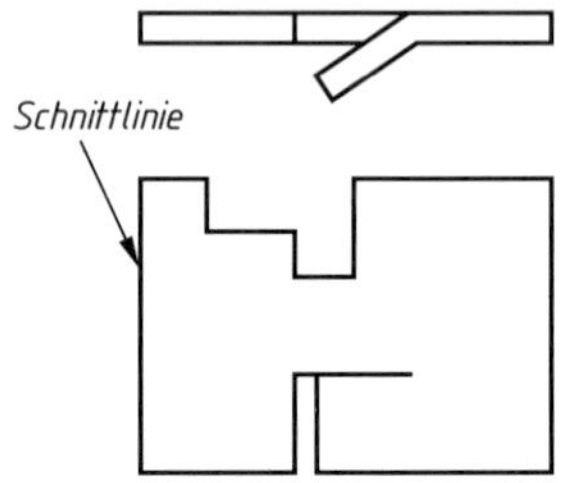	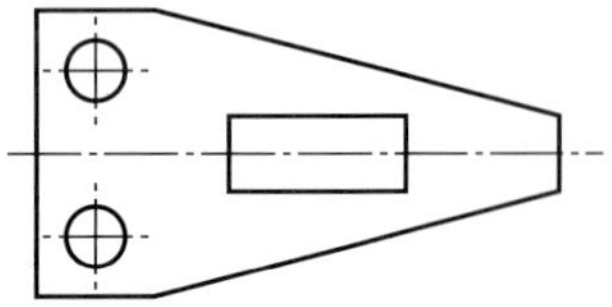
Fertigungsverfahren	Einschneiden Ausklinken Abschneiden	Lochen Ausschneiden

Bild 4.5-1 Schnittlinienverlauf

Die Werkzeugbenennung kann nach dem Fertigungsverfahren, dem Fertigungsablauf und dem konstruktiven Aufbau, d.h. nach der Art der Stempelführung erfolgen.

Bild 4.4.2 gibt den Toleranzbereich und die Anwendung verschiedener Schneidwerkzeuge an.

Werkzeug	Toleranzbereich	Stückzahl	Anwendung, Bemerkung
Freischneidwerkzeug	± 0,15 … ± 0,30	klein	Einverfahrenwerkzeug z. B. nur Lochen, Ausschneiden Einfache, große Schnittteile Schneidversuche
Folgeschneid- werkzeug	± 0,10 … ± 0,20	mittel bis groß	Schnittteil entsteht in mehreren Hüben Toleranz abhängig von der Vorschubbewegung Führungselement Platte oder Säule
Gesamtschneid- werkzeug	± 0,01 … ± 0,02	groß	Hohe Maßgenauigkeit der Innen- zur Außenkontur Schnittteil entsteht in einem Hub Einseitiger Grat

Bild 4.5-2 Schneidwerkzeuge

4

Schnittstreifengestaltung

Beim Ausschneiden der Teile aus dem Streifen bzw. vom Band strebt man eine möglichst hohe Werkstoffausnutzung an.

Die Anordnung des Schnittteils, die Rand- und Stegbreite bestimmen den Vorschub und die Streifenbreite.

Die Steg- und Randbreite sollte nicht zu groß gewählt werden, um den Werkstoffverbrauch so gering wie möglich zu halten.

Ein Unterschreiten der in der *VDI 3367* festgelegten Erfahrungswerte führt zum Verbiegen des Abfallgitters und damit zu Störungen beim Transport des Streifens durch das Werkzeug.

Im *Anhang A4.5-1* findet man Tabellenwerte für das Abfallgitter. Setzt man die Fläche des fertigen Schnittteils ins Verhältnis zur erforderlichen Fläche des Blechstreifens, so erhält man den Ausnutzungsgrad η

$$\eta = \frac{A \cdot R}{b \cdot f} \tag{4.3}$$

A: Fläche des Schnittteils ohne Lochung in mm^2
R: Anzahl der Reihen
b: Streifenbreite in mm
f: Vorschub in mm

Der Flächenanteil, der beim Ausschneiden der Innenform wegfällt, wird für die Berechnung des Ausnutzungsgrades nicht berücksichtigt, da dieser Abfall weder durch die Lage des Schnittteils im Streifen noch durch das gewählte Schneidverfahren beeinflusst werden kann.

Die Streifenbreite wird errechnet mit:

$$b = b_{\mathrm{w}} + 2 \cdot a + i \tag{4.4}$$

b_w: Schnittteilbreite in mm
a: Randbreite in mm
i: Seitenschneiderabfall in mm (falls vorhanden)

Der Vorschub ergibt sich zu:

$$f = l + e \tag{4.5}$$

l: Schnittteillänge in mm
e: Stegbreite in mm

Bei der Formel (4.3) sind die Abfälle am Anfang und Ende des Streifens bzw. Bandes nicht berücksichtigt. *Bild 4.5-3* zeigt einen Schnittstreifen bei einreihiger Anordnung der Schnittteile, hierbei hat jedes Schnittteil die gleiche Lage. Der Ausnutzungsgrad wird wesentlich günstiger, wenn die Schnittteile wechselweise, wie im Bild 4.5-4 dargestellt, angeordnet sind und in einem Mehrfachschneidwerkzeug ausgeschnitten werden.

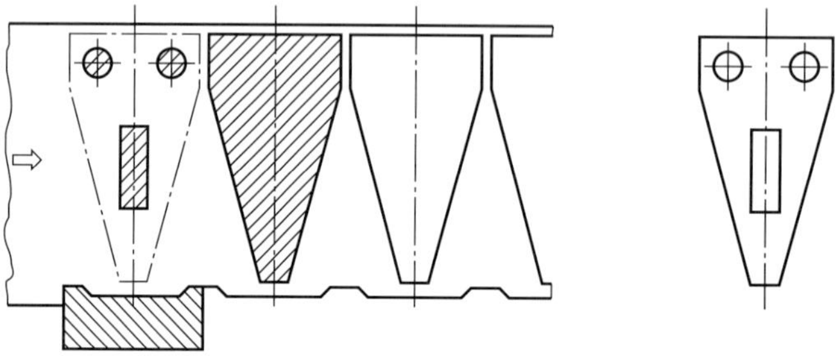

Bild 4.5-3 Einreihige Schnittteilanordnung; η = 57,5 %

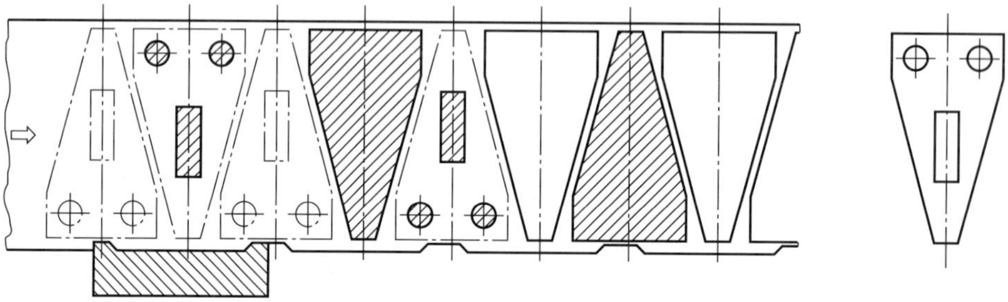

Bild 4.5-4 ZweireihigeSchnittteilanordnung; η = 81,7 %

Bei ungünstigen Schnittbildern wird durch Aufteilen der Außenform in Lochen und Ausschneiden die örtliche Belastung der Schneidelemente vermindert, siehe *Bild 4.5-5.* Dabei ist zu beachten, dass die Gratlage am Umfang des Schnittteils wechselt.

Die Toleranzen am Schnittteil hängen von der Herstellgenauigkeit des Folgeschneidwerkzeuges und der Vorschubgenauigkeit ab.

Werden Schnittteile durch Biegen weiterbearbeitet, dann sollte die Biegekante möglichst senkrecht zur Walzrichtung stehen.

Bei zwei aufeinander senkrecht stehenden Biegekanten, siehe *Bild 4.5-6 b* sind die Teile unter 45° zur Walzrichtung anzuordnen.

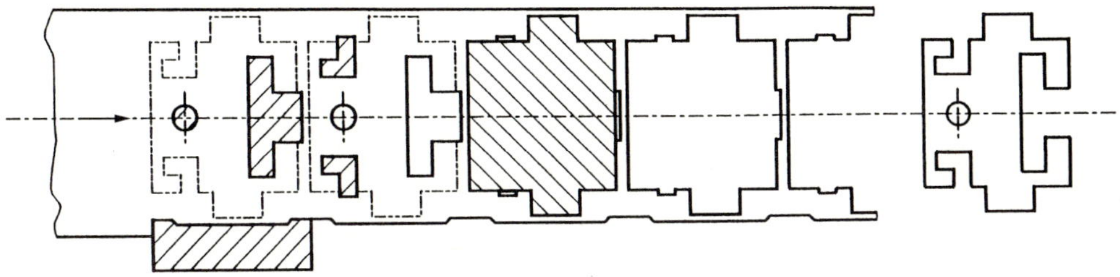

Bild 4.5-5 Außenformherstellung durch Lochen und Ausschneiden

Die Schnittteilanordnung im *Bild 4.5-6 a* schließt die Fertigung vom Band aus, da die Biegekante parallel zur Walzrichtung liegt. Die Blechtafelaufteilung ist in diesem Falle vorgeschrieben.

Die Teileherstellung nach *Bild 4.5-6 b* kann vom Band wie auch vom Streifen erfolgen.

	Lage Biegekante	
Biegeteil	a) 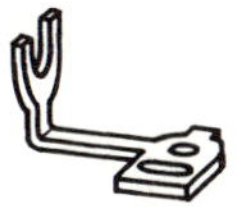	b) 
Schnittteilanordnung	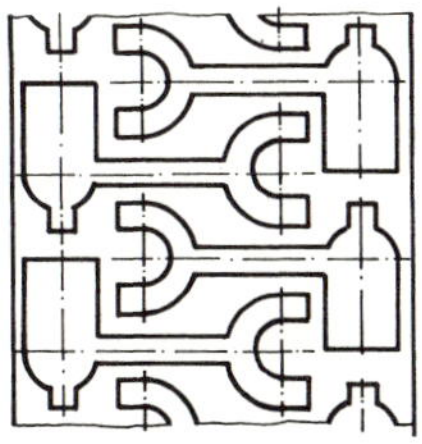	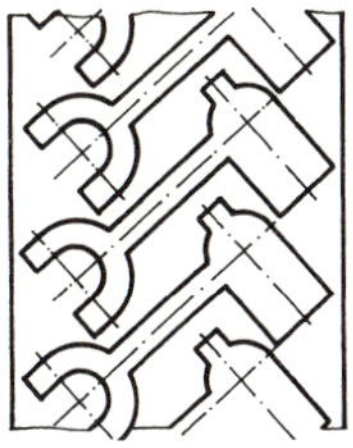
Walzrichtung	→	↑ →
Ausnutzungsgrad	η = 49 %	η = 43 %

Bild 4.5-6 Schnittteilanordnung unter Berücksichtigung der Weiterverarbeitung durch Biegen

Schnittteilgestaltung

Die ausgeschnittenen Teile haben einen Einzugsbereich und einen Ausbruchsbereich mit Schnittgrat wie *Bild 4.5-7* zeigt.

Die Kenngrößen sind für Außen- wie Innenkonturen anwendbar.

Der Schnittgrat entsteht beim Scherschneiden zwangsläufig. Die Gratbildung nimmt zu mit der Werkstoffdicke, einer abnehmenden Zufgestigkeit des Werkstoffes, mit größerem Schneidspalt und mit zunehmenden Schneidenverschleiß.

Angaben zur Grathöhe macht die *DIN 9830*. Die Lage des Grates am Schnittteil ist beim Ausschneiden auf der dem Stempel zugewandten, beim Lochen auf der der Schneidplatte zugewandten Seite.

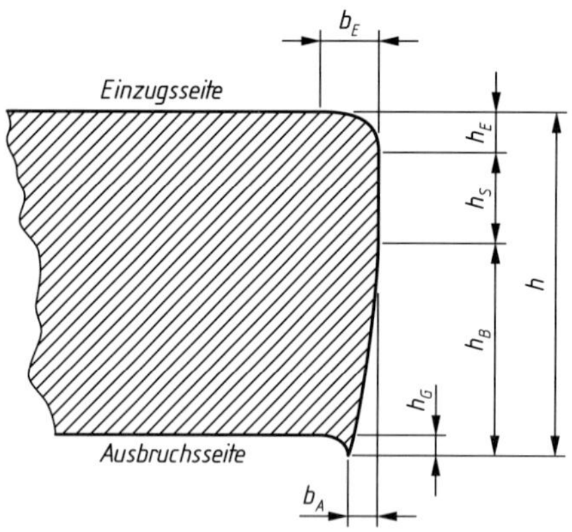

b_E: Einzugsbreite
h_E: Einzugshöhe
h_s: Glattschnittbereich
h_B: Ausbruchsbereich
h_G: Schnittgrathöhe
b_A: Einrissbreite
h: Schnittflächenhöhe

Bild 4.5-7 Schnittflächenkenngrößen

Toleranzen am Schnittteil werden auf den Glattschnittbereich, siehe *Bild 4.5-7,* bezogen.

Beim Lochen von Innenkonturen werden im Allgemeinen größere Genauigkeiten erreicht als beim Ausschneiden der Teile.

Der Lochdurchmesser soll möglichst nicht kleiner als die Blechdicke sein $d \geq t$. Für Durchbrüche sollten runde Löcher bevorzugt werden, da sie einfach herstellbar sind. Beim Lochen ist das Maß an der Ausbruchsseite, bedingt durch das schlagartige Durchbrechen des Werkstoffes, größer als an der Einzugsseite.

Für runde Lochstempel gilt in etwa $d_A = d_E + 0{,}1 \cdot t$, wobei t die Blechdicke ist.

Über Randabstände, Abstände von Innenformen zueinander informiert der Anhang *A4.5-2*. Gestaltungsbeispiele von Blechteilen findet man im Anhang *A4.5-3*.

Lochgrundformen bei Blechteilen zeigt *Bild 4.5-8*.

Form	geschnitten	gezogen	gestochen
Vorgang	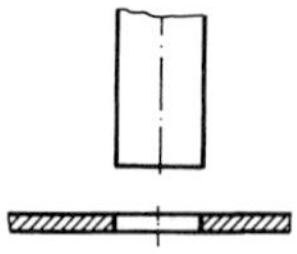	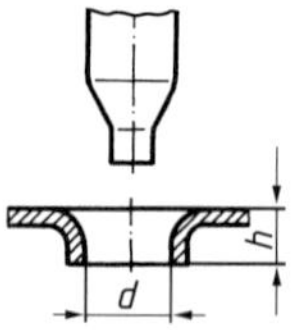	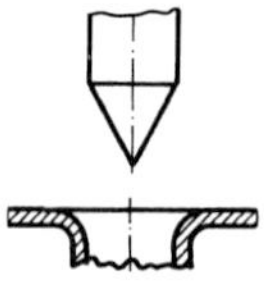
Kennzeichen	Scherfläche	aufgestellter glatter Rand	kleine, spitze Zacken
Anwendung	Durchbruch	Gewindekern-loch, Führungs-buchse	Krallen zur Befestigung, Reibfläche

Bild 4.5-8 Lochgrundformen

Blechdurchzüge mit Gewinde sind in der *DIN 7952* genormt. Die Norm umfasst Blechdicken von t = 0,5 bis 4 mm und Gewinde von M2 bis M10.

Bei einem Blechdurchzug soll die Kraghöhe h nicht größer als der halbe Lochdurchmesser *d* sein.

$$\mathrm{h} < \frac{d}{2}$$

Schnittteile können außer durch teilespezifische Schneidwerkzeuge auch durch Knabberschneiden, Nibbeln und durch Laser-Schneidtechnik hergestellt werden.

Bei diesen CNC-gesteuerten Verfahren wird die Schnittteilkontur schrittweise erzeugt. Beim Knabberschneiden werden Werkstoffteilchen entlang einer offenen Schnittlinie durch einen Schneidstempel stückweise abgetrennt, dabei liegt der Schnittgrat auf der dem Schneidstempel abgewandten Schnittteilseite.

Komplizierte Konturen in Werkstücken aus Baustahl, Edelstahl, Aluminium, Buntmetallen, Acrylglas und anderen Kunststoffen werden heute wirtschaftlich mit dem CO_2-Laser geschnitten.

Dabei liegt der Leistungsbereich der CO_2-Laser beim Schneiden von Stahlblech zwischen 500 bis 2500 Watt. Nibbeln, Laserschneiden und die Kombination beider Verfahren ermöglicht es, Einzelteile und Klein- bis Mittelserien kostengünstig herzustellen.

4

4.5.3 Umformen

Unter Umformen versteht man nach *DIN 8580* ein Fertigungsverfahren, mit dem die gegebene Form eines Werkstückes bzw. Rohteils durch äußere Kräfte in eine gewollte andere Form bzw. Zwischenform unter Beibehaltung von Masse und Stoffzusammenhang gebracht wird.

Beim Blechumformen strebt man, im Gegensatz zum Massivumformen, eine Querschnittsänderung im Allgemeinen nicht an.

Biegeumformen

Beim Biegen wird die äußere Faser des Biegeteils gedehnt, die innere Faser gestaucht. Der Werkstoff wird dadurch an den Enden der Biegelinie an der Innenseite nach außen gedrückt und an der Außenseite nach innen gezogen, wie im *Bild 4.5-9* dargestellt.

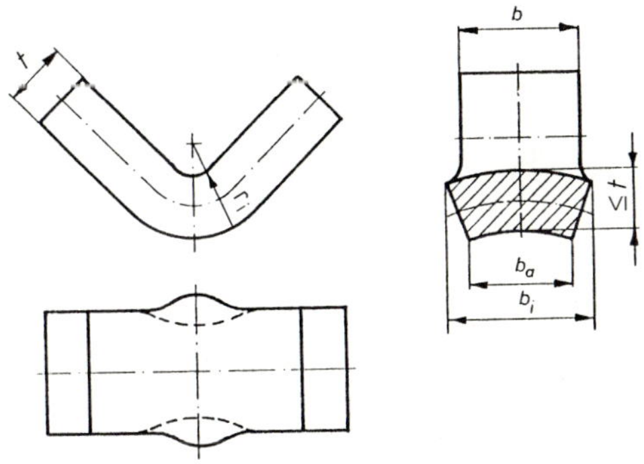

Bild 4.5-9 Verformung der Biegezone

Die Randverformung ist abhängig vom Werkstoff, von der Materialstärke, dem Biegeradius und der Umformtemperatur. Wenn beim fertigen Biegeteil die Breite *b* genau eingehalten werden muss, wird durch Freisparen, siehe *Bild 4.5-10*, die Randverformung berücksichtigt.

Die *VDI 3389* macht hierzu Angaben.

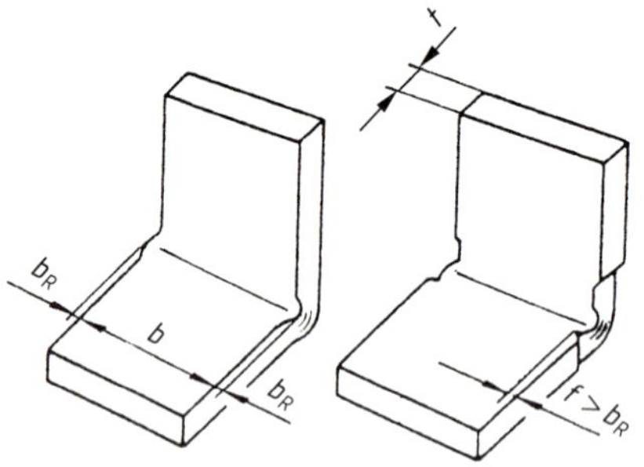

Bild 4.5-10 Freisparung

Biegeteilgestaltung

Die Biegekante sollte quer zur Walzrichtung liegen, dies gilt besonders bei anisotropen Werkstoffen.

Beim Biegen darf die zulässige Dehnung der Außenfaser nicht überschritten werden. Wichtig ist hier das Verhältnis $r_{i/s}$ wobei r_i der Innenradius und s die Blechdicke angibt. Mindestbiegeradien r_i für Stahl sind im *Anhang A4.5-4* und *A4.5-5* angegeben.

Für NE-Metalle lassen sich die Mindestwerte über die Beziehung $r_{i\,min} = c \cdot s$ berechnen. Der Mindestbiegefaktor c kann dem *Anhang A4.5-6* entnommen werden.

Der Mindestbiegeradius sollte nur dann vorgesehen werden, wenn die Biegekante nicht mechanisch beansprucht wird und eine scharfkantige Biegung unbedingt notwendig ist.

Der Schnittgrat sollte beim Biegen auf der druckbeanspruchten Innenseite liegen. Die Gefahr der Rissbildung an den Biegekanten wird größer, wenn der Grat im Zugbereich liegt.

Freisparungen, Entlastungslöcher, im *Bild 4.5-11* dargestellt, verhindern, dass bei Mehrfachbiegungen ein ungünstiger mehrachsiger Spannungszustand auftritt, der zu Rissen im Biegebereich führt.

Für Durchsetzungen an einem Blechteil, z. B. zur einfacheren Montage, siehe Bild 4.5-12, wählt man eine Butzenhöhe $h \leqq 0{,}4 \cdot t$.

Weitere Gestaltungsbeispiele sind im *Anhang A4.5-7* dargestellt.

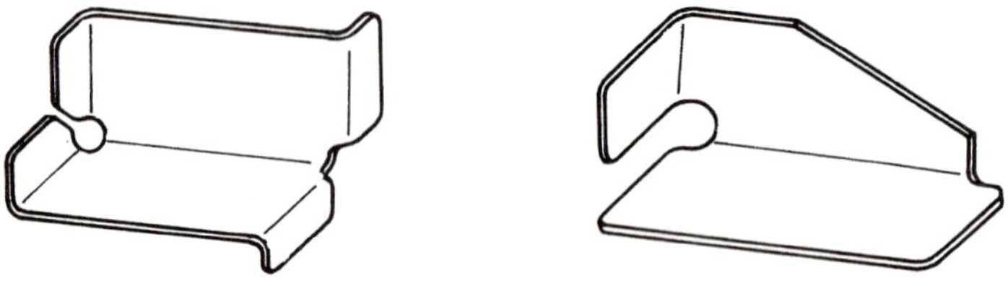

Bild 4.5-11 Freisparungen zum Spannungsabbau bei Mehrfachbiegungen

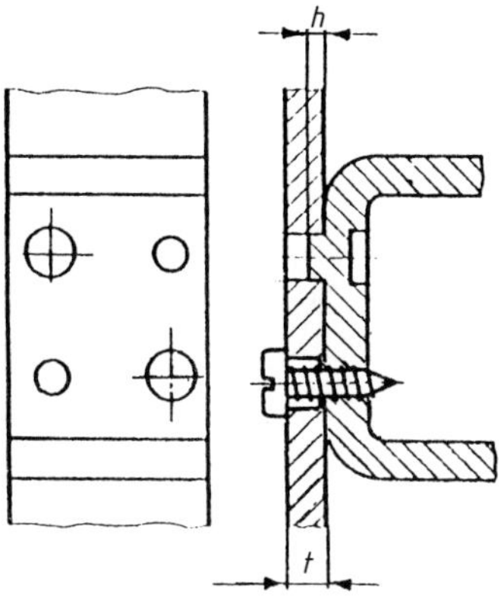

Bild 4.5-12 Durchsetzung zur Lagenfixierung

Beim Formbiegen wird das Blech um eine gerade oder gekrümmte Biegeachse gebogen. Dabei erfolgt das Umformen zwischen Biegestempel und Biegegesenk bis zur Anlage des Werkstückes im Gesenk. Dieses überwiegend angewendete Verfahren des Biegeumformens wird nach *DIN 9870* als Gesenkbiegen bezeichnet.

4

Zu den im *Bild 4.5-13* dargestellten Formbiegeteilen nach steigendem Schwierigkeitsgrad einige Erläuterungen.

1. Einfach gebogene Teile:
   - Für gerade, schmale Teile sollte nach *DIN 6935* die kleinste Schenkellänge $L \geq 4 \cdot r$ betragen. Der Biegeradius ist entsprechend *A4.5-4* und *A4.5-5* zu wählen.
   - Bei geraden, flach profilierten Teilen tritt bei größerem Biegeradius vielfach eine stärkere Rückfederung auf.
2. Gekrümmte Profile:
   - Symmetrisch gekrümmte Formen dieser Art werden häufig gewählt. Bei der Werkstoffwahl ist wegen der relativ großen Verformung auf ausreichendes Fließvermögen zu achten.
   - Unsymmetrisch gekrümmte Formteile verziehen sich gewöhnlich durch elastische Rückfederung. Deshalb Profiländerung vornehmen oder symmetrische Formgebung mit nachfolgendem unsymmetrischem Beschneiden.
   - Ungleichförmig gekrümmte Teile sind nur schwierig mit engen Toleranzen herzustellen. Allmähliche Querschnittsübergänge vorsehen.
3. Ungleichmäßig abgekantete Teile:
   - Bei konkav gekrümmten Teilen mit Streckspannungen muss die Abkanthöhe dem Fließvermögen des Werkstoffes angepasst sein.
   - Bei konvex gekrümmten Teilen können die Stauchspannungen durch geschickt angebrachte Ausklinkungen herabgesetzt werden.
   - Konkav – konvex gekrümmte Teile mit Streckungen und Stauchungen.
4. Doppelt gekrümmte Teile:
   - Teile mit großen Radien in einer Richtung können auch aus Werkstoffen höherer Festigkeit mit geringerem Fließvermögen hergestellt werden.
   - Sattelförmige Teile mit gegeneinander gerichteter Formung in zwei Richtungen sollen zur Vermeidung von Faltenbildung mit möglichst flachem Sattel gestaltet werden.
   - Sattelförmige Teile mit kleinem Radius in einer Richtung können nur aus Werkstoffen großen Fließvermögens hergestellt werden. Am kleinen Radius darf die Stauchung 4 % … 6 % nicht überschreiten.

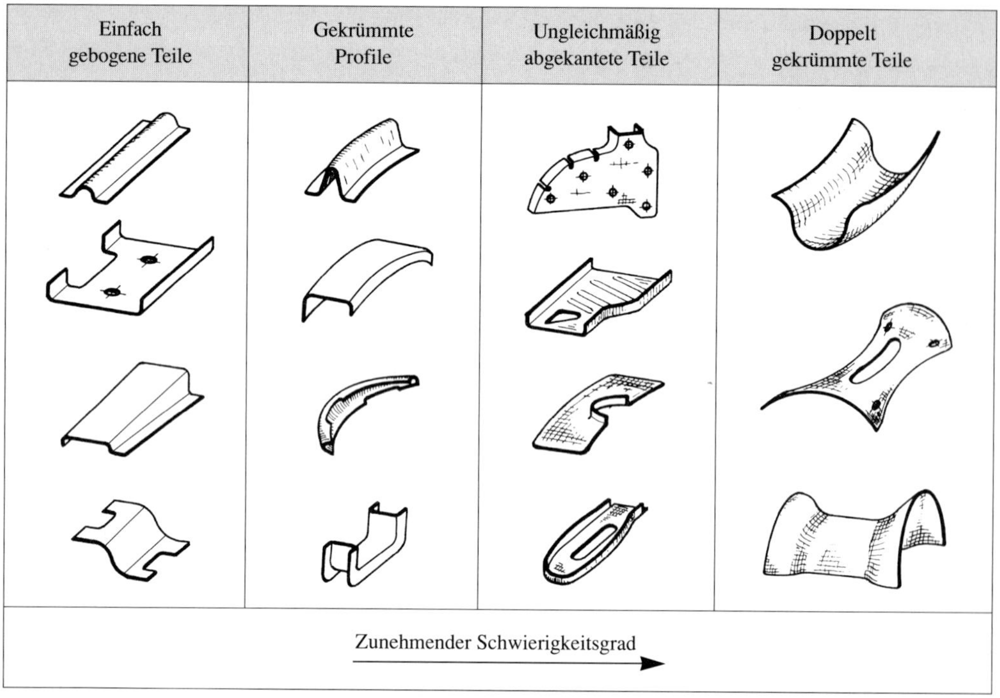

Bild 4.5-13 Formbiegeteile

Die geringe Formsteifigkeit dünner Bleche kann durch Sicken, Rippen, Spiegeln, Wölbungen, Hochziehen der Ränder wesentlich erhöht werden.

Bild 4.5-14 zeigt Gestaltungsmöglichkeiten bei einem Blechwinkel.

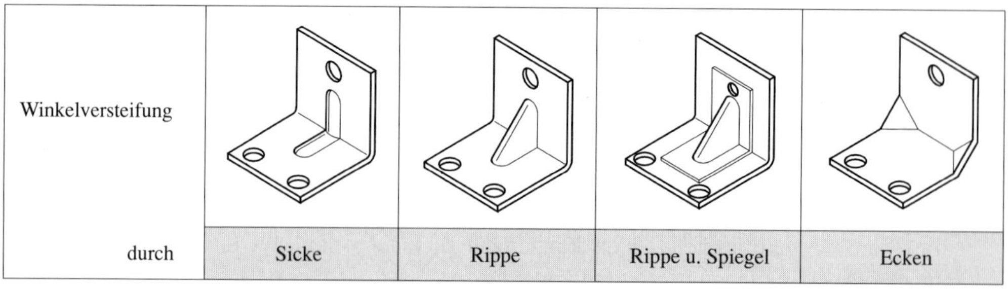

Bild 4.5-14 Blechwinkelgestaltung

Bei der Blechscheibe im *Bild 4.5-15* wird über ein hohlgeprägtes Schriftbild die Formsteifigkeit deutlich verbessert.

Bild 4.5-16 stellt linienartige Sicken mit verschiedenen Profilformen und deren Beanspruchung dar. Durch die Sicke erhöht man die Biegefestigkeit in der z-Ebene und die Knicksteifigkeit in der x-Richtung. In der y-Richtung wird die Knicksteifigkeit und besonders die Biegefestigkeit stark reduziert.

ungünstig	besser	Hinweis
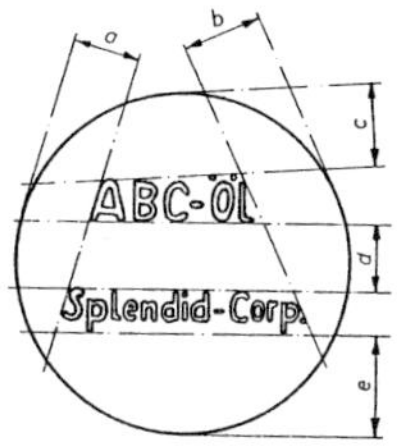		Die Bereiche a, b, c, d und e sind trägheitsaxial bevorzugt

Bild 4.5-15 Hohlgeprägtes Schriftbild auf dünner Blechscheibe

Beanspruchung	Profilformen	Bezeichnung
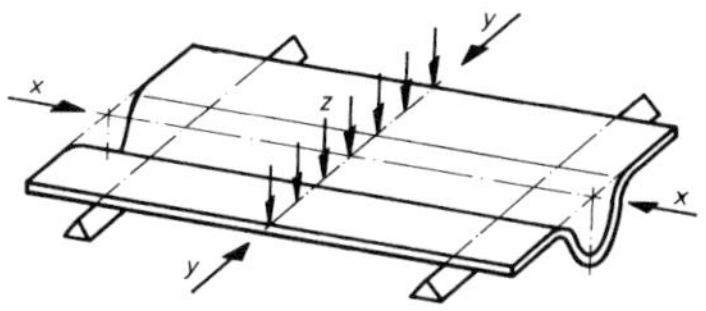	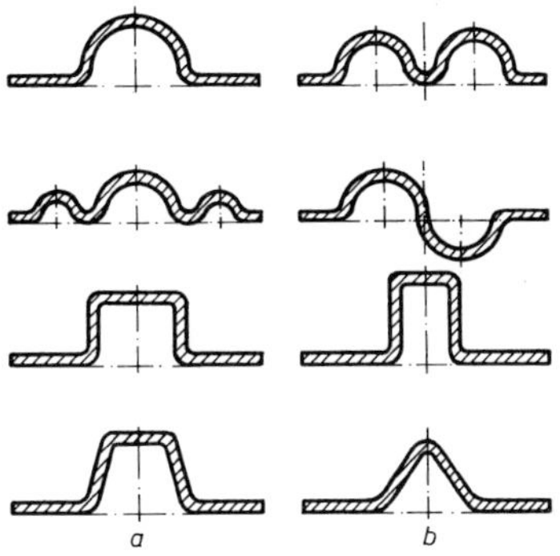	Halbrunde Sicken Formsicken Kastensicken a) Trapezsicke b) Dreiecksicke

Bild 4.5-16 Linienartige Sicken

Blechform	Sickenbilder
rund	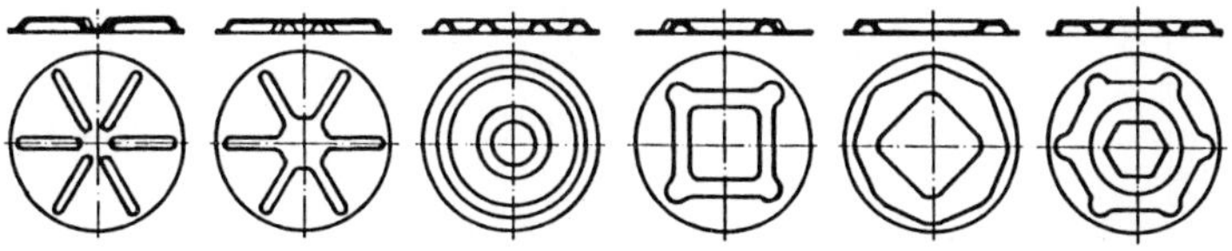
quadratisch	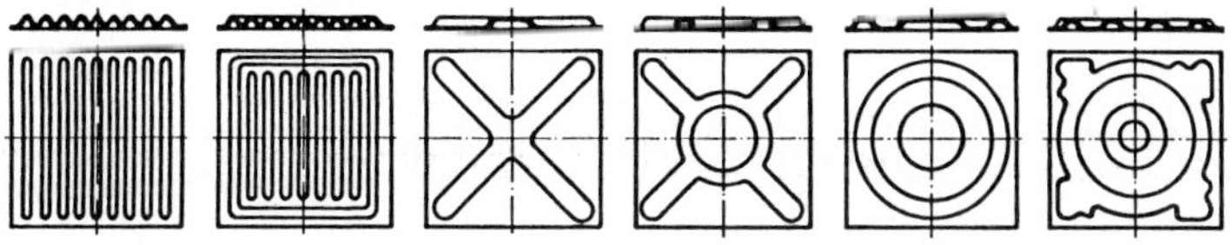
rechteckig	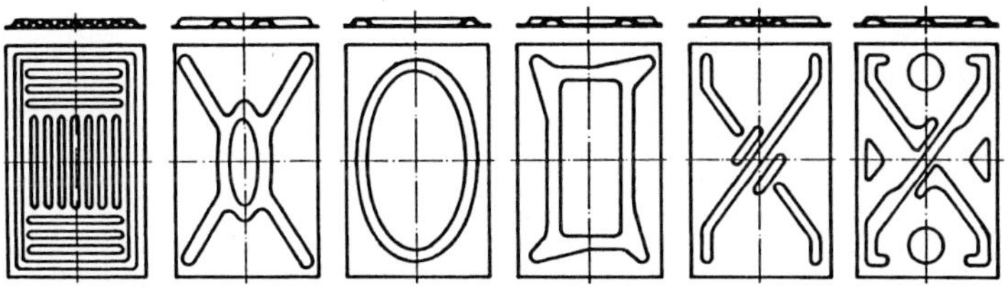
	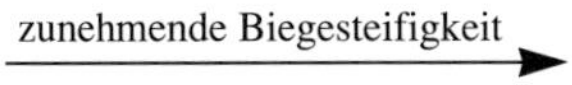

Bild 4.5-17 Sickenbilder

Die Sickenform und -anordnung muss im Hinblick auf die Beanspruchungsart und -richtung sehr sorgfältig ausgewählt werden.

Bei der Anordnung von Sicken sind folgende Gestaltungsgrundsätze zu beachten:

- Das Sickenbild darf keine trägheitsaxial-bevorzugten Bereiche oder Geraden entstehen lassen.
- Knotenpunkte sich kreuzender Sicken müssen vermieden werden.
- Unversteifte Randbereiche sind zu vermeiden.

Zusätzliche Gestaltungsbeispiele für das festigkeitsgerechte Anbringen von Sicken sind im *Anhang A4.5-8* zu finden.

Blechformteile unterschiedlicher Größe mit gerader Biegeachse werden auf CNC-Biegezentren durch Schwenkbiegen sehr präzise gefertigt. Neben dem Gesenkbiegen ist das Schwenkbiegen ein weiteres Verfahren der Biegeumformung. Die Kombination Blechformung-Laserbearbeitung ermöglicht eine flexible Produktgestaltung. So können z. B. Blechformteile nach dem Abkanten mit einem 5-Achsen-Laserroboter besäumt, im Toleranzbereich ± 0,1 mm mit Lochbildern, Ausbrüchen versehen und anschließend verschweißt werden.

Das in kleiner Stückzahl zu fertigende Schwenklager aus S235JR, siehe *Bild 4.5-18*, wurde bisher durch spanabhebende Bearbeitung hergestellt.

Die konstruktive Umgestaltung in ein Blechteil aus DC 01 führte zu einer deutlichen Werkstoff- und Fertigungskostenreduzierung.

Durch Laserschneiden und Schwenkbiegen konnten die Herstellkosten des Bauteils um 59 % gesenkt werden.

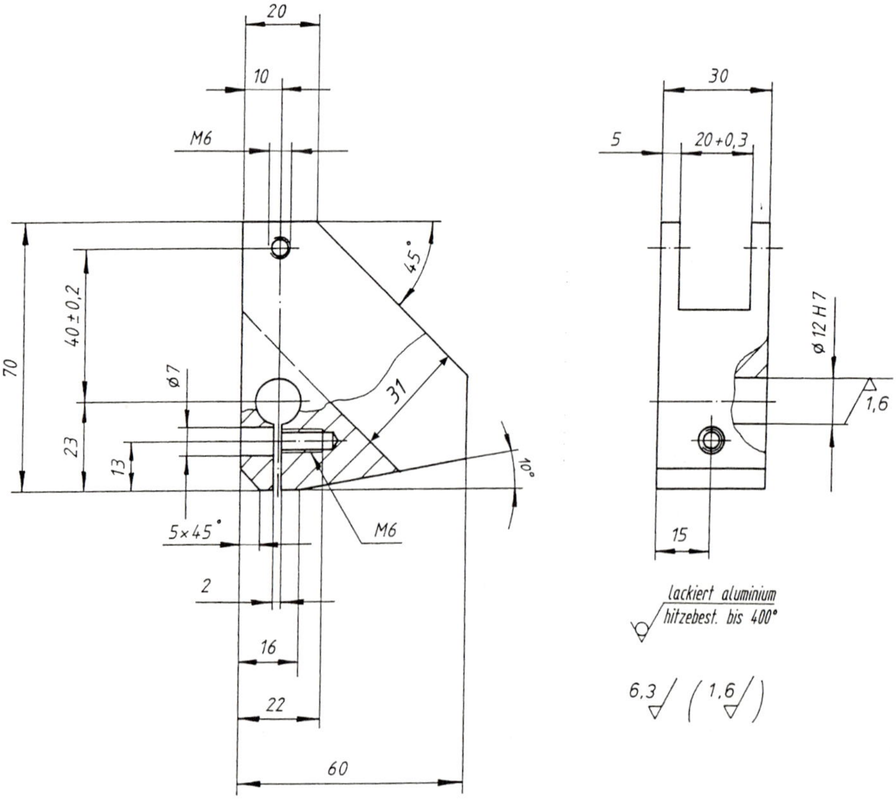

Bild 4.5-18 Schwenklager, Zerspanteil

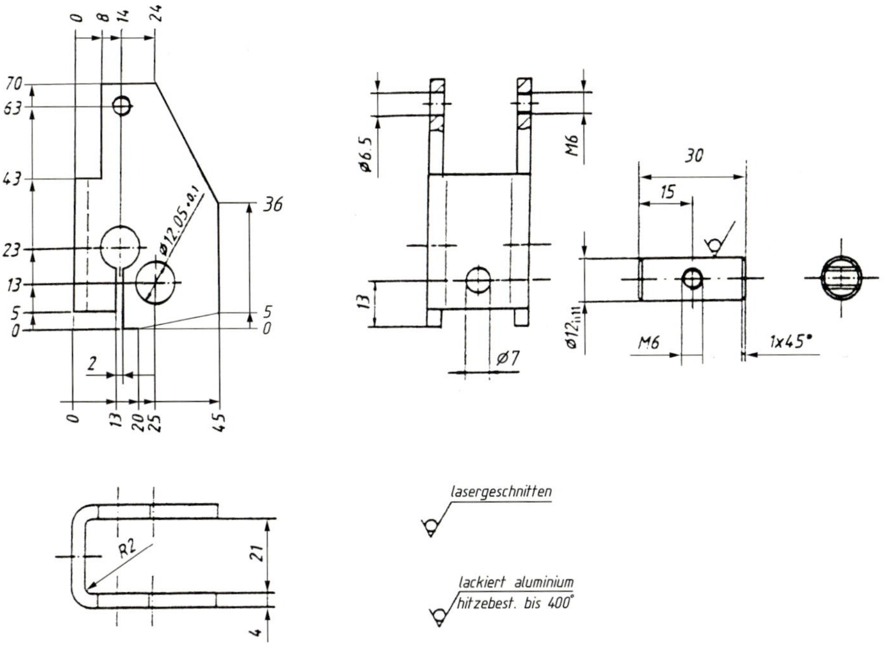

Bild 4.5-19 Schwenklager, Blechteil und Bolzen

Tiefziehen

Tiefziehen ist technologisch gesehen die schwierigste Art der Blechumformung. Bei diesem Verfahren werden Blechzuschnitte beim Erstzug oder Hohlkörper im Weiterzug durch Zugdruckumformen ohne beabsichtigte Wanddickenveränderung umgeformt.

Tiefziehen mit starrem Werkzeug, siehe *Bild 4.5-20*, hat innerhalb der Tiefziehverfahren nach *DIN 8584* den größten Anwendungsbereich.

Bild 4.5-20 zeigt den Tiefziehvorgang bei der Herstellung eines Napfes im Erstzug. Die Ronde mit dem Durchmesser D wird zwischen Ziehring und Niederhalter gelegt.

Beim Nachuntengehen von Ziehstempel und Niederhalter trifft zuerst der Niederhalter die Ronde und drückt sie am äußeren Rand auf den Ziehring, während der Ziehstempel die Ronde durch den Ziehring zieht.

Der Werktoff fließt dabei vom Rand aus nach. Bei zu geringem Niederhalterdruck kommt es zur Faltenbildung am Eintritt in den Ziehspalt. Drückt der Niederhalter zu stark auf den Blechzuschnitt, dann wird der Boden des Ziehteils durchstoßen, bevor der ganze Werkstoff im Ziehspalt ist. Die Umformung ist beendet, wenn der Ziehstempel die tiefste Lage erreicht hat.

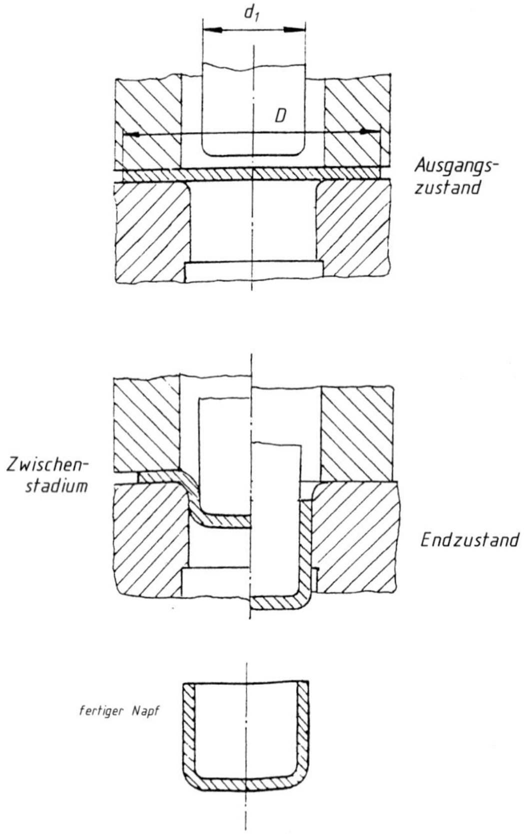

Bild 4.5-20
Tiefziehvorgang beim Erstzug

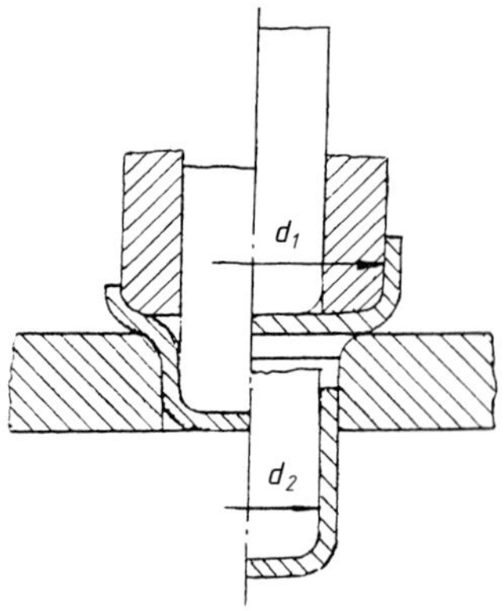

Bild 4.5-21
Tiefziehvorgang beim Weiterzug

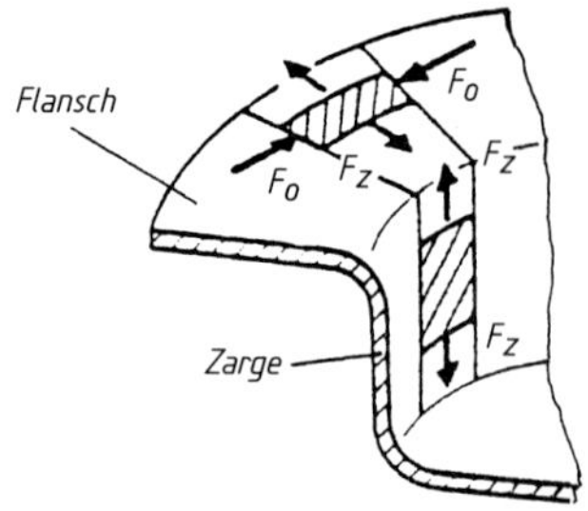

Bild 4.5-22
Zug- und Druckkräfte am Tiefziehteil

Kenngröße für den Umformvorgang ist das Ziehverhältnis β.

Beim Erstzug gilt:

$$\beta = \frac{D}{d_1} \tag{4.6}$$

β: Ziehverhältnis
D: Zuschnittdurchmesser
d_1: Ziehstempeldurchmesser

Erreicht man beim Erstzug nicht den fertigen Durchmesser bzw. die Tiefe, weil das Grenzziehverhältnis β_{max} überschritten wird, dann muss in einem weiteren Zug bzw. mehreren Zügen die gewünschte Kontur hergestellt werden.

Beim Überschreiten des Grenzziehverhältnisses β_{max} entsteht am Übergang vom Napfboden zur Zarge ein Riss, der sogenannte Bodenreißer.

Das Ziehverhältnis β hängt wesentlich vom Ziehwerkstoff, der Blechstärke und Oberflächenbeschaffenheit, der Werkzeuggeometrie ab.

Für den Weiterzug bildet der Ziehstempeldurchmesser d_1 des Erstzuges mit dem nachfolgenden Ziehstempeldurchmesser d_2 ein Ziehverhältnis

$$\beta_1 = \frac{d_1}{d_2} \qquad (4.7)$$

Bei n Zügen gilt:

$$\beta_{ges} = \beta_1 \cdot \beta_1 \cdot \ldots \beta_n \qquad (4.8)$$

Bild 4.5-23 zeigt die Arbeitsfolgen bei der Fertigung einer kegeligen Hülse.

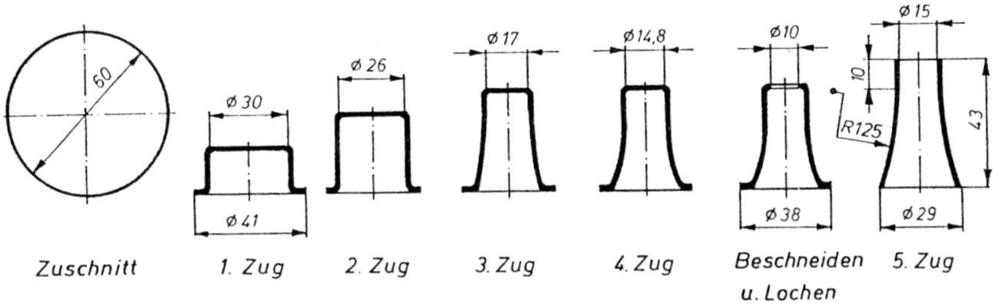

Bild 4.5-23 Arbeitsfolgen

Im *Anhang A4.5-9* sind für einige Tiefziehbleche praxisübliche Werte für Ziehverhältnisse angegeben. Berechnungsformeln, Flächenelemente zur Zuschnittsermittlung rotationssymmetrischer und prismatischer Hohlkörper, günstige Ziehstufenaufteilungen sind der Spezialliteratur zu entnehmen.

4.5.4 Schneiden und Umformen

Verbundwerkzeuge vereinigen Schneid- und Umformvorgänge an Blechen in einem Werkzeug. Man unterscheidet dabei Folgeverbund- und Gesamtverbundwerkzeuge.

In einem Gesamtverbundwerkzeug wird ein Blechformteil in einem Pressenhub hergestellt. Die Werkzeughöhe begrenzt dabei die Stufenzahl. Typische Arbeitsstufen sind Ausschneiden, Tiefziehen, Lochen, Beschneiden oder Prägen. Bei einem Folgeverbundwerkzeug sind die Arbeitsstufen hintereinander in Folge angeordnet. Dabei wird in mehreren Pressenhüben das Blechformteil gefertigt.

Komplizierte, kleinere Blechformteile werden hauptsächlich im Folgeverbundwerkzeug hergestellt.

Ein Folgeverbundwerkzeug bzw. das Streifenbild setzt sich immer aus der Schneidstufe, der Umformstufe und der Trennstufe zusammen. Die Trennstufe im Werkzeug entfällt, wenn das Blechformteil im Streifen verbleibt und als Fließgut einer Montagemaschine zugeführt und nach dem Fügevorgang abgetrennt wird.

Der im *Bild 4.5-24* dargestellte Halter aus DC03 wird in 6 Stufen in einem Folgeverbundwerkzeug gefertigt. Die Anordnung der Schneidelemente und die Biegestufe zeigt *Bild* 4.5-25.

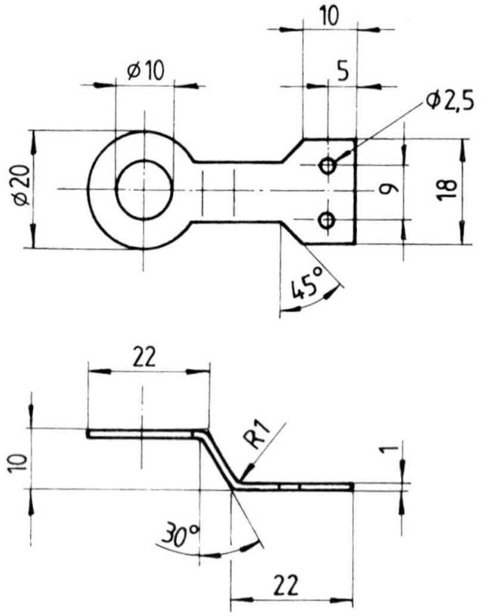

Bild 4.5-24 Halter

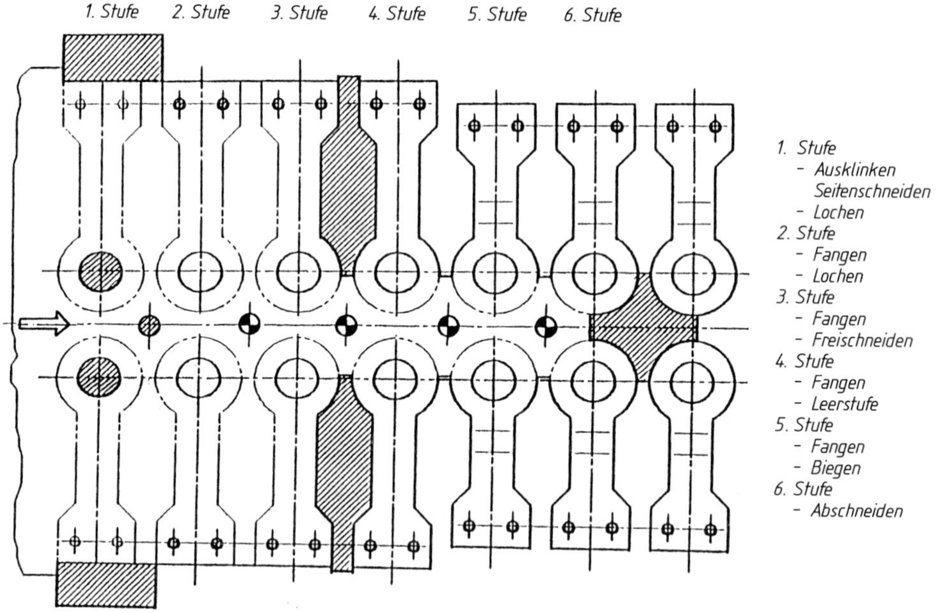

Bild 4.5-25 Streifenbild Halter

Die Blechformteile Grundplatte *Bild 4.5-26* und Abdeckblech *Bild 4.5-27* zeigen, wie durch Eindrücken von Rippen, Sicken, Wölbungen und durch Hochziehen des Randes die Formsteifigkeit von dünnen Blechen wesentlich erhöht wird.

Das Folgeverbundwerkzeug für die Grundplatte besitzt 10 Stufen, das Abdeckblech wird in 11 Stufen hergestellt. In beiden Fällen beträgt die Blechstärke für das galvanisch verzinkte Stahlblech t = 1,25 mm.

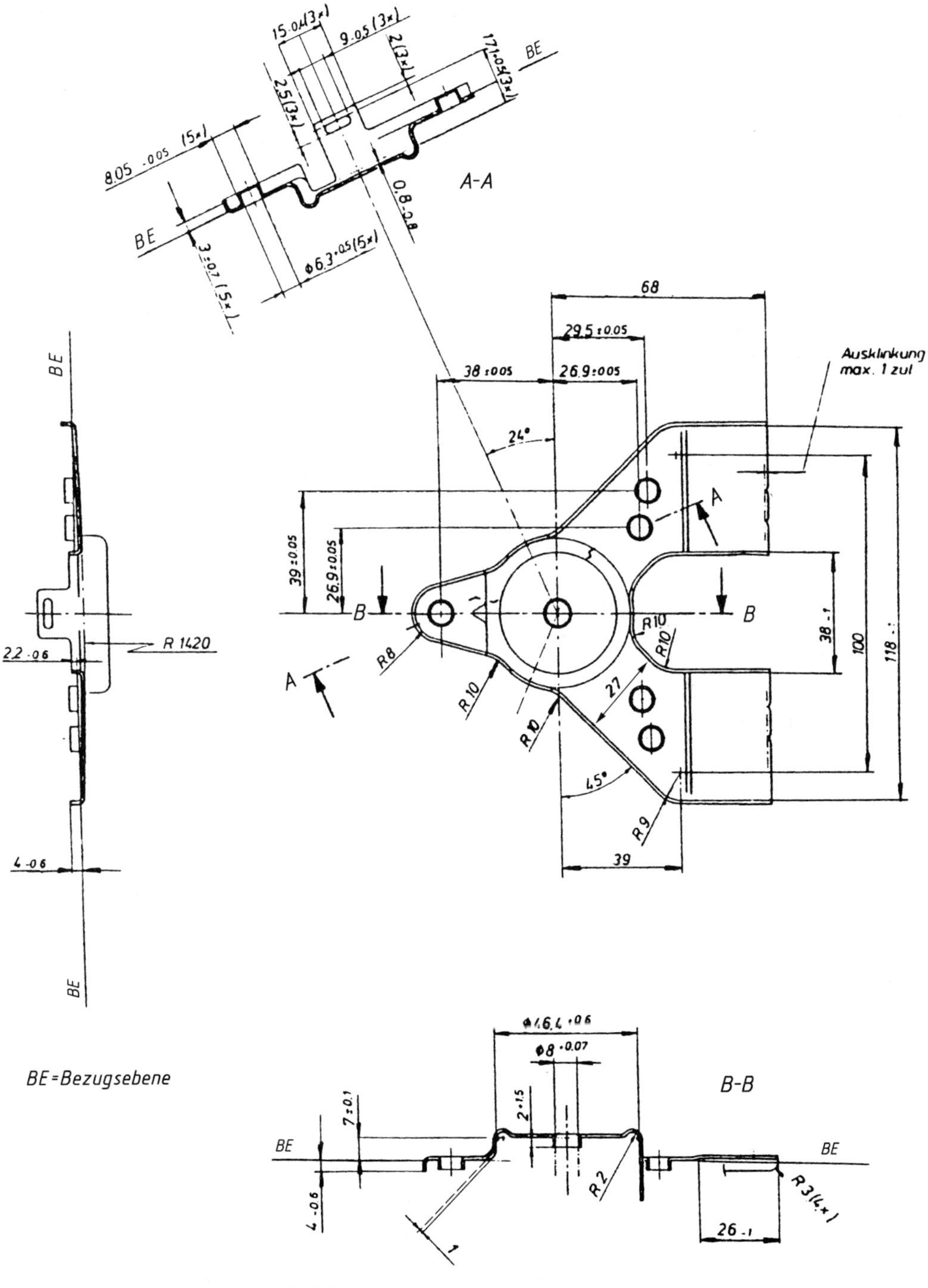

Bild 4.5-26 Grundplatte aus FeP06GZ255MA

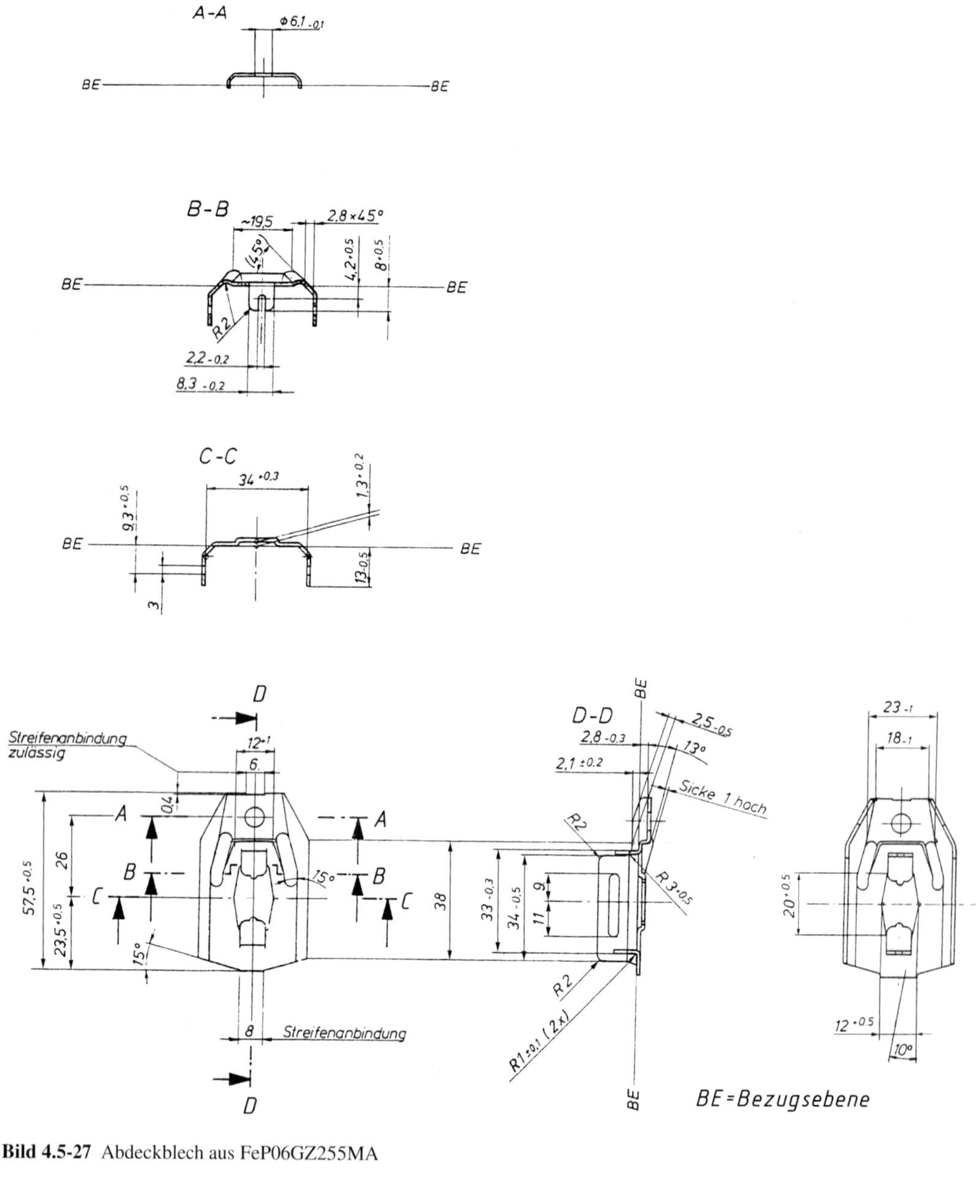

Bild 4.5-27 Abdeckblech aus FeP06GZ255MA

4.5.5 Fügen durch Umformen

Beim Fügen von Blechteilen sind Verbindungstechniken, die ohne Hilfsfügeteil auskommen besonders wirtschaftlich, können doch schon bei der Herstellung der Blechteile, Lappen, Durchbrüche, Aussparungen mitgefertigt werden.

Gestaltungsbeispiele für Lappverbindungen sind im *Bild 4.5-28* zusammengestellt.

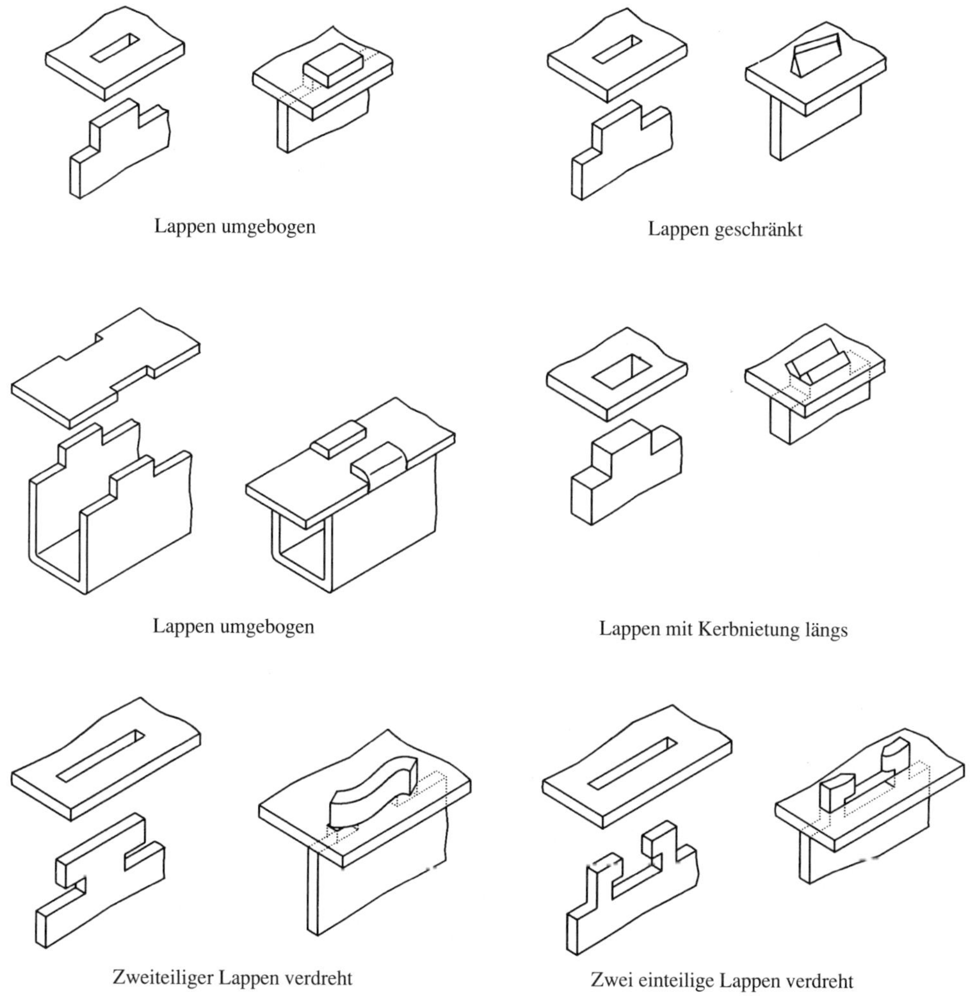

Bild 4.5-28 Gestaltung von Lappverbindungen

Bördeln, Sicken und Falzen sind weitere formschlüssige Fügeverfahren. Diese Fügetechniken sind besonders günstig, wenn die Verbindungsstelle eine kreiszylindrische Form hat.

Bild 4.5-29 zeigt Gestaltungsvariationen für die Verbindung Boden mit Mantelfläche durch Bördeln.

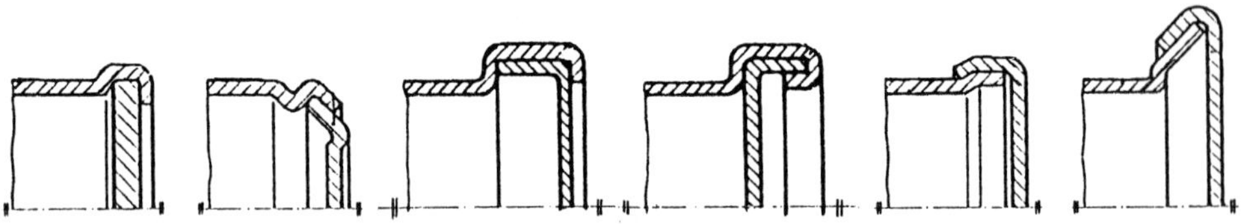

Bild 4.5-29 Gestaltungsbeispiele Verbindung Boden-Mantelfläche durch Bördeln

Die Sicke ist geeignet, Blechteile untereinander oder Blech- und Massivteile miteinander zu verbinden. Die Befestigung der gefügten Teile kann durch Einfach- oder Doppelsicke erfolgen, wie im *Bild 4.5-30* dargestellt.

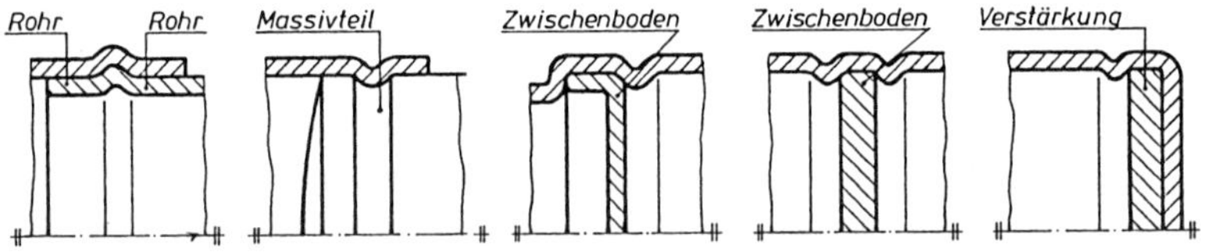

Bild 4.5-30 Gestaltungsbeispiele Verbindung Blech-Massivteil durch Sicken

Beim Falzen werden die Blechteile an ihren Rändern umgebogen, gefügt und anschließend zusammengedrückt.

Man unterscheidet einfacher Falz und Doppelfalz in liegender und stehender Ausführung.

Weitere Gestaltungsbeispiele für Falzverbindungen sind im *Anhang A4.5-10* zusammengestellt.

Einfacher Innenfalz liegend

Doppelfalz stehend

Einfacher Außenpfalz liegend

Doppelfalz liegend

Bild 4.5-31 Falzen von Blechteilen

Beim Verbinden von Blechen oder Profilteilen im **Durchsetzfügeverfahren** wird durch punktuelle Kaltverformung mit oder ohne Schneidanteil das Fügeelement hergestellt.

Der Begriff Durchsetzfügen wurde 1985 in die *DIN 8593 Teil 5* aufgenommen, wobei das Regelwerk noch keine abgrenzende Definition zum mittelbaren bzw. unmittelbaren Stanznieten vorgenommen hat.

Durchsetzfügen	Fügeelement	Hinweis
mit Schneidanteil	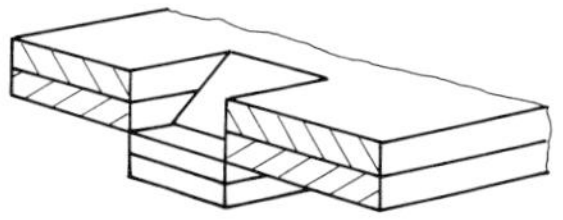	Scherschneid- und Stauchvorgang Fügeelement eckig
ohne Schneidanteil	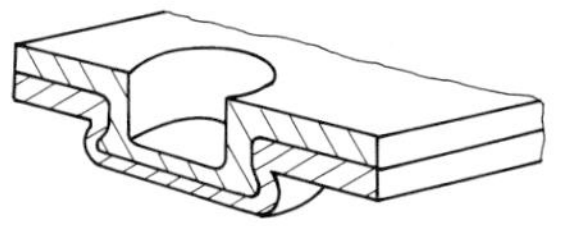	Durchsetz- und Stauchvorgang Fügeelement rund

Bild 4.5-32 Durchsetzfügeelement

Durchsetzfügeverfahren können nach der Fügeelementausbildung, wie *Bild 4.5-32* zeigt, und nach der Werkzeugkinematik in ein- und mehrstufiges Durchsetzfügen eingeteilt werden.

Beim Durchsetzfügen mit Schneidanteil entsteht das Fügeelement durch einen kombinierten Scherschneid- und Stauchvorgang. Es handelt sich dabei um eine kraft- und formschlüssige Verbindung.

Die Verbindungsfestigkeit kann erhöht werden durch Vergrößerung der Scherfläche, indem man von der Balkenform zur Kreuz- oder Sternform übergeht.

Durchsetzfügen ohne Schneidanteil gliedert sich in einen Einsenk- und Durchsetzvorgang mit nachfolgendem Stauchvorgang, dabei entsteht ein Quasiformschluss durch Fließpressen.

Die Rundform ist hier die typische Fügegeometrie. *Bild 4.5-33* stellt den Ablauf beim mehrstufigen Durchsetzfügen dar. Die zu verbindenden Bleche werden durch den Stempel in der Matrize durchgesetzt, anschließend wird das Fügeelement zwischen Durchsetzstempel und Gegenstempel außerhalb der Matrize gestaucht. Dadurch entsteht eine hochfeste Verbindung mit hoher Reproduzierbarkeit.

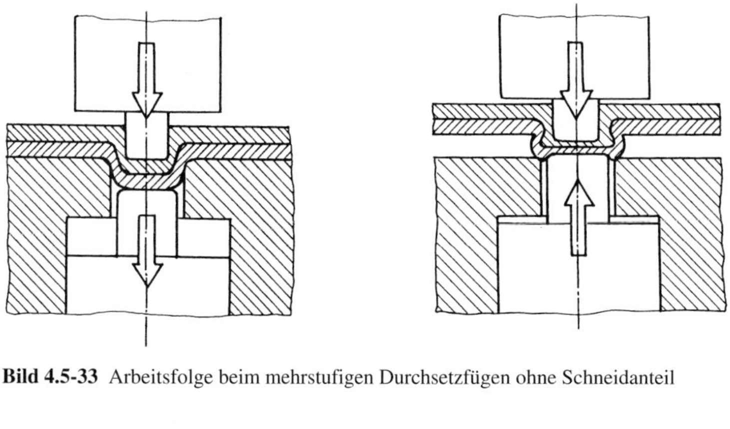

Bild 4.5-33 Arbeitsfolge beim mehrstufigen Durchsetzfügen ohne Schneidanteil

Die Vorteile des Verfahrens sind:
- keine thermische Belastung der Fügezone
- keine Vor- oder Nacharbeit nötig
- Folien oder Klebstoff als Zwischenlagen sind möglich
- Bauteile unterschiedlicher Dicke und Festigkeit können gefügt werden, siehe *Bild 4.5-34*
- günstige Reparaturlösung durch Ausbohren des Fügeelementes. Hier bietet sich vor allem das Durchsetzfügen ohne Schneidanteil an. Die Wiederherstellung der ursprünglichen Verbindungsfestigkeit und Optik wird durch Einsetzen eines Nietelementes möglich
- zerstörungsfreie Kontrolle der Verbindung

Durchsetzfügen	Fügeelement	Hinweis
unterschiedliche Blechdicke	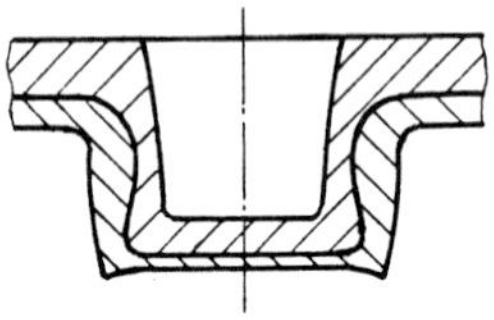	Bessere Verbindung wenn: dick in dünn gefügt wird
verschiedene Blechwerkstoffe	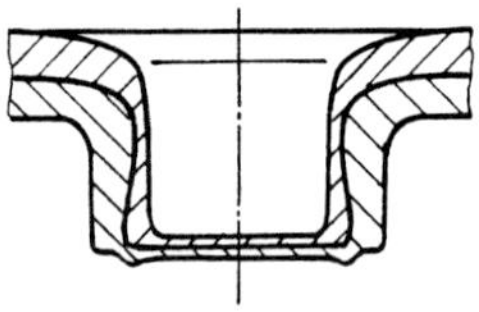	Bessere Verbindung wenn: hart in weich gefügt wird

Bild 4.5-34 Mischverbindungen

Beim Durchsetzfügen besteht ein direkter Zusammenhang zwischen der Verbindungsqualität und den geometrischen Kennwerten des Fügeelementes.

Die Restbodendicke stellt ein reproduzierbar, einfach abgreifbares Maß dar, das mit der vorhanden Verbindungsfestigkeit korreliert.

Im *Bild 4.5-35* sind die festigkeitsrelevanten Fügekenngrößen für das Durchsetzfügen ohne Schneidanteil dargestellt.

Die Ermittlung der Hinterschneidung und Halsdicke kann allerdings nur am Querschliff des Fügeelementes erfolgen.

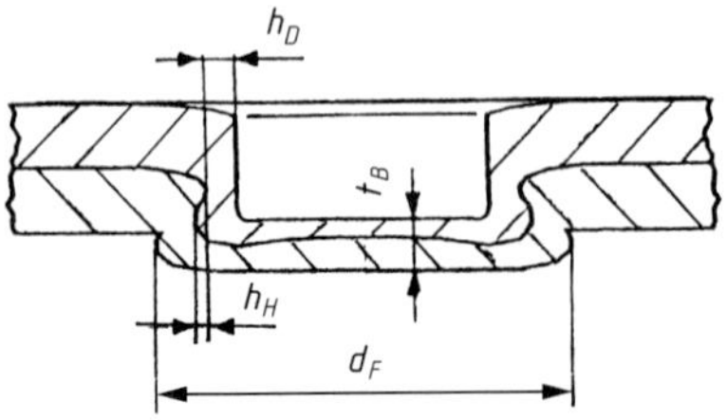

t_B: Restbodendicke
h_D: Halsdicke
h_H: Hinterschneidung
d_H: Fügeelementdurchmesser

Bild 4.5-35 Festigkeitsrelevante Maße

Das Durchsetzfügen ohne Schneidanteil eignet sich für Stahl-, Edelstahl-, Aluminium- und andere Nichteisenbleche. Dabei können, abhängig vom Werkstoff, Blechdicken bis zu einer Gesamtdicke von etwa 6 mm gefügt werden.

Anwendung findet das Verfahren heute in Bereichen der Haushaltgeräte- und Elektroindustrie, in der Klima- und Lüftungstechnik sowie im Fahrzeugbau.

4.5.6 Literatur

DIN-Normen

1. DIN 8580: Fertigungsverfahren; Einteilung, Begriffe
2. DIN 8582: Fertigungsverfahren Umformen; Einordnung, Unterteilung
3. DIN 8584 T1 ... T6: Fertigungsverfahren Zugdruckumformen
4. DIN 8585: Fertigungsverfahren Zugumformen
5. DIN 8586: Fertigungsverfahren Biegeumformen; Einordnung, Unterteilungen, Begriffe
6. DIN 8588: Fertigungsverfahren Zerteilen; Einordnung, Unterteilung, Begriffe
7. DIN 8593 T5: Fügen durch Umformen
8. DIN 9830: Schnittgrathöhen an Stanzteilen
9. DIN 9869 T1 ... T2: Begriffe für Werkzeuge zur Fertigung dünner, vorwiegend flächenbestimmter Werkstücke; Einteilung; Begriffe für Werkzeuge der Stanztechnik; Schneidwerkzeuge
10. DIN 9870 T1 ... T3: Begriffe der Stanztechnik; Fertigungsverfahren und Werkzeuge zum Zerteilen und Biegeumformen
11. DIN-Taschenbuch 46 Stanzwerkzeuge
12. DIN-Taschenbuch 67 Stanzteile
13. DIN-Taschenbuch 109 Fertigungsverfahren 1 Umformen, Fügen

VDI-Richtlinien

14. VDI-Richtlinie 2906 Bl.1E ... Bl.10E Schnittflächenqualität
15. VDI-Richtlinie 3137 Begriffe und Formelzeichen der Umformtechnik
16. VDI-Richtlinie 3175 Ziehkanten- und Stempelkantenrundungen, Ziehspalt
17. VDI-Richtlinie 3359 Blechdurchzüge
18. VDI-Richtlinie 3367 Richtwerte über Steg- und Randbreiten
19. VDI-Richtlinie 3389 Bl.1 ... Bl.3 Biegeumformen

Stahl-Informationszentrum, Düsseldorf (Hrsg.)

20. Merkblatt 174 Falzen von Stahlblech
21. Merkblatt 350 Versteifen von Stahlblechteilen

AWF-Stanzereiblätter

22. AWF 5000 ff. zu beziehen über Beuth-Verlag, Berlin
23. *Budde/Pilgrim*, Stanznieten und Durchsetzfügen, Verlag Moderne Industrie Landsberg 1995
24. *Gruning*, Umformtechnik, Vieweg, Braunschweig 1986
25. *Lange,* Lehrbuch der Umformtechnik Band 3, Springer, Berlin 1990
26. *Oehler/Kaiser,* Schnitt-, Stanz- und Ziehwerkzeuge, Springer, Berlin 1993
27. *Semlinger,* Spanlose Fertigung: Schneiden – Biegen – Ziehen, Vieweg, Braunschweig 1994
28. *Tschätsch,* Handbuch der Umformtechnik, Hoppenstedt Technik Tabellen-Verlag, Darmstadt 1993

Bildquellennachweis:

1. womako, Nürtingen
   Bilder 4.5-18, 4.5-19
2. Reitter & Schefenacker, Esslingen
   Bilder 4.5-26, 4.5-27

4.6 Das Gestalten von Kunststoffteilen

4.6.1 Allgemeines

1. Einordnung der Kunststoffe

Kunststoffe sind synthetische, organische Verbindungen. Ausgangsstoffe für ihre Synthese sind Erdöl, Erdgas oder Kohle, die zunächst zu einfachen, reaktionsfähigen „monomeren“ Molekülen aufgeschlossen werden. Wasser, Luft und Kochsalz liefern die Elemente H, O, N und Cl für die Synthese zu „polymeren“ faden- oder netzförmigen Makromolekülen. Die entstandenen Molekkülstrukturen gleichen prinzipiell denen natürlicher organischer Werkstoffe wie Zellulose oder Naturkautschuk.

Gegenüber metallischen Werkstoffen zeigen Kunststoffe typische Vorteile, nämlich geringes Gewicht, Korrosionsbeständigkeit, Isolierfähigkeit und günstige Formgebungseigenschaften. Der relativ begrenzte Gebrauchstemperaturbereich wird durch die Entwicklung neuer und durch die Verbesserung bekannter Kunststoffe ausgeweitet. So hat z. B. das Polytetrafluoräthylen PTFE eine Wärmebeständigkeit bis annähernd 560 K.

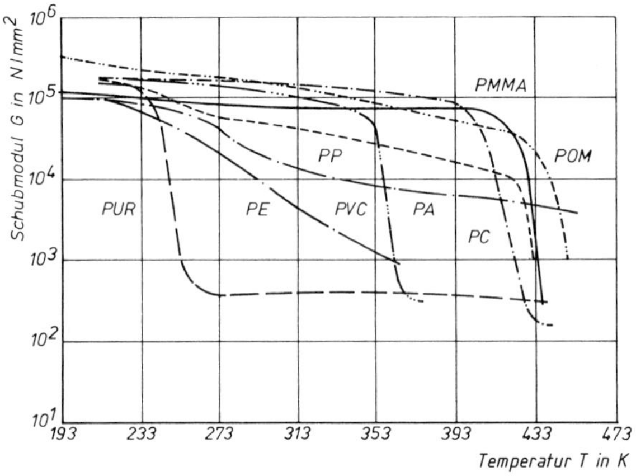

Bild 4.6-1
Schubmodul verschiedener Thermoplaste in Abhängigkeit von der Temperatur

2. Kunststoffgruppen

Die wesentlichen Eigenschaften der Kunststoffe werden von ihrer Molekularstruktur bestimmt.

Thermoplaste (Plastomere) erweichen bei ausreichender Erwärmung wiederholbar bis zur Fließbarkeit durch Bewegung der Fadenmoleküle in sich und gegeneinander. Bei Abkühlung erhärten sie durch amorphe Verfilzung bei verzweigten Polymeren mit sperrigen Verzweigungen oder durch Bildung kristalliner Strukturen bei linearen oder isotaktischen Polymeren, die mit amorphen Bereichen wechseln.

Die Ausbildung amorpher oder teilkristalliner Bereiche hängt vom Aufbau der Makromoleküle und den Verarbeitungsbedingungen ab.

Die Kristallite üblicher technischer Polymere können das Polymervolumen zwischen 80 % und 20 % ausfüllen. Kristallisationsgrade von über 80 % werden selbst unter günstigen Bedingungen kaum erreicht, eine Verschiebung des Kristallisationsgrades zu niedrigeren Werten bis hin zum amorphen Zustand ist möglich.

Kunststoffgruppe	Thermoplaste	Duroplaste	Elastomere
Molekülstruktur	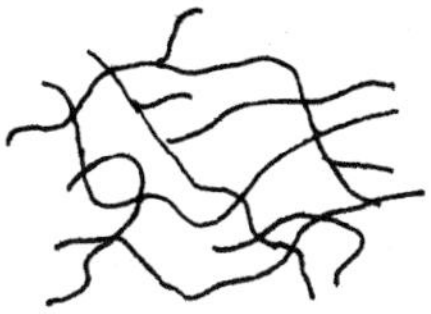 Fadenmoleküle	 Raumnetzmoleküle	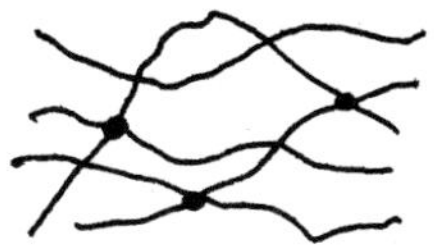 Fadenmoleküle
Kennzeichen	lineare oder verzweigte Ketten	stark vernetzte Makromoleküle	weitmaschig vernetzte Ketten
Eigenschaften	schmelzbar schweißbar warmumformbar	nicht umformbar nicht schweißbar	nicht schweißbar weich, gummielastisch
Beispiele	PS, PE, PA, PVC PP, PC, PTFE ABS, PMMA	PF, UF, MF EP, UP	PUR, TPE EPDM, TPU

Bild 4.6-2 Kunststoffgruppen und ihre Molekülstruktur

Die Kristallisation erhöht im Kunststoff die Dichte, die Schmelztemperatur, die Zugfestigkeit und Härte und ganz wesentlich den E-Modul.

Gleichzeitig nimmt die Schlagzähigkeit, die Wärmeausdehnung und der Schmelztemperaturbereich deutlich ab.

Thermoplaste	teilkristallin	amorph
Aufbau	Polyäthylen PE 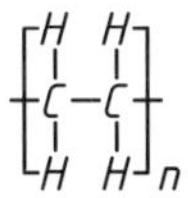 linear – isotaktisch –	Polystyrol PS 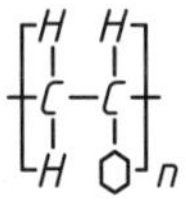 verzweigt, sperrig – ataktisch –
Beispiele	Polyamide PA Polyoxymethylen POM Polyterafluoräthylen PTFE	Polyvinylchlorid PVC Polycarbonat PC Polymethyl-methacrylat PMMA

Bild 4.6-3 Amorphe und teilkristalline Thermoplaste

Thermoplaste sind durch Erwärmung reversibel plastifizierbar und schmelzbar. Produktions-Rücklaufmaterial und Recycling nach Produktgebrauch kann nach Reinigung und Zerkleinerung sortenrein oder verwertungsverträglich rezykliert werden.

Verschiedene thermoplastische Kunststoffe lassen sich teilweise miteinander mischen. Diese Mischungen werden als „Polymer-Blends" bezeichnet. In diesem Falle gehen der dominierende Matrixwerkstoff und der Zumischwerkstoff bei entsprechender Stoffverträglichkeit und Menge einen Legierungszustand ein.

Bild 4.6-4 zeigt die Kombinationsmöglichkeit bei Thermoplasten.

● verträglich
◐ beschränkt verträglich in kleinen Mengen
◔ verträglich
○ nicht verträglich

Matrixwerkstoff \ Zumischwerkstoff	PE	PVC	PS	PC	PP	PA	POM	SAN	ABS	PBTP	PETP	PMMA
PE	●	○	○	○	●	○	○	○	○	○	○	○
PVC	○	●	○	○	○	○	○	●	◐	○	○	●
PS	○	○	●	○	○	○	○	○	○	○	○	○
PC	○	◔	○	●	○	○	○	●	●	●	●	●
PP	◔	○	○	○	●	○	○	○	○	○	○	○
PA	○	○	◔	○	○	●	○	○	○	◔	◔	○
POM	○	○	○	○	○	○	●	○	○	◔	○	○
SAN	○	●	○	●	○	○	○	●	●	○	○	●
ABS	○	◐	○	●	○	○	◔	○	●	◔	◔	●
PBTP	○	○	○	●	○	◔	○	○	◔	●	○	○
PETP	○	○	◔	●	○	◔	○	○	◔	○	●	○
PMMA	○	●	◔	●	○	○	◔	●	●	○	○	●

Bild 4.6-4 Verträglichkeit von Thermoplasten

Im Allgemeinen werden Thermoplaste ohne Füllstoffe verarbeitet. Durch Beimischen von Kurzglasfasern in einer Länge von 0,2 – 0,5 mm und in einem Anteil von 20 – 40 Gew.% erhöht man die Formsteifigkeit und Maßhaltigkeit bei gleichzeitiger Reduzierung der Wärmedehnung um bis zu 60 %.

Duroplaste sind „ausgehärtete" Kunststoffe. Sie entstehen aus fließbaren Vorprodukten, die sich beim Urformen durch Bildung räumlich eng vernetzter Makromoleküle irreversibel miteinander verknüpfen.

Ausgehärtete Duroplaste sind hart, spröde, nicht warmumformbar und nicht schweißbar. Die mechanischen Eigenschaften sind wenig temperaturabhängig.

Duroplaste werden, von wenigen Ausnahmen abgesehen, mit Zusatzstoffen in einem Umfang von 30 – 60 Gew.% verarbeitet.

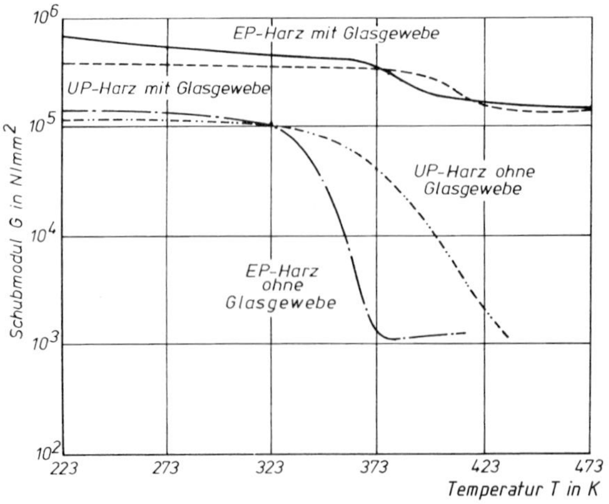

Ähnliches Verhalten zeigen PF, UF, MF

Bild 4.6-5
Schubmodul verschiedener Duroplaste in Abhängigkeit von der Temperatur

Zusatzstoffe werden als Füllstoff zur Harzeinsparung und damit zur Kostenreduzierung aber auch als Eigenschaftsverbesserer eingesetzt.

Die Kerbschlagzähigkeit und Oberflächengüte wird z. B. durch mineralische Zusatzstoffe, Mahlgut aus Kalkstein, Marmor, Kreide wesentlich verbessert.

Holzmehl erhöht ebenfalls die Zähigkeit des Formteils. Weitere Zusatzstoffe sind Verstärkungsfasern, Gewebeschnitzel und Gewebebahnen.

Elastomere sind Polymere mit weitmaschig vernetzter Molekülstruktur. Die chemischen Netzbindungen verhindern ein plastisches Fließen; jedoch gestatten sie eine ungewöhnlich gute elastische Verformung durch Streckung der Fadenmoleküle zwischen den Bindungsstellen. Typische Vertreter sind Natur- und Synthesekautschuk, die durch „Vulkanisieren“ vom thermoplastischen Zustand zu elastomerem Weichgummi chemisch lose vernetzt werden.

4.6.2 Gestaltungsrichtlinien

Die geringen Festigkeitswerte, der niedrige Elastizitätsmodul und die starke Temperaturabhängigkeit der Kunststoffteile machen eine besondere Gestaltung notwendig.

Hinweise für das funktions-, beanspruchungs- und formteilgerechte Gestalten von Spritzgussteilen aus thermoplastischen Kunststoffen liefert die *VDI 2006*.

Spritzgussteile sind nach den Gesichtspunkten:
- ausreichende Steifigkeit bei maximaler Belastung
- Reduzierung der zeitabhängigen Verformung, Kriechneigung
- Steifigkeits- und Festigkeitsabnahme, Zunahme der Kriechneigung unter thermischem Einfluss

bei möglichst geringem Materialaufwand zu entwerfen.

Die geringen Festigkeitswerte der Kunststoffe, im Vergleich zu Metallen um den Faktor 10 kleiner, machen eine kunststoffgerechte Gestaltung erforderlich.

Folgende Gestaltungsrichtlinien sind zu beachten:

1. Wanddicken

Spritzgussteile sollen möglichst überall gleiche Wanddicken haben. Die Wanddicke beträgt im Normalfall 0,6 – 3 mm, bei Großteilen liegt die obere Grenze etwa bei 5 mm. Unter besonderen Verarbeitungsbedingungen lassen sich Wanddicken von 0,2 mm herstellen.

Die Wanddicke muss groß genug gewählt werden, damit das Formteil gut gefüllt werden kann. Formmasse, Formteilgeometrie, Fließweglänge, Angussart und die Verarbeitungsparameter sind wesentliche Einflussgrößen.

Der Zusammenhang Fließweg l – Wanddicke s – Formmasse ist im *Bild 4.6-6* dargestellt.

Materialanhäufungen und plötzliche Querschnittsübergänge sind zu vermeiden. Sie führen zu ungleichmäßigem Abkühlen und damit zu Lunker, Einfallstellen, Verzug und ungleichmäßigen Gefügen. Außerdem erhöhen sich die Fertigungskosten durch längere Abkühlzeiten und höheren Materialverbrauch.

Im *Anhang A4.6-1* sind Gestaltungsbeispiele zusammengestellt, die zeigen, wie man durch Aussparungen, Verrippungen Materialanhäufung vermeiden kann.

4

Wanddicke: Fließweg	Fließvermögen	Formmasse
s : l = 1 : 100	schlecht	HDPE, PP, PVC, PC, PPO mod.
s : l = 1 : 150	mittelmäßig	SAN, ABS, POM, MDPE, PMMA
s : l = 1 : 250	gut	PS, LDPE, PA, PETP

Bild 4.6-6 Fließvermögen von Thermoplasten

2. Rippen

Durch eine geschickte Verrippung kann die Biege- und Formsteifigkeit flächiger Formteile ohne deutlichen Werkstoffmehraufwand wesentlich verbessert werden. Um Masseanhäufungen an den Knotenpunkten zu vermeiden, sollte das Verhältnis Rippe zu Wanddicke etwa 0,5 – 0,8 betragen.

Das Rippen-Wanddickenverhältnis wird von der Formmasse, von der Angusslage und von der Formteilgeometrie beeinflusst.

Eine deutliche Erhöhung der Formsteifigkeit erreicht man, wenn die Rippenhöhe etwa das 5-fache der Rippenstärke beträgt.

Bild 4.6-7 und *Bild 4.6-8* zeigen, wie durch die Form der Verrippung die Gestaltfestigkeit in einem großen Bereich beeinflusst werden kann.

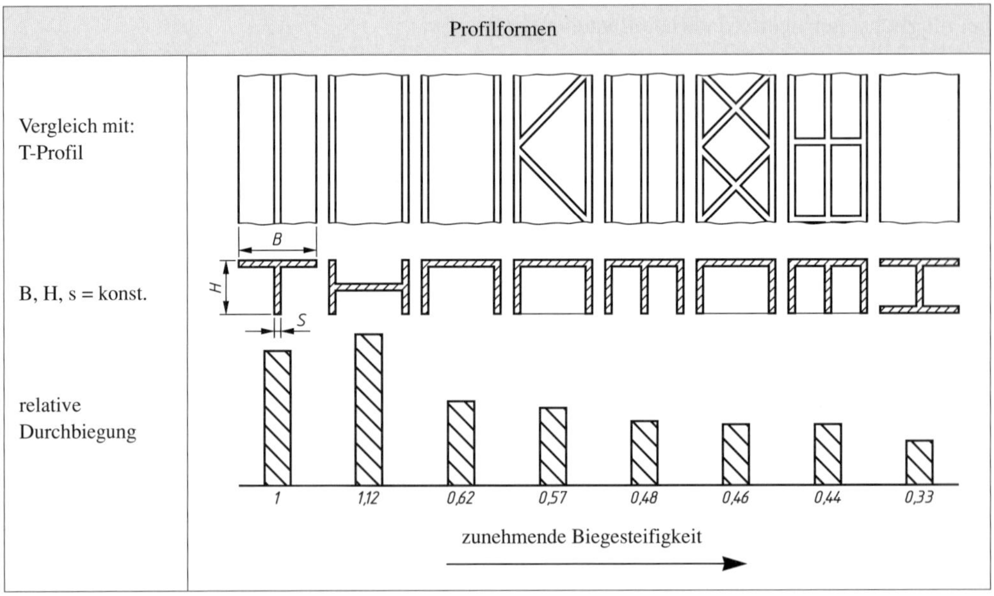

Bild 4.6-7 Biegefestigkeit unterschiedlicher Profile

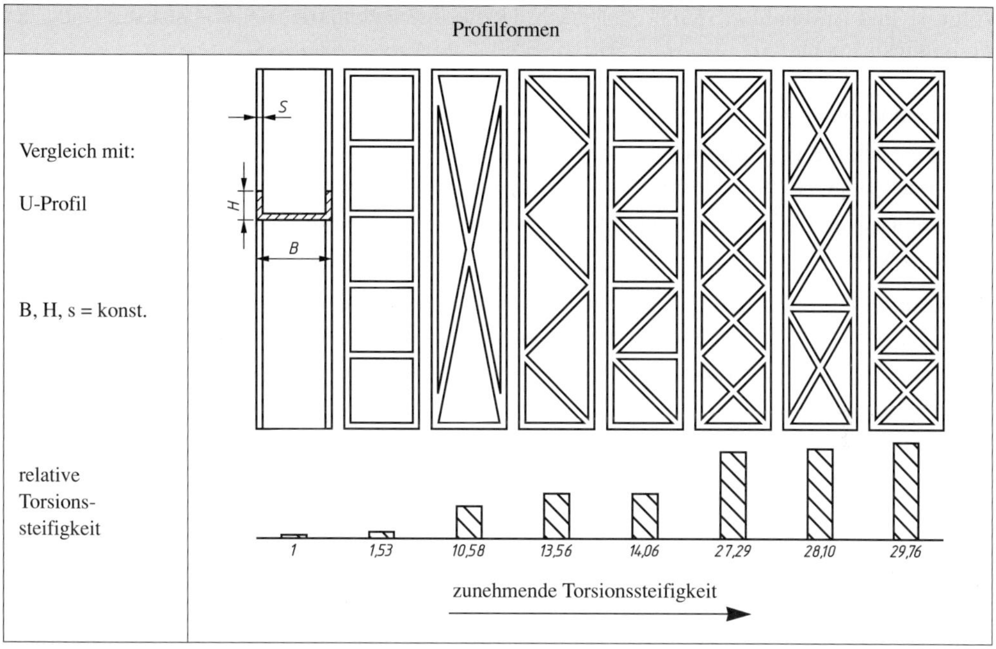

Bild 4.6-8 Torsionssteifigkeit unterschiedlicher Profile

3. Abrundungen

Ecken und scharfe Kanten sollten am Formteil vermieden werden, da sie zu Festigkeitsverlusten, Verzug und geringerer Schlagzähigkeit führen. Radien an den Außen- und Innenkanten des Formteils erleichtern den Formfüllvorgang und ermöglichen eine gleichmäßigere Kühlung im Eckenbereich des Formhohlraumes.

Beim Verrunden der Innenkanten muss allerdings beachtet werden, dass es zu keiner Materialanhäufung mit den bekannten Nachteilen kommt.

In Abhängigkeit von der Formteilgeometrie sollten die Radien 0,5 – 1,5 mm betragen.

4. Angusslage, Angussart

Der Anguss ist so zu gestalten, dass die plastifizierte Kunststoffmasse auf möglichst kürzestem Wege, mit geringstem Wärme- und Druckverlust die Formnester gleichzeitig füllt.

Da jeder Anguss eine mehr oder weniger deutliche Markierung hinterlässt, sollte er nicht auf Sichtflächen angebracht werden.

Bindenähte, die durch zusammenfließende Massenströme bei mehreren Anschnitten bzw. beim Umströmen von Kerneinsätzen entstehen, sind schwach sichtbar und haben wegen der unzureichenden Verschweißung eine verminderte Festigkeit.

Der Anschnitt sollte deshalb so gelegt werden, dass Bindenähte nicht im Bereich höherer Festigkeit liegen.

Weiter bestimmt die Lage des Anschnittes die Fließrichtung und damit die Orientierungen. Die Festigkeit, die Schwindung und der Verzug eines Spritzgussteiles hängen wesentlich von den Orientierungen ab.

Anguss- und Anschnittart richtet sich nach der Formteilgeometrie, der Kunststoffart und der Fertigungsmethode.

Angewendet werden:

Stangen- oder Kegelanguss wird vorwiegend bei großen Spritzgussteilen und bei schwerfließenden und temperaturempfindlichen Kunststoffen verwendet.

Der Anguss sollte, da er thermisch oder mechanisch abgetrennt wird, nicht an Sichtflächen angeordnet werden.

Punktanguss erfordert keine Nacharbeit. Er reißt an der Verbindungsstelle zum Spritzgussteil beim Entformen ab, dabei bleibt ein kleines Angusszäpfchen stehen.

Sehr häufig verwendete Anschnittart besonders für Kleinteile sowie für Mehrfachanschnitte bei größeren Spritzgussteilen.

Band- oder Filmanguss wird bei großflächigen, ebenen Teilen angewendet. Die Kunststoffmasse gelangt dabei, entlang der ganzen Anschnittlänge, gleichmäßig in den Formhohlraum.

Die Spritzgießteile sind ohne Verzug, da die Orientierung gleichmäßig ist. Der Anguss erfordert ein nachträgliches Bearbeiten.

Schirm- oder Scheibenanguss eignet sich besonders für ringförmige Spritzgussteile. Die Kunststoffmasse fließt, ähnlich wie beim Bandanschnitt, gleichmäßig in den Formhohlraum ohne dass Bindenähte entstehen können. Die Formteile haben eine gleichmäßige Festigkeit und ein gutes Rundlaufverhalten. Der Anguss muss durch Nacharbeit entfernt werden.

Tunnelanguss erfordert ebenfalls keine Nacharbeit. Beim Öffnen der Form schert der Anguss automatisch ab.

Die Kunststoffmasse fließt durch einen kurzen, schräg angeordneten konischen Tunnel in der düsenseitigen Werkzeughälfte in den Formhohlraum. Da der Druckverlust beim Tunnelanguss relativ hoch ist, eignet sich diese Angussart nur für kleine Spritzgussteile.

Heißkanal. Hier wird die Kunststoffmasse in den Verteilkanälen durch Heizbändern, Heizpatronen auf Spritztemperatur gehalten, das meist materialintensive Angusssystem braucht deshalb nicht entformt werden. Über einen Punkt wird der Formhohlraum direkt gefüllt, eine Nacharbeit entfällt.

Heißkanalwerkzeuge haben kurze Zykluszeiten und in der Regel keinen Recyclingaufwand.

5. Aushebeschrägen, Hinterschneidungen

Um eine gute Entformung des Spritzgussteils zu ermöglichen, sollten die in Öffnungsrichtung liegenden Flächen eine Neigung von etwa 1 : 100 haben.

Abhängig vom Kunststoff und den Entformungsweglängen sind Entformungsschrägen von 0,5 – 1,5° üblich.

Bei der Gestaltung von Spritzgussteilen sind Hinterschneidungen möglichst zu vermeiden.

Bild 4.6-9 zeigt Lösungsmöglichkeiten. Sind Hinterschneidungen am Spritzgussteil notwendig, dann kann über zusätzliche Trennebenen mittels Schieber oder Backen, die von Schrägbolzen bewegt werden, die Entformung durchgeführt werden.

ungünstig	besser	Hinweis
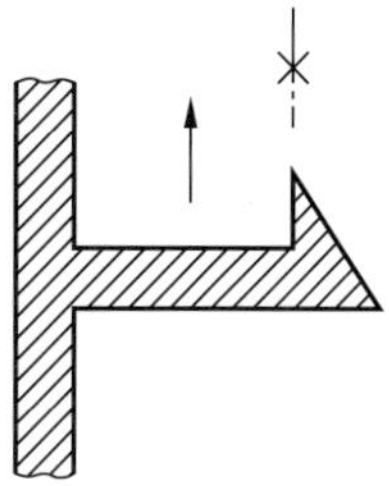	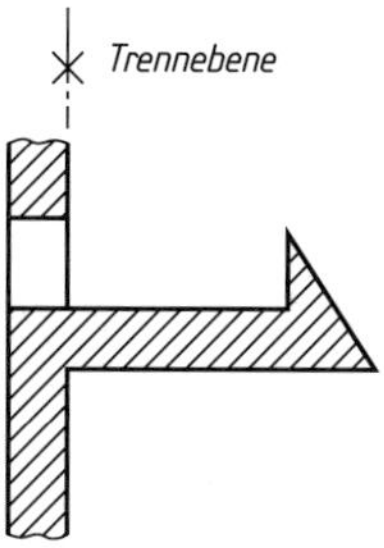	Durchbruch für Kerneinsatz ersetzt Schieber
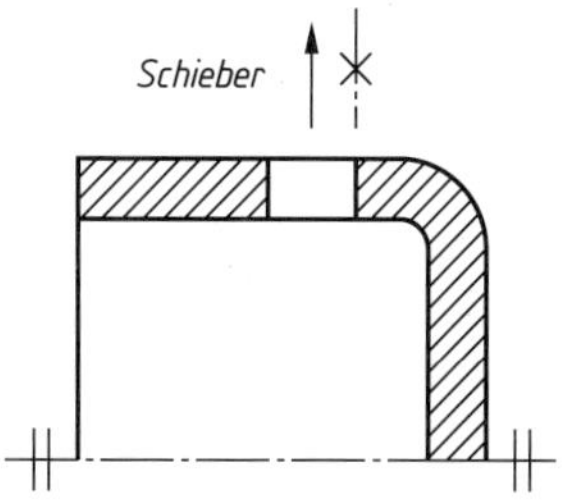	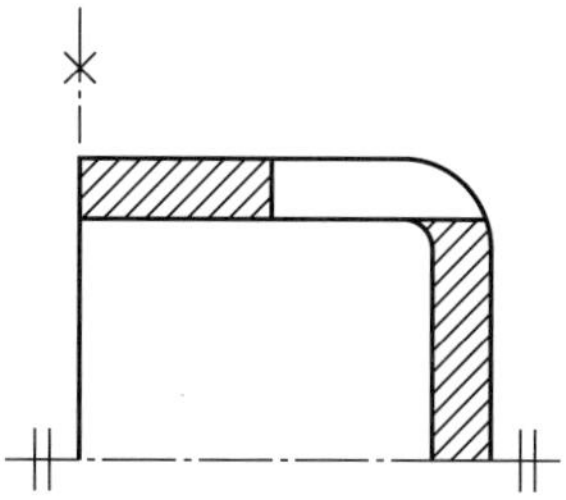	Längsschlitz am Umfang ersetzt Schieber für Querdurchbruch
		Entformungsrichtung Öffnungsrichtung

Bild 4.6-9 Vermeidung von Hinterschneidungen

6. Verbundbauweise

Bei der Verbundbauweise können die zu verbindenden Teile aus dem gleichen Kunststoff, allerdings unterschiedlichen Farben, verschiedenen Kunststoffen, Kunststoff-Metall oder aber Kunststoff-Nichtmetall bestehen.

Gewindeeinsätze sind ein bekanntes Beispiel für den Verbund Kunststoff-Metall.

Die eingebetteten Einlegeteile, auch Inserts genannt, müssen durch Hinterschneidungen gegen Herausziehen und mittels Rändeln oder Flächen gegen Verdrehen gesichert sein.

Die wesentlich größere Schwindung des Kunststoffes wird durch die Metalleinbettung behindert. Die entstehenden Spannungen können besonders bei scharfkantigen Einlegeteilen zur Spannungsrissbildung führen.

Mit der Outsert-Technik können verschiedene Funktionselemente durch Spritzgießen in Aussparungen einer Trägerplatine in einem Arbeitsgang eingebettet werden.

Nach dem Einlegen der Trägerplatine in das Spritzgießwerkzeug werden die an den Aussparungen liegenden Formnester des Werkzeuges gefüllt.

Durch diese Fertigungstechnik werden die Herstellkosten deutlich gesenkt, da die Einzelfertigung der Funktionselemente und deren Montage auf der Platine entfällt.

Ein weiterer Vorteil besteht darin, dass sich die Wärmedehnung der Kunststoffteile nicht auf die Abstände der einzelnen Bauelemente auswirkt.

Verfahren	Insert-Technik	Outsert-Technik
Prinzip	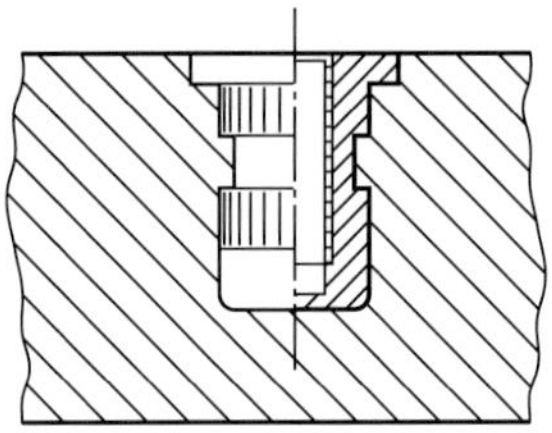	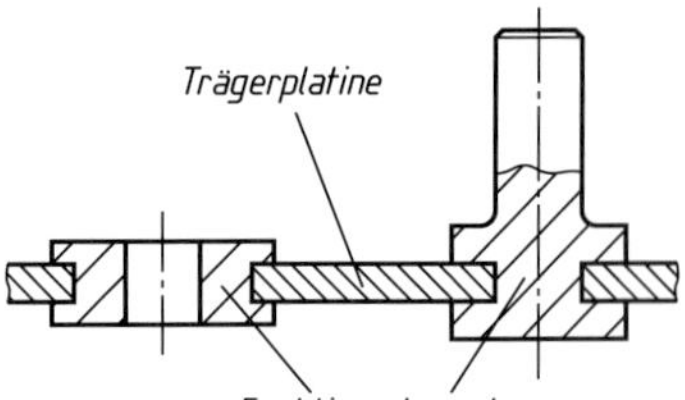
Kennzeichen	Funktionselement (Metall) wird in Kunststoff eingebettet	Funktionselement (Kunststoff) wird in Trägerplantinenaussparung eingebettet
Funktions-elemente	Gewindeeinsätze Hülsen Achsen, Wellen	Distanzbolzen Gleitlager Schieberführung Schnapphaken

Bild 4.6-10 Verbundbauweise

Als Trägerplatinen werden vorzugsweise elektrolytisch- oder feuerverzinkte Stahlbänder im Dickenbereich 0,6 – 2,5 mm verwendet.

Eingesetzt wird aber auch Hartpapier und Hartgewebe. Im *Bild 4.6-11* sind verschiedene Funktionselemente dargestellt.

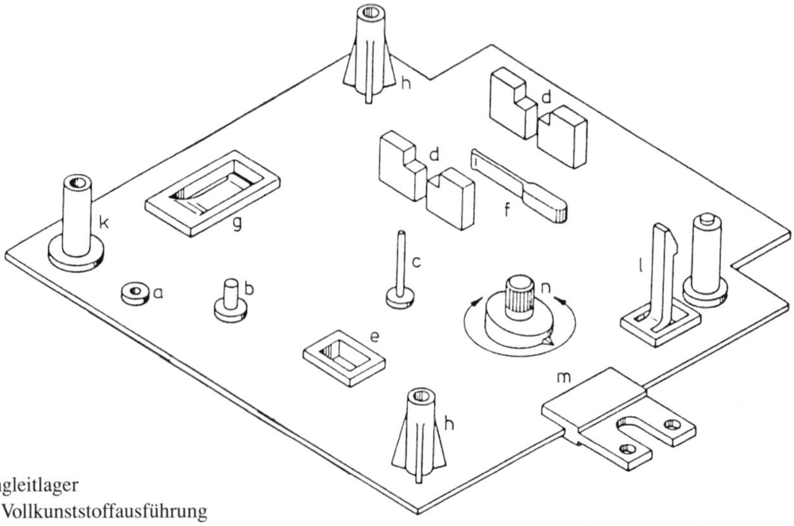

a Wellengleitlager
b Achse Vollkunststoffausführung
c Achse Metallstift in Kunststoff
d Schieberführung parallel zur Platine
e Schieberführung senkrecht zur Platine
f Biegefeder parallel zur Platine
g Biegefeder senkrecht zur Platine
h Säule zentrisch fixiert
k Säule mit Flanschbefestigung
l Schnapphaken
m Überkragendes Bauelement
n Drehbewegliches Bauelement

Bild 4.6-11 Funktionselemente der Outsert-Technik

Für die Outsert-Technik gibt es vielfältige Einsatzmöglichkeiten im Bereich der Feinwerktechnik.

Bild 4.6-12 zeigt die Insert-Technik und das Mehrfarbenspritzgießen. In einem 16-fach Spritzgießwerkzeug werden für einen Sportschuh Stollen aus Polyurethan in einer Zykluszeit von ca. 30 Sekunden gefertigt.

Bild 4.6-12 Mehrfarbenspritzgießen und Insert-Technik

Bei der Stollenausführung mit der Dreh-Schnappbefestigung entfällt das aufwendige Einlegen der Gewindebolzen in das Spritzgießwerkzeug; dadurch konnten die Herstellkosten um 23 % gesenkt werden.

Ein weiteres Beispiel für das Mehrfarbenspritzgießen ist das Tastenfeld aus ABS für ein Telefon. Nachdem die Kunststoffmasse über ein Tunnelangusssystem die Formnester für die einzelnen Zahlen gefüllt hat, reißt beim Öffnen des Spritzgießwerkzeuges das Angusssystem automatisch ab und wird ausgeworfen.

Die Vorspritzlinge verbleiben im Werkzeug, siehe *Bild 4.6-13*.

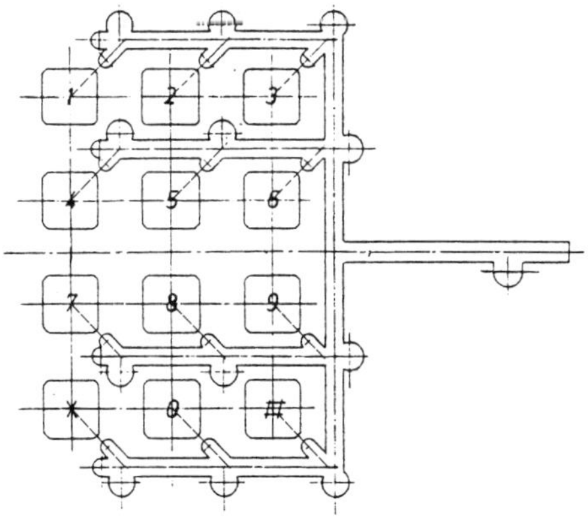

Bild 4.6-13 Vorspritzlinge mit Tunnelangusssystem

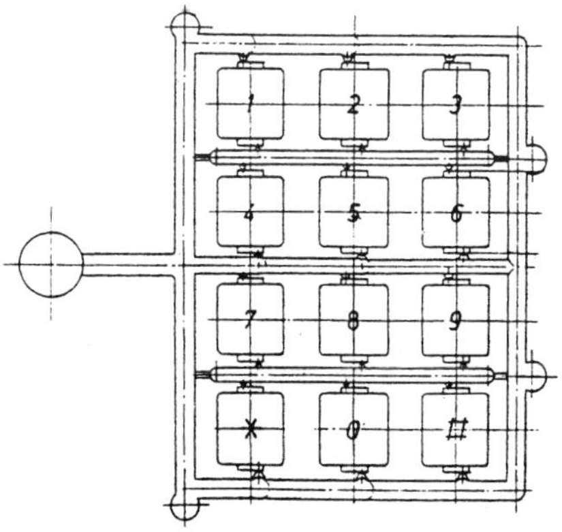

Bild 4.6-14 Tastenfeld mit Angussspinne

Nach dem Öffnen der Formnester für die Tastenkontur füllt die zweite Spritzeinheit über eine Angussspinne mit Punktanbindung den Hohlraum zwischen vorgespritzter Taste und Tastenkonturformnest.

Bei diesem Vorgang liegt die Zahl plan an der vorderen Formnestwand an. Hinterschneidungen am Vorspritzling, im *Bild 4.6-15* dargestellt, erhöhen die Verbundfestigkeit.

Um die spätere Montage des Tastenfeldes zu erleichtern, lässt man die Tasten in der Angussspinne wie *Bild 4.6-14* zeigt.

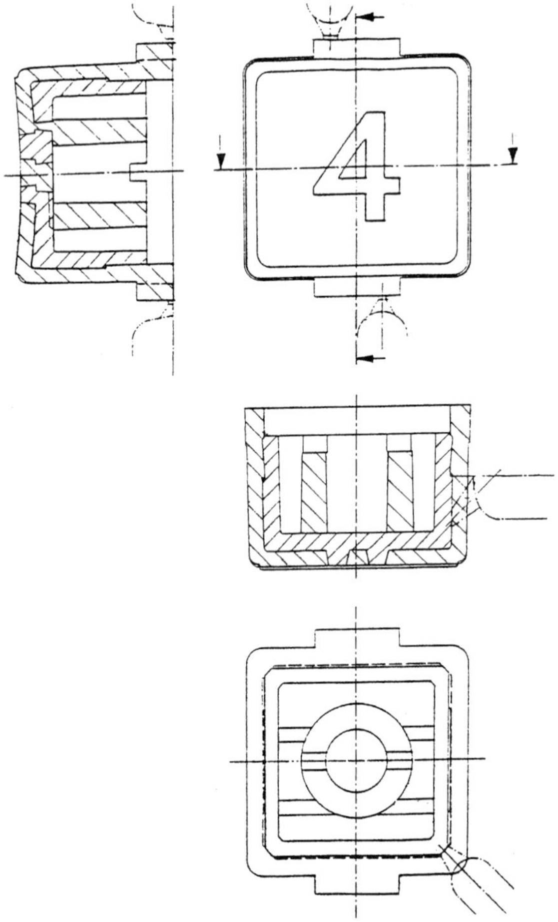

Bild 4.6-15 Konstruktive Gestaltung einer Taste

Als Beispiel für das Mehrkomponentenspritzgießen dient die Griffhalbschale für eine Bohrmaschine.

Bild 4.6-16 zeigt die Produktzeichnung des Geräteherstellers.

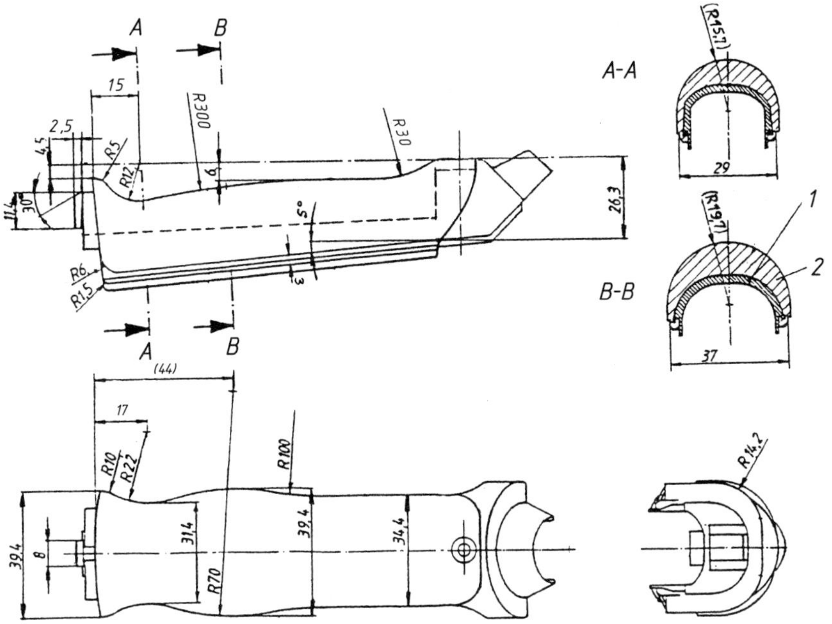

Bild 4.6-16 Mehrkomponentenspritzgießen

Das Bauteil soll über eine höhere Festigkeit und Steifigkeit verfügen, gleichzeitig eine griffige Oberfläche haben und angenehm in der Hand liegen. Die Kombination Thermoplast mit thermoplastischem Elastomer erfüllt diese Anforderungen.

Um eine hohe Verbundfestigkeit zwischen der Hart- und Weichkomponente zu erreichen, hat der Vorspritzling aus PA6-GF30, Pos. 1, zahlreiche Hinterschneidungen für die formschlüssige Verankerung der Weichkomponente aus TPE, Pos. 2. Die Gestaltung der Verbindungsfläche zeigt *Bild 4.6-17*.

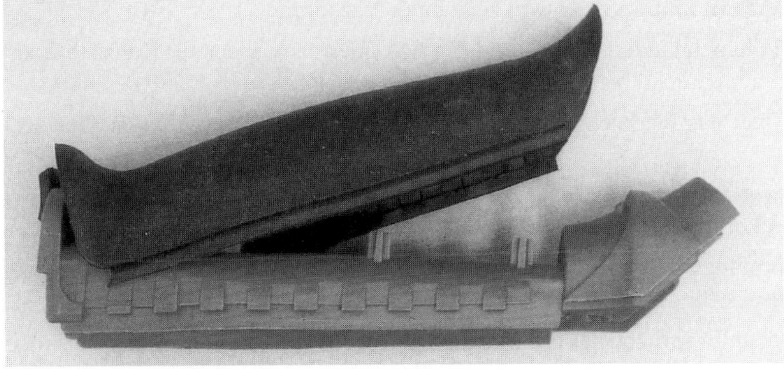

Bild 4.6-17 Griffhalbschale mit Hinterschneidungen

Weitere Beispiele für den Hart-Weich-Verbund sind Schalter, Tasten, Stecker und Gehäuse, die mit einer Weichkomponente umspritzt werden, um griffige, elastische und abdichtende Oberflächenbereiche zu erhalten.

Diese Kunststoffteile werden in einem Arbeitsgang präzise und ohne nachträgliches Zusammenfügen gefertigt.

Wegen der hohen Automatisierung und den vielfältigen Möglichkeiten gewinnt das Mehrkomponentenspritzen zunehmend an Bedeutung.

Nachteilig wirkt sich vor allem bei Kleinteilen die geringere Recyclingfähigkeit aus.

Eine Zusammenstellung zur Gestaltung von Spritzguss- und Formpressteilen ist im *Anhang A4.6-1* zu finden. Für die Gestaltung von Formpressteilen gelten im Allgemeinen ähnliche Regeln wie für Spritzgussteile.

Genauere Angaben zu Formteilen aus Duroplasten macht die *VDI 2001*.

Zu glasfaserverstärkten Kunststoffen findet man in der *VDI 2012* und im *Anhang A4.6-2* Gestaltungsbeispiele.

4

4.6.3 Verarbeitungsverfahren

1. **Spritzgießen** ist das wichtigste Verfahren zur Herstellung thermoplastischer Formteile.
   Im *Bild 4.6-18* ist der schematische Aufbau einer Spritzgießmaschine dargestellt.

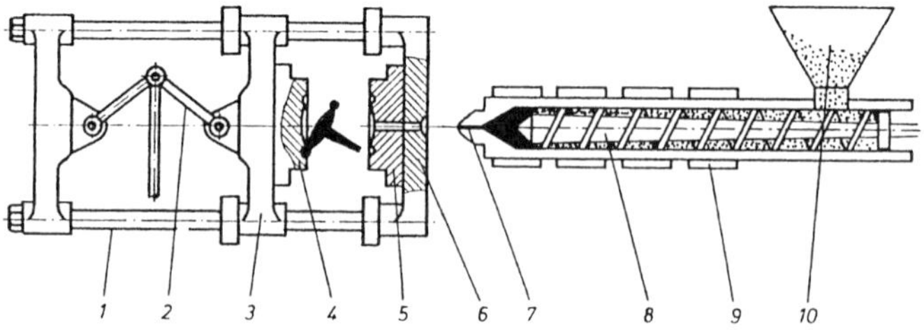

Bild 4.6-18 Spritzgießmaschine

Das Granulat wird durch die Schnecke und Heizbänder in einen plastifizierten, fließfähigen Zustand gebracht und unter Druck durch die Düse und das Angussystem in den temperierten Formhohlraum gespritzt.

Das Kunststoffteil erstarrt im Spritzgießwerkzeug unter Nachdruck.

Dieser gleicht die Volumenminderung während des Abkühlens aus, indem er Kunststoffmasse in den Formhohlraum drückt, bis das Formteil erstarrt ist.

Zum Entformen öffnet das Werkzeug an der Trennebene durch Zurückfahren der beweglichen Formhälfte.

Mithilfe eines Auswerfersystems, das über die Spritzgießmaschine gesteuert wird, kommt es zum Auswerfen des Formteiles.

Während des Entformungsvorganges stellt die Spritzeinheit die notwendige Formmasse und den nötigen Spritzdruck für den nächsten Zyklus bereit.

Die Zeit zwischen dem Einspritzen der Formmasse ins Werkzeug bis zum nächsten Einspritzvorgang bezeichnet man als Zyklus, Schuss oder Takt.

2. Beim **Formpressen** kann die abgemessene Formmasse pulverförmig, vorplastifiziert oder in Form von Tabletten in ein vorgewärmtes Presswerkzeug eingebracht werden.

   Die beiden Werkzeughälften, Stempel und Gesenk, sind dabei über die obere und untere Aufspannplatte in einer Presse befestigt.

   Nach dem Schließen der Form wird die Formmasse durch Wärmezufuhr und den Pressdruck von bis zu 250 bar plastisch und füllt dabei den Formhohlraum aus.

   Nach dem Aushärten der Formmasse öffnet das Werkzeug, und Auswerfer drücken das Formteil aus der Pressform.

   Presswerkzeuge werden im Gegensatz zu Spritzgießwerkzeugen ständig über Heizbänder oder -stäbe beheizt.

   Verarbeitet werden vorwiegend Duroplaste, die häufig mit Füll- und Verstärkungsstoffen vermischt sind.

3. Durch **Blasformen** werden Hohlkörper aus thermoplastischen Kunststoffen hergestellt.

   Dabei wird der erwärmte Vorformling, ein durch Extrudieren hergestellter Schlauch, in das Werkzeug eingebracht und über einen Blasdorn mit Druckluft aufgeblasen.

   Der plastische Kunststoff legt sich dabei an der Werkzeuginnenwand an und erhält so die gewünschte Form.

   Die im Formhohlraum befindliche Luft entweicht während des Blasvorganges durch Entlüftungskanäle in der Werkzeugtrennfläche.

   Nach dem Erstarren des Thermoplastes wird die mit Kühlkanälen versehene Blasform geöffnet und der entstandene Hohlkörper entnommen.

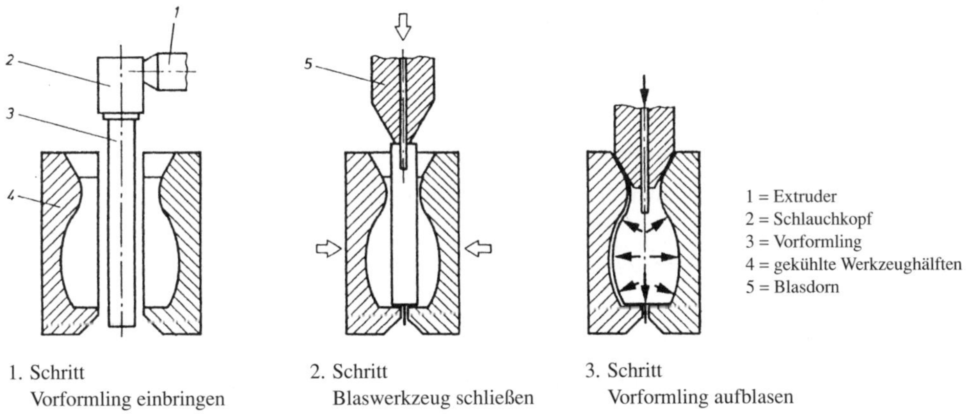

Bild 4.6-19 Extrusionsblasformen

4. Beim **Warmformen** werden Folien und Platten hauptsächlich aus amorphen Thermoplasten durch Erwärmen im Umluft-Wärmeschrank oder mit Infrarotstrahlern in einen thermoelastischen Zustand gebracht.

   Im Anschluss erfolgt die Formgebung durch Vakuumumformung oder Ziehformen mit Positiv- und Negativform.

Zum gleichmäßigen Abkühlen des Formstückes wird kalte Pressluft oder Wassernebel eingebracht. Bei komplizierten Teilen sind im Werkzeug Kühlkreisläufe vorhanden.

Die Entformung des Formstückes erfolgt meist mittels Druckluft.

Das Arbeitsprinzip der Vakuumumformung zeigt *Bild 4.6-20.*

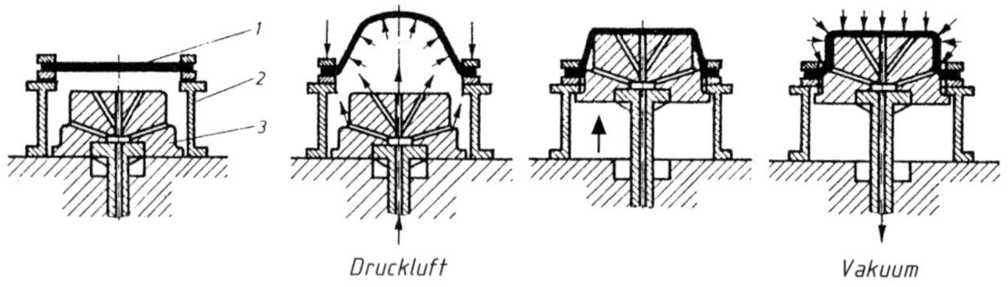

1. Schritt aufspannen | 2. Schritt pneumatisch | 3. Schritt mechanisch | 4. Schritt saugen

vorstrecken

1 = erwärmte Folie bzw. Platte
2 = Spannrahmen
3 = Formstempel mit Kanälen

Bild 4.6-20 Vakuumumformung mit Positivwerkzeug

Bei diesem Streckformen mit Positivwerkzeug entspricht der Formstempel der Innenkontur des Formlings.

Pneumatisches Vorstrecken verhindert, dass die erwärmte Folie an der kalten Werkzeugkontur vorzeitig anliegt und damit die Formbarkeit der Folie bereichsweise stark abnimmt.

Ungleiche Wanddicken im Formteil sind die Folgen. Nach dem Hochfahren des Formstempels wird die Folie zur endgültigen Ausformung mittels Vakuum auf den Formstempel gesaugt.

Beim Negativwerkzeug saugt ein Vakuum die erwärmte Folie in die Hohlform.

Typische Anwendungsgebiete sind großflächige und schwierig gestaltete Teile wie z. B. Fassadenelemente, Sanitärzellen, Fahrzeug-Ausstattungsteile, Gehäuse für Kühl- und Bürogeräte usw. aber auch Massenartikel für die Verpackungsindustrie.

Die Formgebung dickerer Platten erfolgt durch Positiv- und Negativform, da die Umformkräfte größer sind.

Das Ziehformen ist im *Bild 4.6-21* dargestellt.

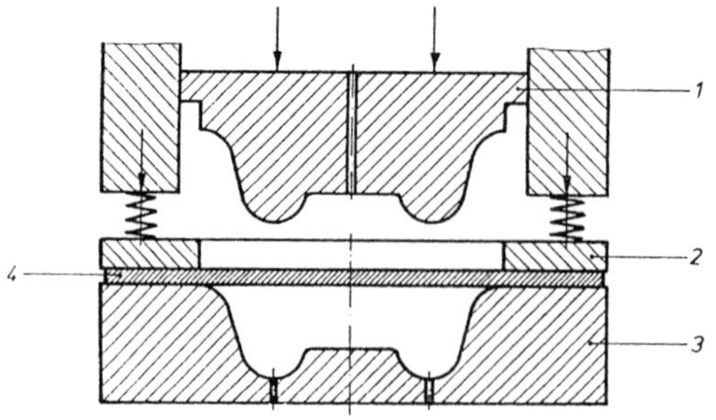

1 = Stempel mit Entlüftungsbohrung
2 = Niederhalter
3 = Negativform mit Entlüftungsbohrung
4 = Platine

Bild 4.6-21 Ziehformen mit Positiv- und Negativform

4.6.4 Fügen

Beim Fügen von Kunststoffteilen können verschiedene Verbindungstechniken eingesetzt werden. Man unterscheidet dabei nach der Lösbarkeit in lösbare und unlösbare Verbindungen.

Nach der Art des Schlusses teilt man die Verbindungen in Stoff-, Form- und Kraftschluss ein.

Eine Auswahl häufig eingesetzter Fügetechniken für Kunststoffteile zeigt *Bild 4.6-22*.

Schlussart	Bezeichnung	Prinzip	Lösbarkeit	zusätzlicher Verbindungsteil	Werkstoffpaarung
stoffschlüssig	Schweiß-verbindung	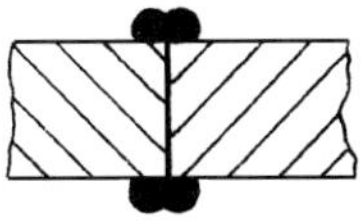	unlösbar	—	gleiche Thermoplaste
	Kleb-verbindung	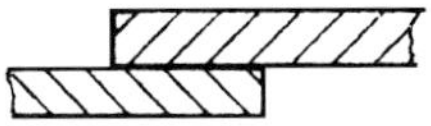	unlösbar	Klebstoff	beide Teile verklebbar
formschlüssig	Niet-verbindung	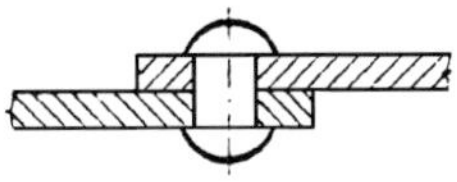	unlösbar	Niet	beliebig
	Schnapp-verbindung	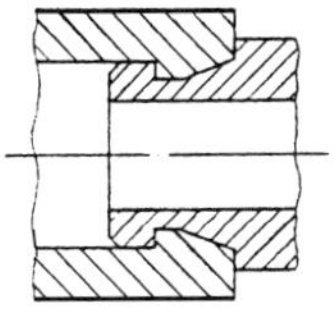	lösbar oder unlösbar	—	beliebig (ein Teil zählelastisch)
kraftschlüssig	Schraub-verbindung	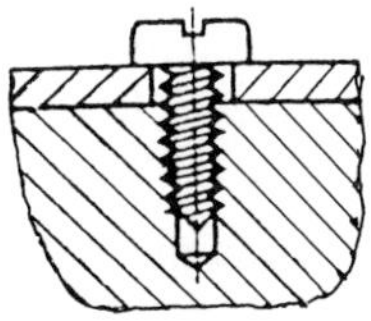	lösbar	Schraube Mutter eventuell Gewindeeinsatz	beliebig
	Press-verbindung	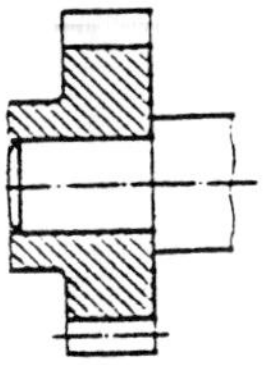	bedingt lösbar	—	beliebig

Bild 4.6-22 Fügetechniken für Kunststoffteile

Welche Verbindungstechnik ausgewählt wird, hängt wesentlich von den Einsatz- und Fertigungsbedingungen ab.

Bei den Einsatzbedingungen von
- der Lösbarkeit
- der Kraftübertragung und Krafteinleitung
- der thermischen Beanspruchung
- der Sicherheit

und bei den Fertigungsbedingungen von
- den Fertigungseinrichtungen
- der Werkstoffpaarung
- dem Automatisierungsgrad
- der Stückzahl
- der Prozesssicherheit

1. Schweißverbindungen

Schweißverbindungen werden heute in hochwertiger Qualität durch Ultraschallschweißen, Heizelementschweißen und Vibrationsschweißen hergestellt.

Das **Ultraschallschweißen** von Spritzguss- und Extrusionsblasteilen aus thermoplastischem Kunststoff ist eine Fügetechnik mit relativ hohem Geräteaufwand.

Durch die kurzen Schweißzyklen, die leichte Automatisierbarkeit und den geringen Energieverbrauch stellt dieses Verfahren, besonders bei hohen Stückzahlen, eine wirtschaftliche Verbindungstechnik dar.

Im Ultraschallwandler wird hochfrequenter Wechselstrom in mechanische Schwingungen umgewandelt und über einen Schallträger, die Sonotrode, an den Energierichtungsgeber in der Fügezone weitergeleitet.

Hier kommt es zu einem örtlich begrenzten Aufschmelzen der Fügezone durch die Umwandlung von Schwingungsenergie in Wärmeenergie.

Nach dem Aufschmelzen des Werkstoffes wird die Schwingung der Sonotrode unterbrochen. Der notwendige Schweißdruck wirkt direkt über das Schweißwerkzeug auf die Fügezone, bis die Schmelze abgekühlt ist.

Geschweißt wird überlicherweise im Nahfeld, hier ist die Sonotrode weniger als 6 mm von der Fügezone entfernt angeordnet.

Die Formteilgeometrie kann es erforderlich machen, dass der Abstand zwischen Sonotrode und Fügezone größer als 6 mm ist.

Bei diesem Fernfeldschweißen müssen amorphe Kunststoffe wie PS, ABS, PMMA und PC eingesetzt werden, da die Dämpfung und Erweichung der teilkristallinen Thermoplaste zu groß ist.

Die Gestaltung der Fügezone richtet sich nach dem Anforderungsprofil des Kunststoffteils.

Hierbei ist zu nennen
- die Nahtbelastung
- die Dichtheit gegenüber Gasen, Flüssigkeiten
- das Vermeiden von Schweißgutaustrieb
- das optische Aussehen

Diese Punkte entscheiden mit, ob die Verschweißung mit Energierichtungsgeber oder mit einer Quetschnaht (Kantenberührung) erfolgt.

Wichtig ist, dass die Energie auf eine kleine Fläche, Linie konzentriert wird wie *Bild 4.6-23* zeigt.

ohne Energierichtungsgeber	mit Energierichtungsgeber	Hinweis
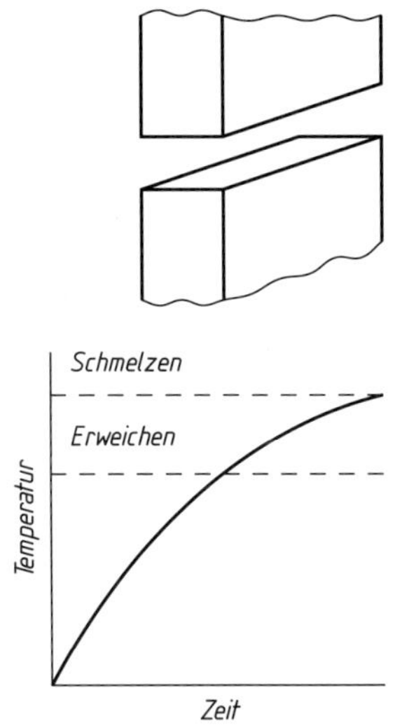	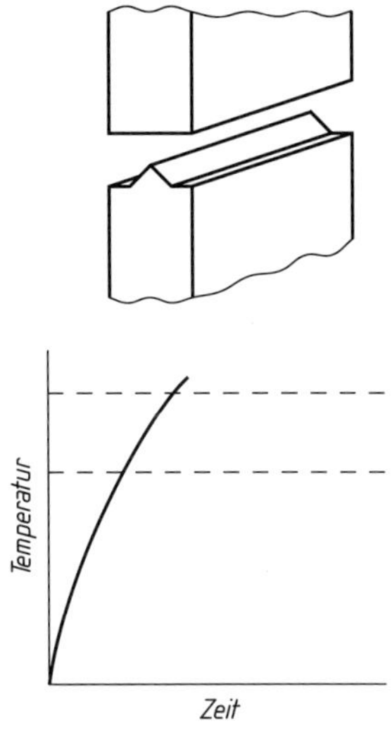	ERG bewirkt: – Energiekonzentration auf eine Linie – kürzere Zeit bis zur Schmelzphase – kontrolliertes Aufschmelzen

Bild 4.6-23 Zusammenhang Fügezonengestaltung – Aufschmelzzeit

Die zu verschweißenden Formteile sollten über eine geeignete Zentrierung verfügen und kein zu großes Passungsspiel besitzen, damit es beim Einleiten der Schwingungsenergie zu keiner Lageveränderung kommt.

Bild 4.6-24 gibt Anhaltswerte zur Gestaltung des Energierichtungsgebers bzw. der Quetschnaht.

Grundformen	Energierichtungsgeber		Quetschnaht
Fügezonen-gestaltung	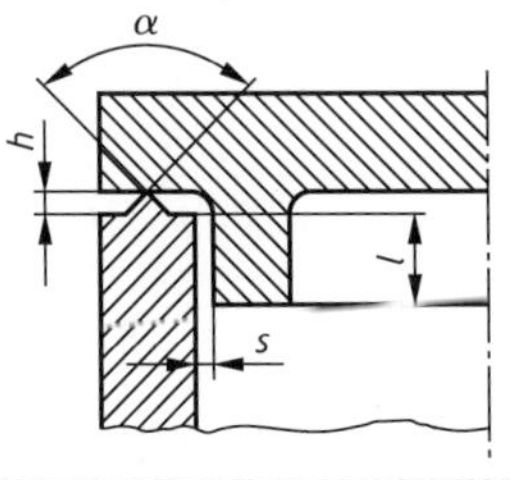	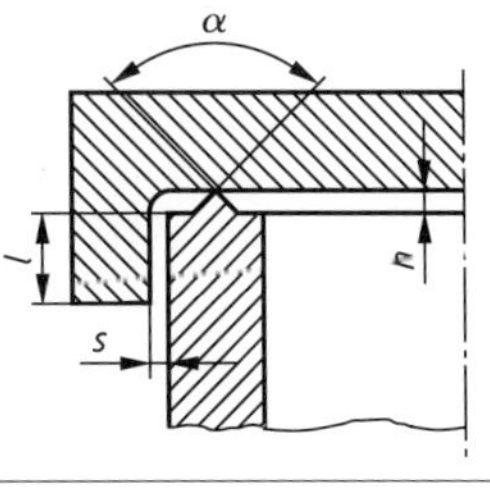	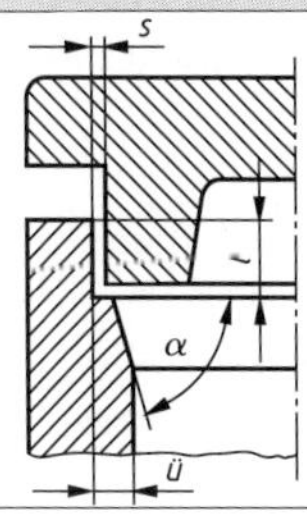
Geometrie	α = 60° – 90° h = 0,5 – 1,0 mm s = 0,05 – 0,1 mm l ≧ 1,0 mm		α = 60° – 70° ü = 0,3 – 0,5 mm s = 0,05 – 0,1 mm l ≧ 0,1 mm
Zentrierung	innen	außen	innen
Schweißgut-austrieb	außen	innen	innen

Bild 4.6-24 Energierichtungsgeber, Quetschnaht

Mögliche Varianten bei der Fügezonengestaltung und den Schweißgutaustrieb zeigt *Bild 4.6-25*.

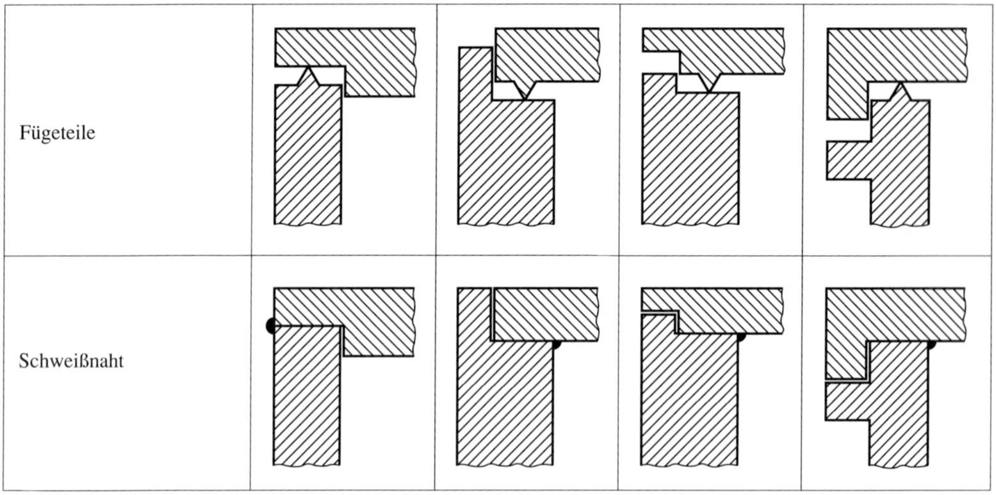

Bild 4.6-25 Schweißnahtvarianten

Beim **Heizelementschweißen** wird die Fügezone durch Kontakt mit einem metallischen Heizelement bis zum teigigen Zustand erwärmt. Die Fügeflächen werden unmittelbar nach dem Entfernen des Heizelementes zusammengepresst.

Ein wesentlicher Vorteil liegt bei diesem Verfahren darin, dass während der Erwärmungsphase kleine Deformationen und Ungenauigkeiten im Fügebereich abgeschmmolzen werden, bis die Geometrie der Teile im Schweißbereich mit der Form des Heizelementes übereinstimmt.

Ein vollflächiges Schweißen, bei dem die Verbindungsfestigkeit annähernd der Grundmaterialfestigkeit entspricht, wird dadurch möglich.

Entsprechend der Geometrie der Teile und des optischen Erscheinungsbildes sind folgende Nahtformen möglich.

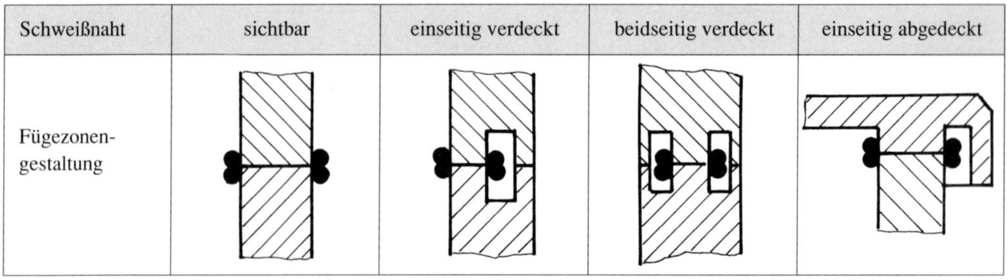

Bild 4.6-26 Fügezonengestaltung beim Heizelementschweißen

Die drei Spritzgussteile aus ABS für eine Pkw-Mittelkonsole werden mit einer einseitig verdeckten Schweißnaht durch Heizelemente in einer Zykluszeit von 50 Sekunden verschweißt.

Bild 4.6-27 zeigt die räumlich stark geformte Schweißgeometrie.

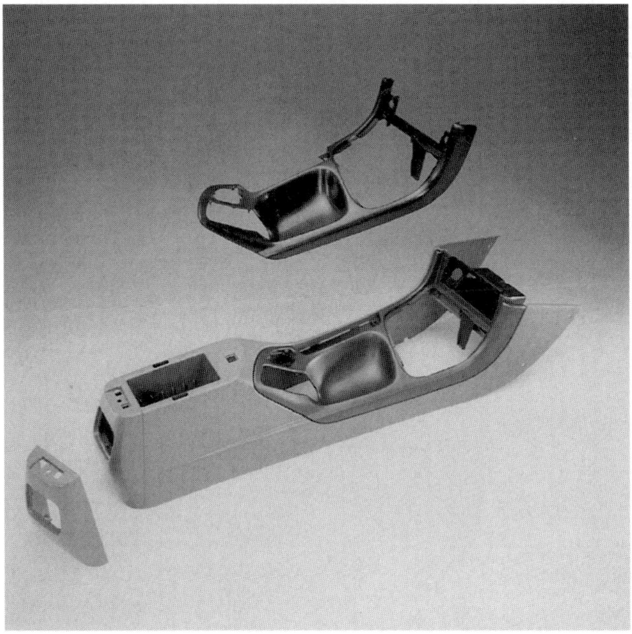

Bild 4.6-27
Pkw-Mittelkonsole

Das lineare **Vibrationsschweißen** beruht auf dem Prinzip der Reibungserwärmung. Die Fügeteile werden in einer oszillierenden translatorischen Relativbewegung so lange gegeneinander gerieben, bis die Kunststoffteile in der Fügezone aufschmelzen.

Die Vibrationsbewegung kann mit hydraulischem oder elektromagnetischem Antrieb erfolgen.

Bei der Fügezonengestaltung muss darauf geachtet werden, dass die Teile eine lineare Bewegung entsprechend der Schwingweite, Amplitude zulassen. Die Amplituden liegen, abhängig von der Arbeitsfrequenz, im Bereich 0,2 – 2 mm.

Außerdem müssen die Teile über eine entsprechende Formsteifigkeit verfügen, damit der für die stoffschlüssige Verbindung notwendige Fügedruck aufgebracht werden kann.

Nahtformen beim Vibrationsschweißen sind im *Bild 4.6-28* dargestellt.

Die beiden Gehäuseschalen aus PP-25 GF für einen Luftfilter, siehe *Bild 4.6-29,* werden mit einer geschlossenen Fangnut durch Vibrationsschweißen in 25 Sekunden verschweißt. Die reine Schweißzeit beträgt nur 4 Sekunden; der Rest teilt sich in Einlege-, Halte- und Entnahmezeit auf.

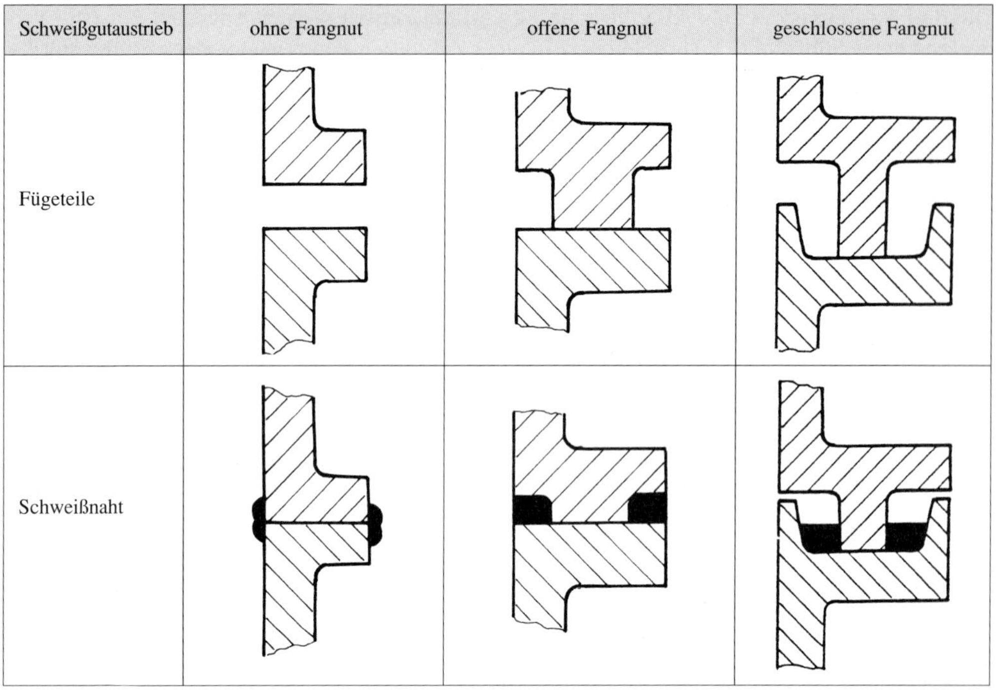

Bild 4.6-28 Fügezonengestaltung beim Vibrationsschweißen

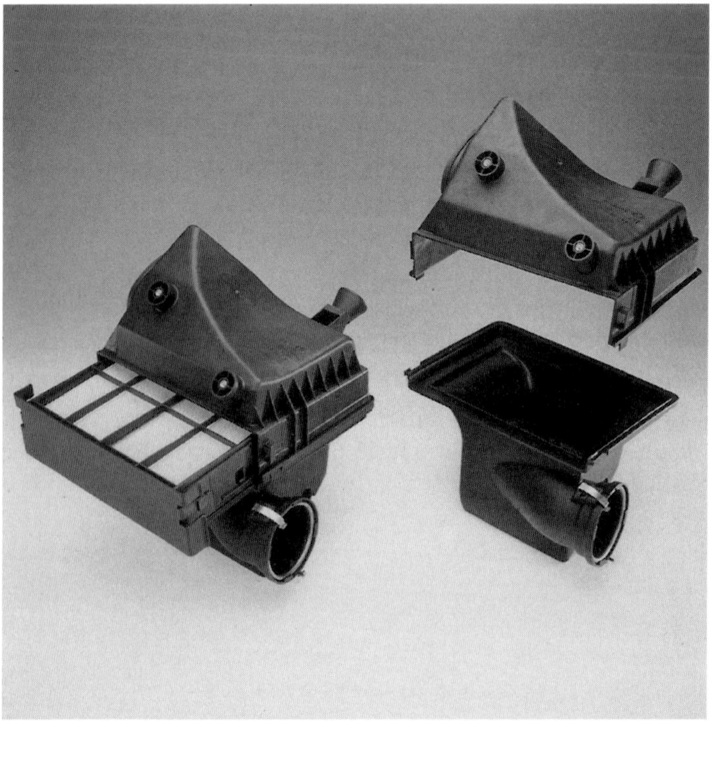

Bild 4.6-29
Luftfilter

2. Klebverbindungen

Kleben ermöglicht das stoffschlüssige, unlösbare Verbinden von Kunststoffen mit metallischen oder nichtmetallischen Werkstoffen.

Die Festigkeit einer Klebeverbindung hängt von den Adhäsionskräften zwischen dem Klebstoff, den Fügeflächen und den Kohäsionskräften im Inneren der Klebstoffschicht ab.

Damit die Adhäsionskräfte optimal wirken können, müssen die Fügeflächen gereinigt werden. Diese Reinigung kann durch leichtes Abschmirgeln oder durch Abwaschen mit verschiedenen Lösemitteln bzw. wässrigen Lösungen waschaktiver Substanzen erfolgen.

Die Klebeignung der zu verklebenden Kunststoffe ist unterschiedlich.

Grundsätzlich lässt sich sagen, dass amorphe, polare, lösliche Kunststoffe sich besser verkleben lassen als teilkristalline, unpolare und unlösliche Kunststoffe.

Bild 4.6-30 gibt den Zusammenhang zwischen Polarität, Löslichkeit und Klebbarkeit für einige Kunststoffarten an.

4

Kunststoffart		Polarität	Löslichkeit	Klebbarkeit
Polyethylen	PE	unpolar	sehr schwer löslich	schlecht
Polypropylen	PP	unpolar	schwer löslich	schwierig
Polytetrafluorethylen	PTFE	unpolar	unlöslich	sehr schlecht
Polyisobutylen	PB	unpolar	leicht löslich	gut
Polystyrol	PS	unpolar	löslich	gut
Polyvinylchlorid	PVC	polar	löslich	gut
Polymethylmethacrylat	PMMA	polar	löslich	gut
Polyamid	PA	polar	schwer löslich	schwierig

Bild 4.6-30 Klebbarkeit einiger Kunststoffarten

Angaben über Klebstoffe, die erforderlichen Verarbeitungsbedingungen über die technologischen bzw. chemisch-physikalischen Eigenschaften der Klebverbindung macht die *VDI-Richtlinie 2229* für Metall-Kunststoffkleben und die *VDI 3821* für Kunststoffkleben.

Nach der Art des Abbindens lassen sich die Klebstoffe in physikalisch abbindende Klebstoffe (Lösungsmittel- und Dispersionsklebstoffe) und chemisch abbindende Klebstoffe (Reaktionsklebstoffe) einteilen, wobei es durchaus zu Überschneidungen kommen kann.

Polyurethan-Schmelzklebstoffe stellen eine solche Überschneidung dar.

Von der Gestaltung der Fügeflächen, der Beanspruchungsart, der Abstimmung Klebstoff-Fügeteilwerkstoff mit der entsprechenden Oberflächenvorbehandlung hängt wesentlich die Festigkeit und Beständigkeit der Klebverbindung ab.

Bild 4.6-31 zeigt die Spannungsverteilung in der Klebstoffschicht in Abhängigkeit von der Bauteilgestaltung im Bereich der Klebstelle.

Zu den Spannungsspitzen kommt es durch das ungleiche elastische Verhalten von Bauteilen und Klebstoff.

Bauteile	biegesteif	angeschrägt	nicht biegesteif
Spannungsverteilung	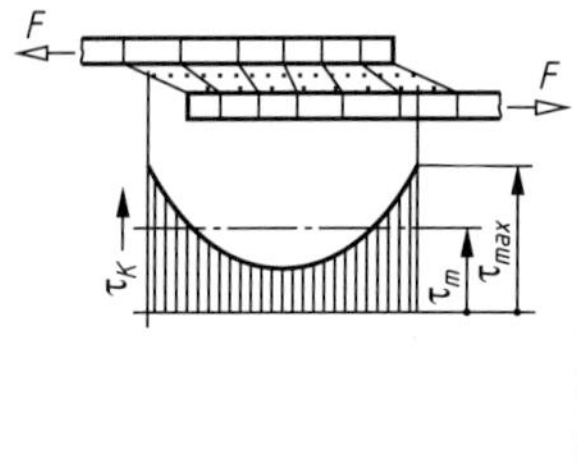	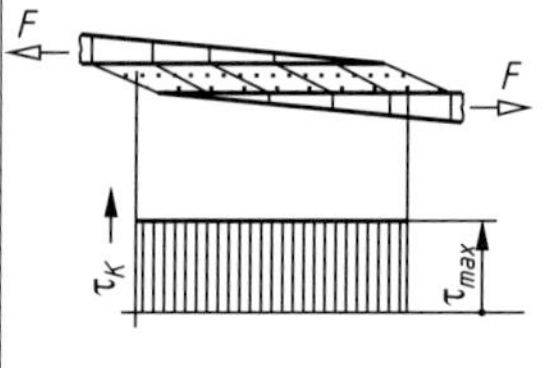	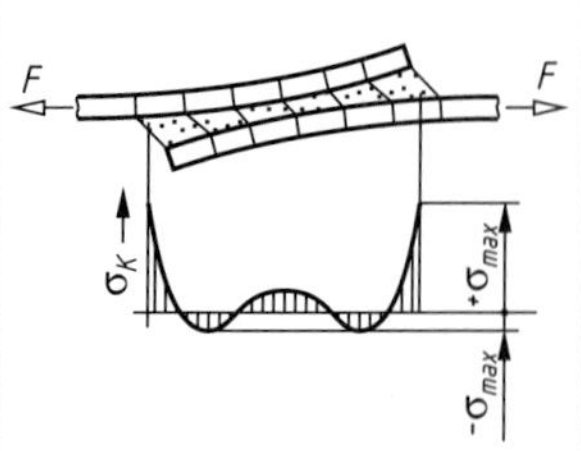
Kennzeichen	Schubspannungsspitzen	konstante Dehnung im Bauteil	Normalspannungsspitzen Schälbeanspruchung

Bild 4.6-31 Spannungsverteilung in einer überlappten Klebverbindung

Wichtig sind ausreichend große Klebflächen, dies erreicht man durch Überlappung, Laschung und Schäftung. Stumpfnähte sind wegen zu kleiner Klebfläche ungünstig.

Schäftung und zweischnittige Laschung sind für den Kraftfluss am günstigsten, da keine Biege- und Schälkräfte auftreten.

Grundsätzlich sollten Klebverbindungen auf Zug-/Druck- und Scherung beansprucht werden. Eine Schälbeanspruchung ist zu vermeiden, da diese die Klebflächen nur linienförmig belastet und dadurch ein schnelles Ein- und Weiterreißen der Klebschicht bewirkt.

Im *Anhang A4.6-3* sind Gestaltungsbeispiele für Klebverbindungen, die teilweise auch auf Schweißverbindungen anwendbar sind, zusammengestellt.

Die günstige, gleichmäßige Spannungsverteilung im Bauteil bei einer Klebverbindung ist im *Bild 4.6-32* dargestellt.

Verbindungsart	Nietverbindung	Schweißverbindung	Klebverbindung
Spannungsverteilung	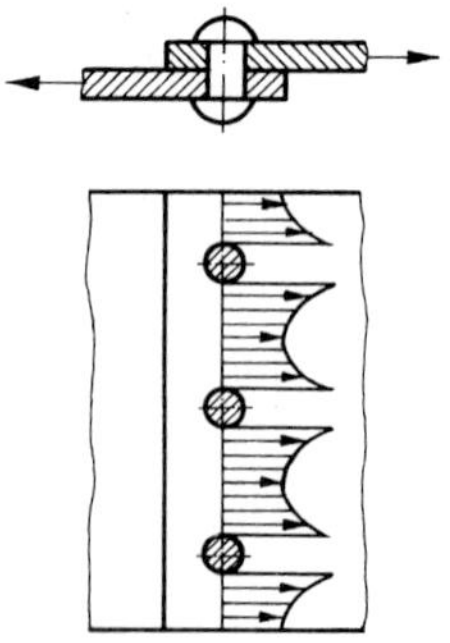	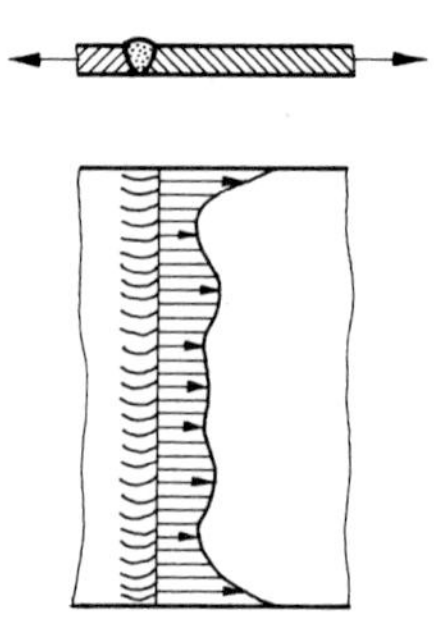	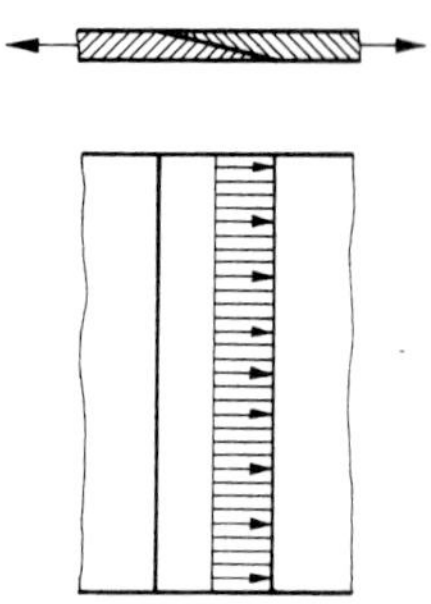

Bild 4.6-31 Spannungsverteilung in verschiedenen Verbindungen

3. Nietverbindungen

Nieten ist ein formschlüssiges Fügeverfahren, bei dem ein Fügeteil oder ein Hilfsfügeteil örtlich umgeformt wird. Die unlösbare Verbindung kann nur durch Beschädigung der Fügeteile oder durch Zerstörung des Hilfsfügeteils getrennt werden.

Beim Ultraschallnieten wird der am thermoplastischen Formteil angespritzte Zapfen durch eine speziell geformte Sonotrode örtlich plastifiziert und unter dem Druck des Nietwerkzeuges zum Nietkopf umgeformt. Dabei entspricht das Volumen des Nietzapfenüberstandes dem Nietkopfvolumen.

Im *Bild 4.6-33* sind verschiedene Nietkopfformen zusammengestellt.

Ausführung	A	B	C	D
Sonotrodenform	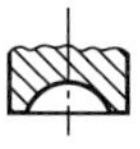	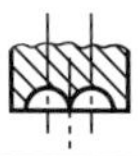	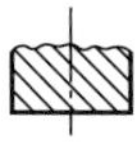	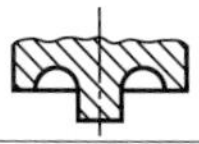
Fügeteile	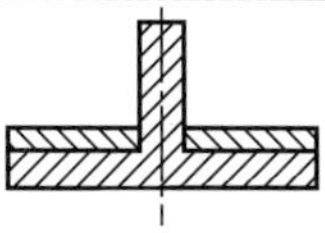	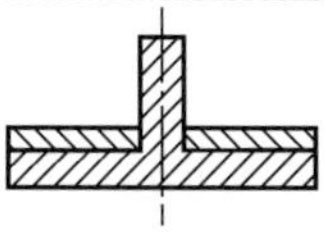	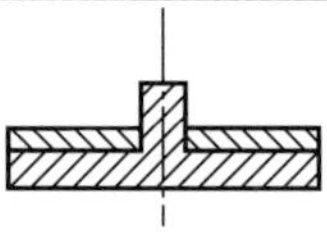	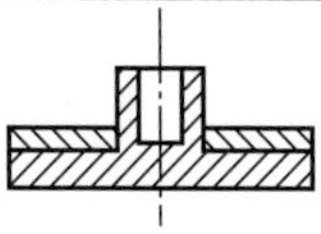
Nietverbindung	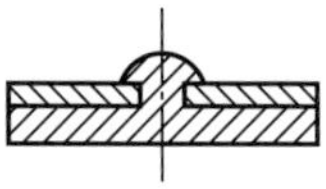	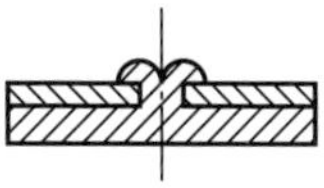	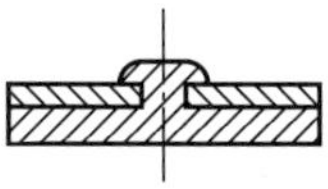	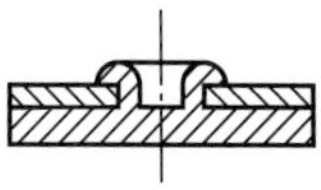

Bild 4.6-33 Nietkopfformen beim Ultraschallfügen

Die Nietkopfform C bietet sich bei Einzel- und Mehrfachnietungen an, da Positionsungenauigkeiten zwischen dem Nietwerkzeug und dem Nietzapfen bzw. Maßtoleranzen im Nietabstand ausgeglichen werden.

Die zentrische Spitze bei dem Nietwerkzeug für die Ausführung B ermöglicht eine gute Einleitung der Ultraschallenergie; dadurch kann mit einer geringeren Leistung gearbeitet werden. Diese Nietkopfform wird, da sie gute Festigkeitswerte hat, bevorzugt verwendet.

Bei der Gestaltung des Nietzapfens ist darauf zu achten, dass der Nietzapfengrund gut verrundet ist und der Zapfen nicht zu lang und dünn ist, damit es am Zapfengrund nicht zur Plastifizierung kommt.

Eine Alternative zum Ultraschallnieten ist das Verbinden von Kunststoffteilen mittels Hohlniete nach *DIN 7339* bzw. *DIN 7331*.

Bei diesen Nietformen sind für den Formschluss nur geringe Umformkräfte notwendig.

4. Schnappverbindungen

Bei Schnappverbindungen wird der Formschluss dadurch erreicht, dass während des Fügens mindestens ein Bauteil elastisch verformt wird.

Eine plastische Verformung ist unbedingt zu vermeiden. Typisch für alle Schnappverbindungen ist das Einrasten von Haken, Wülsten oder Nocken in entsprechende Hinterschneidungen oder Aussparungen im Gegenstück.

Nach dem Fügen und im unbelasteten Zustand wirken auf die Schnappverbindung keine oder nur geringe Spannungen.

Eine mögliche Einteilung der Schnappverbindungen nach der Fügegeometrie ist im *Bild 4.6-34* zusammengestellt.

Durch die Gestaltung, Abmessungen und Anzahl der Schnappelemente können die Füge- bzw. Lösekräfte in einem großen Bereich variiert werden.

Schnappverbindungen					
Linienverlauf	offen		geschlossen		
Geometrie	Hakenquerschnitt Rechteck Kreisbogensegment		rotationssymmetrisch		beliebig
Beanspruchung	Torsions- u. Biegefeder	Biegefeder	Ring- u. Biegefeder	Biegefeder	Membran-, Torsions- u. Biegefeder
Schnappelement	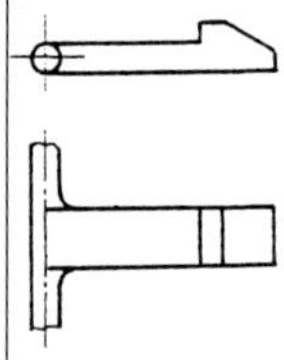	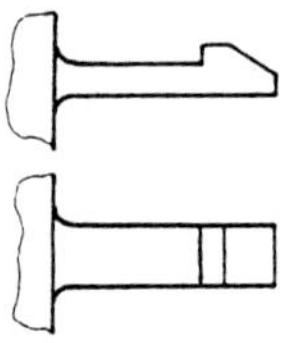	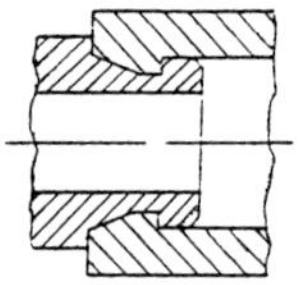	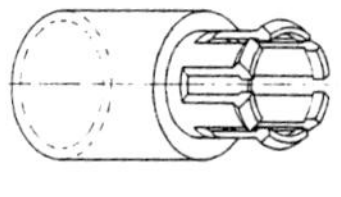	
Bezeichnung	Torsions- schnapp- verbindung	Schnapphaken	Ringschnapp- verbindung	segmentierte Ringschnapp- verbindung	Schnappdeckel

Bild 4.6-34 Einteilung der Schnappverbindungen

Schnappverbindungen können, wie *Bild 4.6-35* zeigt, lösbare oder unlösbare Verbindungen sein.

Verbindung	lösbar	unlösbar
Schnapphaken Zylindrisches Schnappelement	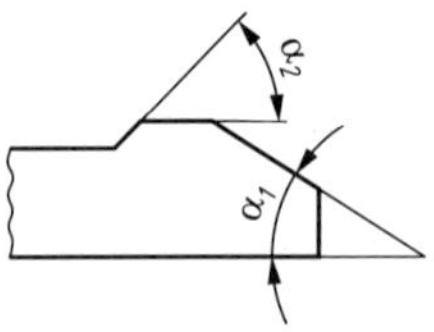	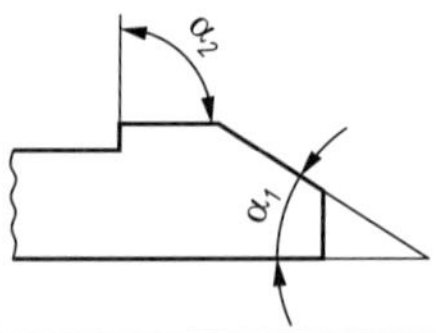
Fügewinkel	$\alpha_1 = 15 - 30°$	$\alpha_1 = 15 - 30°$
Haltewinkel	$\alpha_2 = 30 - 45°$	$\alpha_2 = 90°$

Bild 4.6-35 Lösbare und unlösbare Verbindung

Bei einem Haltewinkel von $\alpha_2 = 90°$ kann die Verbindung entgegen der Fügerichtung maximal belastet werden. Diese unlösbare Verbindung eignet sich für eine Langzeitbelastung auch bei höherer Temperatur.

Schnappverbindungen mit einem Haltewinkel a ≤ 45° sind bedingt positionstreu. Mit zunehmender Krafteinwirkung entgegen der Fügerichtung verschieben sich die Fügeflächen gegeneinander bis zum vollständigen Lösen.

Grundformen	hakenförmig	zylindrisch	kugelförmig
Fügeteile	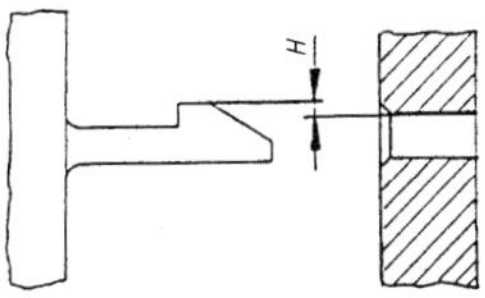	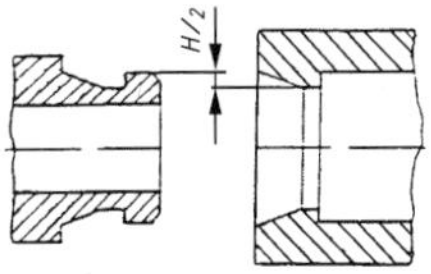	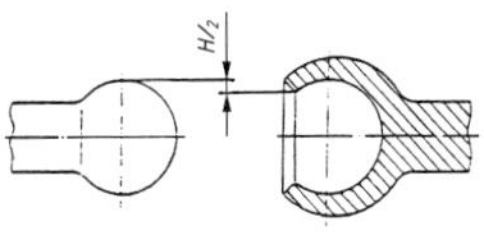
Schnappverbindung	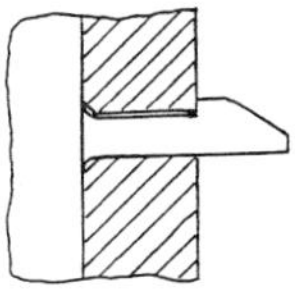	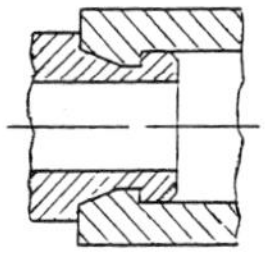	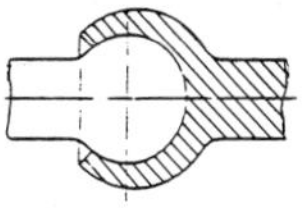

Bild 4.6-36 Hinterschnitt bei Schnappverbindungen

Im *Bild 4.6-36* sind die Grundformen der Hinterschnitte bei Schnappverbindungen dargestellt. Zwischen der Hinterschnitthöhe H und der Dehnung ε besteht ein linearer Zusammenhang. Durch die maximal zulässige Dehnung ε_{zul}, im *Bild 4.6-37* sind für einige Kunststoffarten Richtwerte angegeben, kann die zulässige Hinterschnitthöhe H_{zul} ermittelt werden.

Beim einmaligen kurzzeitigen Fügen können Schnappelemente aus teilkristallinen Thermoplasten bis dicht an die Streckgrenze, amorphe Thermoplaste allerdings nur bis etwa 70 % der Streckgrenze belastet werden.

Kunststoffart		zul. Dehnung ε_{zul} [%]
teilkristallin		
Polyethylen niedere Dichte	LDPE	10
höhere Dichte	HDPE	7
Polypropylen	PP	6
Polyoxymethylen	POM	6
Polyamid trocken	PA	4
konditioniert	PA	6
Polybutylentherephtalat	PBTB	5
amorph		
Polyvinylchlorid weich	PVC	8
hart	PVC	2
Polycarbonat	PC	4
Acrylnitril-Butadien-Styrol	ABS	2,5
Polyphenyloxid	PPO	2,5
Polystyrol	PS	1,8

Bild 4.6-37
Richtwerte einiger thermoplastischer Kunststoffe

Für Schnappverbindungen, die häufiger betätigt werden, sollten die im *Bild 4.6-37* genannten Richtwerte um etwa ⅓ reduziert werden.

Bei der Gestaltung der Schnappelemente sind scharfe Kanten zu vermeiden. Radien auch an Durchbrüchen vermeiden Spannungsüberhöhung und damit Rissbildung.

Bild 4.6-38 zeigt das Befestigungselement für den Schwingungsdämpfer in einer Waschmaschine.

Die Schnappverbindung bringt hier eine beträchtliche Montageerleichterung.

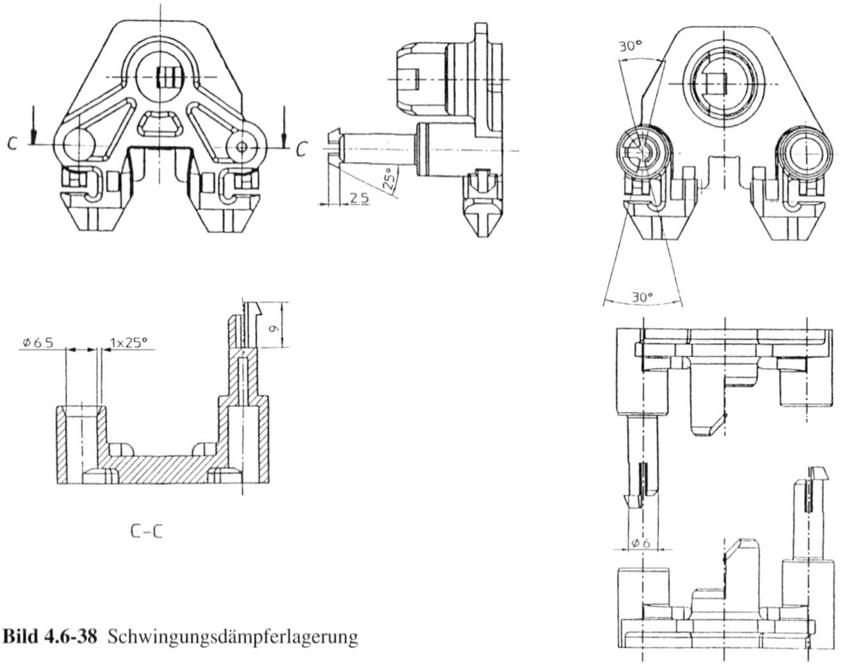

Bild 4.6-38 Schwingungsdämpferlagerung

Die zwei identischen Lagerhälften aus POM werden um 180° versetzt nach dem Fügen mit dem Schwingungsdämpfer durch Zapfen und Schnapphaken verrastet. Längsschlitze erhöhen die Verformbarkeit der Schnapphaken.

Die Schnapphaken haben einen Fügewinkel von $\alpha = 25°$ und einen Haltewinkel von $\alpha = 90°$, d. h. nach dem Einrasten der Schnapphaken ist die Verbindung nicht mehr lösbar. Die Montage der Lagerung im Blechrahmen der Bodengruppe erfolgt ebenfalls durch Schnappen.

Ein interessantes Beispiel für geschlossene Ringschnappverbindungen ist der im *Bild 4.6-39* dargestellte doppeltwirkende Pneumatikzylinder.

Bis auf die Kolbenstange aus X20Cr13 sind alle Teile aus Kunststoff. Die durch Spritzgießen hergestellten Zylinderdeckel, Schwenkanschlüsse, Befestigungsmutter und das extrudierte Zylinderrohr sind aus POM.

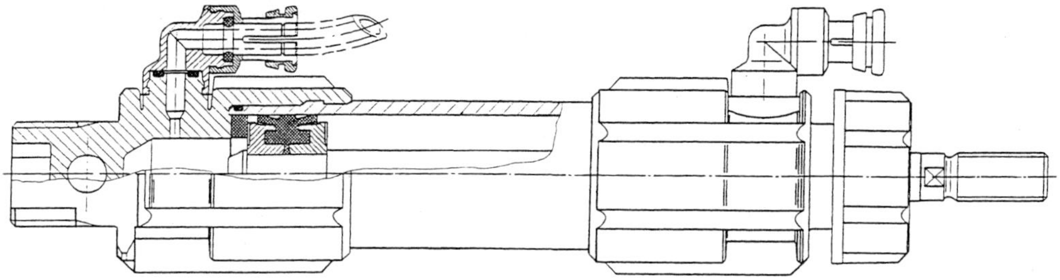

Bild 4.6-39 Doppeltwirkender Pneumatikzylinder

Spanend hergestellt sind die Hinterschnitte zur Verrastung des Zylinderrohres mit den Zylinderdeckeln und die Nuten für die O-Ringe.

Da Schnappverbindungen nicht dicht sind, sorgen O-Ringe für die Funktionssicherheit. Die Schnappmontage macht ein Ausrichten der Bauteile überflüssig, da die volle Drehbarkeit der Anschlüsse durch die Ringschnappelemente gewährleistet ist.

Längsschlitze am Kupplungsstück reduzieren die Formsteifigkeit und erleichtern das Anschließen des Druckluftschlauches.

Am Beispiel der Ringschnappverbindung zwischen dem Winkelstück und dem Kupplungsstück soll die zulässige Hinterschnitthöhe H_{zul} berechnet werden.

4

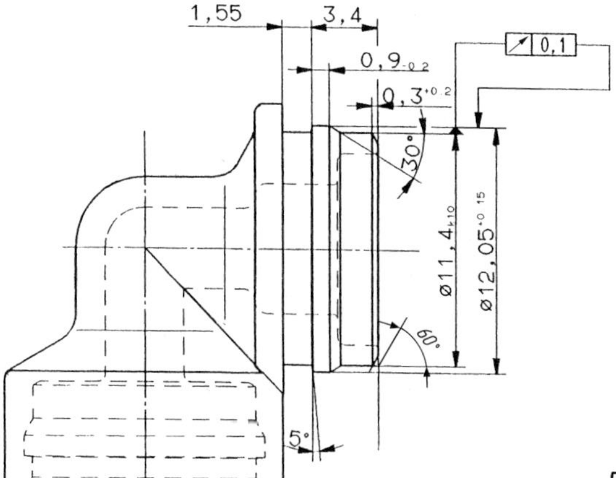

Bild 4.6-40
Winkelstück

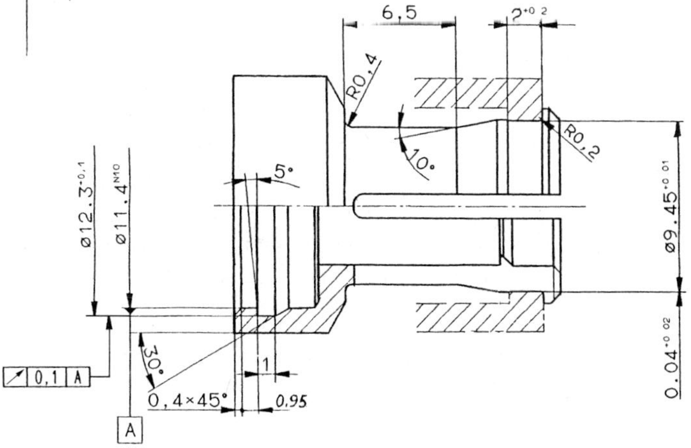

Bild 4.6-41
Kupplungsstück

Dabei wird zur Vereinfachung angenommen, dass sich das Außenteil um die gesamte Hinterschnitthöhe verformt,

$$H_{zul} = \frac{\varepsilon_{zul}}{100} \cdot D_{gl}$$

H_{zul} zulässige Hinterschnitthöhe
ε_{zul} zulässige Dehnung
D_{gl} größter Durchmesser Innenteil
D_{kA} kleinster Durchmesser Außenteil

$$H_{zul} = \frac{6}{100} \cdot 12{,}05\ \text{mm} = 0{,}723\ \text{mm}$$

$$D_{kA} = D_{gl} - H = (12{,}05 - 0{,}723)\ \text{mm} = 11{,}33\ \text{mm}$$

$$D_{kA} = 11{,}4\ \text{mm gewählt}$$

4

Berechnungsformeln zur Ermittlung der Füge-, Haltekräfte und der Fugenpressung können der Fachliteratur bzw. Informationsschriften der Kunststoffhersteller entnommen werden.

Schnappverbindungen stellen wegen ihrer einfachen Montage und der Integration des Verbindungselementes in das Spritzgussteil eine kostengünstige Fügetechnik dar.

Dabei ist allerdings zu beachten, dass die Geometrie des Schnappelementes spritztechnisch ohne großen Aufwand herstellbar ist.

4.6.5 Literatur

DIN-Normen

1. DIN Taschenbuch 18 Kunststoffe, Mechanische u. thermische Eigenschaften, Prüfnormen
2. DIN-Taschenbuch 21 Kunststoffe 3. Duroplast-Kunstharze, Duroplast-Formmassen. Normen
3. DIN-Taschenbuch 49 Thermoplastische Kunststoff-Formmassen. Normen
4. DIN-Taschenbuch 51 Halbzeuge aus thermoplastischen Kunststoffen. Normen
5. DIN-Taschenbuch 262 Press-, Spritzgieß- und Druckgießwerkzeuge

VDI-Richtlinie

6. VDI-Richtlinie 2001 Formteile aus Duroplasten
7. VDI-Richtlinie 2003 Spanende Bearbeitung von Kunststoffen
8. VDI-Richtlinie 2006 Gestaltung von Spritzgussteilen aus thermoplastischen Kunststoffen
9. VDI-Richtlinie 2008 Bl.2 und Bl.3 Das Umformen von Halbzeugen aus PVC hart, PE und PP
10. VDI-Richtlinie 2012 Gestalten von Werkstücken aus GFK
11. VDI-Richtlinie 2013 Bl.1 Dimensionieren von Bauteilen aus GFK
12. VDI-Richtlinie 2021 Temperatur – Zeit – Verhalten von Kunststoffen – Grundlagen
13. VDI-Richtlinie 2243 Bl.1 Konstruieren recyclinggerechter technischer Produkte
14. VDI-Richtlinie 2544 Schrauben aus thermoplastischen Kunststoffen
15. VDI-Richtlinie 2545 Zahnräder aus thermoplastischen Kunststoffen
16. *Bauer/Woebcken,* Verarbeitung duroplastischer Formmassen, Hanser, München 1973
17. *Becker/Braun,* Kunststoff-Handbuch Bd I – Bd X, Hanser, München 1992
18. *Braun,* Erkennen von Kunststoffen, Hanser, München 1986
19. *Carlowitz,* Kunststoff-Tabellen, Hanser, München 1995
20. *Domininghaus,* Die Kunststoffe und ihre Eigenschaften, VDI-Verlag, Düsseldorf 1992
21. *Ehrenstein,* Mit Kunststoffen konstruieren, Hanser, München 1995
22. *Erhard/Strickle,* Maschinenelemente aus thermoplastischen Kunststoffen, VDI-Verlag, Düsseldorf 1985
23. *Franck/Biederbick,* Kunststoff-Kompendium, Vogel-Verlag Würzburg 1990
24. *Menges,* Einführung in die Kunststoffverarbeitung, Hanser, München 1986

25. *Menges/Taprogge,* Kunststoff-Konstruktionen, VDI-Verlag, Düsseldorf 1974
26. *Oberbach/Müller,* Prüfung von Kunststoff-Formteilen, Hanser, München 1986
27. *Saechtling,* Kunststoff-Taschenbuch, Hanser, München 1995
28. *Schwarz/Ebeling/Lüpke,* Kunststoffverarbeitung, Vogel-Verlag, Würzburg 1991
29. *Wimmer,* Kunststoffgerecht konstruieren, Hoppenstedt Technik Tabellen Verlag, Darmstadt 1991
30. Schriftreihe der Hoechst AG
    Technische Kunststoffe
    Berechnen, Gestalten, Anwenden

Bildquellennachweis:

1. Schriftenreihe Hoechst AG
   Technische Kunststoffe
   C3.4 Richtlinien für das Gestalten
   Bilder 4.6-7, 4.6-8
   C3.5 Outsert-Technik
   Bild 4.6-11
2. Weber, Formenbau, Esslingen
   Bilder 4.6-12, 4.6-13, 4.6-14, 4.6-15, 4.6-16, 4.6-17
3. bielomatik Schweißtechnik, Neuffen
   Bilder 4.6-27, 4.6-29
4. *Roloff/Matek,* Maschinenelemente, Vieweg, Braunschweig 1994
   Bild 4.6-31
5. Bauknecht, Schorndorf
   Bild 4.6-38
6. Festo, Esslingen
   Bilder 4.6-39, 4.6-40, 4.6-41, 4.7-6, 4.7-7

4.7 Beispiele

4.7.1 Verschiedene Verfahren mit den erforderlichen Fertigungsstufen beim Gesenkschmieden

Gesenkschmieden vom Stück	**Gesenkschmieden vom Spaltstück**	**Gesenkschmieden von der Stange**
1. Schneiden 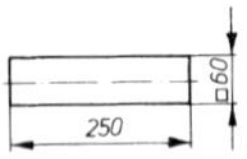	1. Schneiden 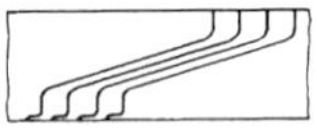	1. Schneiden 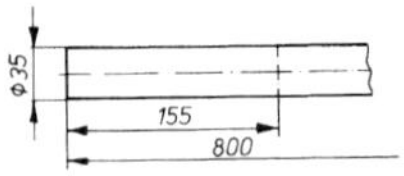
2. Erwärmen	2. Trommeln	2. Stangenende erwärmen
3. Recken 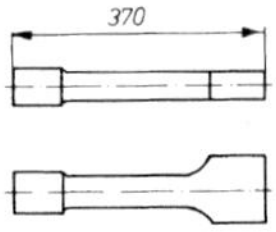	3. Erwärmen	3. Reckstauchen 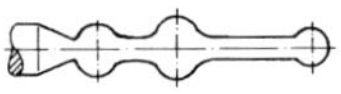
4. Erwärmen	4. Biegen 	4. Durchsetzen 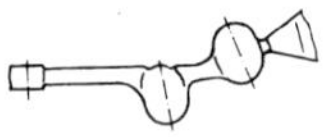
5. Vorformen 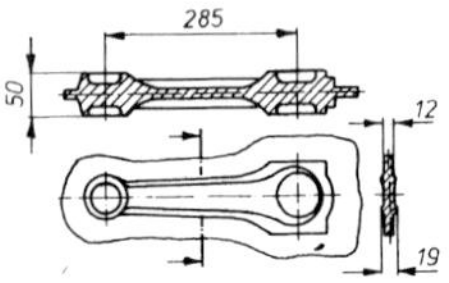		5. Vorformen 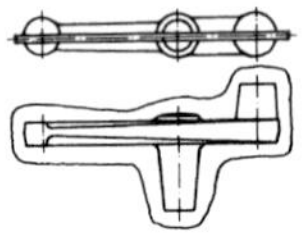
6. Erwärmen		6. Warm entgraten
7. Fertigformen 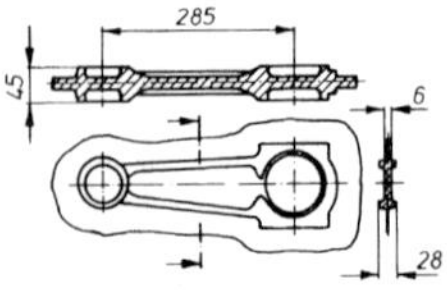	5. Fertigformen 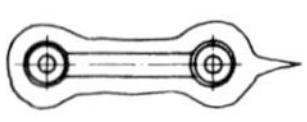	7. Erwärmen 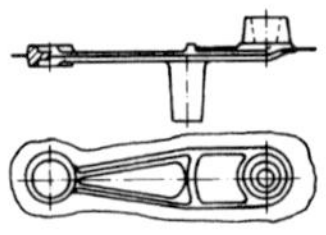
8. Entgraten		
9. Lochen 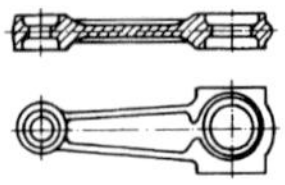	6. Entgraten 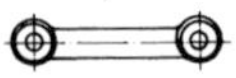	9. Entgraten 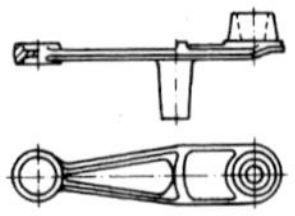

4.7.2 Fertigungsfolge beim Gesenkschmieden eines Hebels

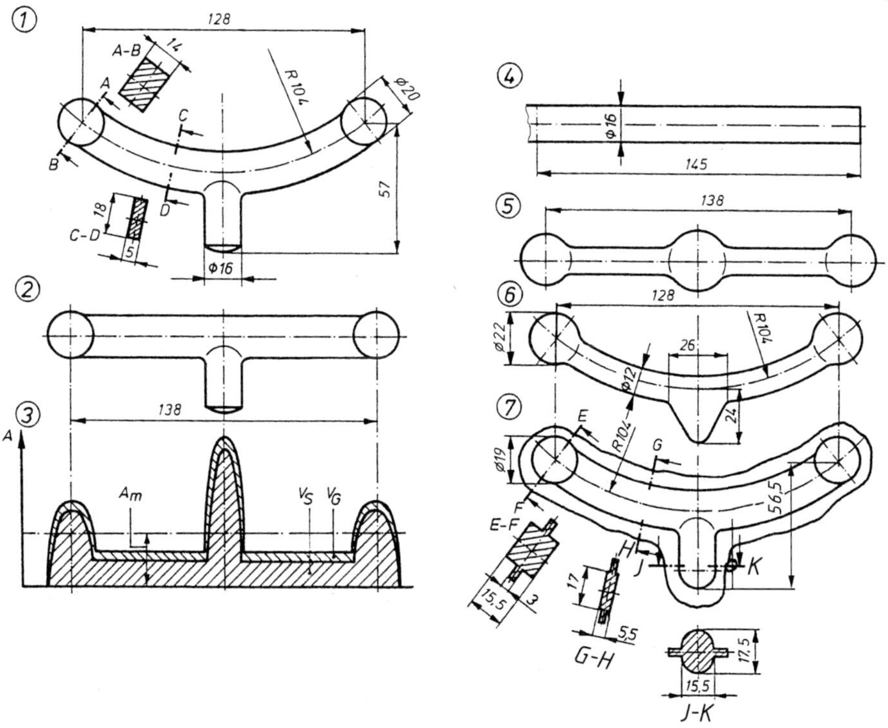

Bild 4.7-1

1 = entgratetes Fertigteil, 2 = gestreckte Fertigform, 3 = Masseverteilungsdiagramm, 4 = Ausgangsform, 5 = Masseverteilungsform a, 6 = Masseverteilungsform b, 7 = Querschnittsvorbildung

4.7.3 Tellerrad für den Achsantrieb eines Lkw

Werkstoff: 42CrMo4 DIN EN 10083

Bild 4.7-2 zeigt die Fertigteil-Zeichnung des Tellerrades. Für dieses Bauteil ist die Schmiedestück-Zeichnung zu fertigen!

Regeln für Schmiedestück-Zeichnungen sind in DIN 7523 Teil 1 angegeben.

Lösung:

Im *Bild 4.7-3* ist die Schmiedestück-Zeichnung des Tellerrades dargestellt. Für die Ermittlung der in dieser Zeichnung berücksichtigten Toleranzen und zulässigen Abweichungen sind folgende Randbedingungen zugrunde gelegt worden:

Gewicht (errechnet)	$m_S = 16{,}2$ kg
Gewicht des Hüllkörpers	$m_H = 47{,}6$ kg
Feingliedrigkeit bei $m_S/m_H = 0{,}34$	Gruppe S2
Stoffschwierigkeit für 42CrMo4 mit 0,45 % < 0,65 % C und 0,8 % Mn + 1,2 % Cr + 0,3 % Mo = 2,3 % < 5 %	Gruppe M1
Gratnaht	eben
größter Durchmesser	$d_{max} = 259$ mm
größte Höhe	$h_{max} = 98$ mm
größte Dicke	$a_{max} = 115$ mm

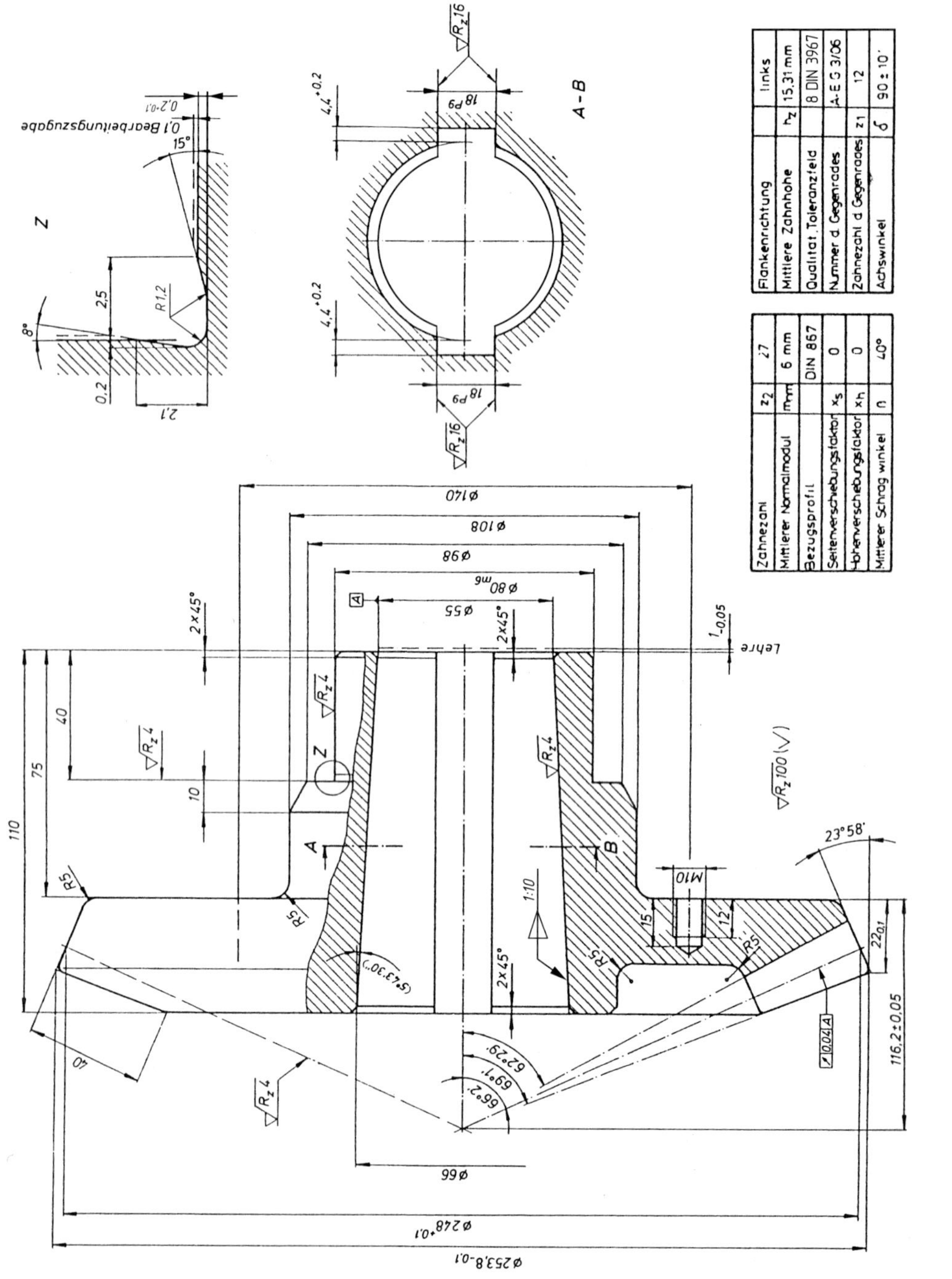

Bild 4.7-2 Fertigteilzeichnung eines Tellerrades für Lkw-Achsantrieb

Toleranzen und zulässige Abweichungen nach DIN 7526				
Gewicht des Schmiedestücks	Gewicht des Hüllkörpers	Feingliedrigkeit	Stoff-schwierigkeit	Schmiedegüte
16,2 kg	47,6 kg	Gruppe S2	Gruppe M1	F

Maßarten	Toleranzen u. zul. Abweichungen	Maßarten		Toleranzen u. zul. Abweichungen
Längenmaße[1])	–	Abgratnasen	Höhe	2,5
Breitenmaße[1]), Durchmesser	+ 2,7 – 1,3		Breite	1,2
Höhenmaße	+ 1,9 – 0,9	Klemmgrat	Höhe	–
			Breite	–
Dickenmaße, Durchmesser	+ 2,1 – 1,1	Sondertoleranzen		–
Versatz[2])	1,2	Hohlkehlen u. Kantenrundungen nach Tabelle 6		
Gratansatz (+), Anschnittiefe (–)[2])	1,4	Tiefe von Oberflächenfehlern nach Abschnitt 3.2.4.3 u. 9.2.4.5		
Durchbiegung und Verwerfung[2])	1,1	[1]) Für Innenmaße Zahlenwerte für Plus- u. Minusabweichungen miteinander vertauschen [2]) zusätzlich zu anderen Toleranzen		

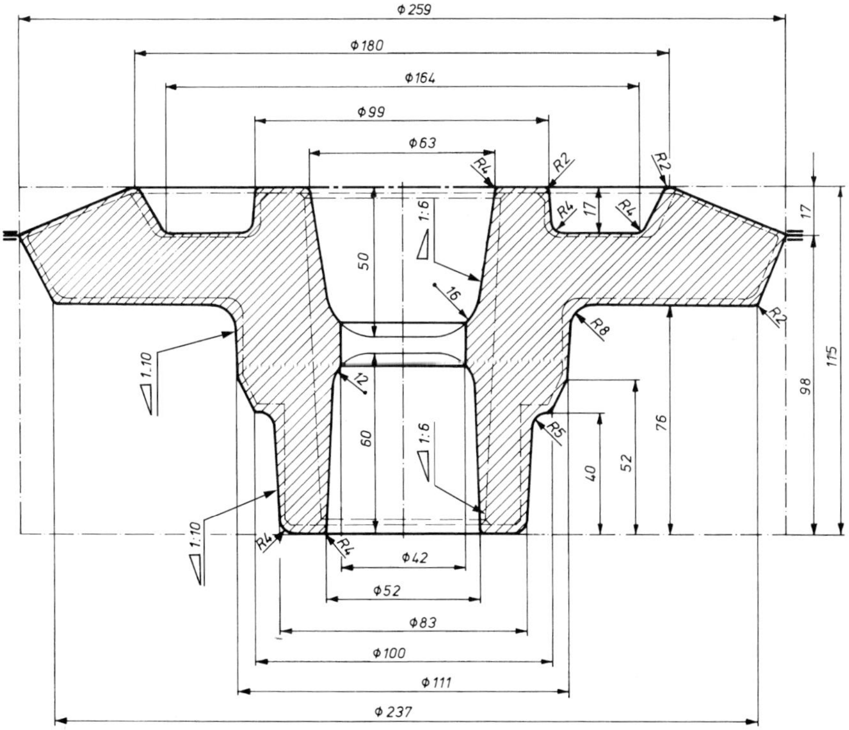

Bild 4.7-3 Schmiedeteilzeichnung des Tellerrades von Bild 4.7-2

4.7.4 Gebogener Hebel

Für den in *Bild 4.7-4* dargestellten Hebel ist die Masseverteilungszwischenform zu entwerfen. Werkstoffverluste durch Abbrand und für den Grat sollen durch einen Werkstoffbedarfsfaktor w = (Volumen des Rohlings V_M/Volumen der Endform V_E) = 1,2 berücksichtigt werden.

Lösung: Volumen der Endform:

$$V_E = V_{E1} + V_{E2} + V_{E3}$$

$$V_{E1} \approx \frac{3{,}02^2 \cdot \pi}{4} \cdot 4{,}2 \text{ cm}^3 = \underline{\underline{29{,}7 \text{ cm}^3}}$$

$$V_{E2} \approx \frac{\pi}{4} \cdot \frac{2{,}4 \cdot 1{,}4 + 4{,}8 \cdot 2{,}8}{2} \cdot 16{,}3 \text{ cm}^3 = \underline{\underline{107{,}6 \text{ cm}}}$$

$$V_{E3} \approx \frac{4{,}95^2 \cdot \pi}{4} \cdot 2{,}6 \text{ cm}^3 + \frac{4{,}8^2 \cdot \pi}{4} \cdot 4{,}1 \text{ cm}^3 = \underline{\underline{124{,}2 \text{ cm}^3}}$$

Volumen der Masseverteilungszwischenform:

$$V_{M1} = w \cdot V_{E1} = 1{,}2 \cdot 29{,}7 \text{ cm}^3 = \underline{\underline{35{,}7 \text{ cm}^3}}$$

Das entspricht einem Kugeldurchmesser von 41 mm.

$$V_{M2} = w \cdot V_{E2} = 1{,}2 \cdot 107{,}6 \text{ cm}^3 = \underline{\underline{129{,}1 \text{ cm}^3}}$$

Das entspricht einem Stangendurchmesser von 32 mm.

$$V_{M3} = w \cdot V_{E3} = 1{,}2 \cdot 124{,}2 \text{ cm}^3 = \underline{\underline{149 \text{ cm}^3}}$$

Das entspricht einem Kugeldurchmesser von 66 mm.

Anschlußquerschnitte:

$$A_{SM1} = w \cdot A_{SE1} = 1{,}2 \cdot \frac{\pi}{4} \cdot 2{,}4 \cdot 1{,}4 \text{ cm}^2 = \underline{\underline{3{,}2 \text{ cm}^3}}$$

Das entspricht einem Kreis mit 20 mm Durchmesser.

$$A_{SM2} = w \cdot A_{SE2} = 1{,}2 \cdot \frac{\pi}{4} \cdot 4{,}8 \cdot 2{,}8 \text{ cm}^2 = \underline{\underline{12{,}7 \text{ cm}^2}}$$

Das entspricht einem Kreis von 40 mm Durchmesser.

Maße des Stangenabschnittes:

Gewählter Stangendurchmesser d_0 = 34 mm. Im Allgemeinen wird zur vollen Ausformung der Stange der Stangendurchmesser nicht kleiner als der Durchmesser des größten Anschlussquerschnittes, hier also 40 mm, gewählt. Im gegebenen Fall soll aber der größere Anschlussquerschnitt angestaucht werden.

$$L_{01} = \frac{4 \cdot V_{M1}}{d_0^2 \cdot \pi} = \frac{4 \cdot 35{,}7}{3{,}4^2 \cdot \pi} \text{ cm} = \underline{\underline{40 \text{ mm}}}$$

$$L_{02} = \frac{4 \cdot V_{M2}}{d_0^2 \cdot \pi} = \frac{4 \cdot 129{,}1}{3{,}4^2 \cdot \pi} \text{ cm} = \underline{\underline{143 \text{ mm}}}$$

$$L_{03} = \frac{4 \cdot V_{M3}}{d_0^2 \cdot \pi} = \frac{4 \cdot 149{,}0}{3{,}4^2 \cdot \pi} \text{ cm} = \underline{\underline{164 \text{ mm}}}$$

$$L_0 = L_{01} + L_{02} + L_{03} = \underline{\underline{347 \text{ mm}}}$$

Die Zwischenformen (*Bilder 4.7-4.5* und *4.7-4.4*) werden durch Reckstauchen erreicht.

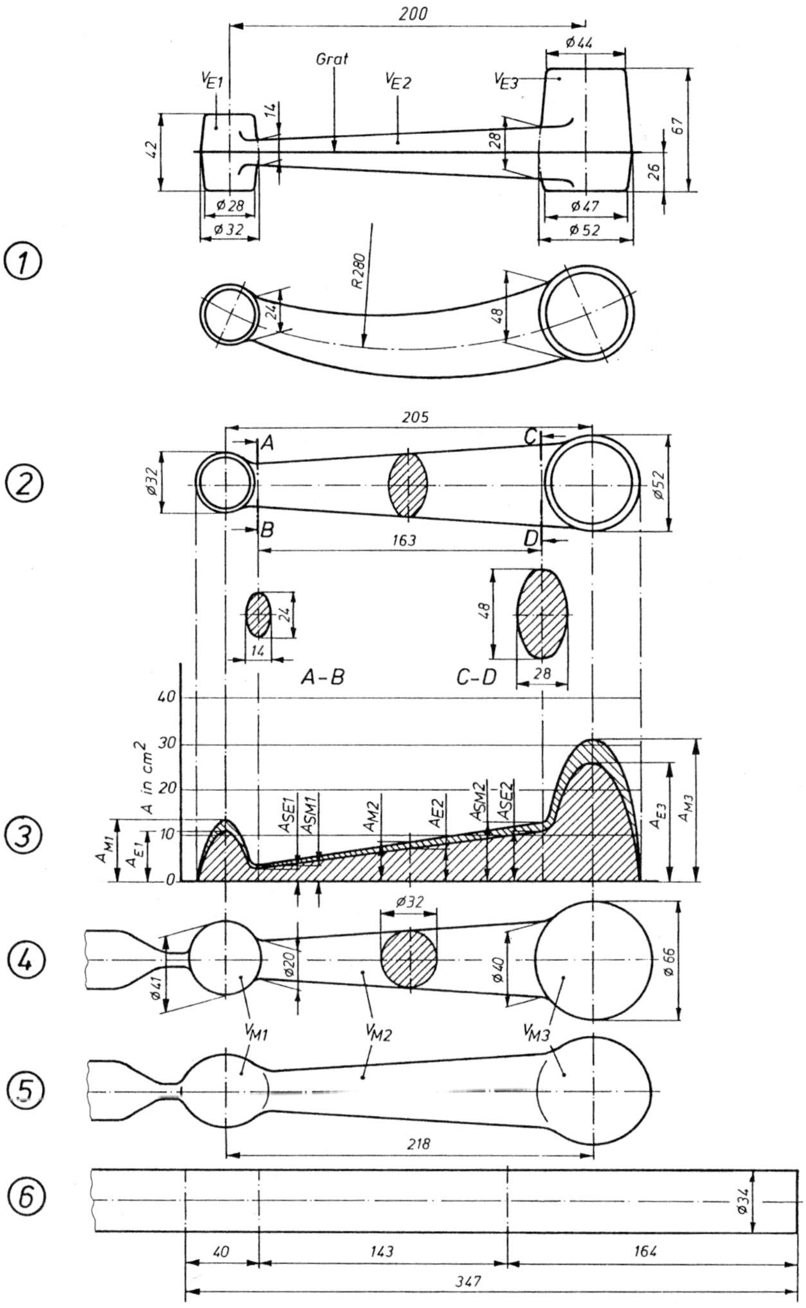

Bild 4.7-4 Ermittlung der Masseverteilungszwischenform eines gebogenen Hebels; 1 = Fertigteil, 2 = gestreckter Hebel, 3 = Masseverteilungsdiagramm, 4 = Masseverteilungszwischenform b, 5 = Masseverteilungszwischenform a, 6 = Stangenabschnitt

4.7.5 Schalthebel für die Ventilsteuerung einer Entstaubungsanlage

Die Gussausführung aus EN-GJL-200 wurde durch ein Gesenkschmiedestück aus E295 ersetzt, dadurch stiegen zwar die Werkzeugkosten um 40 %, die Gesamtkosten konnten aber auf 60 % der ursprünglichen Kosten gesenkt werden.

Die Funktionssicherheit des Schalthebels wurde durch die geringere Bruchanfälligkeit des Schmiedeteils weiter verbessert.

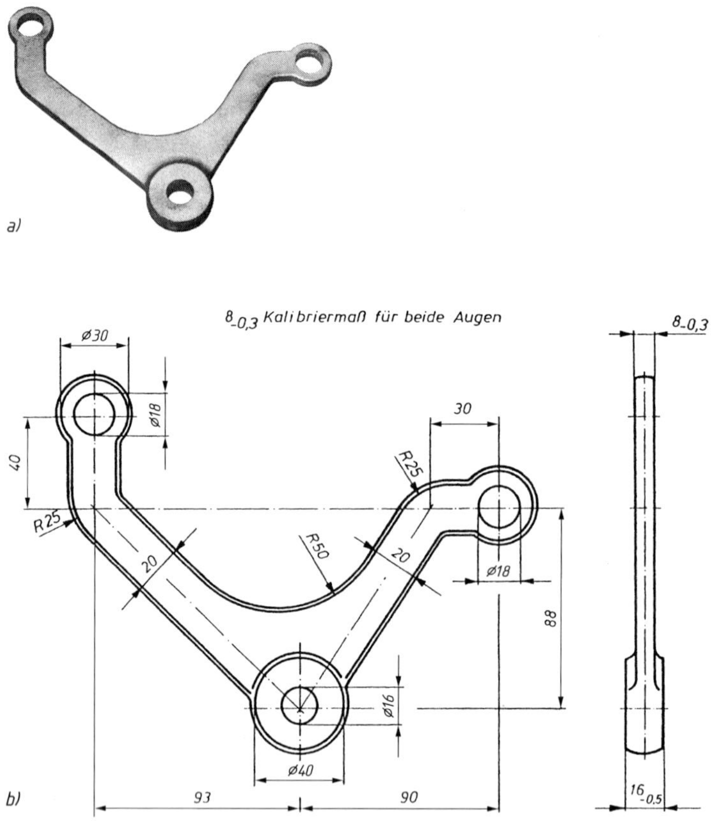

Bild 4.7-5 Schalthebel zur Ventilsteuerung einer Entstaubungsanlage

4.7.6 Pneumatikventilteil

Das durch Zerspanen hergestellte Ventilteil, siehe *Bild 4.7-6* hat die Aufgabe, im Ventilgehäuse den Luftstrom umzulenken. Durch Fließpressen als neues Fertigungsverfahren konnten die Herstellkosten für dieses Teil um 77 % reduziert werden.

Ein zusätzlicher Vorteil liegt in der besseren Entlüftung über die eingepressten Schrägnuten kugelseitig im Vergleich zur Querbohrung beim Zerspanteil.

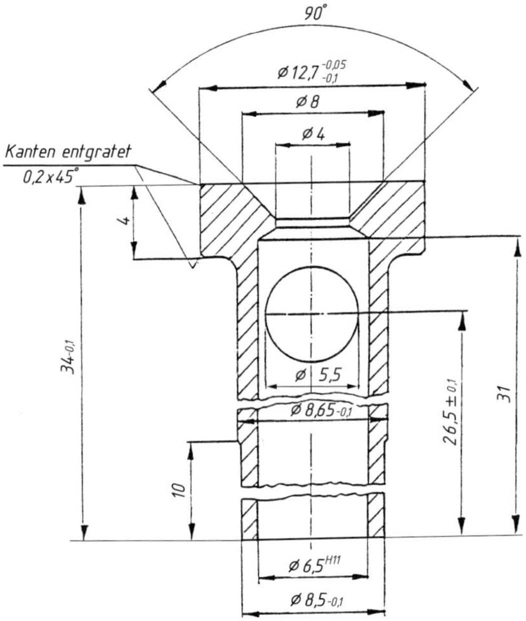

Bild 4.7-6 Zerspanteil

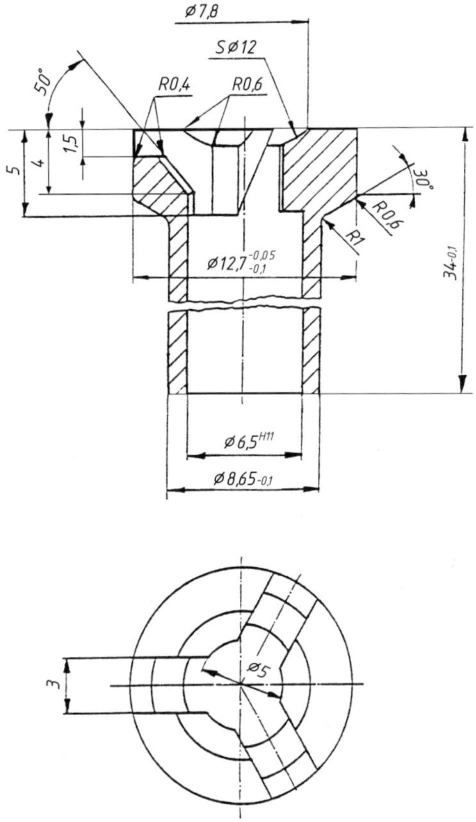

Bild 4.7-7 Fließpressteil

4.7.7 Fließgerechte Flanschbuchse

Die in *Bild 4.7-8* dargestellte Flanschbuchse soll aus Rundstahl 45 DIN 1013 hergestellt werden. Bei der Fertigung ist ein Abfall von 10 % für das Ausstanzen des Bodens der Zwischenform zu berücksichtigen.

Zu berechnen ist die erforderliche Länge des Rohlings. Ebenfalls sind die Form und Maße der Zwischenformlinge zu bestimmen! Volumen des Fertigteils $V_1 = 33{,}13\ \text{cm}^3$.

Lösung:

$$V_0 = 1{,}1 \cdot V_1 = 36{,}44\ \text{cm}^3$$

$$l_0 = \frac{V_0}{A_0} = \frac{36{,}44\ \text{cm}^3}{\frac{4{,}5^2 \cdot \pi}{4}\ \text{cm}^2} = 2{,}29\ \text{cm}$$

$$= \underline{\underline{22{,}9\ \text{mm}}}$$

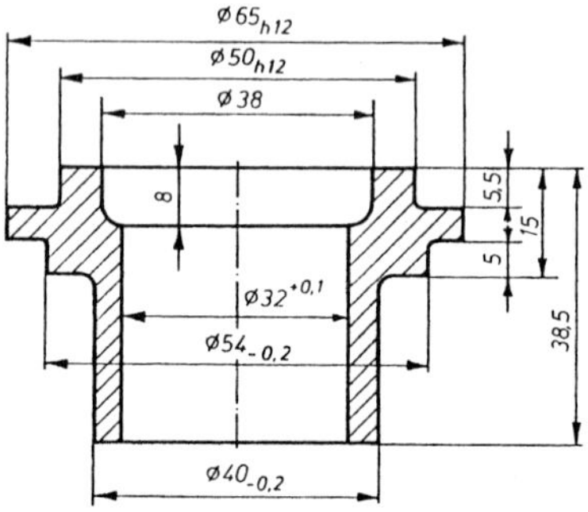

Bild 4.7-8
Flanschbuchse aus Stahl

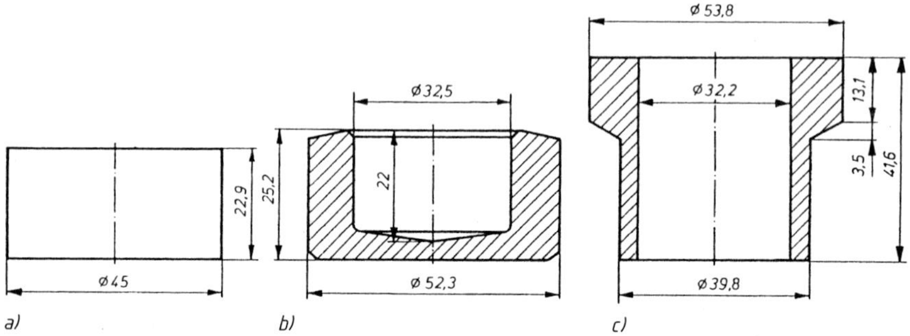

Bild 4.7.9 Zwischenformen der Flanschbuchse nach *Bild 4.7-8*
a) Rohling
b) rückwärtsfließgepresste Zwischenform
c) vorwärtsfließgepresste Zwischenform

Wegen der relativ schwierigen Kopfform wird der Rohling durch Rückwärtsfließpressen zunächst zu einem Napf geformt, dessen Boden anschließend ausgestanzt wird. Danach wird durch Vorwärtsfließpressen die Zwischenform gefertigt. Schließlich wird der Flansch fertig gepresst siehe *Bild 4.7-8*.

Bei der Gestaltung der Zwischenformen ist zu beachten, dass die jeweiligen Rohlingsaußenmaße um $\Delta = (0{,}1 \ldots 0{,}3)$ mm kleiner und die Rohlingsinnenmaße um den gleichen Betrag größer als die entsprechenden Maße der Folgeteile sein müssen.

Zu beachten ist auch, dass beim Zwischenformen eine möglichst günstige Masseverteilung für das Folgeteil erreicht wird.

4.7.8 Streifenbildgestaltung, Blechformteil Lasche

Die Lasche aus FeP03, siehe *Bild 4.7-10* soll in einem Folgeverbundwerkzeug gefertigt werden.

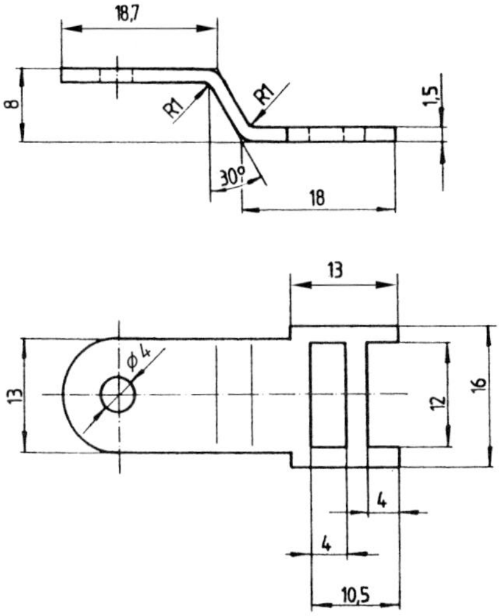

Bild 4.7-10 Lasche

Die mögliche Streifenbildgestaltung zeigt *Bild 4.7-11* und *Bild 4.7-12*.

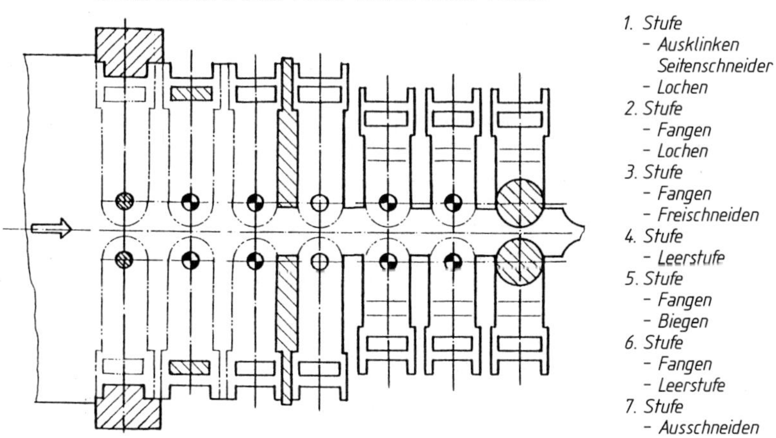

Bild 4.7-11 Streifenbild, Ausschneiden in der Trennstufe

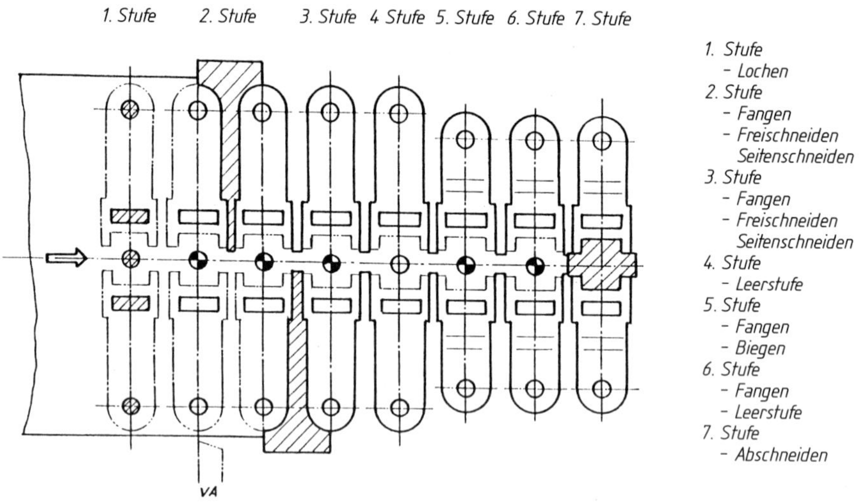

Bild 4.7-12 Streifenbild, Abschneiden in der Trennstufe

4.8 Aufgaben

4.8.1 Das Gestalten von Gussteilen

1. Nennen und erläutern Sie mindestens 5 Kriterien für die Auswahl eines Gusswerkstoffes!
2. Das Getriebegehäuse einer Werkzeugmaschine soll aus Gusseisen mit Lamellengraphit gegossen werden.
   a) Welche Gesichtspunkte sprechen für die Wahl eines solchen Werkstoffes? Überprüfen Sie in diesem Zusammenhang auch die Haupteigenschaften anderer Gusswerkstoffe, und nennen Sie die jeweiligen Vor- und Nachteile gegenüber GJL!
   b) Welches Gießverfahren halten Sie für zweckmäßig? Begründen Sie Ihre Meinung!
   c) Wägen Sie die Vor- und Nachteile der Gusskonstruktion gegenüber einer Schweißkonstruktion ab!
3. Von dem Gehäuse eines Feinmessgerätes mit den Außenmaßen 50 × 80 × 30 mm sollen pro Jahr 5000 Stück gefertigt werden. Welches Gießverfahren und welchen Werkstoff schlagen Sie vor, wenn eine spanende Nachbearbeitung vermieden werden soll? Begründen Sie Ihre Meinung!
4. Entwerfen Sie ein Stehlager mit folgenden Randbedingungen: Lagerinnendurchmesser 80 mm, Abstand der Lagermitte von der Aufstellfläche 200 mm, radiale Lagerbelastung 900 N, axiale Lagerbelastung 300 N.
5. Warum erfordern Gussteilflächen, die in der Form oben liegen, grundsätzlich größere Bearbeitungszugaben als unten liegende Flächen?
6. Erklären Sie die Methode der Heuversschen Kontrollkreise für die Wanddickengestaltung von Gussteilen, und begründen Sie diese!
7. Nennen Sie Ursachen für die inneren Spannungen in Gussteilen! Leiten Sie daraus Regeln für die Gestaltung lunkerfreier Gussteile ab!
8. Beurteilen Sie die drei verschiedenen in *Bild 4.8-1* dargestellten Lagerdeckel unter folgenden Gesichtspunkten: abgestimmte Wanddicken, Kerne, Kernlagerung, Teilungsebene!
9. *Bild 4.8-2* stellt ein Handrad aus EN-GJL-200 dar, bei dem infolge ungünstig gewählter Querschnittsabstimmung von Kranz, Nabe und Speichen vielfach Risse auftreten. Klären Sie die Ursachen für diese Rissbildung, und wählen Sie eine gießgerechte Gestaltung!

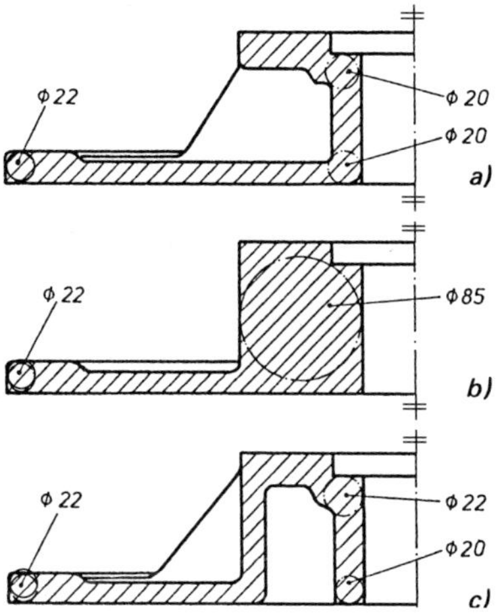

Bild 4.8-1 Gestaltung eines Lagerdeckels

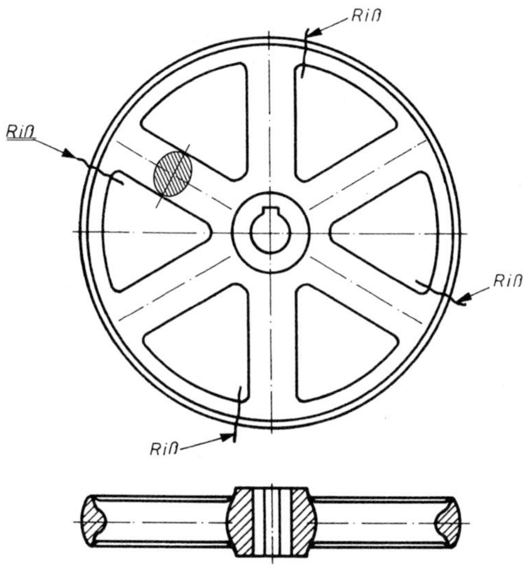

Bild 4.8-2 Gestaltung eines Rades; ungünstiges Verhältnis der Querschnitte von Kranz, Nabe und Speichen

10. Skizzieren Sie für die in den *Bildern 4.8-3* dargestellten Details von Gussstücken günstigere Lösungen und begründen Sie die Änderungen!

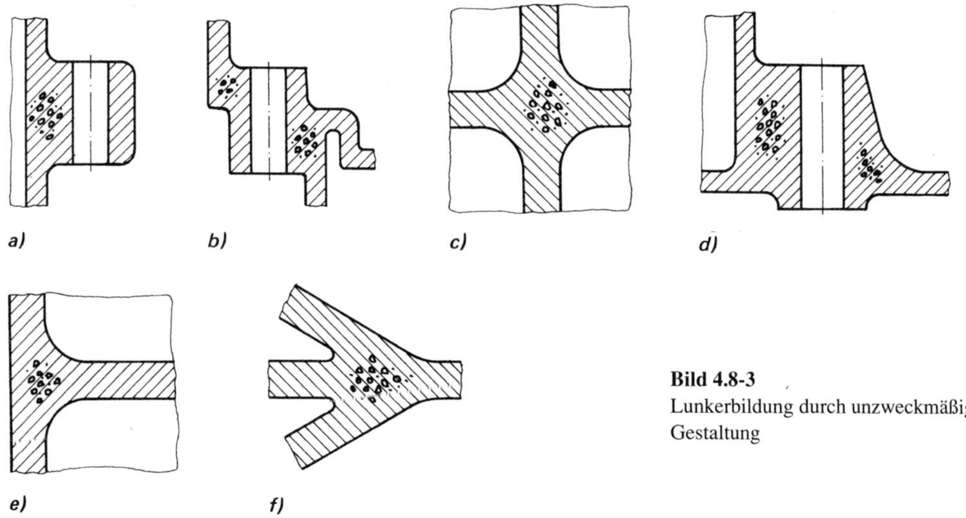

Bild 4.8-3
Lunkerbildung durch unzweckmäßige Gestaltung

11. Bei dem in *Bild 4.8-4* dargestellten Nähmaschinenfuß traten in der Vergangenheit häufig Risse auf. Wählen Sie eine günstigere Form für das Gussteil!

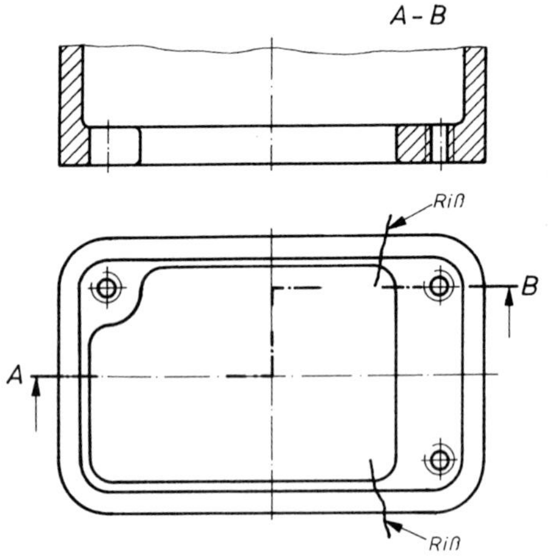

Bild 4.8-4
Rissbildung durch innere Spannungen bei einem Nähmaschinenfuß

4.8.2 Das Gestalten von Schmiede- und Fließpressteilen

1. Die *Bilder 4.8-5a)* bis *c)* sind die Teilezeichnungen verschiedener Maschinenbauteile. Die Rohlinge sollen durch Gesenkschmieden hergestellt werden.
   Entwickeln Sie unter Beachtung der einschlägigen Normen und Gestaltungsregeln die für die Fertigung benötigten Rohteilzeichnungen!
2. Die Rohlinge aus Aufgabe 1. sollen durch Schmieden von der Stange gefertigt werden. Die Masseverteilung soll durch Reckstauchen erfolgen.
   a) Erstellen Sie die Masseverteilungsdiagramme!
   b) Legen Sie die Fertigungsfolgen fest, und bestimmen Sie die Form und Maße der Zwischenformlinge!
   c) Erstellen Sie die Zeichnungen für die Zwischenformlinge!
3. a) Überprüfen Sie das in *Bild 4.7-1* dargestellte Masseverteilungsdiagramm des gebogenen Hebels! Geben Sie die entsprechenden Massen für die einzelnen Volumenelemente an!
   b) Überprüfen Sie die in *Bild 4.7-1* gemachten Angaben für den Stangenabschnitt und die Zwischenformlinge!
4. Der in *Bild 4.7-5* dargestellte Schalthebel für die Ventilsteuerung einer Entstaubungsanlage aus E295 soll durch Gesenkschmieden von der Stange gefertigt werden. Die Masseverteilung wird durch Reckstauchen und Biegen vorgenommen.
   a) Legen Sie die Fertigungsfolge fest, und bestimmen Sie die Formen und Maße der Zwischenformlinge!
   b) Skizzieren Sie das Masseverteilungsdiagramm und die Zwischenformlinge des Hebels!
5. a) Was versteht man unter der „fließgerechten" Gestaltung von Gesenkschmiedeteilen?
   b) Begründen Sie die Regel, dass bei der Gestaltung von Gesenkschmiedestücken Kröpfungen der Gratnaht möglichst vermieden werden sollen!
   c) Weshalb sollen bei Gesenkschmiedeteilen Aushebeschrägen und große Radien vorgesehen werden?

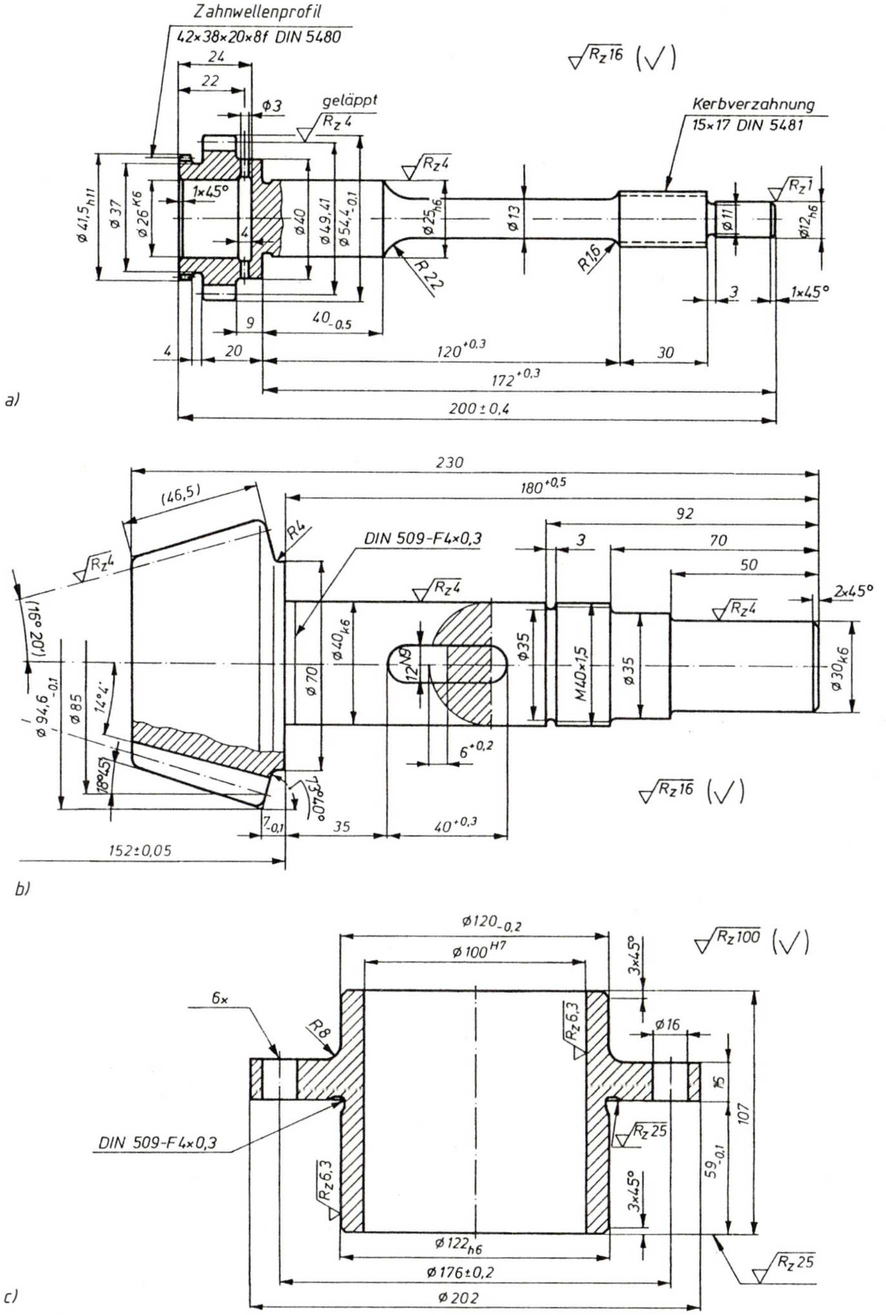

Bild 4.8-5

a) Getriebewelle aus 20MnCr5 DIN EN 10083

b) Kegelradwelle für Achsantrieb aus C45E DIN EN 10083

c) Buchse aus E295 DIN EN 10025

6. Das *Bild 4.8-6* zeigt schematisch den Faserverlauf an der Kröpfung einer Kurbelwelle.
   Schließen Sie aus dem Faserverlauf auf das jeweils angewendete Fertigungsverfahren! Vergleichen Sie qualitativ die Gestaltfestigkeit beider Kröpfungen!

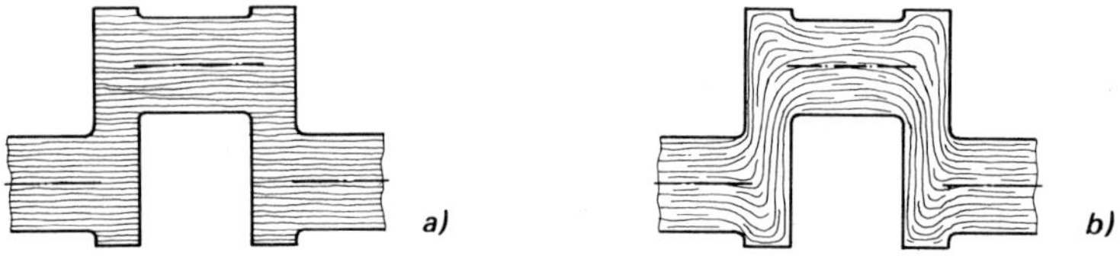

Bild 4.8-6 Kröpfung einer Kurbelwelle mit Faserverlauf

7. a) Die *Bilder 4.8-7a)* bis *c)* stellen Kaltfließpresslinge dar. Ermitteln Sie die Formen und Maße der Rohlinge!
   b) Bestimmen Sie die Formen und Maße der erforderlichen Zwischenformlinge!

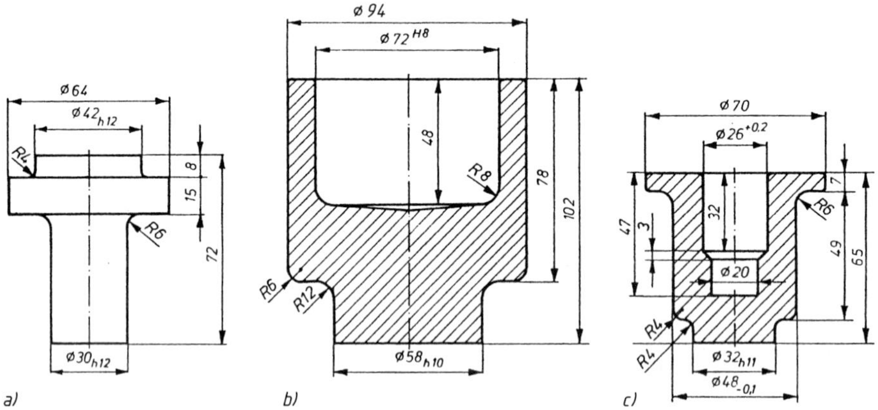

Bild 4.8-7 Kaltfließpressteile

8. a) Warum ist das Tolerieren von Höhe und zugleich Durchmesser von Fließpressteilen unzweckmäßig?
   b) Schlanke Bohrungen an Fließpressteilen sollen nicht durch Fließpressen, sondern durch nachfolgende spanende Bearbeitung gefertigt werden. Nennen Sie die Ursachen für diese Regel!
   c) Der in *Bild 4.8-8* dargestellte, durch Hohl-Vorwärtsfließpressen gefertigte Napf zeigt Oberfläche-Innenrisse. Ursache dafür ist die Überschreitung des Formänderungsvermögens des verwendeten Werkstoffes. Durch welche Maßnahmen lässt sich dieser Fehler vermeiden?

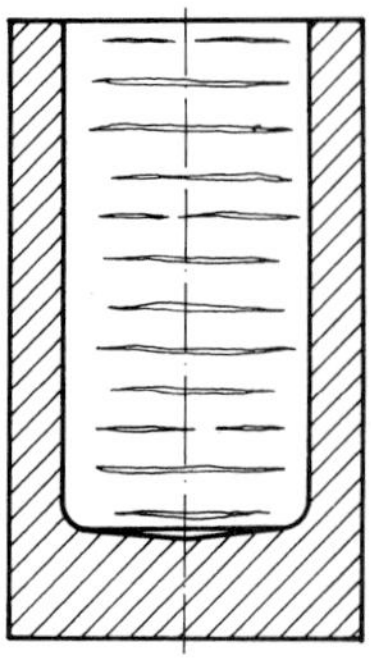

Bild 4.8-8
Napf mit Oberflächen – Innenrissen; hergestellt durch Hohl-Vorwärtsfließpressen

9. Gesenkschmieden und Fließpressen sind Verfahren der Massenfertigung. Ihre Anwendung ist umso wirtschaftlicher, je größer ihre Stückzahl ist. Begründen Sie diese Behauptung!
10. a) Werkzeuge für das Gesenkschmieden und Fließpressen unterliegen bei höherer Stückzahl zunehmendem Verschleiß. Welche Folgerungen lassen sich daraus für die Tolerierung der Bauteile ziehen?
    b) Welche Folgerungen lassen sich aus 10.a) für die Fertigungskosten bei erforderlicher enger Tolerierung der Bauteile ziehen?
11. Der in *Bild 4.8-9* dargestellte Rohling einer Antriebswelle aus 16MnCr5 DIN EN 10084 soll aus Rundstahl ∅ 37 in 4 Umformstufen durch Kaltfließpressen hergestellt werden: 1. Stufe = Voll-Vorwärtsfließpressen zur Vorbildung des Lagerzapfens; 2. Stufe = Kopf vorstauchen; 3 Stufe = Hohl-Vorwärtsfließpressen zur Vorbildung des Lochs; 4. Stufe = Kopf fertigpressen.
    a) Berechnen Sie die erforderliche Länge des Rundstahlabschnittes!
    b) Bestimmen Sie die Formen und Maße der drei Zwischenformlinge!

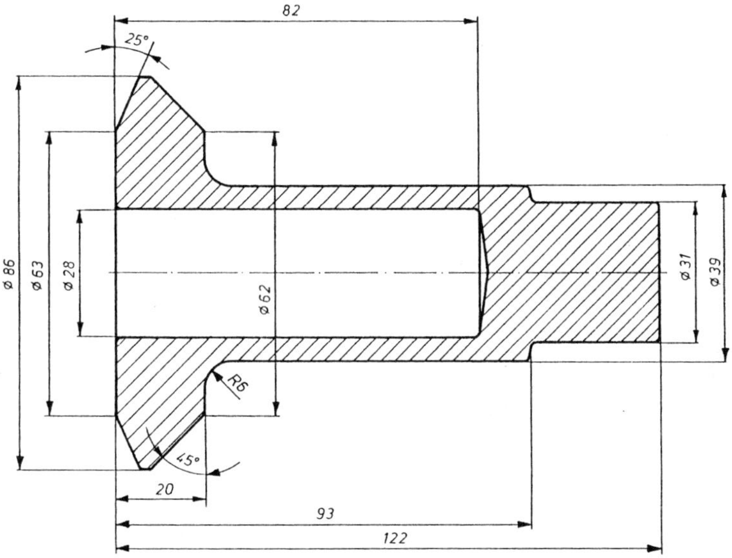

Bild 4.8-9 Rohling einer Antriebswelle

12. Der in *Bild 4.8-10* dargestellte Steckschlüsseleinsatz aus 25CrMo4 DIN EN 10083 für die Schlüsselweite 19 soll in den drei Umformstufen, Hohl-Vorwärtsfließpressen, Rückwärtsfließpressen mit anschließendem Maßprägen gefertigt werden.
    a) Bestimmen Sie die Maße des Rohlingsabschnittes!
    b) Bestimmen Sie die Formen und Maße der Zwischenformlinge!

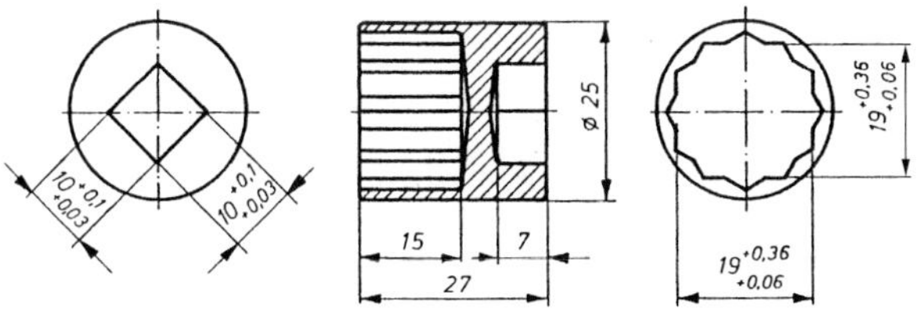

Bild 4.8-10 Steckschlüsseleinsatz

4.8.3 Das Gestalten von Löt- und Schweißverbindungen

1. Die in kleiner Stückzahl zu fertigenden Einlaufrohre aus Baustahl, *Bild 4.8-11*, wurden bisher durch Spanen aus dem Vollen herausgearbeitet. Für den Fall, dass die Rohre in großer Stückzahl hergestellt werden müssen, soll bei gleichen Abmessungen durch Löten der Fertigungsablauf rationalisiert werden.
   a) Gestalten Sie das Drehteil in ein wirtschaftlich zu fertigendes Lötteil um.
   b) Wählen Sie mit kurzer Begründung
      - ein geeignetes Lötverfahren für die Massenfertigung,
      - ein geeignetes Lot,
      - eine geeignete Lotzuführung.

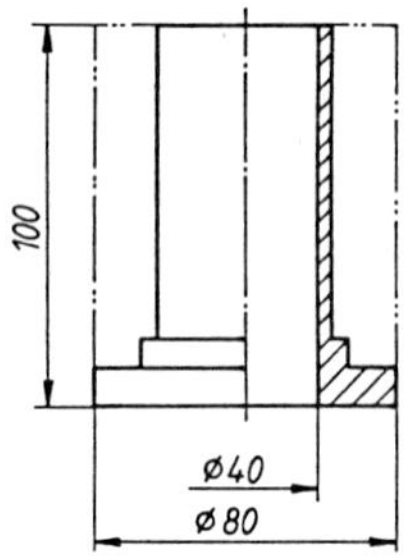

Bild 4.8-11
Einlaufrohr

4

2. Entwerfen Sie einen Zeitungsständer aus Messingdraht mit dem Durchmesser d = 4 mm. Der Zeitungsständer soll durch Löten gefertigt werden. Versuchen Sie alle Lötverbindungen der Konstruktion zu entlasten!
3. Beschreiben Sie die Auswirkungen von Schrumpfspannungen in Schweißverbindungen.
4. Konstruieren Sie drei verschiedene Ausführungen für eine Behälterecke, und beschreiben Sie die Eigenschaften dieser Konstruktionen.
5. Die gegossenen Bauteile nach *Bild 4.8-12a)* bis *c)* sollen in Schweißteile umkonstruiert werden. Unter Beachtung der Funktion und der Hauptmaße sind jeweils zwei verschiedene Lösungen zu skizzieren!

a)

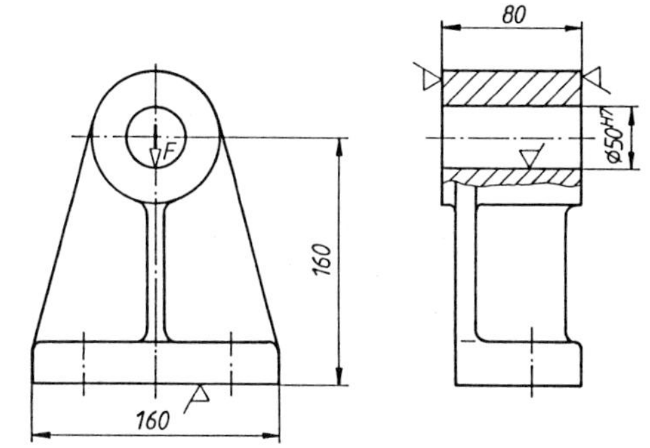

b)

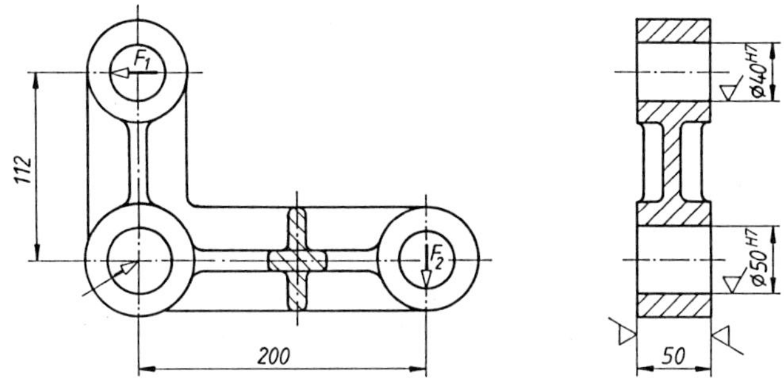

c)

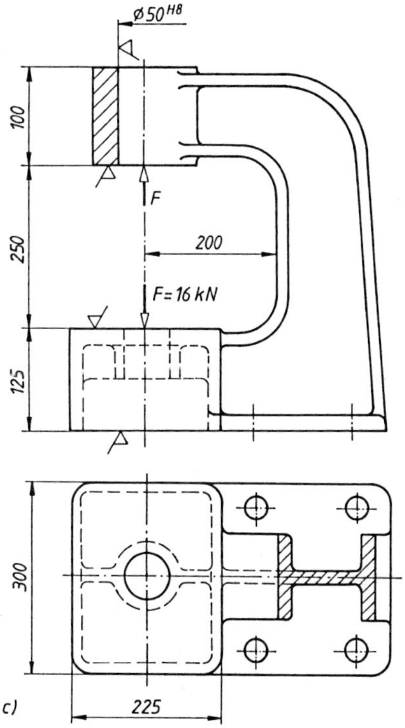

Bild 4.8-12
Bauteile in gegossener Ausführung
a) Lagerbock
b) Winkelhebel
c) C-Gestell

4.8.4 Das Gestalten von Blechteilen

1. Die *Bilder 4.8-13a)* bis *c)* sind Produktzeichnungen verschiedener Blechformteile aus DC03 die in Folgeverbundwerkzeugen hergestellt werden sollen. Entwerfen Sie unter Beachtung der Rand- und Stegbreiten nach *VDI 3367* die entsprechenden Streifenbilder.

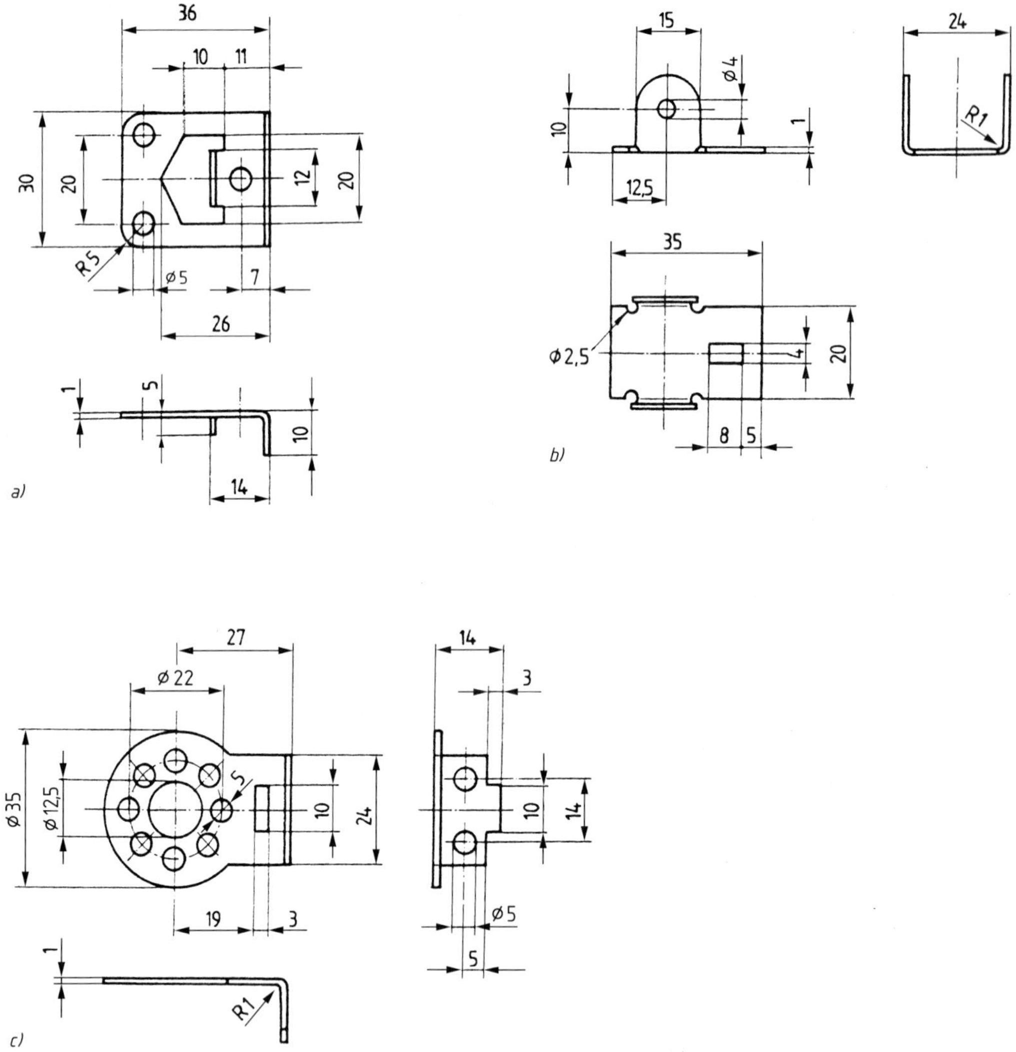

Bild 4.8-13 Blechformteile

2. Beurteilen Sie die in den *Bildern 4.8-13a)* bis *c)* dargestellten Blechformteile unter dem Gesichtspunkt der Formsteifigkeit und skizzieren Sie verbesserte Entwürfe.

4.8.5 Das Gestalten von Kunststoffteilen

1. a) Beurteilen Sie die in den *Bildern 4.8-14a)* bis *c)* dargestellten Formpressteile aus Kunststoff!
   b) Verbessern Sie die nach Ihrer Meinung ungünstig gestalteten Details, und stellen Sie die so gewonnenen Bauteile als Skizzen dar!

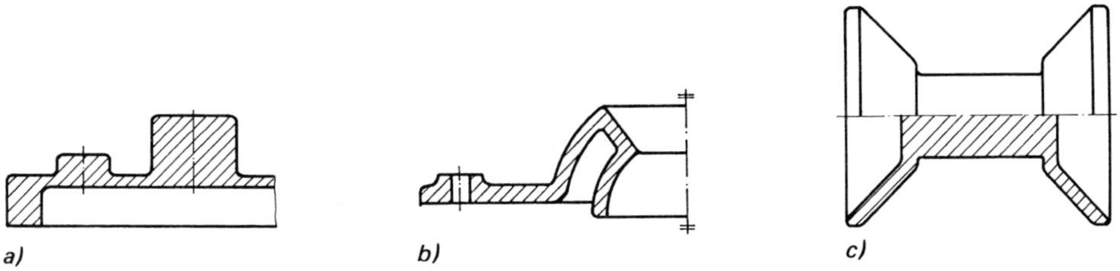

Bild 4.8-14 Formpressteile aus Kunststoff

2. Ein Behälter mit höher liegendem Boden, siehe *Bild 4.8-15*, wird als Formpressteil hergestellt. Bei dem skizzierten Prototyp stören wegen der hohen Qualitätsanforderungen des Kunden die Bodenmarkierungen an der Außenwand. Suchen Sie eine zweckmäßigere Lösung, skizzieren Sie diese, und begründen Sie die Zweckmäßigkeit Ihres Konzeptes!

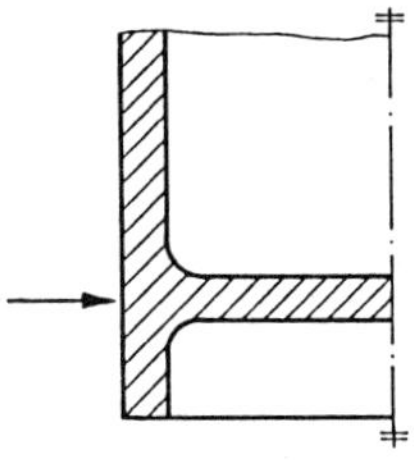

Bild 4.8-15
Formpressteil und Einfallstellen wegen Massehäufung

3. Beurteilen Sie die in *Bildern 4.8-16a)* und *b)* dargestellten Spritzgussteile aus Kunststoff und skizzieren Sie verbesserte Entwürfe!

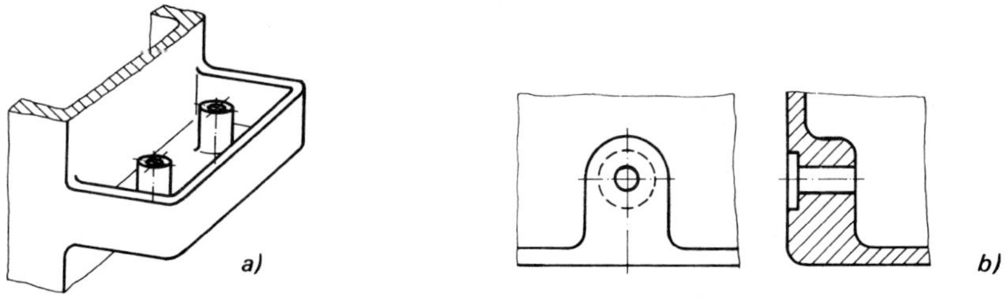

Bild 4.8-16 Spritzgussteile
a) Befestigungsauflage, b) Lochverstärkung

4. a) *Bild 4.8-17* zeigt die formschlüssige Verbindung eines Ritzels aus Kunststoff mit einer Welle aus Leichtmetall. Beurteilen Sie die Verbindung unter folgenden Gesichtspunkten: Funktion, Festigkeit, Fertigung, Kosten!
   b) Skizzieren Sie mindestens 3 zusätzliche Lösungen für eine solche Nabenverbindung, und vergleichen Sie diese unter den oben genannten Gesichtspunkten!

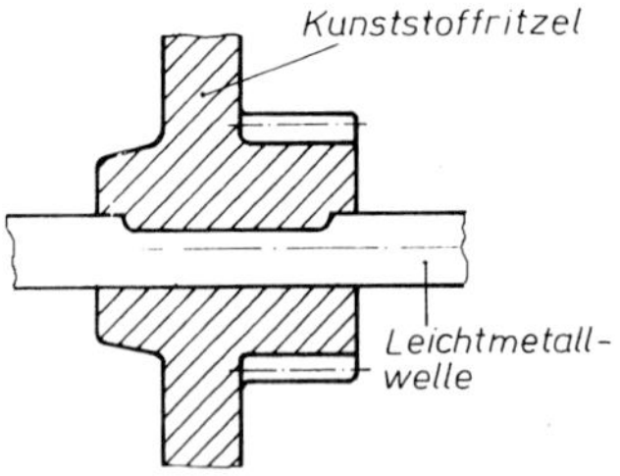

Bild 4.8-17
Nabenverbindung Zahnrad – Leichtmetallwelle

5. Zur Rationalisierung der Montage von Wälzlagerungen wird vorgeschlagen, die Gehäusebohrung grob zu tolerieren, die Lager genau auf die Welle auszurichten und die Außenringe der Lager mit Klebstoff in die Bohrungen einzukleben, siehe *Bild 4.8-18*. Beurteilen Sie diesen Vorschlag!

4

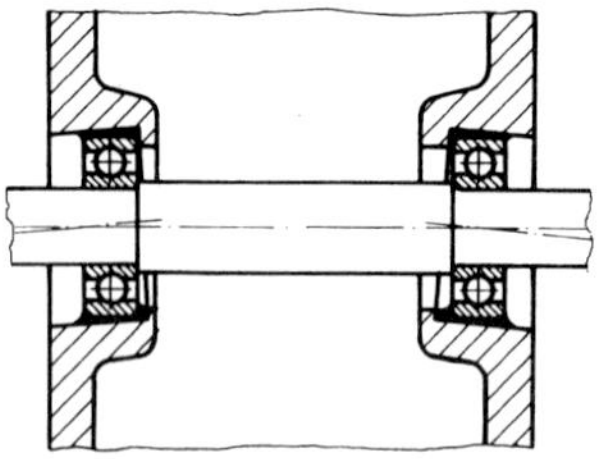

Bild 4.8-18 Klebverbindung zwischen Wälzlager und Gehäuse

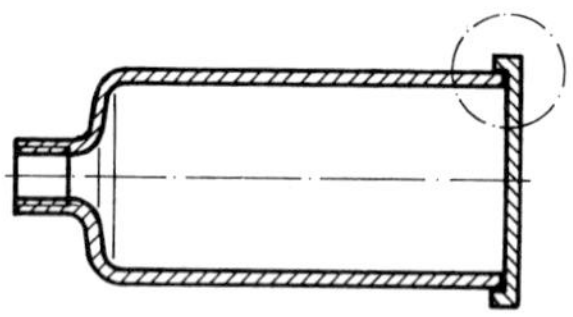

Bild 4.8-19 Klebverbindung eines Feuerlöschers aus Kunststoff

6. Beurteilen Sie die in *Bild 4.8-19* dargestellte Klebverbindung des Feuerlöschers aus Kunststoff! Skizzieren Sie eine zweckmäßigere Verbindung!
7. In die Wandung eines Ölkühlers ist mit ausreichender Festigkeit und Dichtigkeit ein die Wandung durchbrechender Stahlbolzen einzukleben. Skizzieren Sie mindestens zwei zweckmäßige Klebverbindungen, und begründen Sie Ihre Wahl!
8. Skizzieren Sie für den in *Bild 4.8-20* im Prinzip dargestellten Kunststoffbehälter folgende Details als Klebverbindungen:
   a) Längsverbindung 1 eines Schusses *a*!
   b) Rundverbindung 2 zwischen zwei Schüssen *a*!
   c) Verbindung zwischen Schuss *a* und Boden *b*!

Bild 4.8-20
Prinzipskizze eines Behälters

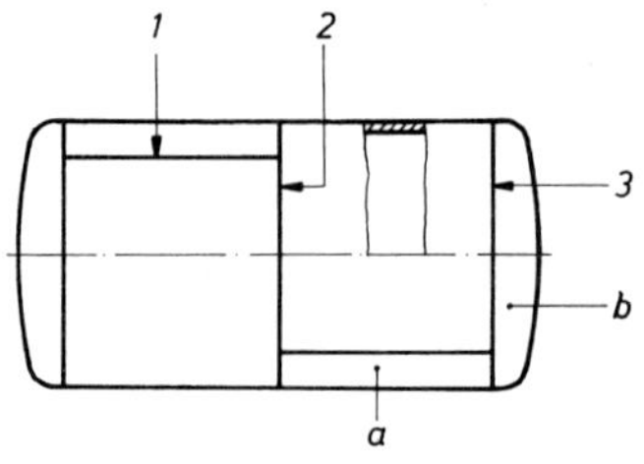

5 Das montagegerechte Gestalten

5.1 Einführung

Fügen nach *DIN 8593* ist das charakteristische Merkmal des Montageprozesses. Durch die Montage entsteht aus einzelnen Teilen ein Produkt höherer Komplexität, wobei einheitliche Fügeverfahren, möglichst einfache und zwangsläufige Montageoperationen anzustreben sind.

Gestaltungsbeispiele zur Montagevereinfachung sind im *Bild 5.1-1* zusammengestellt. Die Verwendung gleichartiger Schrauben mit gleichen Abmessungen und der Einsatz einfacher Montageteile, wenn es die Funktion erlaubt, reduzieren den Werkzeugeinsatz und senken den Montageaufwand.

Die Parallelmontage einzelner Baugruppen eines Produktes verkürzt die Durchlaufzeit und senkt damit die Montagekosten ebenso wie die Teilereduzierung durch Weglassen bei gleichen Montageteilen bzw. durch Zusammenfassen von Einzelteilen zum Integralteil.

Die Qualität und Wirtschaftlichkeit einer Montage hängt wesentlich von der Fügestellengestaltung und von der Art und Anzahl der Montageoperationen ab.

ungünstig	besser	Hinweis
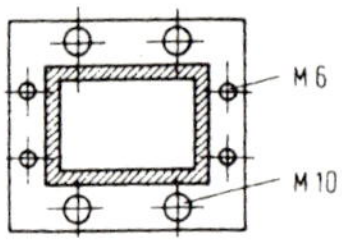	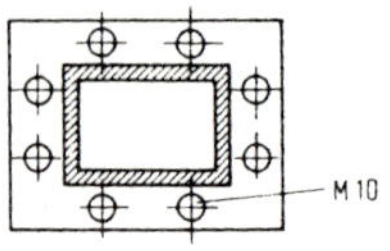	Verwendung gleicher Verbindungs-elemente
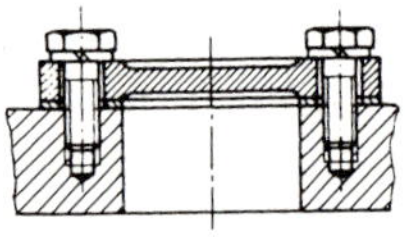	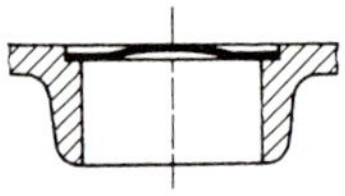	Einfache Montage-operationen und Montageteile
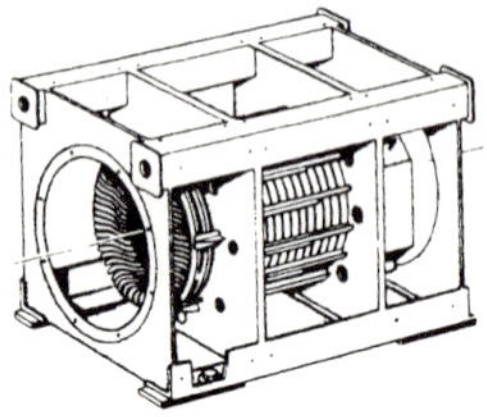	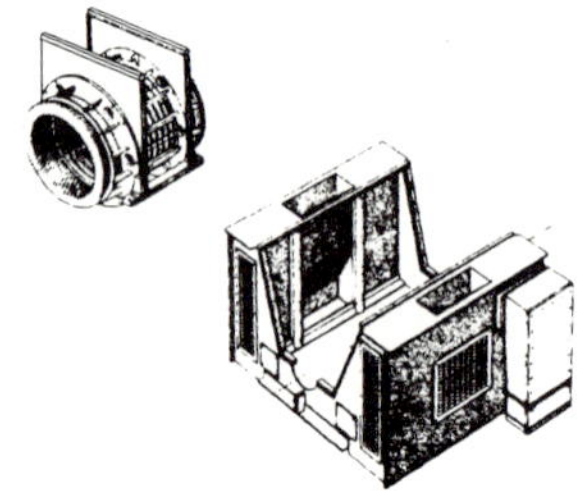	Parallele Montage von Baugruppen ist wirtschaftlicher
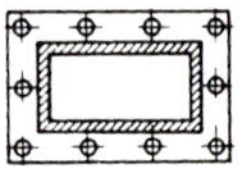	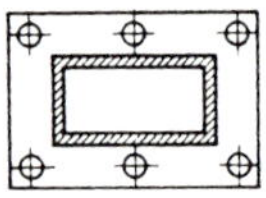	Reduzieren von Verbindungselementen. Bei Schrauben größere Abmessung oder höhere Festigkeit wählen
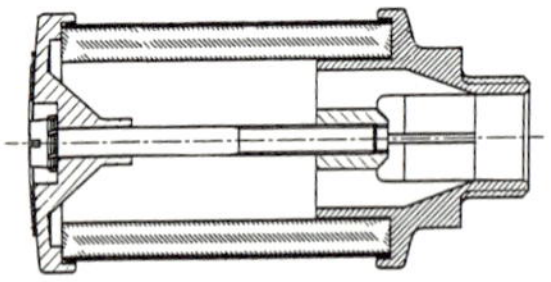	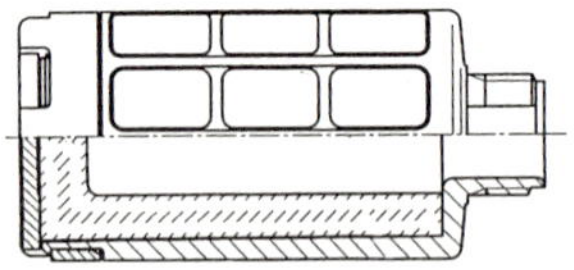	Zusammenfassen von Einzelteilen zum Integralteil
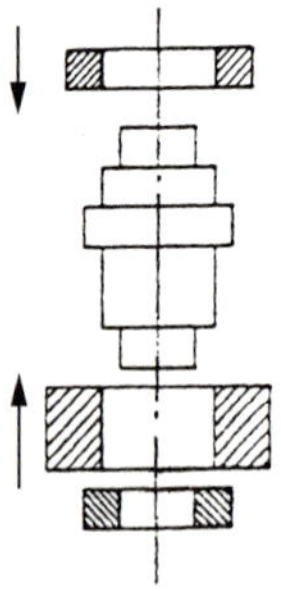	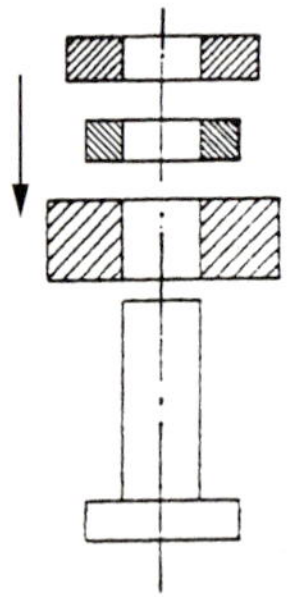	Einheitliche Montagerichtung anstreben

Bild 5.1-1 Gestaltungsbeispiele zur Montagevereinfachung

5.1.1 Montageoperationen

Die Montageoperationen gliedern sich in:

- Speichern
  Stapelbare Werkstücke mit entsprechenden Auflageflächen und Konturen zur eindeutigen Lageorientierung bei nicht-symmetrischen Teilen vereinfachen das Speichern und die automatische Montage.

- Handhaben
  Die Operation Werkstück handhaben kann man in die Bereiche Erkennen, Ergreifen und Bewegen aufteilen. Beim Erkennen ist ein Verwechseln ähnlicher Teile zu verhindern. Geeignete Maßnahmen sind deutliches Verändern der Kontur, der Abmessungen oder der Teileoberfläche. Das Ergreifen der Werkstücke wird durch Absätze, Bohrungen erleichtert. Bei Teilen, die zum Verhaken, Verklemmen neigen, wird durch besondere Gestaltung, z. B. eine größere Wanddicke als Spaltbreite, ein sicheres Ergreifen und Bewegen möglich.
  Die Werkstückgröße, -masse sowie die Fertigungsart beeinflusst wesentlich das Bewegen der Teile. Grundsätzlich sollten kurze Wege und eine einfache Handhabung, z. B. leicht zugängliche Fügestellen angestrebt werden.
- Positionieren
  Wenn keine Vorzugslage gefordert ist, sollten die Teile symmetrisch sein. Bei geforderter Vorzugslage sind die Teile betont unsymmetrisch zu gestalten. Ansätze mit Fasen erleichtern das Ausrichten der Fügeteile.
- Fügen
  Das geeignete Fügeverfahren hängt von den Anforderungen an die Fügestelle ab. So sollte das häufige Lösen der Fügestelle, z. B. zum Auswechseln von Verschleißteilen, durch eine leicht lösbare Verbindung möglich sein.
  Aufwendig lösbare Verbindungen, wie z. B. Schrumpf- oder Schweißverbindungen, eignen sich für selten oder nicht mehr zu lösende Fügestellen.
  Die fügegerechte Gestaltung vermeidet gleichzeitige Fügeoperationen, Doppelpassungen und schlecht zugängliche Fügeflächen. Einfache und kurze Bewegungen, Einführungsfasen und Sichtkontrolle erleichtern das Fügen.
- Sichern
  Ein selbsttätiges Lösen der Fügeteile ist durch entsprechende Formgebung bzw. durch form- oder kraftschlüssige Sicherungselemente zu verhindern.
- Kontrollieren
  Kontrollieren und eventuelles Einstellen am Ende der Montage muss ohne Demontage bereits montierter Teile möglich sein.

Zusammenfassend kann man sagen, dass abhängig von der Montageart die verschiedenen Montageoperationen einen unterschiedlichen Stellenwert besitzen.

Speichern, Erkennen, Ergreifen und Positionieren ist bei der automatischen Montage von Massenartikeln wesentlich, während Bewegen, Positionieren und Fügen bei der Einzelmontage im Großmaschinenbau besonders wichtig ist.

Im *Anhang A5.1-1* sind Gestaltungsbeispiele zur Verbesserung der Montageoperationen zusammengestellt.

Weitere Beispiele können der *VDI 3237* entnommen werden.

5

5.1.2 Montagesysteme

Einzelteile werden durch manuelle, halbautomatische oder automatische Montage zu Baugruppen bzw. fertige Produkte gefügt.

In *Bild 5.1-2* sind charakteristische Montagesysteme dargestellt.

manuell	halbautomatisch	automatisch
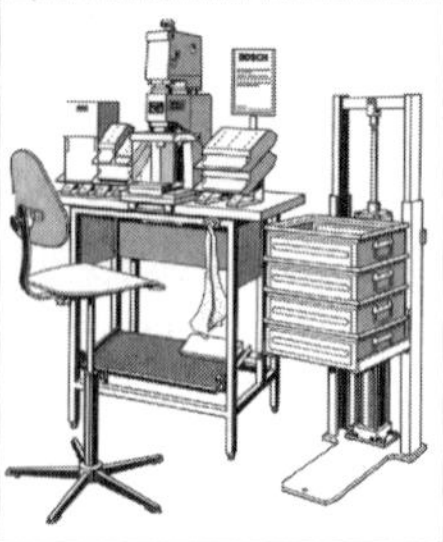	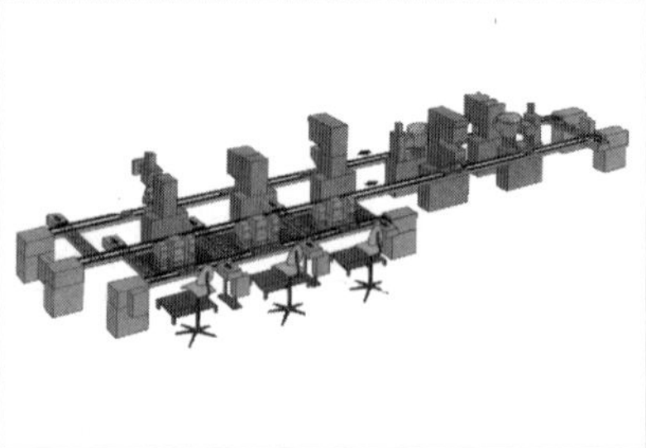	

Bild 5.1-2 Montagesysteme

Welches System für eine bestimmte Montageaufgabe ausgewählt wird, hängt wesentlich von den Faktoren

- Produktgröße
- produzierte Stückzahl
- Produktkomplexität
- Schwierigkeitsgrad der Montage

ab.

Je nach Aufgabenstellung kann auch eine Kombination der Montagesysteme sinnvoll sein. In diesem Falle kommt der Handhabungs- und Zubringetechnik eine besondere Bedeutung zu.

Manuelle Montage

Angewendet wird diese Montagetechnik vorwiegend für kleinere Produkte mit geringer Stückzahl und beschränkter Komplexität.

Die Einzelplatzmontage eignet sich wegen der großen Flexibilität besonders bei Typenvariationen und Stückzahlschwankungen.

Ein weiteres Kennzeichen ist die weitgehende Entkoppelung vom Maschinentakt, wodurch ein individuelles Arbeiten mit größerem Handlungs- und Entscheidungsspielraum für die Mitarbeiter möglich wird.

Halbautomatische Montage

Kann ein Produkt wegen seiner Komplexität oder der Stückzahl nicht mehr wirtschaftlich in einer Einzelplatzmontage hergestellt werden, dann muss die Montage auf mehrere Montagestationen aufgeteilt werden.

Bei der halbautomatischen Montage sind manuelle und automatische Arbeitsanteile durch ein Montageband verkettet.

Pufferstrecken zwischen den Handarbeitsplätzen und den Montageautomaten vermeiden kurzzyklische, taktgebundene manuelle Tätigkeiten.

Der Transport der Produkte erfolgt mittels Werkstückträger, die hauptsächlich über Doppelgurtbändern bewegt werden.

Bild 5.1-3 zeigt den Aufbau eines Doppelgurtmontagebandes. Weitergehende Angaben über Doppelgurtmontagebänder in Linien- oder Karreebauweise, über standardisierte Baueinheiten, über Handhabungs- und Zubringetechnik sind der Fachliteratur bzw. Informationsschriften und Firmenkatalogen zu entnehmen.

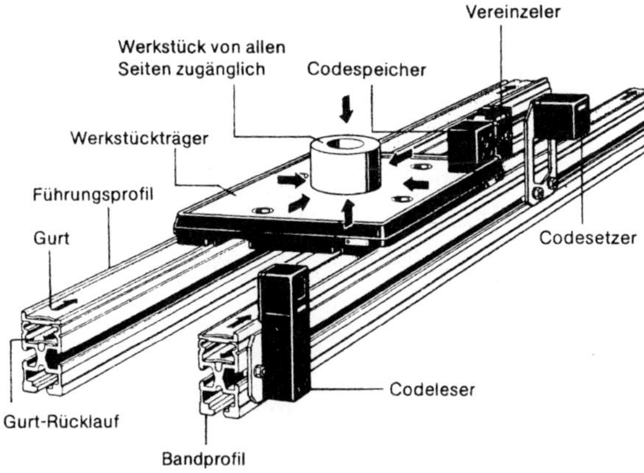

Bild 5.1-3 Doppelgurtband

Automatische Montage

Montageautomaten werden heute aus standardisierten Baueinheiten als Rundtakt- oder Längstakt-System zusammengestellt.

Der im *Bild 5.1-4* dargestellte Aufbau eines Rundschalttisch-Automaten zeigt das modulare Baukastensystem.

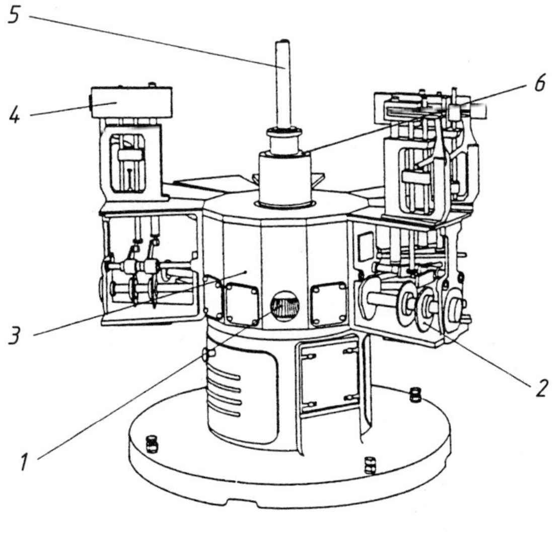

1. Zentralantrieb aus Schrittschalt- und Kegelgetriebe
2. Kurvengetriebe für Horizontal- und Vertikalbewegungen
3. Flanschflächen für 8 bis 16 standardisierte Stationseinheiten
4. Träger für Montagewerkzeuge
5. Zentrale Hubwelle für zusätzliche Montagebewegungen
6. Aufnahme für getakteten Schaltteller

Bild 5.1-4
Aufbau eines Rundschalttisch-Automaten

An die Grundeinheit, den Maschinenkörper, an dessen Umfang sich je nach Bautyp 8, 12 oder 16 Flanschflächen befinden, werden standardisierte Bauelemente angeflanscht. Diese Stationseinheiten können im vollautomatischen Montageablauf greifen, bewegen, fügen, umformen, schrauben, kleben, löten …

Der Bewegungsablauf erfolgt über Kurvengetriebe, die von einem Zentralantrieb bestehend aus Schrittschalt- und Kegelgetriebe gesteuert werden. Diese mechanische Steuerung garantiert genaueste Synchronisation der Bewegungsvorgänge und Taktzeiten von einer Sekunde und weniger. Untergeordnete Bewegungen erfolgen über pneumatische Elemente, die ebenfalls vom Hauptantrieb gesteuert werden.

Reichen die Stationseinheiten eines Rundtaktautomaten nicht mehr aus, dann bietet sich die Verkettung von Rundschalttischen bzw. die Montage auf einem Längstakt-System mit bis zu 40 Stationen an.

Das getaktete, umlaufende Laschenband ermöglicht das Anbringen von Montageeinheiten auch innerhalb der Bandschleife; dadurch können zwei Operationen im Bereich einer Werkstückaufnahme und eines Taktes gleichzeitig ausgeführt werden.

Diese Längstaktautomaten eignen sich besonders für größere Produkte aus vielen Einzelteilen.

5.2 Montageablaufanalyse

Die Montageablaufanalyse ermöglicht eine Aussage darüber, ob die Montage in einem Werkstückträger auf einem Automaten durchführbar ist, oder ob für das Produkt unterschiedliche Werkstückträger, eventuell Hilfsaufnahmen, notwendig sind und der Montagevorgang auf mehrere Montageplätze, die miteinander verkettet sind, aufgeteilt werden muss.

Mit der Montageablaufanalyse ist die Produktanalyse eng verbunden. Hier interessiert besonders der Anlieferungszustand der Einzelteile und deren Handhabungsfähigkeit, die Einzelteilqualität, die Fügerichtung in Verbindung mit dem verlangten Fügeverfahren.

5.2.1 Produktaufbau und Fügesituation

Günstig ist es, wenn das Produkt so aufgebaut ist, dass bei höherer Teilezahl eine Unterteilung in Baugruppen möglich ist, die vormontiert werden können.

Eine in sich abgeschlossene Baugruppe kann dann im weiteren Montageablauf wie ein Einzelteil gefügt werden.

Der Montagevorgang wird wesentlich erleichtert, wenn beim Produktaufbau eine Grundplatte oder ein Gehäuse als Basisteil mit entsprechenden Montageflächen für die nachfolgenden Fügeteile konzipiert wird.

Das Montieren der Einzelteile muss nicht unbedingt mit dem Basisteil beginnen. Die Fügesituation kann es erforderlich machen, dass zunächst Teile in einer Hilfsaufnahme montiert werden und dann die Baugruppe in das Basisteil eingesetzt wird.

Die zeichnerische Darstellung der Einzelteile eines Produktes verdeutlicht bei richtiger Teileanordnung den Produktaufbau und die Fügerichtung der einzelnen Teile. Die Fügesituation wird bei den folgenden Produkten näher betrachtet.

Der Produktaufbau und die Fügesituation eines Filterventils aus der Kfz-Industrie ist im *Bild 5.2-1* dargestellt.

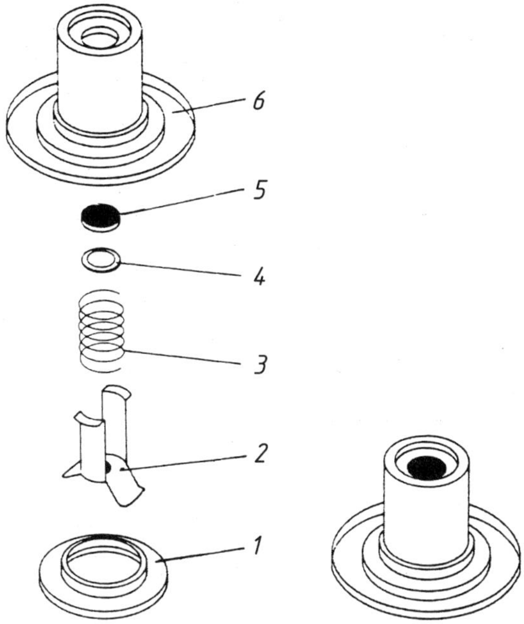

Fügefolge Fertigprodukt

Montageablauf

1. Endscheibe Teil 1 zuführen und einsetzen
2. Federstuhl Teil 2 zuführen und einsetzen
3. Feder Teil 3 vom Wickelautomaten abnehmen und einsetzen
4. Federteller Teil 4 zuführen und einsetzen
5. Gummischeibe Teil 5 zuführen und einsetzen
6. Ventilgehäuse Teil 6 zuführen und einsetzen
7. Endscheibe Teil 1 in Ventilgehäuse Teil 6 einpressen
8. Ausheben und Sortierung gut/schlecht

Bild 5.2-1 Produktaufbau und Fügesituation eines Filterventils

Die senkrecht hintereinander zu fügende Einzelteile werden auf einem Rundschalttisch-Automaten mit 30 Takte pro Minute montiert. Durch den einfachen Produktaufbau kann der komplette Montagevorgang in einer Werkstückaufnahme durchgeführt werden. Eine grafische Darstellung der Fügerangfolge ist bei diesem Produkt nicht notwendig.

Bild 5.2-2 zeigt einen Kupplungsstecker für Kfz-Anhänger, der auf einem Rundschalttisch mit 30 Takte pro Minute vollautomatisch endmontiert wird.

Bild 5.2-2
Kupplungsstecker für Kfz-Anhänger

Durch die Vormontage der Steckergruppe, Teil 4 in einem zweiten Rundtaktautomaten kann das Fügen der neun Einzelteile in einem Werkstückträger erfolgen. Ein Transportband, das gleichzeitig als Puffer wirkt, verkettet die Vor- und Endmontage.

Die Fügerichtung der Einzelteile ist, bis auf die Kappe Teil 7, geradlinig senkrecht. Das Fügen der Kappe mit dem zusammenmontierten Stecker kann waagrecht erfolgen, da die Fügekraft gering ist.

Bild 5.2-3 gibt den Produktaufbau und die Fügesituation wieder. Die Fügerangfolge ist im *Bild 5.2-8* grafisch dargestellt.

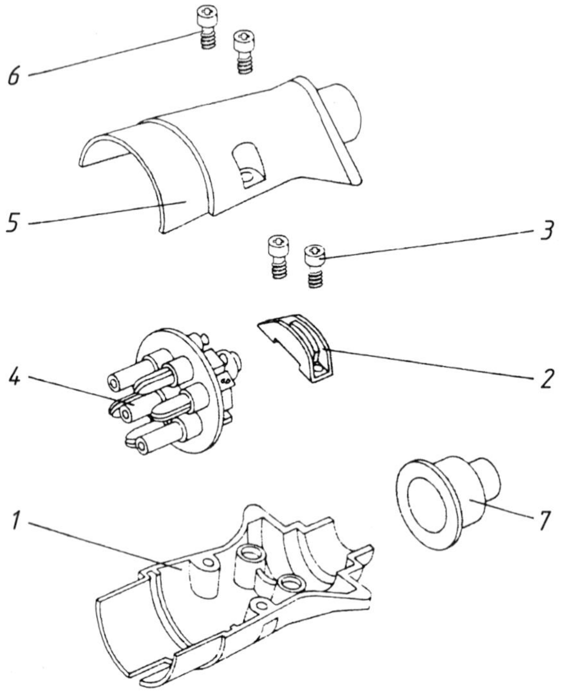

Montageablauf
1. Bodenteil Teil 1 zuführen und einsetzen
2. Zugentlastung Teil 2 zuführen und einsetzen
3. Zwei selbstschneidende Schrauben Teil 3 zuführen und einschrauben
4. Vormontierte Steckergruppe Teil 4 zuführen und einsetzen
5. Deckelteil Teil 5 zuführen und auf Bodenteil Teil 1 setzen
6. Zwei selbstschneidende Schrauben Teil 6 zuführen und einschrauben
7. Kappe Teil 7 zuführen und aufdrücken
8. Ausheben und Sortierung gut/schlecht

Bild 5.2-3 Produktaufbau und Fügesituation eines Kupplungssteckers

Die im *Bild 5.2-4* dargestellte Reihenklemme verbindet bei der Benutzung der Klemme über die beiden Schrauben und den Zugbügel zwei Drahtenden mit der Stromschiene.

Der Produktaufbau und die nicht einheitliche Fügerichtung siehe *Bild 5.2-5*, machen für das Fügen der sieben Einzelteile ein Aufteilen in Vormontage und Endmontage notwendig. Im Anschluss an die Endmontage erfolgt das Prüfen der elektrischen Durchschlagsfestigkeit.

Durch die Integration der Hilfsaufnahme in den Werkstückträger für das Basisteil und die geringe Anzahl der Fügeteile kann die komplette Montage auf einem Rundschalttisch mit 39 Takte pro Minute vollautomatisch durchgeführt werden.

Die elektrische Durchschlagsprüfung erfolgt in einem weiteren, elektrisch isolierten Werkstückträger.

Bild 5.2-4 Reihenklemme

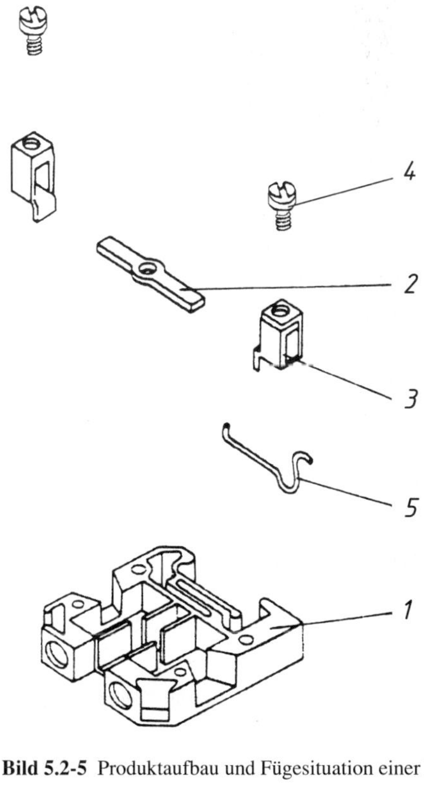

Montageablauf
1. Stromschiene Teil 2 zuführen
   in Hilfsaufnahme einsetzen
2. Zwei Zugbügel Teil 3 zuführen und einsetzen
3. Zwei Schrauben Teil 4 zuführen und damit
   Teil 3 auf Teil 2 festschrauben
4. Klemmenträger Teil 1 zuführen und
   lagerichtig in Werkstückträger einsetzen
5. Vormontierte Baugruppe Stromschiene
   Teil 2, Zugbügel Teil 3 und Schraube Teil 4
   in Klemmenträger Teil 1 einsetzen.
6. Schrauben Teil 4 zurückdrehen
7. Feder Teil 5 zuführen und einsetzen
8. Ausheben der nicht kompletten Teile
9. Ausheben der Gutteile, elektr. Durchschlags-
   prüfung und Sortierung gut/schlecht

Bild 5.2-5 Produktaufbau und Fügesituation einer Reihenklemme

5

Das Fügen der Vormontagebaugruppe Stromschiene Teil 2, Zugbügel Teil 3 und Schraube Teil 4 erfolgt in der Hilfsaufnahme, hier Werkstückträger A.

Dabei müssen die Schrauben die Zugbügel auf der Schiene festklemmen, damit eine fest verbundene Baugruppe entsteht.

Nach dem Fügen der Baugruppe in den im Werkstückträger B eingesetzten Klemmenträger Teil 1, werden die Schrauben so weit zurückgedreht, dass sie bei der späteren Benutzung der Reihenklemme die Drähte frei eingeführt werden können.

Bild 5.2-9 zeigt die Fügerangfolge und die Zuordnung der einzelnen Vorgänge auf die verschiedenen Werkstückträger.

Der Produktaufbau eines kleinen Verstellmotors zur Scheinwerferhöhenregulierung im Kraftfahrzeug ist im *Bild 5.2-6* dargestellt.

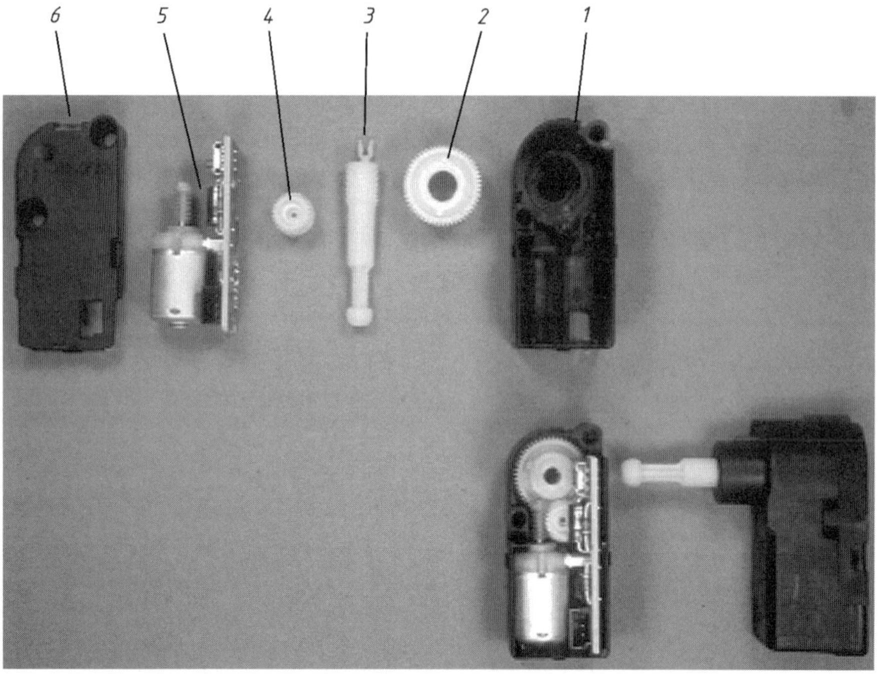

Bild 5.2-6 Produktaufbau Verstellmotor, Einzelteile in Montagereihenfolge

Das Produkt ist so gestaltet, dass sich die senkrecht hintereinander zu fügenden Einzelteile nach dem Einrasten der Gehäuseschnapphaken in die Aussparungen der vormontierten Baugruppe, Leiterplatte mit Elektromotor, gegenseitig fixieren. Nach dem Produktaufbau sind die Einzelteile in der Sandwichbauweise gefügt.

Der Produktaufbau und die Fügerichtung ermöglicht die Montage der sechs Einzelteile in einem Werkstückträger.

Aus dem konstruktiven Aufbau des Verstellmotors ergibt sich folgender Montageablauf:

1. Gehäuse Teil 1 zuführen und einsetzen
2. Zahnrad Teil 2 zuführen und einsetzen

3. Welle Teil 3 zuführen und in Zahnrad Teil 2 einschrauben
4. Doppelzahnrad Teil 4 zuführen und einsetzen
5. Baugruppe Leiterplatte Teil 5 zuführen und einrasten
6. Deckel Teil 6 zuführen und aufsetzen
5. Ausheben und Sortierung gut/schlecht.

Die Montageschritte werden auf einem Rundschalttisch mit 25 Takte pro Minute vollautomatisch durchgeführt.

Die Einzelteile für einen Pritt-Roller, wiedergegeben im *Bild 5.2-7*, werden auf einem Längstaktautomaten mit 60 Takte pro Minute gefügt.

Kontrollstationen überwachen den vollautomatischen Montageablauf in allen Phasen.

Teil	Benennung
1	Gehäuseschale, Basisteil
2	Zahnrad
3	Wickelrolle mit Klebband
4	Auftragsfuß
5	Aufwickelkern
6	Gehäuseschale, Deckel

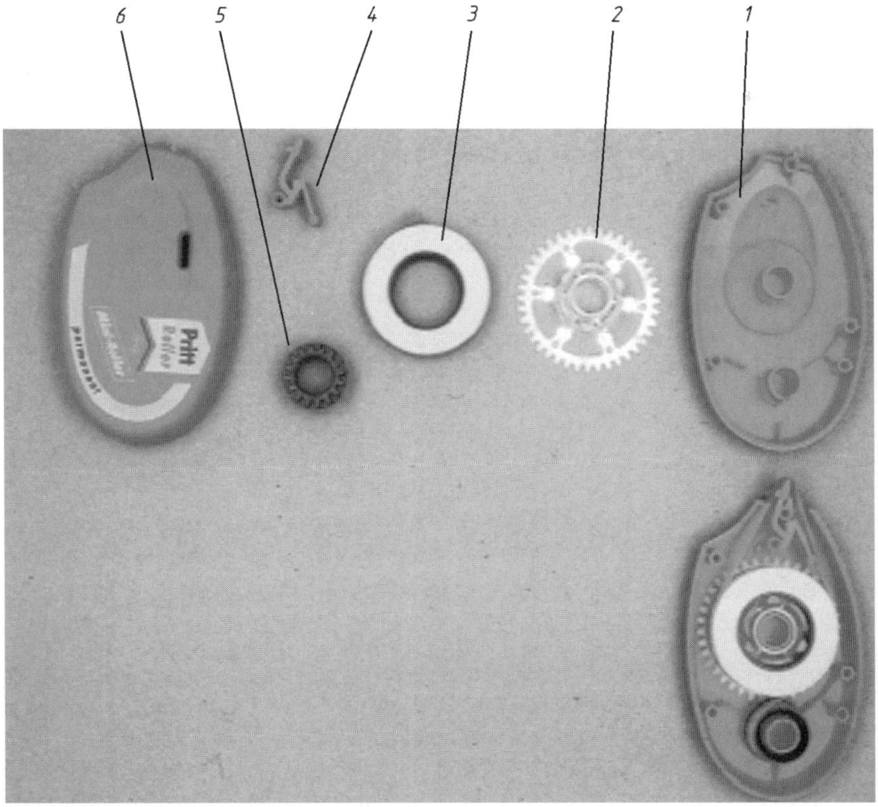

Bild 5.2-7 Produktaufbau Pritt-Roller, Einzelteile in Montagereihenfolge

5.2.2 Fügerangfolge

Eine Analyse der Fügerangfolge ist notwendig bei komplexen Produkten, bei unterschiedlichen Fügerichtungen und wenn verschiedene Werkstückträger eingesetzt werden. Mit der Fügerangfolge ermittelt man, in welcher Reihenfolge das Fügen von Einzelteilen, eventuell Vormontagevorgänge, und wie das Fügen von Baugruppen zu Produkten höherer Komplexität abläuft.

Bei Produkten, deren Einzelteile in hierarchischer Bauweise, also senkrecht hintereinander gefügt werden, siehe *Bild 5.2-1*, erübrigt sich die grafische Darstellung der Fügerangfolge.

Die *Bilder 5.2-8* bis *5.2-10* zeigen die Fügerangfolgen zu den im *Abschnitt 5.2.1* vorgestellten Montagebeispiele.

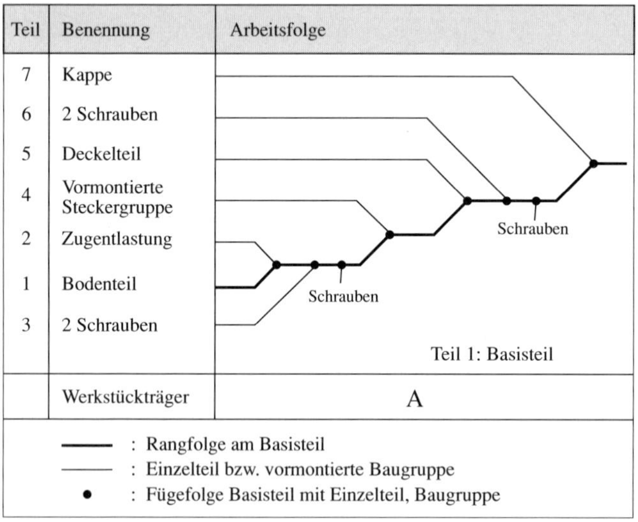

Bild 5.2-8
Fügerangfolge eines Kupplungssteckers für Kfz-Anhänger

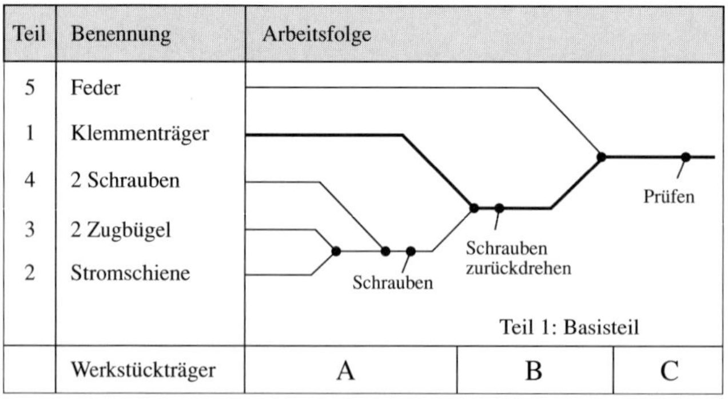

Bild 5.2-9
Fügerangfolge für Reihenklemme

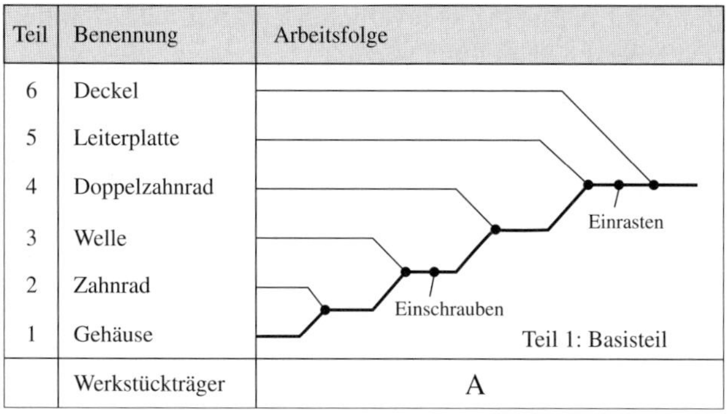

Bild 5.2-10
Fügerangfolge für Verstellmotor

5.3 Produktgestaltung

5.3.1 Montagevermeidung

Die Teilereduzierung bei einem Produkt bis hin zur Montagevermeidung ist ein wichtiger Gesichtspunkt bei der Produktgestaltung. Einzelteile, die durch eine Konstruktionsänderung eingespart werden, müssen nicht mehr verwaltet und montiert werden.

Der im *Bild 5.3-1* dargestellte Kombischlüssel für eine Motorsäge, wird als Schraubendreher für den Kettenspanner und als Zündkerzenschlüssel verwendet.

Das Schraubendreherteil, vorgeformt aus einem Rundstahl nach *DIN 668*, wird mit dem aus einem Rohrstück nach *DIN 2394* hergestellten Sechskantschlüssel durch Schweißen gefügt.

Durch die Änderung des Fertigungsverfahrens wurde der Handhabungs- und Fügeaufwand für zwei Teile auf einen Vorgang reduziert, die Montage entfällt bei der Neukonstruktion.

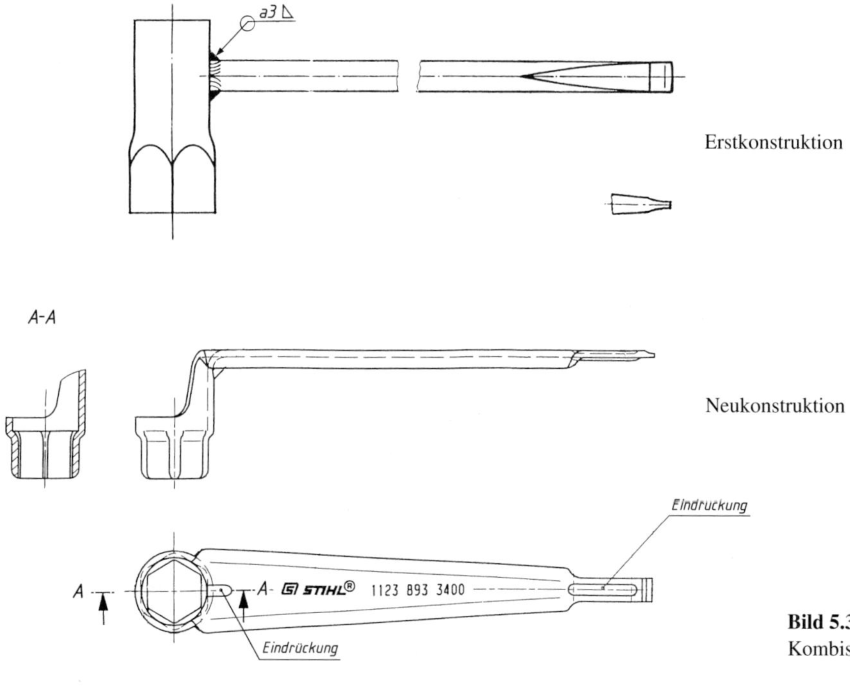

Bild 5.3-1
Kombischüssel

Aus einem 2,5 mm dicken Blechstreifen wird in einem Folgeverbundwerkzeug mit 24 Stufen der neue Kombischlüssel gefertigt, anschließend gehärtet und verzinkt.

Die Stückzahl von 50 000 pro Monat rechtfertigt die hohen Werkzeugkosten.

Bei dieser Produktoptimierung konnten die Herstellkosten für einen Kombischlüssel um 36 % gesenkt werden bei einer für den Gebrauch günstigeren Formgebung.

Ein weiteres Beispiel für eine Umkonstruktion ist der im *Bild 5.3-2* dargestellte Planetenträger für ein Lkw-Radnabengetriebe.

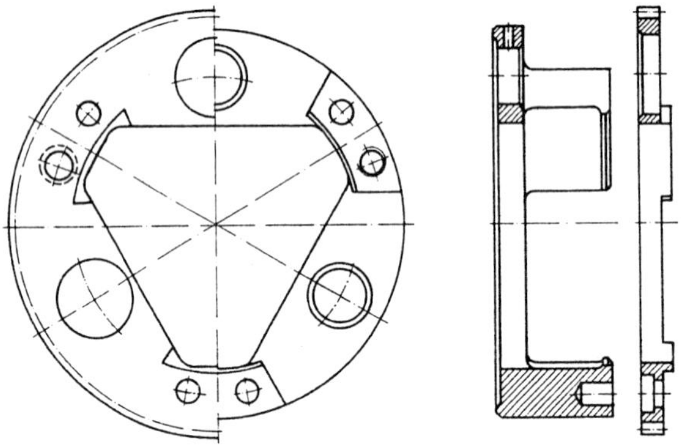

Erstkonstruktion

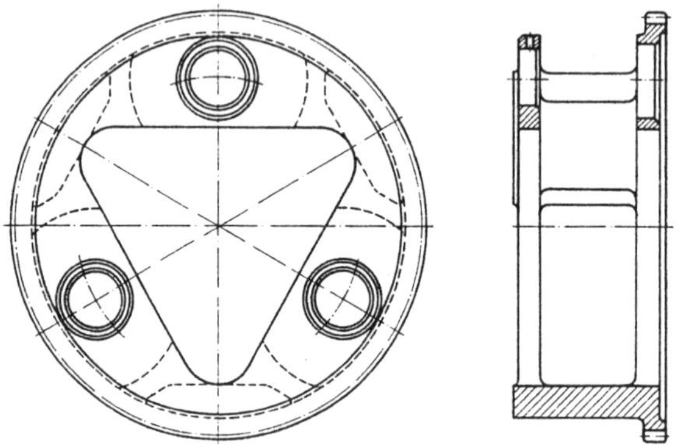

Neukonstruktion

Bild 5.3-2 Planetenträger für ein Lkw-Radnabengetriebe

Eine Stahlgusskonstruktion ersetzt die bisherige Montagekonstruktion aus zwei verschraubten Gesenkschmiedeteilen. Durch diese Produktoptimierung konnten, obwohl das Stahlgussteil eine kompliziertere Geometrie hat, die Herstellkosten um 32 % gesenkt werden, da sich die Bearbeitungsschritte von 27 auf 11 reduzierten. Ein weiterer Vorteil der Gusskonstruktion ist die Gewichtseinsparung von 30 %.

Der Rohrstutzen, siehe *Bild 5.3-3*, wird in eine Gas-Heiztherme eingebaut.

Bei der Erstkonstruktion verbindet ein Lotring aus L-CuP8 das Kupferrohr mit der durch zerspanen hergestellten Buchse aus CuZu39Pb1,5F34. Der Lötvorgang erfolgt halbautomatisch.

Die Stauchbundkonstruktion reduziert den Handhabungs- und Fügeaufwand für drei Teile bei der Montagekonstruktion auf einen Vorgang.

Durch diese Produktoptimierung konnten die Herstellkosten um 12 % gesenkt werden bei einer Stückzahl von 60 000 pro Monat.

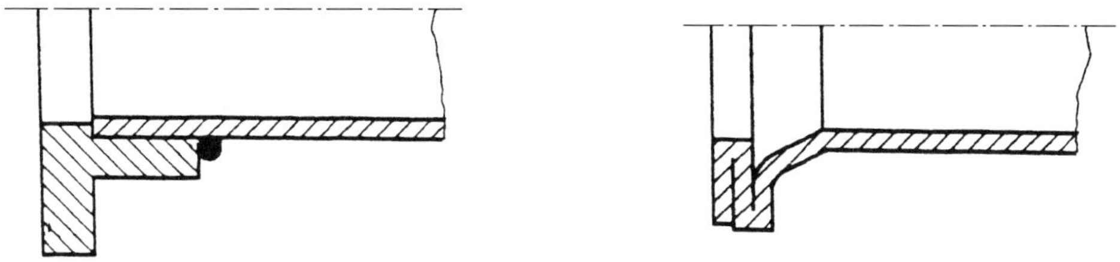

Erstkonstruktion Neukonstruktion

Bild 5.3-3 Rohrstutzen als Lötbund bzw. Stauchbund

5.3.2 Integralbauweise

Das Zusammenfassen von mehreren Einzelteilen zu einem Teil aus einheitlichem Werkstoff ohne zusätzliche Fügeverfahren bezeichnet man als Integralbauweise. Als Beispiele für diese Konstruktionsweise dienen Gusskonstruktionen, statt Schweißkonstruktionen, Strangpressprofile, statt Fügekonstruktionen aus Normprofilen.

Auch der Einsatz hochwertiger Kunststoffe und deren vielfältige konstruktive Gestaltungsmöglichkeiten spart Fertigungs- und Montagevorgänge ein.

Die integrale Bauweise zeichnet sich aus durch

- weniger Fertigungsvorgänge
- geringeren Montageaufwand und damit weniger Aufwand bei der Qualitätskontrolle
- geringeren Zerlegeaufwand beim Recycling

Die nachfolgenden Beispiele zeigen die Integralbauweise sehr anschaulich; alle haben nach der Produktoptimierung deutlich weniger Einzelteile und einen montagegerechten Aufbau.

Das im *Bild 5.3-4* gezeigte pneumatische Spannmodul wird zum Spannen von Werkstücken in Vorrichtungen aller Art eingebaut.

Die flache Zylinderbauart eignet sich besonders bei leicht unebenen Teilen mit geringen Maßabweichungen. Da das Spannmodul keine Endlagedämpfung hat, kann es nur gegen einen Werkstückanschlag gefahren werden.

Die Rückstellung ergibt sich aus der vorgespannten Membrane.

Durch das geänderte Fügeverfahren, Bördeln statt Schrauben, konnte die Teileanzahl von 11 auf 3 reduziert werden.

Die Reduzierung der Teile und die geringere Bauhöhe führte zu einer Gewichtsersparnis von 35 %. Die Neugestaltung der Membrane ergab bei gleicher Gehäusegrundfläche, eine Vergrößerung der Spannfläche um 255 %, die Bauhöhe konnte um 40 % reduziert werden. Ein weiterer Vorteil ist die fertigungstechnisch einfachere Herstellung der Membrane, da der Hinterschnitt, siehe *Bild 5.3-5*, wegfällt.

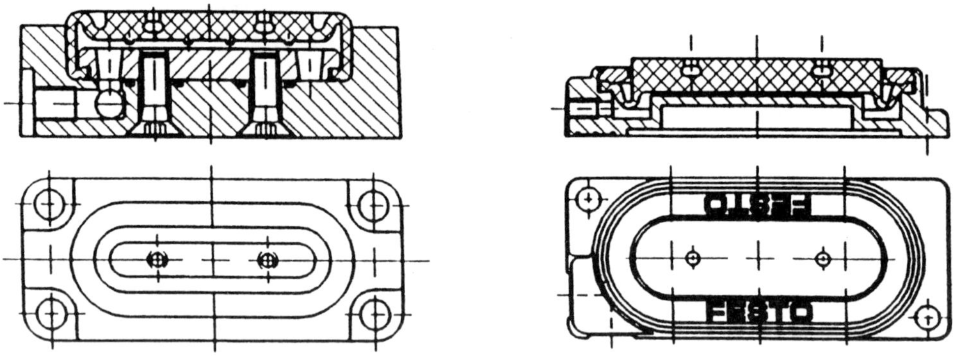

Erstkonstruktion Neukonstruktion

Bild 5.3-4 Spannmodul

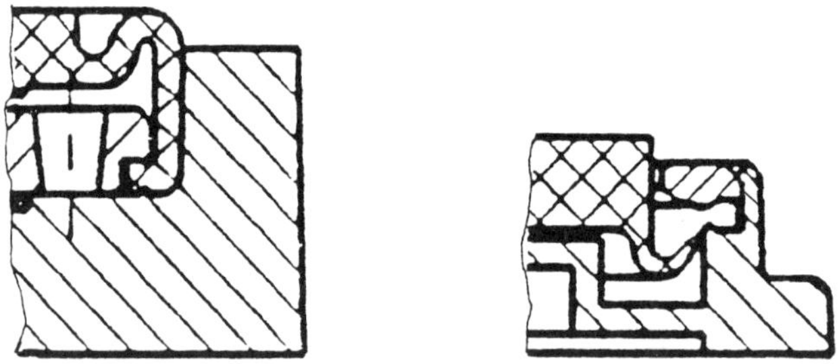

Erstkonstruktion Neukonstruktion

Bild 5.3-5 Detail Membranengestaltung

Bisher musste das Spannmodul zum Verschrauben, nach dem Einsetzen der Baugruppe Membrane und Spannplatte in das Gehäuse, um 180° gewendet werden. Bei der Neukonstruktion werden die drei Einzelteile senkrecht von oben gefügt. Diese montagegerechte Produktgestaltung reduziert die Herstellkosten um 30 %.

Bild 5.3-6 zeigt ein weiteres Beispiel.

Bild 5.3-6 Schalldämpfer

Bei der Erstkonstruktion des Schalldämpfers für pneumatische Zylinder bestand das Produkt aus sieben Einzelteilen.

Eine Konstruktionsüberprüfung im Sinne einer montagegerechten Produktgestaltung führte zu einer Reduzierung der Teileanzahl von sieben auf drei.

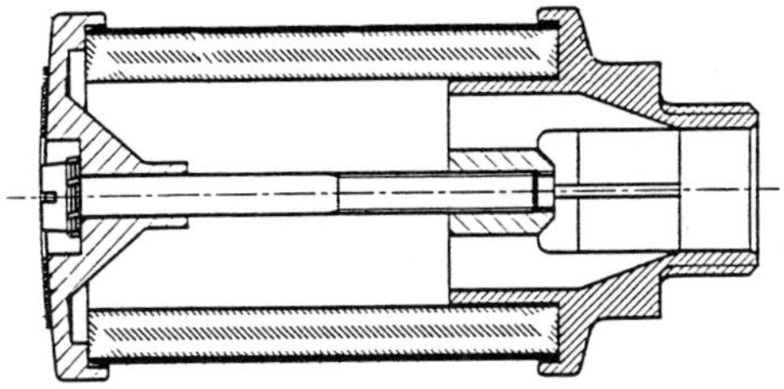

Erstkonstruktion

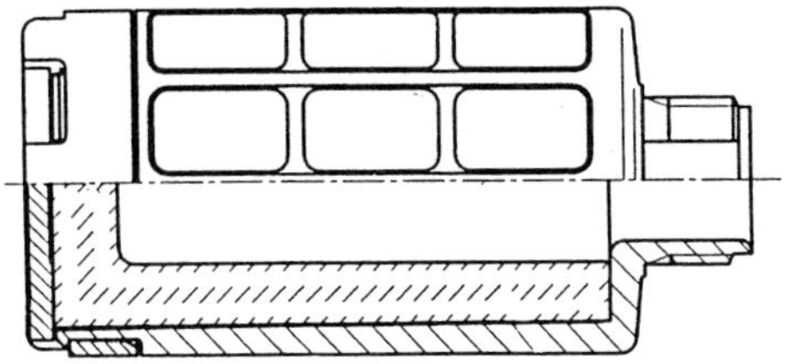

Neukonstruktion

Bild 5.3-7 Produktaufbau Schalldämpfer

Das neu gestaltete Gehäuse, ein Spritzgussteil, ersetzt das Einschraubstück und das Schutzrohr aus Lochblech für den Dämpfereinsatz. Die segmentierte Ringschnappverbindung macht die Zylinderschraube mit Schlitz und die Zahnscheibe überflüssig.

Bisher wurde das Schriftschild mit den technischen Angaben auf den Deckel geklebt, dieser Fügevorgang entfällt bei der Neukonstruktion.

Die geringe Teileanzahl und die montagefreundliche Schnappverbindung ergeben eine Senkung der Herstellkosten um 42 %.

Der Multipol-Deckel, dargestellt im *Bild 5.3-8* wird in der elektro-pneumatischen Steuerungstechnik verwendet.

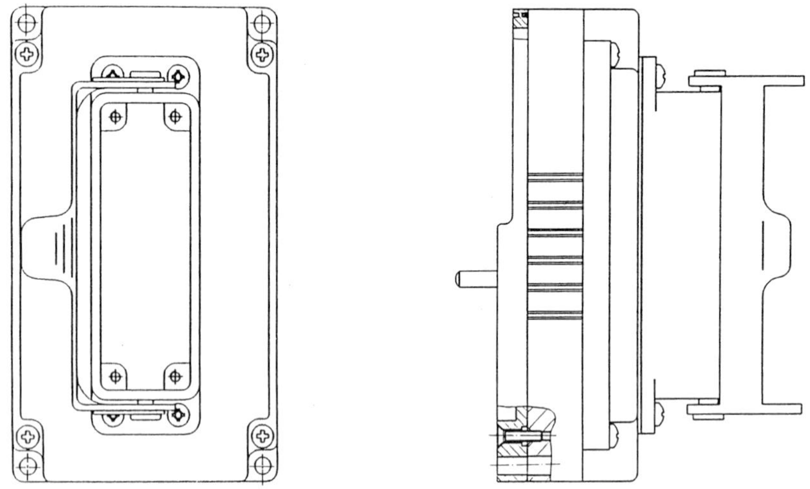

Erstkonstruktion

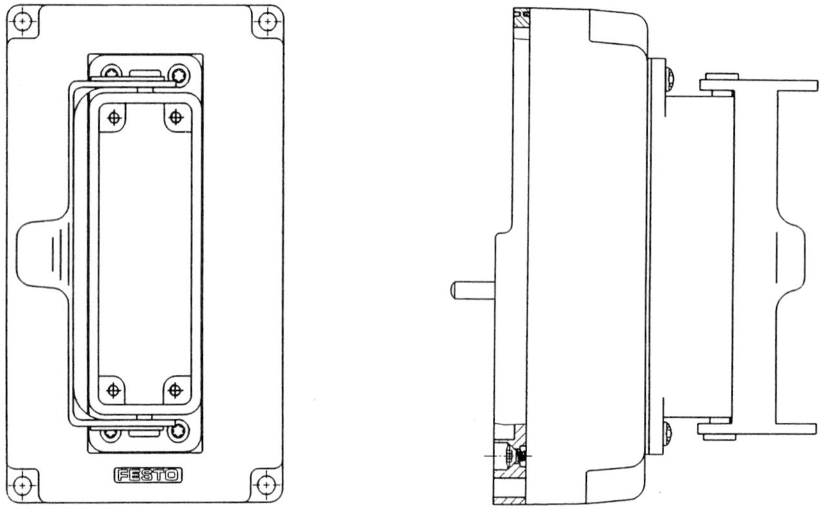

Neukonstruktion

Bild 5.3-8 Multipol-Deckel

Eine Ventilinsel mit Multipol-Anschluss hat gegenüber der konventionellen Montage- und Anschlusstechnik deutlich weniger Materialkosten und einen geringeren Platzbedarf.

Die Neukonstruktion des Deckels, ein höherer Rand ersetzt das Gehäuse, eine Dichtung und die Verschraubung zwischen Deckel und Gehäuse.

Das Gehäuse bestand bei der Erstkonstruktion aus stranggepressten AlMgSi0,5F22.

Durch den geringeren Handhabungs- und Fügeaufwand, die Teileanzahl konnte von 21 auf 15 gesenkt werden und durch das Wegfallen der kostenintensiven spanabhebenden Bearbeitung der Planflächen und der vier Gewindebohrungen auf jeder Seite des Gehäuses reduzieren sich die Herstellkosten um 56 %.

Bei der Neukonstruktion verbinden vier gewindeformende Schrauben die bisherige Bodenplatte mit dem Deckel.

Die Neukonstruktion der Rotordüse für ein Hochdruckreinigungsgerät, der rotierende Punktstrahl bringt eine große Flächenleistung, verringert die Teileanzahl von 19 auf 8.

Bild *5.3-9* zeigt die Produktoptimierung.

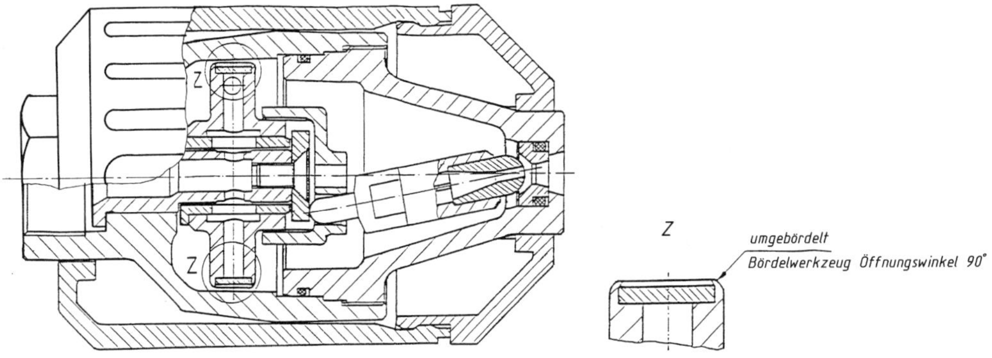

Erstkonstruktion

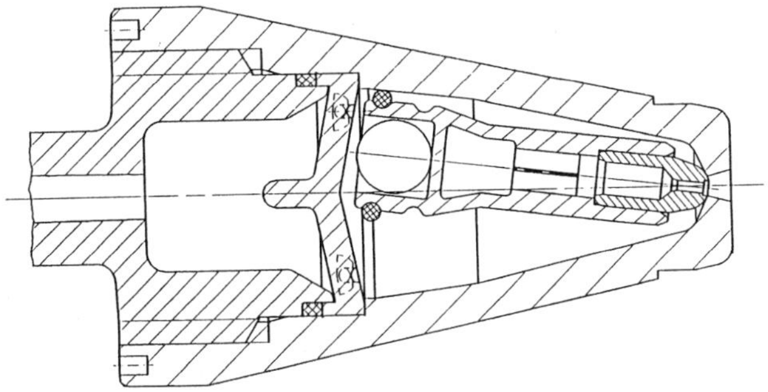

Neukonstruktion

Bild 5.3-9 Rotordüse

Die Integralbauweise reduziert die Fertigungsverfahren, die Anzahl der verwendeten Werkstoffe, den Handhabungs- und Fügeaufwand, die Verschleißstellen und damit den Wartungsaufwand.

Bei der Neukonstruktion wurden Funktionssicherheit und eine einfache Gestaltung der Teile angestrebt. Ein an vier Stellen tangential aus der Düsenplatte austretender Wasserstrahl versetzt den Düsenhalter in eine rotierende Bewegung. Die Masse der Stahlkugel und der Reibwert zwischen dem O-Ring und dem Gehäuse erzwingen ein Abrollen an der Gehäusewandung.

Bei der Erstkonstruktion wurden die 19 Einzelteile durch die Fügetechniken Kleben, Bördeln, Schrauben, Einpressen, Einlegen und Einrasten manuell in vier Minuten montiert.

Die integrale Bauweise der Neukonstruktion macht die Klebe-, Bördel- und Schnappverbindung überflüssig und ermöglicht durch den einfachen Produktaufbau eine halbautomatische Montage in 0,9 Minuten.

Bei dieser Produktoptimierung konnten die Herstellkosten um 85 %, das Gewicht der Rotordüse um 71 % gesenkt werden.

Die Neugestaltung eines Pkw-Lautsprechergehäuses führte zu einer einheitlichen vertikalen Fügerichtung und einer Reduzierung der Teileanzahl von 21 auf 8. Der Handhabungs- und Fügeaufwand verringerte sich dadurch um 68 %.

Bei der Neukonstruktion ersetzt ein Blasformteil aus PP die aufwendige Montage der beiden Spritzguss-Gehäuseschalen aus PC-GF 10.

Durch die geänderten Einbauverhältnisse, die neue Lautsprecherbox musste kleiner sein, wurde ein Wechsel von der Reflexionsbauart in die kompaktere Resonanzbauart notwendig.

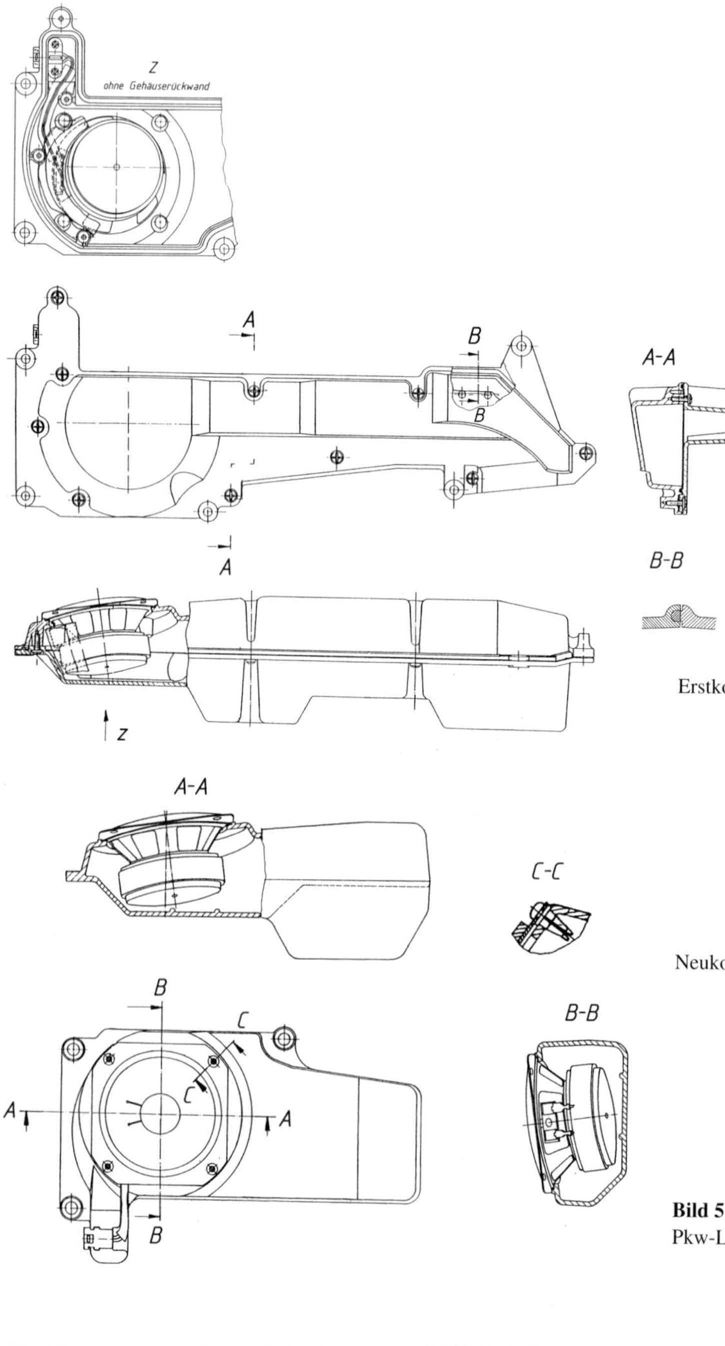

Bild 5.3-10
Pkw-Lautsprechergehäuse

Montageaufwendig war bei der im *Bild 5.3-10* dargestellten Erstkonstruktion das

- Verlegen des Kabelsatzes, die beiden Kontaktstifte wurden horizontal mit dem Basisteil gefügt und anschließend vertikal mit einem Halter fixiert.
- Einlegen und Fixieren der Runddichtung aus EPDM15 in die Nut des Basisteils.
- Wenden des Basisteils um 180° zur Verschraubung mit dem Gehäusedeckel und zum Einsetzen des Lautsprechers.

Die montagegerechte Produktgestaltung der Neukonstruktion reduzierte die Montageschritte von 15 auf 7. Damit ergibt sich für die manuelle Montage, ein automatisches Montieren scheidet wegen der zu geringen Stückzahl aus, folgender Montageablauf.

1. Gehäuse in Werkstückträger legen.
2. Stecker des Kabelsatzes in Gehäuseaussparung clipsen.
3. Kabelsatz durch zwei Flachstecker mit Lautsprecher verbinden.
4. Lautsprecher in Gehäuse einsetzen.
5. Lautsprecher und Gehäuse mit vier gewindeformenden Schrauben verschrauben.
6. Funktion prüfen.
7. Produktetikett aufkleben und vepacken.

Durch die Neukonstruktion konnten die Herstellkosten um 22 % gesenkt werden.

5.3.3 Fügeart

Durch das Kombinieren von Blechen unterschiedlicher Dicken, Festigkeiten und Oberflächen, ist es möglich, Blechformteile herzustellen, die dem jeweiligen Anforderungsprofil exakt entsprechen.

In der Automobilindustrie werden Karosserieteile aus lasergeschweißten Blechen, Tailored Blanks, seit einigen Jahren erfolgreich eingesetzt, da sie zu leichteren und kostengünstigeren Bauteilen beitragen.

Konstruktiver Aufbau	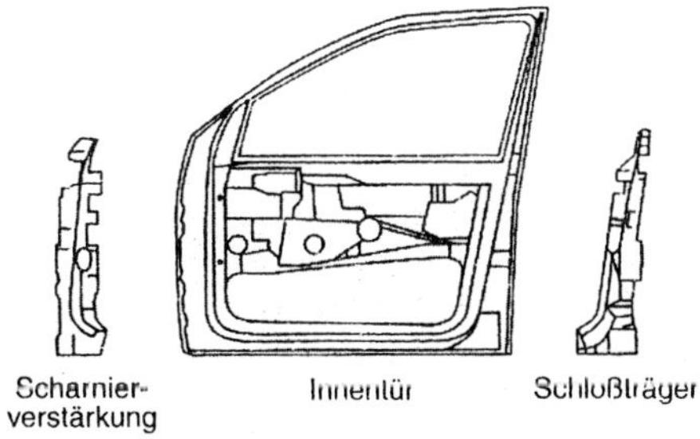	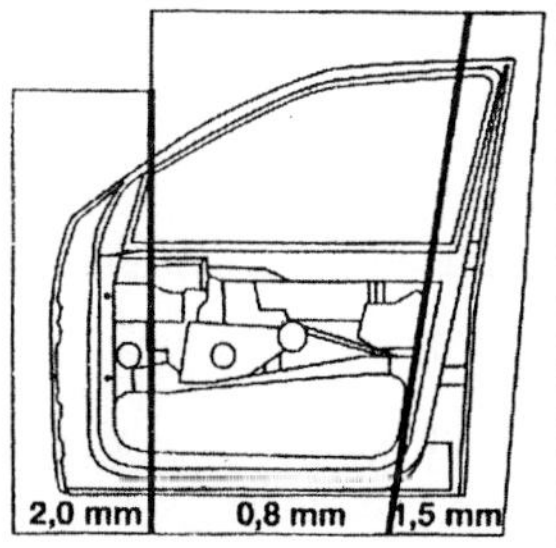
Kostenaufteilung	Konventionelle Methode	Tailored Blanks
Kosten für Blanks	28 %	78 %
Scharnierträgerkosten	24 %	–
Schlossträgerkosten	19 %	–
Werkzeugkosten	8 %	–
Qualitätssicherungskosten	2 %	–
Logistikkosten	1 %	–
Montagekosten	18 %	–
Herstellkosten	100 %	78 %

Bild 5.3-11 Kostenaufteilung Pkw-Innentür

Bild 5.3-11 zeigt die Kostenaufteilung im Vergleich zwischen dem konventionellen Türaufbau und einem lasergeschweißten Tailored Blanks.

Das Wegfallen der Verstärkungen im Scharnier- und Schlossbereich führt zu einer Reduzierung der Werkzeugsätze, der Presswerks- und Montagekosten.

Durch Tailored Blanks werden Überlappverbindungen vermieden. Damit sind Abdichtarbeiten im Hinblick auf einen optimalen Korrosionsschutz der meist durch Punktschweißen gefügten Teile nicht mehr notwendig.

Der geringere Handhabungs- und Fügeaufwand bringt eine Verringerung der Herstellkosten um 22 % bei einer höheren Steifigkeit und Passgenauigkeit der Innentür.

Der Abgasschalldämpfer, dargestellt im *Bild 5.3-12*, gehört zu einem motorunabhängigen Zu- und Standheizgerät für Kraftfahrzeuge.

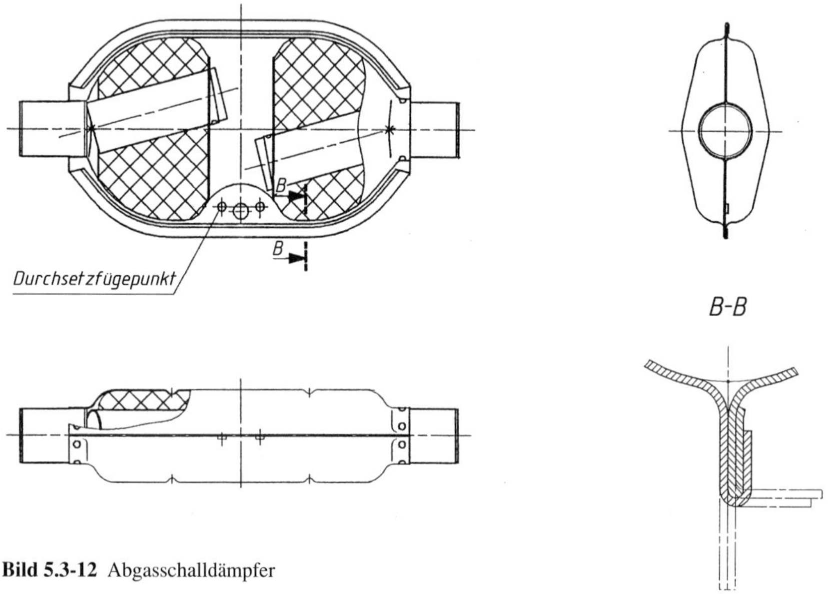

Bild 5.3-12 Abgasschalldämpfer

Das im Motorraum eingebaute Heizgerät wird an den Kühlwasserkreislauf angeschlossen und mit Benzin betrieben.

Im Heizbetrieb wärmt es den Motor vor, entfrostet die Scheiben und beheizt das Fahrzeuginnere. *Bild 5.3-13* zeigt die Kosten für das Verbinden der beiden Schalldämpferschalen in Abhängigkeit von der Fügeart und der Stückzahl. Die beiden stoffschlüssigen Verfahren haben im Vergleich zum Fügen durch Umformen deutlich geringere Betriebsmittelkosten aber höhere Fertigungskosten pro Stück.

Ab einer Stückzahl von ca. 40 000 Schalldämpfer lohnt sich die Investition für das zweistufige Umformwerkzeug.

In der ersten Werkzeugstufe werden die beiden Schalen durch zwei Durchsetzfügepunkte fixiert und der Rand hochgestellt.

Nach dem Umsetzen in die zweite Stufe folgt das Falzen und Andrücken. Gefertigt werden zurzeit monatlich etwa 5000 Schalldämpfer.

Fügeart	NC-Schweißen	Punktschweißen	Falzen
Betriebsmittel- kosten €	Schweiß- vorrichtung 7300,–	Punktschweiß- vorrichtung 1850,–	Hochstell- und Falzwerkzeug 28.500,–
Fertigungskosten €/Stück	1,58	1,16	0,50
Kostenvergleich	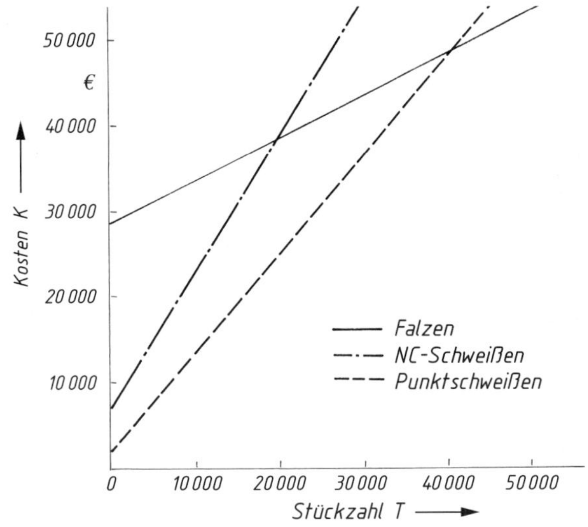		

Bild 5.3-13 Kostenvergleich

Der im *Bild 5.3-14* dargestellte Gewindestopfen für eine Batterie ist ein weiteres Beispiel für eine kostengünstige Produktgestaltung.

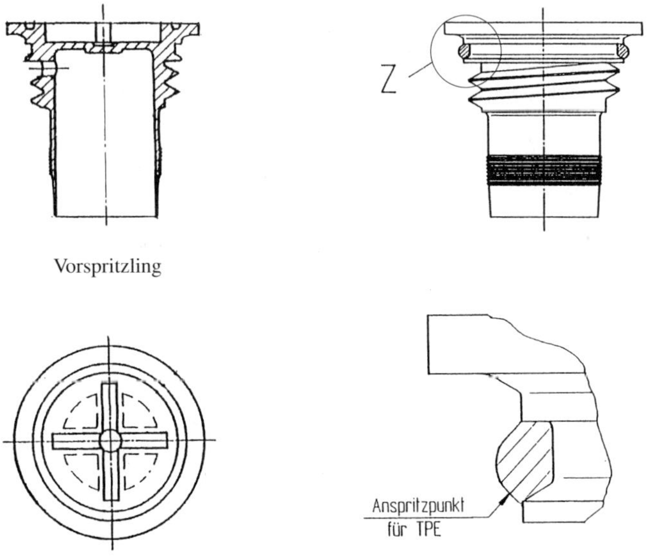

Bild 5.3-14
Gewindestopfen für Batterie

Die Mehrkomponentenspritzgießtechnik macht das Fügen des Gewindestopfens mit dem Dichtungsring vor dem Einschrauben in das Batteriegehäuse überflüssig.

In einem 12-fach Spritzgießwerkzeug, der komplette Spritzgießzyklus dauert nur 25 Sekunden, wird auf die Hartkomponente aus PP die Dichtung als Weichkomponente aus TPE angespritzt.

Die im Vorspritzling angebrachte Hinterschneidung gewährleistet eine formschlüssige Verankerung des Dichtungsringes.

Die Biegefeder in einem Pkw-Außenspiegel stützt die Spiegelschale mit dem aufgeklebten Spiegelglas gegenüber dem Spiegelgehäuse ab und verhindert dadurch Klappergeräusche. *Bild 5.3-15* zeigt die Umkonstruktion der Federbefestigung an der Spiegelschale.

Durch die Neukonstruktion entfällt der Nietvorgang und der Rohrniet DIN 7340-A4×0,5×3,5-CuZn. Das geänderte Fügeverfahren, Clipsen statt Nieten reduziert die Herstellkosten um 9 %.

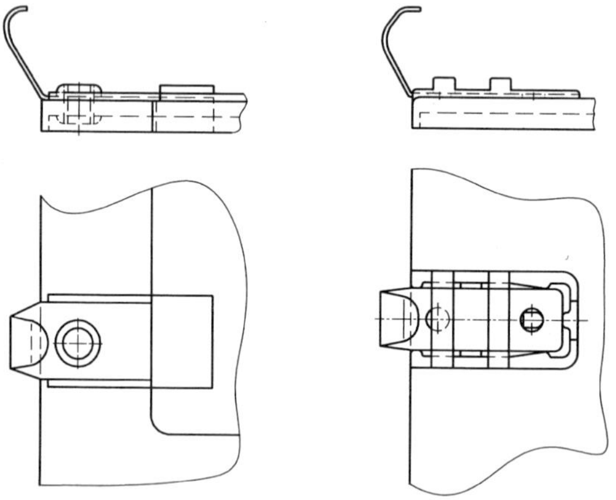

Erstkonstruktion Neukonstruktion

Bild 5.3-15 Federbefestigung

Fügeflächengestaltung

Der Ventilaufsatz im *Bild 5.3-16* ermöglicht die zusätzliche manuelle Betätigung bei einem einseitig angesteuerten ISO-Ventil.

Eine Konstruktionsüberprüfung im Sinne einer montagegerechten Produktgestaltung führte zu einer Neugestaltung der Fügeflächen.

Bei der Neukonstruktion baut sich die Vorspannkraft der Schnappverbindung erst auf, wenn der Fixiervorgang beendet und der Fügevorgang teilweise schon ausgeführt ist. Die verschieden langen Führungsbolzen machen die Montage eindeutig, da ein gleichzeitiges Fügen von zwei Elementen mit undefinierten Fügebewegungen vermieden wird.

Montiert werden die fünf Einzelteile der Baugruppe manuell, eine automatische Montage scheidet wegen der geringen Stückzahl aus.

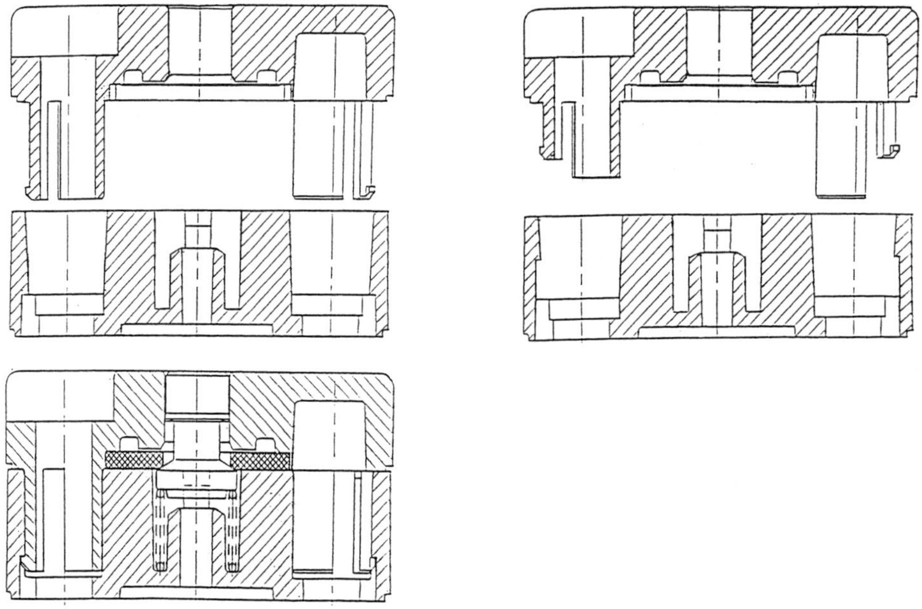

Erstkonstruktion Neukonstruktion

Bild 5.3-16 Ventilaufsatz

Ein weiteres Beispiel zur Fügeflächengestaltung stellt das Einlegen von O-Ringen nach *DIN 3771* in einen Ventildeckel, siehe *Bild 5.3-17* dar.

Durch die große Toleranz der O-Ringe, die im trockenen Zustand vollautomatisch montiert werden, kommt es beim Einlegen in die nur 1 mm tiefe kreisrunde Aufnahme immer wieder zu Störungen.

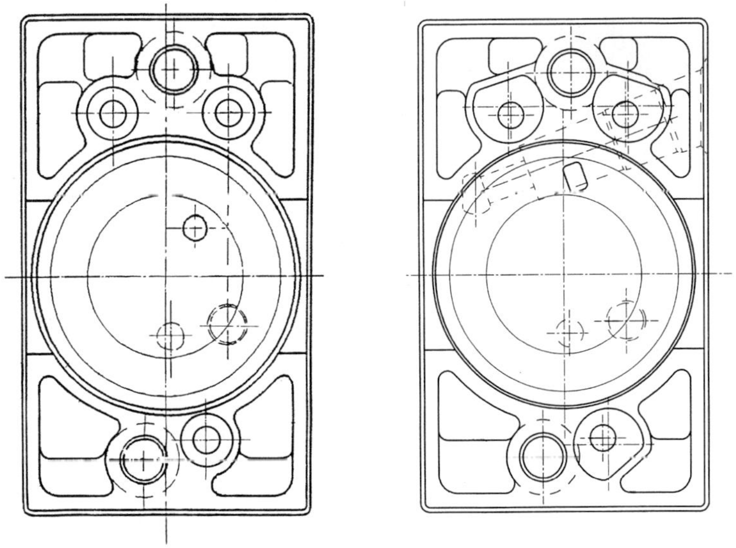

Erstkonstruktion Neukonstruktion

Bild 5.3-17 Fügefläche O-Ring im Ventildeckel

Die Neugestaltung der Fügefläche, eine Kreisabschnittsfläche an der Aufnahme, bringt den O-Ring in eine leicht unrunde Form.

O-Ringe mit dem Höchstmaß haben Platz und liegen nun eben auf. Mindestmaßringe fallen nicht mehr aus der Aufnahme, wenn der Ventildeckel an der nächsten Station um 180° gedreht und auf das Ventilgehäuse gesetzt wird.

Die Steckerbaugruppe, siehe *Bild 5.3-18* gehört zu dem im *Bild 5.2-2* dargestellten Kupplungsstecker.

Die tangentiale Anordnung der Klemmschrauben ergibt eine größere Führungsfläche, wodurch die Montage der Baugruppe und das spätere Anschließen der Einzeldrähte erleichtert wird.

Durch die Aussparung am Umfang der Steckeraufnahme wird die Lage der Baugruppe zum Bodenteil des Kupplungssteckers fixiert.

Bild 5.3-18 Führungsflächen an Steckerbaugruppe

5.4 Literatur

VDI-Richtlinien

1. VDI-Richtlinie 2860
   Montage- und Handhabungstechnik; Handhabungsfunktionen; Handhabungseinrichtungen; Begriffe
2. VDI-Richtlinie 3237 Bl1 u. Bl2
   Fertigungsgerechte Werkstückgestaltung im Hinblick auf automatisches Zubringen, Fertigen und Montieren
3. *Andreasen, Kähler, Lund,* Montagegerechtes Konstruieren, Springer, Berlin 1985
4. *Bilger,* Manuelle Montagen als Alternativen zu Montageautomaten, expert Verlag 93
5. *Hesse,* Montage-Atlas. Montage- u. automatisierungsgerecht konstruieren, Hoppenstedt Technik Tabellen Verlag, Darmstadt 1994
6. *Lotter,* Wirtschaftliche Montage, VDI-Verlag, Düsseldorf 1992
7. *Pahl/Beitz,* Konstruktionslehre, Springer, Berlin 1997

Bildquellennachweis:

1. *Pahl/Beitz,* Konstruktionslehre, Springer, Berlin 1997
   Bild 5.1-1, teilweise
2. Bosch Montagetechnik
   Bilder 5.1-2, 5.1-3
3. OKU Automatik
   Otto Kurz, Winterbach
   Bilder 5.1-2, 5.1-4, 5.2-1, 5.2-2, 5.2-3, 5.2-4, 5.2-5
4. STIHL, Waiblingen
   Bild 5.3-1
5. Zentrale für Gußverwendung, Düsseldorf
   Bild 5.3-2
6. Bosch-Junkers, Wernau
   Bild 5.3-3
7. Festo, Esslingen
   Bilder 5.3-4, 5.3-5, 5.3-6, 5.3-7, 5.3-8, 5.3-16, 5.3-17
8. Kärcher, Winnenden
   Bild 5.3-9
9. Reitter & Schefenacker, Esslingen
   Bild 5.3-10, 5.3-15
10. Thyssen Stahl AG, Duisburg
    Bild 5.3-11
11. Eberspächer, Esslingen
    Bild 5.3-12
12. Weber Formenbau, Esslingen
    Bild 5.3-14

6 Das recyclinggerechte Gestalten

6.1 Grundlagen, Definitionen

Zunehmende Rohstoffverknappung, volle Deponieräume und deutlich sichtbare Umweltschäden machen einen sparsamen Umgang mit den vorhandenen Ressourcen notwendig.

Bei der Konzeption neuer Produkte ist deshalb die Reyclingfähigkeit, z. B. die wirtschaftliche Demontage, die eventuelle Aufarbeitung und die stoffliche Verwertung nach dem Gebrauchszeitraum, von Anfang an sicherzustellen.

Eine wertvolle Hilfe bei der Neu- und Weiterentwicklung von Produkten stellt die VDI-Richtlinie 2243 dar.

Definitionen

Unter Recyling versteht man die erneute Verwendung oder Verwertung von Produkten oder Teilen von Produkten in Form von Kreisläufen.

Die VDI- Richtlinie 2243 gliedert die Recyclingkreislaufarten in:

- Recycling bei der Produktion
- Recycling während des Produktgebrauchs
- Recycling nach Produktgebrauch

Recyclingkreisläufe können mehrmals durchlaufen werden, wobei innerhalb der Kreislaufarten verschiedene Recyclingformen möglich sind. Man unterscheidet bei den Recyclingformen zwischen einer erneuten Verwendung und einer Verwertung von Produkten.

Außer der Gliederung des Recyclings nach Kreislaufarten definiert die Richtlinie auch die Recyclingbehandlungsprozesse:

- Aufarbeitung
- Aufbereitung

6.1.1 Recyclingkreisläufe

Recyclingkreislaufarten, -formen und Recyclingbehandlungsprozesse treten in der Praxis stets als Verknüpfung verschiedener Kreisläufe und Prozesse sowie als Mischform von Verwertung und Verwendung auf.

Die Aufbereitungsprozesse bei der Verwertung, man unterscheidet hier in Wiederverwertung und Weiterverwertung, lösen die Produktgestalt auf und haben die Werkstoffrückgewinnung zum Ziel.

Unter der Wiederverwertung versteht man das erneute Einbringen von Produktionsabfall- und Reststoffmaterial bzw. Hilfs- und Betriebsstoffe in einen gleichartigen wie den zuvor durchlaufenen Produktionsprozeß.

Dabei entstehen aus den Ausgangsstoffen weitgehend Werkstoffe, die in ihrer Qualität dem Neuwerkstoff entsprechen.

Bei der Weiterverwertung handelt es sich um das Einbringen von Materialien in einen von diesen noch nicht durchlaufenen Produktionsprozeß. Zu nennen ist hier das Aufspalten von Altkunststoffen in ihre Ausgangsrohstoffe durch Pyrolyse und Hydrolyse.

Aufbereitungsprozesse sind hauptsächlich verfahrenstechnische Prozesse.

Durch Aufarbeitungsprozesse strebt man die Wieder- oder Weiterverwendung von Produkten, oder seiner Bauteile nach einer ersten Nutzung an.

Es sind hauptsächlich fertigungstechnische Prozesse, die der Bewahrung oder Wiederherstellung der Produktgestalt bzw. der Produkteigenschaften dienen.

Vergleicht man Recyclingverfahren in der Aufwand-Nutzenrelation, dann schneidet das Produktrecyling aus wirtschaftlicher und ökologischer Sicht deutlich besser ab als das Materialrecycling.

Recyclingprodukt	Stanzabfälle	Werkzeugmaschine	Altautomobile
Kreisläufe	Materialrecycling	Produktrecycling Materialrecycling	Materialrecycling
Behandlungsprozesse	– Aufbereitung weiterverwertungsfähiger Abschnitte z. B. Glattwalzen nicht weiterverwertungsfähiger Abschnitte z. B. Paketierpressen	– Aufarbeitung wiederverwendungsfähiger Bauteile – Aufbereitung nicht wiederverwendungsfähiger Bauteile z. B. Verschleißteile	– Aufbereitung verwertungsfähiger Metalle, Nichtmetalle – Entsorgung der Restfraktionen
Recyclingformen	– Weiterverwertung Kleinteilefertigung – Wiederverwertung Kreislaufschrott	– Wiederverwendung der meisten Bauteile – Wiederverwertung der restlichen Bauteile	– Wiederverwertung der Werkstoffe – Energierecycling thermische Verwertung – Deponierung der Reststoffe

Bild 6.1-1 Recycling – Kreisläufe

6

Das heißt, es ist ein mehrmaliges Durchlaufen des Produktrecyclings anzustreben, eh man auf das Materialrecycling mit niedrigerem Wertniveau übergeht.

Grundsätzlich gilt:

Materialkreisläufe sind so anzulegen, daß Energie und Rohstoffe verantwortungsbewußt und sparsam eingesetzt werden, und dass möglichst wenig Produktionsabfälle und Schadstoffemmissionen entstehen.

6.1.2 Nachwachsende Rohstoffe

Nachwachsende Rohstoffe wie Flachs-, Hanf-, Sisal-, Ramie- oder Kokosfasern werden vermehrt im Personenwagen- und Nutzfahrzeugbau eingesetzt, wo sie an zahlreichen Stellen im Innenraum chemische Werkstoffe ersetzen.

So sind Kopfstützen, Sitzpolster, Türverkleidungen, Hutablage, Dämmatten, Radhaus- und Heckklappenverkleidung aus Naturmaterialien.

Bild 6.1-2 zeigt eine kleine Auswahl naturfaserverstärkter Bauteile.

Bild 6.1-2 Naturfaserverstärkte Bauteile

Naturfasern haben, bezogen auf ihr geringes Gewicht, gute mechanische Eigenschaften. Die Ramiefaser hat unter den Naturfasern die höchste Zugfestigkeit. Die gewichtsbezogene Festigkeit ist mit der von Glasfaser vergleichbar.

Der röhrenförmige Aufbau der Naturfaser wirkt sich hier positiv aus.

Natürliche Fasern sind bei der Produktion energiesparend, können wiederverwertet und problemlos entsorgt werden.

Nachteilig wirkt sich aus, dass die Naturstoffe stark wasserhaltig und von schwankender Qualität sind. Ein weiteres Problem ist die Temperaturempfindlichkeit der Naturfasern. Über einer Temperatur von 230 °C zersetzen sich die Zelluloseketten, die der Faser die Stabilität geben. Hierauf muss beim Verarbeitungsprozeß Rücksicht genommen werden.

Faserart		Sisal	Flachs	Hanf	Ramie	Glasfaser
Faserlänge – techn. Faser – Elementarfaser	 (m) (mm)	 1 – 1,3 1 – 5	 0,2 – 1 20 – 42	 1,5 – 3 15 – 28	 2 60 – 260	 unbegrenzt —
Durchmesser	(µm)		11 – 33	15 – 50	40 – 80	5 – 60
max Zugfestigkeit R_m	(N/mm²)	530	800	1000	1050	1800
Dichte ρ	(g/cm³)	1,1	1,43	1,48	1,5	2,6
Verhältnis R_m/ρ		482	559	676	700	692

Bild 6.1-3 Technische Eigenschaften verschiedener Fasern

Bei der im *Bild 6.1-2* mit dargestellten Türinnenverkleidung, ein Flachs-Sisal-Epoxidverbundteil, bringen die Fasern die Bauteilfestigkeit; das Epoxidharz ist hier die verbindende Matrix.

Durch die guten Festigkeitswerte hat das Preßformteil nicht nur Verkleidungsfunktion, sondern kann als mittragendes Element in die Türe integriert werden.

Außer Epoxidharz sind die Kunststoffe Polyurethan und Polypropylen für naturfaserverstärkte Verbundteile geeignet.

Beim Formpressen bzw. Spritzgießen haben die naturfaserverstärkten Kunststoffmassen, allerdings eine länger Zykluszeit als Vergleichsteile mit Glasfaserverstärkung. Ursache ist der größere Widerstand der Naturfasern beim Formgebungsprozeß.

6.2 Recyclinggerechte Produktgestaltung

6.2.1 Gestaltungsrichtlinien

Die nachfolgenden Konstruktionsrichtlinien zur recycling- und demontageoptimierten Produktgestaltung können in die Hauptbereiche

- Verbindungstechnik
- Werkstoffauswahl
- Bauteilegestaltung

eingeteilt werden.

Verbindungstechnik

Eine demontagegerecht gestaltete Verbindung gehört mit zu den wesentlichen Vorraussetzungen für ein funktionierendes Recycling.

Verbindungen kann man grundsätzlich mit bzw. ohne Zerstörung der Bauteile lösen.

Die zerstörungsfreie Demontage ist technisch und wirtschaftlich aufwendiger; sie bringt wiederverwendbare Bauteile und dient der Ersatzteilgewinnung für Produkte aus früheren Baureihen, bei denen die Ersatzteilherstellung eingestellt wurde.

Bei Demontagevorgängen, die nur die Entnahme von Störstoffen, Schadstoffen oder die Materialtrennung zum Ziele haben, ist ein zerstörendes Vorgehen, weil rationeller, üblich.

Ein Stoßfänger, der zu Kunststoffgranulat verarbeitet wird und in den Materialkreislauf zurückgeführt wird, kann bei der Werkstoffgewinnung einfach durch eine Sollbruchstelle vom Altfahrzeug getrennt werden.

6

Um eine zerstörungsfreie Demontage zu erreichen, muss man

- Lösbare Verbindungen anstreben.
  Zu bevorzugen sind Schraub-, Schnapp- und Spannverbindungen anstelle von Niet-, Kleb-, Schweiß- und Lötverbindungen. Falzen und Schrumpfen sind ebenfalls ungünstig.
- Verbindungen gut erkennbar, leicht lösbar und zugänglich gestalten.
  Ausreichend Platz für Werkzeugeinsatz vorsehen und die Demontagerichtung beachten.
- Standardisierung der Verbindungselemente anstreben.
  Reduzierung der Demontagewerkzeuge, Spezialwerkzeug vermeiden.
- Verbindungen vor Verschmutzung und Korrosion schützen.
  Schmutzablagerungen im Schraubenkopf mit Schlitz erschweren das Lösen der Verbindung nach längerer Produktnutzung.

Zu den häufig ausgeführten Schraub-, Schnapp-, Niet- und Schweißverbindungen noch einige Anmerkungen.

1. Schraubverbindungen

Die Zugänglichkeit der Schrauben sollte in der Ausbaurichtung des Bauteils liegen. Zu bevorzugen sind Einziehschrauben, da bei der Demontage nur ein Lösewerkzeug und nicht zusätzlich noch ein Gegenhaltewerkzeug einzusetzen ist. Werden Durchsteckschrauben mit Muttern verwendet, dann sollte die Mutter selbstklemmend gegen Mitdrehen beim Lösen gesichert sein. Bei Schlitzschrauben sind Kreuzschlitzschrauben günstig, da sich der Schraubendreher beim Lösen selbst zentriert.

2. Schnappverbindungen

Bei richtiger Gestaltung der Fügestelle sind Schnappverbindungen demontagefreundlich, da sie teilweise ohne Werkzeuge demontierbar sind.

3. Nietverbindungen

Die Fügestelle sollte so gestaltet sein, dass ein Lösen zur Werkstoffgewinnung der unlösbaren Verbindung durch Ausbohren oder Abstemmen möglich ist. Hohlniete eignen sich besonders gut zum Ausbohren; sie sind aber hinsichtlich der Belastbarkeit gegenüber Vollnieten im Nachteil.
Die optimal gestaltete Nietverbindung liegt natürlich dann vor, wenn beim Recycling die Verbindung erst gar nicht gelöst werden muß, weil die gefügten Bauteile aus untereinander verträglichen Werkstoffen bestehen.
Kupferniete sind zu vermeiden, weil der Werkstoff Kupfer schon in kleinen Mengen beim Wiedereinschmelzen des Stahlschrottes als Stahlschädling auftritt.

4. Schweißverbindungen

Schweißverbindungen im Kunststoff- und Metallbereich sind günstig, wenn damit Bauteile gefügt werden, die beim Materialrecycling nicht mehr getrennt werden müssen, da sie aus untereinander verträglichen Werkstoffen bestehen.
Aufwendig wird es allerdings, wenn die Schweißverbindung die Entnahme von Teilen oder Baugruppen beim Recycling behindert und deshalb zerstört werden muss.
Dies ist bei der Bauteilgestaltung besonders zu beachten.
Beim stoffschlüssigen Fügen von Kunststoffteilen durch Ultraschall-, Vibrations- und Heizelementschweißen muss bei der Kunststoffauswahl besonders darauf geachtet werden, daß das spätere Regranulat aus der Kombination nicht auf ein geringeres Wertniveau abfällt.

5. Klebverbindungen

Der geringe Fertigungsaufwand beim Kleben führt dazu, daß diese Verbindungstechnik immer häufiger eingesetzt wird. Im Hinblick auf Demontage und Recycling eine ungünstige Entwicklung. Da es heute für fast jeden Werkstoff passende Klebstoffe gibt, muss bei der Kleberauswahl und der Fügestellengestaltung verstärkt die Eignung zum „Entkleben" betrachtet werden. Die sich zur Zeit noch in der Entwicklung befindenden Entklebeverfahren basieren auf der Einwirkung von Wärme, Mikrowellenenergie und chemischen Gegenmitteln.

Werkstoffauswahl

Die Werkstoffauswahl ist im Hinblick auf die Umwelt- und Recyclingfreundlichkeit eines Produktes von großer Bedeutung.

Anzustrebende Ziele sind:

- Werkstoffvielfalt vermeiden
  Die Reduzierung der Werkstoffvielfalt in Baugruppen führt zu einer Einsparung von Demontage- und Sortierkosten.
- Verwertungskompatible Werkstoffe einsetzen. Die Werkstoffe müssen wirtschaftlich und mit hoher Qualität verwertbar sein. Geringe Demontagetiefe.
- Recyclateinsatz vorsehen.
  Der Einsatz von Sekundärwerkstoffen dient der Ressourcenschonung und schließt Materialkreisläufe.
  Kunststoffteile mit z. B. mehr als 100 g Gewicht sollten nach *DIN ISO 11469* gekennzeichnet werden.

6

- Verbundwerkstoffe vermeiden.
  Nur noch dort einsetzen, wo ihr Nutzen die Nachteile deutlich übertrifft.
- Einstoffprodukte einsetzen.
  Die gesamte Baugruppe besteht aus der gleichen Werkstoffamilie.
- Öko- und Energiebilanz über den gesamten Produktzyklus betrachten.
  Ansätze sind in der Automobilindustrie schon erkennbar. Vergleicht man das konventionelle Karosseriekonzept mit der aluminiumintensiven Bauweise, dann stellt man fest, daß der höhere Energieaufwand bei der Aluminiumherstellung sich bei der Gesamtbilanz mehrfach amortisiert.

Bauteilegestaltung

Bei der demontage- und aufarbeitungsgerechten Gestaltung von Bauteilen und Baugruppen sind folgende Punkte zu beachten:

- Zerlegefreundliche Baustruktur anstreben.
  Selbsterklärende Demontage durch klaren und gegliederten Produktaufbau.
- Zugänglichkeit zu den einzelnen Bauteilen vorsehen.
  Dadurch leichte Entnahme von Werkstoffgruppen aber auch Störstoffen.
- Integration von „gleichartigen“ Bauelementen in einem bestimmten Bereich des Produktes vorsehen.
  Elektronik, elektrische Bauteile aber auch Wertstoffe können leichter entnommen werden.
- Integralbauweise anstreben.
  Der Demontage- und Sortieraufwand wird deutlich reduziert.

6.2.2 Gestaltungsbeispiele

6

Eine interessante Gestaltungsvariante für Personal Computer und Workstation stellt der recyclinggerechte Produktaufbau nach dem Elektronic Packaging and Assembly Concept (E-PAC) dar.

Die einzelnen Komponenten wie Netzteil, Platinen, Festplatten- und Diskettenlaufwerk werden nicht mehr wie bisher mit dem Einbaurahmen verschraubt oder vernietet, sondern einfach formschlüssig in geschäumte Formteile aus expandiertem Polypropylen (EPP) gelegt und dadurch fixiert.

Mit dem Prinzip „Formschluss statt Kraftschluss“ wurde die Zahl der Schrauben und Verbindungselemente bei der Workstation von über 20 auf 6, die Montagewerkzeuge von drei auf eines gesenkt wie *Bild 6.2-1* zeigt.

Gegenüber dem bisherigen Produktaufbau konnte die Teileanzahl auf 30 % und die Montagekosten auf die Hälfte reduziert werden.

Der wesentlichste Rationalisierungsgewinn liegt jedoch in der Zerlegefreundlichkeit der neuen Gehäusekonzeption.

Durch den Produktaufbau nach dem Besteckkastenprinzip fallen nach dem Aufklappen und Umdrehen des Gerätes alle Komponenten heraus, ohne dass man Schrauben oder andere Verbindungselemente lösen muss.

Die Demontage erfordert nur noch etwa ein Zehntel des bisherigen Zeitaufwandes und kann leicht automatisiert werden.

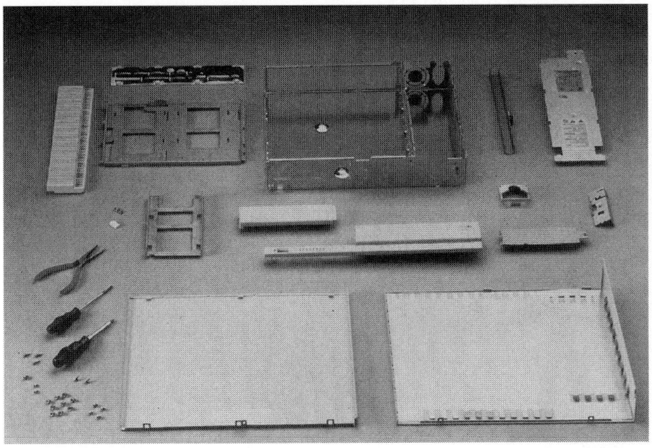

a) bisheriges Gehäusekonzept

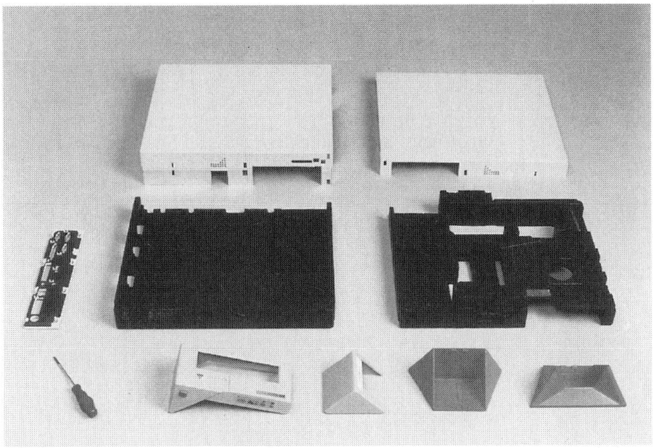

b) neues Gehäusekonzept (E-PAC)

Bild 6.2-1 Einzelteile und Montagewerkzeuge

Im *Bild 6.2-2* sind die beiden geschäumten Formteile aus Polypropylen dargestellt. In das Unterteil sind sämtliche Komponenten eingelegt.

Das aufgeklappte Oberteil hält die einzelnen Bauteile in der vorgesehenen Lage. Neben der Zerlegefreundlichkeit stellt die geringere Anfälligkeit gegen Stoßeinwirkung beim Transport und gegen Vibrationen mit Geräuschentwicklung im Betrieb einen weiteren Vorteil dar.

Die Einformung von Kühlkanälen, siehe *Bild 6.2-3*, zwischen den geschäumten Formteilen führen den Luftstrom gezielt zu den hitzeentwickelnden Baugruppen, wodurch eine effektivere Kühlung als bei herkömmlich aufgebauten Computern erreicht wird.

Durch die metallische Kapselung des Netzteiles und eine automatische Schutzabschaltung kann auf einen umweltbedenklichen bromid- oder antimontrioxidhaltigen Flammschutz in den Gehäuseteilen verzichtet werden.

Ein spezielles Rücknahmeprogramm erlaubt eine mehrfache Wiederverwendung der geschäumten Formteile und des Metallgehäuses. Der Materialkreislauf schließt sich durch die problemlose Weiterverwertung der Kunststoffchassisteile.

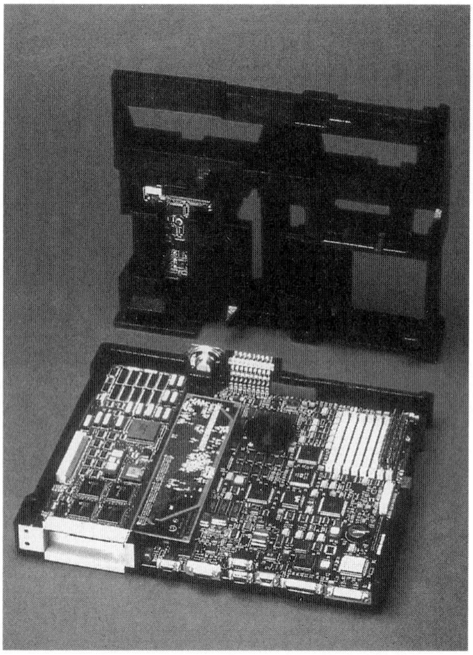

Bild 6.2-2
Geöffnetes und bestücktes Chassis ohne Einfassung

Bild 6.2-3 Geschäumtes Formteil mit Kühlkanal

Die recyclingoptimierte Gestaltung eines Pkw-Frontziergitters zeigt *Bild 6.2-4*.

Bei der früheren Ausführung wurde das Kunststoffgitter und der Aluminiumrahmen durch mehrfaches Vernieten zum Verbundteil.

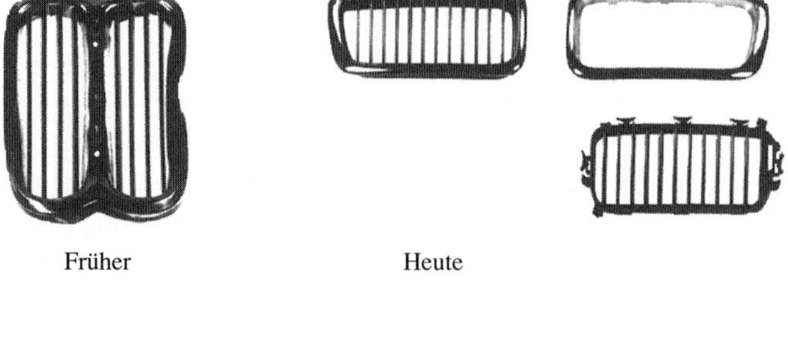

Früher Heute

Bild 6.2-4 Pkw-Frontziergitter

Eine zeitaufwendige Zerlegung machte die Verwertung unwirtschaftlich.

Beim recyclinggerechten Produktaufbau werden Gitter und Rahmen, beide Teile sind aus Kunststoff, durch eine demontagefreundliche Clipsverbindung zusammengehalten. Diese Fügetechnik ermöglicht auf einfache Weise eine sortenreine Trennung und damit eine wirtschaftliche Verwertung.

Das im *Bild 6.2-5* dargestellte Schnittmodell einer Instrumententafel ist ein weiteres Beispiel aus dem Kraftfahrzeugbereich.

Dieses Bauteil wurde früher aus verschiedenen Kunststoffteilen wie ABS, PVC, PUR-Schaum und einer Metalleinlage als Verbundteil gefertigt. Ein wirtschaftliches Materialrecycling scheiterte an der Aufbereitung zu sortenreinen Werkstoffen und an den hohen Demontagekosten des Bauteils. Aus diesen Gründen wurde die Instrumententafel aus Altautmobilen nicht ausgebaut und verwertet, sondern kam als Bestandteil der Shredderleichtfraktion auf Deponien.

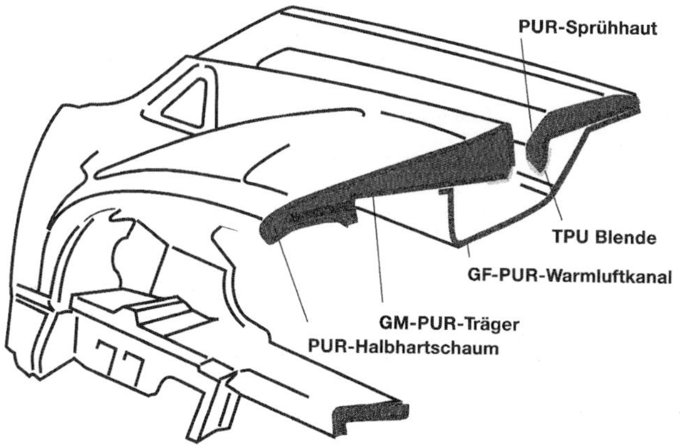

Bild 6.2-5 Schichtaufbau der Instrumententafel

Um die Wiederverwertbarkeit zu verbessern, wurde die neue Instrumentafel als Einwerkstoffbauteil konzipiert.

Bei dieser recyclinggerechten Bauteilgestaltung wird zunächst eine PUR-Sprühhaut als Dekor und ein PUR-Träger mittels eines halbharten Polyurethan-Füllschaum verbunden.

Der Warmluftkanal und die Entfrosterdüsenblenden sind ebenfalls aus der gleichen Kunststofffamilie hergestellt.

Das stoffschlüssige Fügen des faserverstärkten Polyurethan Warmluftkanal mit dem Trägerteil erfolgt durch einen Zweikomponenten PUR-Kleber. Ein wesentlicher Vorteil dieser innovativen Produktgestaltung ist die direkte Verwertung des Bauteils ohne aufwendige Materialtrennung. Durch das chemische Recyclingverfahren Glykolyse oder durch Partikelrecycling läßt sich das Bauteil fast vollständig rezyklieren. Eine Optimierung der Bauteilbefestigung gegenüber dem Vorgängermodell verkürzt die Demontagezeit der Instrumententafel auf etwa die Hälfte.

Ein demontagegerechter Produktaufbau in Verbindung mit einem nach ökologischen Kriterien vorgenommenen Werkstoffeinsatz zeichnet den im *Bild 6.2-6* gezeigten Bürodrehstuhl aus.

Durch die hierarchische Baustruktur, kombiniert mit der in Sandwich-Bauweise gefügten Sitzschale, ergibt sich ein geringer Demontageaufwand.

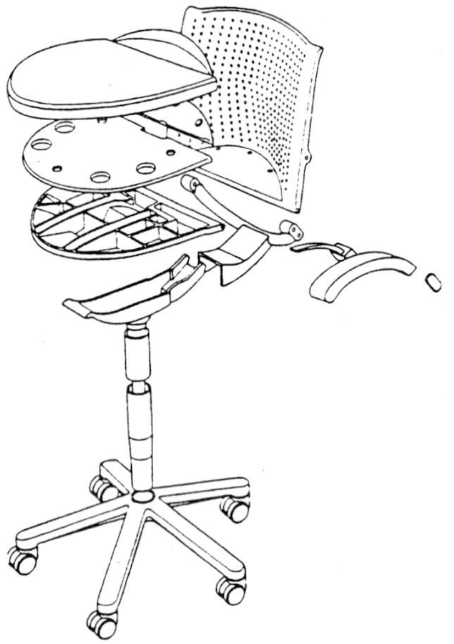

Bild 6.2-6 Bürodrehstuhl

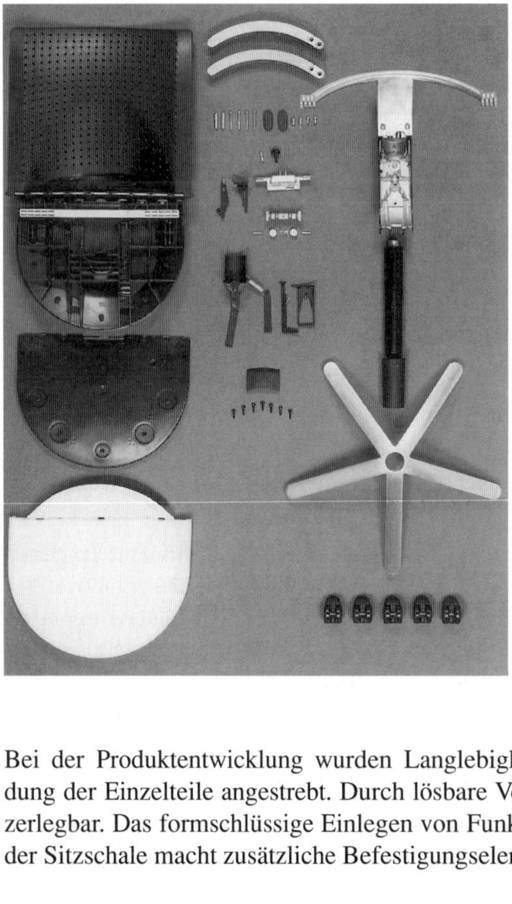

Bild 6.2-7 Einzelteile Bürodrehstuhl

Bei der Produktentwicklung wurden Langlebigkeit, Reparaturfreundlichkeit und Wiederverdung der Einzelteile angestrebt. Durch lösbare Verbindungen ist der Bürodrehstuhl vollständig zerlegbar. Das formschlüssige Einlegen von Funktionsteilen in entsprechende Aussparungen in der Sitzschale macht zusätzliche Befestigungselemente überflüssig.

Die gekennzeichneten, sortenreine Kunststoffteile aus PP, PA und PUR-Schaum können ohne nennenswerten Qualitätsverlust recycelt werden. Auf Verbundwerkstoffe wurde verzichtet. Der ökologische Ansatz zeigt sich unter anderem auch darin, dass die Sitzschale und die Rückenlehne mit schwarzem, schwermetallfreiem Pigment durchgefärbt, die Polster FCKW-frei geschäumt und die Oberfläche der Aluminium-Druckgußteile poliert oder lösungsmittelfrei beschichtet werden.

Beschädigte oder durch langen Gebrauch abgenutzte Drehstühle werden vom Hersteller zurückgenommen und für ein zweites Leben aufgearbeitet.

Ein Mehrweg-Verpackungssystem schließt den Materialkreislauf.

Angeliefert werden die Drehstühle in Mehrwegkartons oder in einer Polyethylen-Hülle als Staubschutz wobei die Fußkreuze mit Wellpappe abgedeckt sind.

Nach der Anlieferung wird die Transportverpackung zurückgenommen. Die Polyethylen-Hüllen werden anschließend zu Ballen gepreßt und zu neuen Folien recycelt.

Die Kartons können nach mehrmaligen Gebrauch ebenfalls problemlos recycelt werden.

Die recyclingorientierte Baustruktur einer neugestalteten Waschmaschinen-Baureihe ergab durch Funktionsintegration eine deutliche Verringerung der Einzelteile. Die eingesetzten Werkstoffe und die Werkstoffmenge konnten gegenüber der Vorgängerserie ebenfalls reduziert werden.

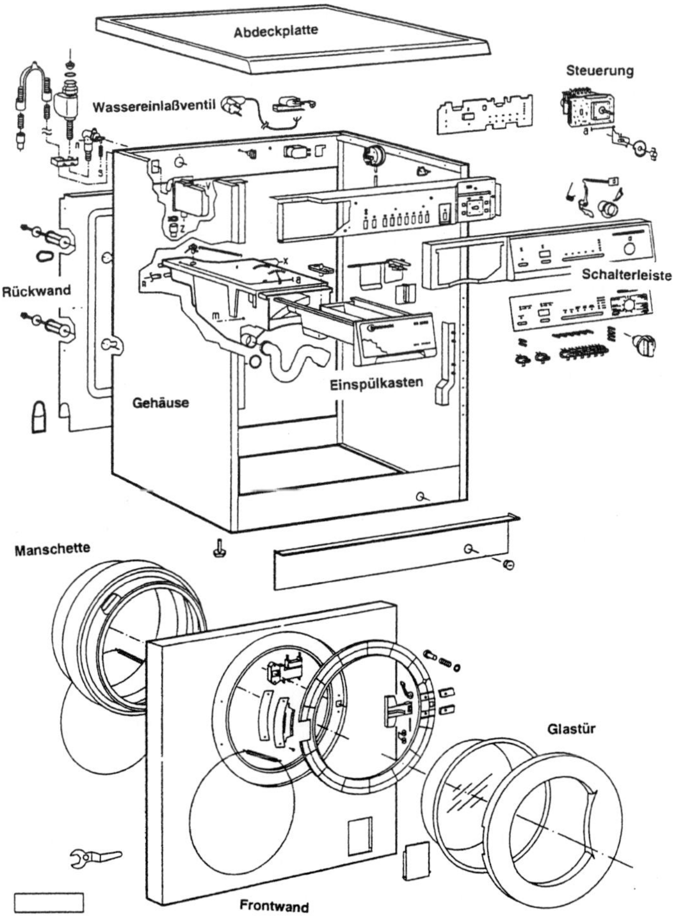

Bild 6.2-8
Produktaufbau Waschmaschine

6

Schraubverbindungen wurden verstärkt, durch Schnappverbindungen ersetzt bzw. vereinheitlicht, damit sie mit einem einheitlichen Schraubendreher gelöst werden können. Durch den zerlegefreundlichen Produktaufbau, nach Abnahme der Abdeckplatte, siehe *Bild 6.2-8,* kann die zentral angeordnete Elektronikbaugruppe, das Wassereinlassventil und der Kabelbaum leicht aus dem Gerät entnommen werden, wie *Bild 6.2-9* zeigt.

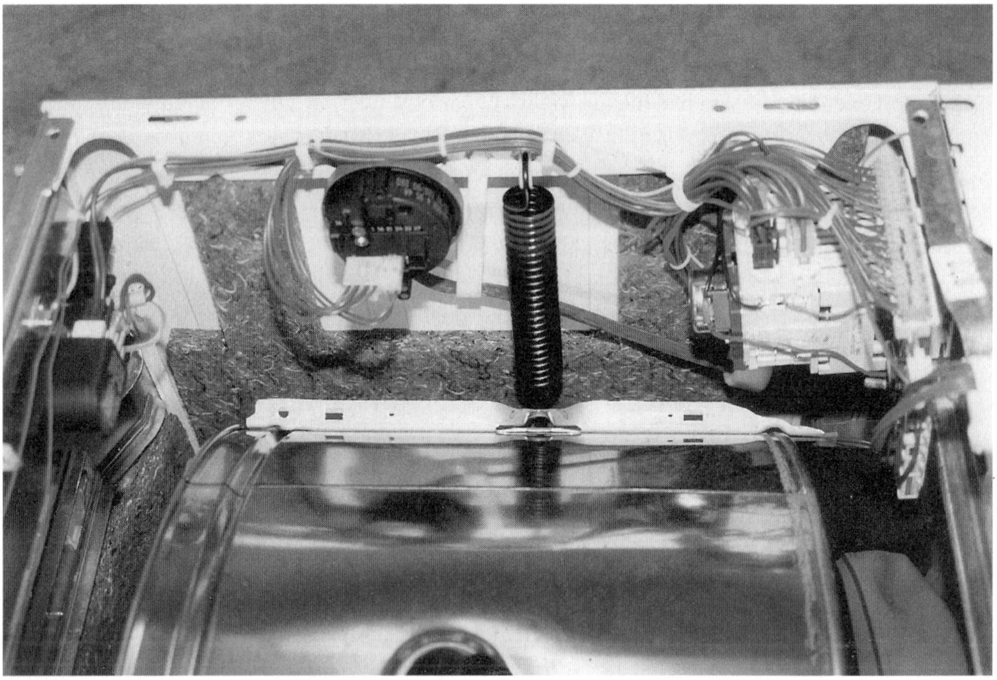

Bild 6.2-9 Demontagegerechte Bauteilanordnung

Befestigt sind diese Bauteil und die Schalterleiste mit demontagefreundlichen Schnappverbindungen, wodurch die Aufbereitung vor dem Wiederverwertungsprozeß, Shreddern und gegebenenfalls die Aufarbeitung, Instandsetzung defekter Bauteile für eine Wiederverwendung in einer wesentlich kürzeren Zeit möglich ist.

Die Werkstoffauswahl wurde im Hinblick auf mögliche Recyclingverfahren vorgenommen. Bei den Kunststoffteilen, alle sind nach *DIN ISO 11469* gekennzeichnet, wurde überwiegend PP und ABS verwendet; beide Kunststoffe können zu hochwertigen Rezyklaten verarbeitet werden.

Das Gegengewicht, bisher aus Beton, ist in der neuen Baureihe aus Gusseisen, ein Werkstoff, der sich nicht störend auf den Verwertungsprozess der anderen Werkstofffraktionen auswirkt.

Die verwertungsgünstige Baustruktur zeigt sich auch in der einfachen Entnahme der Edelstahlteile, des Motors und der Entleerungspumpe; beide Bauteile enthalten den störenden Werkstoffverbund Kupfer – Stahl.

Bisher wurden die zur Geräuschdämpfung eingebauten Dämmplatten verklebt, bei der neuen Baureihe sind sie mit Kunststoffclipsen befestigt.

Die recyclingorientierte Baustruktur hat einen Recyclinggrad von 97,8 %. Dieser Prozentsatz setzt sich zusammen aus 95,3 % vollständig und 2,5 % eingeschränkt rezyklierbaren Werkstoffen.

Der Restanteil von 2,2 % wird einer Verbrennungsanlage zugeführt bzw. deponiert. Im Vergleich mit der Vorgängerserie konnte der Recyclinggrad um ca. 21 % gesteigert werden.

Bei der im *Bild 6.2-10* dargestellten Einwegkamera mit dem Mehrwegkonzept wurde besonderer Wert auf einen möglichst hohen Anteil wiederverwendbarer Bauteile gelegt.

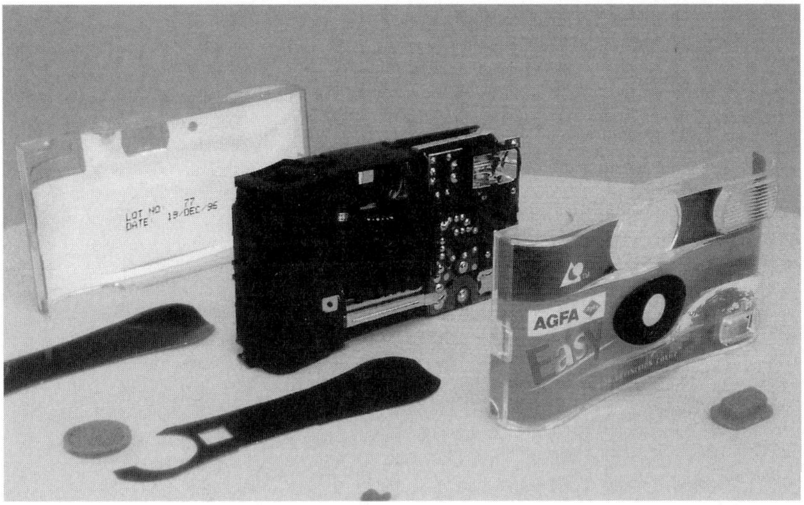

Bild 6.2-10 Kamerakörper mit Schutzschalen

Bisher wurden Einwegkameras nach einmaligem Gebrauch werkstofflich verwertet. Bei dem neuartigen Produktaufbau schützen transparente Kunststoffschalen aus Polystyrol den eingelegten Film und die mechanischen und elektronischen Teile vor Beschädigung durch Schmutz und Wasserspritzer. Die entsprechend geformten Schutzschalen mit Aussparungen für die Linse, den Auslöseknopf und das Transportrad liegen am Kamerakörper formschlüssig an und erhöhen damit die Stabilität der Kamera.

Ein vom Kamerahersteller angebrachtes Siegelband hält die beiden Schalen zusammen. Die Kamera wird nach dem Belichten des Filmes komplett beim Händler zur Entwicklung abgegeben. Nach dem teilweisen Ablösen des Siegelbandes kann der Film entnommen werden, ohne dass der Kamerakörper aufzubrechen ist.

Beim Kamerahersteller werden die Schutzschalen durch das vollständige Entfernen des Siegelbandes vom Kamerakörper problemlos getrennt. Wegen eventueller Gebrauchsspuren werden die Schalen und die Bedienelemente nicht mehr wiederverwendet, sondern zerkleinert und zu neuen Kamerateilen verarbeitet. Das in die transparenten Schutzschalen eingelegte bedruckte Papier wird ebenfalls werkstofflich verwertet.

Wiederverwendet wird nach entsprechender Überprüfung der Kamerakörper. Dieser kommt danach mit neuen Schutzschalen, neuen Bedienelementen und mit einem Film versehen, erneut in den Handel. Die Baugruppe Kamerakörper soll bis zu zwölf Mal wiederverwendet werden können.

Bei der Ökologiebilanz hat dieses Kamerakonzept gegenüber einem Vergleichssystem mit werkstoflichem Recycling, also ohne direkte Wiederverwendung von Bauteilen einen um fast 30 % geringeren Energieaufwand.

Die im *Bild 6.2-11* gezeigten Einzelteile der Kamera sind überwiegend aus schwarz eingefärbtem Polystyrol hergestellt. Gefügt werden die einzelnen Teile durch formschlüssiges Einlegen oder durch Schnappverbindungen, beide Verbindungstechniken zeichnen die demontagegerechte Produktgestaltung aus.

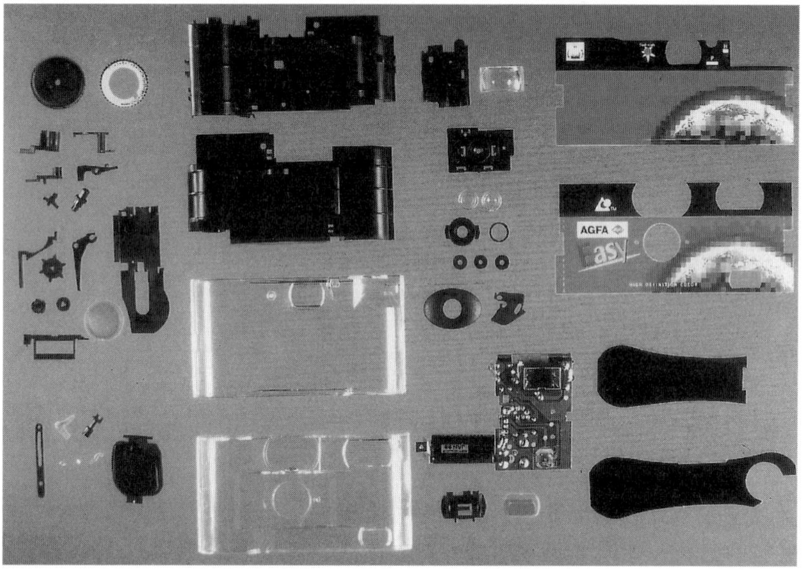

Bild 6.2-11 Sämtliche Kameraeinzelteile

Ein Beispiel für die konsequente Umsetzung der recyclinggerechen Produktgestaltung bei kleinen Haushaltsgeräten stellt der im *Bild 6.2-12* wiedergegebene Aufbau einer Kaffeemaschine dar. Die demontagerechte Struktur zeigt sich darin, dass nur die Baugruppe Boden und Gehäusesockel durch zwei Schrauben verbunden ist. Eine weitere Schraube fixiert über ein Spannband den Kunststoffgriff an der Glaskanne. Alle weiteren Bauteile sind durch formschlüssiges Einlegen oder Schnappverbindungen gefügt und können in wenigen Arbeitsschritten ohne Werkzeug einfach in reyclingfähige Fraktionen zerlegt werden.

Der umweltgerechte Ansatz zeigt sich auch in der Materialzusammensetzung. Für die Kunststoffteile wird nur Polypropylen verwendet, die Einzelteile sind nach *DIN ISO 11469* gekennzeichnet. Auf Verbundwerkstoffe wurde verzichtet. Die elektrischen Komponenten sind zusammengefasst und unterhalb der Heizplatte in der Bodenwanne angeordnet.

Bild 6.2-13 zeigt die Materialzusammensetzung der Kaffeemaschine.

Insgesamt können 97,7 Gewichtsprozent der Kaffeemaschine recycelt werden. Nicht verwertbar sind 2,3 Gewichtsprozent. Hierbei handelt es sich um die Elektrobausteine Thermosicherung, Regler und Schalter.

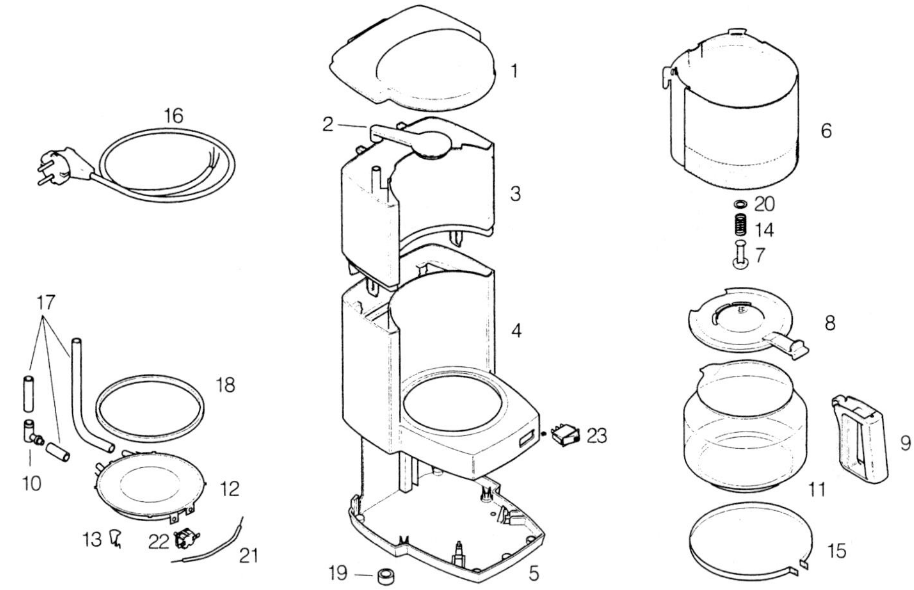

1 Deckel	6 Filterhalter	11 Glaskanne	16 Anschlußleitung	21 Thermosicherung
2 Überlauf	7 Stößel	12 Heizplatte	17 Schläuche	10 Eckventil
3 Wasserbehälter	8 Kannendeckel	13 Spannfeder	18 Dichtung	22 Regler
4 Gehäusesockel	9 Griff	14 Druckfeder	19 Dämpfer	23 Schalter
5 Boden	10 Eckventil	15 Spannband	20 Dichtung	

Bild 6.2-12 Produktaufbau Kaffeemaschine

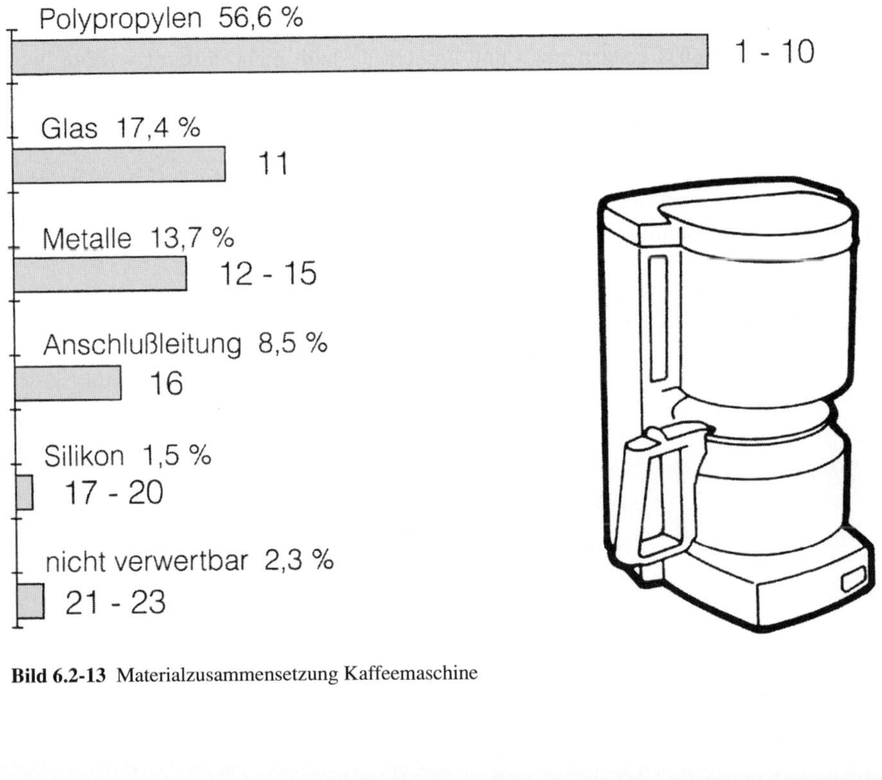

Bild 6.2-13 Materialzusammensetzung Kaffeemaschine

6.3 Recycling bei der Produktion

Walzenden, Besäumstreifen, Angüsse und Steiger, Abfälle aus Walzwerken und Gießereien können problemlos als Kreislaufschrott in den Rohstoffkreis zurückgeführt werden.

Stanzabfälle, Schmiedegrate, Angüsse, Anschlussteile und Späne, also Produktionsabfälle, sind, wenn sie sortenrein vorliegen, ebenfalls gut verwertbar.

Die Aufbereitung beschränkt sich hier häufig auf die saubere Trennung von den produktionsbedingten Hilfs- und Betriebsstoffe.

Auch diese mittelbaren Produktionsabfälle werden aufbereitet und erneut verwendet. Kühlschmierstoffe können heute bis zu zwei Jahre im Einsatz sein, bevor sie ausgetauscht werden müssen.

Dieser Produktionskreislauf reduziert den Rohstoffverbrauch und die Umweltbelastung.

6.3.1 Produktionsrücklaufmaterial

Mit der Formgebung und der Werkstoffwahl legt der Konstrukteur das Fertigungsverfahren fest und bestimmt damit den Produktionsabfall.

Anzustreben sind Fertigungsverfahren, bei denen möglichst kein oder wenig Produktionsrücklaufmaterial entsteht.

Unter diesem Gesichtspunkt sind die Ur- und Umformverfahren den stofftrennenden Verfahren vorzuziehen.

Die beiden nachfolgenden Beispiele zeigen, wie durch entsprechende Werkzeuggestaltung beim Spitzgießen bzw. Druckgießen der Angußabfall vermieden bzw. vermindert wird.

6

Beim Heißkanalwerkzeug bleibt die Kunststoffmasse durch ein Heizsystem im Gegensatz zu den konventionellen Angußsystemen im Bereich von der Maschinendüse bis zum Anschnitt schmelzflüssig.

Die Kunststoffmasse im Anguss erstarrt nicht und braucht deshalb nicht entfernt werden, wodurch kürzere Spritzzyklen entstehen und Produktionsabfall vermieden wird.

Bild 6.3-1 zeigt den Achtfachabguss von Distanzhülsen aus GD-ZnAl4, hergestellt auf einer Warmkammer-Druckgießmaschine.

Bei der Ausführung mit der Energiespardüse taucht der beheizte Düsenkörper in die Druckgießform ein und reduziert damit deutlich das Produktionsrücklaufmaterial.

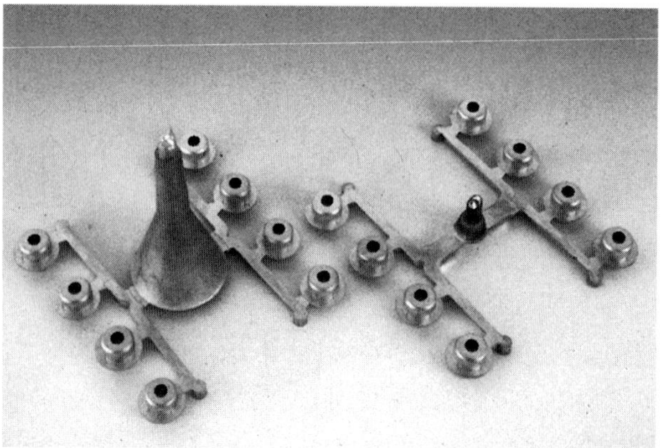

Bild 6.3-1 Angußkegel und Gießlauf in der konventionellen Ausführung und mit Energiespardüse

Das Produktionsrücklaufmaterial kann auch bei den stofftrennenden Fertigungsverfahren reduziert werden, wenn man folgende Grundsätze beachtet:

- Verwendung fertigungsnaher Rohteil- und Halbzeugabmessungen
  Das Rohteilmaß sollte dicht am Fertigmaß liegen; damit werden größere Zerspanungsvolumen vermieden, auch Verbundkonstruktionen können Abfälle reduzieren.
  Bei Blechteilen kann über das Blechtafelformat oder die Breite des Blechcoils der Verschnitt minimiert werden.
  Auch die Stempelanordnung im Schneidwerkzeug beeinflusst nicht unwesentlich, siehe *Abschnitt 2.6.3,* die Produktionsabfallmenge.
- Rechnergestütztes Schachteln bei Tafelmaterial
  Bei Blechen, Fasermatten und Kunststofffolien kann durch optimale Teile- und Schnittanordnung eine Abfallminimierung erreicht werden.
  Nicht vermeidbare Abfälle können als Materialrücklauf für Kleinteile weiterverwertet werden.

Für Kunststoff-Produktionsrücklaufmaterial gilt, dass nur Thermoplaste, wenn sie sortenrein oder verwertungsverträglich gesammelt wurden, leicht und ohne Wertverlust rezykliert werden können. *Bild 4.6-4* gibt die Verträglichkeit wichtiger Thermoplastischer Kunststoffe an.

Produktionsabfälle aus Duroplasten und Elastomeren sind im gemahlenem Zustand als Füllstoff in Primär- oder Sekundärwerkstoffen einsetzbar.

6.3.2 Beispiele für die Verwertung von Produktionsabfällen

Der im *Bild 6.3-2* dargestellte Zusatzhandgriff für ein Elektrowerkzeug besteht komplett aus PA 6-Regranulat.

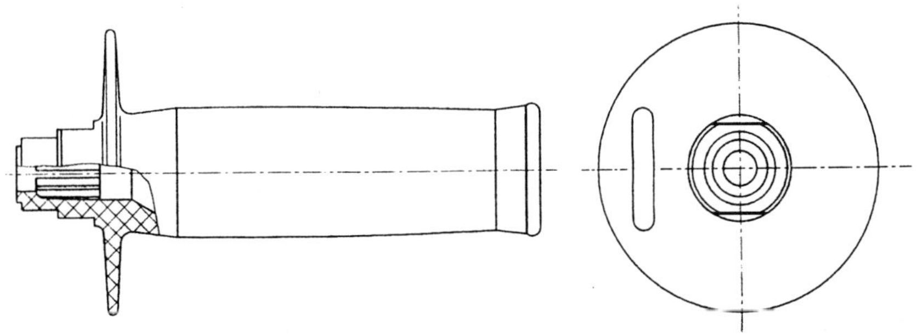

Bild 6.3-2 Wiederverwertung von PA 6 Regranulat-Mahlgut

Im internen Materialkreislauf des Elektrowerkzeugeherstellers fallen pro Jahr etwa 50 t Angüsse und Abfallteile von diesem Kunststoff an.

Durch die Wiederverwertung des schwarz eingefärbten Regranulat-Mahlgutes können die Herstellkosten für ein Teil um etwa 65 % reduziert werden.

Ein Beispiel für die Weiterverwertung von Blechrücklaufmaterial ist der Platinenzuschnitt des Karosserieteils Längsträger hinten rechts an einem Pkw.

Die Kontur des abfallverursachenden Großteils wird in den Stufen Ausklinken, Lochen und Abschneiden erzeugt.

Bild 6.3-3 zeigt wie der Abfall aus der 2. Stufe zum Ausstanzen der Verstärkung am Karosserieboden hinten rechts verwertet wird. Die Blechzufuhr für das Großteil erfolgt vom Coil; durch ein Handhabungssystem werden die Platinen für die Verstärkung aus einem Magazin in das Gesamtschneidwerkzeug gelegt.

Besonders günstig ist es, wenn wie in diesem Fall, das Großteil und das aus dem Blechabfall hergestellte Kleinteil in der gleichen Stückzahl benötigt werden.

Auch teilverformte Blechausschnitte, wie sie z. B. bei großflächigen Karosserieteilen anfallen, können nach einem Aufbereitungsvorgang Glattwalzen weiterverwertet werden.

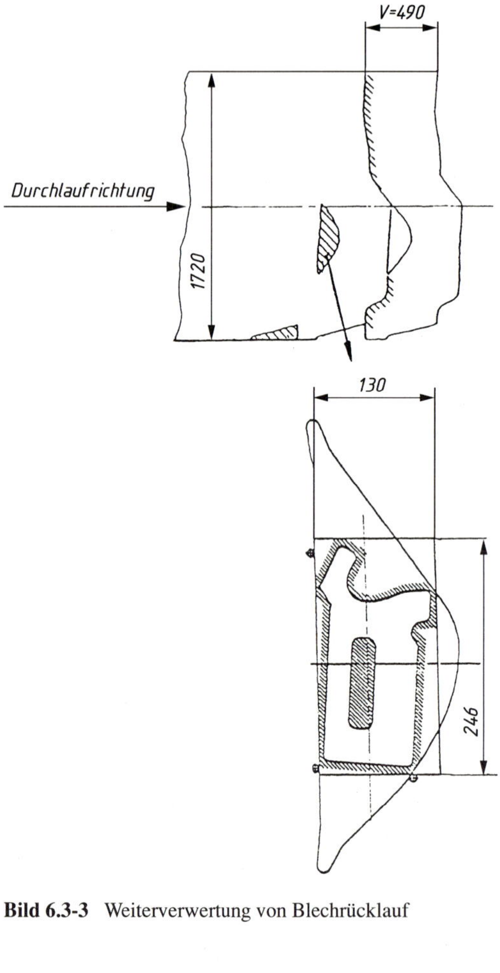

Bild 6.3-3 Weiterverwertung von Blechrücklauf

6

6.4 Recycling während des Produktgebrauchs

Mit dem Recycling während des Produktgebrauchs strebt man die erneute Verwendung für ein gebrauchtes Produkt an, wobei die Produktgestalt beibehalten wird.

Während die Instandhaltung eines Produktes auf dessen vorgesehene Lebensdauer abzielt, wird bei der Einzelinstandsetzung neben der Aufarbeitung häufig auch eine Modernisierung vorgenommen. In diesem Fall ist der Wert des aufgearbeiteten Produkts höher als der des ursprünglichen Neuprodukts.

Neben der Einzelinstandsetzung – typische Erzeugnisse sind Werkzeugmaschinen, Pressen und andere Investitionsgüter – gibt es die klassischen, in Serie aufgearbeiteten Austauschteile aus dem Kfz- und Elektrowerkzeugbereich.

Die Aufarbeitung in Serie, Austauscherzeugnisfertigung, wie auch die Einzelinstandsetzung läuft immer in den nachfolgenden fünf Fertigungsschritten ab:

- Demontage
- Reinigung
- Prüfen und Sortieren
- Bauteileaufarbeitung
- Wiedermontage

Produktrecycling macht dann keinen Sinn mehr, wenn dadurch der Einsatz von ökologisch, energetisch und wirtschaftlich günstigeren Technologieentwicklungen verhindert wird.

Im Anhang *A 6.4-2* sind die beiden Aufarbeitungsverfahren im Vergleich dargestellt.

6.4.1 Demontage und Zerlegung

6

Die Trennung von Bauteilen an den in der Fertigung und Montage geschaffenen Fügestellen wird als Demontage bezeichnet.

Unter Zerlegung versteht man das Zerteilen eines Produktes an Trenn- oder Bruchstellen die nicht unbedingt die in der Fertigung und Montage geschaffenen Fügestellen sind.

Der Demontage- bzw. Zerlegeaufwand für ein Produkt wird von der Verbindungsart und ganz wesentlich von der Baustruktur, das heißt nach der Art und Anzahl seiner Bauteile und deren Anordnung zueinander beinflusst.

Im *Bild 6.4 -1* sind die unterschiedlichen Baustrukturen gängiger Austauscherzeugnisse aus dem Automobilbereich zusammengestellt.

Autoteileproduzenten, die Kupplungen, Anlasser, Lichtmaschinen, Wasserpumpen, Gelenkwellen, Motor und Getriebe wiederaufarbeiten, vermeiden in diesem Umfang kostspielige und energieaufwendige Neuproduktionen.

So werden durch rund 650 000 Kupplungen, die ein Automobilzulieferer in Serie jährlich aufarbeitet, ca. 2800 t Stahl und Gusseisen eingespart, zusätzlich etwa 12 000 MWh Energie nicht benötigt.

Der Kunde erhält ein Erzeugnis mit gleicher Garantie, wie für ein Neuprodukt um 25 % bis 30 % günstiger.

Die Aufarbeitung zahlreicher Produkte, nicht nur aus dem Automobilbereich, wird dann besonders günstig, wenn sie demontagefreundlich aufgebaut sind.

Demontagegerechte Gestaltungsbeispiele von Fügestellen sind im Anhang *A 6.4-1* zusammengestellt.

Baustruktur	hierarchisch	teilhierarchisch	nicht hierarchisch
Produkt	Wasserpumpe 	Pkw-Vergaser 	Pkw-Motor 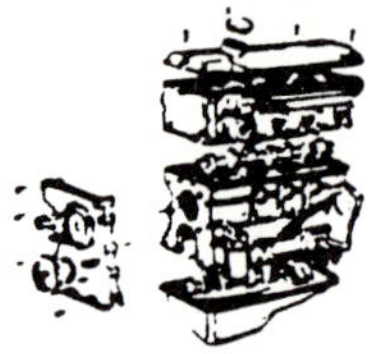
Teileverbindungsgraph		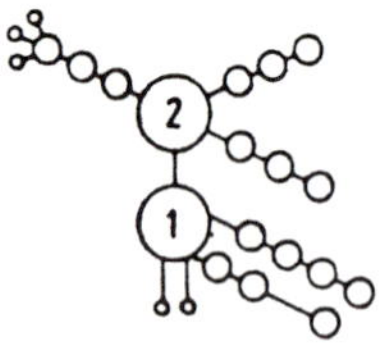	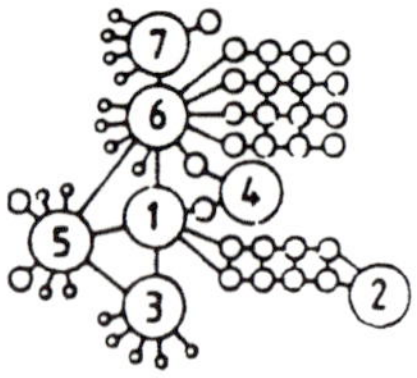
Benennung	1 = Gehäuse	1 = Gehäuse 2 = Deckel	1 = Motorblock 2 = Kurbelwelle 3 = Ölwanne 4 = Nockenwelle 5 = Stirngehäusedeckel 6 = Zylinderkopf 7 = Zylinderkopfdeckel
Demontageablauf	Einstufig	Zweistufig	Mehrstufig
Demontageaufwand	Gering	Mittel	Groß

Bild 6.4-1 Baustruktur und Demontageaufwand

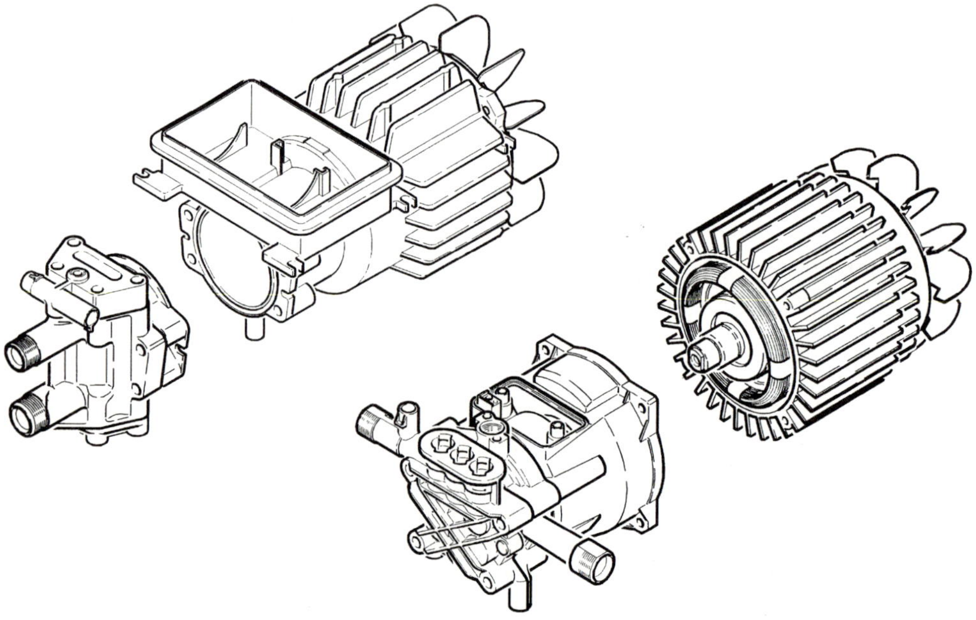

Bild 6.4-2 Aufarbeitungsgerechte Baugruppen

Im *Bild 6.4-2* ist die Rückführung des Integralteils Motor- und Getriebegehäuse für ein Reinigungsgerät in die Baugruppen Elektromotor und Getriebe mit Steuerkopf dargestellt.

Unter Montagegesichtspunkten entstand bei der Konzeption der Baureihe das Integralgehäuse.

Ein optimiertes Produktrecycling mit wirtschaftlicher Aufarbeitung des Elektromotors, der Motor ist auch in anderen Produktreihen eingebaut, führte wieder zur Aufteilung in die ursprünglichen Baugruppen.

6.4.2 Aufarbeitungsbeispiele

Nach 22 Jahren Einsatz in drei Schichten und etwa 40 Mio. Hüben war für die hydraulische Presse mit einer Nennpresskraft von 2500 kN eine Generalüberholung notwendig.

Auf der Presse, die mit vier weiteren Pressen in einer Pressenstraße stand wurden kleinere Karosseriekomponenten gestanzt. *Bild 6.4-3* zeigt die Demontage der Presse beim Hersteller.

Bild 6.4-3 Pressendemontage

Gemeinsam mit dem Kunden wurden folgende Instandsetzungsarbeiten abgesprochen:

- Renovierung der Aufspannung und Stößelführung.
  Die Tischplatte und der Ziehkissentisch wurden überfräst, die Stößelführung neu eingeschabt.
- Erhöhung der Produktionssicherheit.
  Eine komplette Neuverkabelung, eine aktuelle Steuerung mit einer generalüberholten Pumpe
- Höhere Sicherheit für das Bedienpersonal.
  Ein flexibler 2-Hand Bedienpult ersetzt die bisherige Bedienung am Pressenrahmen. Eine Blechhaube für das Pressenkopfstück reduziert den Lärm.

Die wiederaufgebaute im *Bild 6.4-4* dargestellte Presse ist eine sehr gute Alternative zu einer Neuinvestition, erhält man doch für etwa die Hälfte des Neupreises eine auf den technisch neuesten Stand gebrachte Presse.

Bild 6.4-4 Renovierte und modernisierte Presse

Kopiergeräte bieten sich besonders zur Aufarbeitung und Wiederverwendung an, bestehen sie doch aus einer Vielzahl von Bauteilen mit unterschiedlichsten Werkstoffkombinationen. Ein Unternehmen, das seine gebrauchten Geräte vom Markt zurücknimmt, schafft sich eine kostengünstigere Ressourcenbasis.

Die meisten Gerätekomponenten lassen sich problemlos weiter nutzen; dadurch können wertvolle Rohstoffe eingespart und Entsorgungskosten vermieden werden.

Durch die modulare Bauweise, siehe *Bild 6.4-5*, lassen sich technische Updates ohne großen Aufwand integrieren.

Bild 6.4-5 Baugruppen Kopiergerät

Die Aufarbeitung der Geräte beginnt mit einem Funktionstest, dabei wird der Gerätezustand begutachtet und auszuwechselnden Baugruppen festgelegt.

Komponenten, die sich während des Betriebs aufeinander abgestimmt haben, bleiben zusammen. Sie werden gekennzeichnet und gemeinsam aufgearbeitet. Dadurch erspart man eine erneute Einlaufzeit und zusätzliche Justage.

Nach dem Durchlaufen der fünf Fertigungsschritte kommt ein aufgearbeiteter Kopierer auf den Markt, der nach denselben Qualitätskriterien geprüft wurde wie ein Gerät, das ausschließlich aus Neuteilen besteht. Selbstverständlich erhalten die Geräte die volle Garantie wie ein Neugerät.

Neben der Aufarbeitung durch den Originalhersteller gibt es auf dem Markt auch Instandsetzungsunternehmen die aufgearbeitete Investitionsgüter, hier sind besonders Werkzeugmaschinen zu nennen, aber auch Gebrauchsgüter zu einem günstigen Preis anbieten. Diese Firmen haben erkannt, dass nicht das Shreddern und stoffliche Recycling alter Produkte sondern das zerstörungsfreie Demontieren und Wiederverwenden von Bauteilen vorteilhaft ist.

6

Unternehmen, die ihre instandgesetzten Markenprodukte mit Leasingverträgen wieder auf den Markt bringen, gleichen den eventuellen Produktionsrückgang bei der Neuproduktion dadurch aus, dass sie von der Langlebigkeit ihrer Produkte profitieren.

Wichtig ist allerdings, dass der Kunde die Gleichwertigkeit von Neu- und Aufarbeitungsgerät akzeptiert.

6.5 Recycling nach Produktgebrauch

Am Ende der Produktlebensdauer steht die Auflösung der Produktgestalt und damit die stoffliche Verwertung der Werkstoffe an.

Recycling nach Produktgebrauch wird deshalb auch als Altstoffrecycling oder Materialrecycling bezeichnet.

Der Aufbereitungsprozess besteht im allgemeinen aus den Schritten:

- Produktzerlegung mit der Wertstoff- und Schadstoffentnahme und wenn möglich eine Aufteilung in Werkstoffgruppen
- Zerkleinern des Produktes meist durch Shreddern
- Trennen der Werkstoffe
- Verhüttung, Verwertung, Deponierung der Reststofffraktion

6.5.1 Materialaufbereitung

Die Produktzerkleinerung in Shreddern mit anschließender magnetischer Separierung führt zur Rückgewinnung von Stahl und Eisen, das dann durch Wiedereinschmelzen verwertet wird.

6 Dieser Anteil beträgt etwa 70 % des zugeführten Einsatzmaterials hauptsächlich Autowracks und Weißschrott, also Herde, Kühlschränke usw. *Bild 6.5-1* zeigt die Stoffströme in einer Shredderanlage.

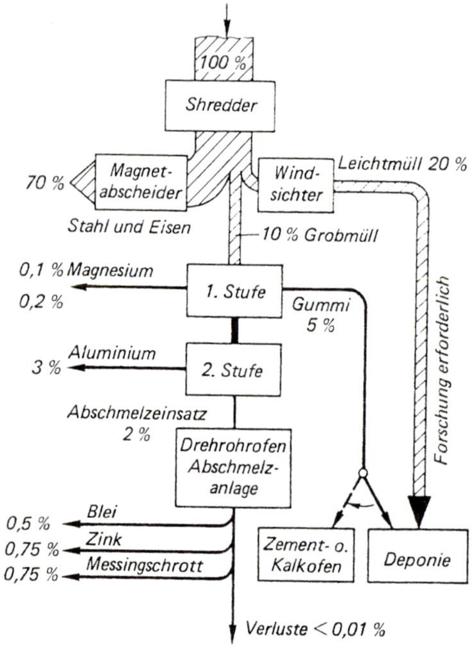

Bild 6.5-1 Stoffströme in einer Shredderanlage

Nichteisenmetalle, nichtmagnetischer Stahl und Nichtmetalle werden durch Handauslese an Sortierbändern und in Schwimm-, Sinkanlagen getrennt und die Metalle einer stofflichen Verwertung zugeführt.

Die organischen und anorganischen Reststofffraktionen, auch als Shredder-Leichtfraktion bezeichnet, wird heute fast ausschließlich auf Deponien verbracht.

Eine Mengenreduzierung der Reststofffraktion kann erreicht werden, wenn vor dem Shreddern in speziellen Zerlegungsbetrieben Kunststoffe, Glas, Gummi, Schaumstoffe und die Betriebsstoffe aus Altfahrzeugen entnommen werden.

Hierzu ist allerdings notwendig, dass zerlegefreundliche Verbindungen vorliegen, damit diese Werkstoffe mit einfachen Demontagetechniken separiert werden können.

Eine Entlastung der Deponien könnten chemisch-technische Verfahren wie z. B. die Pyrolyse oder aber die energetische Nutzung der Reststoffe in Industrieanlagen bringen.

Bei der Pyrolyse werden Kunststoffabfälle in einem geschlossenen Reaktor bei Temperaturen von 700–800 °C unter Ausschluss von Sauerstoff in ihre petrochemische Rohstoffe zerlegt.

Für die Pyrolyse können sortenreine, gemischte und Kunststoffabfälle mit bis zu 20 % Fremdstoffe z. B. Metallreste aus Verbundteilen verwendet werden.

6.5.2 Beispiele für das Materialrecycling

Ein interessantes Beispiel für einen umweltfreundlichen Produktaufbau ist der im *Bild 6.5-2* dargestellte Ölfilter.

Bei dem herkömmlichen Anschraub-Wechselfilter wurde bei jedem Wechsel das komplette Filtersystem weggeworfen. Das Materialgemisch, ein Verbund aus Stahlblech, Ventilteilen, Papier, Kleber, Gummidichtungen und die im Filter verbleibende Restölmenge macht eine stoffliche Verwertung zu aufwendig und kostenintensiv.

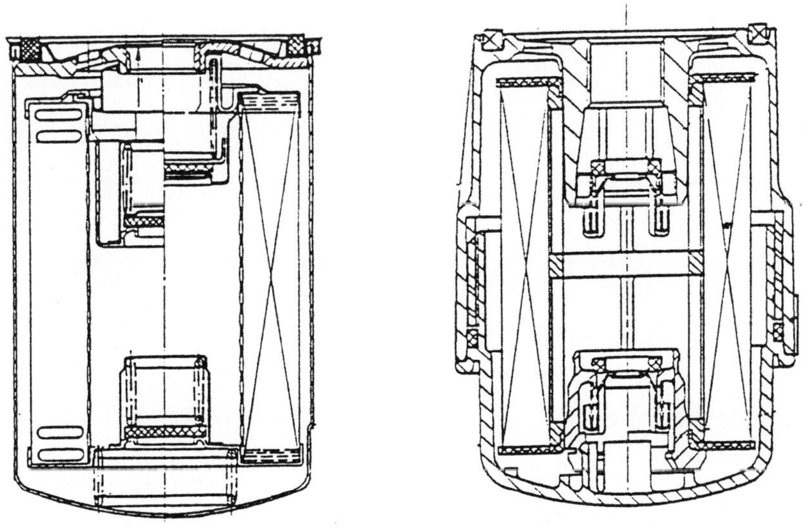

Wegwerffilter Umweltfilter

Bild 6.5-2 Ölfiltersysteme

Der Umweltfilter ist eine langlebige Altrnative zu dem bisherigen Wegwerfprodukt, ausgetauscht wird nur der Filtereinsatz, das Filtergehäuse bleibt am Motor.

Die Abfallmenge beim Umweltfilter beträgt 10 % gegenüber dem Anschraub-Wechselfilter, wobei der Filtereinsatz nicht als Abfall deponiert sondern thermisch genutzt wird.

Mit der Umstellung auf das neue Filtersystem lassen sich pro Jahr bei 40 Millionen herkömmliche Wegwerffilter etwa 15 000 t Abfall einsparen, zusätzlich verbleiben ca. 13 Millionen Liter Restöl im Wertstoffkreislauf.

Das Beispiel zeigt sehr schön die Prioritäten-Rangfolge:

Vermeiden vor Verwerten vor Entsorgen

Thermoplastische Kunststoffe bieten sich besonders für das Materialrecycling an. Voraussetzung ist allerdings, dass eine demontagefreundliche Baustruktur vorliegt, damit die Kunststoffteile wirtschaftlich ausgebaut und sortenrein gesammelt werden können. Eine Verwendung von Mischfranktionen ist je nach Zusammensetzung auf unterschiedlichem Wertniveau möglich.

Die Verträglichkeit von Thermoplasten zeigt *Bild 4.6-4* im Kapitel 4.6.

In der Automobilindustrie wird eine Vielzahl von Kunststoffteilen ohne Qualitätseinbußen aus Sekundärwerkstoffen hergestellt. Hierzu gehört unter anderem die komplette Kofferraum-, Radlauf-, Unterbodenverkleidung, Kabelkanäle usw.

Die im *Bild 6.5-3* dargestellte Ersatzradhalterung, Ladekanteverkleidung und Kabelkanalabdeckungen sind aus PP-Rezyklatmaterial und haben eine Stückmasse von 230 bis 530 Gramm.

Das Rezyklat besteht aus Produktionsabfällen und sortenrein gesammelten Kunststoffteilen z. B. aus Altfahrzeugen.

Nach einer Reinigung und Zerkleinerung beim Rohstoffhersteller kommt es als Granulat wieder in den Materialkreislauf.

6

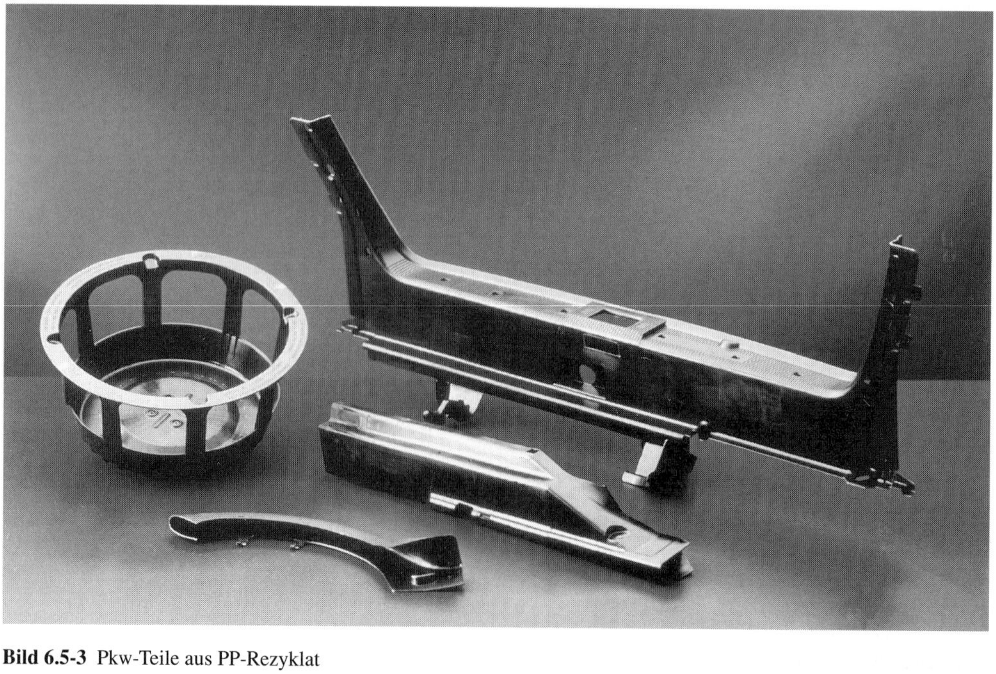

Bild 6.5-3 Pkw-Teile aus PP-Rezyklat

Für ausgehärtete Duroplaste kann ein Partikelrecycling durchgeführt werden. Bei diesem stofflichen Recycling werden Duroplaste in geshredderter oder gemahlener Form als Verstärkungs- und Füllstoff wieder in den Produktionsprozess eingebracht.

Der Einlegeboden für einen Pkw-Kofferraum, siehe *Bild 6.5-4* ist in Sandwichtechnik aufgebaut.

Bild 6.5-4 Einlegeboden mit Partikelrecyclingmaterial

Zwei mit PUR-Trägermaterial besprühte Glasfasermatten decken einen Wabenkarton ab. Die Wabenhohlräume werden vor dem Auflegen der oberen Matte mit kleingeshreddertem duroplastischen Recyclingmaterial gefüllt.

Im beheizten Presswerkzeug härtet das Polyurethan dann aus.

Ein wesentlicher Vorteil der Sandwichbauweise liegt in der hohen Steifigkeit bei geringem Gewicht.

Abprägungen im Randbereich und kaschieren mit Stoff ist ohne besonderen Aufwand durchführbar.

6.6 Literatur

VDI-Richtlinien

1. VDI-Richtlinie 2222 Konstruktionsmethodik
2. VDIRichtlinie 2243 Konstruieren recyclinggerechter technischer Produkte
3. Hornbogen,Bode, Donner, Recycling Materialwissenschaftliche Aspekte Springer Verlag
4. Menges, Recycling von Kunstoffen Carl Hanser Verlag 1992
5. *Pahl / Beitz,* Konstruktionslehre Springer, Berlin 1997
6. Weege, Recyclinggerechtes Konstruieren VDI-Verlag, Düsseldorf 1981
7. Wimmer, Recyclinggerecht konstruieren mit Kunststoffen Hoppenstedt Technik Tabellen Verlag 1992

Bildquellennachweis:

1. DaimlerChrysler, Stuttgart
   Bilder 6.1-2, 6.3-3, 6.5-3
2. Hewlett-Packard,
   DMT GmbH, Böblingen
   Bilder 6.2-1, 6.2-2, 6.2-3

3. BMW, München
   Bilder 6.2-4, 6.2-5
4. Wilkhahn, Bad Münder
   Bilder 6.2-6, 6.2-7
5. Bauknecht, Schorndorf
   Bilder 6.2-8, 6.2-9
6. Agfa-Gevaert, Leverkusen
   Bild 6.2-11
7. Bosch-Siemens Hausgeräte, München
   Bilder 6.2-12, 6.2-13
8. Frech, Schorndorf/Weiler
   Bild 6.3-1
9. Metabo, Nürtingen
   Bild 6.3-2
10. VDI-Richtlinie 2243 Konstruieren recyclinggerechter technischer Produkte
    Bild 6.4-1, 6.5-1
11. Kärcher, Winnenden
    Bild 6.4-2
12. Müller Weingarten, Esslingen
    Bilder 6.4-3, 6.4-4
13. Kodak Remanufacturing, Mühlhausen/Gruibingen
    Bild 6.4-5
14. Knecht, Bad Cannstatt
    Bild 6.5.2
15. Magna-Pebra, Esslingen-Altbach
    Bild 6.5-4

Anhang

Anhang

1. Grundlagen des methodischen Konstruierens

A1-1 Grundoperationen und Elementarfunktionen von Maschinen, Apparaten und Geräten nach *Koller*

Grundoperation		Elementarfunktionen						Inverse Grundoperation	
		Stoff		Energie		Signal			
	Symbol	Symbol	Beispiel	Symbol	Beispiel	Symbol	Beispiel	Symbol	
Emittieren	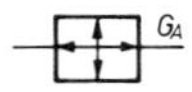	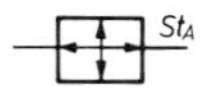	Emittieren von Kraftstoff aus Kraftstoffbehälter	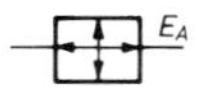	Emittieren von γ-Strahlen bei radioaktivem Präparat	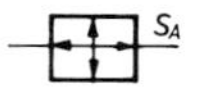	Emittieren von Lichtstrahlen bei Signallampe	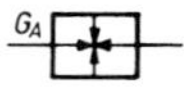	Absorbieren
Leiten	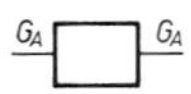	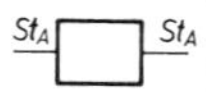	Leiten von Wasser durch Ventil (Inverse Funktion Abdichten)		Leiten von Wärme in Wärmeaustauscher	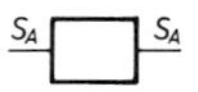	Leiten von Signalen mittels Telefonleitung		Isolieren
Sammeln	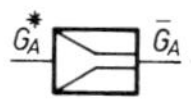	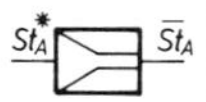	Sammeln von Schüttgut mittels Trichter	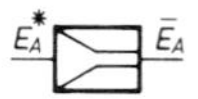	Sammeln von Lichtenergie durch Sammellinse	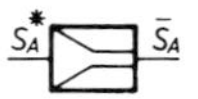	Sammeln von Radiosignalen durch Radarschirm	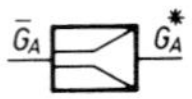	Streuen
Führen	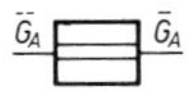	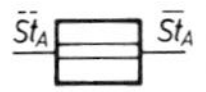	Führen von Wasser in Rohrleitung (Inverse Funktion: Nicht gef. Wasserstrahl)		Führen des Drehmomentes durch eine Getriebewelle	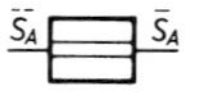	Führen eines Radiosignals durch Richtantenne		Nichtführen
Wandeln	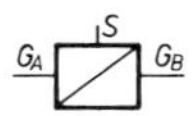	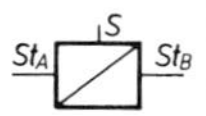	Wandeln des Aggregatzustandes durch Erstarren	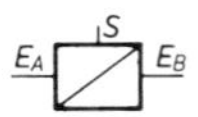	Wandeln von elektr. in mechan. Energie mittels E-Motor	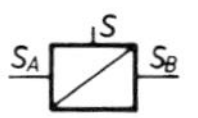	Wandeln von elektr. Signal in mechan. Signal in elektr. Meßgeräten	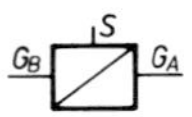	Rückwandeln
Vergrößern	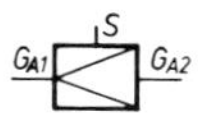	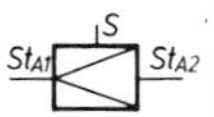	Vergrößern des Volumens durch Wärmeausdehnung	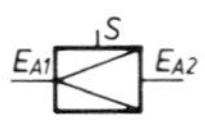	Vergrößern des Drehmomentes durch Getriebeübersetzung	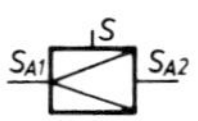	Vergrößern elektr. Signale durch elektr. Verstärker	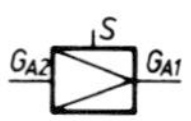	Verkleinern

A1-1 (Fortsetzung)

Grundoperation	Symbol	Elementarfunktionen Stoff Symbol	Stoff Beispiel	Energie Symbol	Energie Beispiel	Signal Symbol	Signal Beispiel	Inverse Grundoperation Symbol	
Richtungs-ändern	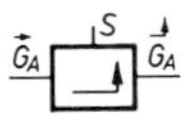	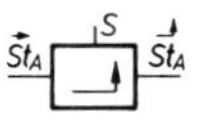	Richtungsändern einer strömenden Flüssigkeit in Rohr Rohrleitung	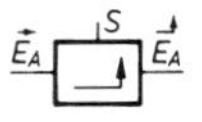	Richtungsändern des Momentenflusses durch Kegeltrieb	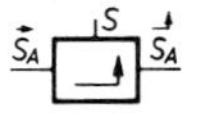	Richtungsändern eines Lichtsignals durch optisches Prisma	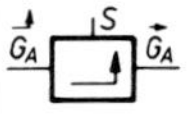	Richtungs-ändern
Richten	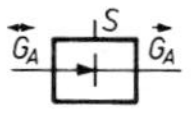	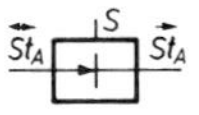	Richten eines Flüssigkeitsstromes durch Rücksperrventil	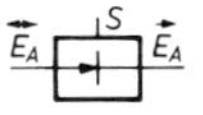	Richten eines elektr. Stromes durch Gleichrichter	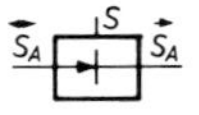	Richten von Lichtsignalen durch Totalreflexion beim Glasfiberstab	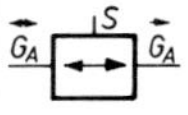	Oszillieren
Koppeln	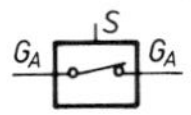	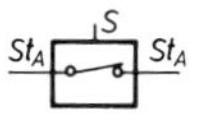	Koppeln von Bauteil und Vorrichtung	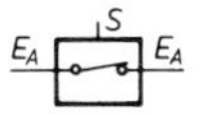	Koppeln von Motor und Getriebe mittels Schaltkupplung	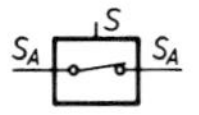	Koppeln von Signalinput u. -output mittels Schließerschaltung	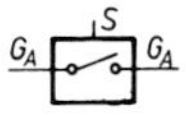	Unterbrechen
Verbinden	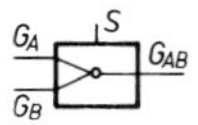	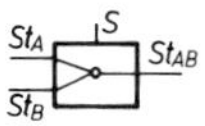	Verbinden von Stoff A und Stoff B in Mischvorrichtung	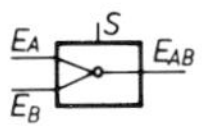	Verbinden von mechanischer Schaltenergie u. hydraul. Energie beim Servoventil	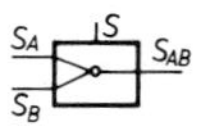	Verbinden von Strom- und Zeitsignal bei Oszillograph	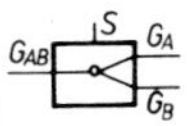	Trennen
Fügen	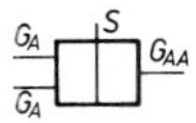	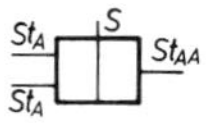	Fügen von Stahl und Stahl durch Schweißen	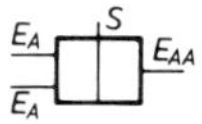	Fügen von Drehmomenten in Leistungsverzweigenden Getrieben	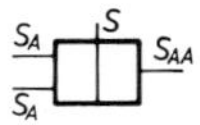	Fügen von Basissignal u. Emittersignal bei PNP-Transistor	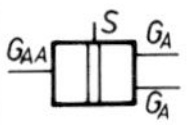	Teilen
Speichern	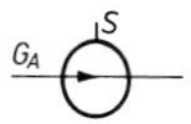	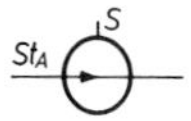	Speichern von Brenngas in Gasflasche	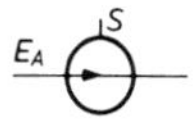	Speichern von elektr. Energie in Kondensator	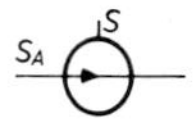	Speichern von Informationen auf Tonband	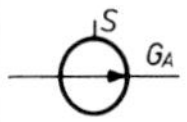	Entspeichern

7

A1-2 Physikalische Effekte für die Elementarfunktion „Energie wandeln“ nach *Koller*

Elementar-funktion	input	output	Physikalische Effekte 1	2	3	4	5	6	...
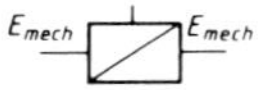	Kraft, Druck, Drehmoment	Länge, Winkel	Hooke (Zug, Druck, Biegung)	Hooke (Schub, Torsion)	Auftrieb, Querkon-traktion	Boyle-Mariotte	Coulomb I und II	...	...
		Geschwin-digkeit	Energiesatz	Impulssatz (Drall)	Drallsatz (Kreisel)	...	...	...	...
		Beschleuni-gung	Newton-Axiom	...	...	...	...	...	...
	Länge, Winkel	Kraft, Druck, Dreh-moment	Hooke (Zug, Druck, Biegung)	Hooke (Schub, Torsion)	Gravitation Schwerkraft	Auftrieb	Boyle-Mariotte	Kapillare	...
			Coulomb I und II	...	...	...	...	...	...
	Geschwindig-keit	Kraft, Druck, Dreh-moment	Corioliskraft	Impulssatz	Magnuseffekt	Energiesatz	Zentrifugal-kraft	Wirbelstrom	...
	Beschleuni-gung	Kraft, Druck, Dreh-moment	Newton-axiom	...	...	...	...	...	...
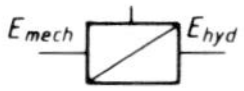	Kraft, Länge, Geschwindig-keit, Druck	Geschwin-digkeit, Druck	Bernoulli	Zähigkeit (Newton)	Torricelli	Gravitations-druck	Boyle-Mariotte	Impulssatz	...
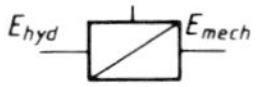	Geschwindig-keit	Kraft, Länge	Profilauf-trieb	Turbulenz	Magnus-effekt	Strömungs-widerstand	Stromdruck	Rückstoß-prinzip	...

A1-2 (Fortsetzung)

Elementarfunktion	input	output	Physikalische Effekte 1	2	3	4	5	6	...
E_{mech} → E_{therm}	Kraft, Geschwindigkeit	Temperatur, Wärmemenge	Reibung (Coulomb)	1. Hauptsatz	Thomson-Joule	Hysterese (Dämpfung)	Plastische Verformung	...	...
E_{therm} → E_{mech}	Temperatur, Wärmemenge	Kraft, Druck, Länge	Wärmedehnung	Dampfdruck	Gasgleichung	Osmotischer Druck	...	...	...
E_{mech} → E_{elektr}	Kraft, Länge, Geschwindigkeit, Druck	Spannung, Strom	Induktion	Elektrokinetischer Effekt	Elektrodynamischer Effekt	Piezoeffekt	Reibungselektrizität	Kondensatoreffekt	...
E_{elektr} → E_{mech}	Spannung, Strom, Feld, magn. Feld	Kraft, Geschwindigkeit, Druck	Biot-Savart-Effekt	Elektrokinetischer Effekt	Coulomb I-Effekt	Kondensator-Effekt	Johnsen-Rhabeck-Effekt	Piezoeffekt	...
E_{elektr} → E_{therm}	Spannung, Strom	Temperatur, Wärmemenge	Joulsche Wärme	Peltiereffekt	Lichtbogen	Wirbelstrom	...	...	...
E_{therm} → E_{elektr}	Temperatur, Wärmemenge	Spannung Strom	Elektrische Leitung	Thermoeffekt	Thermische Emission	Pyrolektrizität	Rauscheffekt	Halbleiter, Supraleiter	...

7

A1-3 Physikalische Effekte für die Elementarfunktion „Elektrische Energie in mechanische Energie wandeln“ nach *Koller*

Lfd. Nr.	Physikalischer Effekt: Effekt	Physikalischer Effekt: Anordnung	Physikalischer Effekt: Gleichung	Größe der erzeugbaren Kraft	Arbeitsvermögen der Kraft	Anwendungsbeispiele
1	Coulomb I-Effekt	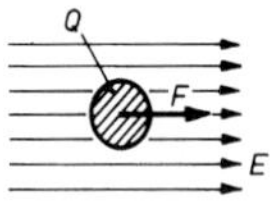	$F = Q \cdot E$	sehr klein	ja	Elektrostat. Meßgeräte, Kathodenstrahloszillograph
2	Kondensator-Effekt	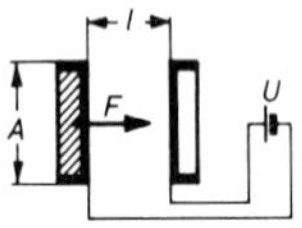	$F = \frac{1}{2} \cdot \epsilon \cdot \epsilon_0 \cdot \frac{U^2}{l^2} \cdot A$ ϵ_0 = elektr. Feldkonstante ϵ = Dielektrizitätskonstante	mittel	ja	elektrostatisches Voltmeter
3	Biot-Savart-Effekt	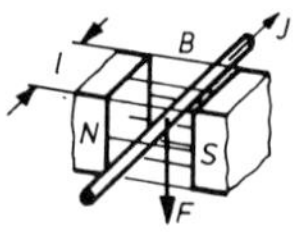	$F = J \cdot l \cdot B$	groß	ja	Elektromotor, Lautsprecher, Drehspulmeßwerke
4	Johnsen-Rhabeck-Effekt	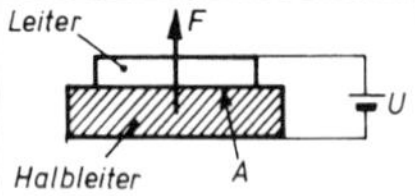	$F = k \cdot U^2 \cdot A$ k = Systemkonstante	groß	ja sehr klein	Schnellschaltbremse
5	Piezo-Effekt	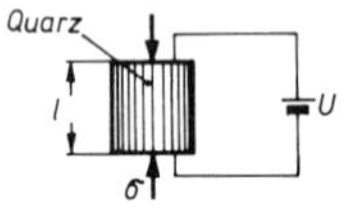	$\sigma = \frac{U}{g \cdot l}$ g = Piezoelektrische Spannungskonstante	klein	ja sehr klein	Quarzoszillatoren, Quarzresonatoren
6	Dielektrikum im inhomogenen Feld	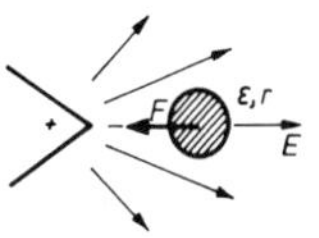	$F = \frac{r^3}{2} \cdot \frac{\epsilon - 1}{\epsilon + 2} \cdot \frac{dE}{ds}$ ϵ = Dielektrizitätskonstante s = Weg	sehr klein	ja sehr klein	Elektroentstauber

A1-4 Hauptschritte des methodischen Konstruierens

a) Vorgehensplan für die Entwicklung von Neukonstruktionen. Bei Anpassungs- und Variantenkonstruktionen kann die Phase Konzipieren oder einzelne Arbeitsschritte wegfallen

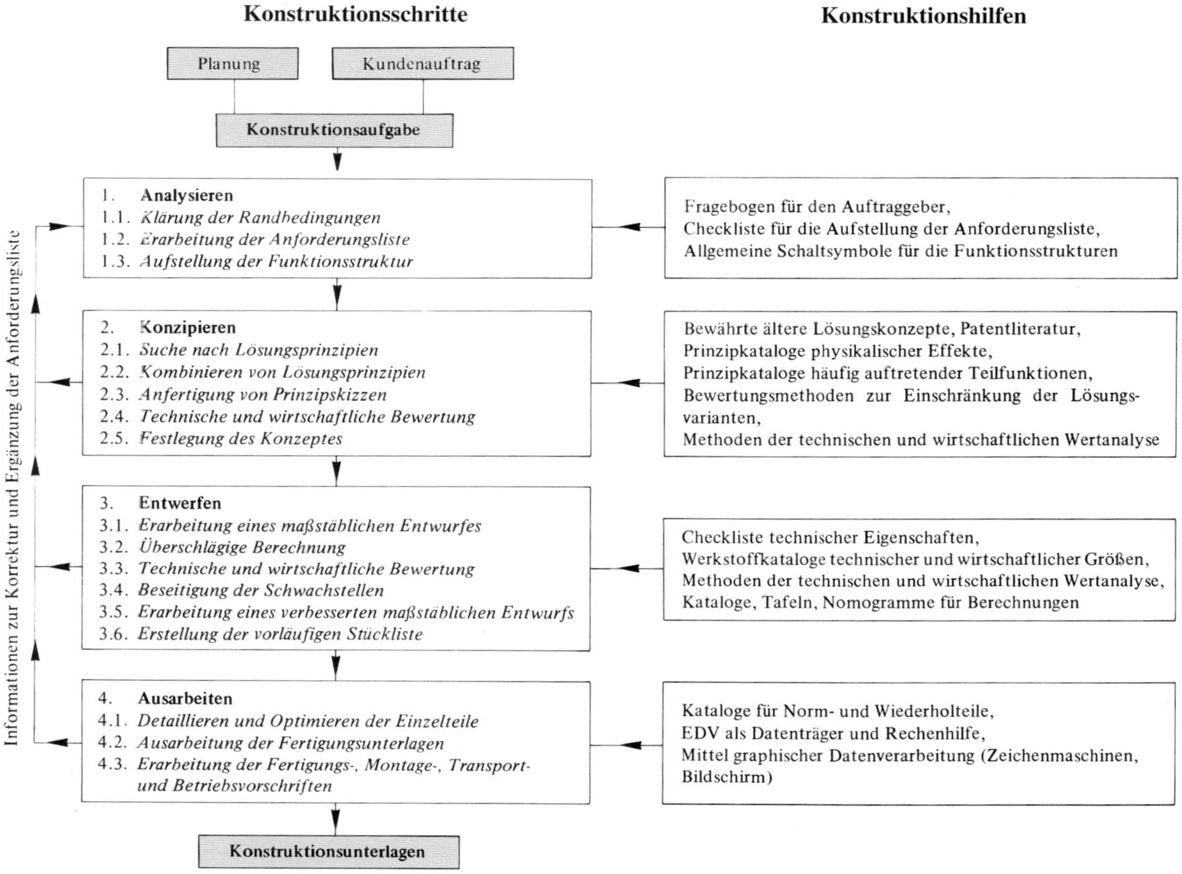

7

A1-4 Hauptschritte des methodischen Konstruierens

b) Zugeordnete Methoden und Hilfsmittel

Methoden und Hilfsmittel / Hauptschritte nach Vorgehensplan	Planen	Konzipieren	Entwerfen	Ausarbeiten
Trendstudien, Marktanalyse	●			
Brainstorming, Synectic	●	●		
Bewertungsmethoden		●	●	○
Iterative Methode		●	○	○
Dialogmethode		●	○	○
Analyse bekannter Konstruktionen		●	○	○
Morphologischer Kasten		●	○	
Arbeiten mit Katalogen		●	●	○
Technisch-wirtschaftl. Bewerten		○	●	
Netzplantechnik		○	●	●
Deuten mathematischer Funktionen		○	○	
Funktionsstruktur		●		
Bemessungslehre		○	○	●

● vorwiegend ○ seltener

A1-5 Fragebogen für Anpassungs- und Variantenkonstruktionen; Fragebogen der Zahnradfabrik Friedrichshafen AG

Fragebogen
ZF-Lamellen-Selbstsperrdifferential
Lok-O-Matic

1. Firma:

Abteilung: .... Sachbearbeiter: ....

Anfrage über .... Stück ZF-Selbstsperrdifferentiale pro Monat/Jahr *

2. für Fahrzeugart und Typ: .... Einsatzart: ....

Motorleistung: .... kW bei n = ... min^{-1}; Motordrehmoment: max .... Nm bei n = ... min^{-1}

(Wurde oder wird das derzeitige Seriendifferential mit gleichen Anschlußmaßen auch in anderen Fahrzeugtypen Ihrer Fertigung verwendet? Wenn ja, in welchen? ....

....)

3. Übersetzung des Schaltgetriebes:

im 1. Gang i = ... im höchsten Gang i = ... im R.-Gang i = ...

(bei Getrieben mit hydrodyn. Drehmomentwandler: max Drehmomentsteigerung des Wandlers = ...)

4. Übersetzung des nachgeschalteten Gruppen- oder Verteilergetriebes:

im Straßengang i = ... im Geländegang i = ...

5. Übersetzung:	der vorderen Antriebsachse	der hinteren Antriebsachse
im Achsmitteltrieb	i = ...	i = ...
Bauart	Kegeltrieb/Stirntrieb *	Kegeltrieb/Stirntrieb *
im Achsseitentrieb	i = ...	i = ...
Bauart	Stirntrieb/Planetentrieb *	Stirntrieb/Planetentrieb *
6. Achsbelastung:	max ...... kg	max ...... kg
Reifengröße	....	....
Bereifung	Einfach/Doppel *	Einfach/Doppel *
dyn. Halbmesser	.... mm	.... mm
kleinster Spurkreisradius		
des inneren Rades	.... m	.... m
des äußeren Rades	.... m	.... m

7. Gewünschter wirksamer Sperrwert des Differentials im Fahrzeug (mit/ohne Lamellenvorspannung) *

ca. 25 % (Sonderausführung z.B. für Lenkachsen) — ca. 40 % (Normal-Ausführung) — ca. 75 % (Sonderausführung z.B. für Sportfahrzeuge)

8. Wir bitten, zur Festlegung der Differential-Anschlußmaße für den wahlweisen Austausch mit dem Serien-Differential bzw. für einen nachträglichen Einbau, dem ausgefüllten Fragebogen Zeichnungen über den Differentialkorb und die Achskegelräder sowie eine Schnittzeichnung des Achstriebes in zweifacher Ausfertigung beizufügen, um unnötige Rückfragen zu vermeiden. Für mehrachs-angetriebene Fahrzeuge wird auch ein Antriebsschema benötigt (für eine entsprechende Schemaskizze kann die Rückseite benützt werden).

* Nichtzutreffendes bitte streichen!

....

Ort, Datum — Unterschrift bzw. Firmenstempel

F 42442/RT 3046-372

ZAHNRADFABRIK FRIEDRICHSHAFEN AG

WERK SCHWÄBISCH GMÜND

7

A1-6 Checkliste technischer Eigenschaften für das Sammeln von Informationen, für die Erstellung der Anforderungsliste und für die technische Bewertung von Konstruktionen

1.	**Geometrische Eigenschaften** Abmessungen, Anordnung, Anschluß, Anzahl,	Ausbaufähigkeit, Bauvolumen, Form, ...
2.	**Mechanische Eigenschaften** Bewegungsart und -richtung, Dämpfung, Festigkeit, Flächenpressung, Gewicht, Kraftgröße, -richtung und -häufigkeit,	Last, Massenwirkungen, Resonanz, Schwingungsverhalten, Stabilität, Ungleichförmigkeit, Verformung, ...
3.	**Energetische Eigenschaften** Anschlußgrößen, Energieumformung, Erwärmung, Kühlung,	Leistung, Materialfluß und -transport, Reibung, Wirkungsgrad, ...
4.	**Stoffliche Eigenschaften** Eigenschaften der Eingangs- und Ausgangsprodukte, Eigenschaften der Betriebs- und Hilfsstoffe, Korrosionseigenschaften,	Aufbereitung von Betriebs- und Hilfsstoffen, Vorschriften über Werk-, Betriebs- und Hilfsstoffe, ...
5.	**Ergonomische Eigenschaften** Arbeitssicherheit, Bedienbarkeit, Bedienungsart,	Design, Übersichtlichkeit, Umweltschutz, ...
6.	**Herstelleigenschaften** Anforderungen an Qualität, Aufwand für Qualitätskontrolle, besondere Vorschriften,	Nutzbarkeit der bestehenden Fertigungs- u. Montageeinrichtungen, ...
7.	**Transporteigenschaften** Bedingungen für Transport und Montage, Verpackung,	Lagerraum, ...
8.	**Gebrauchseigenschaften** Austauschbarkeit, Betriebssicherheit, besondere Einsatzbedingungen (Korrosion, Kavitation), Explosionsschutz, Geräuscharmut,	Lebensdauer, Reinigung, Strahlenschutz, Tropenfestigkeit, Wartungsbedingungen, Zerlegbarkeit, ...
9.	**Wirtschaftliche Eigenschaften** zulässige Herstellkosten, erforderliche Investitionen,	Kosten für Werkzeuge, Modelle, Versuchsaufwand, ...
10.	**Termine** Abschlußtermin für Entwicklung, Liefertermin,	Netzplan, ...

Achtung! Die Liste dient nur der Anregung; sie erhebt keinen Anspruch auf Vollständigkeit.

A1-7 Formblatt zum Erstellen von Anforderungslisten

Firma	Anforderungsliste für	Blatt: Seite:

Änderung	Anforderungen	Verantwl.

	Ersetzt Ausgabe vom ______________	

A1-8 Wichtige Elementarfunktionen für den Umsatz von Energie, Stoffen und Signalen

Umsatz	Elementarfunktion	Beispiel
Energieumsatz	Energie leiten	Leiten eines Drehmomentes mittels einer Welle
	Energie speichern	Kinetische Energie mittels Feder speichern
	Energie wandeln	Elektrische in mechanische Energie wandeln mittels Elektromotor
	Energie mit Signal verbinden	Elektrische Energie mittels Relais einschalten
Stoffumsatz	Stoff leiten	Transport von Rohöl mittels Pipeline
	Stoff speichern	Kohle einbunkern
	Stoff wandeln	Schmelzen von Metallen zwecks Legierungsbildung
	Stoff mit Stoff verbinden	Mischen von Stoffen
	Stoff mit Energie verbinden	Bewegen von Stoffen in einem Rührwerk
	Stoff mit Signal verbinden	Kühlmittel zulaufen lassen
Signalumsatz	Signal leiten	Nachrichtenübertragung mittels Telefonleitung
	Signal speichern	Daten speichern mittels Flip-Flop-Element
	Signal wandeln	Elektrisches in mechanisches Signal wandeln
	Signal mit Energie verbinden	Meßgröße verstärken

A1-9 Lösungskatalog für die Funktion „Kraft einstufig mechanisch vervielfältigen"
Quelle: Roth/Franke/Simonek, Konstruktion 24 (1972), H. 11, S. 453

Gliederungsteil		Hauptteil			
Allgemeine Funktionen	Spezieller Effekt	Gleichung	Anordnungsbeispiel	Lfd. Nr.	Verstärkungsfaktor V
1	2	1	2		1
Energiewandelnde Systeme 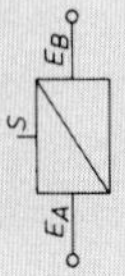	Keil	$F_2 = F_1 \cdot \cot(\alpha + 2\rho)$	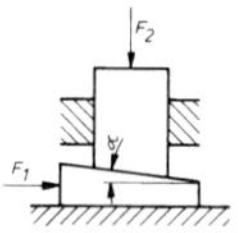	1	$V = \cot(\alpha + 2 \cdot \rho)$ $V_{max} \approx 10$
	Kniehebel	$F_2 = F_1 \cdot \cot\alpha$	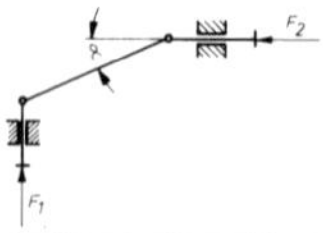	2	$V = \cot\alpha$ $V_{max} \to \infty$
	Hebel	$F_2 = \frac{l_1}{l_2} \cdot F_1$	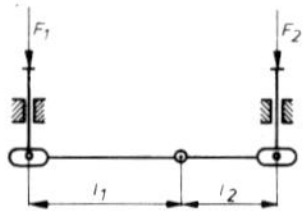	3	$V = \frac{l_1}{l_2}$ $V_{max} \to \infty$
	Flaschenzug	$F_2 = F_1 + F_0$	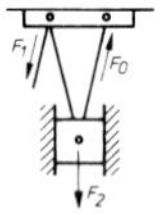	4	$V = 2 \cdot n$ n = untere Ösenzahl $V_{max} \approx 8$
	Druck in Flüssigkeiten und Gasen	$F_2 = F_1 \cdot \frac{A_2}{A_1}$	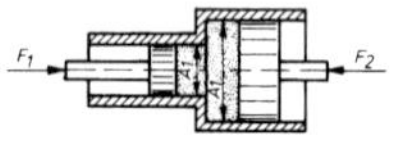	5	$V = \frac{A_2}{A_1}$ V_{max} begrenzt durch Dichtprobleme
Energieverbindende Systeme 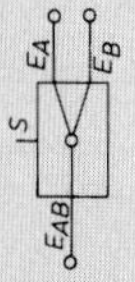	Reibung	$F_2 = \frac{1}{\mu} \cdot F_1$	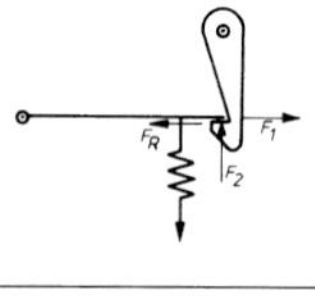	6	$V = \frac{1}{\mu}$
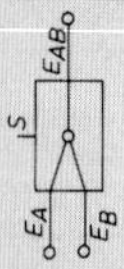	verschiedene Federkonstanten	$F_2 = \frac{1}{\frac{1}{\nu} \cdot \frac{C_1}{C_2} + \nu} \cdot F_1$		7	$V = \frac{1}{\frac{1}{\nu} \cdot \frac{C_1}{C_2} + \nu}$
Energiespeichernde Systeme 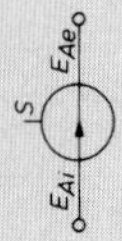	Hammerwirkung	$F_2 = \frac{\Delta t_1}{\Delta t_2} \cdot F_1$	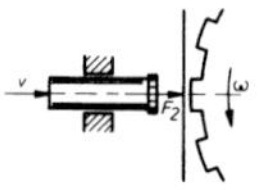	8	$V = \frac{\Delta t_1}{\Delta t_2}$
	Rückstoßwirkung	$F_2 \approx 2 \cdot F_1$	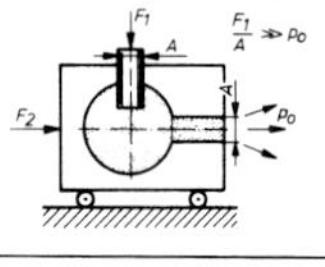	9	$V \approx 2$

Zugriffsteil				
Hub s	Einfluß der Reibung auf Verstärkung	Baulänge l	Anzahl der Führungen (1 Freiheit)	zusätzliche Eigenschaften
2	3	4	5	6
$s_{2\,max} = \frac{1}{V} \cdot l$	steigender Reibbeiwert mindert die Verstärkung	$l = V \cdot s_{2\,max}$	3 Schubführungen	Bewegungs sperrung in einer Richtung für $\alpha < \rho$
$s_{2\,max} \approx 0{,}6 \cdot l$	geringer Einfluß der Reibung infolge von Drehgelenken	$l \approx 1{,}7 \cdot s_{2\,max}$	2 Schubführungen + 2 Drehführungen	progressive Kraftverstärkung
$s_{2\,max} \approx 2 \cdot l_2$		$l = l_1 + l_2$	2 Schubführungen + 1 Drehführung	Übertragung unbegrenzter Bewegung möglich (Verwendung des Rades)
abhängig von Seillänge	Reibung begrenzt die maximale Verstärkung	$l > s_{2\,max}$	1 Schubführung	einfache Kraftleitung und Richtungsumlenkung möglich
	geringer Einfluß der Reibung durch Wahl eines geeigneten Mediums	keine besonderen Angaben möglich	2 Schubführungen	
$S_{2\,max}$ entspricht dem Federweg	erhöhte Reibung mindert die Verstärkung		2 Drehführungen	Energiespeicher erforderlich
$s_2 \to 0$	Reibung hat kaum Einfluß auf Verstärkung		2 Drehführungen	Energiespeicherung
			je nach Ausführung	nachhaltige Kraftwirkung
s_2 = klein	erhöhte Reibung mindert die Verstärkung		–	für beliebig bewegte Systeme verwendbar

A1-10 Kostenschema für Zuschlagkalkulation

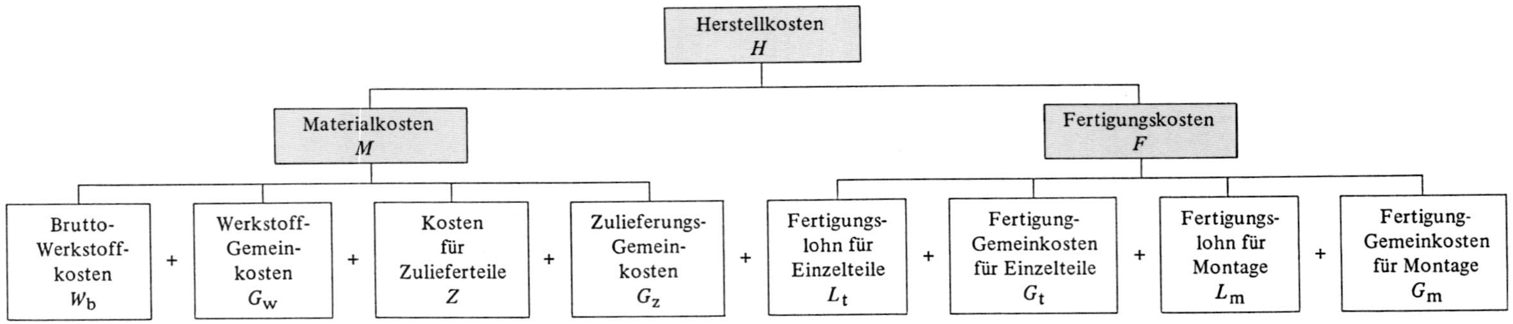

$$M = (1 + g_w) \cdot (k_{v1} \cdot V_{b1} + k_{v2} \cdot V_{b2} + \ldots + k_{vn} \cdot V_{bn}) + (1 + g_z) \cdot (Z_1 + Z_2 + \ldots + Z_m)$$

$$F = (1 + g_t) \cdot (L_{t1} + L_{t2} + \ldots + L_{tn}) + (1 + g_m) \cdot (L_{m_1} + L_{m_2} + \ldots + L_{m_m})$$

A1-11 Maßnahmen gegen Bedienungsfehler

Bedienungsfehler	Gegenmaßnahmen
Einschalten vor der Betriebsbereitschaft	Sperrung des Motorschalters in Abhängigkeit von Funktionsparametern
Überlastung von Antrieben	Anbringung von Rutschkupplungen oder Scherstiften im Kraftfluß
Falsche Verbindung von Leitungen	Anbringung unterschiedlicher Anschlußkupplungen
Fehlschaltungen an Schaltpulten	Verriegelungen
Beseitigung von Schutzgittern	Anbringung von außen unzugänglicher Schalter

A1-12 Empfehlungen für die Formgebung technischer Produkte

Maßnahme	Ästhetischer Effekt
Kompakte Bauweise	Raumsparender Eindruck; Wirkung von Einfachheit; klare Gliederung
Ordnung im Gesamtaufbau	Gute Übersichtlichkeit; Eindruck von Einfachheit der Handhabung; ruhig wirkende Konturen
Übersichtliche Anordnung der Funktions-, Bedienungs- und Überwachungselemente	Schnelle Erfaßbarkeit aller Funktions-, Bedienungs- und Überwachungsteile; Eindruck der Bedienungsfreundlichkeit; einfache und einheitliche Gesamterscheinung
Einfache und einheitliche Form	Eindruck geringer Zahl von Funktionselementen; ruhiger und solider Gesamteindruck
Funktionsgerechte Formgebung	Eindruck der Funktions- und Festigkeitsgerechtigkeit
Werkstoff- und Fertigungsgerechtigkeit	Technischer Eindruck durch Wirkung unverfälschter Formen und Oberflächenstruktur; natürlicher Metallglanz der Werkstoffe

A1-13 Beispiele für Störgrößen

Störgrößen	Beispiele
input-Schwankungen	Maßtoleranzen spanend zu bearbeitender Rohlinge; Schwankungen in der Energieversorgung von Antriebsaggregaten
von außen einwirkende Störungen	Schwankungen der Raum- oder Maschinentemperatur; Staubeinwirkung; Luftzug; Feuchtigkeit; Erschütterungen
nach außen wirkende Störungen	Geräusche; Wärme; Erschütterungen; Abgase
Störungen durch unvollkommene Funktionen	durch Schwankungen der Stellgrößen verursachte Schwankungen der Wirkgrößen; Abweichungen des realen physikalischen Geschehens vom idealen physikalischen Prinzip
output-Schwankungen	Schwankungen der Produktqualität; Schwankungen der Produktmenge; Schwankungen der Produkt-Istmaße

A1-14 Konstruktionsvorschriften

Konstruktionsvorschriften	Beispiele
DIN-Normen	Grundnormen; Werkstoffnormen; Formnormen; Normen von Bauelementen; Armaturnormen
Regeln der Technik	VDI-Richtlinien; TÜV-Richtlinien; VDE-Richtlinien; VGB-Richtlinien; DVGW-Richtlinien
Unfallverhütungsvorschriften	Vorschriften der Berufsgenossenschaften
Bauvorschriften für Kraftfahrzeuge	StVZO und StVZO-Anlagen
Patente, Gebrauchsmuster, Warenzeichen, Geschmacksmuster	Patentrecht; Gesetz über Arbeitnehmererfindungen
Versicherungsbedingungen	Vorschriften für Transport; Verhaltensweisen bei Maschinenschäden u. -störungen
Feuerpolizeiliche Vorschriften	
Immissionsgesetz	
Strahlenschutzverordnung	

2. Das werkstoffgerechte Gestalten

A2-1 Technische und wirtschaftliche Kenngrößen für die Werkstoffwahl Allgemeine Baustähle – DIN EN 10025 für Halbzeug und Schmiedestücke

Werkstoff	Statische Festigkeitswerte R_m $\frac{N}{mm^2}$ $\geqq$	R_{eH} $\frac{N}{mm^2}$ $\geqq$	A_5 % $\geqq$	Technologische Eigenschaften Schw	Ih	Zerspanbark. ∇	∇∇	Formnormung	Relative Werkstoffkosten k_v^* Maße klein	mittel	groß	Eigenschaften Anwendung
S235JRG1 (zu bevorzugen)	370	235	25	2	–	1,0	1,4	⊘ DIN 1013, ▨ DIN 1014	1,2	1,0	1,05	Für einfache Bau-
								⬢ DIN 1015	1,05	1,05	1,1	teile, Schmiede-
								▭ DIN 1017	1,3	1,1	1,15	stücke, Wellen,
								T EN 10055, I DIN 1025				Bolzen. Als Stab-
								[DIN 1026, L EN 10056-1	1,1	1,0	1,0	und Formstahl zu
								Bleche DIN 1542				bevorzugen.
					–	–	–	EN 10029	1,05	1,05	1,05	Für Schweißteile
					–	–	–	EN 10051	1,05	1,05	1,1	niedriger Be-
	370	220	18	2				EN 10131	1,25	1,15	1,15	lastung geeignet.
S235JRG3	370	235	25	1	–	1,0	1,4	⊘ DIN 1013, ▨ DIN 1014	1,35	1,15	1,25	Für Schweißkon-
								⬢ DIN 1015	1,35	1,25	1,4	struktionen mit
								▭ DIN 1017	1,45	1,25	1,25	höherer dynamischer
								T EN 10055, I DIN 1025				Beanspruchung zu
								[DIN 1026, L EN 10056-1	1,2	1,1	1,1	bevorzugen.
								Bleche DIN 1542	1,4	1,4	1,4	
								EN 10029	1,3	1,25	1,35	
S275JR	440	275	22	3	–	1,0	1,4	⊘ DIN 1013, ▨ DIN 1014	1,25	1,05	1,1	Für einfache
								Bleche DIN 1542				Schmiedestücke mit
								EN 10029	1,5	1,25	1,2	wenig Bearbeitung;
								EN 10051	1,1	1,1	1,1	ebenfalls für Bolzen
								EN 10131	1,1	1,1	1,2	und Wellen.
E295 (zu bevorzugen)	500	295	20	4	4	0,7	1,0	⊘ DIN 1013, ▨ DIN 1014	1,3	1,1	1,15	Vorzugsstahl für
								▭ DIN 1017	1,4	1,2	1,25	Schmiedestücke; gut bearbeitbar. Gute Eignung für umfangreiche Zerspanung.
S355J2G3	520	355	20	2	–	0,9	1,2	⊘ DIN 1013, ▨ DIN 1014	1,4	1,2	1,3	Für Schweißkon-
								⬢ DIN 1015	1,35	1,3	1,45	struktionen hoher
								▭ DIN 1017	1,4	1,2	1,2	dynamischer Bean-
								T EN 10055, I DIN 1025				spruchung; sowohl
								[DIN 1026, L EN 10056-1	1,2	1,1	1,1	im Stahlbau als auch im Maschinen-
								Bleche DIN 1542	1,2	1,2	1,2	bau zu bevorzugen.
								EN 10029	1,2	1,2	1,35	
E335	600	335	15	5	3	0,8	1,1	⊘ DIN 1013, ▨ DIN 1014	1,3	1,1	1,1	Für Schmiedestücke höherer Festigkeit. Schwierigere Schmiedbarkeit als E295. Gute Zerspanbarkeit.

[ ] zu bevorzugen

$E = 2{,}15 \cdot 10^5 \frac{N}{mm^2}$

$G = 0{,}83 \cdot 10^5 \frac{N}{mm^2}$

Technologische Eigenschaften:

Schw = Eignung für Schmelzschweißen
Ih = Eignung für Induktionshärten
1 = sehr gut 4 = bedingt
2 = gut 5 = schwierig
3 = geeignet 6 = ungeeignet

Abbrennstumpfschweißen:
Alle Stähle geeignet

Relative Werkstoffkosten:

$$k_v^* = \frac{k_v}{k_{v_0}}$$

k_{v_0} = spezif. Werkstoffkosten in $\frac{€}{cm^3}$ für warmgewalzten Rundstahl S235JRG1 mittlerer Abmessungen

7

A2-2 Technische und wirtschaftliche Kenngrößen für die Werkstoffwahl

Vergütungsstähle und vergütbare Automatenstähle für Schmiedestücke und Halbzeug

Legende wie Blatt „Allgem. Baustähle“

Werkstoff Kurzzeichen	Werkstoff Norm	Vergütete Schmiedeteile: Mögliche Festigk.-stufen	Festigkeitsstufe	R_m $\frac{N}{mm^2}$	$R_{p0,2}$ $\frac{N}{mm^2}$	A_5 %	Technologische Eigenschaften: Schw	Ih	Zerspanbarkeit ∇	∇∇	Halbzeug: Dicke mm	R_m $\frac{N}{mm^2}$	$R_{p0,2}$ $\frac{N}{mm^2}$	A_5 %	Relative Werkstoffkosten k_V^* Maße: klein	mittel	groß	Eigenschaften Verwendung
C 22	DIN EN 10083	I … III	I	500 … 600	300	22	3	–	1,0	1,4	< 16	550 … 650	360	20	1,45	1,2	1,35	Gute Schweißbarkeit im nichtvergüteten Zustand; besser wirtschaftlicheren E 335 DIN EN 10025 verwenden.
			II	600 … 720	410	18					16 … 40	500 … 600	300	22	1,75	1,45	1,6	
C 22 E	DIN EN 10083		III	700 … 850	520	14	–		0,65	0,85	40 … 100	–	–	–	1,8	1,45	1,65	
											100 … 250	–	–	–				
C 35	DIN EN 10083	I … III	I	600 … 720	370	18	4	4	0,7	1,0	< 16	650 … 800	420	16	1,5	1,25	1 4	Für Schmiedestücke und Halbzeuge mittlerer Festigkeit; gute Bearbeitbarkeit.
C 35 E	DIN EN 10083		II	700 … 850	450	15	4	3			16 … 40	600 … 720	370	18	2,8	1,6	1,7	
35S20	DIN EN 10087		III	800 … 950	510	14	–	4	0,6	0,8	40 … 100	550 … 650	330	20	2,0	1,5	1,7	
											100 … 250	–	–	–				
C 45	DIN EN 10083	I … V	I	600 … 720	360	18	5	2	0,8	1,1	< 16	750 … 900	480	14	1,55	1,3	1,45	Vorzuziehen für Schmiedestücke mittlerer Anforderungen. Für Induktionshärtung C 45 E verwenden
			II	700 … 850	450	16					16 … 40	650 … 800	400	16	1,85	1,55	1,7	
C 45 E	DIN EN 10083		III	800 … 950	510	14	5	1			40 … 100	600 … 720	360	18	1,9	1,6	1,75	
46S20	DIN EN 10087		IV	900 … 1050	580	12	–	3	0,6	0,8	100 … 250	–	–	–				
			V	1000 … 1200	640	10												
C 60	DIN EN 10083	I … IV	I	700 … 850	440	15	–	3	1,15	1,6	< 16	850 … 1050	570	12	1,6	1,35	1.5	Als unlegierter Stahl schlecht verarbeitbar; besser C 45 verwenden bei höherer Vergütungsstufe
			II	800 … 950	530	14					16 … 40	750 … 900	490	14				
C 60 E	DIN EN 10083		III	900 … 1050	600	12	–	2			40 … 100	700 … 850	440	15	1,95	1,65	1,8	
			IV	1000 … 1200	660	11					100 … 250	–	–	–				
25 Cr Mo 4	DIN EN 10083	I … IV	I	700 … 850	450	15	3	–	1,1	1,55	< 16	900 … 1050	570	12	4,3	2,4	2,7	Schweißbarkeit bei Normalbedingungen (Vorwärmen!); relativ hoher Preis.
											16 … 40	800 … 950	490	14				
											40 … 100	700 … 850	440	15				
			II	800 … 950	550	14					100 … 250	650 … 800	420	16				
34 Cr 4	DIN EN 10083	II … V	III	900 … 1050	650	12	–	3	1,1	1,55	< 16	1000 … 1200	800	11	3,7	2,1	2,3	Vorzugsstahl für Schmiedestücke und Halbzeug hoher Festigkeit..
											16 … 40	900 … 1050	650	12				
											40 … 100	800 … 950	550	14				
											100 … 250	–	–	–				
41 Cr 4	DIN EN 10083	II … V	IV	1000 … 1200	800	11	–	1	1,15	1,6	< 16	1000 … 1200	800	11	3,8	2,3	2,5	Für Vergütung bei gleichzeitiger Induktionshärtung zu bevorzugen.
											16 … 40	900 … 1050	650	12				
											40 … 100	800 … 950	550	14				
											100 … 250	–	–	–				
42 Cr Mo 4	DIN EN 10083	II … VI	V	1100 … 1300	900	10	–	1	1,2	1,7	< 16	1100 … 1300	800	10	4,8	2,7	3,0	Für Schmiedestücke sehr hoher Festigkeit; hoher Preis; relativ gute Zerspanbarkeit.
											16 … 40	1000 … 1200	800	11				
			VI	1200 … 1400	1000	9					40 … 100	900 … 1050	700	12				
											100 … 250	750 … 900	550	14				
51 Cr V 4	DIN EN 10083	I … IV	I	1100 … 1300	900	10	–	2	1,35	1,9	< 16	–	–	–	4,3	2,4	2,7	Federstahl; aber auch für Schmiedeteile höchster Festigkeit; preiswerter als 42 Cr Mo 4, aber schlechter zu zerspanen.
			II	1300 … 1500	1200	8					16 … 40							
			III	1500 … 1700	1350	6					40 … 100							
			IV	1700 … 1900	1600	5					100 … 250							

A2-3 Technische und wirtschaftliche Kenngrößen für die Werkstoffwahl
Einsatzstähle – DIN EN 10084 – und Nitrierstähle – DIN 17211 – für Schmiedestücke und Halbzeug

Werkstoff	Statische Festigkeitswerte (bei E im Kern, bei NT vergütet) R_m $\frac{N}{mm^2}$	$R_{p0,2}$ $\frac{N}{mm^2}$ ≧	A_5 % ≧	Technologische Eigenschaften Schw	Oh	Zerspanbarkeit ∇	∇∇	Formnormung	Relative Werkstoffkosten k_v^* Maße klein	mittel	groß	Eigenschaften Anwendung
C 15 E	600 … 800	360	14	1	E	1,0	1,4	DIN 1013 DIN 1014 DIN 1015 DIN 1017	2,7 2,85 2,65	1,4 1,45 1,35	1,5 1,6 1,4	Für oberflächenharte Teile mit geringer Beanspruchung, wie Hebel, Büchsen, Bolzen u. Zapfen, zu bevorzugen. Für umfangreiche Zerspanungsarbeit 10S20 E bevorzugen.
17 Cr 3	800 … 1050	450	11	2	E	1,1	1,5	DIN 1013 DIN 1014 DIN 1015 DIN 1017	2,75 2,8 2,75	1,5 1,6 1,55	1,6 1,8 1,7	Höhere Festigkeitsanforderungen als bei Ck 15 möglich, aber teurer. Für Schaltstangen, Kolbenbolzen, Meßzeuge u.ä. .
16 MnCr 5 (zu bevorzugen)	800 … 1100	600	10	4	E	1,1	1,5	DIN 1013 DIN 1014 DIN 1015 DIN 1017	3,0 3,6 3,5	1,7 1,85 1,8	1,8 2,0 1,9	Für Teile mit mittleren Anforderungen, wie kleinere bis mittlere Zahnräder, Getriebewellen, Gelenkwellen, Steuerungsteile .
20 MnCr 5	1000 … 1300	700	8	4	E	1,15	1,6	DIN 1013 DIN 1014 DIN 1015 DIN 1017	3,6 4,0 3,9	1,9 2,0 2,0	2,0 2,2 2,1	Für Teile mit hoher Beanspruchung; Vorzugsstahl für Getriebeteile.
18CrNiMo13-4	1200 … 1450	800	7	4	E	1,3	1,8	DIN 1013 DIN 1014 DIN 1015 DIN 1017	3,5 4,9 4,7	2,3 2,4 2,3	2,4 2,8 2,6	Für Teile mit höchsten Anforderungen, wie Getriebeteile im Nutzfahrzeugbau.
34 Cr Al Ni 7	850 … 1000	600	13	–	NT	1,2	1,6	DIN 1013 DIN 1014 DIN 1017	5,4 5,7	2,9 3,1	3,2 3,4	Relativ gut bearbeitbarer Nitrierstahl für Bauteile mit großen Querschnitten.
31 Cr Mo 12	1100 … 1350	800	11	–	NT	1,3	1,8	DIN 1013 DIN 1014 DIN 1017	5,55 5,9	3,05 3,2	3,4 3,6	Nitrierstahl hoher Festigkeit u. Verschleißfestigkeit; für Ventilspindeln, Extruderschnecken.

☐ zu bevorzugen

$E = 2{,}15 \cdot 10^5 \frac{N}{mm^2}$

$G = 0{,}83 \cdot 10^5 \frac{N}{mm^2}$

Technologische Eigenschaften:

Schw = Eignung für Schmelzschweißen
1 = sehr gut 4 = bedingt
2 = gut 5 = schwierig
3 = geeignet – = ungeeignet

Relative Werkstoffkosten:

$$k_v^* = \frac{k_v}{k_{v0}}$$

k_{v0} = spezif. Werkstoffkosten in $\frac{€}{cm^3}$ für warmgewalzten Rundstahl S235JRG1 mittlerer Abmessungen

Zerspanbarkeit:

S235JRG1 ≙ 1,0

7

A2-4 Technische und wirtschaftliche Kenngrößen für die Werkstoffwahl
Feinbleche kalt gewalzt

Werkstoff Kurzzeichen	Norm	Statische Festigkeitswerte R_m $\frac{N}{mm^2}$ ≧	R_{eH} $\frac{N}{mm^2}$ ≧	A_5 % ≧	Dichte ρ $\frac{kg}{dm^3}$	E-Modul $\frac{N}{mm^2}$	Relative Werkstoffkosten k_v^* Dicke mm	Dicke klein	mittel	groß	Eigenschaften Verwendung
DC01	DIN EN 10130	270 … 410	280	28	7,85			1,3	1,2	1,2	Unruhig vergossene Tiefziehgüte mit zunderfreier Oberfläche; mittlere Oberflächenqualität; für Blechteile mit starker Umformung.
DC03		270 … 350	240	38	7,85	2,15 · 10^5	klein: s = 0,5	2,4	1,8	1,85	Besonders beruhigte Tiefziehgüte mit bester Oberfläche; für Blechteile mit extrem starker Umformung und höchsten Anforderungen an Oberfläche.
St44-36	DIN 1623 T 2	430 … 580	245	18	7,85			1,3	1,2	1,25	Feinblech aus allgemeinem Baustahl mittlerer Festigkeit; auch für mittlere Umformungen geeignet.
St50-26		490 … 660	295	14	7,85		mittel: s > 0,5 … 2	1,7	1,45	1,4	Feinblech aus allgemeinem Baustahl höherer Festigkeit; nur für geringe Umformungen verwendbar.
X 5 CrNi 18-10 abgeschreckt	DIN EN 10088	500 … 700	220	50	7,8	2,03 · 10^5		12,4	10,9	9,9	Korrosionsbeständige Standardqualität mit austenitischem Gefüge; keine Beständigkeit im geschweißten Zustand (interkrist. Korrosion).
X 6 CrNiTi 18-10 abgeschreckt		500 … 750	210	40	7,8		groß: s = 2,75	9,4	8,1	7,3	Korrosionsbeständiger austenitischer Stahl guter Schweißeignung.
X 10 Cr Al 7 geglüht	VDEh Wbl. 470	450 … 600	250	20	7,7	2,15 · 10^5		7,2	5,3	4,4	Hitzebeständ. Feinblech mit Zunderbeständigkeit; Gebrauchstemperatur ≦ 800 °C; Schmelzschweißen möglich.
X 10 Cr Al 24 geglüht	VDEh Wbl. 470	520 … 720	220	10	7,6	2,15 · 10^5		10,2	8,5	7,0	wie X 10 Cr Al 7; aber mit Anwendungsbereich bis 1200 °C; für Hauben und Rohre von Industrieöfen.
X 40 Mn Cr 18 abgeschreckt	VDEh Wbl. 390	700 … 900	320	45	7,85	1,95 · 10^5		9,8	8,6	7,8	Nichtmagnetisierbares Feinblech mit sehr guter Zähigkeit und guter Warmformbarkeit; schlechte Korrosionsbeständigkeit.

Oberflächenart:
03 = übliche kaltgewalzte Oberfläche
04 = verbesserte Oberfläche
05 = beste Oberfläche

Oberflächenausführung:
g = glatt
m = matt
r = rauh

Relative Werkstoffkosten k_v^*:

$$k_v^* = \frac{k_v}{k_{v0}}$$

k_{v0} = spezifische Werkstoffkosten in €/dm³ für warmgewalzten Rundstahl S235JRG1 DIN EN 10025 mittlerer Abmessungen

A2-5 Technische und wirtschaftliche Kenngrößen für die Werkstoffwahl Warmgewalztes Blech von 3 bis 250 mm Dicke – Formnorm DIN EN 10029

Werkstoff Kurzzeichen	Werkstoff Norm	Statische Festigkeitswerte R_m $\frac{N}{mm^2}$	Statische Festigkeitswerte R_{eH} $\frac{N}{mm^2}$	Statische Festigkeitswerte A_5 %	Dichte ρ $\frac{kg}{dm^3}$	E-Modul E $\frac{N}{mm^2}$	Relative Werkstoffkosten k_v^* Dicke mm	Dicke klein	Dicke mittel	Dicke groß	Eigenschaften Verwendung
S235JRG1	DIN EN 10025	370 … 450	235	25	7,85	$2{,}15 \cdot 10^5$		1,05	1,05	1,1	Für Hoch-, Tief- u. Brückenbau, sowie Maschinen-, Behälter- u. Fahrzeugbau. Für Schweißverbindungen niedriger Belastung geeignet.
S235J2G3		370 … 450	235	25			klein: s = 5	1,1	1,1	1,25	wie S235JR, aber für Schweißkonstruktionen höherer dynamischer Belastung zu bevorzugen; Standard-Schweißqualität.
S275JR		410 … 540	275	22				1,1	1,1	1,25	wie S235JR, jedoch für höhere Belastungen. Je nach Wanddicke beim Schweißen Vorwärmung empfehlenswert.
S355J0		520 … 620	355	22				1,2	1,2	1,35	Für Schweißkonstruktionen hoher statischer als auch dynamischer Belastung zu bevorzugen. Unter Normalbedingungen keine Vorwärmung.
P235GH	DIN EN 10028	360 … 480	235	24	7,85	$2{,}10 \cdot 10^5$	mittel: s = 10	1,5	1,3	1,3	Druckbehälterstähle für Dampfkessel, Druckbehälter und große Druckrohrleitungen. Gute Schmelzschweißbarkeit.
P265GH		410 … 530	265	22				1,6	1,4	1,45	wie P235GH; jedoch höher belastbar; Schmelzschweißbarkeit gewährleistet.
P355GH		510 … 650	355	20			groß: s = 50	1,7	1,5	1,65	Niedrig legiertes Kesselblech; Schweißeignung ähnlich wie bei S355J2G3; Anwendung bis zu Betriebstemperaturen von 500 °C.
16Mo3		440 … 590	275	20				2,2	2,1	2,0	Niedrig legierter Druckbehälterstahl für Betriebstemperaturen bis 530 °C; gute Schweißeignung.
13CrMo4-5		440 … 590	300	20				2,4	2,25	2,2	Niedrig legierter Druckbehälterstahl für Betriebstemperaturen bis 570 °C; zum Schweißen Vorwärmung mit Spannungsarmglühen erforderlich.
X6CrNiTi18-10 abgeschreckt	DIN EN 10088	500 … 750	210	35	7,80	$2{,}03 \cdot 10^5$		6,4	6,1	6,0	Nichtrostender austenitischer Stahl mit guter Schweißeignung.
X 10 Cr Al 7 geglüht	VDEh Wbl 470	500 … 600	250	20	7,70	$2{,}10 \cdot 10^5$		3,6	3,4	3,3	Hitzebeständiges Grobblech mit Zunderbeständigkeit im Dampfkessel-, Apparate- u. Industrieofenbau bei Anwendung bis 800 °C.
X 40 Mn Cr 18 abgeschreckt	VDEh Wbl 390	700 … 900	320	45	7,85	$1{,}95 \cdot 10^5$		5,3	5,2	5,3	Nicht magnetisierbares Grobblech mit sehr guter Zähigkeit und guter Umformbarkeit; schlechte Korrosionsbeständigkeit.

Normbezeichnung:

Stahlblech 12 × 1250 × 2500
DIN EN 10028-P355GH

Relative Werkstoffkosten k_v^*:

$$k_v^* = \frac{k_v}{k_{v_0}}$$

k_{v_0} = spezifische Werkstoffkosten in $\frac{€}{cm^3}$ für warmgewalzten Rundstahl S235JRG1 DIN EN 10025 mittlerer Abmessungen.

A2-6 Technische und wirtschaftliche Kenngrößen für die Werkstoffwahl Geschweißte und nathlose Rohre aus Stahl

Formnorm	Werkstoff Kurzzeichen	Werkstoff Norm	Statische Festigkeitswerte R_m $\frac{N}{mm^2}$	R_{eH} $\frac{N}{mm^2}$ $\geq$	A_5 % $\geq$	Dichte ρ $\frac{kg}{dm^3}$	E-Modul E $\frac{N}{mm^2}$	Maße d × s mm	Relative Werkstoffkosten k_v^* Maße klein	mittel	groß	Eigenschaften Verwendung
DIN 2458	St37.0	DIN 1626	360 … 440	235	23	7,85	$2{,}15 \cdot 10^5$	klein: 10,2 × 1,6 mittel: 33,7 × 2,0 groß: 168,1 × 4,0	1,9	1,6	1,4	**Geschweißtes** Rohr in Handelsgüte für allgem. Anforderungen bei Leitungen, Behältern u. Apparaten. Nur bedingte Eignung zum Biegen u. Bördeln.
DIN 2448	St33	DIN 1615	290 … 540	175	17			klein: 8 × 2 mittel: 30 × 2,6 groß: 318 × 7,5	4,6	2,1	2,0	**Nahtloses** Rohr in Handelsgüte für allgem. Anforderungen bei Leitungen, Behältern u. Apparaten. Eignung zum Biegen und Bördeln.
	X6CrNiTi18-10	DIN EN 10088	480 … 740	205	40		$2{,}03 \cdot 10^5$		33,6	18,2	17,0	Rostbeständiges, austenitisches Rohr mit guter Schweißeignung.
	13CrMo4-5	DIN 17175	440 … 570	295	22		$2{,}15 \cdot 10^5$		–	7,2	7,5	Warmfestes, nahtloses Rohr für Dampfkessel, Rohrleitungen u. Apparate mit Betriebstemp. ≦ 580 °C bei hohen Drücken; Schmelzschweißen möglich.
	10CrMo9-10	DIN 17125	440 … 530	265	20				–	8,5	8,9	wie 13CrMo4-5; jedoch etwas höhere Warmstreckgrenze bzw. Zeitstandfestigkeit bei T > 500 °C.
DIN 2391	S235G2T NBK	DIN 1629	340 470	235	25		$2{,}15 \cdot 10^5$	klein: 4 × 0,5 mittel: 60 × 5 groß: 120 × 10	5,4	2,8	2,6	**Nahtloses Präzisionsstahlrohr;** hohe Maßgenauigkeit, gute Oberflächenqualität, kleine Wanddicken; gute Schweißbarkeit.
	S255GT NBK		440 570	255	21				5,8	3,0	2,8	wie S235G2T; jedoch für höhere Belastungen verwendbar; beim Schweißen i.a. Vorwärmung erforderlich.
	S355GT NBK		490 630	355	22				–	–	–	wie S355GT; jedoch für Schweißverbindungen hoher dynamischer Beanspruchung geeignet.

Normbezeichnung:

DIN 2458: Rohr 609,6 × 6,3 DIN 2458 – 235JR
DIN 2448: Rohr 26,9 × 2,3 DIN 2448 – 13CrMo4-5
DIN 2391: Rohr 48 × 1 DIN 2391 – S355J0 BWK

Relative Werkstoffkosten k_v^*:

$$k_v^* = \frac{k_v}{k_{v_0}}$$

k_{v_0} = spezifische Werkstoffkosten in $\frac{€}{cm^3}$ für warm gewalzten Rundstahl S235JRG1 DIN EN 10025 mittlerer Abmessungen.

7

A2-7 Technische und wirtschaftliche Kenngrößen für die Werkstoffwahl
k_v^*-Werte[1] für Gussteile aus Eisenwerkstoffen

Stückgewicht kg	Werkstoff DIN EN 1562	Werkstoff DIN EN 1561	Werkstoff DIN EN 1563	Werkstoff DIN 1681	Stückzahlen[2]	k_v^* für Schwierigkeitsgrad: Vollguß ohne Kerne und Aussparungen	Vollguß mit einfachen Kernen und Aussparungen	Hohlguß mit einfachen Rippen und Aussparungen	Hohlguß mit schwieriger Kernarbeit
< 0,1	Temperguss GJMW-, GJMB-	Gusseisen mit Lamellengraphit GJL-			5000	2,7	3,2	–	–
0,1 … 0,5	Temperguss GJMW-, GJMB-	Gusseisen mit Lamellengraphit GJL-			1000	2,3	2,9	–	–
0,5 … 1	Temperguss GJMW-, GJMB-	Gusseisen mit Lamellengraphit GJL-	Gusseisen mit Kugelgraphit GJS-	Stahlguss GS-	500	2,15	2,5	4,1	5,4
> 1 … 5	Temperguss GJMW-, GJMB-	Gusseisen mit Lamellengraphit GJL-	Gusseisen mit Kugelgraphit GJS-	Stahlguss GS-	100	2,0	2,3	3,4	4,7
> 5 … 10	Temperguss GJMW-, GJMB-	Gusseisen mit Lamellengraphit GJL-	Gusseisen mit Kugelgraphit GJS-	Stahlguss GS-	50	1,8	2,15	3,0	4,3
> 10 … 50	Temperguss GJMW-, GJMB-	Gusseisen mit Lamellengraphit GJL-	Gusseisen mit Kugelgraphit GJS-	Stahlguss GS-	10	1,6	2,0	2,9	4,0
> 50 … 100	Temperguss GJMW-, GJMB-	Gusseisen mit Lamellengraphit GJL-	Gusseisen mit Kugelgraphit GJS-	Stahlguss GS-	5	1,45	1,8	2,7	3,6
> 100 … 500		Gusseisen mit Lamellengraphit GJL-	Gusseisen mit Kugelgraphit GJS-	Stahlguss GS-	1	1,45	1,6	2,5	3,2
> 500 … 1000		Gusseisen mit Lamellengraphit GJL-	Gusseisen mit Kugelgraphit GJS-	Stahlguss GS-	1	1,45	1,6	2,3	3,0
Umrechnungszahl[3]	1,7	1,0	1,5	2,0					

Dichte in $\frac{kg}{dm^3}$:

EN-GJMW:, EN-GJMB: 7,2 … 7,7
EN-GJL: 7,2 … 7,4
EN-GJS: 7,1 … 7,3
GS-: 7,85

E-Modul in $\frac{N}{mm^2}$:

EN-GJMW:, EN-GJMB: $(1{,}7 \ldots 1{,}9) \cdot 10^5$
EN-GJL: $(0{,}9 \ldots 1{,}4) \cdot 10^5$
EN-GJS: $(1{,}7 \ldots 1{,}8) \cdot 10^5$
GS-: $2{,}15 \cdot 10^5$

Festigkeitsklassen:

EN-GJMW-350-4 … EN-GJMW-550-4
EN-GJMB-300-6 … EN-GJMB-800-1
EN-GJL-100 … EN-GJL-350
EN-GJS-350-22 … EN-GJS-900-2
GS-38 … GS-60

1) Die angegebenen Werte dienen der Abschätzung. Sie sind nicht für die Kalkulation vorgesehen.

2) Die genannten Stückzahlen dienen als Richtwerte. Vor allem bei niedrigen Stückzahlen können deshalb die k_v^*-Werte erheblich abweichen.

3) Die in der Tabelle genannten k_v^*-Werte für den Schwierigkeitsgrad sind – zur Berücksichtigung des Werkstoffes – mit der Umrechnungszahl zu multiplizieren.

Relative Werkstoffkosten k_v^*:

$$k_v^* = \frac{k_v}{k_{v_0}}$$

k_{v_0} = spezifische Werkstoffkosten in $\frac{€}{cm^3}$ für warmgewalzten Rundstahl S235JRG1 DIN EN 10025 mittlerer Abmessungen.

7

A2-8 Technische und wirtschaftliche Kenngrößen für die Werkstoffwahl
k_v^*-Werte[1)] für Gesenkschmiedestücke aus Stahl

Stückgewicht kg	Umrechnungszahl k_W^*[2)] für Werkstoffgruppe[5)] A	B	C	Umrechnungszahl k_{St}^*[3)] für Stückzahl ≦ 300	> 300 … 1000	> 1000 … 3000	> 3000 … 10000	> 10000	k_{Sch}^*-Werte[4)] für Schwierigkeitsgrad[6), 7)] 1	2	3	4
0,1 … 0,16				4,0	2,1	1,4	1,1		5,8	starke Streuung		
> 0,16 … 0,25				3,4	1,9				4,9	5,6		
> 0,25 … 0,40				2,9					4,2	4,9	5,7	
> 0,40 … 0,63		1,1	1,2	2,7	1,7	1,3			3,6	4,2	4,8	5,7
> 0,63 … 1,0				2,5					3,1	3,6	4,1	4,9
> 1,0 … 2,5	1,0			1,9	1,5			1,0	2,5	2,8	3,3	3,9
> 2,5 … 6,3				1,7		1,2	1,0		2,1	2,3	2,7	3,3
> 6,3 … 16					1,3	1,1			2,0	2,2	2,4	2,9
> 16 … 40		1,2	1,3	1,5		1,0			1,9	2,1	2,3	2,7
> 40 … 100					1,2				1,8	2,0	starke Streuung	

[7)] *Schwierigkeitsgrade:*

1 = einfach; Gratbahn nicht gekröpft; ohne große Querschnittsunterschiede, z.B. flache Hebel, Zahnradrohlinge ohne starke Naben.

2 = mäßig schwierig; entweder gekröpft oder größere Querschnittsunterschiede, z.B. gekröpfte Hebel, Zahnradrohling mit stärker vortretenden Naben.

3 = schwierig; Teile mit komplizierter Form, z.B. Pleuel mit I-Querschnitt, gabelförmige Teile, Achsschenkel

4 = sehr schwierig, z.B. Schaltgabeln oder Achsschenkel besonders schwieriger Form.

[1)] Die angegebenen Werte dienen der Abschätzung. Sie sind nicht für die Kalkulation vorgesehen.

[2), 3), 4)] Der k_v^*-Wert ist das Produkt aus k_W^*, k_{St}^* und k_{Sch}^*:

$$k_v^* = \frac{k_v}{k_{v_0}} = k_W^* \cdot k_{St}^* \cdot k_{Sch}^*$$

[5)] *Werkstoffgruppen:*

A = unlegierte Grund- und Qualitätsstähle mit C < 0,5 %, z.B. S235JR, C 35

B = unlegierte Qualitätsstähle mit C > 0,5 %, z.B. C 60, unlegierte Edelstähle, z.B. C 35 E, einfach legierte Vergütungsstähle, z.B. 28Mn6

C = mehrfach legierte Vergütungsstähle, z.B. 25 Cr Mo 4

[6)] Alle k_{Sch}^*-Werte gelten für Schmiedegüte F DIN 7526 (normale Genauigkeit), sandgestrahlt; geprüft, jedoch ohne Sonderprüfungen; ohne Warmbehandlung; Werkzeugkosten nach DIN 7521; Toleranzen nach DIN 7526.

A2-9 Technische und wirtschaftliche Kenngrößen für die Werkstoffwahl
NE-Schwermetalle für Bleche, Bänder, Stangen und Rohre[1)]

Werkstoff		Festigkeitswerte							Maße				Relative Werkstoffkosten k_v^* Maße			Eigenschaften Verwendung
			Bleche, Bänder		Stangen		Rohre									
Kurzzeichen	Norm	R_m $\frac{N}{mm^2}$	$R_{p0,2}$ $\frac{N}{mm^2}$ ≧	A_5 % ≧	$R_{p0,2}$ $\frac{N}{mm^2}$ ≧	A_5 % ≧	$R_{p0,2}$ $\frac{N}{mm^2}$ ≧	A_5 % ≧	Bleche, Dicke mm	Bänder Breite mm	Stangen SW mm	Rohre Wanddicke mm	klein	mittel	groß	
E-Cu F 20	DIN 1708	200 … 250	100	42	100	36	110	40	≧ 5	alle	> 5	≧ 3	10,6	10,0	10,4	Sauerstoffhaltiges Hüttenkupfer mit 99,9 % Cu; Verwendung für Teile mit Leitfähigkeit nach VDE, für Wärmeaustauscher, Dichtungen, Dachdeckung, Bauwesen.
E-Cu F 25	DIN 17670	≧ 270	330	3	330	5	330	3	0,2 … 1	≦ 600	≦ 5	≦ 3				
E-Cu F 30	DIN 17671 DIN 17672	250 … 310	150	8	160	14	160	20	>5 … 20	1200	≦ 35	0,5 … 10				
E-Cu F 37	DIN 40500	300 … 370	260	6	260	8	260	6	0,2 … 10	1200	≦ 17	≦ 5				
Cu Zn 39 Pb 3 F 43		≧ 430	250	19	250	18[1]	250	18	0,3 … 5	≦ 600	≦ 12,5	≦ 10	10,9	6,8	7,0	Hauptlegierung für Bearbeitung auf Automaten, Formdrehteile aller Art.
Cu Zn 37 F 37	DIN 17660 DIN 17670 DIN 17671 DIN 17672	≧ 370	200	28[2]	250	27	200	27	0,2 … 5	≦ 600	≦ 35	≦ 10	9,3	8,1	8,0	Hauptlegierung für Kaltumformen durch Tiefziehen, Drücken, Stauchen, Biegen.
Cu Zn 31 Si F 45		≧ 450	220	25	200	22	200	30[3]	–	–	≦ 46	1 … 8	13,5	13,2	13,2	Für gleitende Beanspruchung auch bei hoher Belastung; Vorzugslegierung für Lagerbüchsen.
Cu Zn 40 Al 2 F 60		≧ 600	–	–	280	14[4]	250	10	–	–	≦ 46	4 … 10	12,8	11,9	12,0	Konstruktionswerkstoff hoher Festigkeit u. guter Witterungsbeständigkeit; für hohe Gleitbeanspruchung.
Cu Sn 8 F 53	DIN 17662 DIN 17670 … 17672	≧ 530	420	23	380	28	400	26	0,2 … 5	≦ 600	≦ 40	≦ 5	20,4	19,7	19,3	Zinnbronze für Siebe, Schrauben, Rohre für Wärmeaustauscher, Lagerbuchsen, Metallschläuche, Membranen.

1 zu bevorzugen für Bearbeitung auf Automaten
2 zu bevorzugen für Umformung von Blechen
3 zu bevorzugen bei Verarbeitung von Rohren
4 zu bevorzugen bei hohen Festigkeitsanforderungen

1) Bei der Auswahl von Blechen, Bändern, Stangen und Rohren sind die Angaben der genannten Normen zu beachten!

$$E = 0{,}9 \cdot 10^5 \frac{N}{mm^2}$$

$$G = 0{,}32 \cdot 10^5 \frac{N}{mm^2}$$

Relative Werkstoffkosten k_v^*:

$$k_v^* = \frac{k_v}{k_{v0}}$$

k_{v0} = spezifische Werkstoffkosten in $\frac{€}{cm^3}$ für warmgewalzten Rundstahl S235JRG1 DIN EN 10025 mittlerer Abmessungen.

7

A2-10 Technische und wirtschaftliche Kenngrößen für die Werkstoffwahl k_v^*-Werte[1] für Gussteile aus NE-Schwermetallen

Werkstoff Kurzzeichen	Norm	Schwierigkeitsgrad einfach			mittel			schwierig[2]			Eigenschaften Verwendung
Sandguss – Gewichtsbereich 1 kg ... 5 kg											
		Stückzahl ≦ 10	11 ... 100	> 100	≦ 10	11 ... 100	> 100	≦ 10	11 ... 100	> 100	
G-Cu Sn 5 Zn Pb											Für Wasser- u. Dampfarmaturen bis 225 °C, normal beanspruchte Pumpengehäuse, verwickelte Gussstücke.
G-Cu Sn 7 Zn Pb	DIN 1705	11,5	10,6	9,8	13,2	12,4	11,5	14,1	13,2	12,4	Lagerschalen für Lokomotiv- und Maschinenbau, Gleitplatten und -leisten.
G-Cu Sn 10 Zn											Wie G-CuSn 10 Zn, aber für höhere Flächenpressungen; Schneckenräder niedrigster Gleitgeschwindigkeit.
G-Cu Zn 33 Pb	DIN 1709	9,3	8,4	7,6	11,0	10,2	9,3	11,9	11,0	10,2	Normal beanspruchte Gas- und Wasserarmaturen; Beschlagteile.
G-Cu Zn 35 Pb 1		11,5	10,6	9,8	13,2	12,4	11,5	14,1	13,2	12,4	Schiffsschrauben, Grund- und Stopfbuchsen, Druckmuttern.
G-Cu Sn 10	DIN 1705										Hochbeanspruchte Armaturen- und Pumpengehäuse, Leit- und Schaufelräder für Pumpen und Turbinen.
G-Cu Sn 12		12,6	11,7	10,8	14,3	13,5	12,6	15,2	14,4	13,5	Hochbeanspruchte, schnellaufende Schnecken- und Schraubenräder, hochbeanspruchte Kuppelsteine.
G-Cu Pb 15 Sn	DIN 1716										Gleitlager mit hohen Flächen- und Kantenpressungen; hochbeanspruchte Verbundlager; säurebeständige Armaturen und Gussstücke.
G-Cu Al 10 Ni	DIN 1714										Gussstücke für chemische Industrie, Bergbau, Schiffbau; Schneckenräder, Zahnräder, Kegelräder; Heißdampfarmaturen.
Kokillenguss – Stückzahl ≧ 500 – Gewichtsbereich 0,25 kg ... 3 kg											
GK-Cu Zn 37 Pb	DIN 1709	6,6			7,4			8,3			Gussteile mit metallisch blanker Oberfläche, z.B. Armaturen, Beschlagteile.
Druckguss[3] – Stückzahl ≧ 5000											
		Gewichtsbereich in kg ≦ 0,15	> 0,15 ... 0,5	> 0,5	≦ 0,15	> 0,15 ... 0,5	> 0,5	≦ 0,15	> 0,15 ... 0,5	> 0,5	
GD-Zn Al 4	DIN 1743	7,5	6,1	4,8	10,3	8,9	7,5	15,7	13,0	10,3	Druckgussstücke aller Art, insbesondere bei höheren Anforderungen an Maßbeständigkeit.
GD-Zn Al 4 Cu 1											Wie GD-Zn Al 4, jedoch etwas höhere statische und dynamische Festigkeitswerte.

[1]) Die angegebenen Werte dienen der Abschätzung. Sie sind nicht für die Kalkulation vorgesehen.

[2]) schwierig = dünnwandig, sperrig, kernreich

[3]) Einfache Druckgussstücke: Formen ohne Kernzüge und ohne Schieber

Mittelschwere Druckgussstücke: Formen mit 2 Schiebern und/oder 4 Kernzügen

Schwierige Druckgussteile: Formen mit mehr als 2 Schiebern und/oder mehr als 4 Kernzügen

Die k_v^*-Werte gelten für gleichmäßige Wanddicken von 2 mm ... 4 mm.

Relative Werkstoffkosten k_v^*:

$$k_v^* = \frac{k_v}{k_{v_0}}$$

k_{v_0} = spezifische Werkstoffkosten in $\frac{€}{cm^3}$ für warmgewalzten Rundstahl S235JRG1 DIN EN 10025 mittlerer Abmessungen.

7

A2-11 Technische und wirtschaftliche Kenngrößen für die Werkstoffwahl
Al-Knetlegierungen für Bleche, Bänder, Rohre und Stangen

Werkstoff	Technologische Eigenschaften: Zustand	Spanbarkeit	Umformbarkeit	Schmelzschweißbarkeit	Witterungsbeständigkeit	Festigkeitswerte: R_m $\frac{N}{mm^2}$ ≧	Bleche, Bänder: $R_{p0,2}$ $\frac{N}{mm^2}$ ≧	Bleche, Bänder: A_5 % ≧	Rohre: $R_{p0,2}$ $\frac{N}{mm^2}$ ≧	Rohre: A_5 % ≧	Stangen: $R_{p0,2}$ $\frac{N}{mm^2}$ ≧	Stangen: A_5 % ≧	Maße: Bleche Dicke mm	Maße: Bänder Dicke mm	Maße: Rohre Wanddicke mm	Maße: Stangen SW mm	Relative Werkstoffkosten k_v^* Maße: klein	mittel	groß	Eigenschaften Verwendung
Al 99 F 8	w	5	1	3	1	80	≦ 70	30	≦ 70	20	30	18	0,2 … 20	0,2 … 3	jede	≦ 30	2,5	2,3	1,8	sehr gute Witterungsbeständigkeit; für Tiefziehteile, Behälter, Verkleidungen.
Al Mn F 16	h	4	5	3	2	155	130	4	130	4	–	–	0,2 … 6	0,2 … 3	≦ 3	–	2,9	2,5	2,1	Im weichen Zustand gleiche Eigenschaften wie Al 99 bei etwas höherem Preis aber auch höherer Festigkeit.
Al Mg 3 F 23	0,5h	4	4	2	1	220	140	9	140	9	140	9	0,2 … 6	0,2 … 3	≦ 10	≦ 30	4,1	3,6	2,4	Nicht aushärtbare Legierung mit guter Schweißbarkeit und sehr guter Witterungs- und Seewasserbeständigkeit; gute Festigkeit.
Al Mg 5 F 26	w	4	4	2	1	250	150	9	150	8	150	6	0,2 … 6	0,2 … 3	≦ 10	jede	4,6	3,9	2,5	Ähnliche technologische Eigenschaften wie Al Mg 3, aber höhere Festigkeit durch Kaltverformung.
Al Mg 4,5 Mn F 28	w	4	3	1	2	270	125	17	160	12	160	12	0,4 … 30	0,4 … 3	≧ 3,5	≧ 10	5,0	4,4	4,6	Kalt aushärtbare Legierung hoher Festigkeit und guter Umformbarkeit nach Glühen; für hochbelastete Maschinenteile und Niete.
Al Cu Mg 1 F 38	zh	3	3	–	2	380	240	14	250	13	260	12	> 10 … 20	–	≦ 1	≦ 50	3,6	2,9	2,3	Kalt aushärtbare Legierung sehr hoher Festigkeit für den Maschinenbau.
Al Cu Mg Pb F 38	ka	1	–	–	–	380	–	–	250	8	250	8	–	–	> 6 … 20	≦ 50	3,6	2,9	2,3	Wie Al Cu Mg l, aber sehr gut zerspanbar (Automatenlegierung).
Al Mg Si 1 F 32	ka	3	3	3	1	310	250	10	250	10	250	10	0,2 … 20	0,2 … 3	jede	≦ 2	3,8	3,2	2,3	Aushärtbare Legierung mit mittlerer Umformbarkeit; Hauptlegierung für Stangen und Strangpreßprofile.
Al Zn Mg 1 F 36	wa	2	–	1	3	350	270	10	270	10	270	10	0,2 … 12	0,2 … 3	1 … 20	≦ 50	2,6	2,4	2,5	Legierung hoher Festigkeit für Schweißkonstruktionen; Abfall der Festigkeit durch Schweißen ≈ 10 %.
Al Zn Mg Cu 0,5 F 48	wa	2	–	–	–	470	370	8	390	8	400	7	1 … 25	1 … 3	1 … 20	≦ 50	4,4	4,5	4,5	Legierung höchster Festigkeit und guter Zerspanbarkeit; für Maschinen und Fahrzeugbau.

Zustand:
- w = weich
- 0,5 h = halbhart
- h = hart
- ka = kalt ausgehärtet
- wa = warm ausgehärtet

Technologische Eigenschaften:
- 1 = sehr gut
- 2 = gut
- 3 = ausreichend
- 4 = bedingt
- 5 = schwierig
- – = nicht angewendet

$E = 0{,}7 \cdot 10^5 \frac{N}{mm^2}$

$G = 0{,}27 \cdot 10^5 \frac{N}{mm^2}$

Relative Werkstoffkosten k_v^*:

$$k_v^* = \frac{k_v}{k_{v0}}$$

k_{v0} = spezifische Werkstoffkosten in $\frac{€}{cm^3}$ für warmgewalzten Rundstahl S235JRG1 DIN EN 10025 mittlerer Abmessungen

7

A2-12 Technische und wirtschaftliche Kenngrößen für die Werkstoffwahl
k_V^*-Werte[1)] für Gussteile aus NE-Leichtmetallen

Werkstoff Kurzzeichen	Norm	Schwierigkeitsgrad einfach			mittel			schwierig[2)]			Eigenschaften Verwendung
Sandguss – Gewichtsbereich 1 kg … 5 kg											
		Stückzahl ≦ 10	11 … 100	> 100	≦ 10	11 … 100	> 100	≦ 10	11 … 100	> 100	
G-Al Si 12 (Cu)	DIN 1725 T 2	3,6	2,8	2,4	4,2	3,3	3,0	5,0	4,4	3,8	Ausgezeichnete Gieß- und Schweißbarkeit, gute Zerspanbarkeit ausreichende mech. Polierbarkeit u. Witterungsbeständigkeit.
G-Al Si 10 Mg (Cu)											Wie G-Al Si 12 Cu, aber bessere mechanische Polierbarkeit.
G-Al Si 8 Cu 3											Ausgezeichnete Gießbarkeit, sehr gute Schweiß- u. Zerspanbarkeit, gute Polierbarkeit, bedingte Witterungsbeständigkeit.
G-AlSi 6 Cu 4											Wie G-Al Si 7 Cu 3, aber höhere statische und dynamische Festigkeitswerte.
G-Al Si 10 Mg wa		3,7	2,8	2,7	4,3	3,5	3,3	5,5	4,6	4,1	Warm ausgehärtete Legierung mit ausgezeichneter Gieß- u. Schweißbarkeit; sehr gute Witterungsbeständigkeit.
G-Mg Al 8 Zn 1	DIN 1729 T 2	3,5	2,9	2,8	3,8	3,3	3,1	4,4	4,1	3,7	Für Gussteile besonders geringer Dichte bei mittlerer Beanspruchbarkeit.
G-Mg Al 9 Zn 1 ho		3,7	3,1	2,9	4,1	3,5	3,3	4,6	4,2	3,8	Wie G-Mg Al 8 Zn 1, aber höhere statische und Dauerfestigkeitswerte.

A2-12 (Fortsetzung)

Werkstoff Kurzzeichen	Norm	Schwierigkeitsgrad einfach			mittel			schwierig[2])			Eigenschaften Verwendung
Kokillenguss – Stückzahl ≧ 500											
		Gewichtsbereich in kg									
		≦ 0,5	> 0,5 … 1,0	> 1,0 … 2,0	≦ 0,5	> 0,5 … 1,0	> 1,0 … 2,0	≦ 0,5	> 0,5 … 1,0	> 1,0 … 2,0	
GK-AlSi 6 Cu 4	DIN 1725 T 2	3,1	2,5	2,3	3,9	3,3	3,1	5,1	4,2	3,3	Wie G-AlSi 6 Cu 4, allerdings etwas höhere statische und Dauerfestigkeitswerte.
GK-AlSi 8 Cu 3											Wie G-AlSi 8 Cu 3, aber etwas höhere statische und Dauerfestigkeitswerte.
GK-AlSi 12 (Cu)											Wie G-AlSi 12 (Cu), aber etwas höhere statische und Dauerfestigkeitswerte.
GK-AlSi 10 Mg wa		3,7	2,7	2,4	4,3	3,5	3,3	5,4	4,6	3,5	Wie G-AlSi 10 Mg wa, aber etwas höhere statische und Dauerfestigkeitswerte.
Druckguss[3] – Stückzahl ≧ 5000											
		Gewichtsbereich in kg									
		≦ 0,25	> 0,25 … 0,5	> 0,5	≦ 0,25	> 0,25 … 0,5	> 0,5	≦ 0,25	> 0,25 … 0,5	> 0,5	
GD-AlSi 12 GD-AlSi 6 Cu 4	DIN 1725 T 2	3,7	3,1	2,5	4,7	4,2	3,7	7,0	5,9	4,8	Wie die entsprechenden Kokillengusssorten, aber höhere statische u. Dauerfestigkeitswerte; schlechtere Schweißbarkeit.
GD-MgAl 8 Zn 1 GD-MgAl 9 Zn 1	DIN 1729 T 2	2,4	2,0	1,6	3,1	2,8	2,4	4,6	3,8	3,1	Wie die entsprechenden Sandgusssorten, aber höhere Streckgrenze und Härte.

1) Die angegebenen Werte dienen der Abschätzung. Sie sind nicht für die Kalkulation vorgesehen.

2) schwierig = dünnwandig, sperrig, kernreich

3) Einfache Druckgussstücke: Formen ohne Kernzüge und ohne Schieber

Mittelschwere Druckgussstücke: Formen mit 2 Schiebern und/oder 4 Kernzügen

Schwierige Druckgussteile: Formen mit mehr als 2 Schiebern und/oder mehr als 4 Kernzügen

Die k_v^*-Werte gelten für Gussstücke mit gleichmäßigen Wanddicken von 2 mm … 4 mm.

Relative Werkstoffkosten k_v^*:

$$k_v^* = \frac{k_v}{k_{v_0}}$$

k_{v_0} = spezifische Werkstoffkosten in $\frac{€}{cm^3}$ für warmgewalzten Rundstahl S235JRG1 DIN EN 10025 mittlerer Abmessungen.

7

A2-13 Kenngrößen für die Werkstoffwahl bei Zug/Druck, Biegung und Torsion unter Berücksichtigung der relativen Werkstoffkosten k_V^* und der maßgebenden Festigkeitsgrößen; $R_{p0,2}$ = Zug/Druck-Fließgrenze, σ_{bF} = Biegefließgrenze, τ_{tF} = Torsionsfließgrenze

Werkstoff		Kenngrößen für Kosten, Festigkeit k_V^*	$R_{p0,2}$	σ_{bF} in $\frac{N}{mm^2}$	τ_{tF}	Vergleichsgrößen für Zug $\frac{k_V^*}{R_{p0,2}}$ in $10^{-2}\frac{mm^2}{N}$	Biegung $\frac{k_V^*}{\sigma_{bF}^{2/3}}$ in $10^{-2}\left(\frac{mm^2}{N}\right)^{2/3}$	Torsion $\frac{k_V^*}{\tau_{tF}^{2/3}}$ in $10^{-2}\left(\frac{mm^2}{N}\right)^{2/3}$
Walz- u. Schmiedestähle	S235JR	1,0	240	340	170	0,42	2,1	3,3
	E295	1,1	300	420	215	0,37	2,0	3,1
	S355J0	1,2	360	430	220	0,33	2,1	3,3
	C45+QT	1,3	450	670	340	0,29	1,7	2,7
	24Cr4+QT	2,1	650	900	450	0,32	2,3	3,6
Gusseisen	EN-GJL-200	2,2	200	400	200	1,10	4,1	6,4
	EN-GJS-600	3,2	420	600	250	0,76	4,5	8,1
	EN-GJMB-550	3,5	360	510	220	0,97	5,5	9,6
	GS-45	3,6	230	300	130	1,57	8,0	14,0
NE-Metalle	Cu Zn 40 Al 2	11,9	280	390	180	4,25	22,3	37,3
	Al Zn Mg Cu 0,5	4,5	410	570	260	1,09	6,5	11,0
Kunststoffe	PVC hart	2,7	45	85		6,00	14,0	
	PS	7,7	55	95		14,00	37,0	
	PA	12,0	57	50		21,05	88,4	

A2-14 Prozentuale Materialkosten-Anteile M' = M/H · 100 in % zur Ermittlung der Herstellkosten H in der Entwicklungsphase (bezogen auf die Herstellkosten)

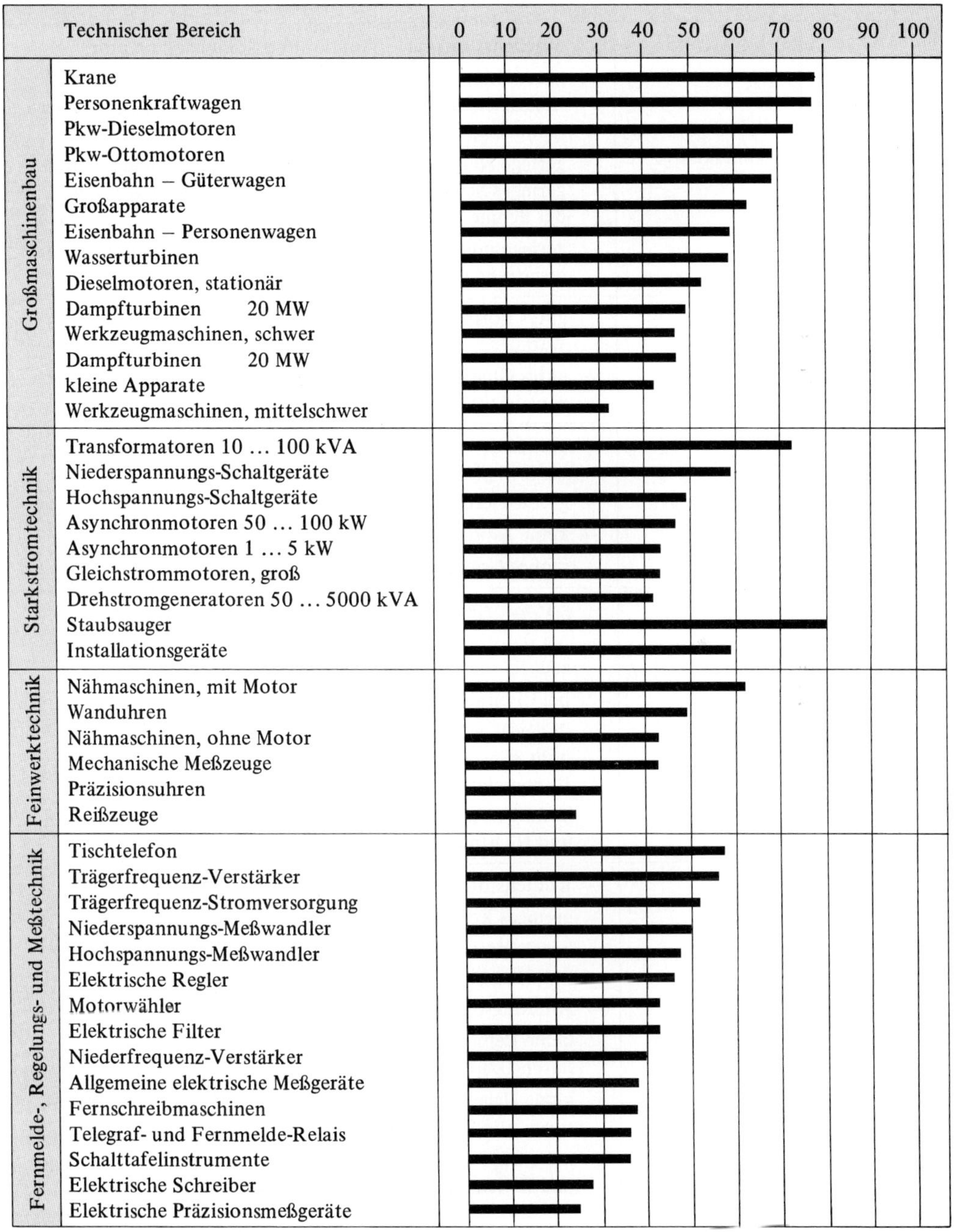

A2-15 Wichtige Werkstoffeigenschaften für oft angewendete Fertigungsverfahren

Verfahren	Eigenschaft	Anforderungen an den Werkstoff
Gießen	Gießbarkeit	– möglichst niedrige Liquidus- und Solidustemperatur, – gutes Formfüllungsvermögen durch Dünnflüssigkeit, geringes Schwindmaß und geringe Oberflächenspannung der Schmelze, – geringe Neigung zur Lunker- und Gasblasenbildung durch geringes Schwindmaß und geringes Gaslösungsvermögen der Schmelze, – geringe innere Spannungen durch geringe Schwindung des erstarrenden Gefüges,
Walzen Schmieden Stauchen Pressen	Duktilität	– gutes Formänderungsvermögen durch niedrige Kalt- bzw. Warmfließgrenze, – gutes Gleitvermögen des Gefüges durch kubisch-flächenzentriertes oder kubisch-raumzentriertes Metallgitter
Biegen Tiefziehen Drücken	Tiefziehfähigkeit	– gute Kaltverformbarkeit durch große Bruchdehnung, hohe Zugfestigkeit und niedrige Streckgrenze, – große Tiefung nach Erichsen, – keine Anisotropie, – großes Grenzziehverhältnis im Napfziehversuch
Spanen	Zerspanbarkeit	– geringer spezifischer Schnittkraftwiderstand k_s, – bei Baustählen hohe Temperaturstandfestigkeit des Werkzeuges, – bei Eisenwerkstoffen hoher Schnittgeschwindigkeitsprüfwert v_{komp}, – hohe Einstichverschleißfestigkeit des Werkzeuges bei Eisenmetallen, NE-Metallen und Nichtmetallen, – hohe Verschleißstandzeit des Werkzeuges bei NE-Metallen und Nichtmetallen
Schweißen	Schweißbarkeit	– Kohlenstoffgehalt unlegierter Stähle $\leqq$ 0,22 %, – geringes Kohlenstoffäquivalent legierter Stähle, – beruhigtes oder besonders beruhigtes Vergießen bei Stählen, – Alterungsbeständigkeit bei Stählen, – keine Behinderung des Schmelzflusses beim Schweißen durch Oxidation, – keine Neigung zu Bindefehlern, Poren, Fischaugen, Warmrissen und Schlackeneinschlüssen, – hohe Zugfestigkeit, Bruchdehnung, Kerbschlagzähigkeit und Zeitstandfestigkeit geschweißter Proben

A2-16 Übliche Betriebslebensdauer wichtiger technischer Produkte

Technisches Produkt	Mittlere Lebensdauer in h
Elektrische Haushaltsgeräte	1500 ... 3000
Kleine Ventilatoren	2000 ... 4000
Elektromotoren bis 4 kW	8000 ... 15000
Mittlere Elektromotoren	15000 ... 25000
E-Großmotoren, Generatoren	20000 ... 30000
Krafträder, leichte Pkw	1000 ... 2000
Schwere Pkw, leichte Lkw, Schlepper	1500 ... 2500
Schwere Lkw, Omnibusse	3000 ... 6000
Landwirtschaftliche Maschinen	3000 ... 6000
Hebezeuge, Fördermaschinen	10000 ... 15000
Universalgetriebe	10000 ... 25000
Pumpen	10000 ... 30000
Werkzeugmaschinen	15000 ... 25000
Kleinere Kaltwalzwerke	5000 ... 6000
Große Mehrwalzgerüste	8000 ... 10000
Hilfsmaschinen für die Produktion	7500 ... 15000
Holzbearbeitungsmaschinen	15000 ... 20000
Druckereimaschinen	15000 ... 30000
Papiermaschinen	50000 ... 80000
Abbaugeräte im Bergbau	4000 ... 10000
Grubenventilatoren	40000 ... 50000
Fördereinrichtungen im Bergbau	40000 ... 60000
Bootsgetriebe	3000 ... 5000
Schiffsgetriebe	20000 ... 30000

3 Das festigkeitsgerechte Gestalten

A3-1 Gestaltungsbeispiele zur Kleinhaltung von Biegespannungen

Nr.	ungünstig	besser	Hinweise
1	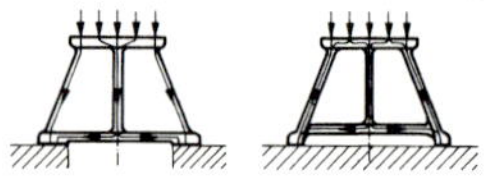	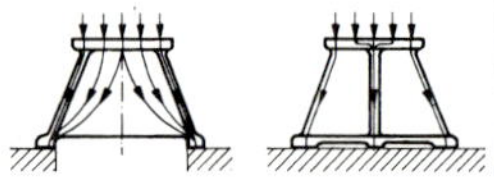	Scharfe Kraftflußumlenkung durch mittige Rippe wegen sonst auftretender großer Biegespannung vermeiden. Mittige Rippe im Fuß direkt abstützen.
2	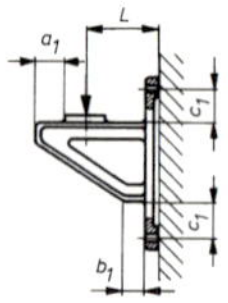	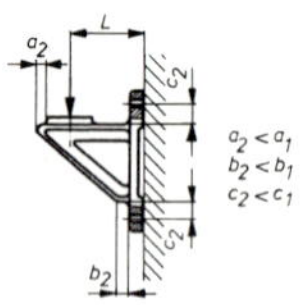	Bei Konsolen Biegespannungen möglichst klein halten; Maße a_1, b_1 und c_1 sind unnötig groß gewählt.
3	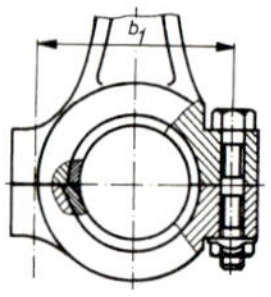	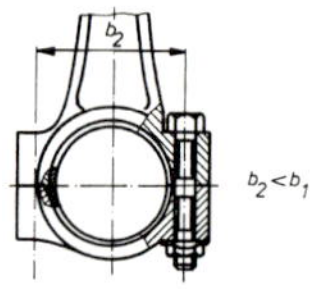	Mittenabstände von Schraubverbindungen möglichst klein halten zur Kleinhaltung von Biegespannungen in Bauteilen und Schrauben.
4	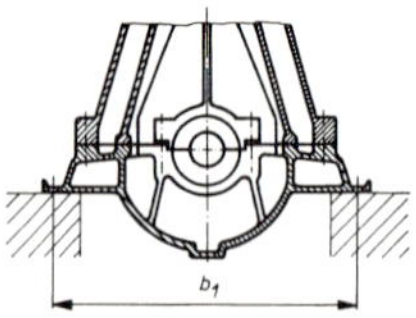	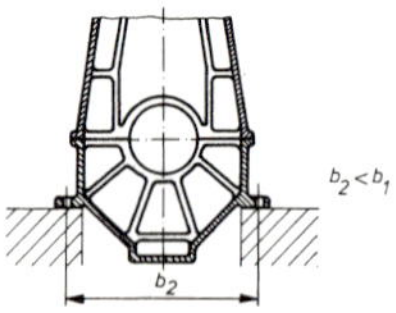	Ungünstige Kraftflußführung durch zu große Stützweite bei stationären Motoren; Gehäuseabstützung näher an Kurbellager heranziehen.
5	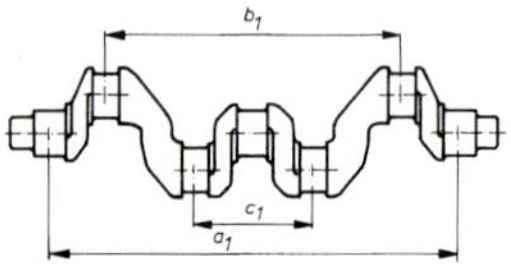	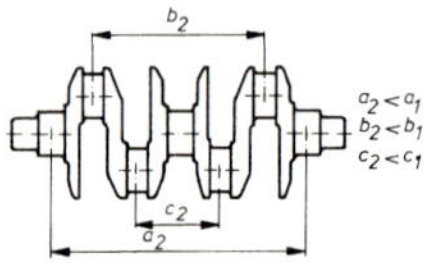	Gedrungene Bauweise von Kurbelwellen bevorzugen; dadurch allerdings Probleme bei Kühlung des Motorblockes.
6	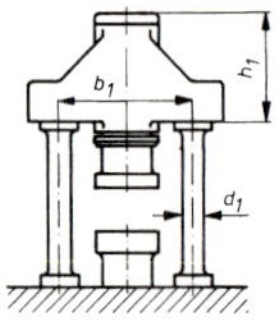	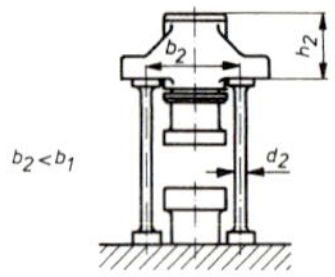	Enge Stützweite bei Ständern von Pressen bevorzugen; dadurch weniger aufwendiges Querhaupt.
7		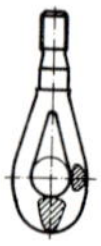	Lastöse – wenn möglich – dem Lasthaken vorziehen; bei Haken erheblich größerer Werkstoffaufwand.
8	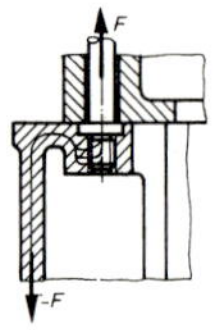	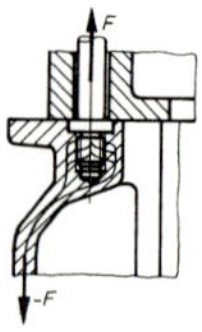	Starke Kraftflußumlenkung bei versetzter Deckelverschraubung; direkte Ableitung des Kraftflusses bevorzugen.

7

A3-2 Gestaltungsbeispiele für Entlastungskerben an Achsen und Wellen

Nr.	ungünstig	besser	Hinweise
1	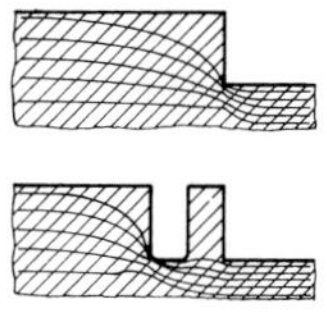	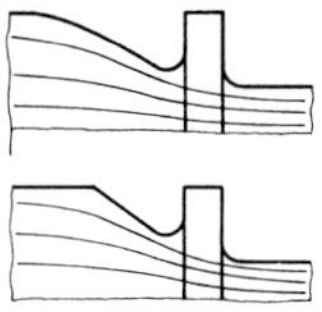	Schädliche Kerbwirkung funktionsbedingter Absätze an hochbelasteten Achsen und Wellen durch Anbringung kraftflußgerechter Entlastungskerben herabsetzen.
2	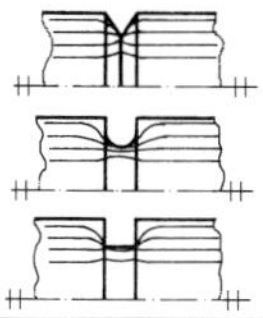	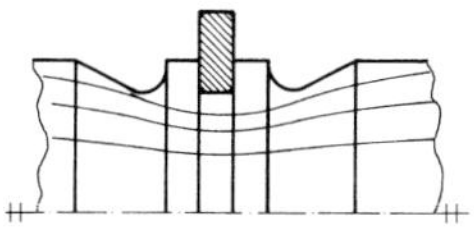	Einstiche an Wellen und Achsen für Sicherungsringe und dgl. führen zu großer Kerbwirkung. Milderung durch kraftflußgerechte Entlastungskerben; Kraftfluß darf Kerbgrund nicht berühren.
3	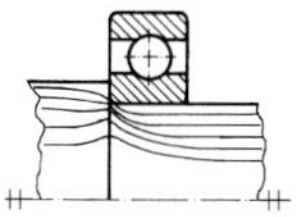	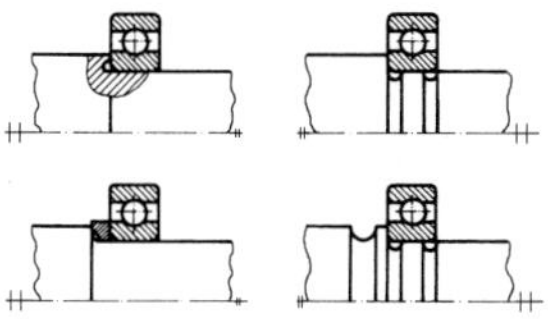	Weichere Kerbwirkung bei Wellenschulter zur Abstützung von Wälzlagern durch axiale Einstechnut, Distanzring, ausgerundete Entlastungskerben oder Entlastungskerbe mit zusätzlicher Übergangskerbe.
4	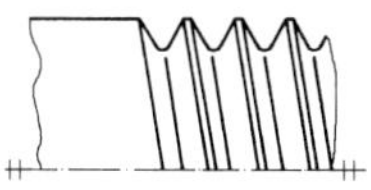	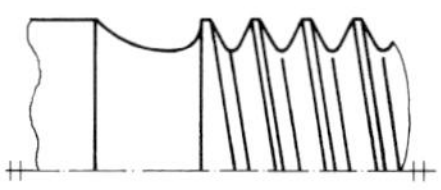	Kerbwirkung am Übergang hochbelasteter Bewegungsgewinde durch Entlastungskerbe herabsetzen.
5	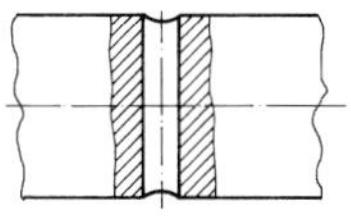	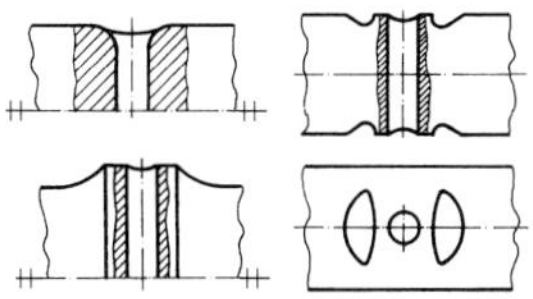	Querbohrungen an Wellen sind Ursache für besonders große Kerbspannungen. Verringerung durch große Rundungsradien mit geringer Rauhtiefe, Anbringung von Wellenverdickungen oder durch Entlastungskerben.

A3-3 Vergleich von im Leicht- und Stahlbau häufig verwendeten geschlossenen bzw. offenen Profilen

a) Kennzeichnend sind die kaum variierenden Trägheits- und Widerstandsmomente bei Biegung und die extrem starke Abnahme ihrer Größen bei Torsion

Profil	Gewicht in kg/m	I_a in cm⁴	W_a in cm³	I_t in cm⁴	W_t in cm³
geschlossenes Profil 90 × 90 × 2,5 □	6,7	106	23,6	168	39
offenes Profil 90 × 90 × 2,5 ⊏	6,7	106	23,6	0,18	0,73
Verhältnis	1 : 1	1 : 1	1 : 1	933 : 1	53,4 : 1
geschlossenes Profil 90 × 45 × 2,5 ▯	4,91	63	14,0	58,9	19,5
offenes Profil 90 × 45 × 2,5 [	3,35	54	11,9	0,10	0,40
Verhältnis	1,5 : 1	1,2 : 1	1,2 : 1	589 : 1	48,8 : 1

b) Die dargestellten Profile haben nur wenig differierende Widerstandsmomente gegen Biegung mit zunehmender Eignung für Leichtbau von links nach rechts. Jedoch zeigt sich bei gleicher Reihenfolge eine extrem starke Abnahme der polaren Widerstandsmomente mit geringer Eignung der offenen Profile bei Torsionsbeanspruchung.

Profil	1	2	3	4	5	6
	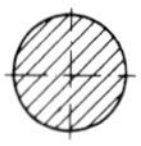	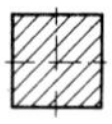	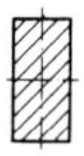	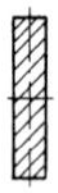	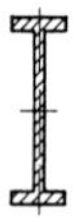	
Querschnitt A in mm²	150	135	112,5	84	42,4	29,5
Verhältnis A_x/A_1	1 : 1	0,9 : 1	0,75 : 1	0,56 : 1	0,28 : 1	0,20 : 1
Pol. Widerstandsmoment W_p in mm³	530	320	210	100	10,6	5,3
Verhältnis W_p/W_{p1}	1 : 1	0,6 : 1	0,4 : 1	0,19 : 1	0,02 : 1	0,01 : 1

A3-4 Beispiele für den Ausgleich von nicht funktionsbedingten Nebenkräften

Beispiel	Ausgleich durch Hilfselement	Ausgleich durch symmetrische Anordnung	Erläuterung
Schräg-verzahnte Stirnräder	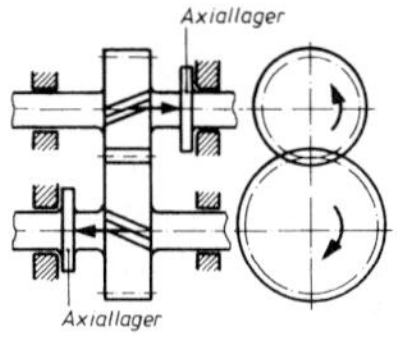 a)	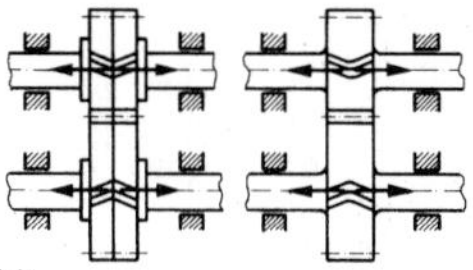 b)	a) Axiale Kraftkomponenten werden durch Axiallager aufgefangen. b) Axiale Kraftkomponenten werden durch Räder mit Rechts- bzw. Linkssteigung oder durch Pfeilverzahnung ausgeglichen.
Kegelkupplung	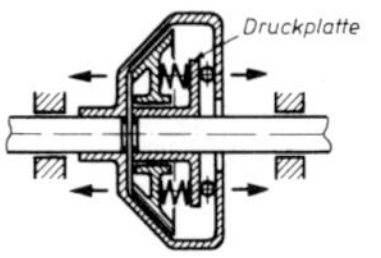 c)	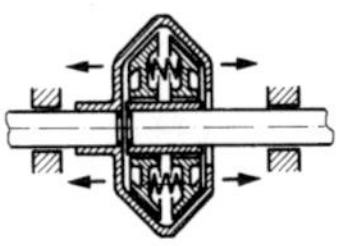 d)	c) Axiale Stützkraft wird durch Druckplatte mit Wälzkörperkranz gegen Gehäuse aufgefangen. d) Gegenseitiger Kraftausgleich durch symmetrische Anordnung
Kurbeltrieb	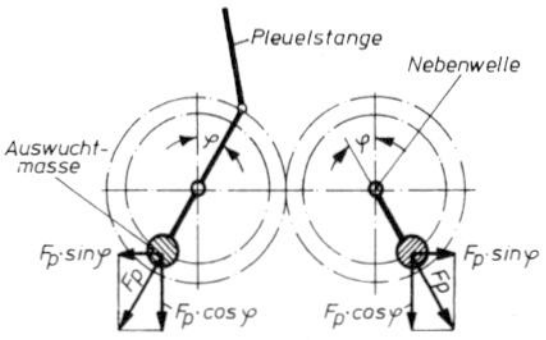 e)	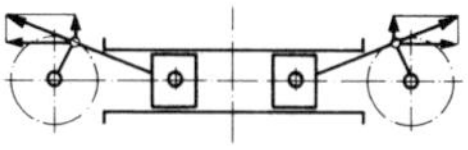 f)	e) Ausgleich der oszillierenden Kolben-Pleuel-Kraft durch $F_p \cdot \cos\varphi$ und Ausgleich der Komponente $F_p \cdot \sin\varphi$ durch Nebenwelle mit Ausgleichgewicht; f) Junkersmotor mit symmetrisch angeordneten Kurbeltrieben und Ausgleich der Kraftkomponenten
Dampfturbine	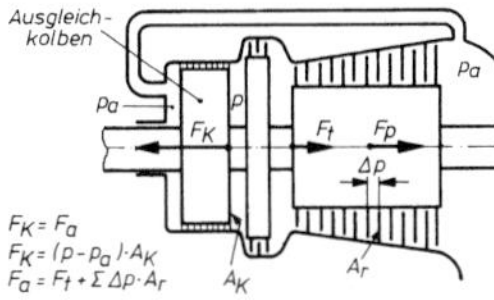 g)	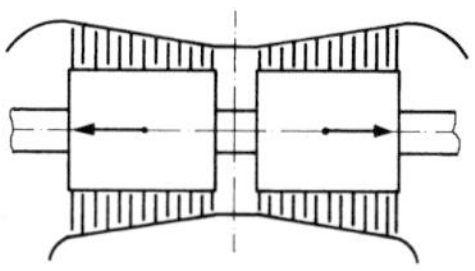 h)	g) Axialkraft F_a als Summe des Dampfkraftunterschiedes F_t und der Überdruckkraft $p\,A_r$ wird durch Ausgleichkolben mit $F_K = (p - p_A)A_K$ aufgehoben. h) Kraftausgleich durch symmetrisch angeordnete Turbinen.

7

A4.1-1 Guss-Allgemeintoleranz-Gruppe GTB nach DIN 1680 T2 (Auszug) in mm

Gußallgemein-toleranz-Reihe	Nennmaßbereich[1] von 1 bis 3	über 3 bis 6	über 6 bis 10	über 10 bis 18	über 18 bis 30	über 30 bis 50	über 50 bis 80	über 80 bis 120	über 120 bis 180	über 180 bis 250	über 250 bis 315	über 315 bis 400	über 400 bis 500	über 500 bis 630	über 630 bis 800	über 800 bis 1000
GTB 15	1,4	1,5	1,6	1,7	1,9	2	2,2	2,4	2,6	2,8	3	3,2	3,4	3,6	3,8	4
GTB 16		1,9	2	2,2	2,4	2,6	2,8	3	3,2	3,6	3,8	4	4,2	4,6	4,8	5,2
GTB 16/5				2,8	3	3,2	3,4	3,6	4	4,4	4,6	5	5,2	5,6	6,2	6,6
GTB 17				3,6	3,8	4	4,2	4,6	5	5,4	5,8	6,2	6,6	7	7,6	8,2
GTB 17/5				4,6	4,8	5	5,4	5,8	6,4	7	7,4	8	8,6	92,	10	11
GTB 18				5,8	6	6,4	6,8	7,4	8,2	8,8	9,4	10	11	12	13	14
GTB 18/5				7,2	7,4	7,8	8,4	9	10	11	12	13	14	15	16	17
GTB 19					9,4	10	11	12	13	14	15	16	17	19	20	22
GTB 19/5					12	13	14	15	16	18	19	20	22	22	24	26
GTB 20					15	16	17	18	20	22	22	24	26	28	30	32

[1] Unabhängig von den angegebenen Werten darf die Istabweichung an Gussstücken in keinem Fall mehr als ± 25 % des betreffenden Nennmaßes – aufgerundet auf 1 Stelle nach dem Komma – betragen. Diese Einschränkung ist bei der Anwendung der Gussallgemeintoleranzen innerhalb der fettumrahmten Tabellenfächer zu beachten. Nennmaße > 1000 s. Norm.

A4.1-2 Bearbeitungszugaben BZ bei Gussstücken (GJL und GJS) bis 1000 kg Gewicht und bis 50 mm Wanddicke nach DIN 1685 T1 und DIN 1686 T1 in mm

Lage der Fläche in der Gießform	Nennmaßbereich bezogen auf das größte Außenmaß des Gußrohteiles	bis 50	über 50 bis 120	über 120 bis 250	über 250 bis 500	über 500 bis 1000	über 1000 bis 2500
unten seitlich	Bearbeitungszugabe BZ	2	2,5	3	3,5	4	6
oben		2,5	3	4	5	7	8

A4.1-3 Formschrägen an Modellen nach DIN 1511

Höhe in mm	Schräge in Grad	Höhe in mm	Schräge in mm
bis 10	3°	bis 250	1,5
bis 18	2°	320	2,0
bis 30	1°30′	500	3,0
bis 50	1°	800	4,5
bis 80	0°45°	1200	7
bis 180	0°30°	2000	11
		4000	21

A4.1-4 Wanddickeneinfluss bei Gusseisen mit Lamellengraphit (GJL)

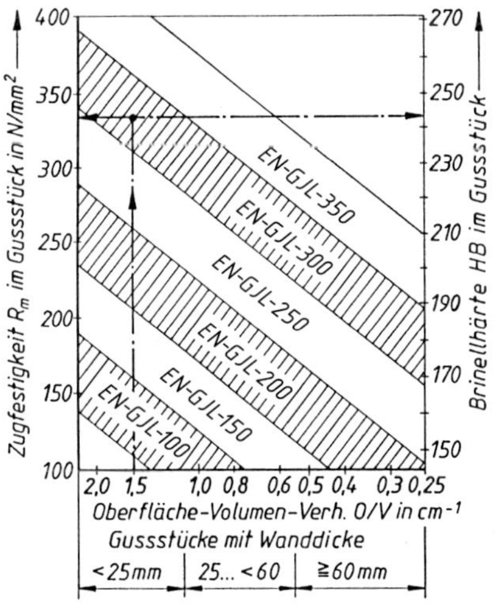

A4.1-5 Werkstoffgerechte Gestaltungsbeispiele von Gussteilen

Nr.	ungünstig	besser	Hinweise
1	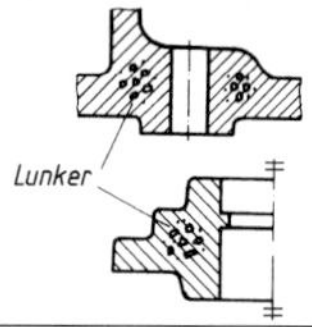	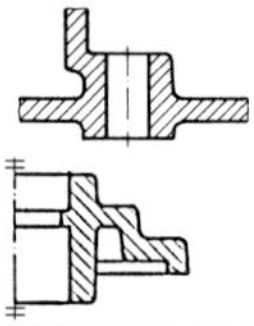	Werkstoffanhäufung vermeiden, sonst Lunkerbildung. Knotenauflösung vornehmen
2	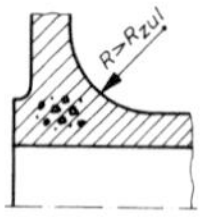	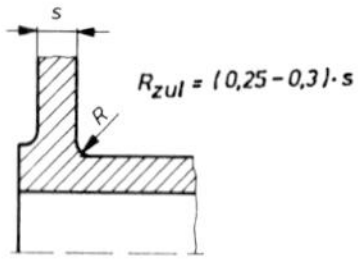	Übergangsstellen nicht mit zu großen Radien versehen. Werkstoffanhäufung
3	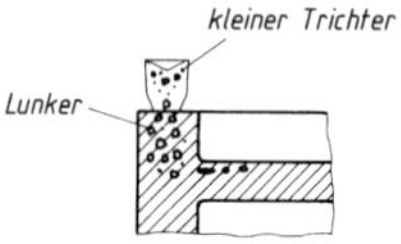	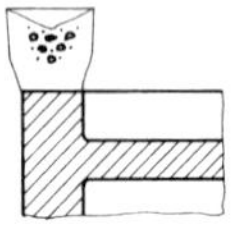	Ausreichend große Gießtrichter und Steiger vorsehen
4	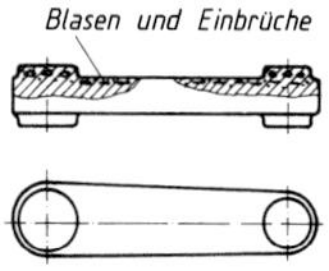	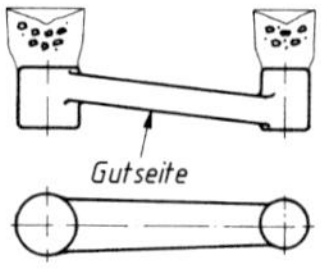	Große horizontale Flächen durch Schräglage vermeiden, sonst Luft- und Gasblasenbildung mit Einbrüchen; Gutseite nach unten legen
5	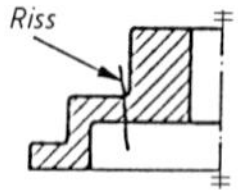	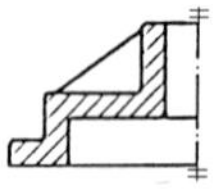	Gleichmäßige Wanddicken vorsehen; dadurch gleichmäßige Abkühlung mit geringeren Schrumpfspannungen; Rißgefahr wird vermieden
6	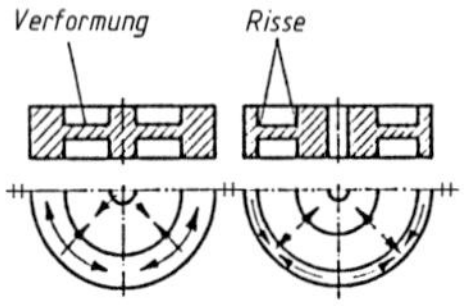	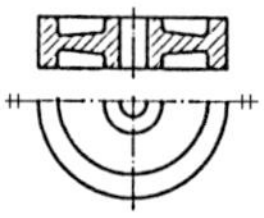	Bei Rädern günstige Querschnitt- und Masseverteilung vorsehen, sonst Spannungen und Rißbildung durch verschieden schnelle Schrumpfung
7	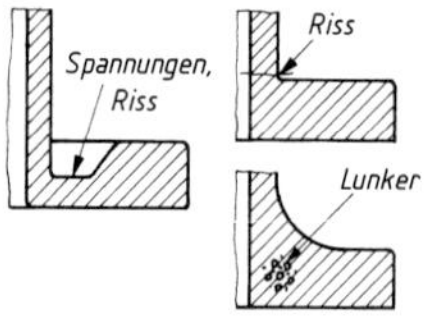	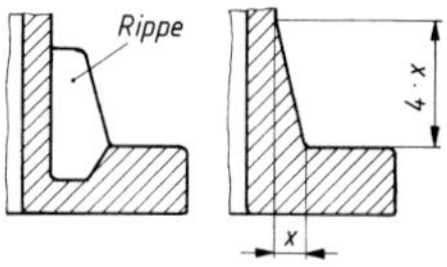	Übergänge zur Aufnahme von Spannungen durch Rippen verstärken oder schräge Übergänge vorsehen

A4.1-6 Verfahrensgerechte Gestaltungsbeispiele von Gussteilen

Nr.	ungünstig	besser	Hinweise
1	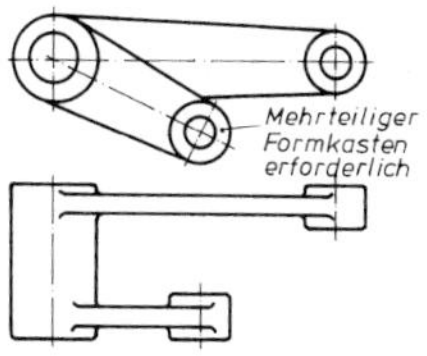	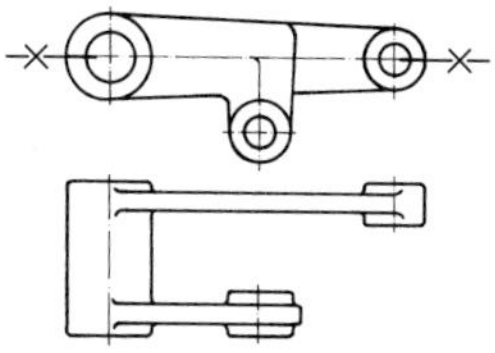	Formengerechte Gestaltung der Gussteile vorsehen; mehrteilige Formkästen vermeiden
2	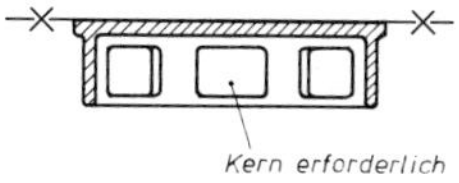	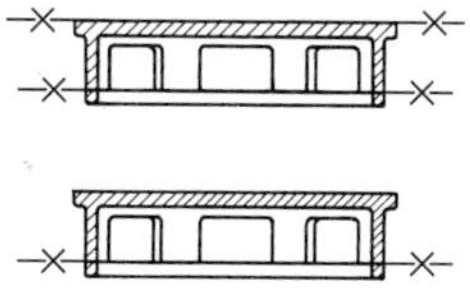	Vermeidung von Kernen durch Verwendung geteilter Modelle; eventuell nur geringe konstruktive Änderung erforderlich
3	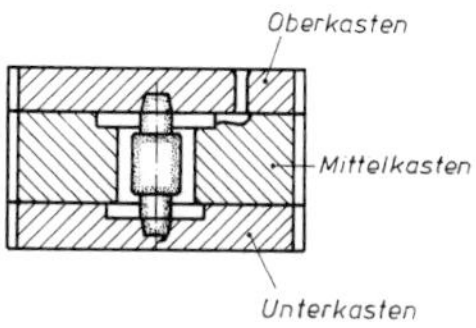	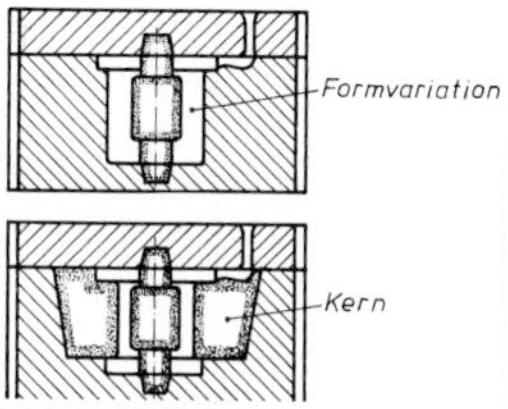	Einfache Formteilung bei der Gestaltung des Gussteils berücksichtigen
4	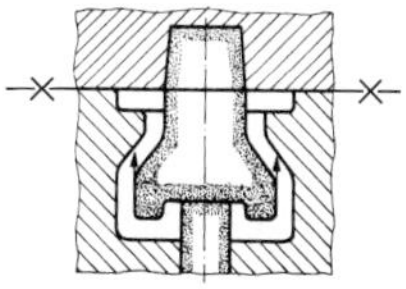	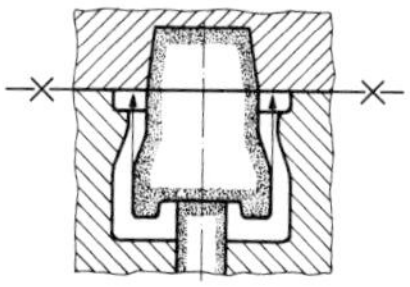	Leichte Einlegbarkeit der Kerne gewährleisten
5	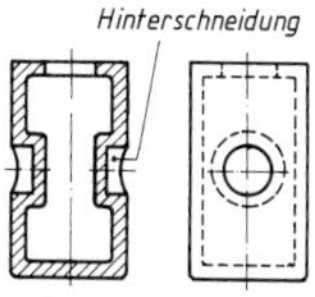	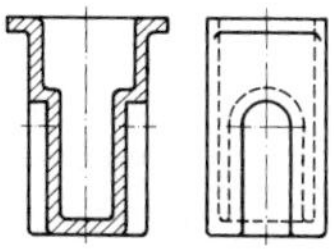	Hinterschneidungen vermeiden, sonst Kerne erforderlich
6	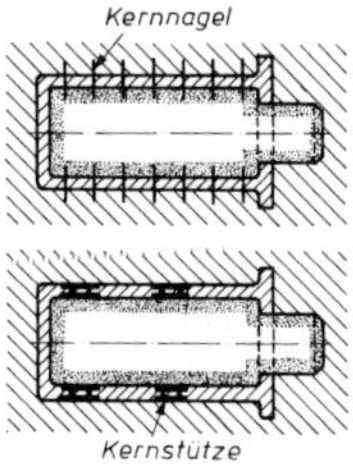	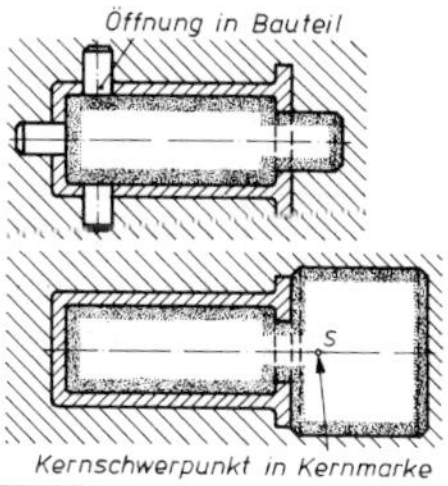	Ausreichende Lagesicherung von Kernen vorsehen; dabei möglicherweise Kernstützen und Kernnägel vermeiden
7	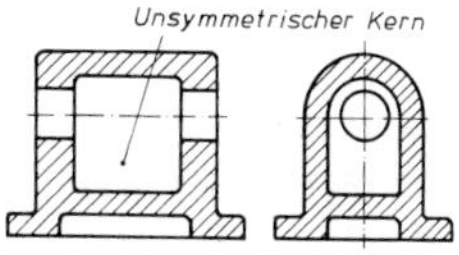	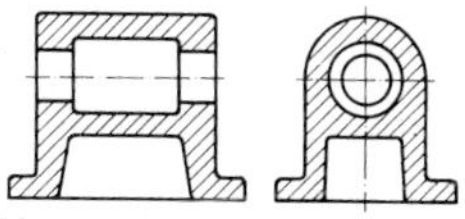	Bei der Gestaltung der Gussstücke einfache Formen für Kerne vorsehen

A4.1-7 Bearbeitungsgerechte Gestaltungsbeispiele von Gussteilen

Nr.	ungünstig	besser	Hinweise
1	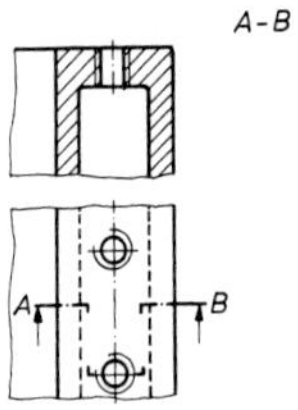	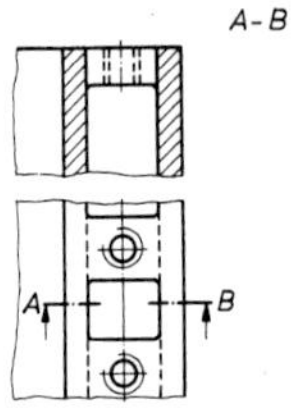	Kerne müssen leicht entfernbar sein. Alle Stellen des Gussteils müssen für Putzwerkzeuge leicht zugänglich sein.
2	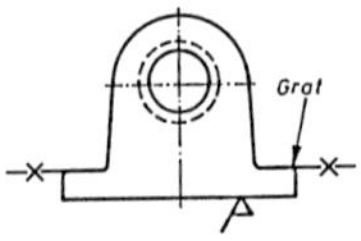	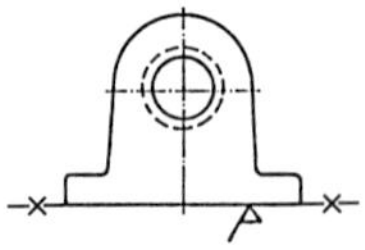	Teilfugen sollen so liegen, daß die Gratnaht an spanend zu bearbeitenden Flächen liegt; dadurch weniger Putzarbeit.
3	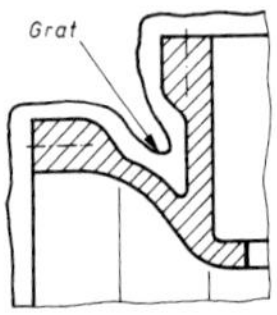	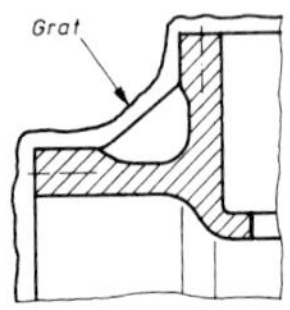	Scharf einspringende Umrißkanten vermeiden; Putzarbeit sonst umständlich.
4	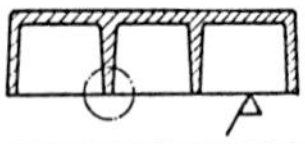	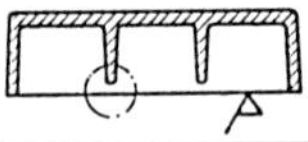	Rippen niedriger als spanend zu bearbeitende Flächen ausführen.
5	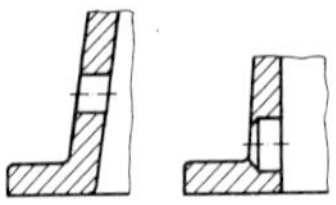	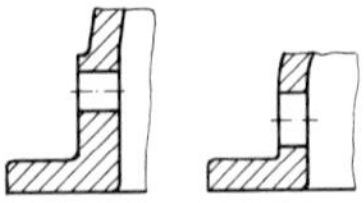	Anschnitt- und Auslaufflächen sind senkrecht zur Vorschubrichtung des Werkzeuges anzuordnen.
6	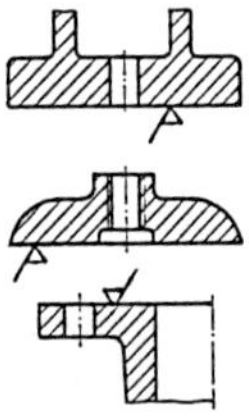	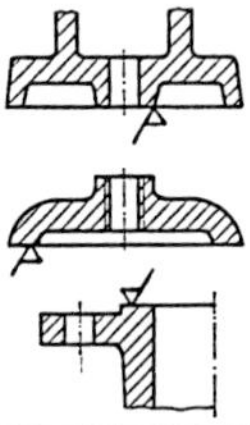	Flächen mit höheren Ansprüchen an die Oberflächenqualität sind möglichst klein zu halten.
7	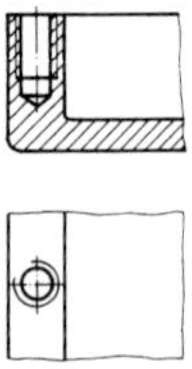	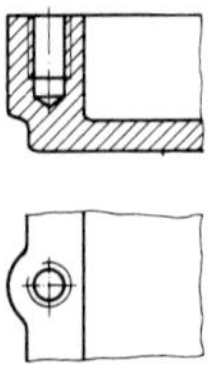	Für Bohrungen und Gewindelöcher wegen möglicher Maßabweichungen ausreichende Verstärkungen vorsehen.
8	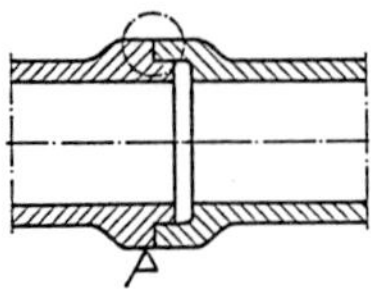	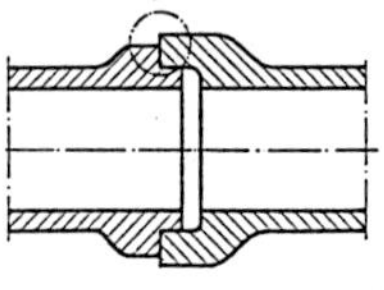	Fertigungskosten werden gesenkt, wenn auf bündige Abschlüsse angrenzender Bauteile verzichtet wird.

A4.1-8 Werkstoff- und verfahrensgerechte Gestaltungsbeispiele von Feingussteilen

Nr.	ungünstig	besser	Hinweise
1	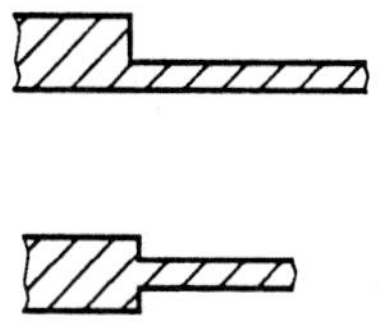	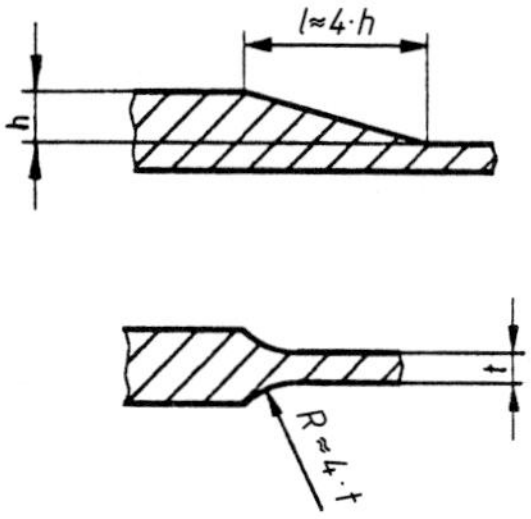	Scharfe Kanten stellen Aufheizkanten dar, ungüsntiges Gefüge. Anschrägung, Radius vorsehen.
2	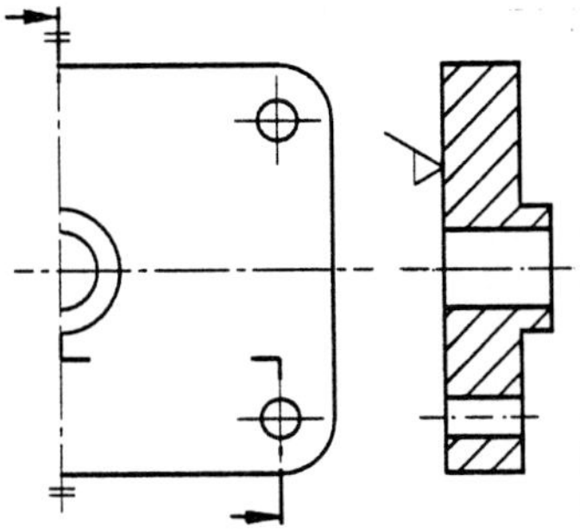	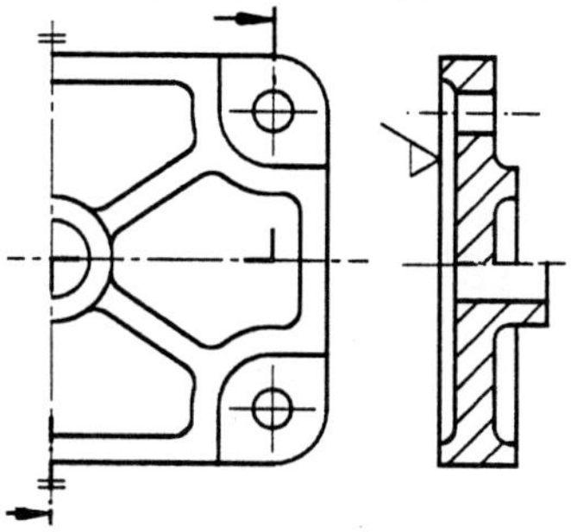	Größere ebene Flächen verrippen, dadurch höhere Gestaltfestigkeit bei weniger Material
3	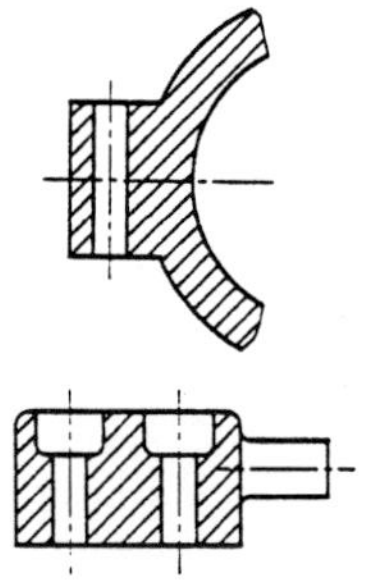	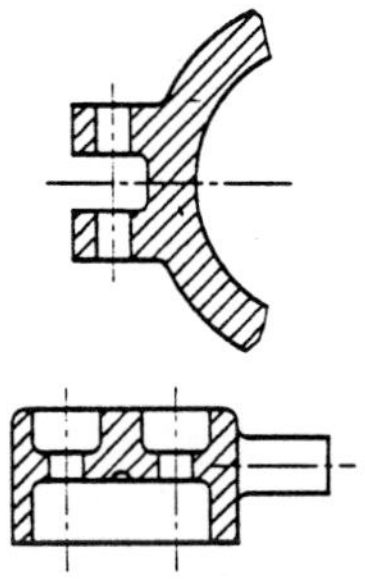	Lange Bohrungen und Materialanhäufung ungünstig
4	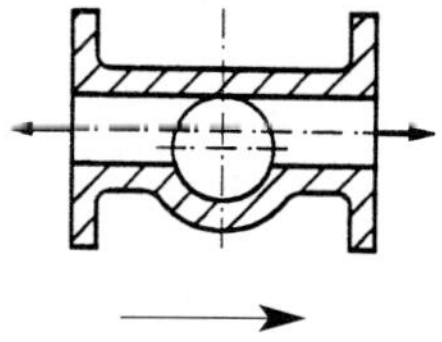 Entfernungsrichtung der Kernschieber	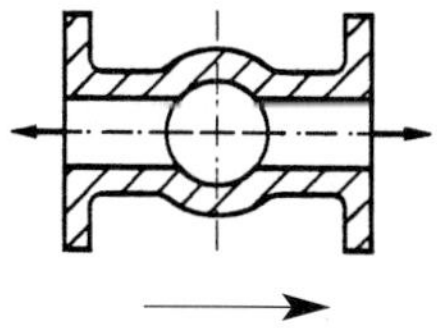 Entfernungsrichtung der Kernschieber	Messerkanten an Kernschieber durch günstigere Formgebung vermeiden
5	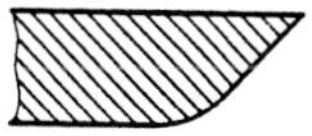	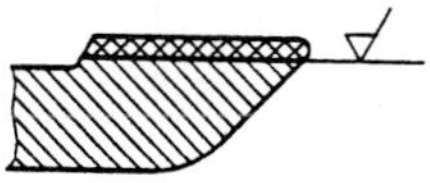	Bearbeitungszugabe für scharfkantige Fläche vorsehen

A4.2-1 Werkzeug- und verfahrensgerechte Gestaltungsbeispiele von Sinterteilen

Nr.	ungünstig	besser	Hinweise
1	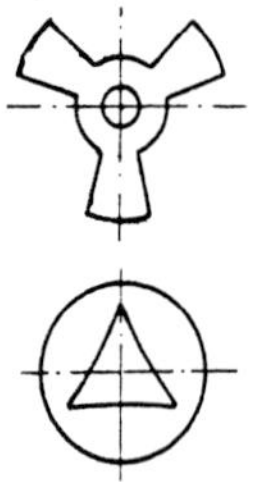	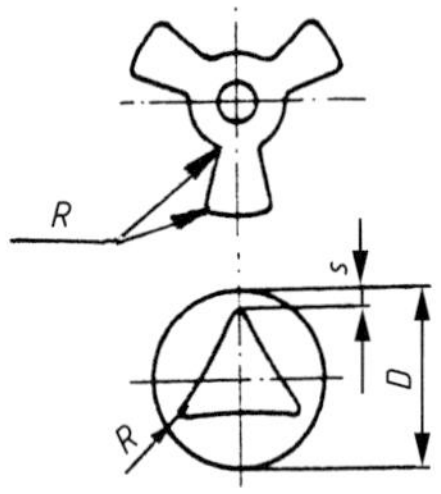	Scharfkantige Ecken, Durchbrüche mit Radien versehen. Mindestwandstärke $s \geq 0{,}1 \cdot D$, $s > 2$ mm einhalten.
2	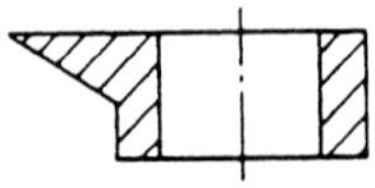	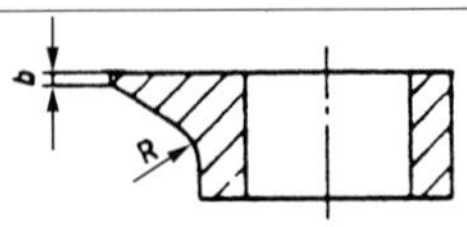	Spitz zulaufende Form vermeiden Absatz $b \geq 1$ mm vorsehen
3	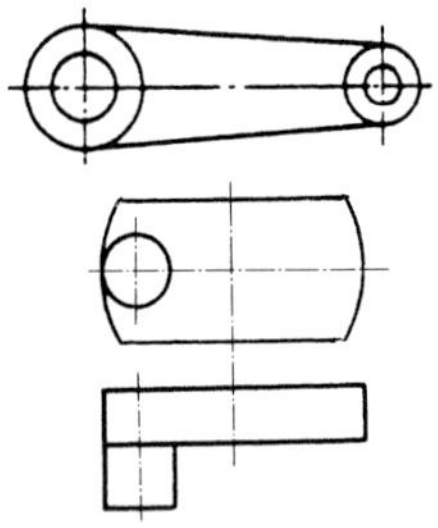	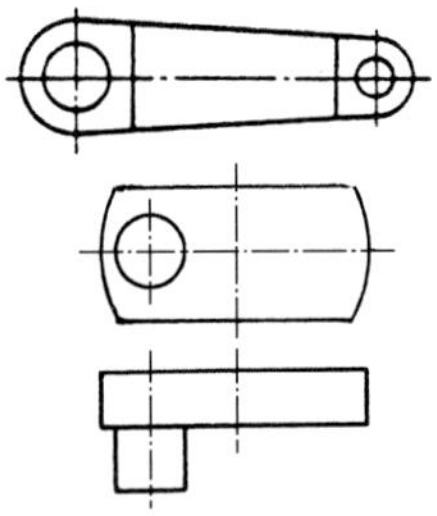	Tangentialer Übergang und Kreisberührung ungünstig
4	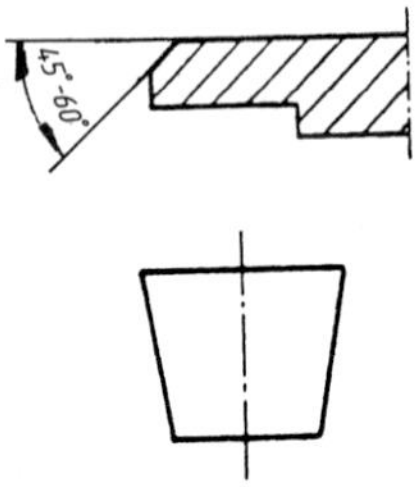	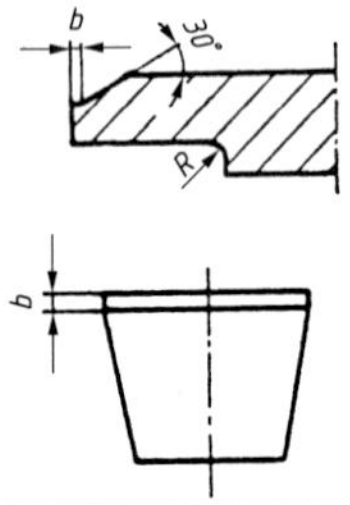	Außenkanten rechtwinklig oder mit Facetten von 30° gestalten $b \geq 0{,}1$ mm Konische Teile zylindrischer Ansatz $b \geq 0{,}5$ mm vorsehen
5	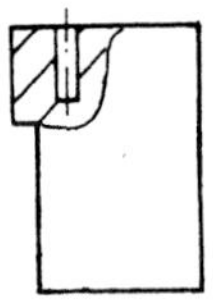	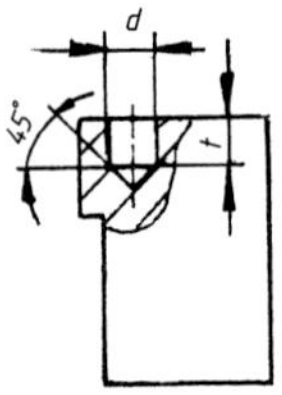	Bei Grundlöcher $t \leq 2 \cdot d$ einhalten
6	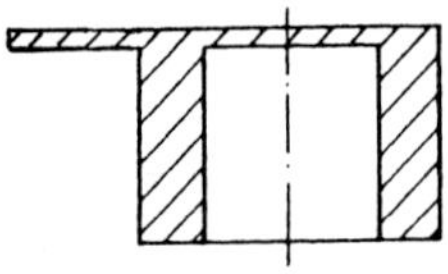	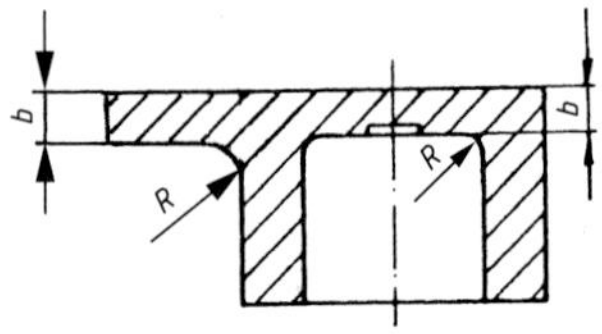	Laschen- und Bodendicke $b \geq 2$ mm Übergangsradius vorsehen

A4.2-1 (Fortsetzung)

Nr.	ungünstig	besser	Hinweise
7	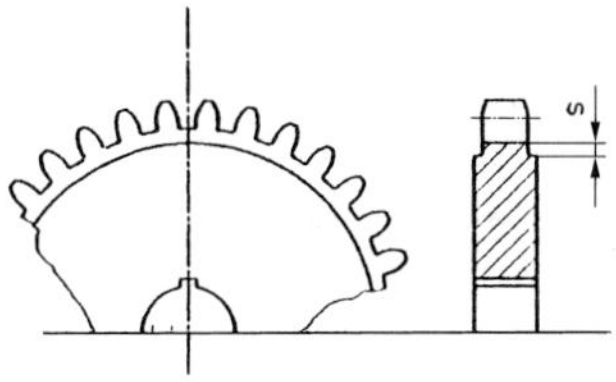	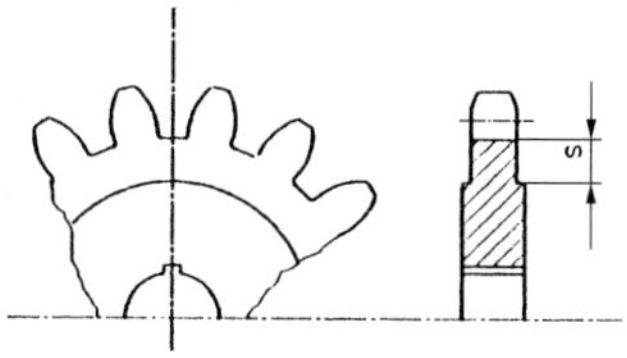	Abstand zwischen Zahngrund und Nabe s > 2 mm bei unterteilten Stempel Modul m ≥ 0,5
8	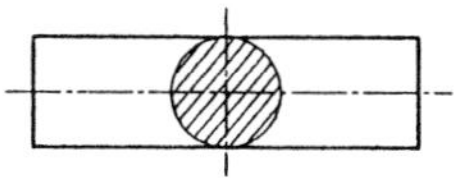	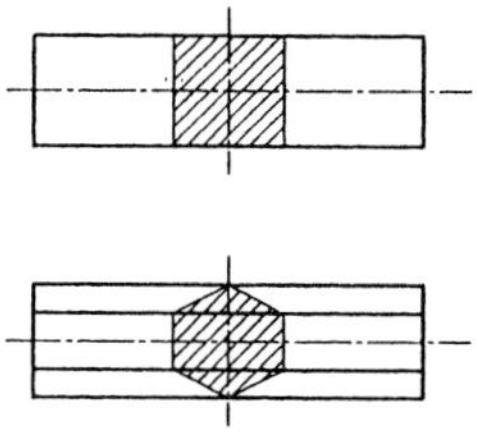	Zylinder, deren Längsachse quer zur Pressrichtung liegt, sind nicht herstellbar
9	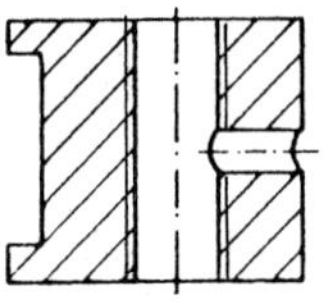	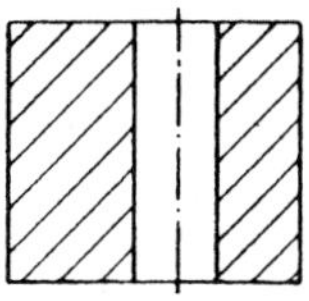	Hinterschneidungen, Gewinde, Querbohrungen sind nicht pressbar
10	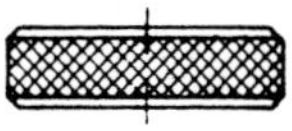	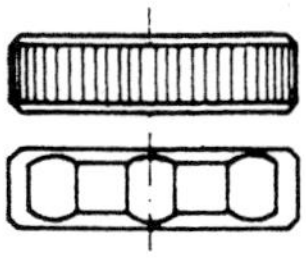	RGE-Rändel durch RAA-Rändel oder Profile ersetzen

A4.2-2 Sintermetalle für Formteile, Auszug aus der DIN 30910 T4

Werkstoff		Kurz-zeichen	Zulässige Mindest- Höchstwerte		Werte bezogen auf eine bestimmte Dichte, Zusammensetzung													
			Dichte	Porosität	Dichte	Chemische Zusammensetzung (Massenanteil)								Zug-festigkeit	Streck-grenze	Bruch-dehnung	Härte	E-Modul
		Sint-	ϱ	$\frac{\Delta V}{V} \cdot 100$	ϱ	C	Cu	Ni	Mo	Sn	P	Fe	andere	R_m	$R_{p\,0,1}$	A	HB	$E \cdot 10^3$
			g/cm³	%	g/cm³	%	%	%	%	%	%	%	%	N/mm²	N/mm²	%		N/mm²
Sintereisen		C 00 D 00 E 00	6,4 bis 6,8 6,8 bis 7,2 > 7,2	15 ± 2,5 10 ± 2,5 < 7,5	6,6 6,9 7,3	–	–	–	–	–	–	Rest	< 0,5	130 190 260	60 90 130	4 10 18	40 50 65	100 130 160
Sinterstahl	C-haltig	C 01 D 01	6,4 bis 6,8 6,8 bis 7,2	15 ± 2,5 10 ± 2,5	6,6 6,9	0,5	–	–	–	–	–	Rest	< 0,5	260 320	180 210	3 3	80 100	100 130
Sinterstahl	Cu-haltig	C 10 D 10 E 10	6,4 bis 6,8 6,8 bis 7,2 > 7,2	15 ± 2,5 10 ± 2,5 < 7,5	6,6 6,9 7,3	–	1,5	–	–	–	–	Rest	< 0,5	230 300 400	160 210 290	3 6 12	55 85 120	100 130 160
Sinterstahl	Cu- und C-haltig	C 11 D 11	6,4 bis 6,8 6,8 bis 7,2	15 ± 2,5 10 ± 2,5	6,6 6,9	0,6	1,5	–	–	–	–	Rest	< 0,5	460 570	320 400	2 2	125 150	100 130
Sinterstahl	Cu- und C-haltig	C 21	6,4 bis 6,8	15 ± 2,5	6,6	0,8	6,0	–	–	–	–	Rest	< 0,5	530	410	< 1	150	100
Sinterstahl	Cu-, Ni- und Mo-haltig	C 30 D 30 E 30	6,4 bis 6,8 6,8 bis 7,2 > 7,2	15 ± 2,5 10 ± 2,5 < 7,5	6,6 6,9 7,3	0,3	1,5	4,0	0,5	–	–	Rest	< 0,5	390 510 680	310 370 440	2 3 5	105 130 170	100 130 160
Sinterstahl	P-haltig	C 35 D 35	6,4 bis 6,8 6,8 bis 7,2	15 ± 2,5 10 ± 2,5	6,6 6,9	–	–	–	–	–	0,45	Rest	< 0,5	310 330	200 230	11 12	85 90	100 130
Sinterstahl	Cu- und P-haltig	C 36 D 36	6,4 bis 6,8 6,8 bis 7,2	15 ± 2,5 10 ± 2,5	6,6 6,9	–	2,0	–	–	–	0,45	Rest	< 0,5	360 380	290 320	5 6	100 105	100 130
Sinterstahl	Cu-, Ni-, Mo- und C-haltig	C 39 D 39	6,4 bis 6,8 6,8 bis 7,2	15 ± 2,5 10 ± 2,5	6,6 6,9	0,5	1,5	4,0	0,5	–	–	Rest	< 0,5	520 600	370 420	1 2	150 180	100 130
Rostfreier Sinterstahl	AISI 316	C 40 D 40	6,4 bis 6,8 6,8 bis 7,2	15 ± 2,5 10 ± 2,5	6,6 6,9	0,06	–	13	2,5	–	Cr 18	Rest	< 0,5	330 400	250 320	1 2	110 135	100 130
Rostfreier Sinterstahl	AISI 430	C 42	6,4 bis 6,8	15 ± 2,5	6,6	0,06	–	–	–	–	Cr 18	Rest	< 0,5	420	330	1	170	100
Rostfreier Sinterstahl	AISI 410	C 43	6,4 bis 6,8	15 ± 2,5	6,6	0,2	–	–	–	–	Cr 13	Rest	< 0,5	510	370	1	180	100
Sinterbronze		C 50 D 50	7,2 bis 7,7 7,7 bis 8,1	15 ± 2,5 10 ± 2,5	7,4 7,9	–	Rest	–	–	10	–	–	< 0,5	150 220	90 120	4 6	40 55	50 70
Sinteraluminium Cu-haltig		D 73 E 73	2,45 bis 2,55 2,55 bis 2,65	10 ± 2,5 6 ± 1,5	2,5 2,6	–	4,5	Mg 0,6	Si 0,7	–	–	Al Rest	< 0,5	160 200	130 150	1 2	50 60	50 60

7

A4.3-1 Werkzeug-, fertigungs- und bearbeitungsgerechte Gestaltungsbeispiele von Gesenkschmiedeteilen

Nr.	ungünstig	besser	Hinweise
1	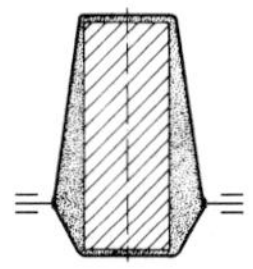	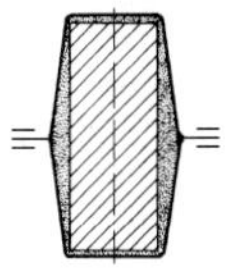	Teilfuge in halber Höhe des Schmiedestückes bevorzugen (geringer Zerspanungsaufwand; Versatz leichter erkennbar, gleiche Gesenkhälften bei symmetrischen Teilen)
2	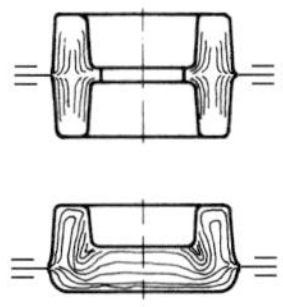	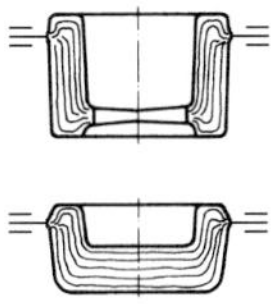	Bei hohen und engen Gravuren ungünstiger Werkstofffluß, Gesenkteilung fließgerecht vornehmen
3	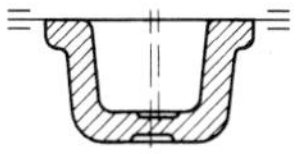	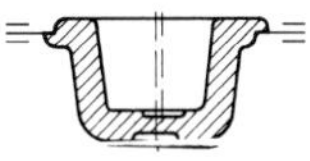	Gesenkteilungen an Stirnflächen erschweren das Abgraten und lassen Versatz nur schwer erkennen
4	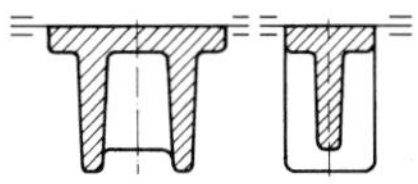	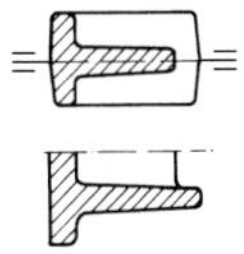	Tiefe Gravuren, vor allem Rippen, vermeiden (schwierige Herstellung, großer Verschleiß, schlechter Werkstofffluß)
5	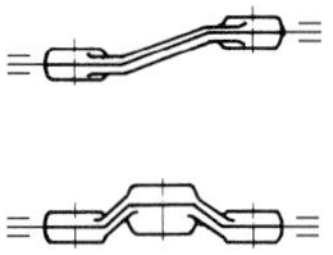	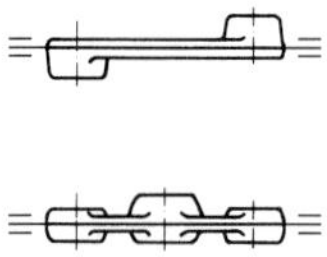	Kröpfungen der Gesenkteilfuge (Gratnaht) vermeiden; sonst Auftreten von Schubkräften im Gesenk (größerer Gesenkblock erforderlich; höhere Kosten)
6	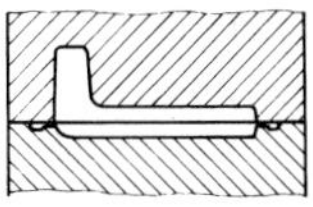	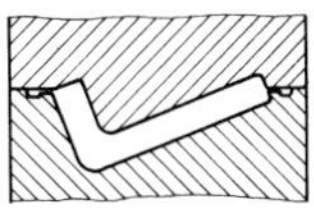	Bei Schmiedeteilen mit gebogener Körperhauptachse Schmiedeteil so legen, daß die Gesenkgravuren Seitenschrägen erhalten (günstiger Werkstofffluß, geringere Werkzeugbeanspruchung)
7	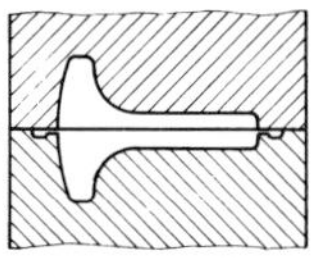	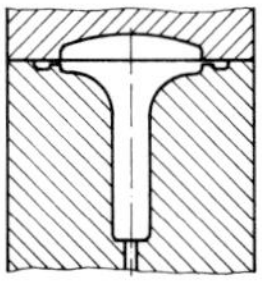	Fertigungskosten für die Gesenkherstellung durch günstige Gesenkteilung niedrig halten
8	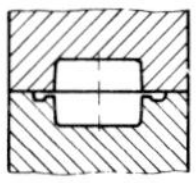	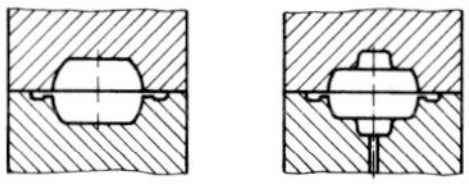	Auch beim Gesenkschmieden Formen anstreben, wie sie beim freien Stauchen entstehen würden

7

A4.3-1 (Fortsetzung)

Nr.	ungünstig	besser	Hinweise
9	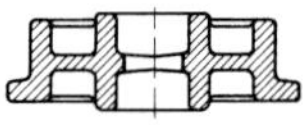	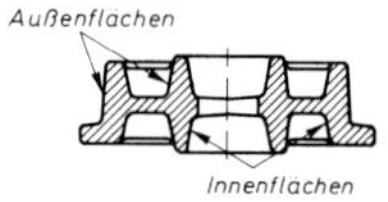	Aushebeschrägen an Außen- und Innenflächen vorsehen; DIN 7523 T 2 beachten
10		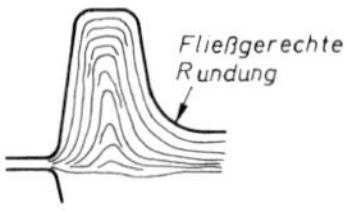	Ausreichende Radien vorsehen; DIN 7523 T 2 beachten
11	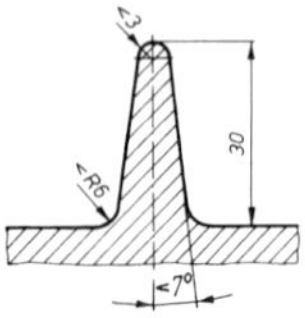	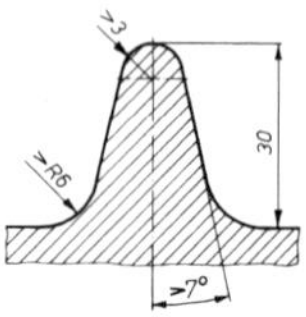	Gedrungene Rippen und Wände bevorzugen; DIN 7523 T 2 beachten
12	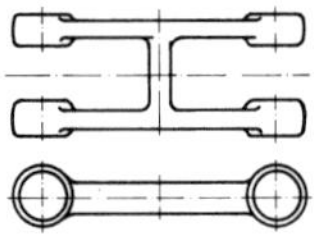	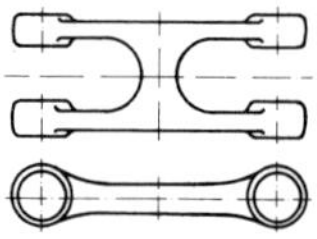	Möglichst große Querschnittsübergänge wählen
13	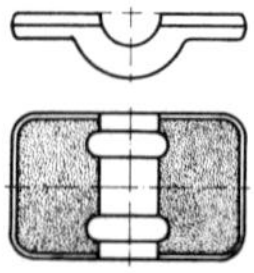	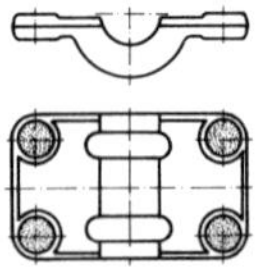	Maßprägeflächen gegenüber angrenzenden Formflächen erhaben gestalten und klein halten (geringe Prägekräfte)

7

A4.3-2 Werte für Seitenschrägen von Innen- und Außenflächen; nach DIN 7523, T 2

Schmieden mit	Innenflächen			Außenflächen		
	Neigung	Winkel	Anwendung	Neigung	Winkel	Anwendung
Hämmern	–	–	–	1: 6	9°	bei hohen Rippen
	1: 6	9°	Normalfall	1:10	6°	Normalfall
	1:10	6°	bei niedrigem Dorn	1:20	3°	bei flachen Teilen
Pressen	1: 6	9°	bei größerer Vertiefung	1:10	6°	bei flachen Teilen
	1:10	6°	Normalfall	1:20	3°	Normalfall
	1:20	3°	mit Auswerfer	1:50	1°	mit Auswerfer
Waagerecht-Stauchmaschinen	–	–	–	1:20	3°	im Stößelgelenk oder für Flächen quer zur Umformrichtung
	1:20	3°	je nach Tiefe	1:50	1°	Normalfall
	bis 1:50	0–3°	Loch oder Vertiefung	–	0°	an Backenflächen

A4.3-3 Bearbeitungszugabe z für Innen- und Außenflächen an Gesenkschmiedeteilen

größte Breite oder Durchmesser der zu spanenden Fläche		z bei größter Höhe oder Länge der zu spanenden Fläche								
über	bis	über bis 40	40 63	63 100	100 160	160 250	250 400	400 630	630 1000	1000 1600
	40	1,5	1,5	2	2	2,5	3	4	5	6
40	63	1,5	2	2	2,5	3	3,5	4,5	5,5	6,5
63	100	2	2	2,5	3	3	3,5	4,5	5,5	6,5
100	160	–	2,5	3	3	3,5	4	5	6	7
160	250	–	–	3	3,5	4	5	6	7	8
250	400	–	–	–	4	5	6	7	8	9

A4.3-4 Kantenrundungen R_1, innere Hohlkehlen R_2, äußere Hohlkehlen R_3

jeweilige Höhe		größter Durchmesser bzw. größte Breite des Schmiedestückes																	
über	bis	über bis 25			25 40			40 63			63 100			100 160			160 250		
		R_1	R_2	R_3	R_1	R_2	R_3	R_1	R_2	R_3	R_1	R_2	R_3	R_1	R_2	R_3	R_1	R_2	R_3
	16	3	4	3	3	5	4	4	6	5	4	8	6	4	10	8	5	12	10
16	40	4	6	4	4	8	5	5	10	6	5	12	8	5	14	10	6	16	12
40	63	–	–	–	6	12	6	6	14	8	6	16	10	6	18	12	8	20	14
63	100	–	–	–	–	–	–	8	18	12	8	20	14	8	22	16	10	25	18
100	160	–	–	–	–	–	–	–	–	–	10	25	18	10	28	20	12	32	22
160	250	–	–	–	–	–	–	–	–	–	–	–	–	12	36	25	12	40	28

A4.3-5 Toleranzen und zul. Abweichungen für Längen-, Breiten- und Höhenmaße (Durchmesser), Versatz, Außermittigkeit, Gratansatz und Anschnitttiefe nach DIN 7526 (Schmiedegüte F)

Versatz Außermittigkeit zulässig	Gratansatz + Anschnittiefe – zulässig	Gratnaht unsymmetrisch	Gratnaht eben oder symmetrisch	Gewicht kg über	Gewicht kg bis	Stoffschwierigkeit Gruppe M1	Stoffschwierigkeit Gruppe M2	Feingliedrigkeit Gruppe S1 über 0,63 bis 1	Feingliedrigkeit Gruppe S2 über 0,32 bis 0,63	Feingliedrigkeit Gruppe S3 über 0,16 bis 0,32	Feingliedrigkeit Gruppe S4 über 0 bis 0,16
0,4	0,5			0	0,4						
0,5	0,6			0,4	1						
0,6	0,7			1	1,8						
0,7	0,8			1,8	3,2						
0,8	1			3,2	5,6						
1	1,2			5,6	10						
1,2	1,4			10	20						
1,4	1,7			20	50						
1,7	2			50	120						
2	2,4			120	250						
2,4	2,8										

Nennmaß-Bereiche – Toleranzen¹) und zulässige Abweichungen

über 0 bis 32		32 100		100 160		160 250		250 400		400 630		630 1000		1000 1600		1600 2500	
1,1	+0,7 −0,4	1,2	+0,8 −0,4	1,4	+0,9 −0,5	1,6	+1,1 −0,5	1,8	+1,2 −0,6	2	+1,3 −0,7	–	–	–	–	–	–
1,2	+0.8 −0,4	1,4	+0,9 −0,5	1,6	+1,1 −0,5	1,8	+1,2 −0,6	2	+1,3 −0,7	2,2	+1,5 −0,7	–	–	–	–	–	–
1,4	+0,9 −0,5	1,6	+1,1 −0,5	1,8	+1,2 −0,6	2	+1,3 −0,7	2,2	+1,5 −0,7	2,5	+1,7 −0,8	2,8	+1,9 −0,9	–	–	–	–
1,6	+1,1 −0,5	1,8	+1,2 −0,6	2	+1,3 −0,7	2,2	+1,5 −0,7	2,5	+1,7 −0,8	2,8	+1,9 −0,9	3,2	+2,1 −1,1	3,6	+2,4 −1,2	–	–
1,8	+1,2 −0,6	2	+1,3 −0,7	2,2	+1,5 −0,7	2,5	+1,7 −0,8	2,8	+1,9 −0,9	3,2	+2,1 −1,1	3,6	+2,4 −1,2	4	+2,7 −1,3	4,5	+3 −1.6
2	+1,3 −0,7	2,2	+1,5 −0,7	2,5	+1,7 −0,8	2,8	+1,9 −0,9	3,2	+2,1 −1,1	3,6	+2,4 −1,2	4	+2,7 −1,3	4,5	+3 −1,5	5	+3,3 −1,7
2,2	+1,5 −0,7	2,5	+1,7 −0,8	2,8	+1,9 −0,9	3,2	+2,1 −1,1	3,6	+2,4 −1,2	4	+2,7 −1,3	4,5	+3 −1,5	5	+3,3 −1,7	5,6	+3,7 −1,9
2,5	+1,7 −0,8	2,8	+1,9 −0,9	3,2	+2,1 −1,1	3,6	+2,4 −1,2	4	+2,7 −1,3	4,5	+3 −1,5	5	+3,3 −1,7	5,6	+3,7 −1,9	6,3	+4,2 −2,1
2,8	+1,9 −0,9	3,2	+2,1 −1,1	3,6	+2,4 −1,2	4	+2,7 −1,3	4,5	+3 −1,5	5	+3,3 −1,7	5,6	+3,7 −1,9	6,3	+4,2 −2,1	7	+4,7 −2,3
3,2	+2,1 −1,1	3,6	+2,4 −1,2	4	+2,7 −1,3	4,5	+3 −1,5	5	+3,3 −1,7	5,6	+3,7 −1,9	6,3	+4,2 −2,1	7	+4,7 −2,3	8	+5,3 −2,7
3,6	+2,4 −1,2	4	+2,7 −1,3	4,5	+3 −1,5	5	+3,3 −1,7	5,6	+3,7 −1,9	6,3	+4,2 −2,1	7	+4,7 −2,3	8	+5,3 −2,7	9	+6 −3
4	+2,7 −1,3	4,5	+3 −1,5	5	+3,3 −1,7	5,6	+3,7 −1,9	6,3	+4,2 −2,1	7	+4,7 −2,3	8	+5,3 −2,7	9	+6 −3	10	+6,7 −3,3
4,5	+3 −1,5	5	+3,3 −1,7	5,6	+3,7 −1,9	6,3	+4,2 −2,1	7	+4,7 −2,3	8	+5,3 −2,7	9	+6 −3	10	+6,7 −3,3	11	+7,3 −3,7
5	+3,3 −1,7	5,6	+3,7 −1,9	6,3	+4,2 −2,1	7	+4,7 −2,3	8	+5,3 −2,7	9	+6 −3	10	+6,7 −3.3	11	+7,3 −3,7	12	+8 −4
5,6	+3,7 −1,9	6,3	+4,2 −2,1	7	+4,7 −2,3	8	+5,3 −2,7	9	+6 −3	10	+6,7 −3,3	11	+7.3 −3,7	12	+8 −4	14	+9,3 −4,7

1) Die Toleranzen sind in 2/3 und 1/3 aufgeteilt (Werte gerundet). Die eingetragenen Vorzeichen gelten nur für Außenmaße; für Innenmaße werden die Werte vertauscht. Für Mittelabstände werden die Toleranzen in ± 1/2 aufgeteilt.

A4.3-6 Toleranzen und zul. Abweichungen für Dickenmaße und Auswerfermarken nach DIN 7526 (Schmiedegüte F)

Auswerfermarken zulässig	Gewicht kg über	Gewicht kg bis
1	0	0,4
1,2	0,4	1,2
1,6	1,2	2,5
2	2,5	5
2,4	5	8
3,2	8	12
4	12	20
5	20	36
6,4	36	63
8	63	110
10	110	200
12,6	200	250

Stoffschwierigkeit: Gruppe M1 | M2

Feingliedrigkeit: Gruppe S1 (über 0,63 bis 1) | S2 (über 0,32 bis 0,63) | S3 (über 0,16 bis 0,32) | S4 (über 0 bis 0,16)

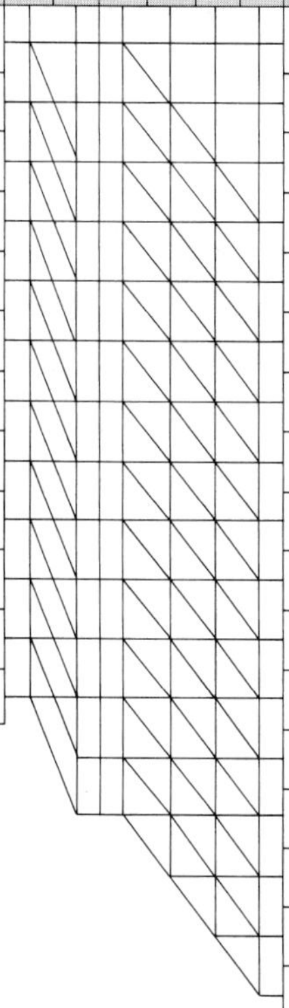

Toleranzen [1]) und zulässige Abweichungen

über 0 bis 16		16 bis 40		40 bis 63		63 bis 100		100 bis 160		160 bis 250		250	
1	+0,7 −0,3	1,1	+0,7 −0,4	1,2	+0,8 −0,4	1,4	+0,9 −0,5	1,6	+1,1 −0,5	1,8	+1,2 −0,6	2	+1,3 −0,7
1,1	+0,7 −0,4	1,2	+0,8 −0,4	1,4	+0,9 −0,5	1,6	+1,1 −0,5	1,8	+1,2 −0,6	2	+1,3 −0,7	2,2	+1,5 −0,7
1,2	+0,8 −0,4	1,4	+0,9 −0,5	1,6	+1,1 −0,5	1,8	+1,2 −0,6	2	+1,3 −0,7	2,2	+1,5 −0,7	2,5	+1,7 −0,8
1,4	+0,9 −0,5	1,6	+1,1 −0,5	1,8	+1,2 −0,6	2	+1,3 −0,7	2,2	+1,5 −0,7	2,5	+1,7 −0,8	2,8	+1,9 −0,9
1,6	+1,1 −0,5	1,8	+1,2 −0,6	2	+1,3 −0,7	2,2	+1,5 −0,7	2,5	+1,7 −0,8	2,8	+1,9 −0,9	3,2	+2,1 −1,1
1,8	+1,2 −0,6	2	+1,3 −0,7	2,2	+1,5 −0,7	2,5	+1,7 −0,8	2,8	+1,9 −0,9	3,2	+2,1 −1,1	3,6	+2,4 −1,2
2	+1,3 −0,7	2,2	+1,5 −0,7	2,5	+1,7 −0,8	2,8	+1,9 −0,9	3,2	+2,1 −1,1	3,6	+2,4 −1,2	4	+2,7 −1,3
2,2	+1,5 −0,7	2,5	+1,7 −0,8	2,8	+1,9 −0,9	3,2	+2,1 −1,1	3,6	+2,4 −1,2	4	+2,7 −1,3	4,5	+3 −1,5
2,5	+1,7 −0,8	2,8	+1,9 −0,9	3,2	+2,1 −1,1	3,6	+2,4 −1,2	4	+2,7 −1,3	4,5	+3 −1,5	5	+3,3 −1,7
2,8	+1,9 −0,9	3,2	+2,1 −1,1	3,6	+2,4 −1,2	4	+2,7 −1,3	4,5	+3 −1,5	5	+3,3 −1,7	5,6	+3,7 −1,9
3,2	+2,1 −1,1	3,6	+2,4 −1,2	4	+2,7 −1,3	4,5	+3 −1,5	5	+3,3 −1,7	5,6	+3,7 −1,9	6,3	+4,2 −2,1
3,6	+2,4 −1,2	4	+2,7 −1,3	4,5	+3 −1,5	5	+3,3 −1,7	5,6	+3,7 −1,9	6,3	+4,2 −2,1	7	+4,7 −2,3
4	+2,7 −1,3	4,5	+3 −1,5	5	+3,3 −1,7	5,6	+3,7 −1,9	6,3	+4,2 −2,1	7	+4,7 −2,3	8	+5,3 −2,7
4,5	+3 −1,5	5	+3,3 −1,7	5,6	+3,7 −1,9	6,3	+4,2 −2,1	7	+4,7 −2,3	8	+5,3 −2,7	9	+6 −3
5	+3,3 −1,7	5,6	+3,7 −1,9	6,3	+4,2 −2,1	7	+4,7 −2,3	8	+5,3 −2,7	9	+6 −3	10	+6,7 −3,3
5,6	+3,7 −1,9	6,3	+4,2 −2,1	7	+4,7 −2,3	8	+5,3 −2,7	9	+6 −3	10	+6,7 −3,3	11	+7,3 −3,7
6,3	+4,2 −2,1	7	+4,7 −2,3	8	+5,3 −2,7	9	+6 −3	10	+6,7 −3,3	11	+7,3 −3,7	12	+8 −4

[1]) Die Toleranzen sind in 2/3 und 1/3 aufgeteilt (Werte gerundet).

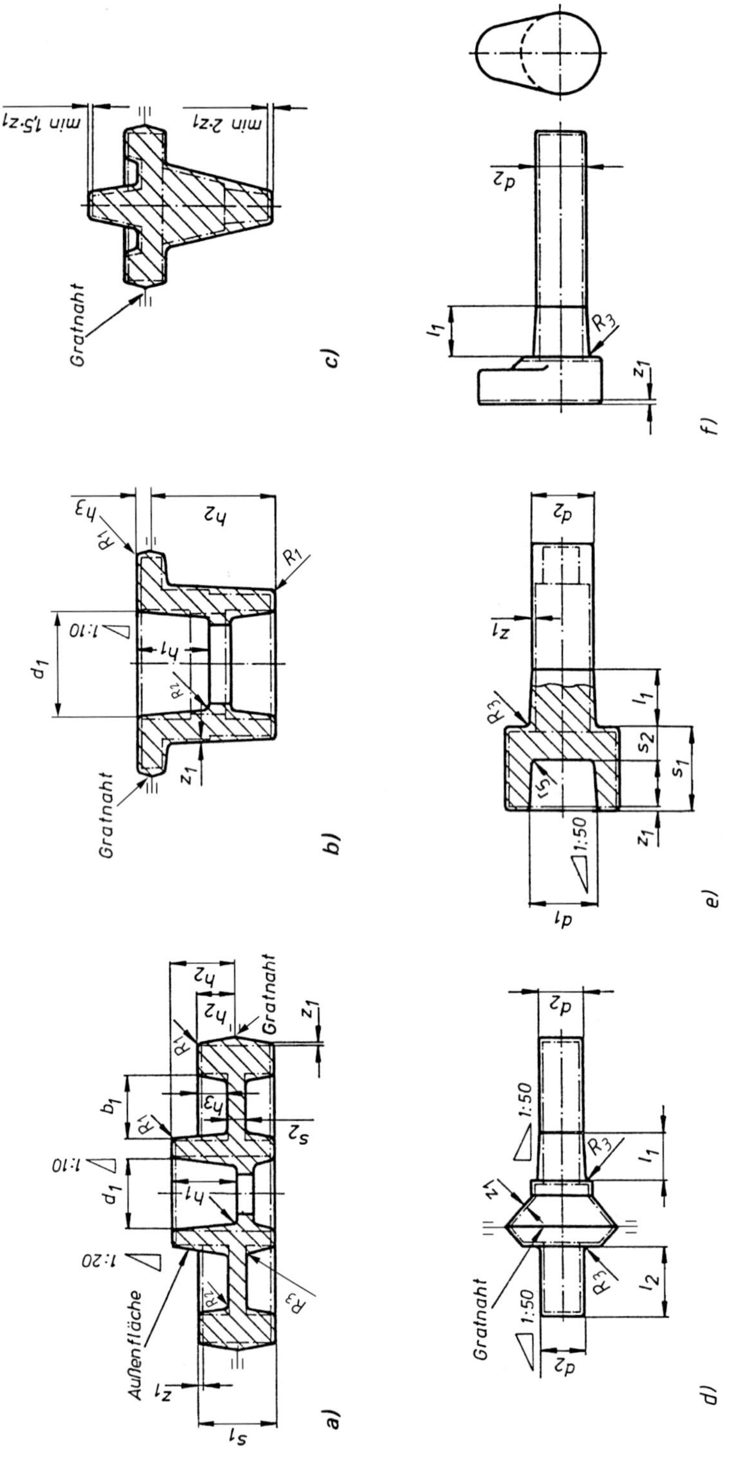

A4.3-7 Gestaltung von Gesenkschmiedeteilen; Bearbeitungszugaben, Rundungen und Seitenschrägen

A4.3-8 Gestaltungsbeispiele von Fließpressteilen

Nr.	ungünstig	besser	Hinweise
1	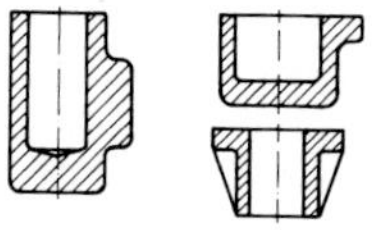	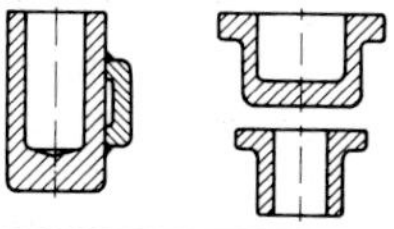	Keine unsymmetrische Werkstoffverteilung vornehmen; Fließpreßteile achs- oder rotationssymmetrisch gestalten
2	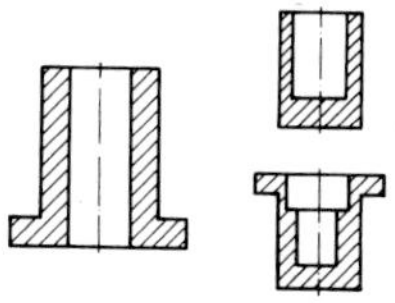	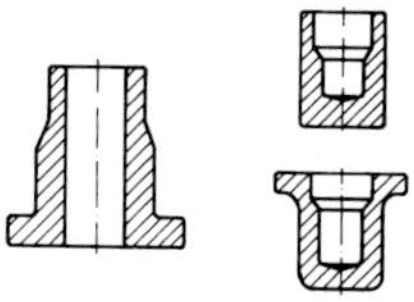	Schroffe und sprungartige Querschnittänderungen vermeiden; Abstufungen oder ausreichende Rundungen vorsehen
3	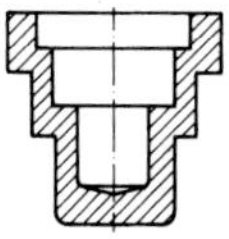	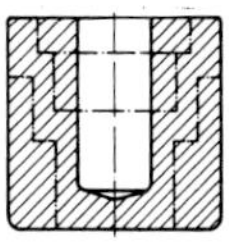	Zu kleine Abstufungen innen und außen vermeiden; sonst großer Werkzeugverschleiß; spanende Bearbeitung ist wirtschaftlicher
4	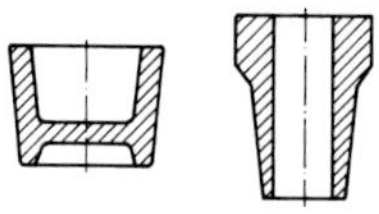	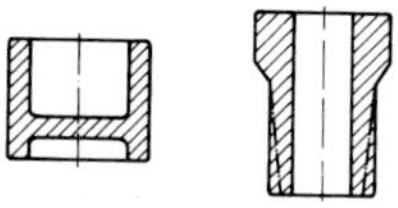	Seitenschrägen wie beim Gesenkschmieden weder innen noch außen erforderlich, diese wegen großer Beanspruchung der Werkzeuge vermeiden
5	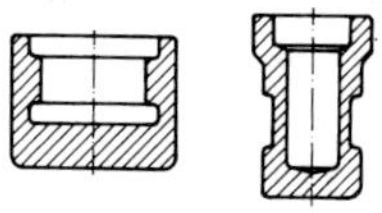	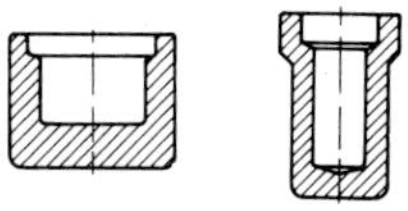	Hinterschneidungen innen und außen in Richtung des Werkstoffflusses vermeiden; spanende Bearbeitung wirtschaftlicher
6	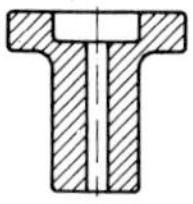	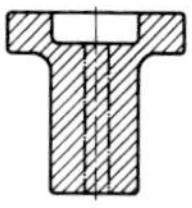	Keine schlanken Bohrungen vorsehen (zu große Reibungskräfte); bei $d < 10$ mm soll $l < 1{,}5 \cdot d$ gewählt werden
7	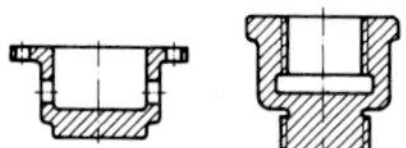	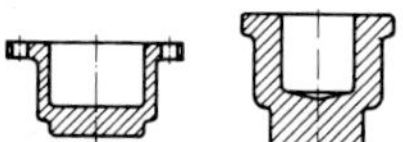	Gewinde und seitliche Bohrungen können durch Fließpressen nicht gefertigt werden
8	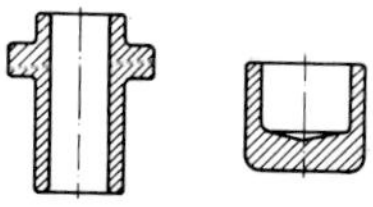	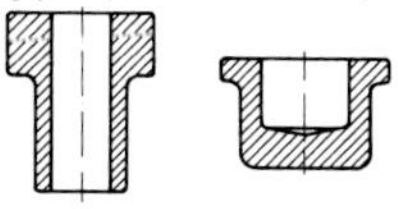	Kleine Durchmesserunterschiede am Kopfende vermeiden
9	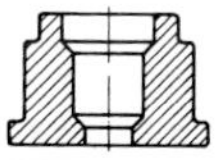	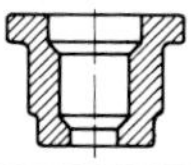	Abstufungen innen und außen möglichst in gleicher Richtung vorsehen
10	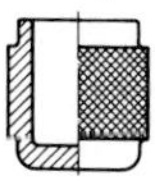	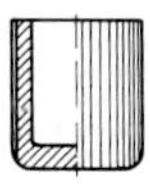	RGE-Rändel ist nicht möglich RAA-Rändel anwenden

7

A4.4-1 Geschweißte Eckverbindungen

Nr.	Bezeichnung Fugenvorbereitung	Darstellung	Symbol	Anwendungsbereich u. Eigenschaften
1	Überlappnaht	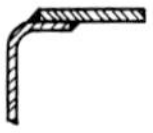	◺	Blechdicken bis 3 mm. Einfache Blechkonstruktionen, z. B. Verkleidungen, Schutzkästen. Einfacher Zusammenbau, Wegfall der Paßarbeit, Innennaht kann unterbrochen werden oder wegfallen.
2	Bördelstoß 		◺	Blechdicken bis 4 mm Verbindung verschieden dicker Bleche möglich, geringe Beanspruchung, einfacher Zusammenbau, keine Paßarbeit, kerbempfindlich, Korrosionsgefahr.
3	Stirnflachnaht 	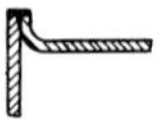	‖‖	Blechdicken bis 4 mm. Geringe Beanspruchung, z. B. Faßböden, teuer durch Bördelarbeit.
4	I-Naht 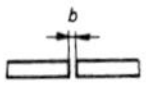	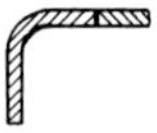	‖	Blechdicken bis 4 mm. Für statisch und dynamisch hoch beanspruchte Werkstücke, z. B. Druckbehälter, hohe Formsteifigkeit, teuer durch Abkant- oder Bördelarbeit.
5	V-Naht 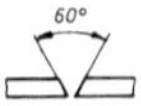	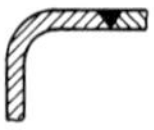	V	Blechdicken von 3 bis 10 mm. Für dynamisch hoch beanspruchte Werkstücke, z. B. Druckbehälter, hohe Formsteifigkeit, teuer durch Fugenvorbereitung und Abkantarbeit.
6	Stirnfugennaht 	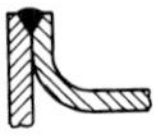		Blechdicken von 3 bis 10 mm. Für niedrige Beanspruchungen, keine Paßarbeit, jedoch Kosten für Fugenvorbereitung und Abkantarbeit, kerbempfindlich.
7	Ecknaht 	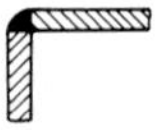	◺	Blechdicken von 2 bis 20 mm. Bei geringer statischer Beanspruchung brauchbar, z. B. Schutzkästen, Verkleidungen, gutes Aussehen, schlecht durchschweißbar, kerbempfindlich, umständlicher Zusammenbau.
8	Kehlnaht 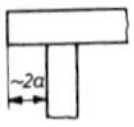		◺	Blechdicken ab 3 mm. Für Behälter mit geringem statischen Innendruck, einfacher Zusammenbau, ungünstiger Kraftlinienverlauf.
9	Doppelkehlnaht 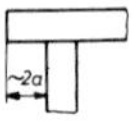	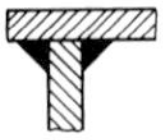	◺ ◸	Blechdicken ab 4 mm. Für statische und schwellende Beanspruchung, z. B. Brückenträger, einfacher Zusammenbau, keine Paßarbeit, keine Fugenvorbereitung, ungünstiger Kraftlinienverlauf.

A4.4-1 (Fortsetzung)

Nr.	Bezeichnung Fugenvorbereitung	Darstellung	Symbol	Anwendungsbereich u. Eigenschaften
10	DHV-Naht 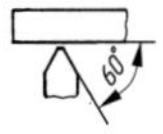		K	Blechdicken ab 5 mm. Für statisch und dynamisch hoch beanspruchte Werkstücke, Pressen, Kolbenmaschinen, günstiger Kraftlinienverlauf, teuer durch Fugenvorbereitung.
11	HU-Naht 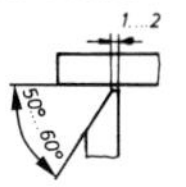		μ	Blechdicken ab 5 mm. Für statisch und dynamisch hoch beanspruchte Werkstücke, kerbempfindlich, teuer durch Fugenvorbereitung.
12	H-Steilflanken-naht 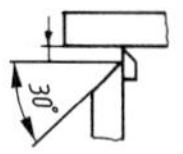		|∠	Blechdicken ab 6 mm Nur bei dynamisch hoch beanspruchten Werkstücken, wenn Innennaht nicht zugänglich, günstiger Kraftlinienverlauf, geringe Kerbwirkung, einfacher Zusammenbau.
13	DV-Naht 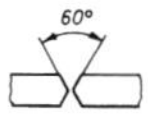	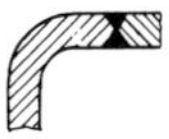	X	Blechdicken über 10 mm. Für statisch und dynamisch hoch beanspruchte Werkstücke, z.B. Druckbehälter, teuer durch Fugenvorbereitung.
14	Äußere Ecknaht 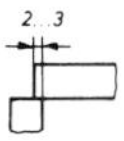	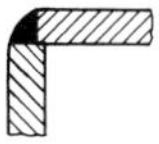	◺	Blechdicken von 5 bis 30 mm. Bei geringer statischer Beanspruchung, z.B. Maschinenuntersätze, gutes Aussehen, geringe Festigkeit, hohe Kerbwirkung, Korrosionsgefahr.

A4.5-1 Steg- und Randbreiten nach VDI 3367

Scherschneiden mit Schneidwerkzeug

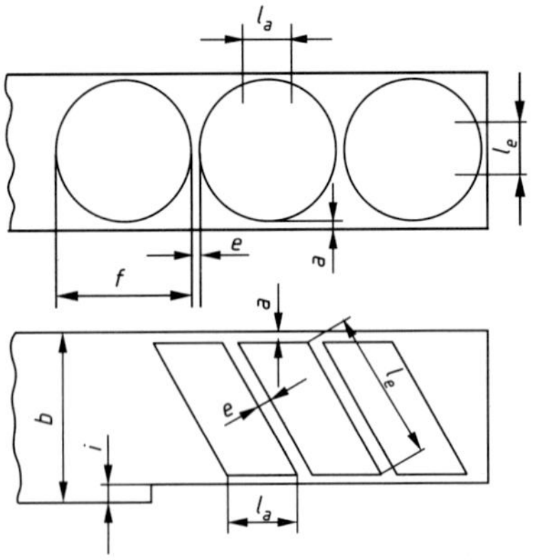

b	Streifenbreite	in mm
i	Seitenschneiderbreite	in mm
l_e	Steglänge	in mm
l_a	Randlänge	in mm
a	Randbreite	in mm
e	Stegbreite	in mm
f	Vorschub	in mm

Steg-, Rand-, Seitenschneiderbreite für Metallbearbeitung

Streifenbreite b in mm	Steglänge oder Randlänge l_e, l_a in mm	Stegbreite Randbreite e, a in mm	Werkstoffdicke t in mm: 0,1	0,3	0,5	0,75	1	1,25	1,5	1,75	2	2,5	3
bis 100 mm	bis 10 oder runde Teile	*e*	0,8	0,8	0,8								
		a	1,0	0,9	0,9	0,9	1,0	1,2	1,3	1,5	1,6	1,9	2,1
	11 … 50	*e*	1,6	1,2	0,9								
		a	1,9	1,5	1,0	1,0	1,1	1,4	1,4	1,6	1,7	2,0	2,3
	51 … 100	*e*	1,8	1,4	1,0								
		a	2,2	1,7	1,2	1,2	1,3	1,6	1,6	1,8	1,9	2,2	2,5
	über 100	*e*	2,0	1,6	1,2								
		a	2,4	1,9	1,5	1,4	1,5	1,8	1,8	2,0	2,1	2,4	2,7
	Seitenschneiderbreite *i*		1,5	1,5	1,5	1,5	1,5	1,8	2,2	2,5	3,0	3,5	4,5
über 100 mm bis 200 mm	bis 10 oder runde Teile	*e*	0,9	1,0	1,0								
		a	1,2	1,1	1,1	1,0	1,1	1,3	1,4	1,6	1,7	2,0	2,3
	11 … 50	*e*	1,8	1,4	1,0								
		a	2,2	1,7	1,2	1,2	1,3	1,6	1,6	1,8	1,9	2,2	2,5
	51 … 100	*e*	2,0	1,6	1,2								
		a	2,4	1,9	1,5	1,4	1,6	1,8	1,8	2,0	2,1	2,4	2,7

Anmerkung:
Die Richtwerte sind für spröde und weiche Werkstoffe um 50 % zu vergrößern.

7

A4.5-3 Gestaltungsbeispiele von Blechteilen; Fertigung durch Zerteilen

Nr.	ungünstig	besser	Hinweise
1	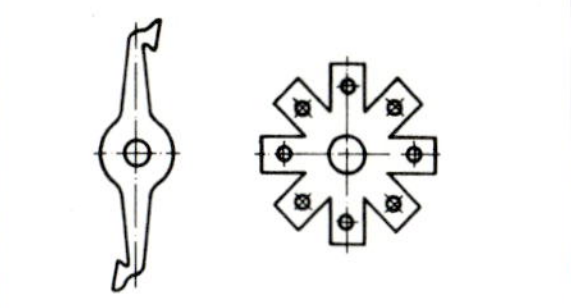	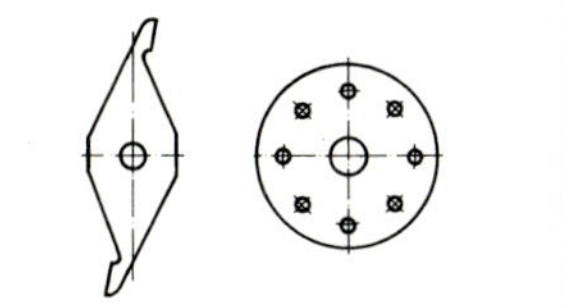	Einfache Schnittformen bevorzugen; Vermeidung unregelmäßiger Formen, wie Stern-, Gabel- und U-Form
2	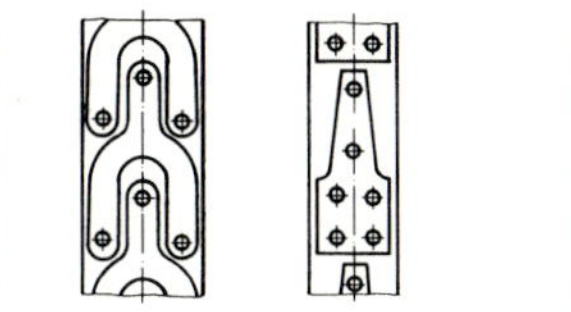	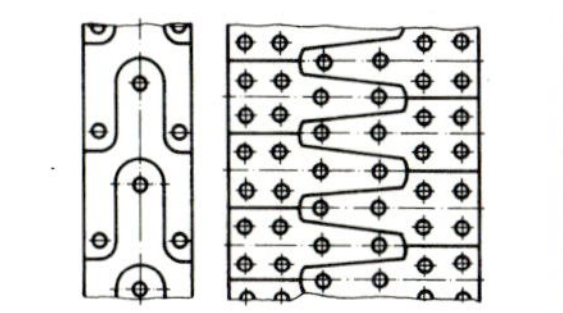	Abfall möglichst gering halten durch Übergang vom Ausschneiden zum Abschneiden, durch zweckmäßige Gestaltung oder günstige Anordnung; siehe auch 2.2
3	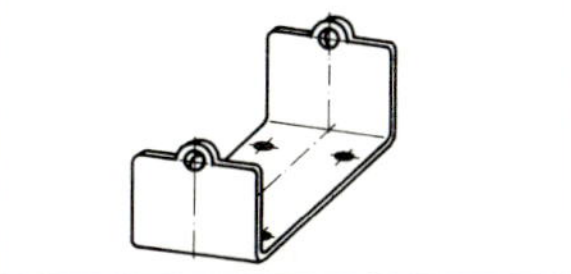	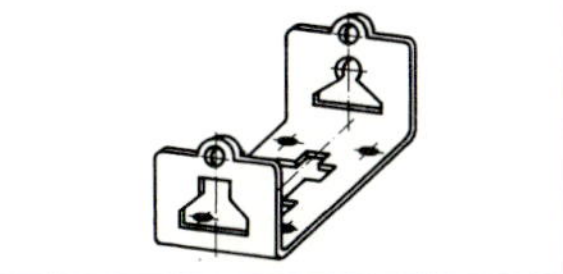	Schnitteile, die große Flächen aufweisen, mit Durchbrüchen versehen; Verschnitt für kleine Teile nutzen
4	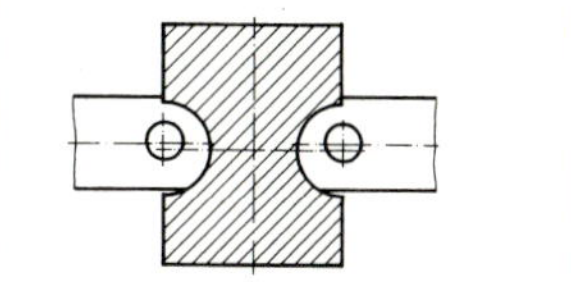	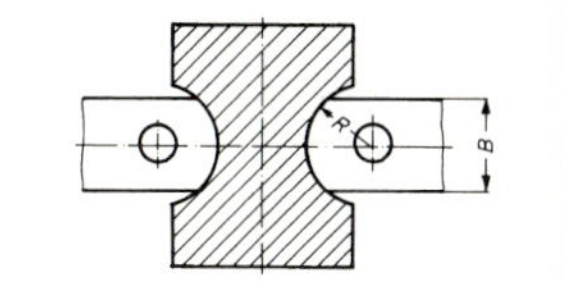	$R > B/2$ wählen, weil durch Fertigungstoleranz die Schnitteile sonst unsauber aussehen
5	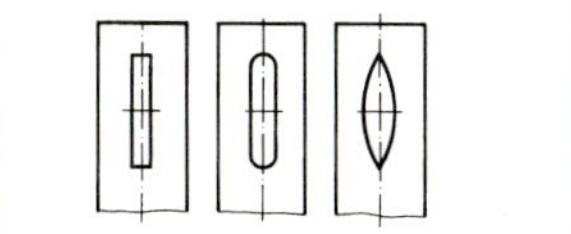	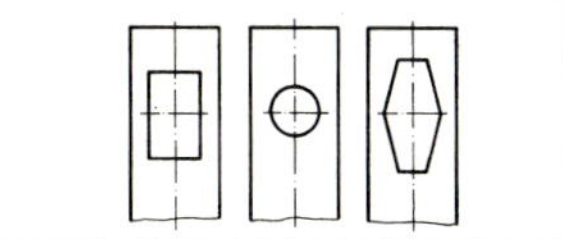	Für Lochungen werkzeuggünstige Formen wählen
6	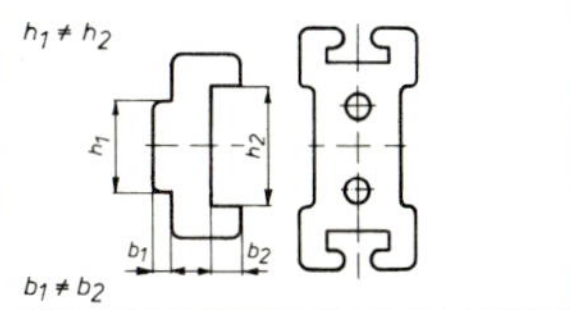	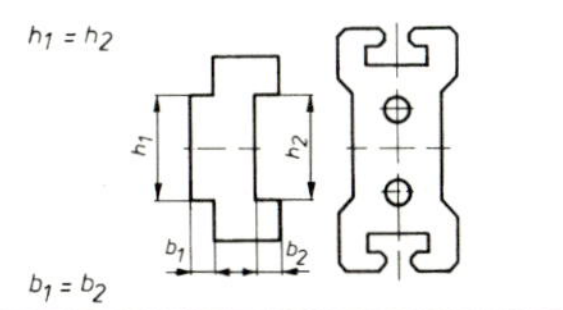	Möglichst wenige verschiedenartige Formen und Maße vorsehen; unnötige Abrundungen vermeiden; Ecken abschrägen
7	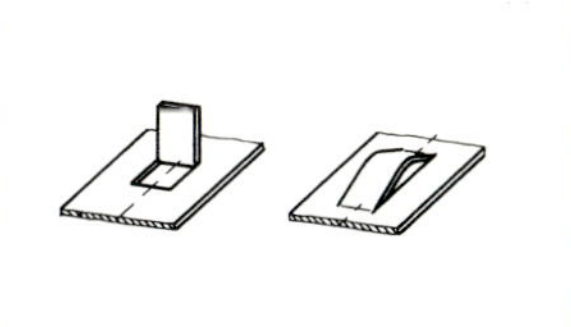	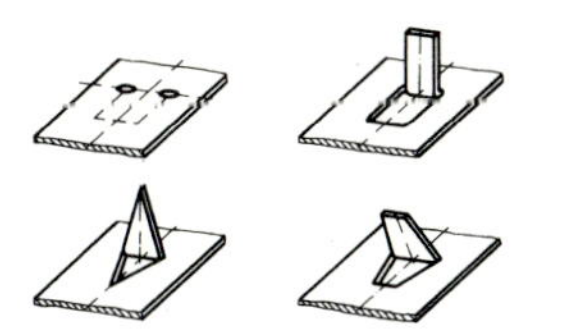	Beim Durchreißen von Nasen, Ösen oder Lappen zähe Werkstoffe verwenden, Ausklinkungen vorsehen und Klemmen des Werkzeuges durch Formgebung vermeiden
8	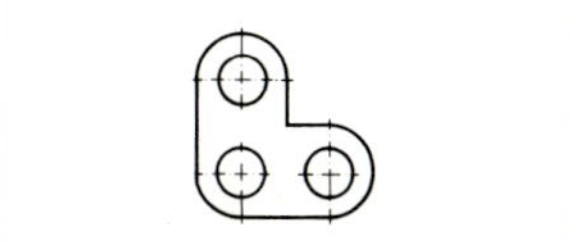	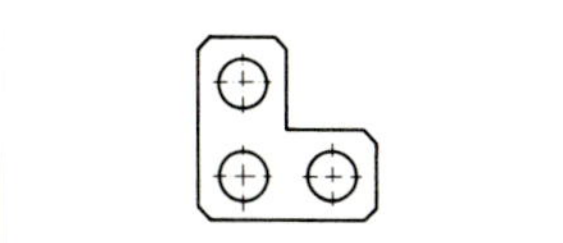	Vorsprünge mit Bohrungen geradlinig begrenzen; Lochversatz fällt dann weniger auf
9	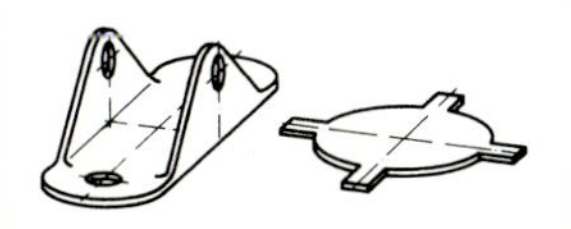	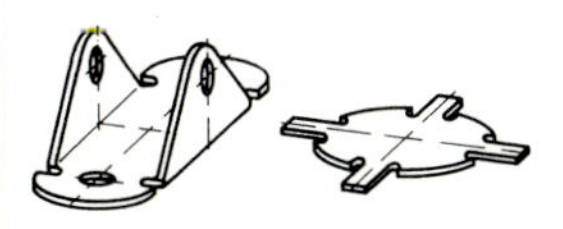	Ausklinkungen an hochbeanspruchten Bauteilen abrunden mit $R \geqq 2 \times$ Blechdicke

A4.5-3 (Fortsetzung)

Nr.	ungünstig	besser	Hinweise
10	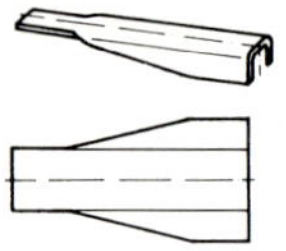	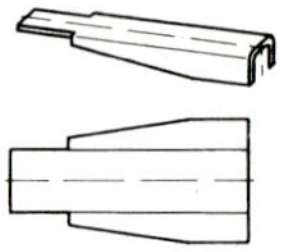	Schräge Übergangsstellen an Biegeteilen vermeiden
11	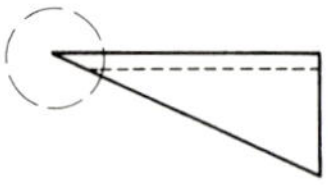	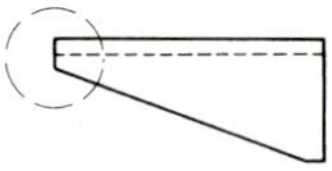	Spitzer Auslauf an Biegeteilen verursacht hohe Werkzeugkosten und große Breitentoleranz
12	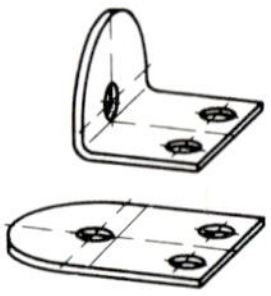	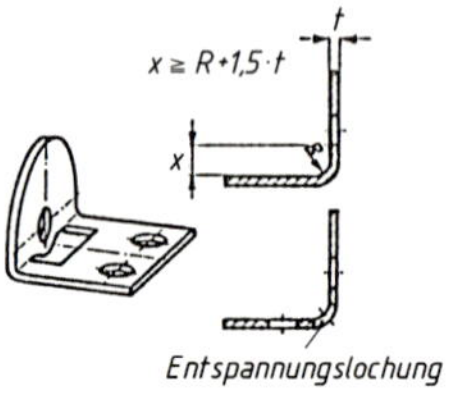	Abstand Lochkante-Biegekante $x \geqq R + 1{,}5 \cdot t$ wählen; andernfalls Verzugslochung in Biegekante oder Ausklinkung vorsehen

A4.5-2 Randabstände Abstände von Innenformen bei Schnittteilen

	Metalle	Nichtmetalle $t \leqq 0{,}5$	Nichtmetalle $t > 0{,}5$
d	$\geqq 0{,}8 \cdot t$		$\geqq 0{,}7 \cdot t$
R	$\geqq 2 \cdot t$	$\geqq 1{,}5 \cdot t$	
b	$\geqq 1{,}8 \cdot t$	$\geqq 1 \cdot t$	
c	$\geqq 2{,}5 \cdot t$	$\geqq 3 \cdot t$	$\geqq 2 \cdot t$
a_1	$\geqq 1 \cdot t$	$\geqq 2{,}5 \cdot t$	$\geqq 1{,}5 \cdot t$
a_2	$\geqq 2{,}5 \cdot t$	$\geqq 3 \cdot t$	$\geqq 2 \cdot t$

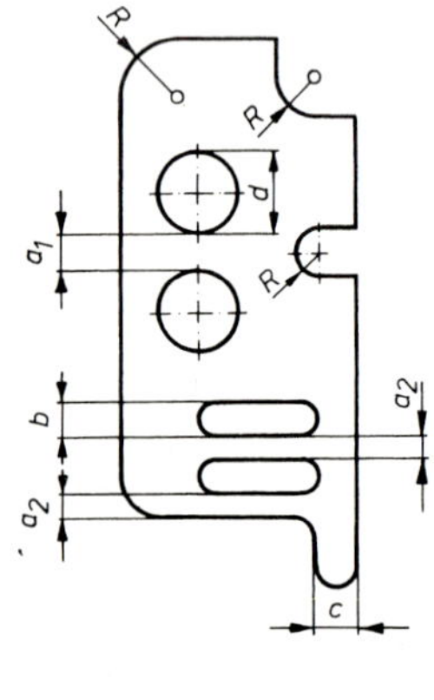

A4.5-4 Kleinste zulässige Biegeradien $r_{i\,min}$ für Bleche, Breitflachstähle u. dgl. aus Stahl für 90°-Biegung

Werte außerhalb der Klammern für Abkanten und Biegen quer zur Walzrichtung; Klammerwerte für Abkanten und Biegen längs zur Walzrichtung
Richtmaß für die kleinste Schenkellänge bei maschinellem Abkanten von Blechen: $l_{min} \approx 4 \cdot r_i$

Stahlsorten mit $R_{m\,min}$ in $\frac{N}{mm^2}$	kleinste zul. Biegeradien in mm	Dicke s_0 in mm	≦ 1	> 1 … 1,5	> 1,5 … 2,5	> 2,5 … 3	> 3 … 4	> 4 … 5	> 5 … 6	> 6 … 7	> 7 … 8	> 8 … 10	> 10 … 12	> 12 … 14	> 14 … 16	> 16 … 18	> 18 … 20
≦ 390		r_{imin}	1	1,6	2,5	3	5 (6)	6 (8)	8 (10)	10 (12)	12 (16)	16 (20)	20 (25)	25 (28)	28 (32)	36 (40)	40 (45)
		zul. Abw.	+ 0,5				+ 1					+ 1,5					
> 390 … 490		r_{imin}	1,2	2	3	4	5 (6)	8 (10)	10 (12)	12 (16)	16 (20)	20 (25)	25 (32)	28 (36)	32 (40)	40 (45)	45 (50)
		zul. Abw.	+ 0,8				+ 1,5					+ 2					
> 490 … 640		r_{imin}	1,6	2,5	4	5	6 (8)	8 (10)	10 (12)	12 (16)	16 (20)	20 (25)	25 (32)	32 (36)	36 (40)	45 (50)	50 (63)
		zul. Abw.	+ 1				+ 2					+ 3					

7

A4.5-5 Kleinste zulässige Biegeradien für 90°-Biegung

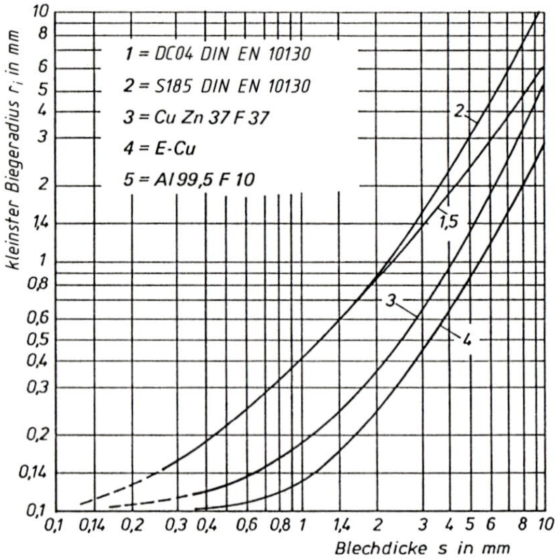

A4.5-6 Kleinste zulässige Biegeraden $r_{i\,min}$ für 90°-Biegung für Bleche und Bänder aus NE-Metallen

Bei höher beanspruchten Biegekanten sind größere Biegeraden zu wählen

$$r_{i\,min} = c \cdot s$$

Werkstoff		Mindestbiegefaktor c
Kupfer		0,25
Zinnbronze (Cu Sn)		0,6
Aluminiumbronze (Cu Al)		0,5
Neusilber (Cu Ni Zn)		0,45
Cu Zn 28 weich		0,3
Cu Zn 39 Pb 0,5 weich		0,35
Cu Zn 36 Pb 1,5 halbhart		0,4
Al	weich	0,6
	halbhart	0,9
	hart	2,0
Al Mg 3	weich	1,0
	halbhart	1,3
Al Mg 5	weich	1,8
	halbhart	2,5
Al Mg Si	weich	1,2
	ausgehärtet	2,5
Al Mn	weich	1,0
	halbhart	1,2
	hart	1,2
Al Cu Mg	weich	1,2
	ausgehärtet	3,0
Mg Al 6		3,0
Mg Mn		5,0

A4.5-7 Gestaltungsbeispiele von Blechteilen; Fertigungsverfahren Biegen

<table>
<tr><th>Nr.</th><th>ungünstig</th><th>besser</th><th>Hinweise</th></tr>
<tr><td>1</td><td>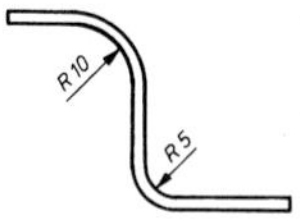
</td><td>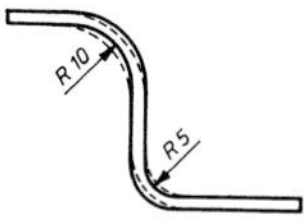
</td><td>Unnötig genaue Toleranzen erfordern teure Werkzeuge. Daher Freibiegen mit entsprechender Tolerierung wegen der Rückstellung anwenden.</td></tr>
<tr><td>2</td><td>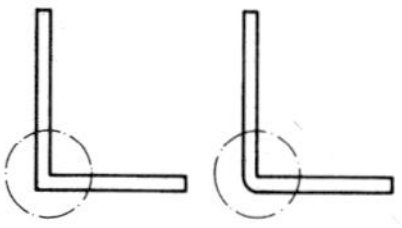</td><td>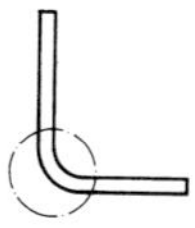</td><td>Bruchgefahr bei zu scharfkantigem Biegen vermeiden. Scharfe Kanten nur mittels teurer Sonderwerkzeuge möglich.</td></tr>
<tr><td>3</td><td>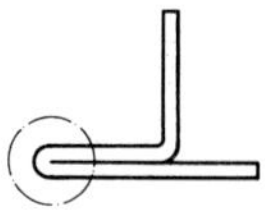</td><td>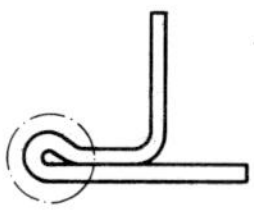</td><td>Zu scharfkantiges Zudrücken des Umschlages bei 180°-Biegung führt zu Festigkeitsminderung; Biegekante runden.</td></tr>
<tr><td>4</td><td>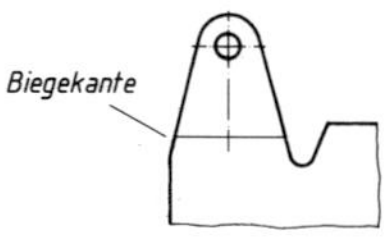
</td><td>
</td><td>Biegekante senkrecht zur Außenkante des Rohlings legen. Schräge Lage führt zu höherer Beanspruchung und höherem Werkzeugverschleiß.</td></tr>
<tr><td>5</td><td>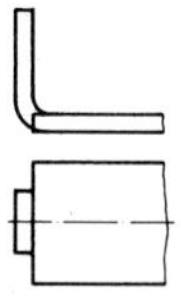</td><td>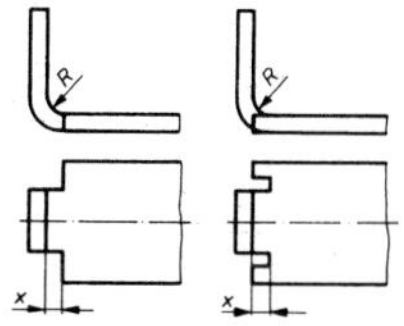
</td><td>Freiliegende Biegeränder ergeben saubere Biegekanten und verhindern Einreißen. Maß $x \approx R$ wählen, mindestens aber x = 0,5 mm.</td></tr>
<tr><td>6</td><td>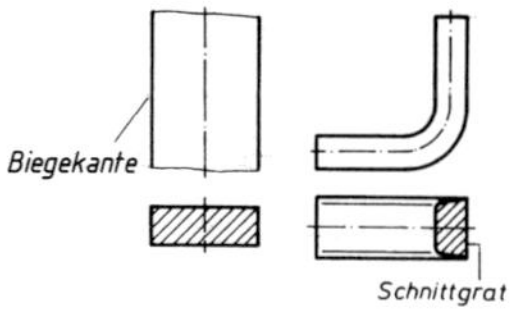
</td><td>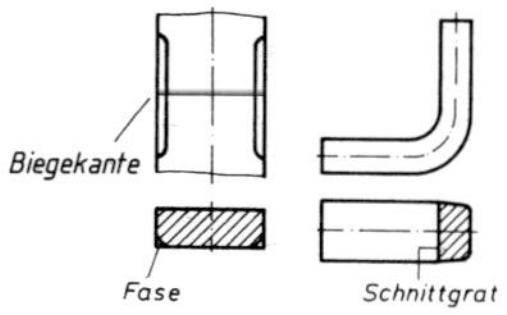
</td><td>Bei dicken Zuschnitten gerundete Kanten vorsehen. Gratseite des Rohlings beim Biegen nach innen legen.</td></tr>
<tr><td>7</td><td>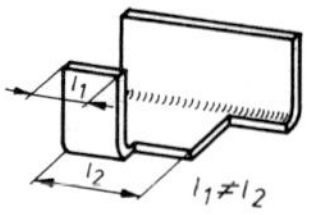
</td><td>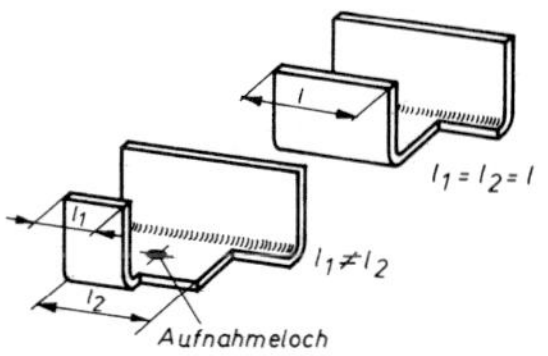
</td><td>Bei U-förmigen Querschnitt möglichst gleich lange Biegekanten wählen wählen; sonst einseitiger Verzug möglich. Andernfalls Lochung für Innenaufnahme vorsehen.</td></tr>
</table>

A4.5-7 (Fortsetzung)

Nr.	ungünstig	besser	Hinweise
8	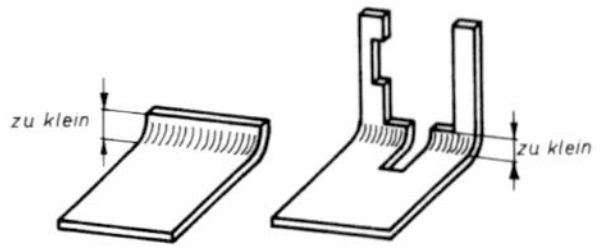	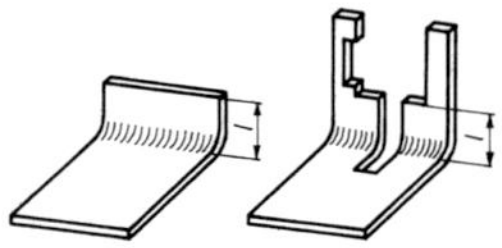	Schenkellänge $l \geqq 3 \times$ Blechdicke + R wählen.
9	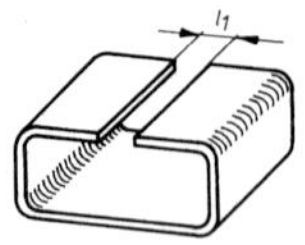	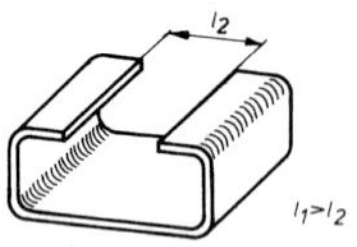	Bei unterschnittenen Biegungen Abstand l so groß wie möglich wählen; sonst teure Werkzeuge erforderlich.
10	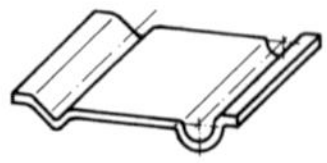	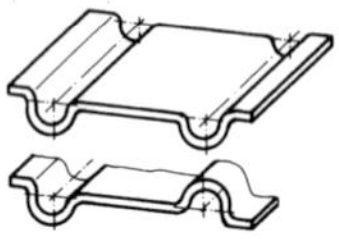	Zwecks einfacher Werkzeuge beide Randprofile gleichförmig gestalten.
11	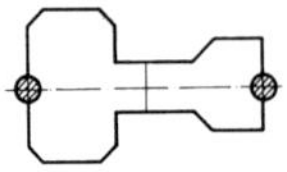	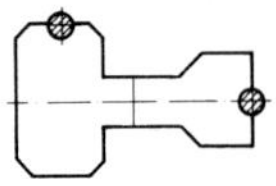	Zur Verhinderung falschen Einlegens in die Aufnahme bei symmetrischen Zuschnitten unsymmetrische Aufnahme vorsehen.
12	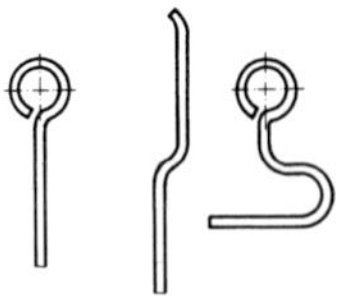	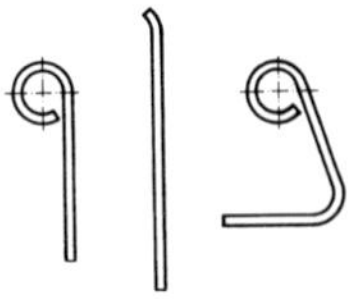	Rollendurchmesser $d \geqq 1{,}5 \times$ Blechdicke wählen. Tangierende Blechebene erspart das Vorbiegen des Rohlings vor dem Rollen.

7

A4.5-8 Gestaltungsbeispiele für das festigkeitsgerechte Anbringen von Sicken an Blechteilen

Nr.	ungünstig	besser	Hinweise
1	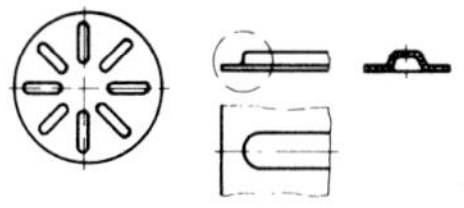	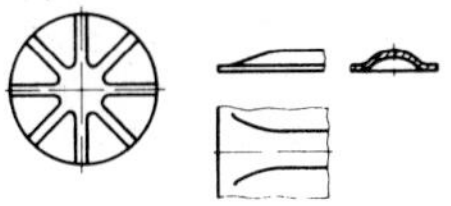	Linienartige Sicken – wenn möglich – im Blechrand auslaufen lassen. Scharfkantige Sickenenden vermeiden.
2	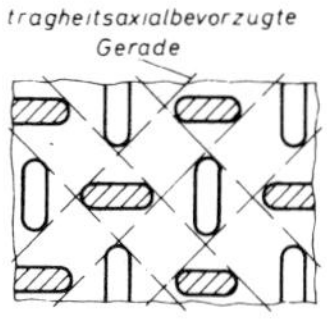	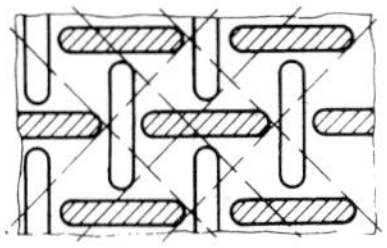	Trägheitsaxialbevorzugte Bereiche bei tafligen Blechen vermeiden.
3	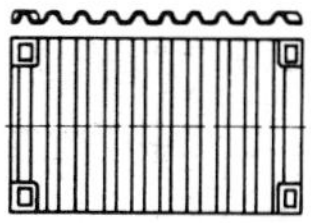	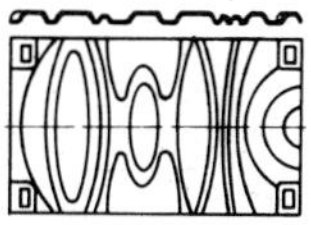	Bei großen Blechen unregelmäßige Sickenformen mit krummlinigen Begrenzungen bevorzugen (Beispiel: Containerwand).
4	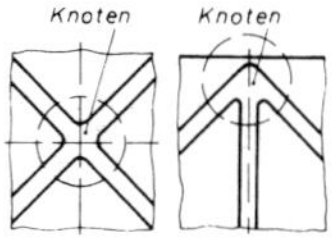	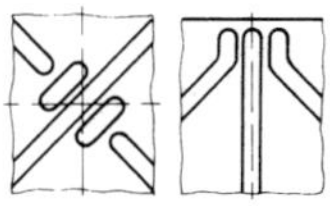	Knotenpunkte bei sich kreuzenden Sicken wegen des Auftretens von Spannungsspitzen vermeiden.
5	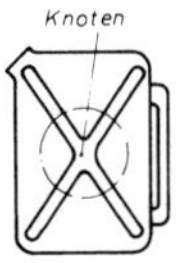		Lange Diagonalversteifungen an flachen Blechen wegen „Schneider" vermeiden; umlaufende flächenartige Sicken mit kurzen dornartigen Ausläufen bevorzugen.
6	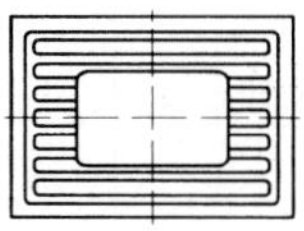	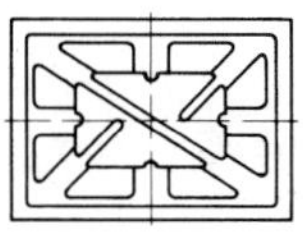	Bei dynamischer Beanspruchung des Blechteils aufgelöstes Sickenbild wählen; sonst Dauerbruchgefahr an den Sickenrändern (Beispiel: Batteriemulde eines Kfz).
7	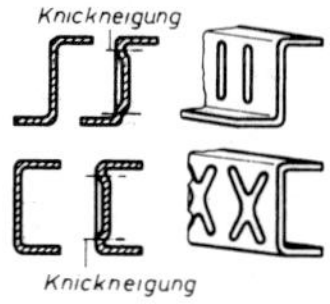	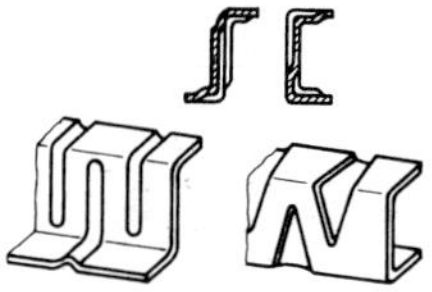	Bei Z- und U-förmigen Abstandsstegen linienartige und flächige Sicken wegen Knickgefahr vermeiden; räumliche Sicken vorsehen.
8	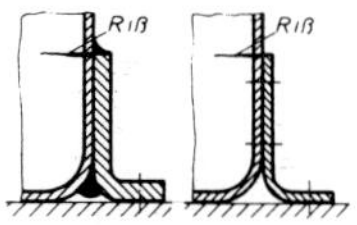	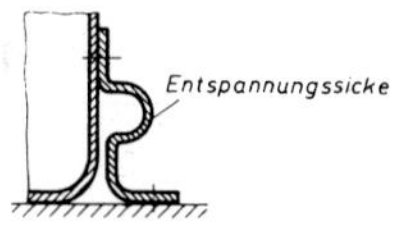	Behälterbefestigungen mit Entspannungssicke versehen; sonst Dauerbruchgefahr bei dynamischer Beanspruchung.
9	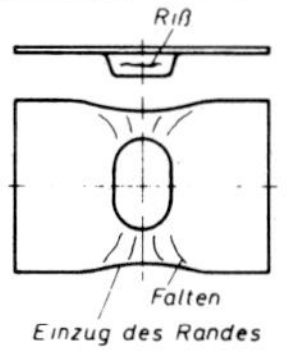	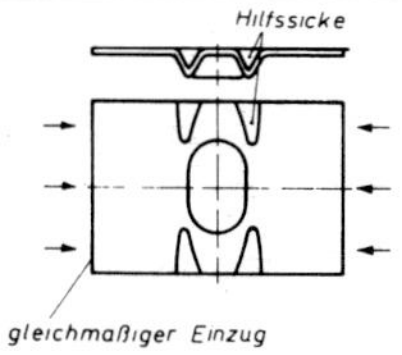	Faltenbildung durch sinnvoll angebrachte Hilfssicken vermeiden.

A4.5-9 Werkstoffe zum Tiefziehen, erreichbares Ziehverhältnis

Werkstoff	Zugfestigkeit N/mm²	erreichbares Ziehverhältnis Erstzug β	1. Weiterzug $β_1$ ohne Zwischenglühen	1. Weiterzug $β_1$ mit Zwischenglühen
DC01	270 ... 410	1,8	1,2	1,6
DC03	270 ... 370	2,0	1,3	1,7
X15CrNiSi25-20	590 ... 740	2,0	1,2	1,8
CuZn28 weich	260 ... 300	2,1	1,3	1,8
CuZn37 weich	280 ... 340	2,0	1,3	1,7
Cu95,5 weich	200	1,9	1,4	1,8
Al95,5 weich	70	1,95	1,4	1,8
AlMg1 weich	140	2,05	1,4	1,9
Ti99,7	395 ... 540	1,9	–	1,7

A4.5-10 Gebräuchlichste Falzarten

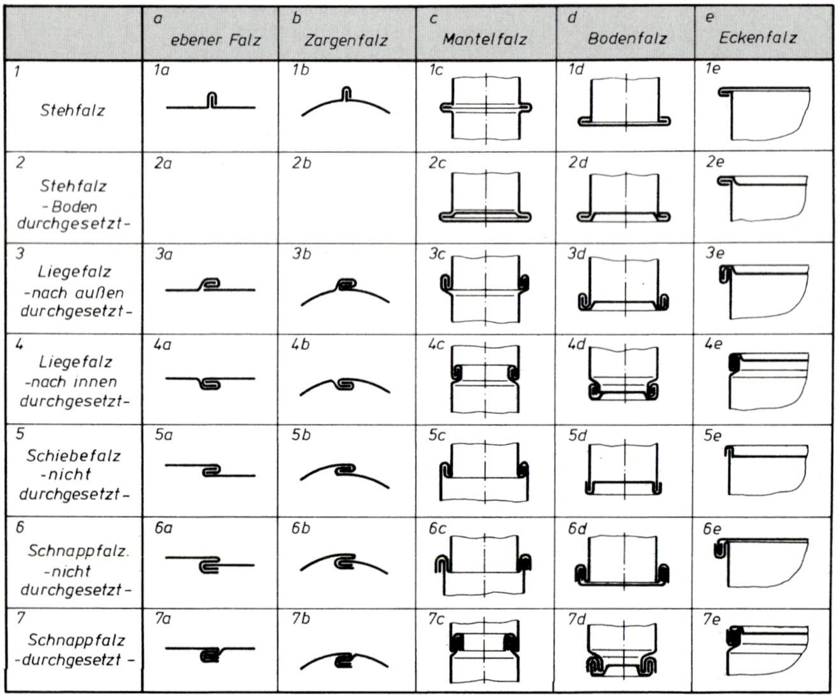

A4.6-1 Gestaltungsbeispiele von Spritzguss- und Formpressteilen (S = Spritzgießen; F = Formpressen)

Nr.	ungünstig	besser	Verfahren	Hinweise
1	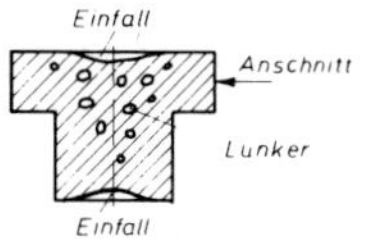	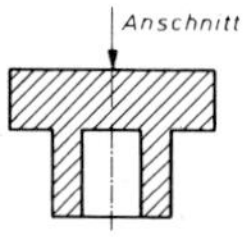	S F	**Vermeidung von Einfall durch Anspritzstelle im Bereich der größten Massehäufung**
2	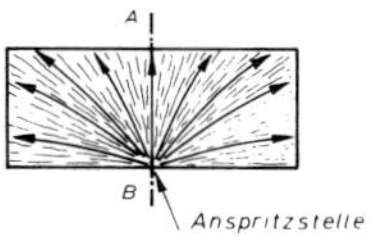	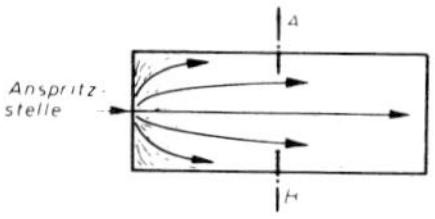	S F	**Anspritzstelle beanspruchungsgerecht wählen**
3	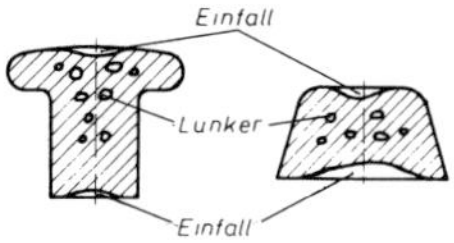		S F	Materialanhäufung vermeiden
4	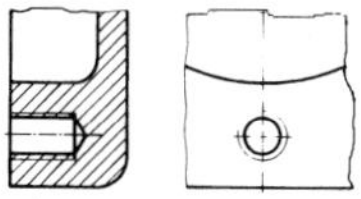	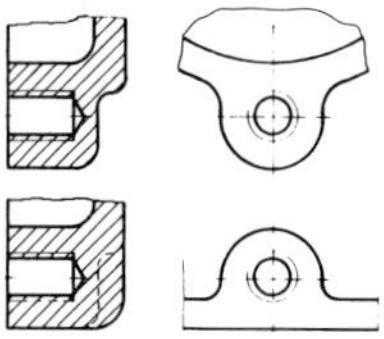	S F	**Augen mit dünnem Steg an Wand anbinden**
5	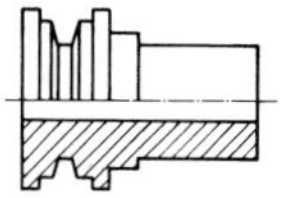	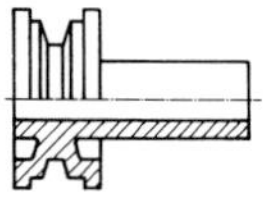	S F	Gleiche Wanddicken bevorzugen; sonst Verzug
6	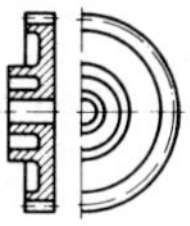	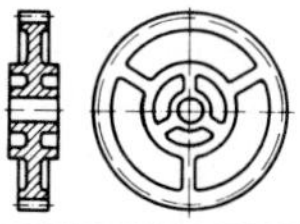	S F	**Anbringung von Rippen zur Vermeidung von Verzug**
7	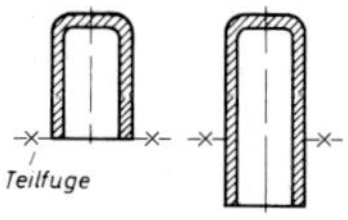	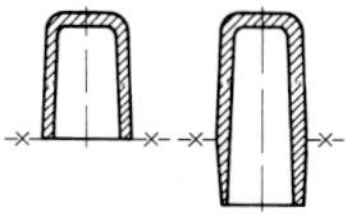	S F	Neigung von ca. 1 : 100 vorsehen
8	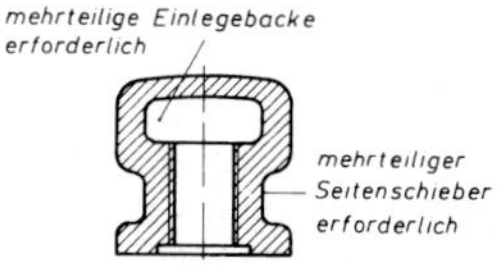	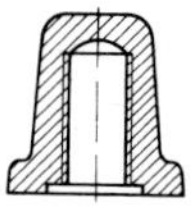	S F	Seitliche Hinterschneidungen vermeiden; sonst Backen- oder Schieberwerkzeug notwendig
9	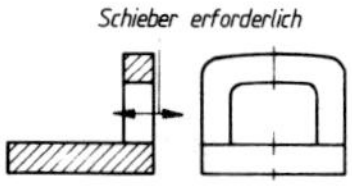	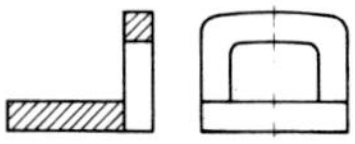	S F	Schieber im Werkzeug durch Formgebung möglichst vermeiden

7

A4.6-1 (Fortsetzung)

Nr.	ungünstig	besser	Verfahren	Hinweise
10	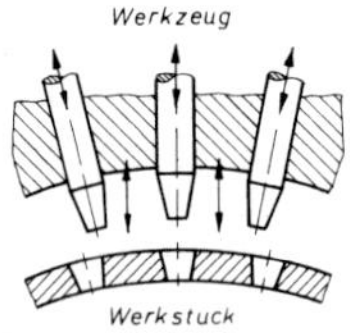	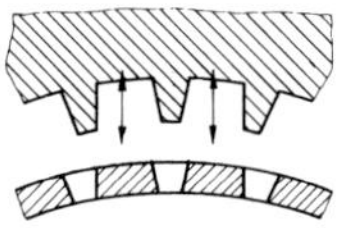	S F	Mehrteilige Durchbrüche eckig ausführen; bei runden Durchbrüchen großer Werkzeugaufwand
11	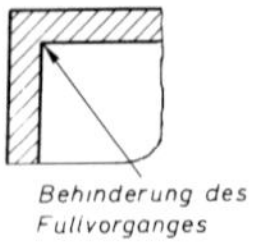	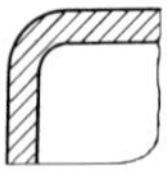	S F	Kanten runden; Runden nur der Innenkanten begrenzt durch Bildung von Lunker und Einfall
12	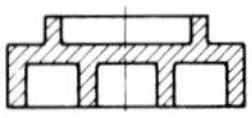	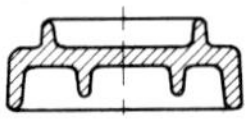	S F	Gerundete Kanten schonen Werkzeuge, unterstützen den Fließvorgang und ergeben saubere Oberflächen und hohe Gestaltfestigkeit
13	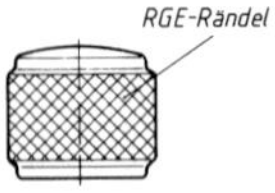	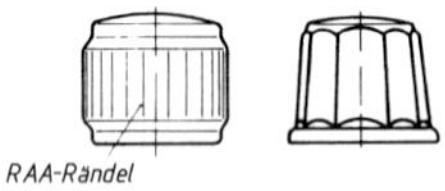	S F	Knöpfe, Muttern und Schraubkappen mit Längsrillen oder Mehrkantflächen ausführen
14	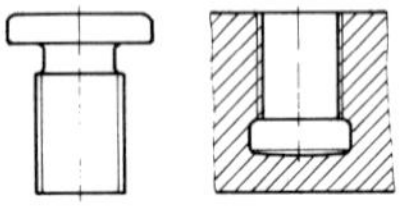	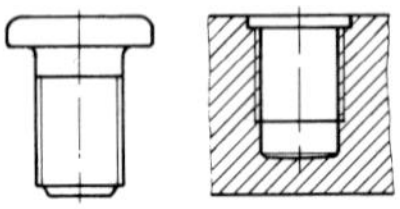	S F	Außen- und Innengewinde ohne Hinterschnitt
15	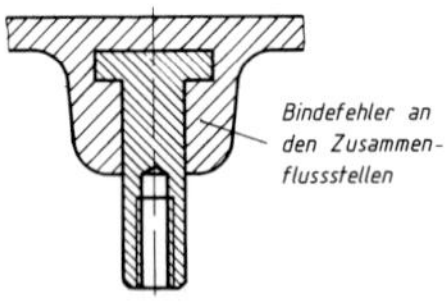	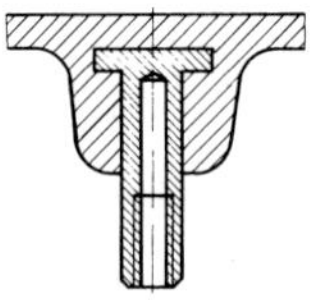	S F	Masse eingegossener Metallteile möglichst gering halten; sonst zu starke Abkühlung beim Spritzen
16	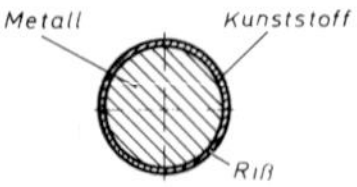	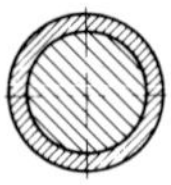	S F	Bei umgossenen Metallteilen ausreichende Wanddicke vorsehen
17	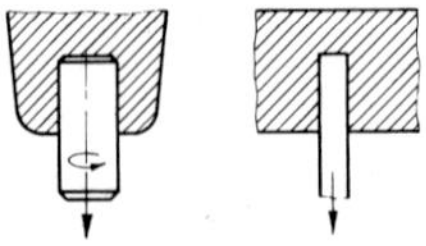	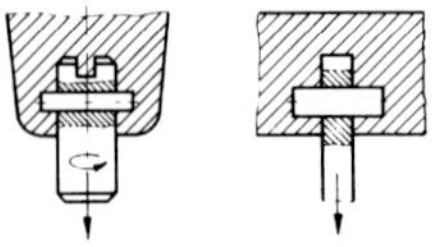	S F	Sicherung eingegossener Metallteile gegen Herausziehen und/oder Verdrehen

A4.6-1 (Fortsetzung)

Nr.	ungünstig	besser	Verfahren	Hinweise
18	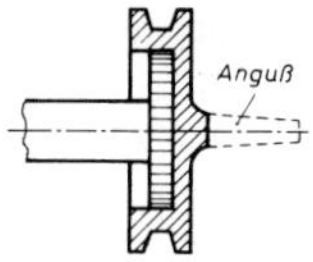	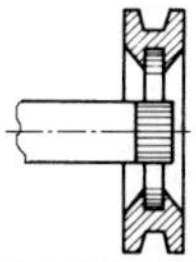	S F	**Bei Verbundteilen für möglichst einachsigen Spannungszustand sorgen**
19	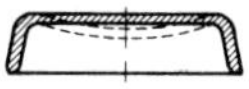	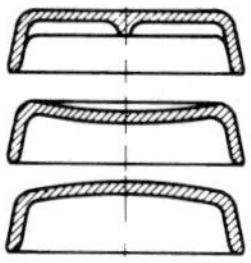	S F	**Größere, dünne Bauteile bewußt wölben oder durch Rippen versteifen**
20	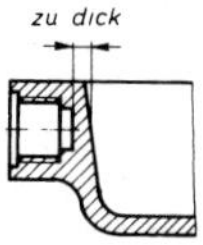	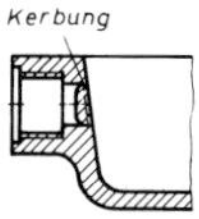	F	**Ausbrechwände für Montage ausreichend dünn wählen oder Kerbung vorsehen**
21	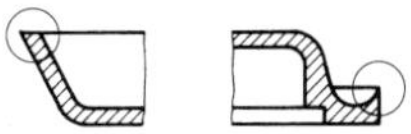		F	**Scharfe Ränder wegen Ausbruchgefahr vermeiden**
22	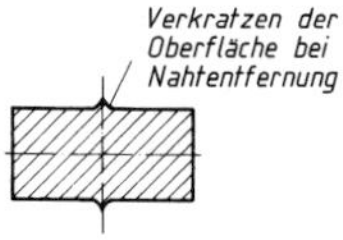	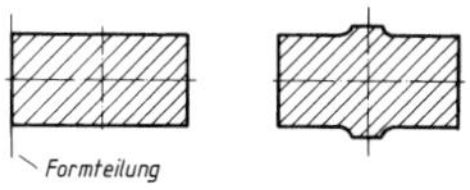	S F	Formteilung auf ebener Fläche vermeiden; andernfalls Wulst vorsehen
23	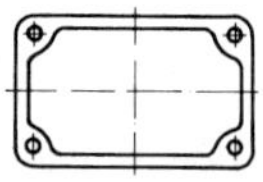	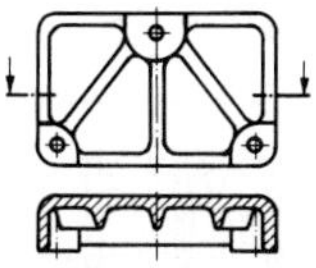	S F	**Dreipunktlagerung von Grundplatten wegen sicherer Auflage bevorzugen**
24	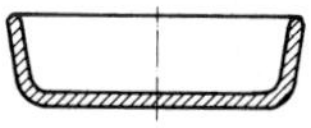	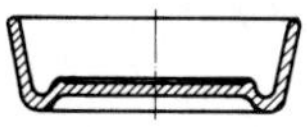	S F	**Bodenflächen durch Wulste günstig versteifen**
25	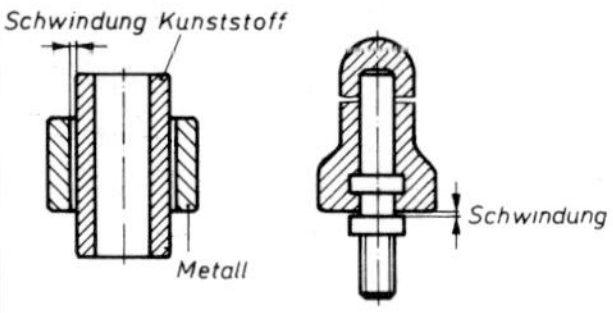	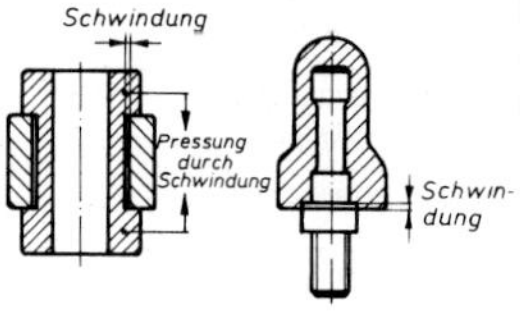	S F	Bei Verbundbauteilen Schwindung bzw. unterschiedliche Wärmeausdehnung berücksichtigen

7

A4.6-2 Gestaltungsbeispiele von Bauteilen aus glasfaserverstärkten Kunststoffen (GFK)

Nr.	ungünstig	besser	Hinweise
1	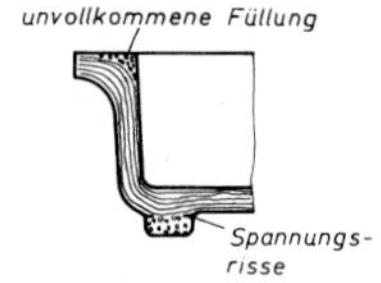	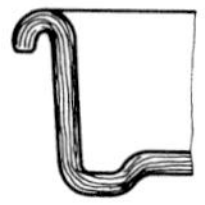	Harzansammlungen vermeiden; sonst Spannungsrisse
2	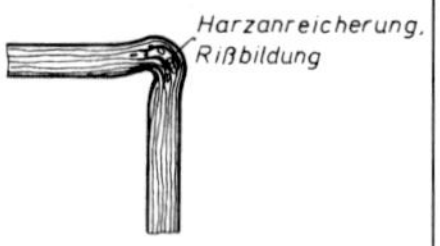	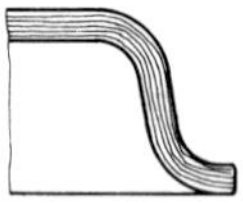	Kanten und Ecken mit möglichst großen Radien versehen; sonst Störung des Kraftflusses und Beschädigung der Armierung
3	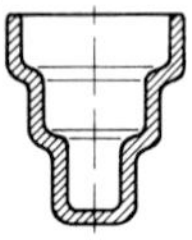	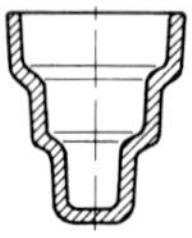	Allseitige Seitenneigung 1 : 25 bis 1 : 100 je nach Verfahren, Formteiltiefe und Verstärkung
4	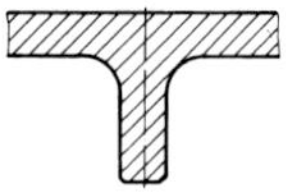	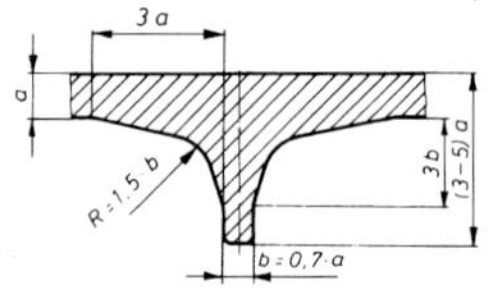	Großzügige Übergänge an Rippen vorsehen
5	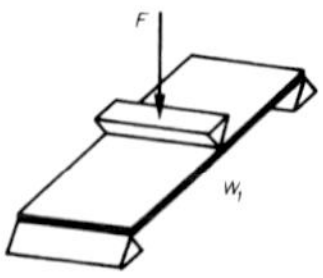	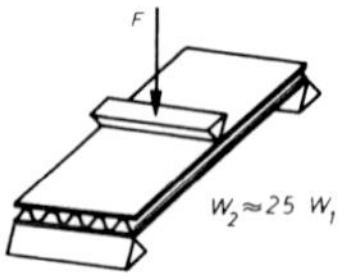	Wegen des geringen *E*-Moduls von GFK steife Gestaltung erforderlich
6		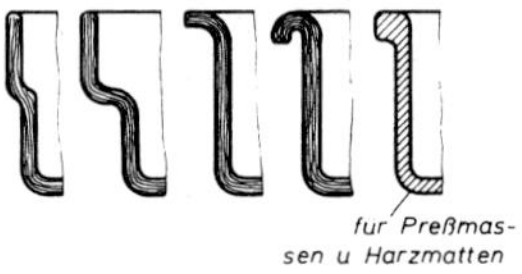	Bauteilkanten versteifen durch Formgebung oder Einbettungen; bei Einbettungen aus anderem Werkstoff unterschiedliche Dehnung bei Wärme und Beanspruchung berücksichtigen!
7		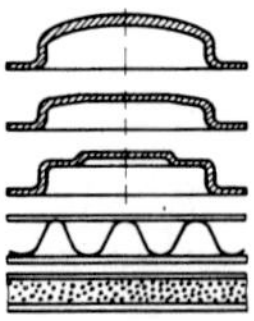	Versteifung von großen Flächen durch Formgebung oder Sandwich-Bauweise
8	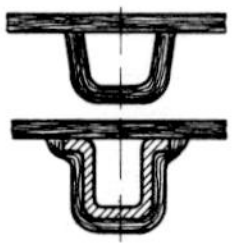	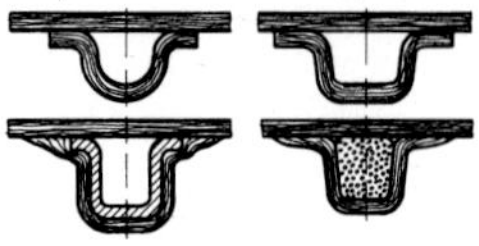	Aufgeklebte und auflaminierte Profile aus GFK, Al, Hartschaum oder Holz mit ausreichend großer Bindungsfläche versehen

A4.6-2 (Fortsetzung)

Nr.	ungünstig	besser	Hinweise
9	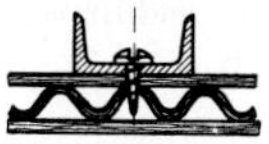	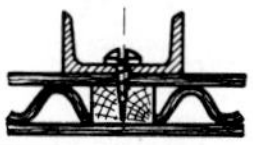	Einbettungen für Krafteinleitung von Schrauben und Nieten vorsehen
	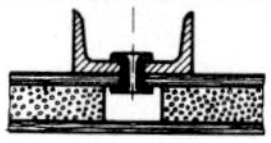	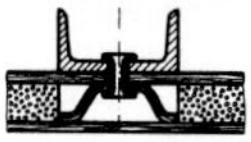	
10	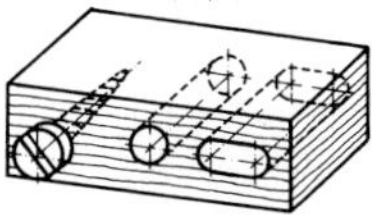	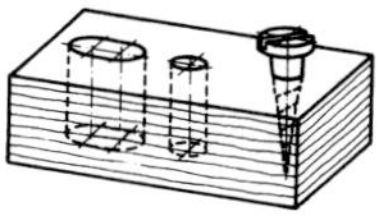	Bohrungen und Einfräsungen senkrecht zu den Verstärkungen anbringen

A4.6-3 Gestaltungsbeispiele von Kleb- und Schweißverbindungen an Kunststoffteilen

Nr.	ungünstig	besser	Hinweise
1			Großflächige Verbindungsflächen vorsehen.
2	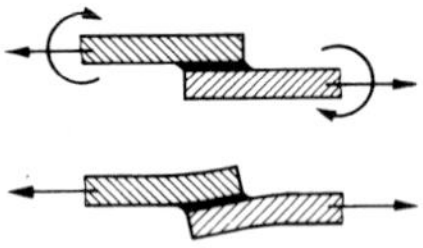	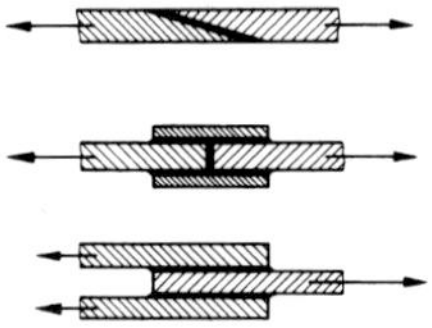	Bei zügiger Krafteinleitung Auftreten von Biegemomenten vermeiden.
3		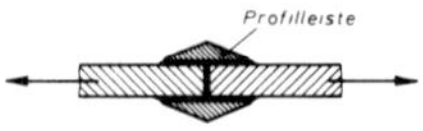	Überhöhten Vorbereitungsaufwand vermeiden. Die Tragfähigkeit der Bauteile nimmt ab.
4	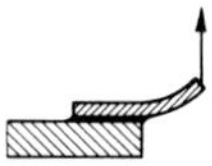	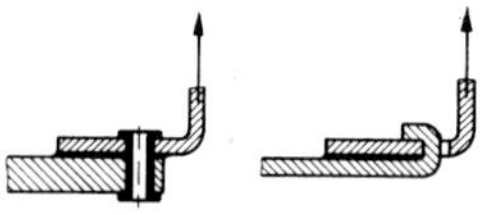	Schälbeanspruchung vermeiden durch beanspruchungsgerechte Formgebung oder durch Kombinationsverbindung.
5	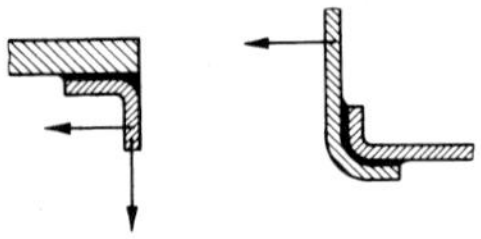	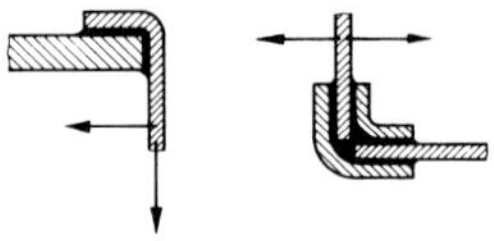	Winkelverbindungen beanspruchungsgerecht gestalten.
6	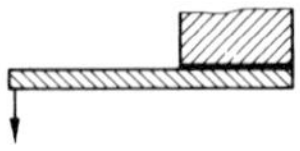	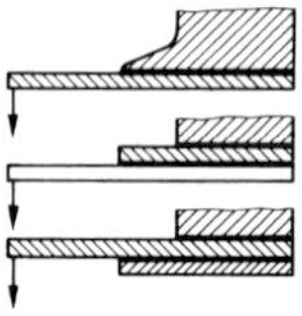	Schälbeanspruchung verringern durch geringere Bauteilsteifigkeit, Verteilung der Schälbeanspruchung oder Vergrößerung der Plattensteifigkeit.
7	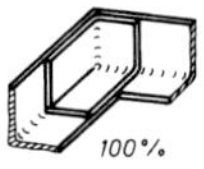	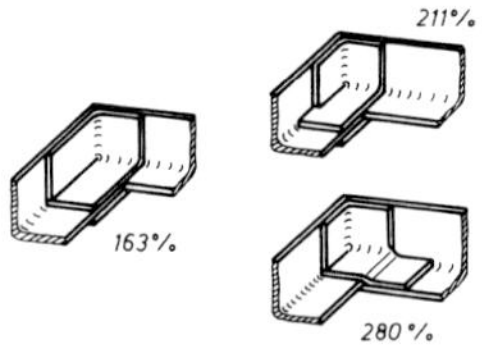	Eckverbindungen festigkeitsgerecht gestalten (Die Belastbarkeit ist in % angegeben).
8	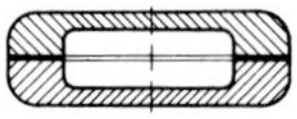	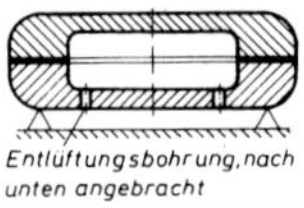	Entlüftungsbohrungen an Klebverbindungen mit Hohlräumen anbringen.
9	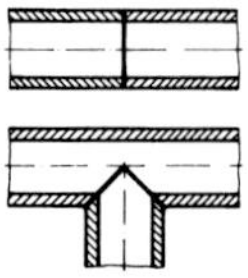	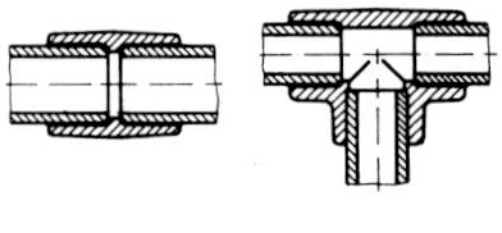	Höher belastete Rohrverbindungen mit handelsüblichen Fittings ausführen, aufdornen oder Fügeteile rändeln.
10	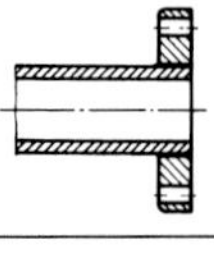	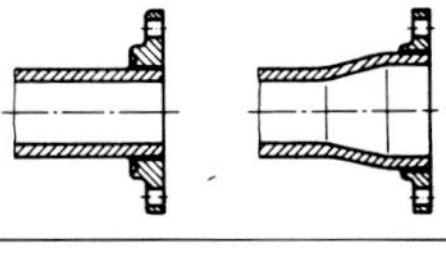	Sanfte Umlenkung des Spannungsflusses.

A4.6-4 Schwindung verschiedener Kunststoffe

Kurz-zeichen	Werkstoff	Füllstoffe	Schwin-dung %	Kurz-zeichen	Werkstoff	Füllstoffe	Schwind-dung %
PS	Polystyrol		0,3-0,6	CAB	Celluloseacetotbotyrat		0,4
		30 % GF	0,2	CP	Cellulosepropionat		0,4
SB	Styrol-Butadien		0,4-0,7	PC	Polycarbonat		0,6-0,8
SAN	Styrol-Acryl-Nitril		0,4-0,7			20 % GF	0,2-0,5
		35 % GF	> 0,4			40 % GF	0,1-0,3
ABS	Acrylnitril-Butadien-Styrol		0,4-0,7	POM	Polyoxymethylen		1,8-3,0
		15 % GF	> 0,4			20 % GK	1,6-1,8
ASA	Styrol-Acrylnitril +					40 % GF	0,2-1,0
	Acrylesterelastomer		0,3-0,7	PVC	Polyvinylchlorid hart		0,4-0,7
LDPE	Polyethylen niedriger Dichte		1,3-2,6		Polyvinylchlorid weich		2,0
HDPE	Polyethylen hoher Dichte		1,3-2,4	PUR	Polyurethanelastomer		1,0
PP	Polypropylen		1,2-2,5	PBTP	Polybutylenterephthalat		1,4-1,7
		20 % TV	0,7-1,3			30 % GF	0,4-0,6
		30 % GF	0,4	PETP	Polyethylenterephthalat		1,5-2,0
		30 % AsF	1,0			35 % GF	0,2-0,9
PMP	Polymethylpenten		1,5-3,0		amorph		0,2
PMMA	Polymethylmethacrylat		0,3-0,7	PPO	Polyphenylenoxid		0,5-0,7
PA	Polyamid 6		0,6-1,5			30 % GF	0,1-0,3
		30 % GF	0,3-0,8	PPS	Polyphenylensulfid	40 % GF	0,1-0,6
		50 % GF	0,1-0,3	PPE	Polyphenylenether		0,5-0,7
		30 % Min	0,5-1,1	PSU	Polysulfon		0,6-0,8
PA	Polyamid 66		0,4-1,8			30 % GF	0,2-0,3
		30 % GF	0,4-0,7	PES	Polyethersulfon		0,6
		50 % GF	0,3			30 % GF	0,2
		30 % Min	1,0	EVA	Ethylen-Vinylacetat		0,5-1,2
	Polyamid 610		1,2	PTFE	Polytetrafluorethylen		3,0
	Polyamid 612		1,3			30 % GF	1,0
	Polyamid 11		1,2	PCTFE	Polychlortrifluorethylen		1,0
		30 % GF	0,4	FEP	Polyfluortetraethylen-		
	Polyamid 12		1,2		Propylen		4,0
	Polyamid 6-3-T amorph		0,5				
	Polyamid 46		1,5-2,0				
		30 % GF	0,3-1,3				
CA	Celluloseacetat		0,5				

7

A4.6-5 Kurzzeichen für Polymerwerkstoffe

Kurzzeichen	Bedeutung	
CA	Celluloseacetat	Basispolymere
CAB	Celluloseacetobutyrat	
CAP	Celluloseacetopropionat	
CN	Cellulosenitrat	
CP	Cellulosepropionat	
CTA	Cellulosetriacetat	
EC	Ethylcellulose	
EP	Epoxid	
MC	Methylcellulose	
MF	Melamin-Formaldehyd	
PA	Polyamid	
PAI	Polyamidimid	
PAN	Polyacrylnitril	
PB	Polybutylen	
PBA	Polybutylacrylat	
PC	Polycarbonat	
PCTFE	Polychlortrifluorethylen	
PE	Polyethylen	
PE-C	chloriertes Polyethylen	
PEI	Polyetherimid	
PEEK	Polyetheretherketon	
PES	Polyethersulfon	
PF	Phenol-Formaldehyd	
PI	Polyimid	
PIB	Polyiosobutylen	
PMI	Polymethacrylimid	
PMMA	Polymethylmethacrylat	
PP	Polypropylen	
PPS	Polyphenylensulfid	
PPSU	Polyphenylensulfon	
PS	Polystyrol	
PSU	Polysulfon	

Kurzzeichen	Bedeutung	
PTFE	Polytetrafluorethylen	Basispolymere
PUR	Polyurethan	
PVAC	Polyvinylacetat	
PVAL	Polyvinylalkohol	
PVC	Polyvinylchlorid	
PVC-C	chloriertes Polyvinylchlorid	
PVDC	Polyvinylidenchlorid	
PVDF	Polyvinylidenfluorid	
PVF	Polyvinylfluorid	
SI	Silikon	
SP	Gesättigter Polyester	
UF	Harnstoff-Formaldehyd	
UP	Ungesättigter Polyester	
A/B/A	Acrylnitril/Butadien/Acrylat	Copolymere
ABS	Acrylnitril/Butadien/Styrol	
A/MMA	Acrylnitril/Methylmethacrylat	
A/PE-C/S	Acrylnitril/chloriertes Polyethylen/Styrol	
E/EA	Ethylen/Ethylacrylat	
E/P	Ethylen/Propylen	
EPDM	Ethylen/Propylen-Dien	
E/VA	Ethylen/Vinylacetat	
MBS	Methylacrylat/Butadien/Styrol	
MPF	Melamin/Phenol-Formaldehyd	
PFA	Perfluoro-Alkoxylakan	
SAN	Styrol/Acrylnitril	
S/B	Styrol/Butadien	
VC/E	Vinylchlorid-Ethylen	
VC/E/MA	Vinylchlorid/Ethylen/Methacrylat	

A5.1-1 Gestaltungsbeispiele zur Verbesserung der Montageoperationen

Nr.	ungünstig	besser	Hinweise
1	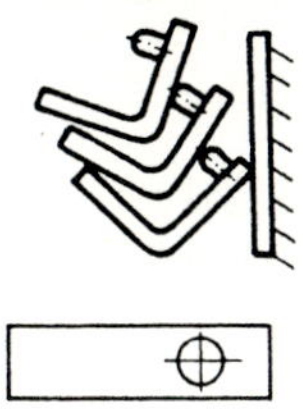	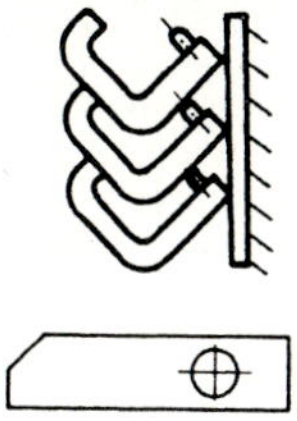	Speichern: geradliniges Stapeln anstreben Lageorientierung
2	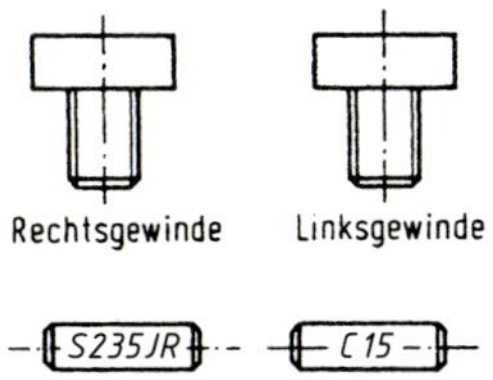 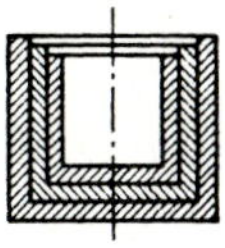 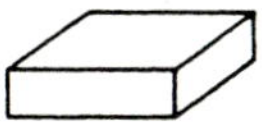 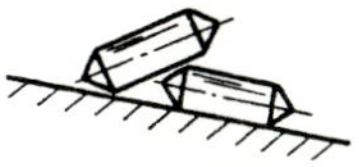 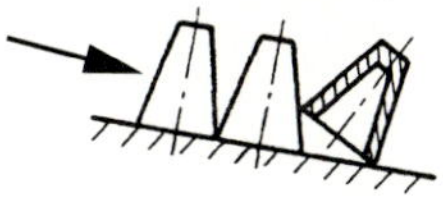 	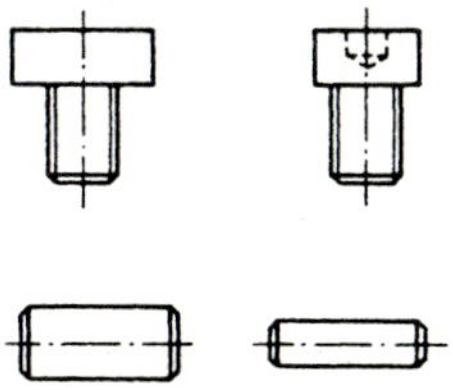 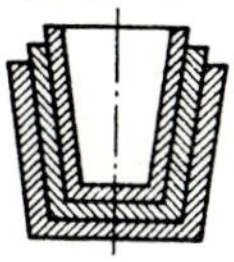  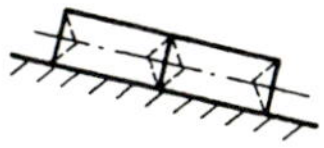 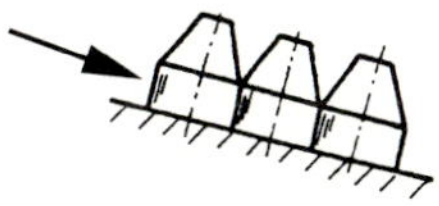 	Handhaben: Erkennen durch Form bzw. Abmessungen Ergreifen kein Ineinanderschachteln Absätze, Bohrungen vorsehen Bewegen durch Aufstoßflächen Rutschverhalten verbessern
3	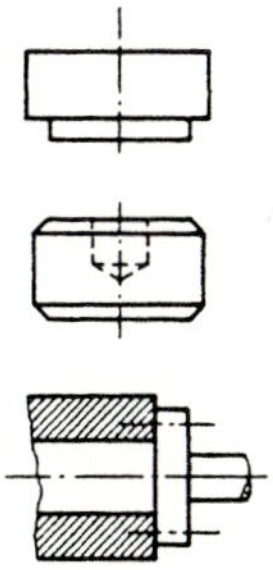	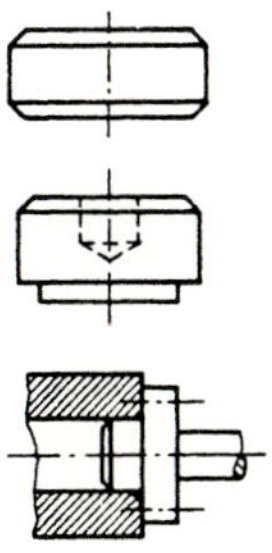	Positionieren: Symmetrie wenn keine Vorzugslage betont unsymmetrisch bei Vorzugslage Ansatz erleichtert Ausrichten

A5.1-1 (Fortsetzung)

Nr.	ungünstig	besser	Hinweise
4	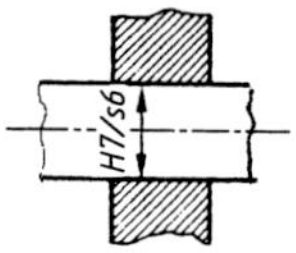	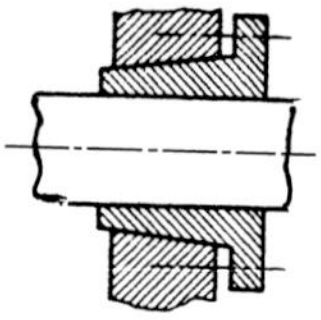	Fügen bei mehrmaligem Lösen, Lagerbuchse verwenden
	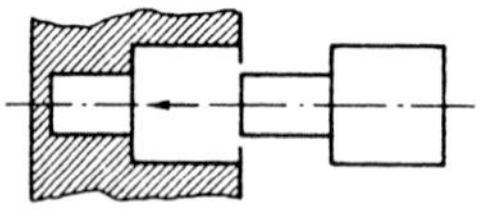	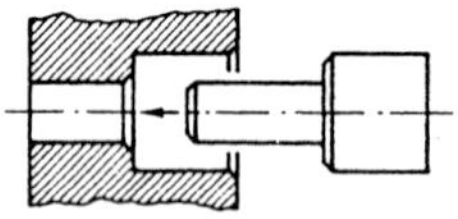	gleichzeitige Fügeoperationen vermeiden
	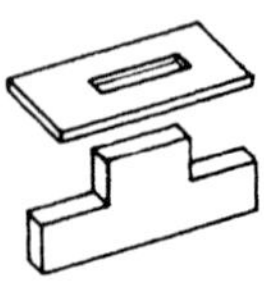	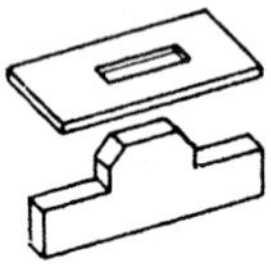	Fügeerleichterung durch Fasen
	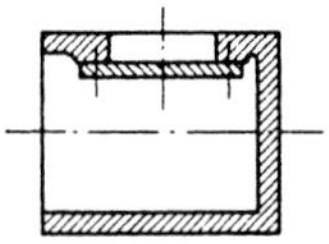	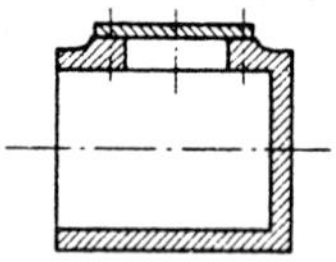	gute Zugänglichkeit anstreben

A6.4-1 Demontagegerechte Gestaltungsbeispiele von Fügestellen

Nr.	ungünstig	besser	Hinweise
1	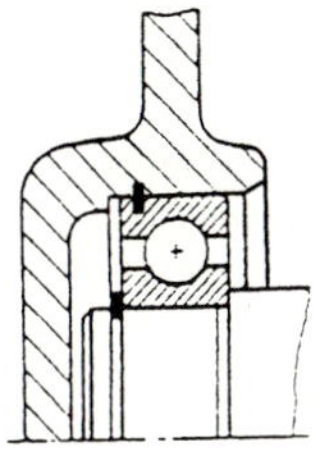	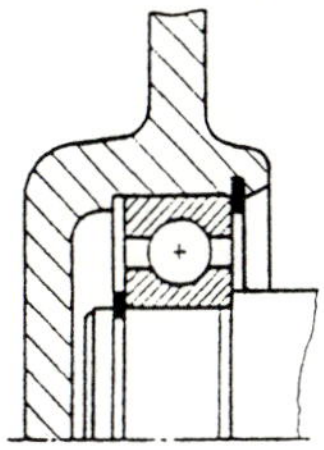	Sprengring im Gehäuse verhindert zerstörungsfreie Demontage
2	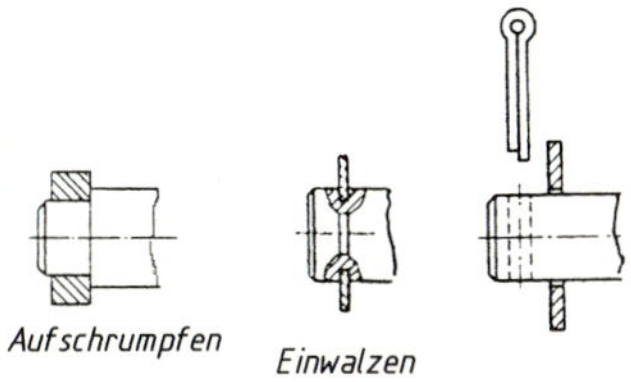	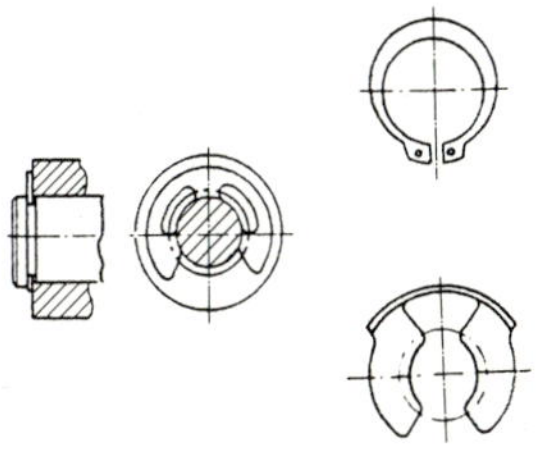	Leicht demontierbare Sicherungselemente vorsehen
3	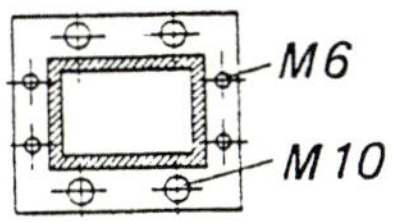	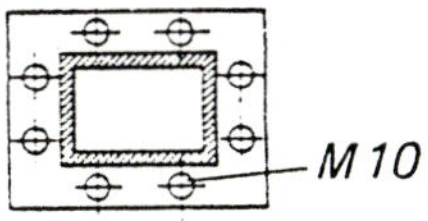	Gleiche Verbindungs- elemente verwenden
4	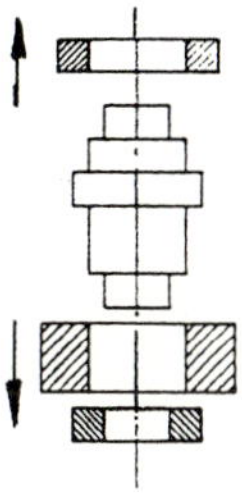	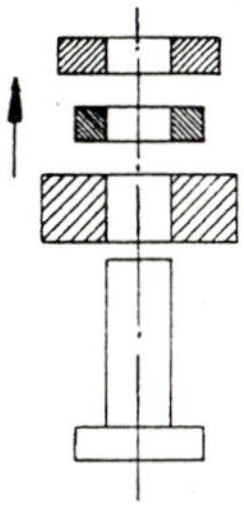	Einheitliche Demontagerichtung anstreben

A6.4-2 Aufarbeitung im Vergleich zur Instandsetzung

Vergleich	Aufarbeitung in Serie	Einzelinstandsetzung
Fertigungsschritte	Defekte Erzeugnisse – Erzeugnisse komplett demontieren – Bauteile reinigen – Bauteile prüfen und sortieren – Defekte Bauteile aufarbeiten oder erneuern – Erzeugnisse wieder montieren	Defektes Erzeugnis – Istzustand des Erzeugnis ermitteln – Defekte Baugruppen demontieren – Bauteile reinigen – Defekte Bauteile instandsetzen oder erneuern – Instandgesetzte Baugruppen wieder montieren
Merkmale	– Industriell technologieintensiv – komplette Gesamtaufarbeitung – Kunde erhält „anonymes“ Erzeugnis – keine Wartezeit – Garantie wie für neues Erzeugnis	– Handwerklich arbeitsintensiv – Individuelle Teilinstandsetzung – Kunde behält eigenes Erzeugnis – Wartezeit auf Instandsetzung – Garantie nur für Instandsetzung
Typische Erzeugnisse	Kfz-Baugruppen Elektrowerkzeuge Pumpen	Werkzeugmaschinen Pressen Druckgießmaschinen
Zielsetzung	Aufgearbeitetes Austauscherzeugnis statt Instandsetzung	Aufgearbeitetes und modernisiertes Erzeugnis statt Neuinvestition

Sachwortverzeichnis

Deutsche DIN-Normen	Ausgabe	Bemerkungen Übereinstimmung	Dazugehörige Ö-Normen	Ausgabe
DIN 1013-1	11.76	NEQ	M 3221	12.86
DIN 1013-2	11.76	NEQ	M 3221	12.86
DIN 1015	11.72	GLT	M 3227	11.88
DIN 1017-1	04.67	NEQ	M 3230	12.86
DIN 1623-2	02.86	NEQ	M 3123	06.73
DIN 1681	06.85	GLT	M 3181	12.76
DIN 1683-1	08.98	GLT	M 1368-1	12.78
DIN 1683-1	08.98	GLT	M 1368-2	12.84
DIN 1684-1	08.98	GLT	M 1371-1	12.78
DIN 1684-1	08.98	GLT	M 1371-2	12.84
DIN 1685-1	08.98	GLT	M 1370-1	12.78
DIN 1685-1	08.98	GLT	M 1370-2	12.84
DIN 1686-1	08.98	GLT	M 1369-1	12.78
DIN 1686-1	08.98	GLT	M 1369-2	12.84
DIN 1687-1	08.98	GLT	M 1373-1	12.85
DIN 1687-1	08.98	GLT	M 1373-2	12.84
DIN 1687-3	10.80	NEQ	M 1373-1	12.85
DIN 1687-3	10.80	NEQ	M 1373-2	12.84
DIN 1687-4	08.86	GLT	M 1373-1	12.85
DIN 1688-1	08.98	GLT	M 1374-1	12.85
DIN 1688-1	08.98	GLT	M 1374-2	12.84
DIN 1688-3	10.80	NEQ	M 1374-1	12.85
DIN 1688-3	10.80	NEQ	M 1374-2	12.84
DIN 1688-4	08.86	GLT	M 1374-1	12.85
DIN 17440	03.01	GLT	M 3121	01.91
DIN 1910-3	09.77	GLT	M 7861-1	03.88
DIN 1912-4	05.81	GLT	M 7840	12.83
DIN 40500-1	04.80	GLT	E 7400	02.77
DIN 40500-2	04.80	GLT	E 7400	02.77
DIN 40500-3	04.80	GLT	E 7400	02.77
DIN 40500-4	09.73	GLT	E 7400	02.77
DIN 6789-1	09.90	EQV	A 6048	08.92
DIN 6789-2	09.90	EQV	A 6049	08.92
DIN 7527-1	10.71	NEQ	M 3294	10.80
DIN 7527-2	10.71	NEQ	M 3295	10.80
DIN 7527-3	10.71	NEQ	M 3296	10.80
DIN 7527-4	01.72	GLT	M 3297	10.80
DIN 8505-1	05.79	NEQ	M 7840	12.83
DIN 8505-2	05.79	NEQ	M 7840	12.83

Erklärung:	EQV	Stimmt inhaltlich überein
	NEQ	Stimmt teilweise überein
	IDT	Ist identisch
	GLT	Gleiches Thema (sinngemäß - nicht nach ISO)